MICHAEL KEILPFLUG

Demokratieprinzip und Ethikkommissionen in der medizinischen Forschung

Schriften zum Gesundheitsrecht

Band 26

Herausgegeben von Professor Dr. Helge Sodan,
Freie Universität Berlin,
Direktor des Deutschen Instituts für Gesundheitsrecht (DIGR)
Präsident des Verfassungsgerichtshofes des Landes Berlin a.D.

Demokratieprinzip und Ethikkommissionen in der medizinischen Forschung

Von

Michael Keilpflug

Duncker & Humblot · Berlin

Die Fakultät für Rechtswissenschaft und Volkswirtschaftslehre
der Universität Mannheim hat diese Arbeit
im Jahre 2011 als Dissertation angenommen.

Bibliografische Information der Deutschen Nationalbibliothek

Die Deutsche Nationalbibliothek verzeichnet diese Publikation in
der Deutschen Nationalbibliografie; detaillierte bibliografische Daten
sind im Internet über http://dnb.d-nb.de abrufbar.

Fremddatenübernahme: Process Media Consult GmbH, Darmstadt
Druck: Berliner Buchdruckerei Union GmbH, Berlin
Printed in Germany

ISSN 1614-1385
ISBN 978-3-428-13740-4 (Print)
ISBN 978-3-428-53740-2 (E-Book)
ISBN 978-3-428-83740-3 (Print & E-Book)

Gedruckt auf alterungsbeständigem (säurefreiem) Papier
entsprechend ISO 9706 ♾

Internet: http://www.duncker-humblot.de

Für Michaela

Vorwort

Diese Untersuchung wurde im Jahr 2011 von der Fakultät für Rechtswissenschaft und Volkswirtschaftslehre der Universität Mannheim als Dissertation angenommen. Sie bezieht sich auf den Stand der Rechtsetzung und Literatur im März 2010; die Verordnung über klinische Prüfungen von Medizinprodukten (MPKPV) vom 10. Mai 2010 (BGBl. 2010 I, S. 555) wurde jedoch berücksichtigt. Die angegebenen URLs wurden anlässlich der Drucklegung im Jahr 2011 überprüft und zum Teil aktualisiert.

Herrn Professor Dr. Hans-Joachim Cremer danke ich für die freundliche Betreuung bei der Anfertigung der Dissertation. Korreferent war Herr Professor Dr. Wolf-Rüdiger Schenke, auch ihm sage ich Dank. Bei Herrn Professor Dr. Helge Sodan möchte ich mich für die Aufnahme der Arbeit in die von ihm herausgegebene Schriftenreihe bedanken.

Fachliche Hinweise habe ich von Herrn Staatsanwalt Thomas Bischoff, Herrn Markus D. Fyrnys, meiner Frau Ass. jur. Michaela Keilpflug und Herrn Legationsrat Dr. David Křivánek, LL.M. erhalten. Hierfür danke ich ihnen herzlich.

Für ihre langjährige Unterstützung bin ich meinen Eltern Hannelore und Horst Keilpflug sehr dankbar.

Mein größter Dank gilt meiner geliebten Frau. Ihr ist diese Schrift zugeeignet.

Heidelberg, im Januar 2012 *Michael Keilpflug*

Inhaltsverzeichnis

Abkürzungsverzeichnis

Abl. EG	Amtsblatt der Europäischen Gemeinschaften
Abs.	Absatz
AMG	Arzneimittelgesetz
Anm.	Anmerkung
AöR	Archiv des öffentlichen Rechts (Zeitschrift)
Art.	Artikel
BauGB	Baugesetzbuch
BBG	Bundesbeamtengesetz
Bd.	Band
BerlHG	Gesetz über die Hochschulen im Land Berlin
BGBl.	Bundesgesetzblatt
BGHZ	Entscheidungen des Bundesgerichtshofes in Zivilsachen
Brem. GBl.	Gesetzblatt der Freien Hansestadt Bremen
BRRG	Beamtenrechtsrahmengesetz
Buchst.	Buchstabe
BVerfG	Bundesverfassungsgericht
BVerfGE	Entscheidungen des Bundesverfassungsgerichts
BVerwGE	Entscheidungen des Bundesverwaltungsgerichts
BVwVfG	Verwaltungsverfahrensgesetz (Bund)
CPMP	Committee for Proprietary Medicinal Products
ders.	derselbe
dies.	dieselben
DÖV	Die Öffentliche Verwaltung (Zeitschrift)
DV	Die Verwaltung (Zeitschrift)
DVBl.	Deutsches Verwaltungsblatt (Zeitschrift)
EFPIA	European Federation of Pharmaceutical Industries and Associations
EG	Europäische Gemeinschaft(en)
EGH Hamburg	Ehrengerichtshof für Rechtsanwälte in der Freien und Hansestadt Hamburg
EKG Berlin	Ethik-Kommissionsgesetz Berlin
EMEA	European Medicines Agency
Ethik-Kom-VO	Verordnung über Ethik-Kommissionen zur Bewertung klinischer Prüfungen von Arzneimitteln
EthRG	Gesetz zur Einrichtung des Deutschen Ethikrats
EU	Europäische Union
EuR	Europarecht (Zeitschrift)
Euratom	Europäische Atomgemeinschaft
EWG	Europäische Wirtschaftsgemeinschaft
f.	folgende Seite
FDA	U.S. Food and Drug Administration
feki	Freiburger Ethik-Kommission International

ff.	folgende Seiten
Fn.	Fußnote
GBl.	Gesetzblatt
GCP-ICH-Richtlinie	Guideline for Good Clinical Practice in the Conduct of Clinical Trials on Medicinal Products for Human Use
GCP-V	GCP-Verordnung
GesR	Gesundheitsrecht (Zeitschrift)
GewArch	Gewerbearchiv (Zeitschrift)
GG	Grundgesetz
GV. NRW	Gesetz- und Verordnungsblatt für das Land Nordrhein-Westfalen
GVBl.	Gesetz- und Verordnungsblatt
GVBl. LSA	Gesetz- und Verordnungsblatt für das Land Sachsen-Anhalt
GVOBl.	Gesetz- und Verordnungsblatt
HBKG	Heilberufe-Kammergesetz
HessVGH	Hessischer Verwaltungsgerichtshof
HGR	Handbuch der Grundrechte
HKaG	Heilberufe-Kammergesetz
HmbGVBl.	Hamburgisches Gesetz- und Verordnungsblatt
HmbKGH	Hamburgisches Kammergesetz für die Heilberufe
HRG	Hochschulrahmengesetz
Hrsg.	Herausgeber
HStR	Handbuch des Staatsrechts der Bundesrepublik Deutschland
ICH	International Conference on Harmonisation of Technical Requirements for Registration of Pharmaceuticals for Human Use
IHK	Industrie- und Handelskammer(n)
IRB	Institutional Review Boards
JA	Juristische Arbeitsblätter (Zeitschrift)
JPMA	Japan Pharmaceuticals Manufacturers Association
JuS	Juristische Schulung (Zeitschrift)
JZ	Juristenzeitung (Zeitschrift)
KHuR	Krankenhaus und Recht (Zeitschrift)
KJ	Kritische Justiz (Zeitschrift)
KritV	Kritische Vierteljahresschrift für Gesetzgebung und Rechtswissenschaft (Zeitschrift)
LHG	Landeshochschulgesetz
LKV	Landes- und Kommunalverwaltung (Zeitschrift)
LVwVfG	Verwaltungsverfahrensgesetze (Länder)
m. w. N.	mit weiteren Nachweisen
MedR	Medizinrecht (Zeitschrift)
MHLW	Ministry of Health, Labour and Welfare (Japan)
MPG	Medizinproduktegesetz
MPKPV	Verordnung über klinische Prüfungen von Medizinprodukten
Nds. GVBl.	Niedersächsisches Gesetz- und Verordnungsblatt
NJW	Neue Juristische Wochenschrift (Zeitschrift)
Nr.	Nummer
NVwZ	Neue Zeitschrift für Verwaltungsrecht (Zeitschrift)
NVwZ-RR	Neue Zeitschrift für Verwaltungsrecht – Rechtsprechungs-Report (Zeitschrift)

NZS	Neue Zeitschrift für Sozialrecht (Zeitschrift)
ÖGDG	Gesetz über den öffentlichen Gesundheitsdienst im Lande Bremen
PhRMA	Pharmaceutical Research and Manufacturers of America
Rn.	Randnummer
RöV	Röntgenverordnung
S.	Seite
SächsGVBl.	Sächsisches Gesetz- und Verordnungsblatt
Sp.	Spalte
StrlSchV	Strahlenschutzverordnung
StWStP	Staatswissenschaften und Staatspraxis (Zeitschrift)
TFG	Transfusionsgesetz
URL	Uniform Resource Locator
UW/H	Universität Witten/Herdecke
VersR	Versicherungsrecht (Zeitschrift)
VerwArch	Verwaltungsarchiv (Zeitschrift)
Vol.	Volume
VVDStRL	Veröffentlichungen der Vereinigung der Deutschen Staatsrechtslehrer
VwVfG	Verwaltungsverfahrensgesetz
WissR	Wissenschaftsrecht (Zeitschrift)
WiVerw	Wirtschaft und Verwaltung (Zeitschrift)
WMA	World Medical Association
WRV	Weimarer Reichsverfassung

A. Einleitung

I. Einführung und Problemstellung

Diese Arbeit behandelt die Tätigkeit von Ethikkommissionen in der medizinischen Forschung aus der verfassungsrechtlichen Perspektive des Demokratieprinzips. Es ist ihr Anliegen, auch jenseits des unterverfassungsrechtlichen Untersuchungsgegenstandes allgemeine Erkenntnisse zum Demokratieprinzip, insbesondere in seiner Ausprägung als Gebot demokratischer Legitimation der durch die Exekutive ausgeübten Staatsgewalt, zu gewinnen.

1. Untersuchungsgegenstand: Ethikkommissionen in der medizinischen Forschung

Untersuchungsobjekt dieser Arbeit sind Ethikkommissionen, die medizinische Studien am Menschen vor deren Durchführung prüfen und bewerten. Ihre Tätigkeit ist ausschließlich insofern erfasst, als sie durch das Gesetz über den Verkehr mit Arzneimitteln (Arzneimittelgesetz – AMG)[1], das Gesetz über Medizinprodukte (Medizinproduktegesetz – MPG)[2], die Verordnung über den Schutz vor Schäden durch Röntgenstrahlen (Röntgenverordnung – RöV)[3], oder die Verordnung über den Schutz vor Schäden durch ionisierende Strahlen (Strahlenschutzverordnung – StrlSchV)[4] und durch die jeweils zusätzlich einschlägigen Rechtsvorschriften bestimmt wird. Insbesondere die ausschließlich konsultative Beratungsaktivität von Ethikkommissionen, beispielsweise gemäß den Berufsordnungen der Ärztekammern[5], ist nicht

---

[1] In der Fassung der Bekanntmachung der Neufassung vom 12. Dezember 2005 (BGBl. 2005 I, S. 3394), zuletzt geändert durch Verordnung vom 28. September 2009 (BGBl. 2009 I, S. 3172) (Berichtigung vom 09. Oktober 2009 [BGBl. 2009 I, S. 3578]).

[2] In der Fassung der Bekanntmachung vom 07. August 2002 (BGBl. 2002 I, S. 3146), zuletzt geändert durch Gesetz vom 29. Juli 2009 (BGBl. 2009 I, S. 2326).

[3] In der Fassung der Bekanntmachung vom 30. April 2003 (BGBl. 2003 I, S. 604).

[4] In der Fassung vom 20. Juli 2001 (BGBl. 2001 I, S. 1714), zuletzt geändert durch Gesetz vom 29. August 2008 (BGBl. 2008 I, S. 1793).

[5] So lautet beispielsweise § 15 Abs. 1 der Berufsordnung der Landesärztekammer Baden-Württemberg in der Fassung der Bekanntmachung der Neufassung vom 19. September 2007 (http://www.aerztekammer-bw.de/20/arztrecht/05kammerrecht/bo.pdf, abgerufen am 26. April 2011): „Ärztinnen und Ärzte müssen sich vor der Durchführung biomedizinischer Forschung am Menschen, vor der Forschung mit vitalen menschlichen Gameten und lebendem embryo-

Gegenstand der Untersuchung. Auch andere, bezeichnungsähnliche Institutionen werden nicht in die Betrachtung aufgenommen. Dies gilt namentlich für den auf Bundesebene angesiedelten Deutschen Ethikrat[6] und die Bioethik-Kommissionen in manchen Ländern[7] als Institutionen der Politikberatung, die unverbindlich vor allem zu grundsätzlichen Fragen beratende Zentrale Kommission zur Wahrung ethischer Grundsätze in der Medizin und ihren Grenzgebieten (Zentrale Ethikkommission) bei der Bundesärztekammer[8] sowie unverbindlich an Krankenhäusern beratende Ethik-Kommittees[9].

Historisch geht das Konzept der Ethikkommissionen auf Entwicklungen in den USA zurück, wo bereits in den sechziger Jahren entsprechende Institutionen in Form der Institutional Review Boards (IRB) entstanden.[10] In der Bundesrepublik wurden die ersten Ethikkommissionen im Jahr 1971 geschaffen.[11] Bereits zuvor war die medizinische Forschung Gegenstand rechtlicher Bestimmungen zum Schutz der Forschungsteilnehmer.[12] Die Evolution der Kommissionen wurde maßgeblich durch die erste Revision der Deklaration von Helsinki des 29. Weltärztekongresses von Oktober 1975 in Tokio[13] vorangetrieben.[14] Die Gremien waren ursprünglich als Instrumente der Selbstkontrolle der Ärzteschaft ausschließlich in den ärztlichen Berufsordnungen geregelt,[15] haben sich jedoch nach Maßgabe weiterer Normquellen zu

nalen Gewebe sowie vor der epidemiologischen Forschung mit personenbezogenen Daten durch die Ethikkommission bei der Landesärztekammer oder eine bei den Universitäten des Landes errichteten Ethikkommission beraten lassen". Siehe *Kage*, S. 321 f.

6 Eingerichtet nach Maßgabe des Gesetzes zur Einrichtung des Deutschen Ethikrats (Ethikratgesetz – EthRG) vom 16. Juli 2007 (BGBl. 2007 I, S. 1385); *Deutsch/Spickhoff*, Rn. 999.

7 Deren Funktion ist die Beratung der Landesregierung, siehe beispielsweise § 2 der Geschäftsordnung der Kommission der Bayerischen Staatsregierung für ethische Fragen in den Biowissenschaften vom 07. Oktober 2009 (http://www.bioethik-kommission.bayern.de/Anlage10275850/GeschaeftsordnungderBioethik-Kommission.pdf, abgerufen am 26. April 2011).

8 Die Funktion der Zentralen Ethikkommission ist primär die Erarbeitung von Stellungnahmen in grundsätzlichen medizinethischen Fragen (siehe das Statut der Zentralen Ethikkommission vom 14. Oktober 1994 [http://www.zentrale-ethikkommission.de/page.asp?his=0.2.29, abgerufen am 26. April 2011]); dazu auch *v. Dewitz*, in: ders./Luft/Pestalozza, S. 34.

9 *v. Dewitz*, in: ders./Luft/Pestalozza, S. 35.

10 *Bork* (1984), S. 25 ff.; *Czwalinna*, S. 2 f.; *Deutsch/Spickhoff*, Rn. 1000; *Stamer*, S. 6; siehe auch *Deutsch*, in: ders./Lippert, § 42 Rn. 2; zur gesamten Entwicklung ausführlich *Toellner*, in: ders., S. 3 ff.

11 *Czwalinna*, S. 3 f.; *Gramm*, WissR 32 (1999), S. 209 (210); *Stamer*, S. 5.

12 *Stamer*, S. 11 ff.

13 In deutscher Sprache bekanntgemacht durch den Bundesminister für Jugend, Familie und Gesundheit am 30. Juli 1976 (Bundesanzeiger Nr. 152 vom 14. August 1976, S. 3 f.).

14 *Bork* (1984), S. 33 f.; *Czwalinna*, S. 1 f.; *Deutsch/Spickhoff*, Rn. 1002; *Osterwald*, in: Toellner, S. 31 (33 f.).

15 *Bork* (1984), S. 47; *Classen*, MedR 1995, S. 148; *Stamer*, S. 1 f.

Institutionen der Fremdkontrolle weiterentwickelt.[16] Die Beteiligung von Ethikkommissionen in der Arzneimittelforschung ist seit der 5. Novelle des Arzneimittelgesetzes[17], im Bereich der Medizinprodukteforschung seit der Geltung des Medizinproduktegesetzes[18], im Geltungsbereich der Röntgenverordnung seit Geltung der Änderungsverordnung vom 18. Juni 2002[19] und in jenem des Strahlenschutzgesetzes seit der Geltung der Änderungsverordnung vom 20. Juli 2001[20] obligatorisch.[21] Den Ethikkommissionen kommt im Arzneimittelbereich seit Geltung des Zwölften Gesetzes zur Änderung des Arzneimittelgesetzes vom 30. Juli 2004[22] und im Medizinproduktebereich seit Geltung des Gesetzes zur Änderung medizinprodukterechtlicher Vorschriften vom 29. Juli 2009[23] auch eine Entscheidungsfunktion hinsichtlich des „Ob" einer klinischen Prüfung zu.[24]

Die hier untersuchten Ethikkommissionen sind interdisziplinär zusammengesetzte Kollegialgremien. Personell sind sie – im Einzelnen in unterschiedlicher Ausgestaltung – regelmäßig aus Medizinern, Juristen[25], Theologen[26], Philosophen[27] und keiner Fachrichtung angehörigen medizinischen Laien zusammengesetzt.[28] Die Mitgliederzahl variiert je nach Kommission.[29] Organisatorisch sind die Gremien bei

---

[16] *Classen*, MedR 1995, S. 148 (149), wonach die Kommissionen von „einem Partner des Arztes zu einem Partner der Überwachungsbehörde" geworden sind; siehe *Schlette*, NVwZ 2006, S. 785; *Schröder*, VersR 1990, S. 243, der für die alte Rechtslage von dem „Selbstverständnis der Beratungstätigkeit" spricht, „dem Arzt kollegialen Rat und Hilfe im eigenen und im Interesse der Patienten und Probanden anzubieten, nicht aber Kontrolle auszuüben".

[17] Fünftes Gesetz zur Änderung des Arzneimittelgesetzes vom 09. August 1994 (BGBl. 1994 I, S. 2071).

[18] Gesetz über Medizinprodukte (Medizinproduktegesetz – MPG) vom 02. August 1994 (BGBl. 1994 I, S. 1963).

[19] Verordnung zur Änderung der Röntgenverordnung und anderer atomrechtlicher Verordnungen vom 18. Juni 2002 (BGBl. 2002 I, S. 1869 ff.).

[20] Verordnung für die Umsetzung der Euratom-Richtlinien zum Strahlenschutz vom 20. Juli 2001 (BGBl. 2001 I, S. 1714), berichtigt vom 22. April 2002 (BGBl. 2002 I, S. 1459).

[21] *Kollwitz*, S. 6; *Laufs*, in: ders., Handbuch, § 130 Rn. 18; siehe *Schlette*, NVwZ 2006, S. 785; zur Entwicklung der Gesetzgebung *Deutsch*, VersR 1995, S. 121 (121 f.); ebenfalls zur Entwicklung der Regelungen *Stamer*, S. 19 ff.

[22] BGBl. 2004 I, S. 2031.

[23] BGBl. 2009 I, S. 2326.

[24] Für den Arzneimittelbereich *Deutsch/Spickhoff*, Rn. 1006; ebenfalls für den Arzneimittelbereich *Schlette*, NVwZ 2006, S. 785.

[25] Zur Funktion des Juristen *Neitzke*, in: Wiesing, S. 104 (108 f.).

[26] Zur Funktion des Theologen *Schlaudraff*, in: Wiesing, S. 131 ff.; auch *Niemann*, in: Toellner, S. 93 ff.

[27] Zur Funktion des Philosophen *Siep*, in: Wiesing, S. 124 ff.; *Siep*, in: Toellner, S. 101 ff.

[28] *Bork* (1984), S. 21; *Deutsch*, in: ders./Lippert, § 42 Rn. 3 (ohne die Erwähnung des Philosophen); *v. Dewitz/Luft*, in: dies./Pestalozza, S. 67 ff. (mit der zusätzlichen Nennung von Naturwissenschaftlern, Biometrikern, Pflegekräften, Medizintechnikern und Medizinstudenten); siehe generell *Neitzke*, in: Wiesing, S. 104 ff.

[29] Siehe *v. Dewitz/Luft*, in: dies./Pestalozza, S. 66 (zwischen 5 und 40 Mitgliedern).

Ärztekammern, Hochschulen und in der Ministerialverwaltung mancher Länder angesiedelt (öffentlich-rechtliche Ethikkommissionen); zudem gibt es privatautonom gegründete, privatrechtlich verfasste Kommissionen (private Ethikkommissionen).

Gegenstand der Tätigkeit der Ethikkommissionen sind am Menschen vorgenommene medizinische Forschungsvorhaben. Grundsätzlich ist medizinische Forschung für eine adäquate Gesundheitsversorgung unverzichtbar.[30] Sie dient auch dazu, Wissen über das Risiko sowie den diagnostischen oder therapeutischen Nutzen eines Produkts oder einer Methode zu sammeln und so eine Basis zu schaffen für eine Bewertung der Risiko-Nutzen-Relation.[31] Diese Bewertung kann Ausgangspunkt für eine Entscheidung über die spätere Anwendung sein,[32] deren Hauptparameter die Verhinderung der Breitenanwendung unwirksamer oder gefährlicher Produkte oder Methoden[33] ist. Die Forschung zielt insofern auf den Schutz der später mit dem Produkt oder der Methode in Berührung gebrachten Personen.[34] Hierzu sind – nach Labor- und Tierversuchen[35] – auch Experimente an Menschen unverzichtbar.[36] Solche bergen jedoch Gefahren. Vor dem Beginn des Forschungsprojekts besteht notwendig Unsicherheit über die – möglicherweise auch schädlichen – Wirkungen von Produkten oder Methoden, die im Rahmen des Forschungsvorhabens dennoch bei den Forschungsteilnehmern angewandt werden.[37] Die Abweichung von dem Standard des medizinischen Verkehrskreises ist der Forschung inhärent.[38] Neben der physischen und psychischen Unversehrtheit der Teilnehmer gefährden die Experimente daher auch deren Würde und freie Selbstbestimmung.[39]

Konkrete Beurteilungsobjekte der Ethikkommissionen sind klinische Prüfungen, das heißt bestimmte Projekte medizinischer Forschung in Bezug auf Produkte oder Methoden am Menschen[40]. Der Begriff der klinischen Prüfung wird von den wesentlichen maßgeblichen Vorschriften verwendet: Vom Arzneimittelgesetz, das in § 4

---

[30] *Schmidt-Aßmann* (2001), S. 47.

[31] *Czwalinna*, S. 87 f.

[32] Für Medizinprodukte *Kage*, S. 292.

[33] *Czwalinna*, S. 71; *Deutsch*, in: ders./Lippert, § 40 Rn. 1; *Kage*, S. 292 f.; *Lippert*, in: Festschrift Laufs, S. 973.

[34] *Kage*, S. 297.

[35] *Deutsch*, NJW 1995, S. 3019 (3022).

[36] *Taupitz/Fröhlich*, VersR 1997, S. 911.

[37] *Bork* (1984), S. 21; *Czwalinna*, S. 72 f.; *Stamer*, S. 5.

[38] *Deutsch/Spickhoff*, Rn. 917, 921; *Deutsch*, NJW 2003, S. 949; *Laufs*, in: ders., Handbuch, § 130 Rn. 4.

[39] *Holzhauer*, NJW 1992, S. 2325 (2327); *Pfeiffer*, VersR 1991, S. 613 (616).

[40] Der Begriff der „klinischen Bewertung" bezieht sich auf Forschung ohne eine Anwendung am Menschen, dazu und generell zur Definition, *Kage*, S. 294 ff. Synonym zum Begriff der „klinischen Prüfung" kann auch jener der „klinischen Studie" verwendet werden.

Abs. 23 AMG auch eine Definition enthält[41], vom Medizinproduktegesetz (beispielsweise in der Überschrift des vierten Abschnitts) sowie von der Strahlenschutzverordnung (dort in § 91). Einzig die Röntgenverordnung enthält den Begriff der „klinischen Prüfung" nicht. Der Kerngehalt – ein wissenschaftliches, systematisch-methodisches Vorgehen mit dem Ziel der Gewinnung von Informationen über die therapeutische oder diagnostische Funktion eines Produkts oder einer Methode und deren Risiken – ist grundsätzlicher Natur und bereichsübergreifend gültig.[42] Die Forschung kann sowohl an Patienten, also Kranken, die potentiell einen individuellen Vorteil aus der Teilnahme haben können[43], als auch an gesunden Personen (Probanden) vorgenommen werden.[44] Dem entspricht die terminologische Differenzierung zwischen Heilversuch oder therapeutischem Versuch und wissenschaftlichem Experiment oder wissenschaftlichem Versuch.[45] Die materiellen Anforderungen an die Versuche sind jeweils unterschiedlich.[46]

Die Ethikkommissionen sollen verschiedene Funktionen erfüllen. Die wichtigste Funktion ist der Schutz der Rechte und Rechtsgüter der Forschungsteilnehmer.[47] Deren Gesundheit, jedoch auch ihre Würde und Selbstbestimmung sollen gewahrt

---

[41] „Klinische Prüfung bei Menschen ist jede am Menschen durchgeführte Untersuchung, die dazu bestimmt ist, klinische oder pharmakologische Wirkungen von Arzneimitteln zu erforschen oder nachzuweisen oder Nebenwirkungen festzustellen oder die Resorption, die Verteilung, den Stoffwechsel oder die Ausscheidung zu untersuchen, mit dem Ziel, sich von der Unbedenklichkeit oder Wirksamkeit der Arzneimittel zu überzeugen".

[42] Siehe *Kage*, S. 292, für die Anwendbarkeit des Begriffs mit dem entsprechenden Inhalt sowohl im Bereich der Arzneimittel als auch der Medizinprodukte.

[43] Für dieses Abgrenzungskriterium *Habermann/Lasch/Gödicke*, NJW 2000, S. 3389 (3391); auch *Helle/Frölich/Haindl*, NJW 2002, S. 857 (860).

[44] *Deutsch/Spickhoff*, Rn. 922.

[45] *Bork*, NJW 1985, S. 654; *Deutsch/Spickhoff*, Rn. 922, wonach therapeutischer und rein wissenschaftlicher Versuch zu unterscheiden seien und der Heilversuch zu verstehen sei als Versuch, „bei dem ohne wissenschaftliche Kontrolle einem oder vielen Schwerkranken zu helfen versucht wird als wären sie in der Verumgruppe am Versuch beteiligt", für den allerdings eine „Analogie zu den Regeln über die Therapie geboten" sei (Rn. 932) (siehe auch Rn. 957); *Helle/Frölich/Haindl*, NJW 2002, S. 857; *Kage*, S. 305 f.; *Köhler*, NJW 2002, S. 853, mit dem Hinweis auf die Ähnlichkeit von therapeutischer Studie und (terminologisch separiertem) Heilversuch und die unterschiedlich verwendete Terminologie; *Laufs*, in: ders., Handbuch, § 130 Rn. 5; *Taupitz/Fröhlich*, VersR 1997, S. 911 (913). Die Differenzierung wurde bereits in den Beratungen des Parlamentarischen Rats zum Recht auf Leben und Freiheit der Person diskutiert (32. Sitzung des Ausschusses für Grundsatzfragen des Parlamentarischen Rats vom 11. Januar 1949, in: Der Parlamentarische Rat 1948–1949, Bd. 5/II, 1993, S. 918 f.).

[46] *Deutsch/Spickhoff*, Rn. 922, wonach das individuelle Risiko bei einem therapeutischen Versuch mit dem individuellen Vorteil, bei einem rein wissenschaftlichen Experiment mit dem Vorteil für die Allgemeinheit abgewogen werden muss; für das Arzneimittelrecht *Laufs*, in: ders., Handbuch, § 130 Rn. 8 ff.

[47] *Deutsch/Spickhoff*, Rn. 999, 1351; *Deutsch*, VersR 1999 S. 1 (4 f.); *Deutsch*, in: Toellner, S. 67 (73); *v. Dewitz*, in: ders./Luft/Pestalozza, S. 87 und 135 f.; *Kollwitz*, S. 7; *Stamer*, S. 1.; siehe auch *Freund*, MedR 2001, S. 65 (71) („Die Ethik-Kommission ist ein Instrument zur Qualitätssicherung im Interesse aller Beteiligten und Betroffenen"); *Kage*, S. 297 f.

und daher insbesondere eine sachgemäße und informierte Einwilligung[48] gewährleistet werden. Des Weiteren soll die Ethikkommission die Rechte der Forscher schützen.[49] Funktionen sind auch der Schutz des Ansehens der medizinischen Forschung in der Öffentlichkeit[50] und der Rechte des Trägers einer Forschungseinrichtung, beispielsweise einer Klinik[51].

Die hier untersuchten Ethikkommissionen sind Institutionen präventiver Kontrolle.[52] Der Präventivfunktion liegt der Gedanke einer gegenüber einem repressiven Prozess höheren Schutzeffektivität zugrunde.[53] Klinische Studien werden vor ihrer Durchführung von der zuständigen Ethikkommission auf Antrag geprüft und bewertet. Maßstab der Bewertung sind die jeweils einschlägigen materiellen Vorschriften der Gesetze oder Verordnungen. Diese eröffnen sämtlich Anwendungsspielräume, insbesondere aufgrund der Prägung der Bewertungsmaßstäbe durch wissenschaftliche Kriterien und aufgrund ethischer Maßstäbe. Das Bewertungsergebnis findet Ausdruck in einer Stellungnahme der Kommission, die von den jeweils anwendbaren Vorschriften unterschiedlich, nämlich als „Bewertung", „Stellungnahme" oder „Votum" bezeichnet wird.[54] Die Rechtswirkungen dieser Bewertungen sind in Abhängigkeit von den einschlägigen Regelungen unterschiedlich.

---

[48] *Deutsch/Spickhoff*, Rn. 1351; *Kollhosser*, in: Festgabe Zivilrechtslehrer, S. 261; *Laufs*, in: ders., Handbuch, § 130 Rn. 26 ff.

[49] *Deutsch/Spickhoff*, Rn. 999, 1351; *Deutsch*, in: ders./Lippert, § 40 Rn. 18; *Deutsch*, VersR 1999 S. 1 (4); *Deutsch*, in: Toellner, S. 67 (73); *v. Dewitz*, in: ders./Luft/Pestalozza, S. 136; *Kollwitz*, S. 7; *Laufs*, in: ders., Handbuch, § 130 Rn. 19; *Stamer*, S. 1; siehe auch *Freund*, MedR 2001, S. 65 (71) („Entscheidungshilfen" für die Forscher „bei der Lösung spezifisch ethischer Fragen").

[50] *v. Dewitz*, in: ders./Luft/Pestalozza, S. 137; konkreter für Akzeptanz der Tätigkeit des jeweiligen Forschers in der fachlichen und nicht fachlichen Öffentlichkeit *Stamer*, S. 1.

[51] *Deutsch/Spickhoff*, Rn. 999, 1351; *Deutsch*, VersR 1999 S. 1 (4), wonach der Schutz sich sowohl auf mögliche Haftungsfolgen als auch auf eine mögliche negative Publizität bezieht; ebenso *Deutsch*, in: Toellner, S. 67 (73); *v. Dewitz*, in: ders./Luft/Pestalozza, S. 137; *Kollwitz*, S. 7; *Laufs*, in: ders., Handbuch, § 130 Rn. 19.

[52] *Bork* (1984), S. 22.

[53] *Stamer*, S. 5.

[54] Das Medizinproduktegesetz verwendet jeden dieser Begriffe (siehe beispielsweise § 20 Abs. 1 S. 1 MPG [„Bewertung"], § 22 Abs. 1 S. 3 MPG [„Votum"] und § 22a Abs. 1 S. 2 MPG [„Stellungnahme"]). Das Arzneimittelgesetz und die GCP-Verordnung nennen ausschließlich die „Bewertung" (siehe beispielsweise § 42 Abs. 1 S. 1 AMG und § 7 Abs. 1 S. 1 GCP-V). „Stellungnahme" findet Anwendung in der Röntgenverordnung (siehe § 28b Abs. 1 Nr. 2 RöV) und der Strahlenschutzverordnung (siehe § 24 Abs. 1 Nr. 2 StrlSchV). Ein in Bedeutungsunterschieden wurzelnder Grund für die unterschiedlichen Bezeichnungen ist nicht ersichtlich. In dieser Untersuchung werden die Termini daher synonym verwendet.

2. Wirkung der Voten

Die rechtliche Wirkung der Voten ist abhängig von den auf die jeweilige klinische Studie anwendbaren Vorschriften. Jenseits dessen können die Stellungnahmen auch faktische Wirkungen entfalten.

Nach dem Arzneimittelgesetz und dem Medizinproduktegesetz entscheidet jeweils die Bewertung über die rechtliche Nichtdurchführbarkeit der Studie. Nach § 40 Abs. 1 S. 2 AMG darf eine klinische Prüfung eines Arzneimittels, nach § 20 Abs. 1 S. 1 MPG jene eines Medizinproduktes nur begonnen werden, wenn die zuständige Ethikkommission diese zustimmend bewertet hat. Auch in diesen Fällen ist jedoch gemäß § 40 Abs. 1 S. 2 AMG oder § 20 Abs. 1 S. 1, S. 2 MPG zusätzlich die Genehmigung oder (ausschließlich im Medizinproduktebereich, siehe auch § 7 Abs. 1, 3 S. 2 MPKPV[55]) eine Befreiung von der Genehmigungspflicht durch das Bundesinstitut für Arzneimittel und Medizinprodukte erforderlich. Die positive Bewertung ist damit in beiden Sachbereichen notwendige, aber nicht hinreichende Bedingung für die Studiendurchführung.

In den Bereichen der Röntgenverordnung und der Strahlenschutzverordnung ist die Durchführung der Studie lediglich davon abhängig, dass überhaupt ein Votum abgegeben wird. § 28b Abs. 1 Nr. 2 RöV und § 24 Abs. 1 Nr. 2 StrlSchV schreiben jeweils vor, dass die erforderliche Genehmigung durch das Bundesamt für Strahlenschutz nur dann erteilt werden darf, wenn die Stellungnahme einer Ethikkommission vorliegt. Eine Negativentscheidung hindert hier sonach die Studiendurchführung nicht, wohl aber ein Nichthandeln der Ethikkommission.

Neben diesen rechtlichen Effekten können die Stellungnahmen der Ethikkommissionen Wirkungen in der tatsächlichen Dimension zeitigen. Namentlich die Publikation von Forschungsergebnissen[56] und die Finanzierung des Forschungsvorhabens[57] sind faktisch von positiven Kommissionsvoten abhängig.

3. Stellung in der Verwaltungsorganisation

Aus verwaltungsorganisationsrechtlicher Perspektive können öffentlich-rechtliche und privatrechtliche Ethikkommissionen unterschieden werden.

Im Arzneimittelbereich und im Medizinproduktebereich können die Bewertungen ausschließlich von Ethikkommissionen abgegeben werden, die bei Verwaltungsträgern angesiedelt und insofern öffentlich-rechtlich sind. In dem Sektor der Arzneimittel verweisen § 40 Abs. 1 S. 2 in Verbindung mit § 42 Abs. 1 S. 1 AMG und § 7

---

[55] Verordnung über klinische Prüfungen von Medizinprodukten (MPKPV) vom 10. Mai 2010 (BGBl. 2010 I, S. 555).

[56] *Bork* (1984), S. 34; *Deutsch*, NJW 1981, S. 614; *Gramm*, WissR 32 (1999), S. 209 (215 f.); siehe *Stamer*, S. 17.

[57] *Sobota*, AöR 121 (1996), S. 229 (236).

Abs. 1 S. 4 GCP-V[58], in dem Sektor der Medizinprodukte verweisen § 20 Abs. 1 S. 1 in Verbindung mit § 22 Abs. 1 S. 1 MPG sowie § 3 Abs. 1 S. 4 MPKPV für die Zuständigkeit der Ethikkommissionen auf das Landesrecht. Die Kompetenz für die Errichtung der Kommissionen liegt bei den Ländern.[59] Vor allem durch deren Heilberufe- und Kammergesetze werden die Kommissionen den Ärztekammern und Hochschulen institutionell zugewiesen[60] und dort durch Satzung als unselbständige Teile dieser Verwaltungsträger errichtet.[61] In manchen Bundesländern gibt es auch öffentlich-rechtliche Ethikkommissionen, die unmittelbar in der Ministerialverwaltung angesiedelt sind.

Nach der Röntgenverordnung sowie der Strahlenschutzverordnung können sowohl öffentlich-rechtliche als auch privatrechtliche Ethikkommissionen Stellungnahmen abgeben. Dies ergibt sich aus § 28 g RöV sowie aus § 92 StrlSchV, die hinsichtlich der Kommissionen die Registrierung bei dem Bundesamt für Strahlenschutz verlangen. Die Vorschriften setzen nicht voraus, dass die Ethikkommissionen bei Verwaltungsträgern errichtet sind. Somit können sowohl öffentlich-rechtliche als auch privatautonom in Privatrechtsform gegründete Ethikkommissionen registriert werden.

Neben der Differenzierung von öffentlich-rechtlichen und privaten Ethikkommissionen lässt sich somit auch zwischen Kommissionen unterscheiden, die innerhalb der unmittelbaren Staatsverwaltung angesiedelt sind, und solchen, die sich außerhalb befinden. Letztere sind jene öffentlich-rechtlichen Gremien, die bei Trägern funktionaler Selbstverwaltung errichtet wurden, sowie alle privaten.

II. Fragestellung: Demokratische Legitimation der Aktivität der Ethikkommissionen

Das vor allem in Art. 20 Abs. 1 und 2 GG[62] verankerte Demokratieprinzip verlangt, dass die Staatsgewalt vom Volk ausgeht. Dieses Gebot demokratischer Legitimation der Staatsgewalt ist verfassungsexplizit wenig konkretisiert, jedoch durch Auslegung präzisierbar. Maßgeblich ist dabei insbesondere die Systematik des

---

[58] Verordnung zur Anwendung der Guten Klinischen Praxis bei der Durchführung von klinischen Prüfungen mit Arzneimitteln zur Anwendung am Menschen (GCP-Verordnung – GCP-V) vom 9. August 2004 (BGBl. 2004 I, S. 2081), zuletzt geändert durch Art. 4 der Verordnung vom 3. November 2006 (BGBl. 2006 I, S. 2523).

[59] *Deutsch/Spickhoff*, Rn. 1015; *Lippert*, GesR 2005, S. 438 (439); *Pestalozza*, in: v. Dewitz/Luft/ders., S. 100 f.

[60] *Pestalozza*, in: v. Dewitz/Luft/ders., S. 85 ff.

[61] *Pestalozza*, in: v. Dewitz/Luft/ders., S. 85.

[62] Grundgesetz für die Bundesrepublik Deutschland in der im Bundesgesetzblatt Teil III, Gliederungsnummer 100–1, veröffentlichten bereinigten Fassung, zuletzt geändert durch Gesetz vom 29. Juli 2009 (BGBl. 2009 I, S. 2248).

Grundgesetzes, vor allem das Konzept der Repräsentation, sowie das Telos des Demokratiegebots, die Wahrung von Selbstbestimmung unter den Bedingungen verfasster Staatlichkeit. Das Gebot demokratischer Legitimation verlangt jedenfalls einen effektiven Einfluss des Legitimationssubjekts „Volk“ auf das Legitimationsobjekt „Staatsgewalt“. Als Einflussrichtungen kommen insbesondere eine Einwirkung auf die Benennung der die Staatsgewalt in einer bestimmten Funktion ausübenden Amtswalter und eine Einwirkung auf den Inhalt deren Verhaltens in Betracht: Eine personell-organisatorische und eine sachlich-inhaltliche Legitimation.

Vor dem Hintergrund dieses Legitimationsgebots erscheint die Tätigkeit der Ethikkommissionen fragwürdig. Schon aufgrund der Zuweisung von Aufgaben durch Gesetze und Verordnungen kommt eine Qualifikation der Kommissionsaktivität als „staatlich“ in Betracht. Da die Voten rechtliche und faktische Wirkungen auf Menschen zeitigen, liegt eine Fassung unter den Begriff der „Staatsgewalt“ nahe. Es begegnet Zweifeln, ob unter den Bedingungen der regelmäßigen verwaltungsorganisatorischen Einordnung der öffentlich-rechtlichen Ethikkommissionen bei Trägern funktionaler Selbstverwaltung und der verwaltungsexternen Stellung der privaten Ethikkommissionen ein dem Gebot des Art. 20 Abs. 2 GG entsprechender Einfluss des „Volkes“ im Sinne einer personell-organisatorischen Legitimation gewährleistet ist: Sowohl Selbstverwaltungsträger als auch privatrechtlich verfasste Organisationen bestimmen ihre Funktionsträger grundsätzlich selbst. Die sachlich-inhaltliche Legitimation ist schon aufgrund der Steuerungsungenauigkeit wissenschaftlich geprägter und ethischer Maßstäbe der Kommissionstätigkeit fragwürdig.

Es ist zu untersuchen, ob diese spezifischen Bedingungen hinsichtlich der einzelnen Legitimationsmodi jeweils für sich oder in Kombination den Schluss auf einen Verstoß gegen das Gebot demokratischer Legitimation aus Art. 20 Abs. 2 GG zu begründen vermögen.

III. Einführung in die Untersuchung

1. Untersuchungsziel

Ziel der Untersuchung ist, die Ethikkommissionen umfassend in das vom Grundgesetz entfaltete normative Konzept demokratischer Legitimation einzuordnen und zu beurteilen und zugleich dieses Konzept zu konturieren. Der konkrete Untersuchungsgegenstand der Tätigkeit der Ethikkommissionen soll nicht den Blick auf die allgemeinen Fragen verstellen, die sich hinsichtlich der Konkretisierung des Verfassungsgebots demokratischer Legitimation erheben. Die Perspektive der Analyse ist daher in Teilen bewusst über den sachbezogenen Zugriff hinaus auf das Grundsätzliche und Abstrakte erweitert.

2. Methodik und Gang der Darstellung

Basis der Untersuchung ist die Beschreibung der komplexen rechtlichen Grundlagen und Rahmenbedingungen der Ethikkommissionen und ihrer Tätigkeit. Neben den Rechtsgrundlagen ist für die spätere Legitimationsbetrachtung besonders die uneinheitliche verwaltungsorganisatorische Stellung der Kommissionen von Bedeutung. Auch die Einordnung ihrer Tätigkeit nach Maßgabe der bekannten Kategorien des Verwaltungsverfahrensrechts liefert Erkenntnisse, die in der Legitimationsperspektive fruchtbar gemacht werden können.

Sodann wird präzisiert, was der Begriff der „Staatsgewalt" des Art. 20 Abs. 2 S. 1 GG meint. Die Staatsgewalt ist das Legitimationsobjekt, der Initialpunkt, der die Forderung nach demokratischer Legitimation erst aktiviert. Semantisch kann „Staatsgewalt" in die Bedeutungsteile „Gewalt" und „Staat" differenziert werden. Der Gewaltaspekt wird darauf untersucht, was er über das Gewalt ausübende Subjekt sowie über die Wirkung auf ein Gewaltobjekt aussagt, wobei die dem Demokratieprinzip zugrundeliegende Selbstbestimmungsidee von erheblicher Bedeutung ist. Letzteres gilt auch hinsichtlich der Staatlichkeit der Gewalt, für die insbesondere geklärt wird, auf welchen Bedeutungsaspekt der Gewalt (Modus, Sachbereich oder ausübendes Subjekt) sie sich bezieht. Beide Bedeutungsaspekte werden auf die Tätigkeit der Ethikkommissionen bezogen und die Frage, ob die Ethikkommissionen Staatsgewalt im Sinne des Art. 20 Abs. 2 GG ausüben, wird beantwortet.

In einem weiteren Schritt wird festgestellt, was das von Art. 20 Abs. 2 GG angesprochene „Volk", das Legitimationssubjekt ist. Maßgeblich ist vor allem der systematische Verfassungskontext jener Normen, die vertikale Einflusswirkungen auf die Staatsgewalt konstituieren; sie werden zur Auslegung des Gebots demokratischer Legitimation herangezogen. Die Zentralfrage ist dabei, ob das Legitimationsgebot „Verbandsvölker" – Mitglieder der Träger funktionaler Selbstverwaltung, bei denen die meisten Ethikkommissionen angesiedelt sind – als Legitimationssubjekte anerkennt. Die Analyse führt zu einer Feststellung der für die Ethikkommissionen gültigen Legitimationssubjekte. Damit wird die Basis geschaffen für die Folgeuntersuchung des Legitimationsprozesses.

Die Untersuchung des Legitimationsprozesses ist in die zwei Fragmente der personell-organisatorischen und der sachlich-inhaltlichen Legitimation geteilt.

Zunächst wird das Modell der personell-organisatorischen Legitimation als Funktion der Einflussnahme auf das personale Element der ausgeübten Staatsgewalt entfaltet und in seiner Steuerungseffektivität beschrieben. Vor diesem Hintergrund wird die Legitimation der Ethikkommissionen untersucht und die Besonderheiten, die insbesondere durch deren Einordnung bei Selbstverwaltungsträgern oder ihre private Konstitution entstehen, dargestellt. An die Analyse verfassungsrechtlich zulässiger Modifikationen des Grundmodells personell-organisatorischer Legitimation schließt sich die Beurteilung der Verfassungsmäßigkeit der Ethikkommissionen, soweit der Aspekt der personell-organisatorischen Legitimation reicht.

Ähnlich der Untersuchung der personell-organisatorischen Legitimation ist auch die Analyse der sachlich-inhaltlichen Legitimation – der auf den Inhalt der Staatsgewalt bezogenen Einflussfunktion – strukturiert. Ihr Schwerpunkt ist die Beschreibung der Lockerung sachlich-inhaltlicher Einflussstrukturen, die sich teils aus der verwaltungsorganisatorischen Position der Ethikkommissionen als Elemente der funktionalen Selbstverwaltung, teils aus ihrer konkreten Verfasstheit und den sie materiell programmierenden Vorschriften ergeben, sowie die verfassungsrechtliche Beurteilung dieser Phänomene.

Die Untersuchung des Legitimationsniveaus als gleichsam der Bilanz der vertikalen Einflussströme von Legitimationssubjekt zu Legitimationsobjekt schließt die Analyse des Legitimationsprozesses ab. Das Zusammenwirken von personell-organisatorischer und sachlich-inhaltlicher Legitimation und die Folgerung eines bestimmten Legitimationsniveaus werden aufgezeigt. Die verfassungsrechtliche Forderung nach einem bestimmten Legitimationsmaß wird als in Abhängigkeit von der in Frage stehenden konkreten Staatsgewalt formuliertes und insofern dynamisches Gebot beschrieben. Das so entfaltete Konzept wird mit dem Untersuchungsgegenstand, der Tätigkeit der Ethikkommissionen, ausgefüllt und die Frage beantwortet, inwieweit das Legitimationsniveau der Kommissionen dem grundgesetzlichen Gebot demokratischer Legitimation genügt.

Damit sind wesentliche Teile des Konzepts der demokratischen Legitimation beschrieben und zu den Ethikkommissionen und ihrer Aktivität in Relation gesetzt. Dies erlaubt eine Antwort auf die Ausgangsfrage: Die Frage nach der Verfassungskonformität der Tätigkeit der Ethikkommissionen nach Maßgabe des Demokratieprinzips.

B. Rechtliche Grundlagen der Ethikkommissionen

I. Rechtliche Grundlagen

Die rechtlichen Grundlagen der Ethikkommissionen und ihrer Tätigkeit sind vielfältig. Sie umfassen völkerrechtliche, europarechtliche, bundesrechtliche und landesrechtliche Regelungen sowie Satzungsrecht von Verwaltungsträgern funktionaler Selbstverwaltung.

Einige Rechtsgrundlagen sind allgemeiner Natur. Sie sind relevant für die Ethikkommissionen, befassen sich mit diesen jedoch nicht gezielt. Dazu zählen völkerrechtliche Regelungen wie die Konvention zum Schutze der Menschenrechte und Grundfreiheiten des Europarates vom 4. November 1950.[1] Auch die Verwaltungsverfahrensgesetze, die für die Verfahren der Ethikkommissionen teilweise einschlägig sind [siehe unten B. III.], sind insofern allgemeiner Natur.[2] Zudem finden datenschutzrechtliche Bestimmungen Anwendung, soweit die Ethikkommissionen Daten erheben.[3] Auch Strafvorschriften sind für die Tätigkeit der Kommissionen bedeutsam, jedoch nicht gezielt auf diese zugeschnitten.

Um die Ethikkommissionen als Objekte dieser Untersuchung zu beschreiben, sind primär die spezifisch auf die Ethikkommissionen bezogenen Bestimmungen bedeutsam. Diese Normen lassen sich kategorisieren als solche, die nur einzelne Bereiche der Kommissionstätigkeit erfassen, zum Beispiel den Bereich der Arzneimittel, und andere, welche nicht nach Tätigkeitsbereichen differenzieren. Der Regelungsinhalt ist vielseitig: Die Bestimmungen betreffen die personelle Zusammensetzung der Kommissionen, ihre verwaltungsorganisationsrechtliche Einordnung, das Verfahren und die materiellen Entscheidungsgesichtspunkte.

1. Europarechtliche Regelungen

Das Europarecht enthält Regelungen mit spezifischem Bezug auf die Ethikkommissionen in Form von Richtlinien.

---

[1] BGBl. 1952 II, S. 685, 953, zuletzt geändert durch das Protokoll Nr. 14 vom 13. Mai 2004 (BGBl. 2006 II, S. 138).

[2] Siehe *v. Dewitz*, in: ders./Luft/Pestalozza, S. 184 ff.

[3] Siehe *v. Dewitz/Pestalozza*, in: dies./Luft, S. 77; *Laufs*, in: ders., Handbuch, § 130 Rn. 20.

a) Arzneimittelrechtliche Vorschriften

aa) Richtlinie 2001/20/EG

Die klinische Prüfung von Arzneimitteln wird von der Richtlinie 2001/20/EG des Europäischen Parlaments und des Rates vom 4. April 2001 zur Angleichung der Rechts- und Verwaltungsvorschriften der Mitgliedstaaten über die Anwendung der guten klinischen Praxis bei der Durchführung von klinischen Prüfungen mit Humanarzneimitteln[4] geregelt. Die Richtlinie enthält vor allem Regelungen zur Einrichtung und Gestalt der Ethikkommissionen (Art. 2 Buchst. k, Art. 6 Abs. 1), zu den materiellen Voraussetzungen der Durchführung einer klinischen Prüfung (Art. 3 bis Art. 5, Art. 6 Abs. 3) und zum Verfahren (Art. 3 Abs. 1, Art. 6 Abs. 2 und 5 bis 7, Art. 7, Art. 9, Art. 10).[5] Sie belässt gemäß Art. 3 Abs. 1 S. 1 den Mitgliedsstaaten das Recht, zum Schutz der Prüfungsteilnehmer weiter gehende Vorschriften zu erlassen, jedoch müssen die Bestimmungen der Richtlinie zum Verfahren und den Fristen gewahrt bleiben. Die Mitgliedstaaten sind seit dem 1. Mai 2004 verpflichtet, die zur Umsetzung erforderlichen Rechts- und Verwaltungsvorschriften anzuwenden (Art. 22 Abs. 1).

bb) Richtlinie 2005/28/EG

Weitere Regelungen, die für die Rolle der Ethikkommissionen bei klinischen Prüfungen von Arzneimitteln relevant sind, enthält die Richtlinie 2005/28/EG der Kommission vom 8. April 2005 zur Festlegung von Grundsätzen und Leitlinien der guten klinischen Praxis für zur Anwendung beim Menschen bestimmte Prüfpräparate sowie von Anforderungen für die Erteilung einer Genehmigung zur Herstellung oder Einfuhr solcher Produkte[6]. Die Richtlinie bestimmt in Art. 6 Abs. 1, dass die Ethikkommissionen „die erforderlichen Verfahren zur Umsetzung der Anforderungen der [...] Richtlinie [2001/20/EG], insbesondere deren Artikel 6 und 7" festlegen. Die Bestimmung zielt mithin darauf, dass den Kommissionen zu einem gewissen Grad selbst die Möglichkeit eingeräumt wird, das Verfahren bestimmen zu dürfen, mittels derer sie insbesondere den materiellen Anforderungen an die klinischen Prüfungen in Art. 6 Abs. 3 der Richtlinie 2001/20/EG Geltung verschaffen. Zudem verlangt Art. 6 Abs. 2 eine mindestens dreijährige Aufbewahrungspflicht der Ethikkommissionen für die wesentlichen Dokumente über die klinischen Prüfungen.

---

4 Abl. EG Nr. L 121, S. 34, zuletzt geändert durch die Verordnung (EG) Nr. 596/2009 des Europäischen Parlaments und des Rates vom 18. Juni 2009 (Abl. EG Nr. L 188, S. 14).

5 Siehe zum Inhalt *Deutsch*, NJW 2001, S. 3361 ff.; auch *Fischer/Sewing*, in: Deutsch/Schreiber/Spickhoff/Taupitz, S. 29 ff. respektive S. 41 ff.; ebenfalls *Freund*, KHuR 2005, S. 111 (113 f.).

6 Abl. EG Nr. L 91, S. 13.

b) Medizinproduktrechtliche Vorschriften

aa) Richtlinie 90/385/EWG

Die Richtlinie 90/385/EWG des Rates vom 20. Juni 1990 zur Angleichung der Rechtsvorschriften der Mitgliedstaaten über aktive implantierbare medizinische Geräte[7] bestimmt Mindestvoraussetzungen für das Inverkehrbringen und die Inbetriebnahme von aktiven implantierbaren medizinischen Geräten mit dem Ziel des Schutzes der Sicherheit und Gesundheit der Patienten, Anwender und Dritter.[8] Anhang 7 Nr. 2.2 schreibt vor, dass klinische Prüfungen im Einklang mit der vom 18. Weltärztekongress gebilligten Deklaration von Helsinki in der Fassung der Abänderung durch den 35. Weltärztekongress 1983[9] stehen und alle Vorkehrungen zum Schutz des Menschen „im Geiste" dieser Erklärung getroffen werden müssen. Die Deklaration lautet in Nr. I. 2.: „The design and performance of each experimental procedure involving human subjects should be clearly formulated in an experimental protocol which should be transmitted to a specially appointed independent committee for consideration, comment and guidance". Unter Nr. II. 5. wird den Ethikkommissionen eine spezielle Rolle bei der Prüfung von Gründen für den Verzicht auf eine Einwilligung eines Patienten zugewiesen: „If the physician considers it essential not to obtain informed consent, the specific reasons for this proposal should be stated in the experimental protocol for transmission to the independent committee (I. 2.)". Über den statischen Verweis auf die besagte Fassung der Deklaration von Helsinki – der auch durch die Richtlinie 2007/47/EG nicht aktualisiert wurde – ist die Einbindung einer Ethikkommission zwingend. Durch die Beschränkung der Kommissionsfunktion auf „consideration, comment and guidance" bleibt jedoch allein die behördliche Entscheidung ausschlaggebend. Eine an den Inhalt des Votums geknüpfte Rechtsfolge wird von der Richtlinie nur insofern vorgesehen, als bestimmt wird, dass bei einer entsprechenden Regelung durch den jeweiligen Mitgliedstaat der Hersteller auch früher als nach Ablauf der 60-tägigen Frist mit der klinischen Prüfung beginnen kann, wenn eine befürwortende Stellungnahme der zuständigen Ethikkommission vorliegt (Art. 10 Abs. 2 S. 2). Unmittelbare Geltung für den Bereich der aktiven implantierbaren Medizinprodukte haben die Bestimmungen über die Methoden der klinischen Prüfung in Nr. 2.3 des Anhangs 7 der Richtlinie; auf sie wird in § 23 MPG verwiesen.

---

[7] ABl. EG Nr. L 189, S. 17, zuletzt geändert durch die Richtlinie 2007/47/EG des Europäischen Parlamentes und des Rates vom 5. September 2007 (ABl. EG Nr. L 247, S. 21).

[8] Siehe *Kage*, S. 130 ff.

[9] British Medical Journal 1996, Vol. 313, S. 1448 f.; in deutscher Sprache bekanntgemacht durch den Bundesminister für Jugend, Familie, Frauen und Gesundheit am 26. Mai 1987 (Bundesanzeiger Nr. 108 vom 13. Juni 1987, S. 7109 f.).

bb) Richtlinie 93/42/EWG

Die Richtlinie 93/42/EWG des Rates vom 14. Juni 1993 über Medizinprodukte[10] trifft in Art. 15 Bestimmungen über das anzuwendende Verfahren bei klinischen Prüfungen. Ebenso wie in der Richtlinie 90/385/EWG werden die Ethikkommissionen insofern erwähnt, als ihr befürwortendes Votum bei entsprechender Regelung durch den jeweiligen Mitgliedstaat zur Zulässigkeit eines Prüfungsbeginns vor Ablauf der 60-tägigen Regelfrist führen kann (Art. 15 Abs. 2 und 3). Außerdem schreibt Art. 15 Abs. 1 in Verbindung mit Anhang VIII, Nr. 2.2 vor, dass der vom Hersteller von für klinische Prüfungen bestimmten Produkten zu verfassenden Erklärung die Stellungnahme der Ethikkommission beizufügen ist. Anhang X bestimmt schließlich in Nr. 2.2, dass eine klinische Prüfung im Einklang mit der Deklaration von Helsinki in der letzten vom Weltärztekongress geänderten Fassung stehen muss und „[a]lle Vorkehrungen zum Schutz des Menschen [...] zwingend im Geiste der Erklärung von Helsinki getroffen werden". Anders als in der Richtlinie 90/385/EWG ist die Verweisung hier dynamisch. Die derzeitige Fassung der Deklaration von Helsinki wurde auf dem 59. Weltärztekongress von Oktober 2008 in Seoul angenommen.[11] In unmittelbarem Bezug auf die Ethikkommissionen bestimmt die Deklaration von Helsinki in Nr. 15 S. 1 und 2: „The research protocol must be submitted for consideration, comment, guidance and approval to a research ethics committee before the study begins. This committee must be independent of the researcher, the sponsor and any other undue influence." Die Beteiligung einer Ethikkommission ist somit auch nach der Richtlinie 93/42/EWG über den Verweis zwingend. Des Weiteren enthält die Deklaration inhaltliche Maßstäbe für die Durchführung von klinischen Prüfungen, die auch für die Tätigkeit der Ethikkommissionen relevant sind; die Vorschriften des Anhangs X der Richtlinie über die Methoden der klinischen Prüfung gelten aufgrund des Verweises in § 23 MPG unmittelbar für den Bereich der aktiven implantierbaren Medizinprodukte.

c) Vorschriften über den Einsatz von Röntgenstrahlung, ionisierender Strahlung und ionisierenden Stoffen

Zum Einsatz von Röntgenstrahlung, ionisierender Strahlung und ionisierenden Stoffen gibt es auf europäischer Ebene zwei Richtlinien: Die Richtlinie 96/29/Euratom des Rates vom 13. Mai 1996 zur Festlegung der grundlegenden Sicherheitsnormen für den Schutz der Gesundheit der Arbeitskräfte und der Bevölkerung gegen

---

[10] ABl. EG Nr. L 169, S. 1, zuletzt geändert durch die Richtlinie 2007/47/EG des Europäischen Parlamentes und des Rates vom 5. September 2007 (ABl. EG Nr. L 247, S. 21); siehe allgemein zu der Richtlinie *Kage*, S. 134 ff.

[11] Siehe die Internetseite der World Medical Association (http://www.wma.net/en/30publications/10policies/b3/17c.pdf, abgerufen am 26. April 2011); siehe *Deutsch/Spickhoff*, Rn. 930.

die Gefahren durch ionisierende Strahlungen[12] und die Richtlinie 97/43/Euratom des Rates vom 30. Juni 1997 über den Gesundheitsschutz von Personen gegen die Gefahren ionisierender Strahlung bei medizinischer Exposition und zur Aufhebung der Richtlinie 84/466/Euratom[13].[14] Die Richtlinie 96/29/Euratom trifft keine Regelungen über die Ethikkommissionen. Die Richtlinie 97/43/Euratom schreibt in Art. 3 Abs. 1 Buchst. c vor, dass „medizinische Expositionen zu biomedizinischen und medizinischen Forschungszwecken von einer nach einzelstaatlichen Verfahren eingesetzten Ethik-Kommission und/oder von den zuständigen Behörden geprüft werden" müssen. Damit verlangt das europäische Recht jedenfalls eine Prüfung, die sowohl durch eine Ethikkommission als auch durch eine Behörde vorgenommen werden kann; möglich ist auch ein doppeltes Prüfungserfordernis. Die Beteiligung einer Ethikkommission ist danach möglich, aber nicht zwingend.

2. Bundesrechtliche Regelungen

a) Arzneimittelrechtliche Vorschriften

aa) Arzneimittelgesetz

Im nationalen Recht werden klinische Prüfungen mit Arzneimitteln vor allem von dem Gesetz über den Verkehr mit Arzneimitteln (Arzneimittelgesetz – AMG)[15] geregelt. Das Arzneimittelgesetz dient – neben anderen nationalen Vorschriften – vor allem der Umsetzung der Richtlinie 2001/20/EG.[16] Es enthält in seinem 6. Abschnitt über den Schutz des Menschen bei der klinischen Prüfung Bestimmungen zu den formellen und materiellen Voraussetzungen für den Beginn einer Studie.[17] Zentral für die Rolle der Ethikkommissionen ist dabei § 40 Abs. 1 S. 2 AMG, der den Beginn einer klinischen Prüfung an die Voraussetzung der zustimmenden Bewertung durch die Ethikkommission knüpft: „Die klinische Prüfung eines Arzneimittels bei Menschen darf vom Sponsor nur begonnen werden, wenn die zuständige Ethik-Kommission diese nach Maßgabe des § 42 Abs. 1 zustimmend bewertet und die zuständige Bundesoberbehörde diese nach Maßgabe des § 42 Abs. 2 genehmigt hat".[18]

---

[12] ABl. EG Nr. L 159, 1.

[13] ABl. EG Nr. L 180, 22.

[14] *v. Dewitz/Pestalozza*, in: dies./Luft, S. 84.

[15] Oben A. Fn. 1.

[16] *Lippert*, in: Festschrift Laufs, S. 973 (974); *Lippert*, GesR 2005, S. 438 (439); *Pestalozza*, NJW 2004, S. 3374 (3375); *Schlette*, NVwZ 2006, S. 785.

[17] Einen Überblick gibt *Pestalozza*, NJW 2004, S. 3374 ff.

[18] Zu dem durch das Zwölfte Gesetz zur Änderung des Arzneimittelgesetzes vom 30. Juli 2004 herbeigeführten Funktionswandel *Schlette*, NVwZ 2006, S. 785 ff.

bb) GCP-Verordnung

Prüfungen mit Arzneimitteln werden zudem von der Verordnung zur Anwendung der Guten Klinischen Praxis bei der Durchführung von klinischen Prüfungen mit Arzneimitteln zur Anwendung am Menschen (GCP-Verordnung – GCP-V)[19] geregelt. Die GCP-Verordnung wurde aufgrund der Verordnungsermächtigung der § 12 Abs. 1b Nr. 2, § 42 Abs. 3 AMG erlassen. Sie dient – ebenso wie das Arzneimittelgesetz – der Umsetzung der Richtlinie 2001/20/EG. Die GCP-Verordnung enthält eine Definition der Ethikkommissionen und eine Regelung des Verfahrens der Bewertung durch die Ethikkommissionen und der Genehmigung durch das Bundesinstitut für Arzneimittel und Medizinprodukte. Materielle Kriterien der Bewertung bleiben jedoch dem Arzneimittelgesetz vorbehalten.

b) Medizinproduktrechtliche Vorschriften

aa) Medizinproduktegesetz

Das Gesetz über Medizinprodukte (Medizinproduktegesetz – MPG)[20] regelt die Voraussetzungen der klinischen Prüfung von Medizinprodukten. Es setzt insofern die Richtlinien 90/385/EWG und 93/42/EWG um.[21] § 20 Abs. 1 S. 1 MPG lautet (ähnlich wie § 40 Abs. 1 S. 2 AMG): „Mit der klinischen Prüfung eines Medizinproduktes darf in Deutschland erst begonnen werden, wenn die zuständige Ethik-Kommission diese nach Maßgabe des § 22 zustimmend bewertet und die zuständige Bundesoberbehörde diese nach Maßgabe des § 22a genehmigt hat.“ Wie im Arzneimittelbereich ist die zustimmende Bewertung Voraussetzung für die Durchführung der klinischen Prüfung. Das Medizinproduktegesetz enthält zudem, wie auch das Arzneimittelgesetz, Bestimmungen über die materiellen Voraussetzungen der klinischen Prüfung.

bb) MPKPV

Die Verordnung über klinische Prüfungen von Medizinprodukten (MPKPV)[22] enthält Regelungen über klinische Prüfungen gemäß den §§ 20 bis 24 MPG. Sie gilt gemäß ihrem § 1 Abs. 1, soweit die Ergebnisse der Prüfungen zu bestimmten Zwecken verwendet werden sollen. Diese Zwecke sind die Durchführung eines Konformitätsbewertungsverfahrens gemäß der Medizinprodukte-Verordnung[23] (§ 1 Abs. 1 Nr. 1 MPKPV), die Durchführung eines Konformitätsbewertungsverfahrens mit einem neuen Medizinprodukt, das die CE-Kennzeichnung tragen darf, zur Er-

---

[19] Oben A. Fn. 58.

[20] Oben A. Fn. 2.

[21] *Kage*, S. 309 f.

[22] Oben A. Fn. 55.

[23] Vom 20. Dezember 2001 (BGBl. 2001 I, S. 3854), zuletzt geändert durch die MPKPV (oben A. Fn. 55).

langung einer neuen Zweckbestimmung, die über die der CE-Kennzeichnung zugrunde liegende Zweckbestimmung hinausgeht (§ 1 Abs. 1 Nr. 2 MPKPV), und die Gewinnung und Auswertung von Erfahrungen des Herstellers bezüglich der klinischen Sicherheit und Leistung eines Medizinproduktes, das die CE-Kennzeichnung tragen darf, sofern zusätzlich invasive oder andere belastende Untersuchungen durchgeführt werden (§ 1 Abs. 1 Nr. 3 MPKPV). Der MPKPV liegt die Verordnungsermächtigung des § 37 Abs. 1, 2a, 7 und 9 in Verbindung mit Abs. 11 MPG zugrunde. Soweit es die Ethikkommissionen betrifft, regelt die MPKPV sowohl materielle Gesichtspunkte als auch Verfahrensaspekte. Gleiches gilt hinsichtlich des Verfahrens der Genehmigung durch das Bundesinstitut für Arzneimittel und Medizinprodukte.

c) Vorschriften über den Einsatz von Röntgenstrahlung, ionisierender Strahlung und ionisierenden Stoffen

aa) Röntgenverordnung

Die Verordnung über den Schutz vor Schäden durch Röntgenstrahlen (Röntgenverordnung – RöV) in der Fassung der Bekanntmachung vom 30. April 2003[24] setzt die Richtlinien 96/29/Euratom und 97/43/Euratom um.[25] Sie trifft Regelungen mit Bezug auf Röntgeneinrichtungen. Explizit wird auch die Anwendung von Röntgenstrahlen am Menschen in der medizinischen Forschung geregelt. Hierfür ist eine Genehmigung durch das Bundesamt für Strahlenschutz erforderlich, die wiederum das Vorliegen einer Stellungnahme einer Ethikkommission bezüglich des vorgelegten Studienplans voraussetzt (§ 28b Abs. 1 Nr. 2 RöV). Auch die Röntgenverordnung enthält materielle Maßstäbe für die Prüfung.

bb) Strahlenschutzverordnung

Die Verordnung über den Schutz vor ionisierenden Strahlen (Strahlenschutzverordnung – StrlSchV) in der Fassung vom 20. Juli 2001[26] trifft Regelungen über den Umgang mit radioaktiven Stoffen. Sie ist in vielen Teilen inhaltsgleich mit der Röntgenverordnung. Die Strahlenschutzverordnung setzt die Richtlinien 96/29/Euratom und 97/43/Euratom um.[27] Dazu zählen Bestimmungen zur Anwendung radioaktiver Stoffe oder ionisierender Strahlung am Menschen in der medizinischen Forschung. Wie auch die Röntgenverordnung sieht die Strahlenschutzverordnung vor, dass solche Forschung der Genehmigung durch das Bundesamt für Strahlenschutz bedarf, die nur erteilt wird, wenn eine Stellungnahme einer Ethikkommission

---

[24] BGBl. 2003 I, S. 604.

[25] *Wagner*, NVwZ 2002, S. 1426.

[26] Oben A. Fn. 4.

[27] *Wagner*, NVwZ 2002, S. 168 (168, 173).

vorliegt (§ 24 Abs. 1 Nr. 2 StrlSchV). Ebenso wie die Röntgenverordnung enthält auch die Strahlenschutzverordnung materielle Prüfungsmaßstäbe.

3. Landesrechtliche Regelungen

a) Heilberufe- und Kammergesetze

Eine überwiegende Zahl der landesrechtlichen Heilberufe- und Kammergesetze trifft Regelungen über die Ethikkommissionen. Eine Ausnahme ist das bayerische Heilberufe-Kammergesetz[28].[29] In den meisten Gesetzen werden die Ärztekammern zur Einrichtung von Ethikkommissionen verpflichtet. Im Regelfall sind darüber hinaus keine Bestimmungen über die Errichtung von Ethikkommissionen an den Hochschulen enthalten. Manche Gesetze enthalten jedoch neben der Pflicht der Ärztekammern eine Ermächtigung der Hochschulen, Kommissionen zu errichten.[30] Teils werden nicht nur die Ärztekammern, sondern auch die Hochschulen verpflichtet, Ethikkommissionen einzurichten.[31]

Abgesehen von der Pflicht der Einrichtung enthalten die meisten Heilberufe- und Kammergesetze insofern Bestimmungen über die verwaltungsorganisatorische Einbindung in die Ärztekammern und – soweit geregelt – in die Hochschulen, als ihre „Unabhängigkeit" verlangt wird [siehe zur Unabhängigkeit insbesondere unten C. IV. 3. d) bb)]. In manchen Fällen wird zusätzlich geregelt, dass es sich bei den

---

[28] Gesetz über die Berufsausübung, die Berufsvertretungen und die Berufsgerichtsbarkeit der Ärzte, Zahnärzte, Tierärzte, Apotheker sowie der Psychologischen Psychotherapeuten und der Kinder- und Jugendlichenpsychotherapeuten (Heilberufe-Kammergesetz – HKaG) in der Fassung der Bekanntmachung vom 6. Februar 2002 (GVBl. 2002, S. 42), zuletzt geändert durch Gesetz vom 02. April 2009 (GVBl. 2009, S. 46).

[29] Siehe *v. Dewitz/Pestalozza*, in: dies./Luft, S. 85, mit dem zusätzlichen Verweis auf das Gesetz über Berufsausübung, Berufsvertretungen und Berufsgerichtsbarkeit der Ärzte, Zahnärzte, Tierärzte, Apotheker sowie der Psychologischen Psychotherapeuten und der Kinder- und Jugendlichenpsychotherapeuten im Freistaat Sachsen (Sächsisches Heilberufekammergesetz – SächsHKaG) vom 24. Mai 1994 (SächsGVBl. S. 935). Dieses enthält jedoch mittlerweile (Stand der letzten Änderung durch Gesetz vom 13. August 2009 [SächsGVBl. 2009, S. 438]) in seinem § 5a eine entsprechende Aufgabe der Sächsischen Landesärztekammer.

[30] So beispielsweise § 4c Abs. 3 des Berliner Kammergesetzes (Gesetz über die Kammern und die Berufsgerichtsbarkeit der Ärzte, Zahnärzte, Tierärzte, Apotheker, Psychologischen Psychotherapeuten und Kinder- und Jugendlichenpsychotherapeuten in der Fassung vom 04. September 1978 [GVBl. 1978, S. 1937], zuletzt geändert durch Gesetz vom 17. März 2010 [GVBl. 2010, S. 135]); siehe *v. Dewitz/Pestalozza*, in: dies./Luft, S. 87.

[31] Siehe beispielsweise § 5 Abs. 5 des baden-württembergischen Gesetzes über das Berufsrecht und die Kammern der Ärzte, Zahnärzte, Tierärzte, Apotheker, Psychologischen Psychotherapeuten sowie der Kinder- und Jugendlichenpsychotherapeuten (Heilberufe-Kammergesetz – HBKG) in der Fassung vom 16. März 1995 (GBl. 1995, S. 314), zuletzt geändert durch Gesetz vom 17. Dezember 2009 (GBl. 2009, S. 809), das in § 5 Abs. 1 die Pflicht der Ärztekammer und in § 5 Abs. 5 die Pflicht der Universitäten des Landes normiert, Ethikkommissionen einzurichten; siehe *Lippert*, in: Festschrift Laufs, S. 973 (975).

Kommissionen um „unselbständige“ Teile der jeweiligen Körperschaft handelt [siehe dazu unten B. II. 1. c) bb) (1)]. Darüber hinaus wird auch die nähere Ausgestaltung der Ethikkommissionen geregelt, wobei den Ärztekammern und Hochschulen unterschiedlich große Spielräume der Ausgestaltung belassen werden.[32] Die Gesetze weisen den Ethikkommissionen jene Aufgaben zu, die nach dem Arzneimittelgesetz, dem Medizinproduktegesetz, der Röntgenverordnung und der Strahlenschutzverordnung als Aufgaben von Ethikkommissionen vorgesehen sind,[33] wobei teilweise nach Sachbereichen differenziert wird[34].

b) Hochschulgesetze

Die Hochschulgesetze der Länder enthalten in den meisten Fällen keine Bestimmungen zu den Ethikkommissionen. In Hessen gibt es im Hochschulgesetz eine Regelung in Form einer ausdrücklichen Verpflichtung[35] zur Kommissionserrichtung.

c) Sonstiges Landesrecht

Insbesondere in den Fällen, in denen die Ethikkommissionen unmittelbar in der Landesverwaltung angesiedelt sind, bestehen landesrechtliche Regelungen in Form von Gesetzen[36] und Verordnungen[37].

---

[32] *v. Dewitz/Pestalozza*, in: dies./Luft, S. 85.

[33] Regelmäßig werden auch die im Gesetz zur Regelung des Transfusionswesens (Transfusionsgesetz – TFG) in der Fassung der Bekanntmachung vom 28. August 2007 (BGBl. 2007 I, S. 2169), zuletzt geändert durch Gesetz vom 17. Juli 2009 (BGBl. 2009 I, S. 1990), vorgesehenen Funktionen den Ethikkommissionen als Aufgaben übertragen. Ein Beispiel ist § 5 Abs. 1 S. 2 des baden-württembergischen Heilberufe-Kammergesetzes (oben Fn. 31). Diese Funktionen betreffen jedoch nicht die medizinische Forschung und bleiben im Rahmen dieser Untersuchung außer Betracht.

[34] Beispielsweise ist die in der unmittelbaren Landesverwaltung angesiedelte Ethikkommission in Bremen für Prüfungen nach dem Arzneimittelgesetz und dem Medizinproduktegesetz exklusiv zuständig (siehe § 30 S. 2 und 3 des Gesetzes über den öffentlichen Gesundheitsdienst im Lande Bremen [Gesundheitsdienstgesetz – ÖGDG] vom 27. März 1995 [Brem. GBl. 1995, S. 175, 366], zuletzt geändert durch Bekanntmachung vom 31. März 2009 [Brem. GBl. 2009, S. 129]) (siehe zudem Nr. 1 der Geschäftsordnung der Ethikkommission des Landes Bremen vom 08. Juni 2009 [http://www.ethikkommission-bremen.de/geschaeftsordnung/download/Geschaeftsordnung%20Ethikkommission%20Bremen%202009-06-08.pdf, abgerufen am 26. April 2011] und § 2 Abs. 1 S. 3 und Abs. 2 S. 1 Nr. 1 und Nr. 3 der Satzung der Ethikkommission der Ärztekammer Bremen vom 21. April 1997 in der Fassung der Änderung vom 24. November 2003 [http://www.aekhb.de/pdf/EthikSatzung.pdf, abgerufen am 26. April 2011]).

[35] So in § 53 Abs. 1 des Hessischen Hochschulgesetzes in der Fassung vom 14. Dezember 2009 (GVBl. 2009 I, S. 666), der bestimmt, dass der Fachbereich Medizin eine Ethikkommission einsetzt.

[36] Siehe beispielsweise das Gesetz zur Errichtung einer Ethik-Kommission des Landes Berlin (Ethik-Kommissionsgesetz Berlin – EKG Berlin) vom 07. September 2005

d) Überblick über bei den Ärztekammern, Hochschulen und in der Landesverwaltung bestehende Ethikkommissionen

An den Ärztekammern sind in allen Bundesländern, abgesehen von Mecklenburg-Vorpommern, Ethikkommissionen angesiedelt.[38] Besonderheiten bestehen bei den folgenden Ärztekammern: Berlin (die Zuständigkeit der dortigen Ethikkommission erstreckt sich nicht auf Prüfungen nach dem Arzneimittelgesetz und dem Medizinproduktegesetz; diese fallen in den Zuständigkeitsbereich der parallel bestehenden Ethikkommission des Landes Berlin)[39], Bremen (hier besteht wie in Berlin zusätzlich eine Kommission in der Landesverwaltung; sie ist für Prüfungen nach dem Arzneimittelgesetz und dem Medizinproduktegesetz exklusiv zuständig[40]), Nordrhein-Westfalen (dort bestehen zwei Ärztekammern: die Ärztekammer Nordrhein und die Ärztekammer Westfalen-Lippe; es besteht jeweils eine Ethikkommission; die Ethikkommission der Ärztekammer Westfalen-Lippe ist auch zuständig für Studien an der Medizinischen Fakultät der Westfälischen Wilhelms-Universität Münster[41]), Sachsen-Anhalt (die dortige Kommission ist für Studien nach dem Arzneimittelgesetz nicht zuständig; die Zuständigkeit hierfür liegt bei der in der Landesverwaltung

---

(GVBl. 2005, S. 466), geändert durch Gesetz vom 03. März 2010 (GVBl. 2010, S. 122); dazu *Schlette*, NVwZ 2006, S. 785 (786 f.).

[37] Siehe beispielsweise für Sachsen-Anhalt die Verordnung über Ethik-Kommissionen zur Bewertung klinischer Prüfungen von Arzneimitteln (Ethik-Kom-VO) vom 10. Dezember 2009 (GVBl. LSA 2009, S. 640).

[38] Siehe die Übersicht auf der Internetseite des Arbeitskreises Medizinischer Ethik-Kommissionen in der Bundesrepublik Deutschland (http://www.ak-med-ethik-komm.de/, abgerufen am 26. April 2011).

[39] § 1 Abs. 1 des Gesetzes zur Errichtung einer Ethik-Kommission des Landes Berlin (oben Fn. 36) und § 2 Abs. 2 S. 1 der Satzung der Ethik-Kommission der Ärztekammer Berlin vom 27. September 2006 (http://www.aerztekammerberlin.de/10arzt/30_Berufsrecht/06_Gesetze_Verordnungen/30_Berufsrecht/445_SatzungEthikkom_aktuell.pdf, abgerufen am 26. April 2011) (in der Satzung ist der Wegfall der Zuständigkeit für Prüfungen nach dem Medizinproduktegesetz aufgrund der Änderung des Gesetzes zur Errichtung einer Ethik-Kommission des Landes Berlin noch nicht berücksichtigt); *Pestalozza*, LKV 2006, S. 255 (256 f.); *Schlette*, NVwZ 2006, S. 785 (786 f.).

[40] § 30 S. 2 und 3 des Gesetzes über den öffentlichen Gesundheitsdienst im Lande Bremen (oben Fn. 34) sowie Nr. 1 der Geschäftsordnung der Ethikkommission des Landes Bremen (oben Fn. 34) und § 2 Abs. 1 S. 3 und Abs. 2 S. 1 Nr. 1 und Nr. 3 der Satzung der Ethikkommission der Ärztekammer Bremen (oben Fn. 34).

[41] Dies folgt negativ aus der Regelung des § 1 Abs. 3 der Satzung der Ethik-Kommission der Ärztekammer Westfalen-Lippe und der Medizinischen Fakultät der Westfälischen Wilhelms-Universität Münster vom 24. September 2005 (http://www.aekwl.de/fileadmin/rechtsabteilung/doc/satz_ethik.pdf, abgerufen am 26. April 2011), wonach die Zuständigkeit der Kommission für Prüfungen im Hochschulbereich der Ruhr-Universität Bochum und der Privatuniversität Witten-Herdecke nicht gegeben ist.

angesiedelten Kommission[42]) und Schleswig-Holstein (dort bestehen zwei Ethikkommissionen[43]).

An folgenden Hochschulen bestehen öffentlich-rechtliche Ethikkommissionen:[44] An der Medizinischen Fakultät der Rheinisch-Westfälischen Technischen Hochschule Aachen, an der Medizinischen Fakultät der Charité Universitätsmedizin Berlin, an der Medizinischen Fakultät der Ruhr-Universität Bochum, an der Medizinischen Fakultät der Ruhr-Universität Bochum mit Sitz in Bad Oeynhausen, an der Medizinischen Fakultät der Rheinischen Friedrich-Wilhelms-Universität Bonn, an der Medizinischen Fakultät „Carl Gustav Carus" der Technischen Universität Dresden, an der Medizinischen Fakultät der Heinrich-Heine-Universität Düsseldorf, an der Medizinischen Fakultät der Friedrich-Alexander-Universität Erlangen-Nürnberg, an der Medizinischen Fakultät der Universität Duisburg-Essen, am Fachbereich Medizin der Johann Wolfgang Goethe-Universität Frankfurt, an der Albert-Ludwigs-Universität Freiburg, am Fachbereich Humanmedizin der Justus-Liebig-Universität Gießen, an der Medizinischen Fakultät der Georg-August-Universität Göttingen, an der Medizinischen Fakultät der Ernst Moritz Arndt Universität Greifswald, an der Medizinischen Fakultät der Martin-Luther-Universität Halle-Wittenberg, an der Medizinischen Hochschule Hannover, an der Medizinischen Fakultät Heidelberg, an der Medizinischen Fakultät der Friedrich-Schiller-Universität Jena, an der Medizinischen Fakultät der Christian-Albrechts-Universität zu Kiel, an der Medizinischen Fakultät der Universität zu Köln, an der Medizinischen Fakultät der Universität Leipzig, an der Medizinischen Fakultät der Universität zu Lübeck, an der Medizinischen Fakultät der Otto-von-Guericke-Universität und am Universitätsklinikum Magdeburg, an der Medizinischen Fakultät Mannheim, am Fachbereich Humanmedizin der Philipps-Universität Marburg, an der Medizinischen Fakultät der Ludwig-Maximilians-Universität München, an der Fakultät für Medizin der Technischen Universität München, an der Universität Regensburg, an der Medizinischen Fakultät der Universität Rostock, an der Medizinischen Fakultät und am Universitätsklinikum der Eberhard Karls Universität Tübingen, an der Universität Ulm und an der Medizinischen Fakultät der Julius-Maximilians-Universität Würzburg.

Bei der Ethikkommission der Universität Witten/Herdecke handelt es sich nicht um eine öffentlich-rechtliche Kommission; sie ist als unabhängige gemeinnützige

---

[42] Siehe § 2 Abs. 3 der Satzung der Ethikkommission der Ärztekammer Sachsen-Anhalt, zuletzt geändert durch Beschluss der Kammerversammlung vom 12. April 2008, genehmigt durch das Ministerium für Gesundheit und Soziales des Landes Sachsen-Anhalt am 07. August 2008 (http://www.aeksa.de/80download/10rechtsquellen/20ordnungen_satzungen/020Geschaeftsbetrieb/290ethikkommission.pdf, abgerufen am 26. April 2011).

[43] Satzung für die Ethik-Kommissionen der Ärztekammer Schleswig-Holstein vom 09. April 2008 (http://ethikkommissionen.aeksh.de/wir_ueber_uns/satzung/satzung_fuer_die_ethikkommissionen_der_aerztekammer_schleswig-holstein.html, abgerufen am 26. April 2011).

[44] Siehe die Übersicht auf der Internetseite des Arbeitskreises Medizinischer Ethik-Kommissionen in der Bundesrepublik Deutschland (oben Fn. 38).

Organisation in der Rechtsform eines eingetragenen Vereins am 04. März 1994 in Witten konstituiert.[45]

In folgenden Ländern sind Ethikkommissionen unmittelbar in die Landesverwaltung integriert:[46] Berlin (mit einer Zuständigkeit ausschließlich für Studien nach dem Arzneimittelgesetz und dem Medizinproduktegesetz, während andere Studien in die Zuständigkeit der bei der Ärztekammer angesiedelten Ethikkommission fallen[47]), Bremen (mit der ausschließlichen Zuständigkeit für Studien nach dem Arzneimittelgesetz und dem Medizinproduktegesetz[48]) und Sachsen-Anhalt (dort ist die Ethikkommission ausschließlich zuständig für Studien nach dem Arzneimittelgesetz[49]).

4. Satzungsrecht

a) Berufsordnungen

Die Heilberufe- und Kammergesetze enthalten regelmäßig Verweise auf die Berufsordnungen.[50] Die Berufsordnungen sind Satzungen der Ärztekammern. Sie beinhalten überwiegend indirekt auf die Ethikkommissionen Bezug nehmende Regelungen in Form einer Pflicht der Ärzte, eine Beratung durch eine bei der Ärztekammer oder einer Hochschule angesiedelte Ethikkommission in Anspruch zu nehmen.[51] Diese berufsrechtliche Pflicht wird jedenfalls dann erfüllt, wenn Ethikkommissionen gemäß dem Arzneimittelgesetz, dem Medizinproduktegesetz, der Röntgenverordnung und der Strahlenschutzverordnung konsultiert werden. Die aus diesen Vorschriften folgenden jeweiligen Pflichten, die Bewertung einer Ethikkommission einzuholen, sind sachbereichsspezifisch und insofern bereits auf der Tatbestandsseite spezieller. Zudem gehen die von ihnen an die Tätigkeit der Ethik-

---

[45] Siehe die Geschäftsordnung der Ethik-Kommission der Universität Witten/Herdecke (UW/H) in der Fassung vom 28. Januar 2008 (http://www.ethik-kommission-uwh.de/Geschaeftsordnung/geschaeftsordnung.html, abgerufen am 26. April 2011).

[46] Siehe die Übersicht auf der Internetseite des Arbeitskreises Medizinischer Ethik-Kommissionen in der Bundesrepublik Deutschland (oben Fn. 38).

[47] § 1 Abs. 1 des Gesetzes zur Errichtung einer Ethik-Kommission des Landes Berlin (oben Fn. 36) und § 2 Abs. 2 S. 1 der Satzung der Ethik-Kommission der Ärztekammer Berlin (oben Fn. 39); siehe *Pestalozza*, LKV 2006, S. 255 ff.

[48] Oben Fn. 40.

[49] Siehe § 2 Abs. 3 der Satzung der Ethikkommission der Ärztekammer Sachsen-Anhalt (oben Fn. 42).

[50] *v. Dewitz/Pestalozza*, in: dies./Luft, S. 87; so zum Beispiel § 31 des baden-württembergischen Heilberufe-Kammergesetzes (oben Fn. 31).

[51] *v. Dewitz/Pestalozza*, in: dies./Luft, S. 87 f.; so zum Beispiel die Vorschrift des § 15 der Berufsordnung der Landesärztekammer Baden-Württemberg (oben A. Fn. 5).

kommissionen gestellten Anforderungen über eine allgemeine Beratung hinaus, indem jedenfalls eine Stellungnahme der Kommission gefordert wird.[52]

Den Berufsordnungen kommt damit im Rahmen dieser Untersuchung keine eigenständige Bedeutung zu.

b) Die Ethikkommissionen verfassende Satzungen

Die Ethikkommissionen werden umfassend durch die von den Ärztekammern und Hochschulen erlassenen, die Kommissionen errichtenden Satzungen geregelt.[53] Bei den Ärztekammern ist das die Satzung beschließende Organ die Kammerversammlung,[54] bei den Hochschulen ist es entweder der Senat[55] oder der Fakultäts- oder Fachbereichsrat[56] der Medizinischen Fakultät[57]. Die Satzungsermächtigungen ergeben sich im Falle der bei den Ärztekammern eingerichteten Kommissionen aus den Heilberufe- und Kammergesetzen [siehe oben B. I. 3. a); eine Ausnahme ist die Bayerische Landesärztekammer]. Für die Hochschulen folgt die entsprechende Satzungsermächtigung entweder aus den Heilberufe- und Kammergesetzen, aus den Hochschulgesetzen [siehe oben B. I. 3. b)], oder aus dem allgemeinen Recht der Hochschulen, ihre Angelegenheiten durch Satzung zu regeln.[58]

Die Satzungen sind in ihrem Regelungsgehalt sehr unterschiedlich. Es lassen sich jedoch inhaltliche Kernpunkte destillieren, die in nahezu allen Statuten enthalten sind. Regelmäßig weisen sie den Kommissionen neben der allgemeinen Aufgabe der

---

[52] Teilweise wird in den Satzungen der Ethikkommissionen ausdrücklich geregelt, dass die berufsrechtliche Beratungspflicht bei Vorliegen eines Votums einer Ethikkommission entfällt (so für Voten nach dem Arzneimittelgesetz und dem Medizinproduktegesetz § 1 Abs. 3 des Statuts der Ethikkommission der Landesärztekammer Baden-Württemberg vom 16. August 2006 (http://www.aerztekammer-bw.de/20/ethik/09statut.pdf, abgerufen am 26. April 2011).

[53] *Deutsch/Spickhoff*, Rn. 1017; *Lippert*, GesR 2005, S. 438 (439).

[54] Siehe beispielsweise § 9 Abs. 2 des baden-württembergischen Heilberufe-Kammergesetzes (oben Fn. 31).

[55] Siehe beispielsweise § 19 Abs. 1 S. 2 Nr. 10 des Gesetzes über die Hochschulen und Berufsakademien in Baden-Württemberg (Landeshochschulgesetz – LHG) in der Fassung des Gesetzes vom 01. Januar 2005 (GBl. 2005, S. 1), zuletzt geändert durch Gesetz vom 17. Dezember 2009 (GBl. 2009, S. 809), mit der Bestimmung der Regelzuständigkeit des Senats für die Beschlussfassung über Satzungen.

[56] Die Bezeichnungen „Fakultät" und „Fachbereich" werden im Fortgang synonym verwendet (siehe zur Terminologie *Thieme*, Rn. 1027).

[57] Siehe beispielsweise § 71 Abs. 1 Nr. 1 des Gesetzes über die Hochschulen im Land Berlin (Berliner Hochschulgesetz – BerlHG) in der Fassung vom 13. Februar 2003 (GVBl. 2003, S. 82), zuletzt geändert durch Gesetz vom 19. März 2009 (GVBl. 2009, S. 70), wonach der Fachbereichsrat insbesondere für „den Erlass von Satzungen des Fachbereichs" zuständig ist; entsprechend ist die Satzung der Ethikkommission der Medizinischen Fakultät der Charité – Universitätsmedizin Berlin am 07. Juni 2004 und 02. August 2004 vom Fakultätsrat der Charité beschlossen und erlassen worden (http://www.charite.de/ethikkommission/docs/Satzung 310804.pdf, abgerufen am 26. April 2011).

[58] *Lippert*, GesR 2005, S. 438 (439).

berufsethischen Beratung auch die Aufgaben von Ethikkommissionen nach Bundes- und Landesrecht und somit auch jene nach dem Arzneimittelgesetz, dem Medizinproduktegesetz, der Röntgenverordnung und der Strahlenschutzverordnung sowie dem – hier nicht untersuchungsgegenständlichen – Transfusionsgesetz zu.[59] Die meisten Satzungen bestimmen, dass die an den Ärztekammern angesiedelten Ethikkommissionen für alle Ärzte und Zahnärzte außerhalb des Hochschulbereichs zuständig sind, während sich die Zuständigkeit der Kommissionen an den Hochschulen auf den Hochschulsektor beschränkt.[60] Für die an den Hochschulen errichteten Ethikkommissionen besteht die Besonderheit, dass diese binnenorganisatorisch den medizinischen Fakultäten zugewiesen werden [siehe unten B. II. 1. c) bb) (2) (a) (cc) (β)]. Geregelt wird auch die personelle Komposition des Gremiums nach Anzahl und Qualifikation und der Modus der Berufung, wobei nach regulären Mitgliedern, Stellvertretern und dem Vorsitzenden differenziert wird.[61] Darüber hinaus wird die Unabhängigkeit und eine Pflicht zur Vertraulichkeit und Verschwiegenheit etabliert.[62] Auch das mit der Antragstellung beginnende Verfahren der Bewertung, insbesondere die Entscheidungsfindung, Sitzungsregelungen (beispielsweise Regelungen über die Öffentlichkeit) und die Hinzuziehung von kommissionsexternen Sachverständigen wird normiert.[63]

5. Regelungssysteme ohne unmittelbaren rechtlichen Geltungsanspruch

Neben den rechtlichen Rahmenbedingungen mit unmittelbarem Geltungsanspruch gibt es auch Regelungen, die lediglich über Verweise oder nur faktisch Wirkung auf die Tätigkeit der Ethikkommissionen haben.

a) Deklaration von Helsinki

Die Tätigkeit von Ethikkommissionen in der medizinischen Forschung geht in ihrer jetzigen Form zu wesentlichen Teilen zurück auf die erste Revision der De-

---

[59] Eine entsprechende Bestimmung enthält § 1 Abs. 2 des Statuts der Ethikkommission der Landesärztekammer Baden-Württemberg (oben Fn. 52).

[60] Siehe beispielsweise § 1 Abs. 5 des Statuts der Ethikkommission der Landesärztekammer Baden-Württemberg (oben Fn. 52).

[61] Siehe beispielsweise § 2 des Statuts der Ethikkommission der Landesärztekammer Baden-Württemberg (oben Fn. 52).

[62] Siehe beispielsweise § 3 des Statuts der Ethikkommission der Landesärztekammer Baden-Württemberg (oben Fn. 52).

[63] Teilweise wird ausdrücklich bestimmt, dass das jeweilige Landesverwaltungsverfahrensgesetz für das Verfahren Anwendung findet, so beispielsweise in § 5 des Statuts der Ethikkommission der Landesärztekammer Baden-Württemberg (oben Fn. 52).

klaration von Helsinki des 29. Weltärztekongresses von Oktober 1975 in Tokio.[64] Sie ist nicht rechtsverbindlich,[65] hat jedoch insofern auslegungsleitende Wirkung, als ihre international akzeptierten[66] Prinzipien die Rechtsetzung beeinflusst haben. Die ursprüngliche Deklaration von Helsinki des 18. Weltärztekongresses von Juni 1964 erwähnte die Ethikkommissionen noch nicht. Diese wurden mit der Revision durch den 29. Weltärztekongress von Oktober 1975 in Tokio erstmals einbezogen.[67] In der entsprechenden Fassung lautet Nr. I 2: „Ein Versuchsprotokoll sollte einem besonders berufenen, vom Prüfarzt und Sponsor unabhängigen Ausschuss zur Beratung, Stellungnahme und Orientierung vorgelegt werden".[68] Die aktuelle Version wurde vom 59. Weltärztekongress im Oktober 2008 in Seoul angenommen.[69]

Die Deklaration von Helsinki enthält Bestimmungen über ethische Prinzipien bei der medizinischen Forschung mit Menschen. Insbesondere sieht sie in Nr. 15 S. 1 vor, dass ein Versuchsprotokoll zu erstellen ist, das einer Ethikkommission zur Beratung, Stellungnahme, Anleitung und gegebenenfalls zur Genehmigung („consideration, comment, guidance, and where appropriate, approval") vorgelegt werden muss. Die Deklaration verlangt zudem in Nr. 15 S. 2 die Unabhängigkeit der Kommission von den Forschern, dem Sponsor und jedem anderen unangemessenen Einfluss („undue influence"). Darüber hinaus etabliert sie Maßstäbe für die Durchführung solcher Forschung. So wird in Nr. 18 und Nr. 21 gefordert, dass dem Forschungsvorhaben eine Einschätzung und Abwägung der Risiken und Belastungen und dem Nutzen der Forschung für den Betroffenen und anderen Personen vorangeht, und dass der Nutzen überwiegen muss.[70] Zudem verlangt die Deklaration in Nr. 24 die Einwilligung der Patienten oder Probanden auf der Basis richtiger und umfassender Informationen über das Forschungsvorhaben („informed consent").[71]

---

[64] Oben A. Fn. 13; die Besonderheit, dass die Deklaration von Helsinki in ihrer revidierten Fassung von 1975 sowie in der Fassung von 1983 (oben Fn. 9) trotz fehlender Rechtsverbindlichkeit im Bundesanzeiger bekanntgemacht wurde, weist auf ihre herausragende Bedeutung hin, siehe *Rosenau*, in: Deutsch/Taupitz, S. 63 (65); *Deutsch/Spickhoff*, Rn. 1002; siehe *Deutsch*, VersR 1995, S. 121.

[65] *Rosenau*, in: Deutsch/Taupitz, S. 63 (65); *Schenke*, NJW 1991, S. 2313 (2318); *Stamer*, S. 16.

[66] Siehe *Rosenau*, in: Deutsch/Taupitz, S. 63 (65 f.), mit dem Hinweis auf die Prägewirkung, welche die Deklaration von Helsinki auf die Gesetzgebung in den Bereichen der Arzneimittel- und der Medizinprodukteprüfung sowie des Strahlenschutzes entfaltet hat.

[67] *Deutsch/Spickhoff*, Rn. 1002; *Deutsch*, NJW 2001, S. 857 (858); *Junod*, S. 14; *Osterwald*, in: Toellner, S. 31 (33); *Schenke*, NJW 1991, S. 2313 (2314).

[68] *Deutsch*, NJW 2001, S. 857 (858).

[69] Die aktuelle Erklärung steht auf der Internetseite der World Medical Association (oben Fn. 11); siehe *Deutsch/Spickhoff*, Rn. 930; siehe dazu auch *Deutsch*, in: ders./Schreiber/Spickhoff/Taupitz, S. 60 ff.

[70] Siehe *Rosenau*, in: Deutsch/Taupitz, S. 63 (66 f.).

[71] Siehe *Rosenau*, in: Deutsch/Taupitz, S. 63 (67 ff.).

b) GCP-ICH-Richtlinie

Eine Leitlinie ohne unmittelbare rechtliche Wirkung ist die „Guideline for Good Clinical Practice in the Conduct of Clinical Trials on Medicinal Products for Human Use“[72] der International Conference on Harmonisation of Technical Requirements for Registration of Pharmaceuticals for Human Use (ICH) (CPMP/ICH/135/1995, GCP-ICH-Richtlinie). Die ICH ist ein Forum für den Austausch zwischen Parteien aus der Europäischen Union, den Vereinigten Staaten von Amerika und Japan, die rechtsetzende Funktion haben oder die Pharmaindustrie repräsentieren.[73] Das Ziel der ICH ist vor allem, durch Empfehlungen an die jeweiligen normsetzenden Institutionen die Auslegung und Anwendung technischer Richtlinien und die Anforderungen der Produktregistrierung zu harmonisieren.[74] Damit soll erreicht werden, dass Ressourcen geschont werden und die Entwicklung und Verfügbarkeit neuer Produkte beschleunigt wird.[75] Die Richtlinie wurde vom Committee for Proprietary Medicinal Products (CPMP) der European Medicines Agency (EMEA) im Juli 1996 angenommen.[76]

Inhaltlich erfasst die GCP-ICH-Richtlinie das gesamte Spektrum klinischer Prüfungen und bezieht sich damit auch auf die Bereiche der Arzneimittel, der Medizinprodukte, der Röntgenstrahlung und der ionisierenden Strahlung. Die Richtlinie regelt auch die Einbindung von Ethikkommissionen, die präventiv tätig werden und deren Aufgabe vor allem der Schutz der Rechte, der Sicherheit und des Wohlbefindens („well-being“) der Patienten und Probanden ist (Nr. 3.1.1 der Richtlinie). Neben dem Zweck der Einsetzung von Ethikkommissionen werden auch Minimalanforderungen an ihre Zusammensetzung, ihre Funktionsweise und Verfahrensregelungen bestimmt (Nr. 3.2 und 3.3 der Richtlinie).

Zwar ist die GCP-ICH-Richtlinie nicht rechtsverbindlich. Jedoch spiegelt sie den international anerkannten Inhalt des Begriffs der „guten klinischen Praxis“ wider, der

---

[72] Die GCP-ICH-Richtlinie steht auf der Internetseite der ICH (http://www.ich.org/fileadmin/Public_Web_Site/ICH_Products/Guidelines/Efficacy/E6_R1/Step4/E6_R1__Guideline.pdf, abgerufen am 26. April 2011).

[73] Stimmberechtigte Mitglieder der ICH sind die EU, die European Federation of Pharmaceutical Industries and Associations (EFPIA), das japanische Ministerium für Gesundheit, Arbeit und Wohlfahrt (Ministry of Health, Labour and Welfare – MHLW), die Japan Pharmaceuticals Manufacturers Association (JPMA), die U.S. Food and Drug Administration (FDA) des U.S. Department of Health and Human Services und die Pharmaceutical Research and Manufacturers of America (PhRMA) (siehe die Internetseite der ICH [http://www.ich.org/about/faqs.html, abgerufen am 27. April 2011]).

[74] Siehe die Internetseite der ICH (oben Fn. 73).

[75] Siehe die Internetseite der ICH (oben Fn. 73).

[76] Siehe die Presseerklärung vom 18. Juli 1996 auf der Internetseite der EMEA (http://www.ema.europa.eu/docs/en_GB/document_library/Press_release/2009/12/WC500017241.pdf, abgerufen am 27. April 2011) sowie die Internetseite der ICH (http://www.ich.org/products/guidelines/efficacy/efficacy-single/article/good-clinical-practice.html, abgerufen am 27. April 2011).

sich auch auf die Einbindung und die konkrete Tätigkeit der Ethikkommissionen bezieht.[77] Daher kann sie als Auslegungsgesichtspunkt zumindest insofern herangezogen werden, als sich verbindliche Normen auf diesen Begriff beziehen.[78]

II. Rechtsnatur der Ethikkommissionen und Stellung in der Verwaltungsorganisation

Das Verwaltungsorganisationsrecht – der Rechtsnormenbereich, der „die Errichtung, Rechtsstellung und Funktionsweise von Organen des Staates, von ihm abgeleiteter Verbände und anderer Organisationen betrifft"[79] – bietet Strukturen, in denen sich Leistungsvorgänge und Beteiligungschancen verwirklichen können.[80] Damit hat es Bedeutung für das Gebot demokratischer Legitimation, das sich in ihm abbilden muss.[81] Beide Funktionen des Organisationsrechts, die Konstitutionsfunktion – die konkrete Verfassung von Verwaltung als Handlungsgefüge – und die Steuerungsfunktion – die Bedeutung der Verwaltungsorganisation für Arbeitsabläufe und Verwaltungsentscheidungen[82] – sind insofern relevant. Dem Verwaltungsorganisationsrecht kommt mit Blick auf das Gebot demokratischer Legitimation vor allem eine mittelbare Steuerungsfunktion zu, indem es Verwaltungsstrukturen schafft, über die sich demokratische Legitimation realisiert.[83]

Dementsprechend ist die Legitimation der Ethikkommissionen zu einem erheblichen Teil durch ihre verwaltungsorganisatorische Position bestimmt. Daher ist zu untersuchen, wie sie in das verwaltungsorganisatorische Schema eingefügt sind. Hier ist in grundsätzlicher Weise zwischen den öffentlich-rechtlichen und den privaten

---

[77] Siehe beispielsweise Art. 1 Abs. 2 der Richtlinie 2001/20/EG: „Die gute klinische Praxis umfasst einen Katalog international anerkannter ethischer und wissenschaftlicher Qualitätsanforderungen, die bei der Planung, Durchführung und Aufzeichnung klinischer Prüfungen an Menschen [...] eingehalten werden müssen."

[78] *v. Dewitz/Pestalozza*, in: dies./Luft, S. 81.

[79] *Bork* (1984), S. 51 (für den Begriff „öffentliches Organisationsrecht").

[80] *König*, VerwArch 97 (2006), 3/4, S. 482 (483), wonach es sich „gerade bei öffentlichen Angelegenheiten als unverzichtbar [erweist], bei der formalen Organisation anzuknüpfen", da auf sie „die Verfassungswerte wie Demokratie, Rechtsstaatlichkeit, Föderalismus bezogen sind"; *Schmidt-Aßmann*, Ordnungsidee, 5. Kapitel Rn. 1.

[81] Siehe *Schmidt-Aßmann*, Ordnungsidee, 5. Kapitel Rn. 1, 19; *Trute*, in: Hoffmann-Riem/Schmidt-Aßmann/Voßkuhle, Bd. I, § 6 Rn. 43.

[82] *Oebbecke*, S. 12, präzisiert unter dem Blickwinkel von Organisationsänderungen zwischen Aufbau- und Ablauforganisation; siehe *Schmidt-Aßmann*, Ordnungsidee, 5. Kapitel Rn. 1; *Trute*, in: Hoffmann-Riem/Schmidt-Aßmann/Voßkuhle, Bd. I, § 6 Rn. 43, der ausdrücklich den Aspekt der „Entscheidungsstrukturen" nennt.

[83] *Schmidt-Aßmann*, Ordnungsidee, 5. Kapitel Rn. 26; *Trute*, in: Hoffmann-Riem/Schmidt-Aßmann/Voßkuhle, Bd. I, § 6 Rn. 43, mit der Bezeichnung des Organisationsrechts als „komplementäre Form der Legitimation".

Ethikkommissionen zu unterscheiden.[84] Während die öffentlich-rechtlichen Ethikkommissionen bereits im ersten Zugriff der unmittelbaren und mittelbaren Staatsverwaltung zugeordnet werden können, stehen die privaten organisationsrechtlich außerhalb des staatlichen Verwaltungsgefüges.

1. Öffentlich-rechtliche Ethikkommissionen

a) Verwaltungsorganisationsrechtliche Zuweisung

aa) Verwaltungsorganisationsrechtlich relevante Regelungen im Europarecht

Die einschlägigen europarechtlichen Bestimmungen für den Arzneimittelbereich enthalten nur wenig präzise Regelungen hinsichtlich der verwaltungsorganisatorischen Stellung der Ethikkommissionen. Nach Art. 2 Buchst. k der Richtlinie 2001/20/EG ist die Ethikkommission ein „unabhängiges Gremium, das sich aus im Gesundheitswesen und in nichtmedizinischen Bereichen tätigen Personen zusammensetzt". Des Weiteren findet sich in Art. 6 Abs. 2, 3, 5, Art. 7, Art. 8, Art. 9 Abs. 1, Art. 10 Buchst. a und Art. 11 Abs. 1 Buchst. d der Richtlinie die Regelung, dass die Ethikkommission eine „Stellungnahme" abgibt. Zwar liegt in diesen Bestimmungen keine umfassende Aussage über die Rechtsnatur der Kommissionen. Jedoch weist die Richtlinie bereits darauf hin, dass es sich um ein Kollegialgremium, mithin eine personell plural zusammengesetzte Stelle handelt [siehe zu den Ethikkommissionen als Kollegialorgane unten B. II. 3.], die auf die Produktion von Beratungs*ergebnissen* ausgerichtet ist. Das Erfordernis der Unabhängigkeit in Art. 2 Buchst. d der Richtlinie 2001/20/EG kann im ersten Zugriff auch als organisationsrechtliche Bestimmung interpretiert werden. Jedenfalls soll eine nicht explizit beschriebene Entkoppelung von kommissionsexternen Einflüssen bestehen. Aus Art. 6 Abs. 1 der Richtlinie, der regelt, dass „[d]ie Mitgliedstaaten [...] mit Blick auf die Durchführung klinischer Prüfungen die erforderlichen Maßnahmen [ergreifen], um Ethik-Kommissionen einzurichten und diesen ihre Arbeit zu ermöglichen", folgt, dass die Errichtung der Kommissionen vom Staat ausgehen muss. Eine präzise verwaltungsorganisatorische Verortung ist anhand der Bestimmung jedoch nicht möglich. Insbesondere kann der Regelung nicht entnommen werden, dass es sich um öffentlich-rechtliche Stellen handeln muss. Auch eine Beleihung ist damit denkbar.[85] Die

---

[84] Siehe *Kage*, S. 321 ff., auch kritisch zur Exklusivität der Beratung durch öffentlich-rechtliche Ethikkommissionen im Arzneimittelbereich nach dem damaligen Rechtsstand.

[85] *v. Dewitz*, in: ders./Luft/Pestalozza, S. 131 („keine Vorgaben"); siehe *Kage*, S. 321 ff., der die Exklusivität der Beratung durch öffentlich-rechtliche Ethikkommissionen im Arzneimittelbereich kritisiert und im Zuge dessen auch das Europarecht anführt: Es entspreche „in der Regel nicht dem Sinn und Zweck europäischer Rechtsvorschriften, eine konkrete Aufgabe ausschließlich einer bestimmten, insbesondere einer öffentlich-rechtlichen Institution zuzuweisen" (dort S. 326).

Richtlinie 2005/28/EG enthält keine verwaltungsorganisatorisch relevanten Bestimmungen.

Auch für den Sektor der Medizinprodukte sind die Bestimmungen auf europäischer Ebene verwaltungsorganisationsrechtlich von dürftigem Gehalt. Die Richtlinie 90/385/EWG verweist in Anhang 7 Nr. 2.2 auf die Deklaration von Helsinki in der Fassung der Abänderung durch den 35. Weltärztekongress 1983[86], die wiederum in Nr. I. 2. und Nr. II. 5 nur insofern eine hier bedeutsame Regelung enthält, als sie die Kommissionen als unabhängig („independent“) beschreibt. Die Richtlinie 93/42/EWG verweist in Anhang X Nr. 2.2 auf die aktuelle Fassung der Deklaration, derzeit vom 59. Weltärztekongress[87]. Die einzige dortige Regelung mit möglicher verwaltungsorganisationsrechtlicher Bedeutung ist Nr. 15 S. 2, wo ebenfalls lediglich die Unabhängigkeit der Kommissionen bestimmt wird.

Im Medizinproduktebereich beschränken sich die verwaltungsorganisationsrechtlich relevanten Bestimmungen damit auf die Aussage, dass die Kommissionen unabhängig sein müssen. Somit kommen aus europarechtlicher Sicht sowohl öffentlich-rechtliche als auch private Organisationsformen in Betracht.

In den Bereichen der Röntgenstrahlung sowie der ionisierenden Strahlung und den ionisierenden Stoffen gibt es keine entsprechenden europarechtlichen Bestimmungen.

bb) Verwaltungsorganisationsrechtlich relevante Regelungen im Bundesrecht

Auch das Arzneimittelgesetz und das Medizinproduktegesetz liefern keine präzisen Angaben in verwaltungsorganisatorischer Hinsicht. So findet sich in § 40 Abs. 1 S. 2 AMG und in § 20 Abs. 1 S. 1 MPG lediglich der Hinweis auf die „zuständige Ethik-Kommission“. § 42 Abs. 1 S. 1 AMG und § 22 Abs. 1 S. 1 MPG sprechen von der „nach Landesrecht für den Prüfer zuständigen unabhängigen interdisziplinär besetzten Ethik-Kommission“. § 42 Abs. 1 S. 3 AMG und § 22 Abs. 1 S. 4 MPG lauten: „Das Nähere zur Bildung, Zusammensetzung und Finanzierung der Ethik-Kommission wird durch Landesrecht bestimmt“. Für eine verwaltungsorganisationsrechtliche Qualifikation lässt sich hieraus wenig entnehmen, jedoch wird ebenfalls deutlich, dass es sich um ein unabhängiges kollegiales Gremium handelt.

Die GCP-Verordnung definiert die Ethikkommission in ihrem § 3 Abs. 2c S. 1 als „ein unabhängiges Gremium aus im Gesundheitswesen und in nichtmedizinischen Bereichen tätigen Personen“. Daraus lässt sich in organisationsrechtlicher Hinsicht wiederum lediglich eine Abgrenzung von äußeren Einflüssen und die kollegiale Verfassung entnehmen. Die MPKPV enthält keine entsprechenden Angaben. § 7 Abs. 1 S. 4, § 10 Abs. 4 S. 3 GCP-V sowie § 3 Abs. 1 S. 4 MPKPV verweisen (jeweils im Kontext der Regelungen über multizentrische klinische Prüfungen) ebenso

---

86 Oben Fn. 9.

87 Siehe die Internetseite der World Medical Association (oben Fn. 11).

wie das Arzneimittelgesetz und das Medizinproduktegesetz für nähere Bestimmungen auf das Landesrecht.

Auch das Bundesrecht in Form des Arzneimittelgesetzes, des Medizinproduktegesetzes, der GCP-Verordnung und der MPKPV sind damit in verwaltungsorganisatorischer Hinsicht dürftig. Diese Tatsache und die entsprechenden Verweisungen lenken den Blick auf das Landesrecht.

cc) Verwaltungsorganisationsrechtlich relevante Regelungen im Landesrecht

Nähere Regelungen für die verwaltungsorganisatorische Einordnung der Ethikkommissionen finden sich auf landesrechtlicher Ebene. Hier wird in den Heilberufe- und Kammergesetzen regelmäßig bestimmt, dass die Ärztekammern Ethikkommissionen einzurichten haben; die Hochschulgesetze enthalten teils Verpflichtungen, teils Ermächtigungen zur Kommissionserrichtung [siehe oben B. I. 3.]. Für Ethikkommissionen, die in manchen Bundesländern in der unmittelbaren Landesverwaltung geschaffen werden, bestehen Regelungen auf Gesetzes- oder Verordnungsebene. Die Hochschulen und die Ärztekammern sind als Körperschaften des öffentlichen Rechts und Träger funktionaler Selbstverwaltung [siehe dazu unten B. II. 1. b)] Teil der mittelbaren Staatsverwaltung. Über den Verweis in § 40 Abs. 1 S. 2 AMG auf das Landesrecht ist damit die Tätigkeit im Arzneimittelbereich exklusiv öffentlich-rechtlichen Ethikkommissionen zugewiesen, private Gremien sind ausgeschlossen.[88]

Im Landesrecht sind darüber hinaus nur wenige Bestimmungen verwaltungsorganisationsrechtlicher Natur enthalten. Manche Heilberufe- und Kammergesetze bestimmen die „Unselbständigkeit" der Ethikkommissionen innerhalb der Ärztekammern und Hochschulen [siehe dazu unten B. II. 1. c) bb) (1)]. Entsprechend den europa- und bundesrechtlichen Bestimmungen handelt es sich auch nach den Heilberufe- und Kammergesetzen um personell plurale Einheiten.

dd) Verwaltungsorganisationsrechtlich relevante Regelungen im Satzungsrecht

(1) Satzungen der Ärztekammern und der Hochschulen oder Fakultäten

Bereits aus der Tatsache, dass die Kommissionen durch Satzungsrecht der Ärztekammern und Hochschulen verfasst werden, folgt, dass es sich um Stellen handelt, die in die Organisation der Selbstverwaltungsträger eingebunden sind; die Kompetenz des jeweiligen Satzungsgebers zur Organisationsrechtsetzung ist auf seinen

---

[88] *Kage*, S. 323 f.; bereits für die alte Rechtslage nach dem Arzneimittelgesetz *Classen*, MedR 1995, S. 148.

eigenen Bereich beschränkt.[89] Für die Ärztekammern wird die organisationsrechtliche Inklusion bereits durch die Heilberufe- und Kammergesetze bestimmt, welche ihnen die Einrichtung der Ethikkommissionen als Aufgabe zuweisen, so dass die Satzungsregelungen als Umsetzung einer gesetzlichen Aufgabe begriffen werden können. Die Einordnung der Kommissionen in das Organisationsgefüge der Hochschulen jedoch folgt regelmäßig originär aus den von der Hochschule, teilweise der jeweiligen medizinischen Fakultät erlassenen Satzungen.[90] Dort werden die Ethikkommissionen im Regelfall bei den medizinischen Fakultäten eingerichtet [siehe dazu unten B. II. 1. c) bb) (2) (a) (cc) (β)]. Ebenso wie das Europa-, Bundes- und Landesrecht bestimmen auch die Satzungen die personelle Pluralität und Unabhängigkeit der Gremien.

(2) Berufsordnungen

Die Berufsordnungen der Ärztekammern treffen keine Regelungen zur Einrichtung der Ethikkommissionen. Sie setzen jedoch regelmäßig deren Existenz in Trägern funktionaler Selbstverwaltung voraus, indem sie die Pflicht der Ärzte normieren, eine Beratung durch eine bei der Ärztekammer oder bei der Hochschule angesiedelte Ethikkommission anzunehmen.[91]

ee) Zwischenergebnis zur verwaltungsorganisationsrechtlichen Zuweisung

Damit ergibt sich für die Organisationsform der öffentlich-rechtlichen Ethikkommissionen bereits aus den europarechtlichen und den bundesrechtlichen Vorgaben, dass es sich um ein Kollegialgremium handelt, das „unabhängig“ sein muss. Dies folgt auch aus den landesrechtlichen Bestimmungen sowie aus dem Satzungsrecht. Das Landesrecht ordnet die Kommissionen regelmäßig dem Organisationsbereich der Ärztekammern und der Hochschulen zu, nur teilweise werden sie unmittelbar in der Landesverwaltung angesiedelt. Diese Selbstverwaltungskörperschaften errichten die Ethikkommissionen, ohne sie in den entsprechenden Satzungen explizit verwaltungsorganisatorisch zu qualifizieren. Die Gremien können somit

---

[89] Für die Befugnis der Universitäten zum Erlass einer ihre Gesamtorganisation regelnden Grundordnung *Hendler*, S. 214.

[90] Von der Universität erlassen ist beispielsweise die Satzung für die Ethik-Kommission an der Medizinischen Fakultät der Friedrich-Alexander-Universität Erlangen-Nürnberg vom 09. Juni 2008, geändert durch Satzung vom 07. Januar 2009 (http://www.uni-erlangen.de/universitaet/organisation/recht/sonstige_satzungen/Ethiksatzung.pdf, abgerufen am 27. April 2011); von der Fakultät (dem Dekanat) erlassen ist zum Beispiel die Satzung der Ethik-Kommission des Fachbereichs Medizin der Justus-Liebig-Universität Gießen vom 20. Januar 2005 (http://www.med.uni-giessen.de/intranet/ethik/material/3_Satzung_ETK.pdf, abgerufen am 27. April 2011).

[91] So beispielsweise die Vorschrift des § 15 der Berufsordnung der Landesärztekammer Baden-Württemberg (oben A. Fn. 5); siehe *Kage*, S. 321 f.

nicht anhand expliziter Bestimmungen umfassend verwaltungsorganisationsrechtlich eingeordnet werden.

Die daher erforderliche weitere Analyse soll sich zweier Zugriffsrichtungen bedienen: Der verwaltungsträgerexternen Perspektive zur Qualifikation der verwaltungsorganisationsrechtlichen Stellung der Ärztekammern und Hochschulen und der Verwaltungsträgerbinnenperspektive zur entsprechenden Verortung der Ethikkommissionen innerhalb dieser Körperschaften.

b) Ethikkommissionen als Elemente der funktionalen Selbstverwaltung

Die Ärztekammern und Hochschulen[92] sind Körperschaften des öffentlichen Rechts.[93] Zugleich sind sie Träger funktionaler Selbstverwaltung.[94]

aa) Ärztekammern und Hochschulen als Körperschaften des öffentlichen Rechts

Der Begriff „Körperschaft“ bezeichnet eine Organisationsform des öffentlichen Rechts, die jedoch – anders als die zivilrechtlichen Organisationsformen – nicht gesetzlich geregelt ist. Der Staat bedarf eines Kanons typisierter Organisationsformen nicht, denn der Gesetzgeber ist aufgrund des institutionellen Gesetzesvorbehalts[95] bei der Schaffung öffentlich-rechtlicher Organisationen ohnehin beteiligt.[96] Während im Zivilrecht nicht die konkreten Organisationen, sondern die Typisierungen ihrer Rechtsform gesetzlich geregelt werden, verhält es sich im öffentlichen Recht umgekehrt: Hier bestehen gesetzlich determinierte konkrete Organisationen, die nur nach Maßgabe von im allgemeinen Verwaltungsrecht herausgebildeten Eigenschaftskriterien einem gesetzlich nicht beschriebenen Typus zugeordnet werden.

Für die Betrachtung der verwaltungsorganisatorischen Position der öffentlichrechtlichen Ethikkommissionen bedeutet dies, dass die konkrete Organisationsform Untersuchungsgegenstand sein muss. Auch dort, wo der Begriff der Körperschaft gesetzlich aufgegriffen wird, wird die damit gemeinte Binnenorganisation nicht

---

[92] Gemäß § 58 Abs. 1 S. 1 des Hochschulrahmengesetzes (HRG) in der Fassung der Bekanntmachung vom 19. Januar 1999 (BGBl. 1999 I, S. 18), zuletzt geändert durch Gesetz vom 12. April 2007 (BGBl. 2007 I, S. 506) sind die Hochschulen „in der Regel Körperschaften des öffentlichen Rechts und zugleich staatliche Einrichtungen“.

[93] *Kluth*, DV 2002, S. 349 (351).

[94] *Kluth*, in: Wolff/Bachof/Stober, Bd. 3, § 97 Rn. 25 (für die Ärztekammern) und Rn. 28 (für die Hochschulen).

[95] Siehe *Groß*, in: Kluth, Handbuch, E. Rn. 3 f.; siehe *Schmidt-Aßmann*, Ordnungsidee, 4. Kapitel Rn. 19.

[96] *Kluth* (1997), S. 232; *Scheuner*, in: Gedächtnisschrift Hans Peters, S.797 (805); *Schuppert* (1981), S. 65 f.; *Stelkens*, LKV 2003, S. 489 (491).

vollumfänglich programmiert;[97] der Organisationstypus „Körperschaft“ ist lediglich deskriptiv. Immerhin kann er jedoch insofern taugliche Grundlage für rechtliche Schlussfolgerungen sein, als ihm bestimmte typische Eigenschaften zukommen, die historisch evolviert und allgemein anerkannt sind. Dies gilt jedenfalls insofern, als solche Charakteristika vom Gesetzgeber rezipiert werden, indem er – wie im Falle der Ärztekammern und der Hochschulen – explizit Körperschaften errichtet, soweit keine organisatorischen Sonderbestimmungen bestehen.[98]

Die besagten Körperschaften sind öffentlich-rechtliche Personenverbände.[99] Sie sind von der unmittelbaren Staatsverwaltung rechtlich verselbständigte Verwaltungseinheiten, demgemäß juristische Personen[100] und Verwaltungsträger[101].[102] Die Verselbständigung äußert sich auch in einer regelmäßigen Beschränkung der staatlichen Aufsicht auf die Rechtsaufsicht.[103] Der Selbständigkeit korrespondiert eine Eigenverantwortlichkeit[104] der Aufgabenwahrnehmung.[105] Durch Hoheitsakt werden den öffentlich-rechtlichen Körperschaften öffentliche Aufgaben zugewiesen, die sie regelmäßig mit hoheitlichen Mitteln zu erfüllen haben.[106] Ein entscheidendes Charakteristikum der öffentlich-rechtlichen Körperschaften ist jenes der mitgliedschaftlichen Organisation und die Unabhängigkeit ihres Bestehens vom Mitgliederwechsel[107]. Die Körperschaft öffentlichen Rechts räumt Mitgliedschaftsrechte ein, mittels derer nach grundsätzlich demokratischen Prinzipien[108] die Einflussnahme auf die Verwaltungstätigkeit ermöglicht wird. Dabei sind die Binnenstruktur und die Arten der mitgliedschaftlichen Rechte flexibel; auch darin prägt sich die deskriptive, nicht gesetzlich determinierte Natur des Begriffs „Körperschaft“ aus. Grundsätzlich besteht eine demokratische Binnenstruktur.

Damit ist die Art der Verwaltungsträger skizziert, bei denen die Ethikkommissionen angesiedelt sind. Eine für die Untersuchung der Legitimation relevante Untersuchungsperspektive zielt indes nicht auf sämtliche konkreten Ausformungen des

---

[97] *Kluth* (1997), S. 233.

[98] *Maurer*, Allgemeines Verwaltungsrecht, § 23 Rn. 37.

[99] *Maurer*, Allgemeines Verwaltungsrecht, § 23 Rn. 30.

[100] *Krebs*, in: Isensee/Kirchhof, HStR V, § 108 Rn. 37; *Schuppert* (1981), S. 65.

[101] *Krebs*, in: Isensee/Kirchhof, HStR V, § 108 Rn. 39.

[102] *Maurer*, Allgemeines Verwaltungsrecht, § 21 Rn. 8.

[103] *Burgi*, in: Erichsen/Ehlers, § 7 Rn. 20; *Emde*, S. 51; *Maurer*, Allgemeines Verwaltungsrecht, § 23 Rn. 45; *Schmidt-Aßmann*, AöR 116 (1991), S. 329 (377); *Schuppert* (1981), S. 353.

[104] *Burgi*, in: Erichsen/Ehlers, § 7 Rn. 20; *Maurer*, Allgemeines Verwaltungsrecht, § 21 Rn. 8.

[105] *Schuppert* (1981), S. 65, spricht auch von „Selbstregulierung“.

[106] *Maurer*, Allgemeines Verwaltungsrecht, § 23 Rn. 42, 44.

[107] *Kluth*, in: Wolff/Bachof/Stober, Bd. 3, § 98 Rn. 4 ff.; *Kluth* (1997), S. 233.

[108] Siehe *Kluth* (1997), S. 229, für die demokratische Binnenstruktur als historisches Merkmal berufsständischer Selbstverwaltungskörperschaften; ebenfalls in der historischen Perspektive *Bieback*, S. 347.

jeweiligen Verwaltungsträgers. Vielmehr sind die sich auf das Handeln der Verwaltungsträger auswirkenden Einflusszusammenhänge in einem gesamtstaatlichen Zusammenhang in den Blick zu nehmen. Eine solche funktional konkretere, aber hinsichtlich ihres Gegenstandes weitere Perspektive wird unter dem Topos „funktionale Selbstverwaltung“ eingenommen.

bb) Ärztekammern und Hochschulen als Träger funktionaler Selbstverwaltung

Die Delegation der Einrichtung der Ethikkommissionen an die Hochschulen[109] und Ärztekammern[110] durch die Heilberufe- und Kammergesetze der Länder bedeutet eine Zuweisung an typische Träger der funktionalen Selbstverwaltung[111].

Selbstverwaltung im Rechtssinne wird nach einer klassischen[112] durch Hans Julius Wolff geprägten[113] Formel verstanden als „selbständige, fachweisungsfreie Wahrnehmung enumerativ oder global überlassener oder zugewiesener eigener öffentlicher Angelegenheiten durch unterstaatliche Träger oder Subjekte öffentlicher Verwaltung in eigenem Namen“[114]. Zu den wesensbestimmenden Eigenschaften zählt damit die Zuweisung von Partizipationsrechten an eine Gruppe natürlicher Personen, die zur eigenverantwortlichen[115] Erledigung der sachlich und personell eigenen Angelegenheiten, somit in der Form der Betroffenenverwaltung[116], berufen ist, und über letztverantwortliche Entscheidungsfreiräume verfügt, die durch eine Beschränkung der staatlichen Aufsicht auf die Rechtsaufsicht[117] gesichert sind.[118] Die

[109] Zu den Hochschulen als Träger funktionaler Selbstverwaltung *Kluth*, in: Wolff/Bachof/Stober, Bd. 3, § 97 Rn. 28 und Rn. 34 ff.

[110] Zu den Ärztekammern als Träger funktionaler Selbstverwaltung *Kluth*, in: Wolff/Bachof/Stober, Bd. 3, § 97 Rn. 25 und Rn. 69 ff.

[111] *Kluth*, DV 35 (2002), S. 349 (351); siehe *Kluth* (1997), S. 235, der die Körperschaft als „organisatorischen Prototyp der funktionalen Selbstverwaltung“ bezeichnet.

[112] *Tettinger*, S. 33.

[113] *Oebbecke*, VerwArch 81 (1990), S. 349 (351); *Papenfuß*, S. 20.

[114] *Stober*, in: Wolff/Bachof/ders., Verwaltungsrecht II, § 84 Rn. 34.

[115] Zur Eigenverantwortlichkeit als Wesensmerkmal des Selbstverwaltungsbegriffs *Kluth* (1997), S. 14 (in Bezug auf die Regelung des Art. 28 Abs. 2 S. 1 GG); *Kluth*, in: Wolff/Bachof/Stober, Bd. 3, § 97 Rn. 1.

[116] *Emde*, S. 6; *Kluth*, DV 35 (2002), S. 349 (352 f.); *Schmidt-Aßmann*, in: Gedächtnisschrift Martens, S. 249 (S. 253); *Kluth*, in: Wolff/Bachof/Stober, Bd. 3, § 97 Rn. 1.

[117] *Burgi*, in: Erichsen/Ehlers, § 7 Rn. 20; *Emde*, S. 51; *Maurer*, Allgemeines Verwaltungsrecht, § 23 Rn. 45; *Schmidt-Aßmann*, AöR 116 (1991), S. 329 (377); *Schuppert* (1981), S. 353.

[118] *Kluth*, in: Wolff/Bachof/Stober, Bd. 3, § 97 Rn. 1 (der jedoch entsprechend der von ihm vertretenen These der „kollektiven Legitimation“ von „demokratischen Partizipationsrechten“ und einem „kollektiv legitimierten Verbandsvolk“ spricht).

Selbstverwaltung ist damit eine Ausnahme von der prinzipiell umfassenden Hoheitsgewalt[119] des Staates.[120]

Der Begriff der *funktionalen* Selbstverwaltung ist ein Sammel- oder Subtraktionsbegriff,[121] der ein verwaltungsorganisatorisches Phänomen bezeichnet. Zur funktionalen Selbstverwaltung zählen innerhalb der Gesamtheit der Selbstverwaltungsträger nach vorherrschender Auffassung sämtliche nicht kommunalen Selbstverwaltungsträger,[122] demnach solche, die nicht überwiegend gebietsbezogen, sondern vor allem aufgabenbezogen tätig sind.[123] Die funktionale Selbstverwaltung zeichnet sich dadurch aus, dass sie gemäß ihrer Bezeichnung an ein Element einer Funktionskategorie, so beispielsweise an den Sachbereich der Ausübung eines bestimmten Berufs im Falle der Ärztekammern oder an eine mit bestimmten Mitteln wahrzunehmende bestimmte Aufgabe wie bei den Hochschulen anknüpft.[124] Entsprechend konstituiert sich der Mitgliederkreis: Entweder durch die Zugehörigkeit zu einem Berufsstand oder durch die Betroffenheit von einem Aufgabe-Mittel-Zusammenhang.[125] Eine territoriale Zuständigkeitsbegrenzung ist durch die Aufgabenorientierung nicht ausgeschlossen,[126] jedoch sinnhaft nachgeordnet. Die Träger funktionaler Selbstverwaltung stehen jedenfalls außerhalb der hierarchischen Staatsverwaltung.[127]

In wesentlichen Aspekten sind die Begriffe der öffentlich-rechtlichen Körperschaft – unter Ausnahme der Gebietskörperschaften[128] – und des Phänomens der funktionalen Selbstverwaltung inhaltlich gleich.[129] Der Begriff der öffentlich-rechtlichen Körperschaft bezeichnet zwar eine konkrete Organisationsform,[130] wohingegen jener der funktionalen Selbstverwaltung eine eher funktionale Perspektive einnimmt. Jedoch sind Verwaltungsorganisation und Verwaltungsfunktion nicht isoliert denkbar, so dass sich die Beschreibungen in den erheblichen Teilen nur durch ihre Betonung unterscheiden. In diesem Sinne gleich sind die Elemente des orga-

---

[119] *Breuer*, DV 10 (1977), S. 1 (2).

[120] Anders *Bryde*, StWStP 5 (1994), S. 305 (320 f.), unter anderem mit der Begründung, dass es sich bei der Selbstverwaltung „nicht um eine periphere Randerscheinung des Grundgesetzes handelt, sondern um eines seiner innovativen Strukturmerkmale".

[121] *Kluth* (1997), S. 12, S. 71 f.; *Emde*, S. 5 ff.

[122] *Kluth* (1997), S. 12; *Emde*, S. 5 ff.

[123] *Kluth* (1997), S. 12 f.; *Emde*, S. 10.

[124] *Kluth*, in: Wolff/Bachof/Stober, Bd. 3, § 97 Rn. 2.

[125] *Kluth*, in: Wolff/Bachof/Stober, Bd. 3, § 97 Rn. 2 (ohne den konkretisierenden Aspekt der Mittel in Relation zu einer Aufgabe).

[126] *Kluth* (1997), S. 12, dort Fn. 4.

[127] BVerfG NVwZ 2002, S. 335 (337), mit der Gegenüberstellung der Wahrnehmung von Wirtschaftsverwaltungsaufgaben durch Kammern und durch staatliche Behörden.

[128] *Kluth*, in: Wolff/Bachof/Stober, Bd. 3, § 87 Rn. 19.

[129] *Schuppert*, in: Festgabe v. Unruh, S. 183 (186 f.).

[130] Die Körperschaft ist die Regelorganisationsform der funktionalen Selbstverwaltung, *Kluth* (1997), S. 234.

nisatorischen und rechtlichen Selbstandes gegenüber der unmittelbaren Staatsverwaltung, die mitgliedschaftliche Organisation, die Erfüllung öffentlicher Aufgaben, die Beschränkung der staatlichen Aufsicht auf die Rechtsaufsicht und die Eigenverantwortlichkeit der Aufgabenwahrnehmung. Die Kategorie der funktionalen Selbstverwaltung konkretisiert das verwaltungsorganisatorisch-funktionale Bild, indem sie den Kreis der Aufgaben auf eigene Aufgaben und somit auf den Typus der Betroffenenverwaltung beschränkt. Außerhalb der inhaltlichen Schnittmenge liegen Selbstverwaltungsarten, die sich nicht über die Form der Körperschaft des öffentlichen Rechts – beispielsweise als Anstalt oder Stiftung des öffentlichen Rechts oder in Privatrechtsform mit körperschaftlichen Strukturen – verwirklichen, und Körperschaften, die nicht alle Merkmale der funktionalen Selbstverwaltung aufweisen.[131]

cc) Verwaltungsorganisationsrechtliche Spezifika von Ärztekammern und Hochschulen

Bisher wurde festgestellt, dass die Ethikkommissionen bei den Ärztekammern und Hochschulen, mithin bei Körperschaften des öffentlichen Rechts und im Bereich der funktionalen Selbstverwaltung angesiedelt sind. Dies ist eine Aussage allgemeiner Natur. Die konkreten Ausprägungen der Rechtsform „Körperschaft" und damit auch die verwaltungsorganisatorischen Formen der funktionalen Selbstverwaltung sind jedoch sowohl in ihren Organisationsstrukturen als auch in ihren Funktionen vielfältig.[132] Als Grundlegung einer Legitimationsanalyse müssen die verwaltungsorganisationsrechtlichen Spezifika der Ärztekammern und Hochschulen untersucht werden.

(1) Verwaltungsorganisationsrechtliche Spezifika von Ärztekammern

Die Ärztekammern zählen zu den freiberuflichen Kammern.[133] Sie organisieren den Arztberuf. Wie bei allen berufsständischen Organisationen handelt es sich bei den Ärztekammern um Ausprägungen eines „reinen" Selbstverwaltungstypus, denn das Selbstverwaltungsrecht erfasst – anders als bei den Hochschulen – alle Bereiche.[134] Den Kammern gehören die im Kammerbezirk ansässigen Ärzte als Mitglieder an.[135]

---

[131] Siehe zur Organisationstypik der funktionalen Selbstverwaltung als körperschaftliche Verwaltung *Jestaedt* (1993), S. 70 (mit dem Hinweis auf Anstalten und Stiftungen des öffentlichen Rechts als weitere mögliche Organisationsformen funktionaler Selbstverwaltung); siehe zu den Alternativen zur öffentlich-rechtlichen Körperschaft für den Bereich der Hochschulen *Thieme*, Rn. 174, der auf Gesellschaften mit beschränkter Haftung, eingetragene Vereine und rechtsfähige Stiftungen verweist.

[132] *Kluth*, in: Wolff/Bachof/Stober, Bd. 3, § 97 Rn. 8.

[133] *Hendler*, S. 249 ff.; *Kluth*, in: Wolff/Bachof/Stober, Bd. 3, § 97 Rn. 25; mit der Bezeichnung als „berufliche Vertretungen" *Tettinger*, S. 21, auch S. 252.

[134] *Kluth* (1997), S. 236.

[135] *Kluth*, in: Wolff/Bachof/Stober, Bd. 3, § 97 Rn. 73; *Tettinger*, S. 21.

Sie haben damit, wie grundsätzlich alle berufsständischen Körperschaften, eine monistische Struktur: Die Mitglieder bilden hinsichtlich bestimmter, mit dem Verbandszweck zusammenhängender Eigenschaften – nämlich ihrer Tätigkeit in Heilberufen – eine homogene Gruppe.[136] Als Organe verfügen die Kammern über die Kammerversammlung, den Kammervorstand und den Kammerpräsidenten.[137] Die Kammerversammlung wird durch die Mitglieder gewählt.[138] Der Kammervorstand, der sich zumeist aus einem Präsidenten, einem Vizepräsidenten und zumindest drei Beisitzern zusammensetzt, wird von der Kammerversammlung gewählt.[139] Wesentliche Bestimmungen für die Aufgaben der Organe enthält die Hauptsatzung, die regelmäßig von der Kammerversammlung zu beschließen ist.[140] Die Aufsicht über die Ärztekammern ist, soweit diese Selbstverwaltungsangelegenheiten wahrnehmen, auf eine Rechtsaufsicht beschränkt.[141]

(2) Verwaltungsorganisationsrechtliche Spezifika von Hochschulen

Die Hochschulen sind Körperschaften des öffentlichen Rechts.[142] Daran ändert nichts, dass sie Träger staatlicher Leistungsverwaltung sind.[143] Die Selbstverwaltung der Hochschulen weist die Besonderheit auf, dass sie auch grundrechtlich verankert ist und die Freiheit der Wissenschaft, Forschung und Lehre aus Art. 5 Abs. 3 GG institutionell sichern soll.[144] Die Hochschulen sind regelmäßig Körperschaften des öffentlichen Rechts und zugleich staatliche Einrichtungen und demnach körperschaftlich und anstaltlich geprägt.[145] Organisationsrechtlich haben sie eine entsprechende Doppelstruktur, bestehend aus einem akademischen und einem nichtakade-

---

[136] *Kluth* (1997), S. 235.

[137] *Tettinger*, S. 21 f.; allgemein für die Kammern *Emde*, S. 120 f.

[138] *Kluth*, in: Wolff/Bachof/Stober, Bd. 3, § 97 Rn. 74; *Tettinger*, S. 21; mit dem Hinweis auf das Erfordernis eines Repräsentationsmodells aufgrund der großen Mitgliederzahl insbesondere bei den Handwerkskammern: *Emde*, S. 121.

[139] *Kluth*, in: Wolff/Bachof/Stober, Bd. 3, § 97 Rn. 75.

[140] *Kluth*, in: Wolff/Bachof/Stober, Bd. 3, § 97 Rn. 76 f.; *Tettinger*, S. 21 f.

[141] *Heusch*, in: Kluth, Handbuch, M. Rn. 97.

[142] *Sandberger*, WissR Beiheft 15, 2005, S. 19 (21).

[143] *Erichsen/Scherzberg*, NVwZ 1990, S. 8 (13); *Kluth* (1997), S. 43.

[144] *Erichsen/Scherzberg*, NVwZ 1990, S. 8 (9) (für einen „Kernbereich"); *Hendler*, S. 209 f.; *Kluth*, in: Wolff/Bachof/Stober, Bd. 3, § 97 Rn. 28; *Kluth* (1997), S. 240; *Schmidt-Aßmann*, in: Gedächtnisschrift Martens, S. 249 (252); *Thieme*, Rn. 184; siehe § 58 Abs. 1 S. 3 HRG, wonach die Hochschulen ein Recht der Selbstverwaltung haben.

[145] *Kluth*, in: Wolff/Bachof/Stober, Bd. 3, § 97 Rn. 46; *Leuze*, WissR Beiheft 15 (2005), S. 56 (56 f.); *Sandberger*, WissR Beiheft 15, 2005, S. 19 (22); *Thieme*, Rn. 173; siehe oben Fn. 92.

mischen Bereich.[146] Durch den anstaltlichen Aspekt werden die Organe der Selbstverwaltungskörperschaft an die Staatsverwaltung gebunden und in sie integriert.[147]

Der akademische Sektor hat die Form einer Körperschaft des öffentlichen Rechts und ist Ausprägung des auf diesen Teil beschränkten Selbstverwaltungsrechts.[148] Er besteht aus den Fakultäten und dem zentralen Organisationsbereich, seinerseits gegliedert in das Rektorat oder Präsidium und den Senat als zentralen Organen.[149] Die Fakultäten und Fachbereiche sind fach- oder zumindest themenbezogene organisatorische Zusammenfassungen.[150] Auch sie verfügen über ein Hauptorgan, nämlich den Fakultäts- oder Fachbereichsrat,[151] der kollegial oder repräsentativ verfasst sein kann.[152] Die Geschäfte der Fakultät oder des Fachbereichs werden durch einen Sprecher oder Dekan[153] geführt.[154] Die medizinischen Fakultäten haben aufgrund der ihnen obliegenden Aufgabe der Krankenversorgung eine besondere Rechtsstellung inne und sind Gegenstand spezieller Landesgesetze zur Hochschulmedizin.[155] Da die Fakultäten Teile des akademischen Bereichs der Hochschulen sind, gehören sie insofern zur funktionalen Selbstverwaltung; ein Selbstand auf der organisationsrechtlichen Ebene der Körperschaft Hochschule kommt ihnen nicht zu. Der zentrale Bereich erfasst nicht nur die zentralen Leitungsorgane sondern auch Leistungseinrichtungen wie die Bibliothek, das Rechenzentrum und weitere Servicebereiche.[156] Der Senat ist das Vertretungsorgan der Mitgliedergruppen.[157] Der Präsident oder Rektor ist ein monokratisch oder kollegial verfasstes zweites Leitungsorgan in Eigen- oder Fremdorganschaft.[158] Die Mitgliederschaft des körperschaftlich organisierten akademischen Sektors hat eine gruppenantagonistische Struktur,[159] denn der Zweck der Organisation ist auch und vor allem der Interessenausgleich zwischen Mitgliedern mit unterschiedlichen, partiell gegenläufigen Interessen.[160]

---

146 *Erichsen/Scherzberg*, NVwZ 1990, S. 8 (8 f.); *Geis*, DV 33 (2000), S. 563 (564 ff.); siehe *Hendler*, S. 214 f., der ein „Dreiteilungs-Schema“ verwendet, um den Bezug der Tätigkeit auf Forschung und Lehre zu kategorisieren; *Sandberger*, WissR Beiheft 15, 2005, S. 19 (22 f.).

147 *Erichsen/Scherzberg*, NVwZ 1990, S. 8 (13 f.); *Kluth* (1997), S. 236.

148 *Kluth* (1997), S. 236.

149 *Kluth*, in: Wolff/Bachof/Stober, Bd. 3, § 97 Rn. 47.

150 *Kluth*, in: Wolff/Bachof/Stober, Bd. 3, § 97 Rn. 58; *Lindner*, WissR 40 (2007), S. 254 (259).

151 *Lindner*, WissR 40 (2007), S. 254 (260).

152 *Kluth*, in: Wolff/Bachof/Stober, Bd. 3, § 97 Rn. 58.

153 *Lindner*, WissR 40 (2007), S. 254 (260).

154 *Kluth*, in: Wolff/Bachof/Stober, Bd. 3, § 97 Rn. 58.

155 *Heintzen*, DÖV 1997, S. 530; *Kluth*, in: Wolff/Bachof/Stober, Bd. 3, § 97 Rn. 52.

156 *Kluth*, in: Wolff/Bachof/Stober, Bd. 3, § 97 Rn. 57.

157 *Kluth*, in: Wolff/Bachof/Stober, Bd. 3, § 97 Rn. 57.

158 *Kluth*, in: Wolff/Bachof/Stober, Bd. 3, § 97 Rn. 57.

159 *Kluth* (1997), S. 235.

160 Zu den einzelnen Gruppen *Thieme*, Rn. 610 ff.

Der nichtakademische Bereich besteht parallel hierzu und wird durch den Kanzler geleitet.[161] Im Gegensatz zum akademischen Bereich ist er in die Weisungshierarchie der Landesverwaltung eingebunden.[162] Er nimmt sowohl dem akademischen Bereich dienende Verwaltungsaufgaben als auch staatliche Aufgaben mit Bezug zum akademischen Bereich (beispielsweise die Zulassung zum Studium) wahr.[163]

Die Hochschulen unterstehen der Staatsaufsicht.[164] Diese ist differenziert in eine bloße Rechtsaufsicht für die Selbstverwaltungsangelegenheiten und eine Fachaufsicht für staatliche Angelegenheiten.[165] Zu den Instrumenten der Fachaufsicht zählt ein Beanstandungs- und Anordnungsrecht sowie ein Recht zur Ersatzvornahme.[166]

dd) Zwischenergebnis zu Ethikkommissionen als Elementen der funktionalen Selbstverwaltung

Verwaltungsorganisatorisch lassen sich die Ethikkommissionen damit aus zwei ähnlichen, sich vor allem durch ihren Schwerpunkt unterscheidenden Perspektiven näher bestimmen: Aus der organisatorischen Perspektive ihrer Errichtung bei Körperschaften des öffentlichen Rechts und aus dem funktionalen Blickwinkel ihrer Zugehörigkeit zu Trägern funktionaler Selbstverwaltung. Dies gilt jedenfalls, soweit die Kommissionen bei den Ärztekammern eingerichtet sind, da diese zweifelsfrei den Kategorien „öffentlich-rechtliche Körperschaft" und „funktionale Selbstverwaltung" zuzuordnen sind. Für die Hochschulen ist aufgrund ihrer Doppelstruktur zu konkretisieren, ob die Ethikkommissionen dem körperschaftlich organisierten oder dem in hierarchischer Weise der unmittelbaren Staatsverwaltung angekoppelten Sektor angehören. Soweit man von einer Zuordnung zum körperschaftlich organisierten Bereich der Hochschulen ausgeht [siehe unten B. II. 1. c) bb) (2) (a) (cc) (β)], gelten die Befunde aus den besagten zwei Perspektiven auch für die Kommissionen an den Hochschulen.

Danach sind die Ethikkommissionen organisationsrechtlich von der unmittelbaren Staatsverwaltung verselbständigt: Sie sind Teile von öffentlich-rechtlichen Personenverbänden, die juristische Personen und Verwaltungsträger sind. Gesteuert werden sie letztlich durch ihre Mitglieder. Die staatliche Aufsicht ist auf eine Rechtsaufsicht beschränkt. Der Zuständigkeitsbereich der Ärztekammern und Hochschulen ist dem Typus der funktionalen Selbstverwaltung gemäß regelmäßig auf ihre sachlich und personell eigenen Angelegenheiten beschränkt; es handelt sich um eine Betroffenenselbstverwaltung.

---

161 *Kluth*, in: Wolff/Bachof/Stober, Bd. 3, § 97 Rn. 47.

162 *Schröder*, JuS 1986, S. 371 (372); *Kluth*, in: Wolff/Bachof/Stober, Bd. 3, § 97 Rn. 47.

163 *Kluth*, in: Wolff/Bachof/Stober, Bd. 3, § 97 Rn. 47.

164 *Erichsen*, DVBl. 1985, S. 943 (948 f.); *Kluth* (1997), S. 53; *Thieme*, Rn. 211 ff.

165 *Kluth* (1997), S. 53.

166 *Kluth* (1997), S. 53 f.; ähnlich *Thieme*, Rn. 216.

c) Stellung der öffentlich-rechtlichen Ethikkommissionen innerhalb der Selbstverwaltungsträger

Die öffentlich-rechtlichen Ethikkommissionen sind mit den Selbstverwaltungsträgern nicht identisch; sie sind Organisationsteile. Da die Untersuchung auf die Legitimation der Kommissionen, nicht auf jene der sie umfassenden Einheiten zielt, kann sie nicht auf der Ebene der Körperschaften Halt machen. Damit ist die Frage nach der binnenorganisationsrechtlichen Stellung aufgeworfen.

Die konkrete körperschaftliche Organisation wird sowohl durch Gesetze, vor allem Errichtungsgesetze, als auch, als Ausprägung des Selbstorganisationsrechts der Körperschaften, durch deren Satzungsrecht bestimmt. Letzteres ist für eine umfassende organisationsrechtliche Regelung regelmäßig unabdingbar, denn die Gesetze sind in dieser Hinsicht oft lückenhaft.[167] Trotz eines gewissen Grades an innerorganisatorischer ausdrücklicher Regelung geht das Innenrecht der Selbstverwaltungsträger jedoch von Prämissen aus, die in der für Körperschaften allgemein anerkannten Organisationstypizität liegen. Diese organisatorische Typizität der Körperschaften des öffentlichen Rechts wird daher im Folgenden skizziert. Auf dieser Grundlage wird dann untersucht, wo die Ethikkommissionen innerhalb dieser Regelorganisation zu verorten sind.

aa) Organisationsstrukturen öffentlich-rechtlicher Körperschaften

Der Begriff der Körperschaft des öffentlichen Rechts wird in den Vorschriften, die ihn verwenden, nicht definiert.[168] Damit geht einher, dass die allgemeine organisationsrechtliche Binnenverfassung der Körperschaften weder verfassungsrechtlich noch verwaltungsrechtlich geregelt ist.[169] Aufgrund des institutionellen Gesetzesvorbehalts ist der Gesetzgeber Träger der Organisationsgewalt für konkrete Körperschaften.[170] Dies gilt für die Kammern – folglich auch für die Ärztekammern – uneingeschränkt, da sie nicht verfassungsrechtlich verankert sind.[171] Jedoch ist auch das grundgesetzlich geschützte Recht der Hochschulen auf eine organisatorische Gestaltung begrenzt.[172]

Der Begriff „Körperschaft" wird teils allgemein für selbständige Exekutivinstitutionen und ohne organisationsrechtliche Spezifik verwendet. Beispiele hierfür sind Art. 34 und Art. 87 Abs. 2 GG. In § 133 des Rahmengesetzes zur Vereinheitlichung

---

[167] So für die Kammern *Groß*, in: Kluth, Handbuch, E. Rn. 1.

[168] *Kluth*, in: Wolff/Bachof/Stober, Bd. 3, § 87 Rn. 5.

[169] *Kluth*, in: Wolff/Bachof/Stober, Bd. 3, § 87 Rn. 5.

[170] BVerwGE 16, 312 (314); *Groß*, in: Kluth, Handbuch, E. Rn. 3 f.; *Maurer*, Allgemeines Verwaltungsrecht, § 23 Rn. 37 f.

[171] *Groß*, in: Kluth, Handbuch, E. Rn. 3; *Kluth*, in: Wolff/Bachof/Stober, Bd. 3, § 82 Rn. 15.

[172] *Groß*, in: Kluth, Handbuch, E. Rn. 3; *Sandberger*, WissR 35 (2002), S. 125 (135 f.).

des Beamtenrechts (Beamtenrechtsrahmengesetz – BRRG)[173] ist mit „Körperschaft" eine juristische Person des öffentlichen Rechts mit Dienstherrnfähigkeit gemeint.[174] Art. 59 Abs. 2 GG nimmt Bezug auf die „für die Bundesgesetzgebung zuständigen Körperschaften" und versteht als „Körperschaften" teilrechtsfähige Organe.[175] Insoweit sind die Normen für eine Untersuchung auf eine körperschaftliche Organisationstypizität unfruchtbar.

Trotz des Fehlens einer rechtlich-normativen Definition und entsprechend allgemein gültiger organisationsrechtlicher Regelungen lassen sich bestimmte Eigenheiten von Körperschaften des öffentlichen Rechts identifizieren, die ein grundsätzliches Organisationsbild zeichnen.[176] Dieses ist die Basis für die Organisation der Körperschaften des öffentlichen Rechts und bildet die Prämissen für deren konkrete gesetzliche und satzungsrechtliche Regelung ab.

(1) Mitglieder

Basis der Körperschaft ist die Mitgliedschaft. Körperschaften werden im organisationsrechtlichen Sinne allgemein bezeichnet als organisatorische Zusammenfassungen kraft Zurechnung willens- und handlungsfähiger Personenmehrheiten, die unabhängig vom Wechsel der einzelnen Mitglieder eine rechtliche Einheit bilden.[177] Die Mitgliedschaft ist ein verwaltungsrechtliches Dauerrechtsverhältnis.[178] Die Mitglieder bilden auch insofern die Basis der Körperschaften, als sie diese gleichsam „von unten" steuern („bottom-up"-Struktur); sie sind im Regelfall berechtigt und gegebenenfalls auch verpflichtet, die Leitungsorgane und die Tätigkeitsziele der Körperschaft zu bestimmen.[179]

Von den Mitgliedern, welche die Organisation der Körperschaft tragen, sind jene Personen zu unterscheiden, welche nicht Mitglieder sind, jedoch dennoch in die

---

[173] In der Fassung der Bekanntmachung vom 31. März 1999 (BGBl. 1999 I, S. 654), zuletzt geändert durch Gesetz vom 05. Februar 2009 (BGBl. 2009 I, S. 160).

[174] Siehe *Kluth*, in: Wolff/Bachof/Stober, Bd. 3, § 87 Rn. 6.

[175] *Kluth*, in: Wolff/Bachof/Stober, Bd. 3, § 87 Rn. 6.

[176] Mit dem Hinweis auf „gemeinsame Strukturen" *Burgi*, in: Erichsen/Ehlers, § 7 Rn. 23.

[177] *Kluth*, in: Wolff/Bachof/Stober, Bd. 3, § 87 Rn. 7; *Maurer*, Allgemeines Verwaltungsrecht, § 23 Rn. 40.

[178] *Kluth*, in: Wolff/Bachof/Stober, Bd. 3, § 87 Rn. 45; *Maurer*, Allgemeines Verwaltungsrecht, § 23 Rn. 40.

[179] *Emde*, S. 122 (mit dem Konzept eines „Legitimationskreislaufs"); *Kluth*, in: Wolff/Bachof/Stober, Bd. 3, § 87 Rn. 7 (auch zur Finanzierungsfunktion, Rn. 9); *Schmidt-Aßmann*, in: Gedächtnisschrift Martens, S. 249 (262), wonach für die Funktion der Körperschaften als Selbstverwaltungsträger wichtig ist, dass die unmittelbaren Interessenten die Verwaltung führen; für die Kammern *Tettinger*, S. 111. Parallel zu dem Grundtypus der Mitgliedschaft gibt es auch Mitglieder, die zwar in die Organisation eingebunden sind, jedoch gegenüber den diese tragenden und steuernden Vollmitgliedern nur über eingeschränkte Mitwirkungs- und Bestimmungsrechte verfügen, bezeichnet als „außerordentliche" oder „fördernde" Mitglieder (siehe *Kluth*, in: Wolff/Bachof/Stober, Bd. 3, § 87 Rn. 10).

Organisationsordnung der Körperschaft eingebunden sind. So ist es möglich, Nichtmitgliedern Führungspositionen, beispielsweise in der Geschäftsführung einzuräumen,[180] jedoch kommt auch jedwede andere Funktion in Betracht.

Abgesehen von diesen Grundstrukturen wird das Mitgliedschaftsverhältnis primär – und insbesondere bei den hier in Rede stehenden Trägern funktionaler Selbstverwaltung – durch das Statusrecht der jeweiligen Körperschaft geprägt.

(2) Organe

Neben den Mitgliedern als personeller Konstitutionsbasis der Körperschaft bestehen Organe. Regelmäßig sind dies zumindest zwei: Die Mitglieder- oder Vertreterversammlung als kollegial verfasstes Leitungsorgan[181] und der Vorstand oder das Präsidium.[182]

In dem Leitungsorgan können die Mitglieder unmittelbar persönlich vertreten sein. Alternativ steht eine repräsentative Organisationsform zur Verfügung.[183] Bei Körperschaften mit einer größeren Mitgliederzahl ist das Leitungsorgan aus Gründen der Praktikabilität regelmäßig repräsentativ.[184] Dies ist auch bei den Ärztekammern und den Hochschulen der Fall.

Leitungsaufgaben werden in der Praxis regelmäßig nicht durch die Mitglieder- oder Vertreterversammlung wahrgenommen, sondern einem Vorstand oder Präsidium zugewiesen.[185] Üblicherweise handelt es sich dabei um ein Kollegialorgan mit einem Vorsitzenden, der über besondere Geschäftsleitungsrechte verfügt. Der Vorstand kann als Eigenorganschaft (so regelmäßig bei den Trägern funktionaler Selbstverwaltung) oder als Fremdorganschaft ausgefüllt werden.[186] Auf gesetzlicher oder satzungsrechtlicher Grundlage bestehen regelmäßig Informationsansprüche und Kontrollrechte der Mitglieder- oder Vertreterversammlung gegenüber den Organen.[187]

---

[180] *Kluth*, in: Wolff/Bachof/Stober, Bd. 3, § 87 Rn. 9.

[181] *Tettinger*, S. 111.

[182] *Groß*, in: Kluth, Handbuch, E. Rn. 7 f.; siehe zu Repräsentativorganen *Tettinger*, S. 111 f.

[183] *Kluth*, in: Wolff/Bachof/Stober, Bd. 3, § 87 Rn. 69. Zum terminologischen Unterschied von Mitgliedskörperschaft und Repräsentativkörperschaft: *Huber*, Ernst Rudolf, Wirtschaftsverwaltungsrecht, S. 204 f., sowie *Tettinger*, S. 111. Üblich ist die entsprechende Bezeichnung als Mitglieder-, Voll- oder Vertreterversammlung; auch die Begriffe Kammer- oder Verbandsversammlung sind gebräuchlich (*Kluth*, in: Wolff/Bachof/Stober, Bd. 3, § 87 Rn. 69).

[184] *Emde*, S. 121; *Tettinger*, S. 111.

[185] *Kluth*, in: Wolff/Bachof/Stober, Bd. 3, § 87 Rn. 72; siehe *Tettinger*, S. 116.

[186] *Kluth*, in: Wolff/Bachof/Stober, Bd. 3, § 87 Rn. 73.

[187] *Groß*, in: Kluth, Handbuch, E. Rn. 23.

Die Mitgliederversammlungen haben grundsätzlich die Möglichkeit, als Unterorgane beschließende oder beratende Ausschüsse zu bilden.[188] Oft ist dies auch gesetzlich vorgesehen oder vorgeschrieben.[189] Bedingt durch die Funktion der Unterorgane als Hilfsgremien der Mitgliederversammlung, die teilweise deren Funktionen wahrnehmen, muss ihre Besetzung im Regelfall die in der Mitgliederversammlung realisierten Besetzungsparameter widerspiegeln.[190] Je nach der dem Ausschuss konkret zugewiesenen Funktion kann aber auch von diesem Grundsatz abgewichen werden, beispielsweise aus Gründen der Versammlung von Sachverstand im Ausschuss.[191]

Bei den Körperschaften des öffentlichen Rechts können zudem weitere Organe errichtet werden. So sind Vorstände und Präsidien insbesondere im Fall der ehrenamtlichen Tätigkeit und im Fall größerer Organisationen regelmäßig nicht Leiter der Verwaltung der Körperschaft.[192] Stattdessen wird auf Gesetzes- oder Satzungsbasis eine hauptamtliche Geschäftsleitung als Einzel- oder Kollegialorgan eingesetzt.[193] Diese Geschäftsführung ist regelmäßig ein Organ, da ihr üblicherweise Vertretungsbefugnis zukommt.[194]

Auch die Einrichtung von Ausschüssen als Organe, die besondere Aufgaben wahrnehmen, ist der körperschaftlichen Regelungsform nicht fremd.[195] Grundsätzlich ist die Ausschusserrichtung Gegenstand des Selbstorganisationsrechts der Verwaltungskörperschaften;[196] sie kann im Einzelfall auch eine gesetzliche Grundlage fordern.[197] Ausschüsse mit gesetzlichen Exklusivaufgaben sind zu unterscheiden von den Ausschüssen, denen öffentliche Aufgaben oder bestimmte regionale Zuständigkeiten zugewiesen werden, die jedoch nur Beratungsfunktionen, nicht aber eigene Beschlusskompetenzen haben. In letzterem Fall können sie auch ohne eine gesetzliche Ermächtigungsgrundlage von der Körperschaft selbst eingerichtet werden.[198]

---

[188] *Kluth*, in: Wolff/Bachof/Stober, Bd. 3, § 87 Rn. 71a.

[189] *Kluth*, in: Wolff/Bachof/Stober, Bd. 3, § 87 Rn. 71a.

[190] *Kluth*, in: Wolff/Bachof/Stober, Bd. 3, § 83 Rn. 167 und § 87 Rn. 71a.

[191] *Kluth*, in: Wolff/Bachof/Stober, Bd. 3, § 87 Rn. 71a.

[192] *Kluth*, in: Wolff/Bachof/Stober, Bd. 3, § 87 Rn. 74.

[193] *Groß*, in: Kluth, Handbuch, E. Rn. 7; *Kluth*, in: Wolff/Bachof/Stober, Bd. 3, § 87 Rn. 75.

[194] *Kluth*, in: Wolff/Bachof/Stober, Bd. 3, § 87 Rn. 76; siehe *Krebs*, in: Isensee/Kirchhof, HStR V, § 108, Rn. 43.

[195] *Groß*, in: Kluth, Handbuch, E. Rn. 9, Rn. 25; *Tettinger*, S. 116.

[196] EGH Hamburg, NJW 1985, S. 1084 (1086 f.); *Tettinger*, S. 116.

[197] *Tettinger*, S. 117.

[198] *Groß*, in: Kluth, Handbuch, E. Rn. 25; EGH Hamburg, NJW 1985, S. 1084 (1086 f.); BGHZ 33, 381 (384) zum Strafrechtsausschuss der Bundesrechtsanwaltskammer; mit dem Hinweis auf die Unbeschränktheit der Funktionen der Hauptorgane der IHK durch einen Ausschluss außenwirksamer Maßnahmen von Ausschüssen *Frentzel/Jäkel/Junge/Hinz/Möllering*, § 8 Rn. 4; *Möllering*, WiVerw 2001, S. 25 (46), wonach jedenfalls dann Ausschüsse eingerichtet werden können, wenn diese keine Außenkompetenz haben; allgemein zur Er-

Ausschüsse können Organe[199] oder Unterorgane[200] sein. Unterorgane können beratende oder entscheidende Funktion haben, die vom übergeordneten Organ delegiert wird.[201] Es ist auch möglich, dass Kompetenzen nicht nur auf zwei, sondern auf eine Mehrzahl von Organen aufgeteilt werden.[202]

bb) Einordnung der Ethikkommissionen in binnenkörperschaftliche Organisationsstrukturen

Die verwaltungsorganisationsrechtliche Stellung der Ethikkommissionen muss ausgehend von den die Kommissionen organisatorisch determinierenden Vorschriften, vor allem den Satzungen der Ethikkommissionen, untersucht werden. In verwaltungsorganisatorischer Hinsicht bieten die Satzungen keine in sich abgeschlossene, umfassende Regelung. Die Vorschriften sind daher vor dem beschriebenen Hintergrund der organisationsrechtlichen Typizität der Körperschaften zu interpretieren.[203] Erst so kann ein Gesamtbild der binnenorganisatorischen Einbindung entstehen, das schließlich auf die Legitimationsfrage hin untersucht werden kann.

(1) Binnenorganisationsrechtlich relevante Regelungen

Bestimmungen, welche die Verortung der Ethikkommissionen innerhalb der Körperschaften explizit regeln, finden sich in den Heilberufe- und Kammergesetzen und den Satzungen der Ethikkommissionen selbst.

Eine im ersten Ansatz auch binnenorganisationsrechtlich interpretierbare Regelung enthalten die Heilberufe- und Kammergesetze lediglich insofern, als sie die Unselbständigkeit der Kommissionen bestimmen.[204] In den Hochschulgesetzen sind entsprechende Bestimmungen nicht enthalten.[205] Die Satzungen bestimmen meistenfalls, dass „bei" der jeweiligen Körperschaft eine Ethikkommission eingerichtet wird; teils wird auf die Präposition verzichtet. Die einschlägigen Normen sind damit

---

richtung von Ausschüssen aus dem Selbstorganisationsrecht *Grupp*, in: Furkel/Jung, S. 125 (131).

[199] *Groß*, in: Kluth, Handbuch, E. Rn. 25.

[200] *Tettinger*, S. 116.

[201] *Kluth*, in: Wolff/Bachof/Stober, Bd. 3, § 83 Rn. 166; zur Differenzierung von Organ und Teilorgan *Krebs*, in: Isensee/Kirchhof, HStR V, § 108, Rn. 43.

[202] *Groß*, in: Kluth, Handbuch, E. Rn. 9.

[203] Ähnlich für die Beziehung zwischen der Rechtsform der Körperschaft des öffentlichen Rechts und dem Kammerrecht hinsichtlich der Organisationsstruktur *Tettinger*, S. 104, wonach für die bundesdeutschen Kammern „diejenigen Einschätzungen maßgeblich [sind], welche in der Verwaltungswissenschaft bezüglich dieser Personenverbände [der Körperschaften des öffentlichen Rechts, *der Verfasser*] auf allgemeine Anerkennung rechnen können".

[204] Siehe beispielsweise § 5 Abs. 1 S. 1 des baden-württembergischen Heilberufe-Kammergesetzes (oben Fn. 31).

[205] Auch das Hessische Hochschulgesetz (oben Fn. 35) enthält keine entsprechende Bestimmung.

binnenorganisationsrechtlich wenig gehaltvoll. In der partiellen Regelung, die Ethikkommissionen seien „unselbständig", liegt lediglich die Aussage, dass es sich bei den Kommissionen um in die jeweilige Struktur integrierte Elemente, demnach nicht selbst um Verwaltungsträger handelt. Eine nähere Positionsbestimmung setzt daher den Blick auf die körperschaftstypischen Organisationsstrukturen voraus.

(2) Ethikkommissionen als Körperschaftsorgane

Setzt man die organisationsrechtlichen Charakteristika der Ethikkommissionen mit den obig skizzierten allgemeinen Eigenschaften der Körperschaftsorganisation in Relation, so ergibt sich ein Bild der Kommissionen als kollegial verfasste Körperschaftsorgane.

(a) Ethikkommissionen als Organe der Körperschaften

(aa) Anforderungen an die Organqualität

Als Organe werden durch Rechtssatz gebildete, selbständige institutionelle Subjekte verstanden, durch die eine (teil-)rechtsfähige Organisation ihre Aufgaben derart wahrnehmen, dass die Handlungen des Subjekts ihr zugerechnet werden.[206] Das Verhältnis zwischen Organ und Organisation ist danach ein Zurechnungsverhältnis, das dadurch qualifiziert wird, dass nicht nur die Handlungen des mit Organwaltern besetzen Organs die Organisation rechtlich treffen, sondern dass diese Handlungen als Organisationshandlungen verstanden werden;[207] das Organ hat nur transitorische Wahrnehmungszuständigkeiten[208]. Zurechenbare Handlungen sind nicht nur Willenserklärungen sondern auch andere rechtlich relevante oder faktische Handlungen.[209] Von den Organen sind Organteile zu unterscheiden, das heißt organisatorische Untergliederungen des Organs, die selbständig Rechte haben können.[210]

(bb) Zuordnung eines Organs zu einem Verwaltungsträger

Die Organkompetenz ist im Normalfall ein Ausschnitt aus der Verbandskompetenz eines Organträgers.[211] Jedoch können Organen auch Zuständigkeiten jenseits der dieser Verbandskompetenz zugewiesen sein.[212] In diesem Fall ist es eine Frage der konkreten Ausgestaltung, ob das Organ in dieser Funktion als Organ des Verwal-

---

[206] *Kluth*, in: Wolff/Bachof/Stober, Bd. 3, § 83 Rn. 132; *Krebs*, in: Isensee/Kirchhof, HStR V, § 108, Rn. 43; *v. Lewinski*, JA 2006, S. 517.

[207] *Kluth*, in: Wolff/Bachof/Stober, Bd. 3, § 83 Rn. 133.

[208] *Maurer*, Allgemeines Verwaltungsrecht, § 21 Rn. 24.

[209] *Kluth*, in: Wolff/Bachof/Stober, Bd. 3, § 83 Rn. 133.

[210] *Kluth*, in: Wolff/Bachof/Stober, Bd. 3, § 83 Rn. 164; *Krebs*, in: Isensee/Kirchhof, HStR V, § 108, Rn. 43.

[211] *Kluth*, in: Wolff/Bachof/Stober, Bd. 3, § 83 Rn. 173.

[212] *Kluth*, in: Wolff/Bachof/Stober, Bd. 3, § 83 Rn. 173.

tungsträgers oder der beauftragenden Stelle zugerechnet wird.[213] Es sind die Fälle der Organleihe und der gesetzlichen Regelung einer Organkompetenz zu unterscheiden. Ein Fall der Organleihe liegt vor, wenn das Organ Aufgaben eines anderen Aufgabenträgers wahrnimmt, der von dem eigenen Verwaltungsträger verschieden ist.[214] In diesem Fall wird dem anderen Aufgabenträger das Handeln des Organs zugerechnet. Wird jedoch eine spezifische, außerhalb der Verbandskompetenz des Verwaltungsträgers liegende Funktion einem Organ zugewiesen, ohne dass sie sich funktional einem bestimmten Aufgabenträger zuordnen lässt, so ist dies keine Organleihe, sondern die gesetzliche Regelung einer Organkompetenz: Das Organ agiert kraft der gesetzlichen Zuweisung auch insofern, als es außerhalb der Verbandskompetenz seines Verwaltungsträgers handelt, als dessen Organ. Maßgeblich für die Unterscheidung ist die Auslegung der Aufgabenzuweisungsvorschriften.

(cc) Zuordnung der Ethikkommissionen als Organe zu Ärztekammern und Hochschulen

(α) Grundsätzliche Qualifikation der Ethikkommissionen als Organe

Die bisherigen Befunde lassen sich zu dem Ergebnis verdichten, dass die Ethikkommissionen Organe der jeweiligen Selbstverwaltungsträger sind.

Die Kommissionen sind den Ärztekammern und Hochschulen organisatorisch eingegliedert und tragen somit ein notwendiges institutionelles Merkmal[215] der Organschaft. Dies ergibt sich für die Ärztekammern bereits aus den einschlägigen gesetzlichen Vorschriften, die sie verpflichten, die Kommissionen einzurichten. Dies setzt die Kompetenz der Kammern zur Kommissionserrichtung voraus; diese Kompetenz wiederum ist auf den Bereich der kammereigenen Organisation beschränkt. Deutlich wird die organisatorische Eingliederung sowohl für die Ethikkommissionen der Ärztekammern als auch für jene an den Hochschulen in den einschlägigen Satzungen, in denen schlicht bestimmt wird, dass die Kommissionen eingerichtet werden, oder, dass sie „bei" dem jeweiligen Selbstverwaltungsträger eingerichtet werden.

Auch das zweite institutionelle Merkmal von Organen, die organisatorische Selbständigkeit, mithin die Unabhängigkeit von Amtswalterwechseln,[216] ergibt sich aus den Satzungen. Diese sehen regelmäßig Kriterien für die Besetzung der Kommissionen vor und implizieren damit deren organisatorischen Selbstand. Anhalts-

---

213 *Kluth*, in: Wolff/Bachof/Stober, Bd. 3, § 83 Rn. 173.

214 *Kluth*, in: Wolff/Bachof/Stober, Bd. 3, § 83 Rn. 174; *Krebs*, in: Isensee/Kirchhof, HStR V, § 108, Rn. 43.

215 *Maurer*, Allgemeines Verwaltungsrecht, § 21 Rn. 23.

216 *Maurer*, Allgemeines Verwaltungsrecht, § 21 Rn. 23.

punkte für eine Teilorganschaft bestehen nicht.[217] Die Pluralität der Zusammensetzung steht der Qualifikation als Organ nicht entgegen.[218]

Auch in funktioneller Hinsicht handelt es sich bei den Kommissionen um Organe. Ihre Handlungen werden weder einem anderen Verwaltungsträger als jenem, bei welchem sie angesiedelt sind, noch ihnen selbst zugerechnet; es gibt keine eine solche Zurechnung begründenden Bestimmungen in den die Einrichtung und die Tätigkeit der Kommissionen regierenden Bestimmungen.

Die Übertragung von Aufgaben eines anderen Verwaltungsträgers an die Ethikkommissionen, die Organleihe, scheidet aus: Es gibt keinen anderen Verwaltungsträger, der die Aufgaben einer Ethikkommission originär zu erfüllen hat, und der diese Aufgaben an bei Selbstverwaltungskörperschaften angesiedelte und von diesen gleichsam geliehene Ethikkommissionen übertragen könnte. Regelungen darüber, welche konkrete Stelle die Aufgaben nach dem Arzneimittelgesetz, dem Medizinproduktegesetz, der Röntgenverordnung und der Strahlenschutzverordnung wahrzunehmen hat, finden sich ausschließlich in den Heilberufe- und Kammergesetzen sowie in den Satzungen der Kommissionen. Die Gesetze bestimmen meistenfalls, dass die Kommissionen zur Wahrnehmung der den öffentlich-rechtlichen Ethikkommissionen zugewiesenen Aufgaben von den Ärztekammern zu errichten sind. Die Satzungen bestimmen sodann, dass die Kommissionen diese Aufgaben wahrnehmen. Für eine originäre Aufgabenträgerschaft anderer Verwaltungsträger bestehen demnach keine Anhaltspunkte.[219]

Damit bleibt nur der Regelfall: Bei Verwaltungsträgern eingerichtete Organisationseinheiten, welche die Voraussetzungen für die Einordnung als Organe erfüllen, sind Organe eben dieser Verwaltungsträger, sofern keine anderweitigen Anhaltspunkte bestehen. So liegt es hier. Einer näheren Betrachtung bedarf allerdings die Stellung der Ethikkommissionen innerhalb der Hochschulen aufgrund deren Doppelstruktur und der Errichtung bei den medizinischen Fakultäten.

(β) Ethikkommissionen an den Hochschulen: Zuordnung zum Selbstverwaltungssektor und Bedeutung der Ansiedelung bei den medizinischen Fakultäten

Für den Bereich der Hochschulen stellt sich zunächst die spezielle Frage, ob die Ethikkommissionen dem der Selbstverwaltung unterfallenden akademischen Sektor oder dem vollumfänglich weisungsgebundenen Bereich [siehe oben B. II. 1. b) cc)

---

[217] Anders *Stamer*, S. 92 f., was jedoch auf einer Überinterpretation der Bestimmung der „Unselbständigkeit" in dem dort in Bezug genommenen Kammergesetz beruht, die als eine Organeigenschaft ausschließende organisatorische Unselbständigkeit verstanden wird. Das wesentliche Kriterium – die institutionelle Verselbständigung in Unabhängigkeit von Amtswalterwechseln – wird dabei übersehen.

[218] Allgemein für Kollegialorgane *Dagtoglou*, S. 45.

[219] Dies wohl verkennend *Rupp*, in: Festschrift Heckel, S. 839 (851), der allerdings mit der Formulierung, es „ließe sich an eine ‚Organleihe' [...] denken" undeutlich bleibt.

(2)] zuzuordnen sind. Da sich die Tätigkeit der Kommissionen gerade auf den Bereich der Forschung[220] bezieht, ist die erste Alternative zutreffend.[221] Dies folgt auch aus der Tatsache, dass die Ethikkommissionen durch Satzungen der Hochschulen kreiert werden, und sonach auch formal Ausprägungen des Selbstverwaltungsrechts sind;[222] nur im Ausnahmefall ist den Hochschulen überhaupt die Errichtung von Ethikkommissionen als Aufgabe zugewiesen.[223]

Eine weitere Frage ist, welche binnenorganisationsrechtliche Bedeutung die Zuweisung der Ethikkommissionen an die medizinischen Fakultäten hat. Teils werden die Ethikkommissionen „für" die jeweilige medizinische Fakultät errichtet.[224] In anderen Satzungen wird die Präposition „bei" verwendet.[225] Wieder andere Satzungen werden vom jeweiligen Fakultätsrat beschlossen, so dass sich schon daraus ihre organisatorische Zuordnung zu dem entsprechenden Fachbereich ergibt.[226]

Denkbar wäre daher eine Einordnung der Ethikkommissionen als Organe der Fakultäten. Jedoch können nur Träger von Außenrechten über Organe verfügen, die mit Rechtswirkung für und wider die Organisationseinheit im externen Rechtskreis agieren.[227] Die Tätigkeit der Ethikkommissionen hat – ohne dies an dieser Stelle schon näher zu qualifizieren – jedenfalls auch Wirkungen auf Hochschulexterne [siehe unten zur Antragsbefugnis für das Verfahren bei den Kommissionen B. III. 1. a)

---

[220] *Hendler*, S. 213, wonach sich die akademische Selbstverwaltung auch auf den Forschungsbetrieb erstreckt.

[221] Ebenso *Bork* (1984), S. 55.

[222] Siehe *Hendler*, S. 213 f., wonach im Bereich der akademischen Selbstverwaltung jedenfalls ein Satzungsrecht besteht, und S. 294, wonach die Satzungsgewalt „ein besonders wichtiges Handlungs- und Gestaltungsmittel der Selbstverwaltungsträger bei der eigenverantwortlichen Wahrnehmung der ihnen obliegenden Aufgaben" darstellt.

[223] So in § 5 Abs. 5 des baden-württembergischen Heilberufe-Kammergesetzes (oben Fn. 31); auch in § 60 Abs. 1 des Hessischen Hochschulgesetzes (oben Fn. 35).

[224] So beispielsweise die Präambel der Satzung der Ethikkommission der Medizinischen Fakultät Heidelberg (Ethikkommission I der Universität) und der Ethikkommission der Medizinischen Fakultät Mannheim (Ethikkommission II der Universität) in der Fassung vom 01. Dezember 2009 (http://www.medizinische-fakultaet-hd.uni-heidelberg.de/fileadmin/ethikkommission/2009-12-01_Satzung.pdf, abgerufen am 27. April 2011).

[225] So bestimmt die Geschäfts- und Verfahrensordnung der Ethikkommission der Medizinischen Fakultät der Ludwig-Maximilians-Universität München, in Kraft getreten am 15. Juli 2006 (http://www.ethikkommission.med.uni-muenchen.de/geschverf-ordnung/geschaeftsordnung.pdf, abgerufen am 28. April 2011), in ihrem § 1 Nr. 1: „Bei der Medizinischen Fakultät der Ludwig-Maximilians-Universität München besteht eine Ethikkommission".

[226] Dies gilt beispielsweise für die Satzung der Ethikkommission der Medizinischen Fakultät der Universität zu Köln, in Kraft getreten am 30. Juli 2009, der ein Beschluss des Fachbereichsrats vom 15. Mai 2009 zugrunde liegt (http://www.medfak.uni-koeln.de/uploads/media/Satzung_EthikKommission_2009.pdf, abgerufen am 28. April 2011); die Ethikkommission wird dort in § 1 Abs. 1 zudem ausdrücklich als „eigenständige und an Weisungen nicht gebundene Einrichtung der Medizinischen Fakultät" bezeichnet.

[227] Siehe *Maurer*, Allgemeines Verwaltungsrecht, § 21 Rn. 19.

bb) und zur Fremdbestimmung von Individuen durch die Kommissionen C. II. 1. a) ee) (5) (a)]. Der Außenrechtskreis der jeweiligen Hochschule ist damit berührt.

Die Ethikkommissionen können daher nur dann und insoweit Organe der Fakultäten sein, als diese zumindest teilrechtsfähig sind. Die Fakultäten oder Fachbereiche sind innerhalb der Gesamtkörperschaft Hochschule selbständige Organisationseinheiten[228] und bilden als solche deren Grundeinheiten[229]. Rechtsfähigkeit – mithin auch Teilrechtsfähigkeit[230] – wird einer Organisation durch die Rechtsordnung verliehen.[231] Die Fakultäten können sich auf das Grundrecht des Art. 5 Abs. 3 GG berufen.[232] Sie sind daher teilrechtsfähig,[233] wobei die Teilrechtsfähigkeit nur so weit reicht wie der Grundrechtsschutz[234].[235]

Eine darüber hinausgehende Rechtsfähigkeit der Fakultäten besteht nicht. Ihre Wahrnehmungszuständigkeiten sind von der Hochschule abgeleitet; die Fakultäten nehmen die der Hochschule zugewiesenen Aufgaben nicht als eigene wahr.[236] Auch haben die Fakultäten keine Körperschaftsstruktur.[237] Eine Weisungsfreiheit der Fakultäten kann binnenorganisatorisch installiert werden und hat ebenfalls nicht

---

[228] *Bethge*, in: Achterberg/Püttner/Würtenberger, § 13 Rn. 133.

[229] *Bethge*, in: Achterberg/Püttner/Würtenberger, § 13 Rn. 132; *Lindner*, WissR 40 (2007), S. 254 (273); siehe beispielsweise § 22 Abs. 1 des Gesetzes über die Hochschulen und Berufsakademien in Baden-Württemberg (oben Fn. 55): „Die Fakultät ist die organisatorische Grundeinheit der Hochschule; [...].“

[230] Siehe *v. Lewinski*, JA 2006, S. 517 (518).

[231] *Hänsch*, S. 111; *Maurer*, Allgemeines Verwaltungsrecht, § 21 Rn. 4, Rn. 6.

[232] BVerfGE 68, 193 (207); BVerfGE 75, 192 (196); BVerfGE 85, 360 (384 f.); BVerfGE 93, 85 (93); BVerfGE 111, 333 (352); BVerwG NVwZ 1985, S. 654; *Bork* (1984), S. 57; *Lindner*, WissR 40 (2007), S. 254 (271 f., 274 f., 277).

[233] *Lindner*, WissR 40 (2007), S. 254 (278).

[234] *Lindner*, WissR 40 (2007), S. 254 (278); siehe *Dreier*, in: ders., Bd. I, Art. 19 III Rn. 46 (wonach „Art. 19 III GG [...] die einfache [Teil-]Rechtsfähigkeit zur Grundrechtsberechtigung [verstärkt], wobei der Grundrechtsschutz dann naturgemäß nicht weiter reicht als jene“) (für juristische Personen des Privatrechts); siehe *Maurer*, Allgemeines Verwaltungsrecht, § 21 Rn. 6, wonach „die *Teil*rechtsfähigkeit [...] darin besteht, daß einer Organisation nicht generell, sondern nur im Blick auf bestimmte Rechtsgebiete oder sogar nur im Blick auf bestimmte Rechtsnormen Rechtsfähigkeit zugesprochen wird“.

[235] Siehe allgemein zur Frage der Teilrechtsfähigkeit der Fachbereiche *Bethge*, in: Achterberg/Püttner/Würtenberger, § 13 Rn. 134, m. w. N.; *Hänsch*, S. 111; *Knemeyer*, in: Festschrift Schiedermair, S. 539 (546 f.).

[236] *Bethge*, in: Achterberg/Püttner/Würtenberger, § 13 Rn. 134; *Schrimpf*, in: Denninger, § 64 Rn. 7 (§ 64 HRG ist mittlerweile weggefallen, die diesbezüglichen grundsätzlichen Aussagen über die Rechtsstellung der Fachbereiche gelten jedoch weiterhin); siehe beispielsweise § 22 Abs. 1 des Gesetzes über die Hochschulen und Berufsakademien in Baden-Württemberg (oben Fn. 55), wonach die Fakultät „in ihrem Bereich die Aufgaben der Hochschule“ erfüllt.

[237] *Bethge*, in: Achterberg/Püttner/Würtenberger, § 13 Rn. 134; *Schrimpf*, in: Denninger, § 64 Rn. 7.

zwingend Folgen für die Rechtsfähigkeit.[238] Entsprechend kommt ihnen keine Autonomie zum Erlass von Satzungen zu, mittels derer in die Rechte Dritter eingegriffen werden kann; die Möglichkeit zum Satzungserlass zur Regelung interner Angelegenheiten ist Folge der verwaltungsorganisatorischen Qualifikation als Teil der Körperschaft Hochschule mit dem ihr eigenen Charakter als Organisation, die ihre inneren Angelegenheiten im Wege der Mitwirkung regelt.[239] Die Satzungsgebung hat also organisationsinternen Charakter und setzt insbesondere nicht die Rechtsfähigkeit des Fachbereichs voraus.[240] Damit kann aus der Befugnis der Fakultät zur Errichtung von Einrichtungen in ihrem Bereich nicht auf deren Rechtsfähigkeit geschlossen werden.

Organe der Fakultäten könnten die Ethikkommissionen nur dann sein, wenn sie mit Wirkung für und wider diese in dem durch die Teilrechtsfähigkeit gezogenen Rechtskreis agierten. Die Tätigkeit der Kommissionen entspricht dem jedoch nicht. Dies wird durch ihre Funktion deutlich: Insbesondere der Schutz der Rechte und Rechtsgüter der Forschungsteilnehmer [siehe oben A. I. 1.] ist keine Ausprägung des Grundrechts der Forschungsfreiheit der Fakultäten, sondern eine Tätigkeit, die auf den Schutz der Rechte auch fakultätsexterner Personen um dieser Rechte selbst willen zielt. Somit entspricht der Kreis der Aktivitäten der Ethikkommissionen nicht dem durch die Teilrechtsfähigkeit der Fakultäten gezogenen Rechtskreis. Dies mit einer Organleihe oder einer gesetzlichen Regelung einer Organkompetenz [siehe oben B. II. 1. c) bb) (2) (a) (bb)] zu begründen, liegt fern, da die Kommissionen eigens auch zwecks Erfüllung dieser Funktion gegründet werden. Die Ethikkommissionen sind daher keine Fakultätsorgane.

Die Fakultäten sind zudem nicht als Organe der Hochschule zu qualifizieren, denn dies widerspräche ihrem Charakter als „organisatorische Grundeinheit der Hochschule“: Organe sind nicht Gliederungseinheiten des Verwaltungsträgers, sondern funktional bestimmt als dessen Instrumente zur Erfüllung seiner Aufgaben.[241] Überdies widerspräche die Annahme einer Organqualität der Möglichkeit der Fakultäten, sich auf Art. 5 Abs. 3 GG zu berufen[242], denn Organe sind Zuordnungssubjekte lediglich von apersonalen Befugnissen und Zuständigkeiten, nicht jedoch von personalen Rechten wie den Grundrechten.[243] Somit sind die Ethikkommissionen auch nicht Unterorgane der Fakultäten mit einer etwaigen Organqualität.

---

[238] *Hoffmann-Becking*, DVBl. 1972, S. 299 (304).

[239] *Schrimpf*, in: Denninger, § 64 Rn. 9. Auch Teilrechtsfähigkeit würde nur so weit reichen wie das Recht der Fakultät aus Art. 5 Abs. 3 GG (*Bork* [1984], S. 57; *Lindner*, WissR 40 [2007], S. 254 [278]).

[240] *Schrimpf*, in: Denninger, § 64 Rn. 9.

[241] *Bethge*, in: Achterberg/Püttner/Würtenberger, § 13 Rn. 137; im Ergebnis auch *Bork* (1984), S. 56 ff.

[242] BVerwGE 45, 39 (42); siehe auch dazu, dass dies nicht zur Annahme einer Teilrechtsfähigkeit zwingt BVerwG NVwZ 1985, S. 654.

[243] *Bethge*, in: Achterberg/Püttner/Würtenberger, § 13 Rn. 137.

Für die verwaltungsorganisatorische Position der Ethikkommissionen folgt daraus, dass sie zwar den Fachbereichen eingegliedert sind, jedoch trotz eines Satzungserlasses durch den jeweiligen Fakultätsrat nicht deren Organe, sondern – entsprechend dem oben herausgearbeiteten Regelfall – Organe der Körperschaft „Hochschule“ sind.[244]

(b) Ethikkommissionen als Organe mit exklusiven Aufgaben

Mit der Kategorisierung der Ethikkommissionen als Organe der Hochschule ist ihre Zuordnung zu einem Organträger bestimmt, jedoch nicht der Organtypus, dem sie angehören.

Die Kommissionen entsprechen jedenfalls nicht dem Typus des von der Mitgliederversammlung eingesetzten Unterorgans. Die Funktion eines solchen – ungeachtet der Frage, ob es sich um einen beschließenden oder einen beratenden Ausschuss handelt – ist durch die Unterstützung der Tätigkeit des Hauptorgans geprägt [siehe oben B. II. 1. c) aa) (2)].[245] Solche Unterorgane sind Instrumente, welche die Wahrnehmung der Aufgaben der Mitgliederversammlung partiell übernehmen; es handelt sich um Delegationsobjekte. Grundsätzlich können Zuständigkeiten, die dem Hauptorgan zukommen, binnenorganisationsrechtlich auf andere Organe übertragen werden, es sei denn, dies ist gesetzlich ausgeschlossen, wobei ein gesetzlicher Ausschluss auch darin liegen kann, dass bestimmte Funktionen ausschließlich dem Hauptorgan zugewiesen sind.[246] Den Ethikkommissionen ist keines dieser Funktionscharakteristika eigen. Die Aufgabe der Kommissionen ist ihnen – nicht etwa der Mitgliederversammlung – exklusiv zugewiesen; eine Aufgabendelegation findet damit nicht statt. Der Beschluss der satzungsgebenden Versammlung, auf den die Satzungen der Ethikkommissionen zurückgehen, ist daher kein Delegationsakt, sondern die Kreation einer Stelle, die zur Erfüllung der jeweils im Arzneimittelgesetz, dem Medizinproduktegesetz, der Röntgenverordnung und der Strahlenschutzverordnung vorgesehenen Funktionen einzig in der Lage ist.

Überdies sind die Ethikkommissionen keine Vorstands- oder Geschäftsführungsaufgaben wahrnehmenden Organe. Da sie zudem nicht auf eine Beratungsfunktion innerhalb der Körperschaften reduziert sind, sondern in rechtlich erheblicher Weise tätig werden, sind sie auch nicht als Beiräte einzustufen.

Die Ethikkommissionen zählen vielmehr zu jenem Typus körperschaftlicher Organe, denen besondere Aufgaben ausschließlich übertragen werden [siehe oben B. II. 1. c) bb) (2) (a) (bb)]:[247] Sie verfügen über eine eigene Beschlusskompetenz, die auf eine Außenwirkung zielt, und nehmen jene Aufgaben wahr, die ihnen gemäß dem

---

[244] Anders *Bork* (1984), S. 54 ff., der die Ethikkommissionen als Unterorgane des Fachbereichsrates einordnet (konkret S. 59 f.).

[245] *Kluth*, in: Wolff/Bachof/Stober, Bd. 3, § 87 Rn. 71a.

[246] *Groß*, in: Kluth, Handbuch, E. Rn. 24; *Tettinger*, S. 114.

[247] Siehe *Groß*, in: Kluth, Handbuch, E. Rn. 9, Rn. 25; siehe *Tettinger*, S. 116.

Arzneimittelgesetz, dem Medizinproduktegesetz und der Röntgenverordnung sowie der Strahlenschutzverordnung, teilweise in Verbindung mit den Heilberufe- und Kammergesetzen, exklusiv übertragen sind. Entsprechend ist ihre Einrichtung nur in eingeschränkter Weise Gegenstand des Selbstorganisationsrechts der Ärztekammern und Hochschulen:[248] Den Ärztekammern sind die organisatorischen Eigenschaften der Kommissionen bei der ihnen als Pflicht aufgegebenen Einrichtung weitgehend gesetzlich vorgegeben, während den Hochschulen die Organkreation zwar regelmäßig nicht als Pflicht obliegt, sie jedoch die gesetzlichen Anforderungen an die Kommissionsorganisation beachten müssen, da die Ethikkommissionen sonst ihre Funktion nicht erfüllen können.

(3) Binnenorganisationsrechtliche Aufsicht über die Ethikkommissionen

Für die binnenorganisationsrechtliche Einordnung der Ethikkommissionen ist nicht nur ihre Organqualität, sondern auch die Frage ihrer Einbindung in die Aufsichtsstruktur innerhalb der Selbstverwaltungskörperschaften relevant. Diese Einbindung wird durch die Verfassung der Kommissionen als „unabhängig" sowie durch die für Kollegialgremien typische[249] Lockerung der Aufsichtsanbindung geprägt. Die Ethikkommissionen sind als „unabhängig" verfasst, wobei sich das Adjektiv in den Bestimmungen teilweise auf die Kommission selbst, teilweise auf deren Mitglieder bezieht.[250] „Unabhängigkeit" wird in der deutschen verwaltungsrechtlichen Terminologie verwendet, um die verwaltungsorganisatorische Stellung von Organen zu

[248] BGHZ 33, 381 (384) (zum Strafrechtsausschuss der Bundesrechtsanwaltskammer); siehe *Groß*, in: Kluth, Handbuch, E. Rn. 25; mit dem Hinweis auf die Unbeschränktheit der Funktionen der Hauptorgane der IHK durch einen Ausschluss außenwirksamer Maßnahmen von Ausschüssen *Frentzel/Jäkel/Junge/Hinz/Möllering*, § 8 Rn. 4; *Möllering*, WiVerw 2001, S. 25 (46), wonach jedenfalls dann Ausschüsse eingerichtet werden können, wenn diese keine Außenkompetenz haben; allgemein zur Errichtung von Ausschüssen aus dem Selbstorganisationsrecht *Grupp*, in: Furkel/Jung, S. 125 (131).

[249] Eine solche Typik besteht trotz Sonderfällen in Form weisungsgebundener Kollegialgremien (siehe für solche Ausnahmen *Oebbecke*, S. 55).

[250] Siehe für Arzneimittel Art. 2 Buchst. k der Richtlinie 2001/20/EG, § 42 Abs. 1 S. 1 und 2 AMG sowie § 3 Abs. 2c GCP-V; siehe für Medizinprodukte Nr. 2.2 des Anhangs 7 der Richtlinie 90/385/EWG mit dem Verweis auf die Deklaration von Helsinki in der Fassung durch den 35. Weltärztekongress 1983 (oben Fn. 9) und der dortigen Beschreibung der Ethikkommission in deren Nr. I 2. als „independent", sowie Anhang X der Richtlinie 93/42/EWG mit Verweis auf die Deklaration von Helsinki in der jeweils aktuellen Fassung (diese steht auf der Internetseite der World Medical Association [oben Fn. 11]) mit der Beschreibung der Ethikkommission in Nr. 15 S. 2 als „independent of the researcher, the sponsor and any other undue influence", sowie § 22 Abs. 1 S. 1 und 2 MPG; siehe für Röntgenstrahlung § 28 g S. 1 RöV und für ionisierende Strahlung § 92 S. 1 StrlSchV; siehe auch die meisten Heilberufe- und Kammergesetze (so beispielsweise § 5 Abs. 3 S. 1 des baden-württembergischen Heilberufe-Kammergesetzes [oben Fn. 31]); ebenso regelmäßig die Satzungen der Ethikkommissionen (beispielsweise § 3 S. 1 des Statuts der Ethikkommission der Landesärztekammer Baden-Württemberg [oben Fn. 52]).

bezeichnen, die von der regelmäßigen Weisungsunterworfenheit des hierarchischen Verwaltungsmodells ausgenommen sind.[251] Das Thema der Reduktion von Weisungsunterworfenheit wird behandelt unter dem Stichwort der „ministerialfreien Verwaltung". Die Ausnahme von der Einbindung in die Weisungshierarchie kann unterschiedlich ausgestaltet sein. Eine Rechtsaufsicht bleibt jedoch als Folge des in Art. 20 Abs. 3 GG verankerten Rechtsstaatsprinzips im Regelfall bestehen.[252] Dieses Verständnis des Begriffs der Unabhängigkeit gilt zumindest ob des Fehlens entgegenstehender Indizien auch für die Ethikkommissionen. Dem entspricht die Typizität von Kollegialorganen, die ihrem besonderen Modus der Entscheidungsfindung gemäß regelmäßig nur Objekt von Rechtsaufsicht sind.[253]

Die Zuschreibung der „Unabhängigkeit" ist daher binnenorganisationsrechtlich so zu verstehen, dass innerhalb der Selbstverwaltungskörperschaften den Ethikkommissionen übergeordnete Organe auf eine Rechtsaufsicht beschränkt sind.

2. Private Ethikkommissionen

a) Verwaltungsorganisationsrechtliche Zuweisung

Wie einführend beschrieben [siehe oben A. I. 3.], ist die Tätigkeit der privaten Ethikkommissionen auf die Bereiche der Röntgenstrahlung sowie ionisierender Strahlung und ionisierender Stoffe beschränkt. Für die verwaltungsorganisationsrechtliche Zuweisung können sonach nur die in diesen Bereichen jeweils einschlägigen Normen herangezogen werden.

Die entscheidenden verwaltungsorganisationsrechtlichen Regelungen sind solche auf bundesrechtlicher Ebene. Hier wird von der Röntgenverordnung und der Strahlenschutzverordnung für die Tätigkeit von Ethikkommissionen in den genannten

---

[251] *Bork* (1984), S. 127; *Deutsch*, in: ders./Lippert, § 42 Rn. 3; *Kluth*, in: Wolff/Bachof/Stober, Bd. 3, § 83 Rn. 157; siehe *Oebbecke*, S. 7, der den Begriff der „Unabhängigkeit" der richterlichen Unabhängigkeit vorbehalten möchte; *Pestalozza*, LKV 2006, S. 255 (257) (mit einer Erweiterung auf eine Unabhängigkeit von anderen staatlichen Einflüssen als Weisungen); undeutlich *Pestalozza*, in: v. Dewitz/Luft/ders., S. 122, wonach der Terminus „unabhängig" auch auf Weisungsfreiheit deute. Zur – jedoch für die Frage der demokratischen Legitimation nicht bedeutsamen – *faktischen* Unabhängigkeit der Mitglieder der Kommissionen *v. Dewitz*, in: ders./Luft/Pestalozza, S. 141 ff.

[252] *Klein*, Eckart, S. 214; *Schröder*, JuS 1986, S. 371 (372 f.); *Sodan* (1986), S. 400 f., 418 f.; mit der Anerkennung der „verfahrensmäßige[n] und organisatorische[n] Sicherung der Rechtsbindung nach Art. 20 III GG als ein mit Verfassungsrang ausgestattetes Interesse" *Oebbecke*, S. 133 ff.; *Sachs*, NJW 1987, S. 2338 (2342); *Schmidt-Aßmann*, AöR 116 (1991), S. 329 (358) („Alle Zweige öffentlicher Verwaltung müssen mindestens einer Rechtsaufsicht unterworfen sein"), der die „Rechtsgebundenheit der Verwaltung" als „Kernpunkt, in dem Rechtsstaat und Demokratie zusammenfinden" bezeichnet.

[253] Für die Ethikkommissionen *Pestalozza*, in: v. Dewitz/Luft/ders., S. 145 ff.; *Groß* (1999), S. 246 ff.; nicht die Typik, jedoch ein zwingender Zusammenhang zwischen der Eigenschaft als Kollegialorgan und der Weisungsfreiheit wird verneint von *Oebbecke*, S. 55.

Sachbereichen eine Registrierung beim Bundesamt für Strahlenschutz verlangt. § 28 Abs. 1 Nr. 2 RöV und § 24 Abs. 1 Nr. 2 StrlSchV fordern als eine Voraussetzung für den Beginn einer klinischen Prüfung, dass eine „Stellungnahme einer Ethikkommission [...] zum Studienplan vorliegt". Diese Ethikkommission muss nach § 28 g S. 1 RöV oder § 92 S. 1 StrlSchV „bei der zuständigen Bundesoberbehörde registriert sein". § 28 g S. 4 RöV bestimmt, dass eine Registrierung nur erfolgt, „wenn in einer veröffentlichten Verfahrensordnung die Mitglieder, die aus medizinischen oder zahnmedizinischen Sachverständigen und nichtmedizinischen Mitgliedern bestehen und die erforderliche Fachkompetenz aufweisen, das Verfahren und die Anschrift aufgeführt sind". Nahezu wortlautgleich ist die Regelung in § 92 S. 4 StrlSchV (wobei dort nur medizinische, nicht zahnmedizinische Sachverständige zulässig sind). Hinsichtlich der Rechtsform der Ethikkommissionen sehen mithin weder die Röntgenverordnung noch die Strahlenschutzverordnung Einschränkungen vor. Es ist damit jede Rechtsform denkbar, in welcher Träger von Ethikkommissionen praktisch verfasst sein können, auch private juristische Personen.

Durch die Beschränkung der organisationsrechtlichen Voraussetzungen auf den Registrierungsakt können die entsprechenden Aufgaben der Kommissionen damit sowohl durch öffentlich-rechtliche als auch durch private Kommissionen wahrgenommen werden. Registriert sind derzeit – neben öffentlich-rechtlichen Ethikkommissionen – private Gremien, die von Gesellschaften mit beschränkter Haftung[254] und von eingetragenen Vereinen[255] getragen werden.

b) Private Ethikkommissionen als Beliehene

Für die privaten Ethikkommissionen als privatautonom verfasste Stellen, denen durch öffentlich-rechtliche Normen Aufgaben zugewiesen werden, kommt eine Kategorisierung als Beliehene in Betracht.

aa) Das Institut der Beleihung

Das Institut der Beleihung ist nicht als solches normiert.[256] Eine geläufige Definition des Beliehenen ist die einer natürlichen oder juristischen Person[257] des Pri-

---

[254] International Medical & Dental Ethics Commission GmbH (Freiburg) und Freiburger Ethik-Kommission GmbH (Freiburger Ethik-Kommission International [feki]) (Freiburg) (siehe die Listen der nach der Röntgenverordnung und der Strahlenschutzverordnung beim Bundesamt für Strahlenschutz registrierten Ethikkommissionen [http://www.bfs.de/de/bfs/dienstleitungen/med_forschung/roev/ethikkomm.html und http://www.bfs.de/de/bfs/dienstleitungen/med_forschung/strlschv/ethikkomm.html, jeweils abgerufen am 27. März 2010]).

[255] Ethikkommission am Institut für angewandte Ethik, Grünstadt; Ethikkommission der Universität Witten/Herdecke, Witten (siehe die Listen der nach der Röntgenverordnung und der Strahlenschutzverordnung beim Bundesamt für Strahlenschutz registrierten Ethikkommissionen [oben Fn. 254]).

[256] *Stelkens*, NVwZ 2004, S. 304 (305).

vatrechts, der (durch Verwaltungsakt, Verwaltungsvertrag oder schlicht-hoheitlich)[258] die Zuständigkeit eingeräumt ist, bestimmte einzelne öffentlich-rechtliche Befugnisse im eigenen Namen und hoheitlich[259], in den Handlungsformen des öffentlichen Rechts,[260] wahrzunehmen.[261] Die Tätigkeit des Beliehenen wird dem Rechtsträger zugerechnet, dessen Hoheitsgewalt er ausübt.[262] Der Beliehene ist damit Teil der mittelbaren Staatsverwaltung.[263] Auch die hoheitliche Tätigkeit von Verwaltungsträgern – einschließlich der Tätigkeit von Beliehenen – kann sich in den Modi der obrigkeitlichen oder schlicht-hoheitlichen[264] Aufgabenwahrnehmung manifestieren. Obrigkeitlich ist eine Tätigkeit, die einseitig verbindlich regelnd wirken soll,[265] also auf einen Rechtserfolg zielt. Schlicht-hoheitliche Aufgabenwahrnehmung ist nicht auf einen Rechtserfolg, sondern auf einen tatsächlichen Erfolg gerichtet;[266] auch hier handelt ein Verwaltungssubjekt aufgrund öffentlichen Rechts.[267]

bb) In den Bereichen der Röntgenverordnung und der Strahlenschutzverordnung tätige private Ethikkommissionen als Beliehene

Die Stellungnahmen der Ethikkommissionen in den Bereichen der Röntgenverordnung und der Strahlenschutzverordnung sind gemäß § 28b Abs. 1 Nr. 2 RöV und § 24 Abs. 1 Nr. 2 StrlSchV Voraussetzung für eine Genehmigung der Studie durch das Bundesamt für Strahlenschutz. Eine Durchführung der Studie ohne die Genehmigung ist gemäß § 44 Nr. 1 Buchst. c RöV oder § 116 Abs. 1 Nr. 1 Buchst. g StrlSchV eine Ordnungswidrigkeit. Zwar kommt es lediglich auf das Vorliegen der Stellungnahme, nicht auf ihren Inhalt an, jedoch sind die Stellungnahmen konstitutive Elemente eines öffentlich-rechtlichen Genehmigungsverfahrens. Durch die Zuweisung der Kompetenz zur Abgabe dieser Stellungnahmen an die privaten Ethikkommissionen wird diesen insofern eine hoheitliche Funktion übertragen. Relevant für die Frage der Beleihung ist hier, dass ein grundsätzlich dem Staat vorbehaltenes Element des Genehmigungsverfahrens zur Wahrnehmung an Private überwiesen

---

257 *Burgi*, in: Erichsen/Ehlers, § 9 Rn. 25.

258 *Burgi*, in: Erichsen/Ehlers, § 9 Rn. 24.

259 *Burgi*, in: Erichsen/Ehlers, § 54 Rn. 24; *Maurer*, Allgemeines Verwaltungsrecht, § 23 Rn. 56; *Schmidt-Aßmann*, Ordnungsidee, 5. Kapitel Rn. 57; *Stelkens*, NVwZ 2004, S. 304 (305).

260 BVerwG DVBl. 1990, S. 712 (713); BVerwG NJW 1981, S. 2482 (2482 f.); *Burgi*, in: Erichsen/Ehlers, § 9 Rn. 24; *Burgi*, in: Festschrift Maurer, S. 581 (585).

261 *Stober*, in: Wolff/Bachof/ders., Bd. 3, § 90 Rn. 4.

262 *Ramsauer*, in: Kopp/ders., § 1 Rn. 21b.

263 *Burgi*, in: Erichsen/Ehlers, § 9 Rn. 24.

264 Siehe *Stober*, in: Wolff/Bachof/ders./Kluth, § 23 Rn. 76.

265 *Stober*, in: Wolff/Bachof/ders./Kluth, § 23 Rn. 77.

266 *Maurer*, Allgemeines Verwaltungsrecht, § 15 Rn. 1.

267 *Stober*, in: Wolff/Bachof/ders./Kluth, § 23 Rn. 78.

wird; die konkrete Form und Wirkung ihrer Tätigkeit ist für die Frage der Beleihung nicht bedeutsam. Nach der Röntgenverordnung und der Strahlenschutzverordnung handeln die Kommissionen damit hoheitlich.

Die Registrierung privater Ethikkommissionen durch das Bundesamt für Strahlenschutz versetzt die Kommissionen erst in die Lage, die beschriebene Funktion auszufüllen. Sie ist als Verwaltungsakt im Sinne des § 35 S. 1 des Verwaltungsverfahrensgesetzes des Bundes[268] zu qualifizieren: Es handelt sich um eine öffentlichrechtliche[269] und hoheitliche, da einseitige Maßnahme[270] einer Behörde, die weder Rechtsetzung noch Rechtsprechung[271] ist und auf die Setzung einer Rechtsfolge in Form der verbindlichen Festlegung des Rechtsstatus[272] als Ethikkommission im Sinne der Röntgenverordnung oder der Strahlenschutzverordnung zielt; zudem ist sie auf Außenwirkung gerichtet, da sie den Rechtskreis der jeweiligen privaten juristischen Person erweiternd gestalten soll, und sie ist aufgrund der konkreten Adressierung konkret-individuell[273].

Da die Kommissionen auch in eigenem Namen handeln, sind die Voraussetzungen der Beleihung erfüllt. Somit sind die privaten Ethikkommissionen Beliehene.

c) Zwischenergebnis: Private Ethikkommissionen als Beliehene

Sämtliche privaten Ethikkommissionen sind daher Beliehene. Sie sind Teil der mittelbaren Staatsverwaltung.

---

[268] In der Fassung der Bekanntmachung vom 23. Januar 2003 (BGBl. 2003 I, S. 102), zuletzt geändert durch Gesetz vom 14. August 2009 (BGBl. 2009 I, S. 2827); soweit im Folgenden ohne nähere Bezeichnung auf verwaltungsverfahrensgesetzliche Vorschriften Bezug genommen wird, sind aufgrund der weitgehenden Übereinstimmung der Verwaltungsverfahrensgesetze der Länder mit jenen des Bundes (*Maurer*, Allgemeines Verwaltungsrecht, § 5 Rn. 17 ff.) exemplarisch die Vorschriften des Verwaltungsverfahrensgesetzes des Bundes gemeint; auf eine Nennung der jeweiligen Vorschriften des Allgemeinen Verwaltungsgesetzes für das Land Schleswig-Holstein in der Fassung vom 02. Juni 1992 (GVOBl. 1992, S. 243), berichtigt vom 17. Dezember 1992 (GVOBl. 1992, S. 534), zuletzt geändert durch Gesetz vom 09. März 2010 (GVOBl. 2010, S. 356), das im Aufbau von den anderen Verwaltungsverfahrensgesetzen abweicht, wird verzichtet.

[269] Siehe zu diesem Erfordernis *Maurer*, Allgemeines Verwaltungsrecht, § 9 Rn. 11; *Ruffert*, in: Erichsen/Ehlers, § 20 Rn. 40.

[270] Siehe zum Erfordernis der Einseitigkeit *Maurer*, Allgemeines Verwaltungsrecht, § 9 Rn. 6; *Ramsauer*, in: Kopp/ders., § 35 Rn. 25.

[271] Zu dem so definierten Verständnis materieller Verwaltung *Schmitz*, in: Stelkens/Bonk/Sachs, § 1 Rn. 165, 174, 201.

[272] *Ramsauer*, in: Kopp/ders., § 35 Rn. 47.

[273] Siehe zu diesem Merkmal des Verwaltungsaktes *Ruffert*, in: Erichsen/Ehlers, § 20 Rn. 32 ff.

3. Ethikkommissionen als Kollegialorgane

Ein vollständiges verwaltungsorganisatorisches Bild der Ethikkommissionen kann nur gewonnen werden, wenn nicht nur deren äußere Einfügung in die Verwaltungsstrukturen beschrieben, sondern auch ihre innere Struktur in den Blick genommen wird.

Sowohl die privaten als auch die öffentlich-rechtlichen Ethikkommissionen sind als interdisziplinäre Gremien verfasst. Mit der Interdisziplinarität[274] ist lediglich etwas über die Zusammensetzung der Kommissionen gesagt, nicht jedoch über das Verhältnis dieser Zusammensetzung zu ihrer Tätigkeit, insbesondere zum Votum. Dieser Aspekt der inneren Organisation[275] wird primär durch die Satzungen der Ethikkommissionen programmiert. Danach gilt für das Votum grundsätzlich das Mehrheitsprinzip.[276] Regelmäßig ist vorgesehen, dass ein Vorsitzender sowie Stellvertreter gewählt werden. Dem Vorsitzenden obliegt vor allem die Einberufung und Sitzungsleitung;[277] im Regelfall ist seine Stimme bei Stimmengleichheit ausschlaggebend.[278]

Damit weisen die Ethikkommissionen die drei wesentlichen Merkmale kollegialer Verwaltungsfunktionsträger auf: personelle Pluralität, eine Ausstattung mit Beschlusskompetenzen und eine horizontale Form der Entscheidungsfindung.[279] Die Ethikkommissionen zählen damit verwaltungsorganisationsrechtlich zum Typus der Kollegialverwaltung. Kollegiale Einheiten werden unter verschiedenen Bezeichnungen behandelt, beispielsweise als Ausschuss, Beirat, Rat, Kammer, Abteilung oder Kommission.[280] In den das Verwaltungsverfahren allgemein regelnden Ver-

---

[274] Kritisch zum Begriff aufgrund des begrifflichen Ausschlusses der Laienbeteiligung *Pestalozza*, in: v. Dewitz/Luft/ders., S. 146, dort Fn. 179.

[275] Nach *Dagtoglou*, S. 32, 36 ff., ist die „Organisation der Mitglieder zu einer rechtlichen Einheit" eines der konstitutiven Merkmale eines Kollegialorgans.

[276] Siehe beispielsweise § 5 Abs. 7 S. 1 des Statuts der Ethikkommission der Ärztekammer Baden-Württemberg (oben Fn. 52) sowie § 7 Abs. 2 S. 2 der Satzung der Ethikkommission der Medizinischen Fakultät Heidelberg (Ethikkommission I der Universität) und der Ethikkommission der Medizinischen Fakultät Mannheim (Ethikkommission II der Universität) (oben Fn. 224).

[277] Siehe beispielsweise § 2 Abs. 4, § 5 Abs. 3 des Statuts der Ethikkommission der Ärztekammer Baden-Württemberg (oben Fn. 52) sowie § 5 Abs. 2 der Satzung der Ethikkommission der Medizinischen Fakultät Heidelberg (Ethikkommission I der Universität) und der Ethikkommission der Medizinischen Fakultät Mannheim (Ethikkommission II der Universität) (oben Fn. 224).

[278] Siehe beispielsweise § 8 Nr. 4 S. 2 der Geschäfts- und Verfahrensordnung der Ethikkommission der Medizinischen Fakultät der Ludwig-Maximilians-Universität München (oben Fn. 225); zur Notwendigkeit der Tätigkeit eines Vorsitzenden in Kollegialorganen *Groß* (1999), S. 284 f.

[279] *Groß* (1999), S. 46 ff.; mit etwas anderem Zugriff *Dagtoglou*, S. 32 („Kompetenz", „Vielheit von mitwirkenden Personen", „Gleichstellung der Mitglieder", „Organisation der Mitglieder zu einer rechtlichen Einheit").

[280] *Sodan* (1987), S. 12 ff.

waltungsverfahrensgesetzen [siehe für die Anwendbarkeit der Verwaltungsverfahrensgesetze unten B. III.] spricht der insofern einschlägige § 88 VwVfG von „Ausschüsse[n], Beiräte[n] und andere[n] kollegiale[n] Einrichtungen".[281] Die anerkannte Typizität der Merkmale kollegialer Funktionsträger kann Aufschlüsse für die Ermittlung der Legitimationszusammenhänge der Ethikkommissionen liefern.

Das erste Element, die personelle Pluralität, ist funktional bezogen auf die beiden anderen Wesensmerkmale, die Ausstattung mit Beschlusskompetenzen und die horizontale Form der Entscheidungsfindung. Die Pluralität muss die Möglichkeit der Beschlussfassung eröffnen. Der kollegialgremientypische Entscheidungsmodus des Mehrheitsbeschlusses[282] begründet eine Untergrenze der Mitgliederzahl von drei Personen.[283] Die Pluralität ist auch logische Voraussetzung des dritten Wesensmerkmals, der horizontalen Form der Entscheidungsfindung.

Das zweite Wesensmerkmal von Kollegialgremien ist die Beschlussfassungskompetenz.[284] Das Merkmal der Beschlussfassungskompetenz differenziert die Kollegialgremien von Stellen, die – anders als die hier in den Blick genommenen Kollegialgremien – lediglich der informellen Abstimmung dienen und sonach keine mit rechtlicher Effektivität versehenen Beschlüsse fassen können.[285] Die rechtliche Relevanz des Beschlusses bedeutet dabei im Sinne der hier in Bezug genommenen Typizität der Merkmale nicht zwingend eine Außenwirkung gegenüber Dritten [siehe zur Außenwirkung im Sinne des Verwaltungsverfahrensrechts unten B. III. 3. e)].[286]

Die verwaltungsorganisatorische Besonderheit von Kollegialgremien wird vor allem durch deren drittes Wesensmerkmal begründet.[287] Es ist dies die horizontale Form der Entscheidungsfindung. Diese ist der bürokratisch-monokratischen Struktur, die den Regelfall der Verwaltungsorganisation der Exekutive bildet,[288] entgegengestellt. Der monokratisch-hierarchischen Regelstruktur ist unter anderem die Eigen-

---

[281] Siehe *Groß* (1999), S. 45.

[282] *Groß* (1999), S. 47; *Bonk/Kallerhoff*, in: Stelkens/Bonk/Sachs, § 88 Rn. 6; siehe zur historischen Entwicklung des Mehrheitsprinzips *Dagtoglou*, S. 32, S. 116 ff.; *Sodan* (1987), S. 23.

[283] *Dagtoglou*, S. 32, wonach „bei einem zweigliedrigen Organ die meisten Tätigkeitsprinzipien des Kollegialorgans keine Anwendung finden"; *Groß* (1999), S. 47; *Sodan* (1987), S. 23 f.. Dies wird auch von § 90 Abs. 1 S. 1 VwVfG vorausgesetzt.

[284] *Groß* (1999), S. 48.

[285] *Groß* (1999), S. 48 f.

[286] Dazu, dass eine Verengung der Beschlussfassungskompetenz auf außenwirksame Maßnahmen bestimmte Formen inneradministrativer Wirkungsfunktionen ausschlösse: *Schmidt-Aßmann*, AöR 116 (1991), S. 329 (342); siehe auch *Groß* (1999), S. 49.

[287] *Groß* (1999), S. 49, der dieses Merkmal als „wesentliche Besonderheit" begreift, „die es rechtfertigt, sie unter den Begriff des Kollegialprinzips als besondere Bauform der Verwaltungsorganisation zusammenzufassen".

[288] *Di Fabio*, JZ 1999, S. 585 (592); *Emde*, S. 351 f.; *Jestaedt* (1993), S. 305 ff., zusammenfassend auf S. 328; *Loschelder*, in: Isensee/Kirchhof, HStR V, § 107 Rn. 38, 68; *Möllers*, NVwZ 1997, S. 858 (859); *Oebbecke*, S. 139 (als Folgerung vor allem aus der durch „Art. 65 S. 2 garantierte[n] ministerielle[n] Leitungsbefugnis").

schaft der Weisungshierarchie inhärent [siehe unten C. IV. 3. b)].[289] Gerade daran fehlt es innerhalb kollegialer Funktionsträger.[290] Abgesehen von besonderen Rechten des Gremiumsvorsitzenden sind die Mitglieder formal gleichgeordnet.[291] Die zugewiesene rechtlich relevante Beschlussfassungskompetenz kommt nicht einer einzelnen Person zu, sondern dem Gremium als Ganzem. Die materielle Bedeutsamkeit liegt darin, dass sich nicht ein Einzelwille, sondern nur ein Mehrheitswille in rechtlich effektiver Weise zu äußern vermag.[292] Damit ist die Tätigkeit von Kollegialorganen auf solche Sachbereiche beschränkt, die der Beratung und Beschlussfassung zugänglich sind; vor allem tatsächliche Handlungen können von einem Kollegialgremium nicht ausgeführt werden. Die Ethikkommissionen weisen auch dieses dritte Merkmal kollegialer Funktionsträger, die horizontale Entscheidungsfindung auf.

Somit ist die Organisationsstruktur und -natur der Ethikkommissionen – sowohl der öffentlich-rechtlichen als auch der privaten – als Kollegialgremien festgelegt. Soweit der Verwaltung durch kollegial verfasste Einheiten legitimatorische Spezifika eignen, können diese für die Untersuchung der Legitimation der Ethikkommissionen fruchtbar gemacht werden.

III. Verfahren bei den Ethikkommissionen und Voten als Verwaltungsakte

Die Frage der demokratischen Legitimation der Ethikkommissionen richtet sich letztlich auf deren Wirkung, mithin den bei ihnen ablaufenden, effektiven Prozess. Die Tätigkeit von Organen der Träger staatlicher Verwaltung kann in grundsätzlicher Weise beschrieben werden als ein Verfahren, das aus einer Einleitung, einem Verfahren vor der Entscheidung und der Entscheidung selbst besteht.[293] Die legitimatorische Perspektive lenkt den Blick dabei vor allem auf die Entscheidung.

Die wichtigste Handlungsform der Verwaltung ist der Verwaltungsakt.[294] Dessen Merkmale und die allgemeinen Grundsätze des Verwaltungsverfahrens werden in den Verwaltungsverfahrensgesetzen kodifiziert. Die grundsätzliche Bedeutung des Verwaltungsaktes als Hauptmodus des Verwaltungshandelns qualifiziert ihn als An-

---

[289] *Loschelder*, in: Isensee/Kirchhof, HStR V, § 107 Rn. 3; *Pöcker*, Der Staat 41 (2002), S. 616 (628).

[290] Hiervon zu unterscheiden ist die äußere Weisungsfreiheit von Kollegialorganen als typisches Merkmal; zu Ausnahmebeispielen weisungsgebundener Kollegialorgane *Oebbecke*, S. 55.

[291] *Groß* (1999), S. 49; *Dagtoglou*, S. 33 f.

[292] *Groß* (1999), S. 49.

[293] Siehe für das Grundmodell des Ablaufs des Verwaltungsverfahrens *Pünder*, in: Erichsen/Ehlers, § 13 Rn. 16 bis 56.

[294] *Peine*, Rn. 312 ff.; *Ramsauer*, in: Kopp/ders., § 35 Rn. 2.

knüpfungspunkt für eine Beschreibung der Tätigkeit der Ethikkommissionen. Dabei soll nicht verkannt werden, dass der Frage der Einordnung der Voten als Verwaltungsakte aufgrund des unterverfassungsrechtlichen Ranges der Verwaltungsverfahrensgesetze lediglich eine indizielle Bedeutung für die Frage der demokratischen Legitimation zukommen kann, doch können die verwaltungsverfahrensrechtlichen Kategorien ob ihrer für die Verwaltungstätigkeit basisbildenden Strukturen als Referenz dienen.

1. Grundstruktur der Verfahren bei den Ethikkommissionen

Auch die Verfahren bei den Ethikkommissionen entsprechen der besagten Basisstruktur der Verwaltungsverfahren mit den chronologisch geordneten Elementen der Einleitung, des Verfahrens vor der Entscheidung und der Entscheidung selbst.[295] Die Untersuchung der Basisstruktur des Verfahrens nimmt entsprechend der Zielrichtung eine an den Legitimationszusammenhängen ausgerichtete Perspektive ein. Dafür ist insbesondere die Frage der Antragsbefugnis relevant: Sie ermöglicht, den Votumsadressaten als primäres Wirkungsobjekt der Tätigkeit der Ethikkommissionen zu identifizieren.

a) Verfahrenseinleitung durch Antrag und Antragsbefugnis

aa) Notwendiger Antrag

Das Verfahren wird durch einen Antrag eingeleitet und entspricht damit dem Dispositionsprinzip[296].[297] Auf Gesetzesebene wird dies im Arzneimittelgesetz und im Medizinproduktegesetz geregelt. § 42 Abs. 1 S. 1 AMG und § 22 Abs. 1 S. 1 MPG bestimmen jeweils, dass die „zustimmende Bewertung der Ethik-Kommission [...] vom Sponsor bei der nach Landesrecht für den Prüfer zuständigen unabhängigen interdisziplinär besetzten Ethik-Kommission zu beantragen“ ist; eine entsprechende Bestimmung enthält für den Arzneimittelbereich § 7 Abs. 1 S. 1 GCP-V. § 3 MPKPV bestimmt, dass der Antrag im Wege der Datenübertragung über das zentrale Erfassungssystem des Deutschen Instituts für Medizinische Dokumentation und Information einzureichen ist. Die Röntgenverordnung und die Strahlenschutzverordnung regeln das Verfahren bei den Ethikkommissionen nicht. Jedoch wird aus den Satzungen der Ethikkommissionen deutlich, dass diese auch in den Bereichen der

---

[295] Das in § 10 GCP-V und in § 22c MPG geregelte Verfahren bei Änderungen nach einer Genehmigung oder zustimmenden Bewertung ist dem Grundverfahren nachgeordnet und wird daher hier nicht gesondert betrachtet.

[296] *Pünder*, in: Erichsen/Ehlers, § 13 Rn. 17.

[297] *Deutsch/Spickhoff*, Rn. 1042; zum Arzneimittelbereich *Deutsch*, in: ders./Lippert, § 42 Rn. 5; allgemein *Deutsch*, in: Wiesing, S. 24 (25).

Röntgenverordnung und der Strahlenschutzverordnung auf Antrag tätig werden.[298] Für multizentrische Prüfungen bestehen im Arzneimittelrecht und im Medizinprodukterecht Regelungen: § 42 Abs. 1 S. 2 AMG in Verbindung mit § 7 Abs. 1 S. 5 GCP-V sowie § 22 Abs. 1 S. 2 MPG bestimmen jeweils die Zuständigkeit der für den Leiter der klinischen Prüfung zuständigen Ethikkommission.[299] Für den Arzneimittelbereich ist in § 7 Abs. 1 S. 4 GCP-V geregelt, dass die übrigen Ethikkommissionen Kopien des Antrags und der Unterlagen erhalten.

bb) Antragsbefugnis

Für die Frage der Antragsbefugnis ist zu differenzieren. In den Bereichen der Arzneimittel und der Medizinprodukte ist aufgrund der gesetzlichen Regelungen im Arzneimittelgesetz und im Medizinproduktegesetz der Sponsor Antragsteller.[300] Sponsor ist gemäß § 4 Abs. 24 AMG eine „natürliche oder juristische Person, die die Verantwortung für die Veranlassung, Organisation und Finanzierung einer klinischen Prüfung bei Menschen übernimmt";[301] gleichlautend – soweit es die klinische Prüfung betrifft – ist die Begriffsbestimmung in § 3 Nr. 23 MPG. Im Regelfall ist der Sponsor ein Pharmaunternehmen,[302] es kann auch ein selbst forschender Arzt oder eine Hochschule sein[303].

Für den Bereich der Röntgenverordnung und der Strahlenschutzverordnung gibt es oberhalb der Satzungsebene keine Regelung über die Antragsbefugnis. Die Richtlinien 96/29/Euratom und 97/43/Euratom und die Röntgenverordnung sowie die Strahlenschutzverordnung regeln diesen Aspekt nicht. Die Heilberufe- und Kammergesetze enthalten ebenfalls keine Bestimmungen; manche weisen die Regelung der Antragsbefugnis ausdrücklich den Selbstverwaltungskörperschaften zur Regelung durch Satzung zu[304]. Die Satzungen wiederum schweigen[305] oder enthalten unklare Regelungen[306].

---

[298] Siehe beispielsweise § 4 S. 1 des Statuts der Ethikkommission der Landesärztekammer Baden-Württemberg (oben Fn. 52) und § 4 Abs. 1 der Satzung der Ethikkommission der Medizinischen Fakultät Heidelberg (Ethikkommission I der Universität) und der Ethikkommission der Medizinischen Fakultät Mannheim (Ethikkommission II der Universität) (oben Fn. 224).

[299] Siehe zu der Frage, ob ein Sponsor durch einen Wechsel des Leiters der klinischen Prüfung die Zuständigkeit einer anderen, zweiten Ethikkommission herbeiführen kann, nachdem sein Antrag von einer ersten Ethikkommission abgelehnt wurde *Taupitz/Rösch*, in: Festschrift Deutsch, S. 647 ff.

[300] Für den Arzneimittelbereich *v. Dewitz*, in: ders./Luft/Pestalozza, S. 178.

[301] Siehe auch *Kage*, S. 304.

[302] Für den Arzneimittelbereich *Schlette*, NVwZ 2006, S. 785.

[303] Für den Arzneimittelbereich *Lippert*, GesR 2005, S. 438 (439).

[304] Siehe beispielsweise § 7 Abs. 4 des Heilberufsgesetzes NRW (HeilBerG) vom 09. Mai 2000 (GV. NRW 2000, S. 403), zuletzt geändert durch Gesetz vom 17. Dezember 2009 (GV. NRW 2009, S. 863).

[305] Siehe beispielsweise § 4 S. 1 des Statuts der Ethikkommission der Landesärztekammer Baden-Württemberg (oben Fn. 52), der lediglich lautet: „Die Ethikkommission wird auf

Jedoch gibt es auch solche Satzungen, die – mit unterschiedlichem Inhalt – die Antragsbefugnis für klinische Studien mit Medizinprodukten ausdrücklich regeln. Regelmäßig wird die Antragsbefugnis – teilweise exklusiv, teilweise neben weiteren Antragsbefugten – dem Leiter des Forschungsvorhabens zugewiesen.[307] Nach manchen Satzungen kommt sie den Mitgliedern der Körperschaft zu, ohne dass die Satzungsbestimmungen weiter differenzieren.[308] Viele Statuten sehen ein Antragsrecht der Prüfärzte vor.[309] Ebenso wie hinsichtlich der Prüfungsleiter wird dabei teils

---

schriftlichen Antrag tätig", und § 5 Abs. 1 S. 1, wo für das Verfahren auf „die für den jeweiligen Antrag geltenden gesetzlichen Bestimmungen" verwiesen wird; zuständig ist die Ethikkommission gemäß § 1 Abs. 5 für „alle Ärztinnen und Ärzte" sowie „[g]emäß den gesetzlichen Bestimmungen, insbesondere des AMG und des MPG", auch für „andere Personen". Die Antragsbefugnis ist hier also nicht explizit geregelt. Allenfalls könnte man der Zuständigkeitsregelung die Andeutung entnehmen, dass sie ausschließlich Ärzten zukommen soll. Dies bleibt jedoch letztlich unklar; zudem geht aus den Regelungen nicht hervor, ob, falls man dies annähme, sich auch Nichtmitglieder der Ärztekammer an die Ethikkommission wenden könnten. Ebenfalls ungeregelt bleibt die Frage in der Geschäfts- und Verfahrensordnung der Ethik-Kommission der Bayerischen Landesärztekammer in der Neufassung vom 01. August 2005 in der Fassung der Änderungsbeschlüsse vom 14. Oktober 2006 (http://www.blaek.de/be ruf_recht/ethik/Satzung%20der%20BLAEK_Anlage%20 A_Ethik_Kommission%2001012007.pdf?id_ebene1=2&CFID=12748962&CFTOKEN=83660512, abgerufen am 28. April 2011).

306 Siehe beispielsweise die Satzung der Ethikkommission der Ärztekammer Bremen (oben Fn. 34), wonach die Kommission gemäß § 5 Abs. 1 S. 1 „grundsätzlich auf schriftlichen Antrag von Ärzten tätig" wird; zudem ist „[d]ie für Gesundheit zuständige Landesbehörde [...] ebenfalls antragsberechtigt", so dass zwar die Antragsbefugnis „Ärzten" zugewiesen wird, jedoch unklar bleibt, ob damit ausschließlich Mitglieder der Kammer gemeint sind.

307 Siehe § 6 Abs. 2 der Satzung der Ethikkommission der Ärztekammer Hamburg vom 20. Mai 1996 (http://www.aerztekammer-hamburg.de/berufsrecht/satzung_der_ethikkommission.pdf, abgerufen am 12. Mai 2011); siehe § 5 Abs. 2 S. 1 der Satzung der Ethik-Kommission bei der Landesärztekammer Hessen vom 06. Dezember 2006 (http://www.laekh.de/upload/Kammer/intern/Rechtsabteilung/Quellen/Satzung_Ethik.pdf, abgerufen am 27. März 2010), mit der ausdrücklichen Einschränkung, dass der Antragsteller Mitglied der Ärztekammer sein muss; siehe § 5 Abs. 2 S. 1 der Satzung für die Ethikkommission bei der Ärztekammer Niedersachsen vom 31. Juli 1997 in der Fassung der Änderung vom 28. November 2006 (http://www.aekn.de/web_aekn/bibliothek.nsf/WebDocumentView/7871 A5F51837405BC1257475 00469846/$FILE/Satzung_Stand_061128.pdf, abgerufen am 12. Mai 2011). Siehe auch § 5 Abs. 2 S. 1 der Satzung der Ethikkommission an der Medizinischen Fakultät der Heinrich-Heine-Universität Düsseldorf vom 28. Juli 2008 (http://medfak.uniklinikum-duesseldorf.de/img/ejbfile/SatzungEKHHU28072008.pdf?id=14463, abgerufen am 12. Mai 2011), ohne eine ausdrückliche Regelung, ob die Prüfärzte auch Mitglieder der Universität sein müssen. Ebenfalls § 5 Abs. 2 S. 1 der Satzung sowie Geschäfts- und Verfahrensordnung der Ethikkommission der Fakultät für Medizin der Technischen Universität München auf dem Stand vom 03. April 2006 (http://www.ek.med.tu-muenchen.de/media/pdf/geschaeftsordnung.pdf, abgerufen am 12. Mai 2011).

308 Siehe beispielsweise § 4 Abs. 1 S. 1 der Satzung der Ethik-Kommission der Landesärztekammer Rheinland-Pfalz in der Fassung der 3. Änderung der 9. Sitzung der 11. Vertreterversammlung vom 09. November 2005 (http://www.laek-rlp.de/downloads/ethiksatzung.pdf, abgerufen am 21. Mai 2011).

309 Siehe zum Beispiel § 6 Abs. 2 S. 2 der Satzung der Ethik-Kommission der Ärztekammer Hamburg (oben Fn. 307), wonach auch „andere Wissenschaftler" antragsbefugt sind, wobei

ausdrücklich verlangt, dass diese Wissenschaftler der Selbstverwaltungskörperschaft angehören müssen. Bei manchen Kommissionen ist auch der Auftraggeber, der Sponsor, antragsbefugt.[310] Nach einigen Satzungen sind auch „Prüfeinrichtungen" im Zuständigkeitsbereich der jeweiligen Ethikkommission antragsbefugt.[311] Bei den Ethikkommissionen an den Hochschulen wird die Antragsbefugnis manchenteils pauschal den Angehörigen sowohl der jeweiligen medizinischen Fakultät als auch anderer Fakultäten zugewiesen.[312] Manche Satzungen von Hochschul-Ethikkommissionen beschränken die Antragsbefugnis auf Angehörige der medizinischen Fakultät,[313] partiell wird die Antragsbefugnis auch auf Angehörige anderer Körperschaften erstreckt.[314] In Satzungen von Ethikkommissionen an Hochschulen kommt es auch vor, dass Ermessen über die Bearbeitung von Anträgen besteht.[315]

---

nicht explizit geregelt ist, ob diese Wissenschaftler Mitglieder der Ärztekammer sein müssen; siehe § 5 Abs. 2 S. 1 der Satzung der Ethik-Kommission bei der Landesärztekammer Hessen (oben Fn. 307), mit der ausdrücklichen Einschränkung, dass der Prüfarzt Mitglied der Ärztekammer sein muss; § 6 Abs. 2 S. 1 der Geschäftsordnung der Ethikkommission bei der Sächsischen Landesärztekammer vom 26. November 2005 (http://www.slaek.de/05wir/35kommiss/20ethik/download/gescheth.pdf, abgerufen am 21. Mai 2011), wonach auch „jeder Prüfarzt, soweit er seine Tätigkeit im Zuständigkeitsbereich der Sächsischen Landesärztekammer ausübt", antragsberechtigt ist.

310 So beispielsweise § 8 Abs. 1 c) der Satzung der Ethikkommission der Ärztekammer Nordrhein vom 19. November 2005 in der Fassung der Änderung vom 17. November 2007 (http://www.aekno.de/downloads/aekno/ethik-satzung-2008.pdf, abgerufen am 21. Mai 2011) („Auftraggeber"); auch § 6 Abs. 2 S. 2 der Satzung der Ethik-Kommission der Ärztekammer Hamburg (oben Fn. 307), wonach „[a]nfrageberechtigt [...] ebenfalls pharmazeutische Unternehmen [sind], wenn der Versuchsleiter Mitglied der Ärztekammer Hamburg ist". Mit der Verwendung des Terminus „Sponsor" § 5 Abs. 1 b) der Verfahrensordnung der Ethik-Kommission der Albert-Ludwigs-Universität Freiburg vom 19. Juli 1995 in der Fassung der Änderung vom 11. März 2010 (http://www.uniklinik-freiburg.de/ethik-kommission/live/satzung/Verfahrensordnung032010.pdf, abgerufen am 21. Mai 2011). Mit der zu pauschalen Aussage, der Sponsor habe das Votum einer Ethikkommission einzuholen, *Kage*, S. 304.

311 Siehe beispielsweise § 8 Abs. 1 c) der Satzung der Ethikkommission der Ärztekammer Nordrhein (oben Fn. 310) für den Bereich der Medizinprodukte; siehe zudem § 4 Abs. 2 c) der Satzung der Ethik-Kommission der Ärztekammer Westfalen-Lippe und der Medizinischen Fakultät der Westfälischen Wilhelms-Universität Münster (oben Fn. 41).

312 Siehe § 5 Abs. 1 a) der Verfahrensordnung der Ethik-Kommission der Albert-Ludwigs-Universität Freiburg (oben Fn. 310), wonach Mitglieder der Hochschule antragsbefugt sind. Siehe auch § 2 Abs. 1 S. 1 in Verbindung mit § 10 Abs. 2 der Satzung der Ethikkommission an der Medizinischen Fakultät der Charité – Universitätsmedizin Berlin (oben Fn. 57). Auch § 5 Nr. 1 der Satzung der Ethikkommission der Medizinischen Hochschule Hannover vom 13. Juli 2005 (http://www.mh-hannover.de/16582.html, abgerufen am 21. Mai 2011).

313 § 3 Abs. 1 S. 1 der Satzung der Ethikkommissionen der Medizinischen Fakultät der Ruhr-Universität Bochum vom 14. Januar 2008 (http://www.ruhr-uni-bochum.de/ethik/Satzung.htm, abgerufen am 21. Mai 2011) (mit der Bestimmung des Tätigwerdens auf „Antrag eines Mitgliedes oder Angehörigen der Medizinischen Fakultät").

314 So § 2 Abs. 1 S. 1 in Verbindung mit § 10 Abs. 2 der Satzung der Ethikkommission an der Medizinischen Fakultät der Charité – Universitätsmedizin Berlin (oben Fn. 57), wonach Ärzten und sonstigen Angehörigen der Charité – Universitätsmedizin Berlin, Angehörigen der Humboldt-Universität zu Berlin und solchen der Freien Universität Berlin sowie Angehörigen

cc) Zwischenergebnis: Sachübergreifend grundsätzliche Möglichkeit der Verfahrensinitiation durch Körperschaftsexterne

Die Antragsbefugnis für die Verfahren bei den Ethikkommissionen ist danach sowohl nach Sachbereichen als auch nach der Zuständigkeit der einzelnen Ethikkommissionen differenziert. Im Arzneimittelbereich und im Medizinproduktebereich ist ausschließlich der Sponsor antragsbefugt. Dieser kann sowohl Mitglied als auch Nichtmitglied der öffentlich-rechtlichen Körperschaft sein, bei der die Ethikkommission angesiedelt ist. In den Sektoren der Röntgenstrahlung und der ionisierenden Strahlung hängt die Antragsbefugnis von der Satzung der jeweiligen Ethikkommission ab. Dort sind die Regelungen vielfältig und oft unklar. Bei manchen Ethikkommissionen kommt die Antragsbefugnis ausschließlich Mitgliedern der jeweiligen öffentlich-rechtlichen Körperschaft zu. Bei anderen können auch Körperschaftsexterne Anträge stellen.[316]

Als Befund aus einer globalen, sachbereichs- und einzelkommissionsübergreifenden Perspektive kann damit festgehalten werden, dass in allen Tätigkeitssachbereichen der Ethikkommissionen Personen antragsbefugt sind, die nicht dem jeweiligen Verwaltungsträger als Körperschaftsmitglied angehören.

b) Beratung und Votum

Zum kommissionsinternen Bewertungsverfahren, das im Votum mündet, gibt es auf Gesetzes- und Verordnungsebene nur rudimentäre Regelungen. So bestimmen § 42 Abs. 1 S. 5 und 6 AMG und § 22 Abs. 1 S. 6 und 7 MPG jeweils, dass die Ethikkommission zur Bewertung der Unterlagen eigene wissenschaftliche Erkenntnisse verwerten, Sachverständige beiziehen oder Gutachten anfordern kann und gegebenenfalls muss.[317] Gemäß § 42 Abs. 1 S. 9 AMG und gemäß § 22 Abs. 4 S. 1 MPG muss die Kommission regelmäßig binnen einer Frist von 60 Tagen nach Eingang der erforderlichen Unterlagen eine Entscheidung übermitteln.[318] Auch die GCP-Verordnung trifft keine näheren Bestimmungen über das interne Bewertungs-

---

anderer wissenschaftlicher Einrichtungen, soweit sie Mitglieder der genannten Körperschaften sind, die Antragsbefugnis zukommt.

[315] Beispielsweise in § 7 Abs. 1 S. 1 der Satzung der Ethik-Kommission des Fachbereichs Medizin der Justus-Liebig-Universität Gießen (oben Fn. 90) (mit der grundsätzlichen Beschränkung der Antragsbefugnis auf Mitglieder des Fachbereichs Medizin der Universität oder des Universitätsklinikums Gießen und der Möglichkeit der Zulassung von Ausnahmen durch das Dekanat).

[316] Dies übersieht *v. Dewitz*, in: ders./Luft/Pestalozza, S. 179, für den Bereich der Medizinprodukte.

[317] Siehe *Baldus*, MedR 2006, S. 202 (204).

[318] Nach § 8 Abs. 3 S. 1 GCP-V reduziert sich die Frist für den Arzneimittelbereich bei einer nicht multizentrischen Prüfung regelmäßig auf 30 Tage; siehe *Lippert*, in: Festschrift Laufs, S. 973 (976 f.).

verfahren; § 8 Abs. 2 S. 2 GCP-V und § 5 Abs. 3 MPKPV regeln jeweils, dass die Ethikkommission während der Antragsprüfung ein einziges Mal zusätzliche Informationen vom Sponsor anfordern kann; § 5 Abs. 4 MPKPV enthält Vorschriften über von der Ethikkommission zu beachtende Bewertungsgesichtspunkte. Für Prüfungen in den Bereichen der Röntgenstrahlung und der ionisierenden Strahlung regeln § 28 g S. 2 RöV und § 92 S. 2 StrlSchV jeweils, dass die Beratung mit mindestens fünf Kommissionsmitgliedern mündlich zu erfolgen hat.[319]

Ebenfalls nur rahmenartige Regelungen finden sich teilweise in den Satzungen der Ethikkommissionen. Oft wird die Geltung des jeweiligen Landesverwaltungsverfahrensgesetzes bestimmt.[320] Die meisten Normen beziehen sich auf formale Aspekte. So wird regelmäßig ein Leitungsrecht des Vorsitzenden normiert.[321] Regelungen hinsichtlich der Entscheidungsfindung beschränken sich letztlich darauf, dass es regelmäßig einer mündlichen Beratung bedarf.[322]

Der Beschluss ist immer ein einfacher Mehrheitsbeschluss;[323] maßgeblich ist – die Beschlussfähigkeit vorausgesetzt – die Mehrheit der an der Abstimmung teilnehmenden Mitglieder,[324] wobei ein Konsens angestrebt werden soll. Als Votum ist richtigerweise eine manifestierte Form des Beschlusses zu sehen; entsprechend regelt § 8 Abs. 2 S. 1 GCP-V, dass dem Sponsor die „mit Gründen versehene Bewertung" zu „übermitteln" ist; nach § 5 Abs. 5 MPKPV teilt „[d]ie zuständige Ethik-Kommission [...] dem Sponsor ihre Bewertung in Schriftform mit".[325] Der Beschluss ist ein Binnenvorgang innerhalb des Kollegialorgans.[326] Es ist das Votum – nicht der Beschluss – das Rechtswirkungen nach außen zeitigen kann [siehe zur Rechtsnatur des

[319] Die Beratungsmöglichkeit ist der Organisation als Kollegialorgan inhärent (siehe *Bork* [1984], S. 140; ebenso *Dagtoglou*, S. 60).

[320] Siehe beispielsweise § 10 Abs. 2 der Satzung der Ethikkommission der Ärztekammer Nordrhein (oben Fn. 310); siehe auch § 14 Abs. 2 der Satzung der Ethik-Kommission bei der Landesärztekammer Hessen (oben Fn. 307).

[321] Siehe § 6 Abs. 2 der Satzung der Ethikkommission an der Medizinischen Fakultät der Heinrich-Heine-Universität Düsseldorf (oben Fn. 307); § 6 Abs. 2 der Satzung der Ethik-Kommission bei der Landesärztekammer Hessen (oben Fn. 307).

[322] § 6 Abs. 3 der Satzung der Ethik-Kommission bei der Landesärztekammer Hessen (oben Fn. 307); § 12 Abs. 2 und 3 der Satzung der Ethikkommission der Ärztekammer Nordrhein (oben Fn. 310). Siehe zur Problematik des Aktenumlaufverfahrens aufgrund des möglicherweise verminderten Schutzes der Forschungsteilnehmer *Bork* (1984), S. 140; auch *v. Dewitz*, in: ders./Luft/Pestalozza, S. 199 (keine Zulässigkeit des Umlaufverfahrens im Arzneimittelbereich); kritisch ebenfalls *Stamer*, S. 145.

[323] *Deutsch/Spickhoff*, Rn. 1050.

[324] Beispielsweise § 7 Abs. 2 S. 2 der Satzung der Ethikkommission der Medizinischen Fakultät Heidelberg (Ethikkommission I der Universität) und der Ethikkommission der Medizinischen Fakultät Mannheim (Ethikkommission II der Universität) (oben Fn. 224); § 8 Abs. 4 der Satzung der Ethik-Kommission bei der Landesärztekammer Hessen (oben Fn. 307); *Bork* (1984), S. 158 f.; *Deutsch*, MedR 2006, S. 411 (414); *Stamer*, S. 149.

[325] Siehe zum Inhalt, auch zur Begründungspflicht, *v. Dewitz*, in: ders./Luft/Pestalozza, S. 210 ff. (Arzneimittelbereich) und S. 248 ff. (Medizinproduktebereich).

[326] *Bork* (1984), S. 163.

Votums unten insbesondere B. III. 3. c)].[327] Bei multizentrischen klinischen Prüfungen bestehen insofern keine wesentlichen Unterschiede. Nach § 28 g S. 3 RöV und § 92 S. 3 StrlSchV genügt die Stellungnahme einer Ethikkommission.[328] Nähere Regelungen finden sich für den Arzneimittelbereich und den Medizinproduktebereich. Im Arzneimittelbereich haben die lokal beteiligten Ethikkommissionen gemäß § 8 Abs. 5 GCP-V die Qualifikation der Prüfer vor Ort und die Eignung der Prüfstelle zu bewerten,[329] jedoch trifft die federführende Ethikkommission die Bewertungsentscheidung letztlich selbst und hat sich mit den lokalen Gremien lediglich ins Benehmen zu setzen.[330] Entsprechende Bestimmungen für den Bereich der Medizinprodukte sind in § 5 Abs. 2 MPKPV enthalten. Der Beschluss ist jedenfalls nur dann der Ethikkommission zuzurechnen, wenn er regelgemäß zustande kommt; insbesondere Handlungen einzelner Mitglieder haben keine entsprechende Rechtswirkung.[331]

Die Beratung und Beschlussfassung entspricht damit auch bei näherer Betrachtung der Typizität von Kollegialorganen (siehe oben B. II. 3.).

2. Anwendungsbereich der Verwaltungsverfahrensgesetze

Ob für die Ethikkommissionen das Bundesverwaltungsverfahrensgesetz (BVwVfG)[332] oder die jeweiligen Landesverwaltungsverfahrensgesetze (LVwVfG) gelten, richtet sich nach den jeweiligen Vorschriften über den Anwendungsbereich.

Gemäß § 1 Abs. 1 Nr. 1 BVwVfG findet das Bundesverwaltungsverfahrensgesetz Anwendung auf die öffentlich-rechtliche Verwaltungstätigkeit der Behörden des Bundes und der bundesunmittelbaren Körperschaften, Anstalten und Stiftungen des öffentlichen Rechts. Die öffentlich-rechtlichen Ethikkommissionen sind Einrichtungen der medizinischen Fakultäten der Hochschulen und der Ärztekammern. Das Recht der Errichtung staatlicher Hochschulen liegt bei den Ländern, denn die Hochschulen sind Teil der Exekutive und Art. 87 Abs. 2 GG nennt keine entsprechende Bundeskompetenz.[333] Auch die Heilberufe- und Kammergesetze als

---

[327] *Deutsch/Spickhoff*, Rn. 1054. Diese Differenzierung – soweit ersichtlich – nicht vornehmend *Dagtoglou*, S. 83 f., der lediglich von „Kollegialakten" spricht, für die er voraussetzt, dass sie sich „nach außen" richten, die jedoch nicht notwendig Verwaltungsakte sein müssen.

[328] Siehe kritisch hinsichtlich des Schutzes der Patienten und Probanden *Deutsch/Spickhoff*, Rn. 1060.

[329] *Lippert*, in: Festschrift Laufs, S. 973 (978).

[330] *Deutsch/Spickhoff*, Rn. 1059; *Lippert*, in: Festschrift Laufs, S. 973.

[331] Dazu *Dagtoglou*, S. 59 f.

[332] Oben Fn. 268.

[333] *Thieme*, S. 116.

Rechtsgrundlage der Ärztekammern bestehen auf landesrechtlicher Ebene.[334] Die privaten Ethikkommissionen werden indes durch das Bundesamt für Strahlenschutz, mithin durch eine auf Bundesebene angesiedelte Stelle beliehen [siehe oben B. II. 2. b)].

Da in allen Bundesländern Verwaltungsverfahrensgesetze bestehen[335], kommt gemäß § 1 Abs. 1 Nr. 2, S. 3 BVwVfG für die Tätigkeit der öffentlich-rechtlichen Ethikkommissionen im Grundsatz das Landesverwaltungsverfahrensrecht zur Anwendung.[336] Die Tätigkeit der privaten Kommissionen kann aufgrund der Zurechnung der Tätigkeit des Beliehenen zum Verwaltungsträger[337] grundsätzlich dem Bereich des Bundesverwaltungsverfahrensgesetzes zugeordnet werden.

3. Voten als Verwaltungsakte

Die Normen der Verwaltungsverfahrensgesetze der Länder finden nur Anwendung, wenn es sich bei den Verfahren bei den Ethikkommissionen um Verwaltungsverfahren handelt. § 9 VwVfG definiert dies:

> „Das Verwaltungsverfahren im Sinne dieses Gesetzes ist die nach außen wirkende Tätigkeit der Behörden, die auf die Prüfung der Voraussetzungen, die Vorbereitung und den Erlass eines Verwaltungsaktes oder auf den Abschluss eines öffentlich-rechtlichen Vertrags gerichtet ist; es schließt den Erlass des Verwaltungsaktes oder den Abschluss des öffentlich-rechtlichen Vertrags ein."

Zentrale Voraussetzung für die unmittelbare Anwendbarkeit des VwVfG ist danach der Erlass eines Verwaltungsaktes durch die Ethikkommissionen. Der Verwaltungsakt ist in § 35 S. 1 VwVfG definiert:

> „Verwaltungsakt ist jede Verfügung, Entscheidung oder andere hoheitliche Maßnahme, die eine Behörde zur Regelung eines Einzelfalls auf dem Gebiet des öffentlichen Rechts trifft und die auf unmittelbare Rechtswirkung nach außen gerichtet ist."

Als Verwaltungsakt kommt bei den Ethikkommissionen vor allem[338] die je nach anwendbarem spezifischem Gesetz unterschiedlich als Votum, Stellungnahme und Bewertung bezeichnete [siehe oben A. Fn. 54] Äußerung der Ethikkommission am

---

[334] *Kluth*, in: ders., Handbuch, B. Rn. 8.

[335] *Ramsauer*, in: Kopp/ders., § 1 Rn. 1.

[336] *v. Kielmansegg*, VerwArch 99 (2008), S. 401 (404) (zur Frage der Geltung von gegenüber den Verwaltungsverfahrensgesetzen vorrangigen bundesrechtlichen Spezialregelungen S. 404 ff.); *Stamer*, S. 87.

[337] *Ramsauer*, in: Kopp/ders., § 1 Rn. 21b.

[338] Das Verfahren bei Änderungen nach einer Genehmigung oder zustimmenden Bewertung gemäß § 10 GCP-V oder § 22c MPG ist dem Grundverfahren nachgeordnet und soll daher, ebenso wie die in § 42a Abs. 4a AMG für den Arzneimittelbereich und in § 22b Abs. 5 MPG für den Medizinproduktebereich geregelte Möglichkeit der Rücknahme und des Widerrufs der zustimmenden Bewertung, hier nicht im Einzelnen untersucht werden.

Ende des Verfahrens in Betracht. Die Definition des Verwaltungsaktes bezieht sich auf die Rechtswirkungen der Maßnahme, indem sie eine „Regelung", eine rechtsverbindliche Anordnung,[339] voraussetzt. Rechtswirkungen kommen den Voten der Ethikkommissionen jedoch nicht aus sich heraus zu, sondern werden ihnen erst durch die spezifischen gesetzlichen Bestimmungen verliehen.

a) Voten als hoheitliche Maßnahmen

Eine hoheitliche Maßnahme im Sinne des § 35 S. 1 VwVfG ist – in Abgrenzung zum Verwaltungsvertrag – nur eine einseitige Maßnahme.[340] Voraussetzung der Einseitigkeit ist, dass der Adressat der Maßnahme keinen Einfluss auf ihren Inhalt hat.[341]

aa) Arzneimittelgesetz und Medizinproduktegesetz

Bei den Bewertungen der Ethikkommissionen nach dem Arzneimittelgesetz und dem Medizinproduktegesetz ist dies der Fall. Im Arzneimittelbereich sind diese entweder gemäß § 40 Abs. 1 S. 2, § 42 Abs. 1 S. 1 AMG, § 8 Abs. 2 GCP-V zustimmende Bewertungen, Zustimmungen mit Auflagen, wie in § 7 Abs. 2 Nr. 14 GCP-V erwähnt,[342] oder gemäß § 42 Abs. 1 S. 7 AMG die Versagung der zustimmenden Bewertung. Im Bereich der Medizinprodukte sind zustimmende Voten in den § 20 Abs. 1 S. 1, § 22 Abs. 1 S. 1 MPG sowie in § 5 Abs. 3 S. 1, § 7 Abs. 4, § 10 Abs. 1 MPKPV und die Versagung der zustimmenden Bewertung in § 22 Abs. 3 MPG angesprochen. Zwischen der Ethikkommission und dem Antragsteller findet kein diskursiver Prozess statt, an dessen Ende ein beidseitig inhaltlich beeinflusstes Votum steht; allein die Ethikkommission entscheidet über den Inhalt des Votums. Die Möglichkeit der Ethikkommission, den Antragsteller gemäß § 8 Abs. 1 GCP-V oder § 5 Abs. 1 S. 1 MPKPV aufzufordern, Formmängel des Antrags zu beheben, ist kein beidseitiges Einwirken auf den Inhalt des Votums, denn ein formell korrekter Antrag ist Voraussetzung dafür, dass die Ethikkommissionen überhaupt eine materielle Prüfung und Bewertung vornehmen. Die Voten nach dem Arzneimittelgesetz und dem Medizinproduktegesetz sind damit hoheitliche Maßnahmen im Sinne des Verwaltungsverfahrensgesetzes.

---

339 *Maurer*, Allgemeines Verwaltungsrecht, § 9 Rn. 6.

340 *Maurer*, Allgemeines Verwaltungsrecht, § 9 Rn. 25; *Ramsauer*, in: Kopp/ders., § 35 Rn. 25.

341 *Maurer*, Allgemeines Verwaltungsrecht, § 9 Rn. 6.

342 § 7 Abs. 2 GCP-V regelt, welche Angaben und Unterlagen dem Antrag an die Ethikkommission respektive an das Bundesinstitut für Arzneimittel und Medizinprodukte beigefügt werden müssen und zählt zu diesen in seiner Nr. 14 auch zustimmende Bewertungen durch Kommissionen und Genehmigungen durch Behörden in anderen EG/EWG-Staaten unter Angabe gegebenenfalls enthaltener Auflagen. Darin liegt zwar nicht die ausdrückliche Anerkennung von Auflagen auch im deutschen Recht, jedoch die Annahme, dass Auflagen zumindest nicht gegen die europarechtlichen Vorgaben verstoßen. Siehe auch *Deutsch/Spickhoff*, Rn. 1055, mit der zusätzlichen Erwähnung der Bedingung, jedoch ohne Begründung.

bb) Röntgenverordnung und Strahlenschutzverordnung

Auch nach der Röntgenverordnung und der Strahlenschutzverordnung ist die Stellungnahme eine hoheitliche Maßnahme. Ebenso wie im Arzneimittelgesetz und im Medizinproduktegesetz gibt es keine Anhaltspunkte dafür, dass der Adressat inhaltlich relevanten Einfluss nehmen kann. Zudem deutet hierauf auch die Formulierung der Aufgabe der Ethikkommissionen in § 28 g S. 2 RöV und – gleichlautend – in § 92 S. 2 StrlSchV hin, wo der Ethikkommission die Aufgabe zugewiesen wird, den Studienplan „zu beraten und [...] eine schriftliche Stellungnahme abzugeben", ohne dass von einem Einfluss des Adressaten auf die Entscheidung die Rede ist.

cc) Zwischenergebnis zu Voten als hoheitliche Maßnahmen

Die Voten nach dem Arzneimittelgesetz, dem Medizinproduktegesetz sowie der Röntgenverordnung und der Strahlenschutzverordnung sind sämtlich „hoheitliche Maßnahmen" im Sinne der Definition des Verwaltungsaktes in § 35 S. 1 VwVfG.

b) Ethikkommissionen als Behörden

§ 35 S. 1 VwVfG definiert den Verwaltungsakt als Maßnahme einer Behörde. Der Behördenbegriff ist legaldefiniert in § 1 Abs. 4 VwVfG:

> „Behörde im Sinne dieses Gesetzes ist jede Stelle, die Aufgaben der öffentlichen Verwaltung wahrnimmt."

Mit diesem weiten Behördenbegriff[343] bezieht sich das VwVfG auf alle vom Wechsel der in ihnen tätigen Personen unabhängigen, mit hinreichender organisatorischer Selbständigkeit ausgestatteten Einrichtungen, denen Aufgaben der öffentlichen Verwaltung und entsprechende Zuständigkeiten zur eigenverantwortlichen Wahrnehmung, zum Handeln mit Außenwirkung in eigener Zuständigkeit und im eigenen Namen, übertragen sind.[344]

aa) Überindividualität

Die Ethikkommissionen werden von den ihre Einrichtung regelnden Normen nicht an bestimmte Personen gebunden, unabhängig davon, ob sie bei den Ärztekammern, bei den Hochschulen, in der Verwaltung oder im privaten Bereich angesiedelt sind und in welchen Sachbereichen sie tätig werden. Die relevanten Normen adressieren die Kommissionen in ihrer institutionellen Qualität; sie beziehen sich nicht auf Individuen, sondern enthalten Vorschriften über abstrakte Eigenschaften jener Perso-

---

[343] *Ramsauer*, in: Kopp/ders., § 1 Rn. 51.

[344] *Ramsauer*, in: Kopp/ders., § 1 Rn. 51; zum Behördenbegriff auch *v. Lewinski*, JA 2006, S. 517.

nen, die den Ethikkommissionen angehören können. Die für die Behördenqualität in § 1 Abs. 4 VwVfG verlangte Unabhängigkeit vom Wechsel der Personen ist gegeben.

bb) Organisatorische Selbständigkeit

Maßgebliches Kriterium für die organisatorische Selbständigkeit ist, ob die Tätigkeit der Stelle nach der einschlägigen organisationsrechtlichen Zuständigkeitsregelung[345] zur eigenverantwortlichen Wahrnehmung im eigenen Namen nach außen übertragen[346], mithin ihr selbst, nicht etwa einem Teil von ihr oder einer sie umfassenden Gesamtbehörde im Außenverhältnis zuzurechnen ist.[347]

(1) Öffentlich-rechtliche Ethikkommissionen

In keinem Bereich der Regelungen, die den organisationsrechtlichen Aspekt der öffentlich-rechtlichen Ethikkommissionen betreffen, gibt es ausdrückliche Regelungen über eine etwaige organisatorische Selbständigkeit. Diese ergibt sich jedoch aus dem Erfordernis der Unabhängigkeit und der exklusiven Aufgabenzuweisung an die Kommissionen.

Die Vorschriften, welche Einrichtung und Tätigkeit der Ethikkommissionen beschreiben, liefern als Anhaltspunkt lediglich jeweils das Adjektiv „unabhängig", ohne dies näher zu erläutern. Art. 2 Buchst. k der Richtlinie 2001/20/EG sowie § 3 Abs. 2c GCP-V definieren die Ethikkommission als „unabhängiges Gremium". § 42 Abs. 1 S. 1 AMG und § 22 Abs. 1 S. 1 MPG schreiben vor, dass die zustimmende Bewertung bei der „unabhängigen [...] Ethik-Kommission zu beantragen" ist. § 28 g S. 1 RöV und § 92 S. 1 StrlSchV fordern jeweils, dass eine in ihrem Geltungsbereich tätige Ethikkommission „unabhängig" sein muss. Die Heilberufe- und Kammergesetze fordern regelmäßig ebenfalls die Unabhängigkeit, wobei sich diese Forderung teilweise auf die Mitglieder der Ethikkommissionen bezieht.[348] Gleiches gilt für die Satzungen der öffentlich-rechtlichen Ethikkommissionen.[349]

---

[345] *Ruffert*, in: Erichsen/Ehlers, § 20 Rn. 20 („geltendes Organisationsrecht").

[346] *Ramsauer*, in: Kopp/ders., § 1 Rn. 53.

[347] *Ramsauer*, in: Kopp/ders., § 1 Rn. 53.

[348] So sieht § 5 Abs. 3 S. 1 des baden-württembergischen Heilberufe-Kammergesetzes (oben Fn. 31), vor, dass „die Mitglieder der Ethikkommission in ihrer Meinungsbildung und Entscheidungsfindung unabhängig" sind; anders § 5a Abs. 1 S. 1 des sächsischen Heilberufekammergesetzes (oben Fn. 29), der bestimmt, dass die Ärztekammer „eine in ihren Entscheidungen unabhängige Ethikkommission" einrichtet.

[349] Siehe § 3 S. 1 des Statuts der Ethikkommission der Landesärztekammer Baden-Württemberg (oben Fn. 52) mit der Bestimmung der Unabhängigkeit der Meinungsbildung und Entscheidungsfindung der Mitglieder; anders formuliert § 1 S. 1 der Geschäftsordnung der Ethikkommission bei der Sächsischen Landesärztekammer (oben Fn. 309) mit der Regelung einer Unabhängigkeit der Ethikkommission.

In verwaltungsrechtlicher Terminologie wird „Unabhängigkeit“ vor allem als Weisungsfreiheit verstanden;[350] dies entspricht auch der Typik der Kollegialorgane[351]. In jedem Fall aber setzt die Unabhängigkeit der Ethikkommissionen deren organisatorischen Selbstand voraus: Höben sich die Kommissionen nicht in organisatorischer Hinsicht von der übrigen Verwaltung ab, so fehlte der Eigenschaft der Unabhängigkeit ein abgrenzbares Subjekt. Ungeachtet des konkreten verwaltungsorganisatorischen Bedeutungsgehalts der „Unabhängigkeit“ folgt schon aus ihrem natürlichen Bedeutungsgehalt, dass die damit beschriebenen Ethikkommissionen zu einem gewissen Grad organisatorisch selbständig sind. Ob die einschlägigen Vorschriften die Unabhängigkeit hinsichtlich der Ethikkommissionen als Institutionen oder hinsichtlich ihrer Mitglieder fordern, ist insofern nicht relevant: Auch jene Vorschriften, die Individuen in Bezug nehmen, sprechen diese in ihrer Funktion als Mitglieder der Ethikkommissionen an und implizieren damit die organisatorische Selbständigkeit der Institution.

Als organisatorisch selbständige Institutionen sind die Ethikkommissionen Objekte einer exklusiven Aufgabenzuweisung. Wie beschrieben [siehe oben B. II. 1. c) bb) (2) (b)] werden den Ethikkommissionen, nicht etwa den Verwaltungsträgern, denen sie angehören, die Aufgaben nach dem Arzneimittel- und dem Medizinproduktegesetz sowie der Röntgenverordnung und der Strahlenschutzverordnung zugewiesen. Sie sind mit konkreten Verwaltungszuständigkeiten[352] ausgestattet. Dies ergibt sich nicht nur aus diesen Regelwerken, sondern insbesondere auch aus den die Ethikkommissionen errichtenden Satzungen selbst.[353] Die Übertragung einer Aufgabe impliziert die organisatorische Abgrenzbarkeit eines Übertragungssubjekts. Im Sinne des funktionellen[354] Behördenbegriffs des § 1 Abs. 4 VwVfG ist diese Tätigkeit folglich zunächst den Ethikkommissionen, nicht den Verwaltungsträgern – etwa den Ärztekammern und Hochschulen – zuzurechnen. Die Stellung der öffentlich-rechtlichen Ethikkommissionen als Organe der Selbstverwaltungsträger widerspricht dem nicht; der verwaltungsverfahrensrechtliche Behördenbegriff ist mit dem verwaltungsorganisationsrechtlichen Organbegriff nicht deckungsgleich.[355]

Damit sind die öffentlich-rechtlichen Ethikkommissionen organisatorisch selbständig im Sinne des Verwaltungsverfahrensgesetzes.

---

[350] Siehe oben Fn. 251.

[351] Siehe *Dagtoglou*, S. 48.

[352] Siehe dazu *Ruffert*, in: Erichsen/Ehlers, § 20 Rn. 18.

[353] Siehe beispielsweise § 1 Abs. 1 S. 2 der Satzung der Ethikkommission der Medizinischen Fakultät Heidelberg (Ethikkommission I der Universität) und der Ethikkommission der Medizinischen Fakultät Mannheim (Ethikkommission II der Universität) (oben Fn. 224).

[354] *Ruffert*, in: Erichsen/Ehlers, § 20 Rn. 18.

[355] *Ruffert*, in: Erichsen/Ehlers, § 20 Rn. 18.

(2) Private Ethikkommissionen

Die privaten Ethikkommissionen unterscheiden sich von den öffentlich-rechtlichen zunächst dadurch, dass sie nicht im Arzneimittelbereich und Medizinproduktebereich tätig werden können. Die diese Sachbereiche betreffenden Normen können für die Frage der organisatorischen Selbständigkeit daher nicht herangezogen werden. Maßgeblich sind damit allein die Vorschriften der Röntgenverordnung und der Strahlenschutzverordnung. Aufgrund der sich daraus ergebenden Eigenschaft der privaten Ethikkommissionen als beliehene Personen [siehe oben B. II. 2. b)], die in den Funktionsbereich des Bundes als Verwaltungsträger eingegliedert sind,[356] ergibt sich bereits ihr organisatorischer Selbstand: Beliehene sind notwendig organisatorisch abgegrenzt, da sie sonst nicht Adressaten des Beleihungsaktes sein könnten. Auch die privaten Ethikkommissionen sind daher organisatorisch verselbständigt.

cc) Hoheitliche Aufgabe

Der in § 1 Abs. 4 VwVfG verwendete Begriff „Aufgaben öffentlicher Verwaltung“ meint den Begriff der materiellen Verwaltung, nämlich die Tätigkeit außerhalb von Rechtsetzung und Rechtsprechung.[357] Im Sinne dieser Substraktionsdefinition[358] ist die Tätigkeit der Ethikkommissionen – sowohl im Anwendungsbereich des Arzneimittelgesetzes, als auch in jenem des Medizinproduktegesetzes, der Röntgenverordnung und der Strahlenschutzverordnung – die Wahrnehmung von Aufgaben öffentlicher Verwaltung, das heißt primär der Aufgabe des Patienten- und Probandenschutzes[359].

dd) Zwischenergebnis:
Ethikkommissionen als Behörden

Sowohl die öffentlich-rechtlichen als auch die privaten Ethikkommissionen sind daher Behörden im Sinne des § 1 Abs. 4 VwVfG.

c) Voten als Regelungen

Eine weitere Voraussetzung für die Qualifikation der Voten als Verwaltungsakte ist, dass sie regelnden Charakter haben. Regelungscharakter hat eine Willenserklärung, die auf die Setzung einer Rechtsfolge,[360] die verbindliche Festlegung von Rechten und Pflichten oder eines Rechtsstatus[361] gerichtet ist. Sie muss danach den

---

[356] Siehe *Ruffert*, in: Erichsen/Ehlers, § 20 Rn. 22; *Stelkens*, NVwZ 2004, S. 304 (305 f.).

[357] *Schmitz*, in: Stelkens/Bonk/Sachs, § 1 Rn. 165, 174, 201.

[358] *Schmitz*, in: Stelkens/Bonk/Sachs, § 1 Rn. 165.

[359] *Deutsch*, VersR 1999, S. 1 (4); *v. Dewitz*, in: ders./Luft/Pestalozza, S. 185 f.

[360] *Maurer*, Allgemeines Verwaltungsrecht, § 9 Rn. 6.

[361] *Ramsauer*, in: Kopp/ders., § 35 Rn. 47.

Anspruch unmittelbarer Verbindlichkeit erheben und mit der Bestandkraft fähiger Wirkung unmittelbar subjektive Rechte des Adressaten begründen (insbesondere auch konkretisieren und individualisieren), aufheben, abändern oder verbindlich feststellen, oder – spiegelbildlich – die Begründung, Aufhebung, Abänderung oder Feststellung unmittelbar verbindlich ablehnen.[362]

aa) Arzneimittelgesetz und Medizinproduktegesetz

Gemäß § 40 Abs. 1 S. 2 AMG und gemäß § 20 Abs. 1 S. 1 MPG ist die Durchführung einer klinischen Prüfung am Menschen mit einem Verbot mit Erlaubnisvorbehalt versehen. Sie darf nur erfolgen, wenn die zuständige Ethikkommission die Studie zustimmend bewertet und das Bundesinstitut für Arzneimittel und Medizinprodukte sie genehmigt hat oder im Falle einer Studie mit einem Medizinprodukt gemäß § 20 Abs. 1 S. 2 MPG (siehe auch § 7 Abs. 1, 3 S. 2 MPKPV) von der Genehmigungspflicht befreit. Damit begründet die zustimmende Bewertung durch eine Ethikkommission das Recht des Sponsors, bei einer entsprechenden zusätzlichen Entscheidung des Bundesinstituts gemäß § 40 Abs. 1 S. 2, § 42 Abs. 2 AMG, § 9 GCP-V oder § 20 Abs. 1 S. 1, § 22a MPG (siehe auch § 6 MPKPV) die Studie durchzuführen. Diese Rechtswirkung ist auch eine unmittelbare im Sinne des § 35 S. 1 VwVfG, da die zustimmende Bewertung als Teil der „Erlaubnis" im Rahmen des Verbots mit Erlaubnisvorbehalt gemäß § 40 Abs. 1 S. 2 AMG oder § 20 Abs. 1 S. 1 MPG nach ihrem objektiven Inhalt gerade darauf zielt, die Durchführung der Studie rechtlich zu ermöglichen. Es handelt sich bei dem Votum der Kommission auch nicht um einen Teil oder eine Voraussetzung der Genehmigung durch das Bundesinstitut für Arzneimittel und Medizinprodukte; das Votum steht für sich: Liegt es nicht vor oder fällt es negativ aus, so kann die Studie – ungeachtet der Entscheidung des Bundesinstituts – nicht durchgeführt werden. Folglich haben die Voten der Ethikkommissionen nach dem Arzneimittelgesetz und nach dem Medizinproduktegesetz Regelungscharakter.[363]

bb) Röntgenverordnung und Strahlenschutzverordnung

Soweit die Ethikkommissionen nach der Röntgenverordnung oder der Strahlenschutzverordnung tätig werden, sind ihre Stellungnahmen keine Regelungen. Gemäß § 28b Abs. 1 Nr. 2 RöV in Verbindung mit § 28a Abs. 1 RöV und gemäß § 24 Abs. 1 Nr. 2 StrlSchV in Verbindung mit § 23 Abs. 1 StrlSchV ist die Vorlage der Stellungnahme Voraussetzung der Genehmigung durch das Bundesamt für Strahlen-

---

[362] *Ramsauer*, in: Kopp/ders., § 35 Rn. 47.

[363] Im Ergebnis ebenso *Deutsch/Spickhoff*, Rn. 1055; *Deutsch*, in: ders./Lippert, § 40 Rn. 17; *Deutsch*, MedR 2006, S. 411 (414); *v. Dewitz*, in: ders./Luft/Pestalozza, S. 190. Diese Stimmen beziehen sich auf die Regelungen des Arzneimittelgesetzes; die insofern relevante Rechtslage im Bereich der Medizinprodukte wurde jener im Bereich der Arzneimittel durch Gesetz vom 29. Juli 2009 (siehe oben A. Fn. 2) angeglichen.

schutz. Der Inhalt des Votums spielt in rechtlicher Hinsicht keine Rolle. Damit wird die Stellungnahme auf die Funktion eines Formerfordernisses reduziert. Da es der Erklärungs*inhalt* ist, der im Sinne des Begriffs des Verwaltungsaktes auf eine Rechtsfolge gerichtet sein muss,[364] handelt es sich bei den Stellungnahmen unter der Röntgenverordnung und der Strahlenschutzverordnung lediglich um einen verfahrensrechtlichen Vorbereitungsakt.

d) Zuordnung der Voten zum öffentlichen Recht

§ 35 S. 1 VwVfG verlangt zudem, dass die Regelung hoheitlich ist. Sie muss dem öffentlichen Recht zuzurechnen sein.[365] Dies ist insbesondere dann der Fall, wenn die Regelung auf einer öffentlich-rechtlichen Befugnis beruht,[366] mithin dem Vollzug öffentlich-rechtlicher Vorschriften dient.[367] Nach der herrschenden sogenannten „modifizierten Subjektstheorie" oder „Sonderrechtstheorie" gehören Rechtssätze dem öffentlichen Recht an, wenn sie ausschließlich den Staat oder einen sonstigen Träger hoheitlicher Gewalt gerade in seiner Eigenschaft als Hoheitsträger zum Zuordnungsobjekt haben, also berechtigen oder verpflichten.[368] Sowohl bei den Voten nach dem Arzneimittelgesetz als auch bei jenen nach dem Medizinproduktegesetz handelt es sich danach um hoheitliche Regelungen. Die Normen des Arzneimittelgesetzes und der GCP-Verordnung sowie des Medizinproduktegesetzes und der MPKPV berechtigen die Ethikkommissionen, Voten nach Maßgabe der jeweils enthaltenen materiellen Vorschriften abzugeben. Diese Berechtigung wird ihnen gerade in ihrer Eigenschaft als Hoheitsträger [siehe oben B. III. 3. b) zur Stellung der Ethikkommissionen als Behörden] verliehen.

e) Unmittelbare Rechtswirkung der Voten nach außen

Eine letzte Voraussetzung für die Verwaltungsakteigenschaft ist, dass die Regelung über den verwaltungsinternen Bereich hinausgreift und Pflichten und Rechte für verwaltungsexterne Personen begründet. Eine Regelung mit Außenwirkung ist dann gegeben, wenn sie auf Setzung einer Rechtsfolge für eine natürliche oder juristische Person in der Weise gerichtet ist, dass sie ihren Rechtskreis erweiternd, verringernd oder feststellend gestaltet und damit interpersonal wirken soll.[369]

---

[364] *Ruffert*, in: Erichsen/Ehlers, § 20 Rn. 24.

[365] *Maurer*, Allgemeines Verwaltungsrecht, § 9 Rn. 11; *Ruffert*, in: Erichsen/Ehlers, § 20 Rn. 40.

[366] *Ramsauer*, in: Kopp/ders., § 35 Rn. 32.

[367] *Maurer*, Allgemeines Verwaltungsrecht, § 9 Rn. 11.

[368] *Maurer*, Allgemeines Verwaltungsrecht, § 3 Rn. 13.

[369] *Ruffert*, in: Erichsen/Ehlers, § 20 Rn. 44.

Sowohl im Fall von Prüfungen nach dem Arzneimittelgesetz als auch bei Prüfungen nach dem Medizinproduktegesetz kann der Adressat der Bewertung sowohl Mitglied als auch Nichtmitglied der jeweiligen Selbstverwaltungskörperschaft sein, bei welcher die Ethikkommission angesiedelt ist [siehe oben B. III. 1. a) bb) zur korrespondierenden Antragsbefugnis]. Ist der Antragsteller ein Nichtmitglied, so hat das Votum Außenwirkung. Gleiches gilt bei Stellungnahmen der privaten Ethikkommissionen; dort steht der Adressat in jedem Fall außerhalb der Verwaltung.

Weniger eindeutig ist der Fall von Voten, die an Mitglieder der Ärztekammern oder Hochschulen adressiert sind. In einer solchen Konstellation ist nur dann ein Verwaltungsakt gegeben, wenn der Adressat nicht lediglich in seiner Rolle als Glied der Verwaltung, sondern in seiner persönlichen Rechtsstellung[370], mithin in seinem Status als Bürger[371], berührt ist. Nach dieser Maßgabe ist die Mitgliedschaft als Teilhabe an der körperschaftlichen Verwaltung eigener Angelegenheiten nicht deckungsgleich mit einem Status als Verwaltungselement. Vielmehr zählen die mittels der Körperschaft verwalteten „eigenen Angelegenheiten" gerade nicht zum Innenbereich im Sinne des Verwaltungsakt-Begriffs, sondern beschreiben die von der Körperschaftsverwaltung wahrgenommene Außensphäre. Funktional lässt sich diese Dichotomie von körperschaftlichem Innen- und Außenbereich so beschreiben, dass die Körperschaftsverwaltung das *Mittel* zur Verwaltung der „eigenen Angelegenheiten" ist. Eine Außenwirkung der Voten wäre damit nur dann zu verneinen, wenn die Tätigkeit als Sponsor oder Prüfer funktional als Mittel zur Verwaltung der „eigenen Angelegenheiten" der Ärztekammern oder Hochschulen und demnach insofern als Verrichtung von Verwaltungsobliegenheiten[372] erschiene.[373] Dies ist nicht der Fall. Der Kreis eines besonderen Statusverhältnisses wird durch die einschlägigen materiellen Gesetze beschrieben.[374] Aus den somit vor allem relevanten Heilberufe- und Kammergesetzen und den Hochschulgesetzen ergibt sich jedoch nicht, dass die jeweiligen Mitglieder, soweit sie forschend tätig werden, Verwaltungsaufgaben der jeweiligen Selbstverwaltungskörperschaft wahrnehmen.

Besonderer Betrachtung bedarf allerdings der Fall der Durchführung einer klinischen Studie mit Patienten. Hier ist im ersten Zugriff denkbar, dass die Studie, da sie zumindest auch Heilzwecken dient, als Wahrnehmung einer öffentlichen Aufgabe zu qualifizieren ist. Die Prüfer – gegebenenfalls zugleich Sponsoren – könnten in ihrer Rolle als Personen, welche Aufgaben der Heilung von Kranken wahrnehmen, als

---

[370] *Ronellenfitsch*, DÖV 1981, S. 933 (934); *Stober*, in: Wolff/Bachof/ders./Kluth, § 45 Rn. 75.

[371] *Ramsauer*, in: Kopp/ders., § 35 Rn. 73; *Schenke*, JuS 1982, S. 906 (907) (differenzierend zwischen der Betroffenheit als „Amtsperson" und der Betroffenheit im persönlichen Rechtsstatus).

[372] *Stober*, in: Wolff/Bachof/ders./Kluth, § 45 Rn. 75.

[373] Ebenfalls auf die Funktion abstellend für den Bereich des Medizinproduktegesetzes *v. Dewitz*, in: ders./Luft/Pestalozza, S. 239.

[374] *Stober*, in: Wolff/Bachof/ders./Kluth, § 32 Rn. 30.

funktional in die Verwaltung eingebundene Personen erscheinen. Die Außenwirkung der Voten der Ethikkommission erschiene dann zweifelhaft.

Die Krankenversorgung ist grundsätzlich eine staatliche Aufgabe.[375] Zumindest soweit Prüfer an einer Hochschule tätig sind, scheint ihre Eigenschaft als nichtstaatliche Subjekte fraglich. Eine nähere Betrachtung zeigt jedoch, dass sie auch in dieser Sachkonstellation in ihrem Bürgerstatus betroffen sind. Schon in der allgemeinen Krankenversorgung lässt sich eine klare Trennung zwischen Behandlung und Forschung nicht aufrechterhalten.[376] Die dort gewonnenen Erkenntnisse sind eine bedeutende Basis für die Forschung und Lehre in der Medizin sowohl im diagnostischen als auch im therapeutischen Bereich.[377] So ist bereits bei einer Krankenbehandlung mit erprobten Mitteln die Wissenschaftsfreiheit eines Hochschullehrers zu beachten.[378] Gilt schon für eine allgemeine Krankenversorgung im Hochschulbereich regelmäßig, dass die Ärzte auch forschend und insofern nicht in Erfüllung einer öffentlichen Aufgabe tätig sind, so ist dies erst recht der Fall, wenn im Rahmen einer klinischen Studie Patienten behandelt werden: Gerade hier überschneiden sich die Bereiche der Krankenversorgung und der Forschung.[379] In diesem Fall hat die Tätigkeit der Ärzte ein besonderes wissenschaftliches Gepräge. Die Außenwirkung der Kommissionsvoten besteht folglich auch dann, wenn die Adressaten Prüfer, gegebenenfalls gleichzeitig Sponsoren sind.

Ist die Körperschaft selbst als Sponsor Adressat, was bei den Hochschulen denkbar ist,[380] so ist die Außenwirkung ebenfalls gegeben. Hier ist wiederum die Funktion maßgeblich.[381] Sie unterscheidet die Tätigkeit der Behörde „Ethikkommission" von jener ihres Rechtsträgers, soweit dieser Antragsteller ist. Wird eine öffentlichrechtliche Körperschaft selbst forschend tätig, so handelt sie in einer Funktion, die nicht jener der bei ihr angesiedelten Ethikkommission entspricht, sondern die auch

---

[375] Siehe § 29 Abs. 2 S. 2 und § 53 Abs. 1 S. 2 HRG, welche die Krankenversorgung als Aufgabe der Hochschulen ansprechen.

[376] BVerfGE 57, 70 (98); *Stamer*, S. 36; *Schröder*, VersR 1990, S. 243 (250 f.); hinsichtlich der Schwierigkeit der Abgrenzung im Fall der individuell neuartigen Therapie *Habermann/Lasch/Gödicke*, NJW 2000, S. 3389 (3391); auf die Schwierigkeit der Abgrenzung im Einzelfall weist auch hin *Rosenau*, in: Deutsch/Taupitz, S. 63 (71 f.).

[377] BVerfGE 57, 70 (98).

[378] BVerfGE 57, 70 (99).

[379] Gerade der enge Zusammenhang von Forschung und Krankenversorgung ist der Grund für die Überweisung der Aufgabe der Krankenversorgung an die Universitäten, siehe BVerfGE 57, 70 (98).

[380] *Lippert*, GesR 2005, S. 438 (439).

[381] HessVGH NVwZ-RR 2003, 345; *Steinweg*, GewArch 2004, S. 101 ff.; *Stelkens*, in: ders./Bonk/Sachs, § 35 Rn. 190 (unter Verweis auf die Rechtsprechung eine Außenwirkung bejahend, „wenn eine vergleichbare Maßnahme auch gegenüber einem Privaten hätte ergehen können"); kritisch *Ehlers*, in: Liber amicorum Erichsen, S. 1 (4 f.).

von einem Privaten erfüllt werden könnte.[382] Es handelt sich sonach nicht um einen intrakorporalen Akt; das Votum hat Außenwirkung.

Die Voten der Ethikkommissionen haben mithin Außenwirkung, auch dann, wenn es sich bei den Adressaten um Mitglieder der jeweiligen Selbstverwaltungskörperschaft[383] oder um diese selbst handelt.

f) Einzelfallregelungen durch Voten

Eine letzte Voraussetzung für die Einordnung als Verwaltungsakt ist die Regelung eines Einzelfalls, der konkret-individuelle Charakter[384] der Voten. Die Entscheidungen der Ethikkommissionen sind individuell, da sie an einen bestimmten Adressaten gerichtet sind. Auch sind sie konkret, indem sie sich auf die bestimmte, durch den Antrag beschriebene klinische Studie beziehen. Insofern ist ebenfalls die Voraussetzung für die Einordnung als Verwaltungsakt erfüllt.

g) Zwischenergebnis: Voten im Arzneimittel- und im Medizinproduktebereich als Verwaltungsakte

Somit sind die Voten der Ethikkommissionen im Arzneimittelbereich sowie im Medizinproduktebereich als Verwaltungsakte einzuordnen.[385] Dem entspricht, dass § 42a Abs. 4a AMG und § 22b Abs. 5 MPG Regelungen über die Rücknahme und den Widerruf einer zustimmenden Bewertung enthalten. Dieses Bild fügt sich ein in die allgemeine Entwicklung der Ethikkommissionen von einem berufsrechtlichen Beratungsgremium zu einer Patientenschutzinstitution mit Behördencharakter.[386] Soweit die Kommissionen Stellungnahmen in den Sachbereichen der Röntgenstrahlung und der ionisierenden Strahlung abgeben, handelt es sich jedoch mangels Regelungsqualität nicht um Verwaltungsakte.

Dieser Schlussbefund aus der verwaltungsverfahrensrechtlichen Perspektive, ebenso wie die dargelegten, ihm logisch vorausliegenden Prämissen und Zwi-

---

[382] Ebenso für den Fall einer Marktfestsetzung durch eine Gemeinde, die gleichzeitig Veranstalter ist, HessVGH NVwZ-RR 2003, 345 f.; siehe für die Konstellation einer Identität von antragstellendem Bauherrn und Baugenehmigungsbehörde BVerwG NVwZ 1998, 737; mit weiteren Beispielen *Stelkens*, in: ders./Bonk/Sachs, § 35 Rn. 190.

[383] Im Ergebnis ebenso *Bork* (1984), S. 65 f.

[384] *Stober*, in: Wolff/Bachof/ders./Kluth, § 45 Rn. 70 f.

[385] So für den Arzneimittelbereich auch *v. Kielmansegg*, VerwArch 99 (2008), S. 401 (402); ebenfalls in Bezug auf das Arzneimittelgesetz *Taupitz/Rösch*, in: Festschrift Deutsch, S. 647 (648); im Ergebnis für den Arzneimittelbereich ebenso *Deutsch*, in: ders./Lippert, § 40 Rn. 17, der die Verwaltungsaktqualität annimmt, jedoch die Rangfolge von Verfassungsrecht und Gesetzesrecht missachtet, wenn er als Begründung Art. 19 Abs. 4 GG und das vermeintliche Fehlen von Rechtsschutzmöglichkeiten bei einem Fehlen der Verwaltungsaktqualität anführt.

[386] *v. Dewitz*, in: ders./Luft/Pestalozza, S. 189.

schenkonklusionen, verleiht den Ethikkommissionen als Objekte der legitimationsrechtlichen Untersuchung Operabilität. Der verwaltungsverfahrensrechtliche Zugriff bildet nicht die einzige, aber eine wesentliche Referenz für die Analyse unter den Gesichtspunkten des Demokratieprinzips.

C. Demokratische Legitimation

I. Überblick über das verfassungsrechtliche Gebot demokratischer Legitimation

1. Verfassungsrechtliche Verankerung

Die Grundlage des Demokratieprinzips – und damit auch des Gebots demokratischer Legitimation – ist Art. 20 Abs. 1 und 2 GG:[1]

> „(1) Die Bundesrepublik Deutschland ist ein demokratischer und sozialer Bundesstaat.
>
> (2) Alle Staatsgewalt geht vom Volke aus. Sie wird vom Volke in Wahlen und Abstimmungen und durch besondere Organe der Gesetzgebung, der vollziehenden Gewalt und der Rechtsprechung ausgeübt."

Art. 20 GG legt das demokratische Prinzip in seinem ersten Absatz zunächst ausdrücklich fest, ohne seinen Gehalt näher zu bestimmen. Art. 20 Abs. 2 GG enthält auch inhaltliche Aussagen, die das Prinzip auf das staatliche Wirken anwendbar machen. Dieser zweite Absatz kann daher als eigentlicher Sitz des Demokratieprinzips betrachtet werden.[2] Er ist somit auch die Schlüsselvorschrift im System demokratischer Legitimation und demokratischer Organisation.[3]

2. Demokratische Legitimation als spezifisch verfassungsrechtlich-normativer Begriff

Der Begriff der Demokratie, und damit auch jener der demokratischen Legitimation, ist Gegenstand nicht nur der Verfassungsrechtswissenschaft, sondern auch anderer Wissenschaftszweige wie der Politologie, der Soziologie oder der Staatstheorie.[4] Entsprechend kommen ihm bereits in der Wissenschaft unterschiedliche

---

[1] *Schmidt-Aßmann*, AöR 116 (1991), S. 329 (337) (mit der Benennung des Art. 20 Abs. 2 GG hinsichtlich der Verwaltungslegitimation als „Zentrum aller Legitimationslehren").

[2] Siehe *Jestaedt* (1993), S. 155, dort Fn. 78, wonach „die betreffenden Organisations- und Ordnungsstruktur-Grundsätze letztlich wesentlich in Art. 20 Abs. 2 Satz 2 ressortieren".

[3] *Jestaedt* (1993), S. 204.

[4] *Dreier*, Jura 1997, S. 249; siehe *Jestaedt* (1993), S. 138 ff.; siehe *Schmidt-Aßmann*, AöR 116 (1991), S. 329 (331), mit dem Hinweis, dass es um die rechtsnormative Frage nach der Rechtfertigung von Herrschaft gehe, nicht um die sozialwissenschaftliche Frage der Herr-

Bedeutungen zu; es gibt spezifische Demokratie-Begriffe.[5] Größer noch ist der Kreis der Bedeutungsinhalte im Sprachgebrauch. Dort ist der Begriff der Demokratie zu einem allgemeinen Idealbegriff geworden,[6] der mit Liberalismus, Sozialismus, Gerechtigkeit, Menschlichkeit, Frieden und Völkerversöhnung assoziiert wird,[7] und dem damit nicht nur Sinnvielfalt, sondern auch Bedeutungsunschärfe eignet. Der Begriff der Demokratie erscheint daher als „semantisches Chamäleon";[8] der Begriff „Demokratie" ist sonach in seiner Bedeutung abhängig von dem Kontext der Verwendung, aus dem sich sein jeweiliges Bezugssystem ergibt.[9]

a) Keine Offenheit des verfassungsrechtlichen Demokratiebegriffs

Im Rahmen dieser Untersuchung ist dieses Bezugssystem allein die Verfassung. Art. 20 Abs. 2 GG darf nicht als unbestimmte, fragmentarische Regelung verstanden werden, die ihren Inhalt teilweise aus verfassungsexternen Quellen, wie zum Beispiel politologischen Demokratietheorien und staatstheoretischen Annahmen schöpft.[10] Ein solches Verständnis, teils etikettiert als „Offenheit" des Demokratiebegriffs und begründet mit einer besonderen Nähe des Staatsrechts zur Politik[11], bedeutet die nahezu schrankenlose inhaltliche Relativität des Demokratieprinzips. Dem steht entgegen, dass Art. 79 Abs. 3 GG das in Art. 20 Abs. 2 GG verfasste Demokratie-

---

schaftsakzeptanz, und dass die entsprechende rechtsnormative Antwort der konkreten grundgesetzlichen Ordnung zu entnehmen sei.

[5] *Jestaedt* (1993), S. 139.

[6] *Ehlers*, in: Festschrift Stein, S. 125 (126); *Hesse*, Rn. 127, wonach „darüber, was ‚Demokratie' ist, eine Fülle verschiedener, oft gegensätzlicher Auffassungen" besteht; *Küchenhoff*, S. 653 ff. („Idolbegriff"); *Zeidler*, DVBl. 1971, 565 (570).

[7] *Küchenhoff*, S. 653 ff.; *Isensee*, in: Festschrift Mikat, S. 705 (705 f.), wonach das Wort „Demokratie" im Sprachgebrauch zahlreiche, heterogene und widersprüchliche Bedeutungen annehmen kann; *Schmitt* (1928), S. 225 f.

[8] *Isensee*, in: Matz, S. 43.

[9] *Jestaedt* (1993), S. 139 (Demokratie als ein „je und je wissenschaftsspezifisches Theorem") und S. 140 f.

[10] So auch *Jestaedt* (1993), S. 146 f.; ebenso *Schnapp*, in: v. Münch/Kunig, Art. 20 Rn. 5 (mit dem Hinweis auf die „Gefahr", dass sich „Staatsrecht in Staatsrhetorik" auflöst); in diese Richtung auch *Schmidt-Aßmann*, AöR 116 (1991), S. 329 (331); *Zeidler*, DVBl. 1973, S. 719. Anders *Hanebeck*, DÖV 2004, S. 901 (908), der die Entscheidung BVerfGE 107, 59 missinterpretiert und aus der Formulierung des Gerichts, das Demokratieprinzip sei „entwicklungsoffen", schließt, dass es „eine Art Öffnungsklausel" gebe, die „in die Interpretation des Demokratieprinzips eingebaut" sei, während die Formulierung des Gerichts richtigerweise als Ausdruck des Verständnisses des Demokratieprinzips als sich in unterschiedlichen Kontexten unterschiedlich auswirkenden – und (nur) insofern „entwicklungsoffenen" – normativen Gebots zu verstehen ist; kritisch zur Begründung dieser Entscheidung *Jestaedt*, JuS 2004, S. 649 ff.

[11] *Böckenförde*, in: Festschrift Scupin, S. 317 (329).

prinzip in seinem Kernbereich der Modifikation entzieht.[12] Wäre der Demokratiebegriff des Art. 20 Abs. 2 GG lediglich ein „Schleusenbegriff“[13], mittels dessen außerverfassungsrechtliche Ideen gleichsam ungefiltert rechtliche Bedeutung erlangen könnten, so wäre die Ewigkeitsgarantie des Art. 79 Abs. 3 GG gegenstandslos, ja paradox, indem sie einem totalvariablen Gegenstand Invarianz zuschriebe. Überdies widerspräche es dem Geltungsanspruch des Grundgesetzes, wenn außerverfassungsrechtliche Konzepte ohne den Umweg einer inhaltlichen Rezeption durch die Entscheidung des Grundgesetzgebers[14] Verfassungsrang erlangen könnten, denn der Geltungsanspruch einer Verfassung kann nur vor dem Horizont einer verfassungsgebenden Situation erhoben werden. Dem wird auch ein Verständnis des Demokratieprinzips als „Optimierungsaufgabe“ nicht gerecht, wonach „Demokratie“ eine politische Gestaltungsaufgabe bezeichnet, die keinen Verfassungsvollzug darstellt, sondern für die das Grundgesetz lediglich einen Rahmen aufstellt.[15]

Damit bleibt festzuhalten: Der Begriff der Demokratie nach Art. 20 Abs. 2 GG hat einen spezifischen Inhalt[16] und beansprucht mit diesem materialen Gehalt Geltung[17] von Verfassungsrang. Konzepte außerhalb des Grundgesetzes mögen zur Interpretation dienen,[18] gelten jedoch nicht ohne den Umweg der Rezeption in die Verfassung.

b) Unterscheidung des Gebots demokratischer Legitimation als normativer Demokratiebegriff von der Demokratie im weiteren Sinne

Im System des Grundgesetzes müssen zwei Gehalte des Begriffs „Demokratie“ unterschieden werden: Die Demokratie im weiteren Sinne und das Gebot demokratischer Legitimation.

---

[12] BVerfG, 2 BvE 2/08 vom 30. Juni 2009, Absatz-Nr. 216, http://www.bverfg.de/entscheidungen/es20090630_2bve000208.html (abgerufen am 21. Mai 2011); *Jestaedt* (1993), S. 147; die Veränderungsfestigkeit eines Prinzipienkerns betont auch *Kriele*, VVDStRL 29 (1971), S. 46 (47).

[13] Für den Begriff „Demokratie“ ausdrücklich *Böckenförde*, in: Festschrift Scupin, S. 317 (329); ebenfalls *Böckenförde*, in: Festschrift Arndt, S. 53 (53 f., dort Fn. 2), hinsichtlich des Begriffs der „freiheitlich-demokratischen Grundordnung“.

[14] *Jestaedt* (1993), S. 150 ff.

[15] *Bryde*, in: Demokratie und Grundgesetz, S. 59 ff.; siehe zu Prinzipien als Optimierungsgeboten *Alexy*, S. 71 ff., der „Prinzipien“ als „Optimierungsgebote“ bezeichnet, „die dadurch charakterisiert sind, daß sie in unterschiedlichen Graden erfüllt werden können und daß das gebotene Maß ihrer Erfüllung nicht nur von den tatsächlichen, sondern auch von den rechtlichen Möglichkeiten abhängt“ (S. 75 f.).

[16] Mit Bezug auf den Organisationsaspekt *Böckenförde* (1974), S. 73 („Das demokratische Prinzip schreibt [...] verbindlich eine Organisationsform der Staatsgewalt vor, kraft deren die Ausübung der staatlichen Befugnisse jeweils auf das Staatsvolk rückführbar sein muß“).

[17] *Henke*, Der Staat 25 (1986), S. 157 (159).

[18] *Jestaedt* (1993), S. 151.

Als Demokratie im weiteren Sinne wird das grundgesetzliche Gesamtgefüge institutioneller und funktioneller Art zur Herstellung von Volksherrschaft bezeichnet.[19] Dieser Demokratiebegriff wird auch mit der globalen Bezeichnung „freiheitlich-demokratische Grundordnung" belegt,[20] die sich im Grundgesetz in Art. 10 Abs. 2 S. 2, Art. 11 Abs. 2, Art. 18 S. 1, Art. 21 Abs. 2 S. 1, Art. 73 Abs. 1 Nr. 10 Buchst. b, Art. 87a Abs. 4 S. 1 und Art. 91 Abs. 1 findet. Wie die Bezeichnung als „Grundordnung" zeigt, ist hier ein grundgesetzlich verfasstes Gesamtsystem[21] angesprochen. Es beinhaltet nicht nur formale Organisationsprinzipien, sondern auch materiale Inhalte. Diese „Demokratie im weiteren Sinne" hat jedoch keinen eigenen Gehalt, der über die anderen grundgesetzlichen Regelungen zur Verwirklichung der Idee der Demokratie hinausginge. Die grundgesetzlichen Vorschriften, die den Begriff „freiheitliche demokratische Grundordnung" enthalten, haben ausschließlich den Erhalt durch Schutz gegen Gefahren zum Gegenstand. Sie präzisieren ihn nicht weiter. Das Konzept der „Demokratie im weiteren Sinne" bildet in seinem Facettenreichtum keinen hinreichend konkreten Maßstab für die Beurteilung von unterverfassungsrechtlichen Verhältnissen. Seine Komplexität macht es nicht nur untauglich für eine Subsumtion, sie zeigt auch, dass „Demokratie im weiteren Sinne" überhaupt nur bedingt-mittelbar von normativer Qualität ist, da sie keinen Anspruch auf Geltung im Sinne einer Maßstabsbildung erhebt. Immerhin mittelbar – als Auslegungsgesichtspunkt für konkrete Bestimmungen – kann dieser grundgesetzliche Begriff von Demokratie normative Wirkung entfalten. Vor allem jedoch dient er zur Benennung einer Struktur. Für die Beurteilung der demokratischen Legitimation der Ethikkommissionen hat der Inhalt des Begriffs der Demokratie im weiteren Sinne daher keine unmittelbare Bedeutung.

Das Demokratieprinzip hat jedoch auch eine normative Qualität.[22] Sein Selbstand gegenüber dem Demokratiebegriff im weiteren Sinne ist schon daraus ersichtlich, dass der Begriff der Demokratie (in adjektivischer Form) vom Grundgesetz auch als eigenständiger an unterschiedlichen Stellen verwendet wird, so in Art. 20 Abs. 1, Art. 21 Abs. 1 S. 2, Art. 23 Abs. 1 S. 1 und Art. 28 Abs. 1 S. 1 GG. Zudem lässt sich bereits aus der interrelativen Struktur des Art. 20 Abs. 1 und 2 GG entnehmen, dass die Norm den Gedanken der Demokratie nicht lediglich in deklaratorischer oder deskriptiver Form wiedergibt: Art. 20 Abs. 2 GG ist hinsichtlich der Ausübung von Staatsgewalt gegenüber Art. 20 Abs. 1 GG eine Konkretion. Dies indiziert, dass

---

[19] *Jestaedt* (1993), S. 145 (Unterscheidung zwischen dem „essentiale der Demokratie, ihren identitätsbestimmenden Strukturmerkmalen" und der „in den verfassungsrechtlich vorgegebenen institutionellen und funktionellen Formen wirksame[n] Volks-Herrschaft"); *Kluth* (1997), S. 354 („Demokratie des Grundgesetzes").

[20] BVerfGE 2, 1 (12 f.); BVerfGE 5, 85 (196 ff.); *Kluth* (1997), S. 354 („Demokratie des Grundgesetzes"); *Stern*, Bd. I, § 16 (S. 555 ff.).

[21] *Kluth* (1997), S. 354 („Gesamtkonstrukt der Verfassung, wie es sich als Ergebnis der dogmatisch-institutionellen Entfaltung des Demokratieprinzips im und durch das Grundgesetz darstellt").

[22] *Dreier*, Jura 1997, S. 249; *Ehlers*, in: Festschrift Stein, S. 125 (129); *Henke*, Der Staat 25 (1986), S. 157 (159 ff.).

„Demokratie“ nach dem Grundgesetz auch eine Funktion als *Maßstab* hat.[23] Auch der Grundgedanke des Demokratieprinzips – die Idee der Selbstbestimmung[24] – spricht für eine normative Qualität des Demokratieprinzips. Wäre dessen Geltung auf die demokratieverwirklichenden Normen des Grundgesetzes beschränkt – so beispielsweise auf die Vorschriften über die Bestimmung der Staatsorgane und die Gesetzgebung – so bliebe die Realisierung des Selbstbestimmungsideals in weiten Teilen dem Gesetzgeber überlassen. Grundsätzlich denkbar schiene dann sogar, dass dieser in verfassungsgemäßer Weise die Ausübung von Herrschaftsgewalt auf Institutionen delegieren könnte, deren Handeln nur noch mittels des Delegationsaktes von den Willensäußerungen des Volkes abhinge. Eine solche Auslegung, wonach der Grundgesetzgeber den Gedanken der Demokratie in der Verfassung zwar benennt, ihm jedoch keine normative Durchsetzungskraft verleiht, widerspräche dem durch das Konzept der Selbstbestimmung geprägten Demokratieideal.

In seiner so begründeten normativen Dimension ist das Demokratieprinzip als *Gebot demokratischer Legitimation*[25] zu verstehen. Art. 20 Abs. 2 GG verlangt, dass die „Staatsgewalt [...] vom Volke aus[geht]“ und „durch besondere Organe“ ausgeübt wird. Ohne bereits an dieser Stelle die Details zu spezifizieren, kann festgehalten werden, dass die Norm jedenfalls einen *Prozess* fordert,[26] der sich zwischen Volk und Staatsgewalt vollzieht. Dieser Prozess ist die demokratische Legitimation. Seine Existenz und eine konkrete Form ist Gegenstand des Normgebots des Art. 20 Abs. 2 GG.

---

[23] Siehe *Herzog*, in: Maunz/Dürig, Art. 20, II, dort Rn. 2 in Fn. 1 (mit der Unterscheidung einer „Prinzipienbestimmung“ von einer in der Konkretion des Art. 20 Abs. 2 GG zum Ausdruck kommenden „Vollregelung“).

[24] BVerfGE 107, 59 (92), wonach die funktionale Selbstverwaltung als Ausprägung des demokratischen Prinzips verstanden werden kann, „soweit sie der Verwirklichung des übergeordneten Ziels der freien Selbstbestimmung aller [...] dient“; BVerfGE 83, 37 (52), wonach in der demokratischen Idee ein „Freiheitsgedanke“ enthalten ist; *Blanke*, KJ 31 (1998), S. 452 (457); siehe *Böckenförde*, in: Isensee/Kirchhof, HStR II, § 24 Rn. 3; *Bryde*, StWStP 5 (1994), S. 305 (321 f.); *Emde*, S. 384; *Groß* (1999), S. 166; *Häberle*, KritV 1995, S. 298 (303) („Demokratie ist die organisatorische *Konsequenz* der Menschenwürde“); mit der These der Notwendigkeit eines „kommunikativen Arrangements“ als Verknüpfung von Selbstbestimmung und Volkssouveränität *Habermas*, S. 133 f. („Der [...] interne Zusammenhang zwischen Volkssouveränität und Menschenrechten liegt im normativen Gehalt eines *Modus der Ausübung politischer Autonomie*, der [...] erst durch die Kommunikationsform diskursiver Meinungs- und Willensbildung gesichert wird“); *Haverkate*, S. 334 („Selbstregierung der einzelnen“) und S. 340 („Die Entscheidung für Demokratie ist die zwingende Folgerung aus dem Prinzip individueller Freiheit“); im Kontext der Selbstverwaltung *Kelsen*, Allgemeine Staatslehre, S. 181; *Lübbe-Wolff*, VVDStRL 60 (2001), S. 246 (252 f.); *Röhl*, S. 130; *Schmidt-Aßmann*, AöR 116 (1991), S. 329 (335, 348 f.) (Betroffenenbeteiligung als ideelle Basis der Demokratie); *Steinberger*, VVDStRL 50 (1991), S. 9 (23).

[25] Zum Begriff der (demokratischen) Legitimation *Emde*, S. 32 ff.

[26] *Emde*, S. 32 („prozedurale[r] Schwerpunkt“).

c) Begriff der demokratischen Legitimation im verfassungsrechtlichen System

Ist das Demokratieprinzip als Gebot demokratischer Legitimation spezifisch normativ-verfassungsrechtlich, so kann sein Gehalt im Wege der Verfassungsauslegung ermittelt werden. Da für das Grundgesetz die klassischen[27] Auslegungskriterien gelten, können diese auch zur Interpretation der demokratiebezüglichen Vorschriften angewandt werden.[28] Insbesondere die grundgesetzliche Normumgebung wirkt auf das Demokratieprinzip im engeren Sinne insofern ein, als sie Aspekte zu dessen Auslegung liefert.[29] Dies ist vor allem hinsichtlich jener verfassungsrechtlichen Normen relevant, welche die Vermittlung von vom Legitimationssubjekt „Volk" ausgehenden Willensimpulsen über die staatlichen Strukturen regeln. Diese verleihen dem Gebot demokratischer Legitimation über die systematische Auslegung Konturen. Der Demokratiebegriff ist dabei ausschließlich staatsbezogen[30]: Eine Demokratisierung der Gesellschaft fordert die Verfassung nicht.[31] Dies folgt bereits aus dem Wortlaut des Art. 20 Abs. 1 und 2 GG, nicht zuletzt aber auch daraus, dass die Erstreckung des Demokratiegrundsatzes mit den Elementen des Mehrheitsprinzips und des Gleichheitsgrundsatzes auf grundrechtlich geschützte Freiheitsbereiche die Preisgabe eben dieses Schutzes bedeuten würde. Der Grundsatz der demokratischen Legitimation verlangt daher ausschließlich die Rechtfertigung *staatlicher* Herrschaft.

d) Zwischenergebnis: Spezifischer Gehalt und Geltungsanspruch des Gebots demokratischer Legitimation

Es lässt sich demnach festhalten, dass es ein Demokratieprinzip im engeren Sinne als prozedural geprägtes Gebot demokratischer Legitimation gibt, das in zweierlei Weise qualifiziert ist: Zum einen ist es rechtsnormativer Natur und erhebt damit einen Anspruch auf Geltung,[32] zum anderen ist der Begriff der Demokratie nach dem

---

[27] Siehe *Zippelius*, S. 42 ff., der das Adjektiv „klassisch" mit Bezug auf die Auslegungstheorie Savignys verwendet.

[28] Siehe BVerfGE 88, 145 (166); ebenso BVerfGE 93, 37 (81).

[29] *Jestaedt* (1993), S. 145 f.

[30] *Jestaedt* (1993), S. 178; *Schmidt-Aßmann*, AöR 116 (1991), S. 329 (339); allgemein *v. Arnim*, AöR 113 (1988), S. 13, wonach „[d]ie verschiedenen Teile des gegliederten Gemeinwesens […] in ihrem unterschiedlichen Rollen doch immer nur dem einen Staatsbürger dienen [sollen]".

[31] *Böckenförde*, in: Isensee/Kirchhof, HStR II, § 24, Rn. 8; *Böckenförde*, in: ders. (1976), S. 395 (411 ff., 414); *Dreier*, Jura 1997, S. 249; *Emde*, S. 35. Anders *Preuß*, S. 166 ff.; in Richtung auf eine Anwendbarkeit des Demokratieprinzips auch auf nichtstaatliche Einrichtungen *Teubner*, S. 178 ff., 225 ff. und 246 ff.

[32] *Henke*, Der Staat 25 (1986), S. 157 (159 ff.).

Grundgesetz spezifisch[33] und liefert einen verfassungsrechtlichen Maßstab für unterverfassungsrechtliche Verhältnisse.

3. Auslegungsaspekte

Art. 20 Abs. 2 GG ist als Verfassungsnorm grundsätzlich mittels der überkommenen Auslegungskriterien zu interpretieren.[34] Die Auslegung der Norm hinsichtlich ihrer Anforderungen an die demokratische Legitimation von Herrschaftsgewalt ist ob der Unbestimmtheit der Begriffe und Formulierungen schwierig.[35] Insbesondere bedarf das Grundgesetz vielerorts der Konkretisierung; es ist eine Rahmenverfassung.[36] Zudem weist es teilweise einen fragmentarischen Charakter auf,[37] der sich aus der Grundgesetzgebung vor dem Horizont einer konkreten historischen Aufgabe verstehen lässt.[38] Beide generell-grundgesetzlichen Eigenschaften spiegeln sich auch in den das Demokratieprinzip verankernden Bestimmungen wider. Wie im Weiteren gezeigt wird, bedarf es vor allem eines Rückgriffs auf systematische und teleologische Aspekte.

Jede Rechtsnorm ist insofern mehrdimensional, als sie zumindest die Voraussetzungen ihres Eingreifens – regelmäßig terminologisch unscharf als „Tatbestand“ bezeichnet – beschreibt und eine Rechtsfolge anordnet. Dies gilt auch für Art. 20 Abs. 2 GG. Damit hat das aus dieser Norm folgende Gebot demokratischer Legitimation mehr als nur einen Auslegungsaspekt. Um die demokratische Legitimation der Ethikkommissionen prüfen zu können, müssen diese Aspekte einzeln im Wege der Auslegung beschrieben werden. Bevor dies separat für die einzelnen Elemente geschieht, sollen jene Bedingungen der Auslegung des Art. 20 Abs. 2 GG genannt werden, die den verschiedenen Gesichtspunkten gemeinsam sind.

a) Wortlautauslegung

Der Wortlaut des Art. 20 Abs. 1 GG lässt sich kaum in eine rechtstechnische, das heißt ohne weiteres subsumierbare Bedeutung übersetzen. Die Norm liefert lediglich den Begriff „demokratisch“, dessen semantischer Gehalt unscharf ist. Dieser Ter-

---

[33] Siehe *Ehlers*, in: Festschrift Stein, S. 125 (129); *Jestaedt* (1993), S. 144 („Begriff der Demokratie, der seine verbindliche Konturierung durch die Verfassung erhält“).

[34] Siehe BVerfGE 88, 145 (166); BVerfGE 93, 37 (81) (allgemein zur Verfassungsauslegung); *Maurer*, Staatsrecht I, § 1 Rn. 49.

[35] So auch *Fromme*, DÖV 1970, S. 518, der von einer „Definierbarkeits-Schwäche“ zum einen aufgrund der Offenheit des Begriffs „Demokratie“, zum anderen aufgrund der fehlenden grundgesetzlichen Präzisierungen spricht; siehe *v. Simson*, VVDStRL 29 (1971), S. 3 (5 ff.), der zunächst einen Mindestgehalt auszumachen sucht.

[36] *Hesse*, Rn. 19 bis 31.

[37] *Hesse*, Rn. 21 („Unvollständigkeit der Verfassung“).

[38] *Böckenförde*, in: Festschrift Scupin, S. 317 (321).

minus kann im verfassungsrechtlichen Kontext nicht anhand des allgemeinen Sprachgebrauchs verstanden werden [siehe oben C. I. 2.]. Der semantische Gehalt von „Demokratie", das ist: „Volksherrschaft",[39] „politisches System, nach dem das Volk durch freie Wahlen an der Machtausübung im Staat teilhat",[40] „Regierungssystem, in dem die vom Volk gewählten Vertreter die Herrschaft ausüben",[41] „Prinzip der freien und gleichberechtigten Willensbildung und Mitbestimmung in gesellschaftlichen Gruppen",[42] ist nicht konkret genug, um genaue Vorgaben für die Organisation von Staatsgewalt daraus herzuleiten. Dies gilt auch für die legitimatorische Anbindung der Exekutive an den Willen des Volkes, insbesondere die organisationsrechtlichen Folgerungen, auf die es für die Frage der Legitimation der Ethikkommissionen ankommt. Zwar bestimmt Art. 20 Abs. 2 S. 2 GG den Modus der Ausübung von Staatsgewalt, soweit diese unmittelbar vom Volk ausgeht („Wahlen und Abstimmungen"), sowie, dass die Staatsgewalt mittelbar über Organe ausgeübt wird,[43] die sich in drei Kategorien aufteilen lassen („Organe der Gesetzgebung, der vollziehenden Gewalt und der Rechtsprechung"), doch werden damit semantisch lediglich die weiten Grenzen eines durch das demokratische Prinzip gebotenen Rahmens der staatlichen Organisation gezogen. Bereits im Wortlaut deutet sich also an, dass Art. 20 GG „schrankensetzendes Recht" enthält: Zwar werden äußere Grenzen gezogen, deren Überschreitung festgestellt werden kann, doch gibt es kein inhaltlich erschöpfendes positives „Demokratie-Programm", das den Prozess demokratischer Legitimation in seinen Einzelheiten bestimmte.[44] Dies bedeutet allerdings nicht, dass diese Grenzen so weit gesteckt wären, wie es der Wortlaut zu indizieren scheint: Art. 20 Abs. 2 GG verlangt nach einer Konkretisierung,[45] die durch Auslegung zu leisten ist.

Die semantische Auslegung des Art. 20 Abs. 1 und 2 GG hat damit vor allem eine Funktion als Ausgangspunkt für die inhaltliche Bestimmung der Vorschrift demo-

---

[39] *Kunkel-Razum/Scholze-Stubenrecht/Wermke*, Deutsches Universalwörterbuch; *Blanke*, in: Demokratie und Grundgesetz, S. 32 (40); *Röhl*, S. 130; *Schmidt*, in: Heun/Honecker/Morlok/Wieland, Evangelisches Staatslexikon, Demokratie (J.), Sp. 325 („Bedeutungskern Machtausübung [...] des [...] *Volkes* oder der Volksversammlung" [Hervorhebung durch den Verfasser]).

[40] *Kunkel-Razum/Scholze-Stubenrecht/Wermke*, Deutsches Universalwörterbuch.

[41] *Kunkel-Razum/Scholze-Stubenrecht/Wermke*, Deutsches Universalwörterbuch; *Schmidt*, in: Heun/Honecker/Morlok/Wieland, Evangelisches Staatslexikon, Demokratie (J.), Sp. 325 („Bedeutungskern Machtausübung [...] des [...] Volkes oder der *Volksversammlung*" [Hervorhebung durch den Verfasser]).

[42] *Kunkel-Razum/Scholze-Stubenrecht/Wermke*, Deutsches Universalwörterbuch.

[43] Siehe *Herzog*, in: Maunz/Dürig, Art. 20, II, Rn. 19, der darauf hinweist, dass die Verfassung sich damit gegen ein System der persönlichen Berufung und für ein System entschieden hat, von dem die Institutionen „Amt" und „Organschaft" einen wesentlichen Teil bilden.

[44] *Böckenförde* (1974), S. 77; *Jestaedt* (1993), S. 148.

[45] *Jestaedt* (1993), S. 147 f.; *Herzog*, in: Maunz/Dürig, Art. 20, II, dort Rn. 2 in Fn. 1, Rn. 33, der die „Vollregelung" des Art. 20 Abs. 2 S. 1 GG zu einer „Prinzipienbestimmung" kontrastiert; ebenso *Ehlers*, in: Festschrift Stein, S. 125 (129).

kratischer Legitimation. Insbesondere das zentrale Adjektiv „demokratisch“ in Art. 20 Abs. 1 GG verschließt sich weitgehend einem isoliert-semantischen Zugriff. Immerhin aber lassen sich auch im Wege der Wortlautanalyse erste inhaltliche Rückschlüsse ziehen. Sie sind durch die weiteren Auslegungsgesichtspunkte zu ergänzen.

b) Historische Auslegung

Eine historische Interpretation kann sich nur in geringem Maße auf die Materialien und die Entstehungsgeschichte stützen, da beide für einen intendierten Demokratiebegriff, der Basis für eine verbindliche Begriffsinterpretation sein könnte, wenige Hinweise enthalten.[46] Im historischen Kontext kann das Demokratieprinzip des Grundgesetzes als Antwort auf konkrete An- und Herausforderungen verstanden werden. Dazu zählt vor allem die Abkehr von nationalsozialistischer Rechtsprägung, auch durch Wiederaufgreifen von Traditionen der Weimarer Republik (Art. 1 Abs. 2 WRV lautete: „Die Staatsgewalt geht vom Volke aus“),[47] die Abgrenzung vom Modell der „Volksdemokratie“ und die Befolgung des Verfassungsauftrags der Alliierten im Frankfurter Dokument Nr. I vom 1. Juli 1948.[48] Diese Bestimmungsfaktoren multiplizieren sich jedoch zu einem Demokratiebegriff, der kaum rechtstechnisch anwendungspräzise zu handhaben ist. Vielmehr beschreiben sie Demokratie als komplexe Zielvorstellung zum einen der grundgesetzlichen Staatsorganisation, zum anderen auch mit dem Charakter eines politischen Bekenntnisses.[49] Deutlich wird jedoch aus der Entstehungsgeschichte, dass mit Blick auf die Praxis von Agitation und Demagogie in der Zeit des Nationalsozialismus die Demokratie des Grundgesetzes plebiszitäre Komponenten nur in engen Ausnahmen vorsehen, und demnach eine repräsentative, parlamentarische Demokratie sein sollte.[50]

c) Systematische Auslegung

Durch systematische Auslegung lässt sich das Gebot demokratischer Legitimation immerhin konkretisieren.[51] Das Grundgesetz errichtet ein System mittelbarer, re-

---

[46] Siehe *Fromme*, DÖV 1970, 518 (520 f.).

[47] *Bowitz*, S. 47; *Fromme*, Von der Weimarer Verfassung zum Bonner Grundgesetz, S. 197; *Fromme*, DÖV 1970, 518 (519).

[48] *Jestaedt* (1993), S. 153; *Kröger* (1993), S. 18 f.; auch *Herzog*, in: Maunz/Dürig, Art. 20, II, Rn. 39, der die Schaffung eines Systems repräsentativer Demokratie als Reaktion auf die Erfahrungen aus der Zeit des Nationalsozialismus beschreibt.

[49] *Jestaedt* (1993), S. 154.

[50] *Kröger* (1993), S. 23 f.

[51] Entsprechend verweist *Herzog*, in: Maunz/Dürig, Art. 20 II, Rn. 3 insbesondere auf die „Ausführungsbestimmungen“ zum demokratischen Prinzip, unter anderem Art. 38 Abs. 1 GG mit dem Prinzip der demokratischen Repräsentation; *Kriele*, VVDStRL 29 (1971), S. 46 (46 f.) (dort auch schlagwortartig: „Das demokratische Prinzip [...] lebt hauptsächlich in seinen

präsentativer Demokratie[52], in dem das Volk die Staatsgewalt grundsätzlich durch gewählte Staatsorgane ausüben lässt.[53] Die ausdrückliche Formulierung des Art. 20 Abs. 2 S. 2 GG, die Staatsgewalt werde vom Volk auch „durch Abstimmungen" ausgeübt, verankert zwar auch ein Element unmittelbarer Demokratie im Grundgesetz, doch fällt dieser Modus der Ausübung von Staatsgewalt gegenüber den Elementen der mittelbaren, parlamentarischen Demokratie im Grundgesetz kaum ins Gewicht.[54] Dies wird belegt durch die Tatsache, dass das Grundgesetz plebiszitäre Elemente nur an drei Stellen vorsieht: In Art. 28 Abs. 1 S. 4 GG, wonach Landesgesetze vorsehen können, dass an die Stelle des Gemeinderats die Gemeindeversammlung tritt, in Art. 29 GG in der Form des Volksentscheids, des Volksbegehrens und der Volksbefragung für die Neugliederung des Bundesgebietes und in Art. 118 S. 2 GG, der eine Volksbefragung ebenfalls im Kontext der Neugliederung erwähnt.[55] Damit wird – soweit die Ausnahmen nicht einschlägig sind – das Parlament zum notwendigen Mittler demokratischer Legitimation.[56] Es ist vor allem der mittelbar-repräsentative Charakter der grundgesetzlichen Demokratie mit dem Parlament als notwendigem Bindeglied zwischen dem Volk und der ausgeübten Staatsgewalt, der die normative Umgebung des verfassungsrechtlichen Demokratiegebots ausmacht und bei der Bestimmung ihres Gehalts im Wege der systematischen Auslegung zu berücksichtigen ist.

d) Teleologische Auslegung

Das demokratische Konzept basiert auf der Idee der Selbstbestimmung des Menschen.[57] Die Herrschaft von Menschen über Menschen[58] soll in einer Weise gerechtfertigt werden, die trotz der daraus notwendig folgenden Fremdbestimmung[59] ein hinreichendes Selbstbestimmungsmaß sichert. Das übergreifende Prinzip der Selbstbestimmung ist daher bei der Auslegung hinsichtlich einzelner Ausprägungen

---

Konkretisierungen"); siehe *Oebbecke*, S. 83 ff, der für den Legitimationsakt ebenfalls vor allem auf den Verfassungskontext zugreift.

[52] *Kriele*, VVDStRL 29 (1971), S. 46 (47).

[53] *Herzog*, in: Maunz/Dürig, Art. 20, II, Rn. 17.

[54] *Herzog*, in: Maunz/Dürig, Art. 20, II, Rn. 37; *Kriele*, VVDStRL 29 (1971), S. 46 (mit der Betonung der Exklusivität der im Grundgesetz aufgeführten plebiszitären Elemente auch mit historisch-genetischen Argumenten); *Oebbecke*, S. 84 („Sonderfall der Volksabstimmung").

[55] *Henke*, Der Staat 25 (1986), S. 157; *Herzog*, in: Maunz/Dürig, Art. 20, II, Rn. 43 ff.; *Schmidt-Aßmann*, AöR 116 (1991), S. 329 (354).

[56] BVerfGE 33, 125 (158); *Böckenförde* (1974), S. 73 f.; *Emde*, S. 338 f.; *Hennecke*, in: Festgabe v. Unruh, S. 931 (941), wonach „jede vom Volke ausgehende Willensbildung gleichsam durch das Nadelöhr des Parlaments hindurchgehen" muss; kritisch gegenüber einem „einseitig parlamentszentrierten Steuerungsmodell[...]" *Voßkuhle/Sydow*, JZ 2002, S. 673 (676).

[57] Siehe oben Fn. 24.

[58] Siehe *Breuer*, DV 10 (1977), S. 1 (7).

[59] Siehe *Rawls*, S. 202.

des demokratischen Prinzips zu berücksichtigen.[60] Dabei spielt es mit den anderen Auslegungsgesichtspunkten zusammen, insbesondere der systematischen Auslegung mit der aus ihr folgenden mittelbar-repräsentativen Komponente des Gebots demokratischer Legitimation.

e) Zusammenspiel der Auslegungsaspekte und Schwerpunkte

Die genannten Auslegungsgesichtspunkte sind relevant zur Bestimmung des Gehalts des Gebots der demokratischen Legitimation. Ausgangspunkt ist der Wortlaut des Art. 20 Abs. 1 und 2 GG, wobei der dort verwendete Begriff der Demokratie nur bedingt Rückschlüsse erlaubt, jedoch die weitere sprachliche Fassung der Normen immerhin Anhaltspunkte für das grundgesetzliche Demokratiekonzept liefert. Die historische Auslegung ist schon aufgrund des Mangels an Material, das Aufschluss für einen hinreichend konkreten Demokratiebegriff böte, weniger bedeutsam als die systematische und die teleologische Interpretation. Aus diesen Gesichtspunkten folgt vor allem, dass das grundgesetzliche Gebot demokratischer Legitimation auf die Herstellung eines bestimmten Maßes von Selbstbestimmung unter den Bedingungen notwendiger Herrschaft zielt, wobei dies im Wege eines mittelbar-repräsentativen Systems der Willensausübung erreicht werden soll.

Im Folgenden soll das Konzept der demokratischen Legitimation in verschiedene Seiten aufgefaltet und deren Inhalt sodann mittels Auslegung präzisiert werden. Diese Seiten sind der prozedurale Charakter der demokratischen Legitimation und die sich daraus ergebenden Elemente: Objekt, Subjekt, Inhalt und Maßstab der demokratischen Legitimation.

---

[60] In BVerfGE 44, 124 (141 f.) spricht das Gericht von einer „verfassungsrechtlichen Grundverpflichtung, daß alle Gewalt um des Schutzes der Würde und Freiheit aller […] anvertraut" sei; siehe auch BVerfGE 107, 59 (92), wonach die funktionale Selbstverwaltung das demokratische Prinzip ergänze und verstärke und als Ausprägung desselben verstanden werden könne, soweit sie der „Verwirklichung des übergeordneten Ziels der freien Selbstbestimmung aller" diene; *v. Arnim*, AöR 113 (1988), S. 1 (11 f.) („In der Sicherung der menschlichen Autonomie besteht *der* Zweck des grundgesetzlichen Staates. Daraus folgt […] das Demokratieprinzip als Selbst- bzw. Mitentscheidung der Staatsbürger …"); *Bryde*, JZ 1989, S. 257 (258), der den Menschenwürdebezug des Demokratieprinzips herausstellt und die Demokratie als „menschenwürdigste, weil größtmöglicher Selbstbestimmung verpflichtete Staatsform" bezeichnet; *Bryde*, StWStP 5 (1994), S. 305 (321 f.) (mit der zu weit gehenden Reduktion des Demokratieprinzips auf einen Menschenwürdegehalt).

4. Überblick über den Inhalt des Legitimationsgebots

a) Zentraler Bezugspunkt des Legitimationsgebots: Wahrung von Selbstbestimmung

Inhaltlicher Kern des Demokratieprinzips ist die Herstellung und Wahrung von Selbstbestimmung unter den Bedingungen verfasster Staatlichkeit.[61] Das Demokratiegebot verlangt nicht die Aufhebung der Herrschaft von Menschen über Menschen,[62] jedoch die Koppelung der ausgeübten Staatsgewalt an den Willen der dieser Gewalt Unterworfenen, also insofern deren Selbstbestimmung. Es hat damit vor allem formellen Gehalt; das Demokratieprinzip ist eine Verfahrensdirektive zur Ausübung von Staatsgewalt[63]. In dieser Verfahrensnatur wird das Konzept der Selbstbestimmung in seiner Form als Volkssouveränität[64] verwirklicht. Seine Normierung in Art. 20 Abs. 2 GG macht die Volkssouveränität im Wege einer Vollregelung[65] verfassungsverbindlich. Dem Prinzip der Volkssouveränität liegt der Gedanke zugrunde, dass Herrschaft einer rechtfertigenden Herleitung bedarf, die ihren Anfang beim Volk[66], genauer: dessen Entscheidungen[67] nimmt und damit jedenfalls außerhalb der Herrschafts- und Ämterorganisation liegt[68]. Diese Idee findet ihren pointierten Ausdruck in Art. 20 Abs. 2 S. 1 GG mit der konstatierend gefassten, jedoch normativen Formulierung „Alle Staatsgewalt geht vom Volke aus".[69]

---

61 Siehe oben Fn. 24.

62 Siehe *Breuer*, DV 10 (1977), S. 1 (7); *Henke*, Der Staat 25 (1986), S. 157 (167); *Lübbe-Wolff*, VVDStRL 60 (2001), S. 246 (252).

63 Siehe *Ehlers*, in: Festschrift Stein, S. 125, dort Fn. 36 (Legitimation als „Prozess der rechtlich gebotenen Herrschaftsrechtfertigung"); siehe *Fromme*, DÖV 1970, 518, 524 („Demokratie als Verfahrensprinzip"); siehe *Klein*, Hans Hugo, in: Festschrift Forsthoff, S. 165 (S. 169 f.) (wonach das Demokratieprinzip „ein Verfahren zur Legitimation, Neutralisation und Kontrolle staatlicher Machtausübung" bezeichnet); *Jestaedt* (1993), S. 173; *Schmidt-Aßmann*, AöR 116 (1991), S. 329 (335: „[D]ie Demokratie ist in ihrer grundgesetzlichen Ausprägung ein formbestimmtes Prinzip") (356: „Legitimation als Vermittlungs- und Rückkoppelungsvorgang").

64 *Herzog*, in: Maunz/Dürig, Art. 20, II, Rn. 2; *Voßkuhle/Sydow*, JZ 2002, S. 673 (675).

65 *Herzog*, in: Maunz/Dürig, Art. 20, II, dort Rn. 2 in Fn. 1, Rn. 33, der die „Vollregelung" des Art. 20 Abs. 2 S. 1 GG zu einer „Prinzipienbestimmung" kontrastiert; ebenso *Ehlers*, in: Festschrift Stein, S. 125 (129).

66 *Böckenförde*, in: Isensee/Kirchhof, HStR II, § 24, Rn. 3; *Jestaedt* (1993), S. 155.

67 *Jestaedt* (1993), S. 159 f.

68 *Jestaedt* (1993), S. 158; *Herzog*, in: Maunz/Dürig, Art. 20, II, Rn. 33, der in Art. 20 Abs. 2 S. 1 GG eine „Vollregelung" sieht, da sie lückenlos gilt, womit die Staatsgewalt nicht von einem anderen Subjekt als dem Volk ausgehen kann.

69 *Böckenförde*, in: Isensee/Kirchhof, HStR II, § 24, Rn. 2; *Herzog*, in: Maunz/Dürig, Art. 20, II, Rn. 2.

b) Legitimation als Prozess: Legitimationsobjekt, Legitimationssubjekt und legitimatorischer Funktionszusammenhang

Art. 20 Abs. 2 S. 2 GG verdeutlicht, dass mit dem Demokratieprinzip nicht nur die Inhaberschaft der verfassungsgebenden Gewalt durch das Volk gemeint ist, sondern die politische Herrschaftsgewalt durch das Volk aktuell ausgeübt wird.[70] Die als Zielprinzip im vorhergehenden Satz formulierte Volkssouveränität wird hier näher ausgestaltet.[71] Während Herrschaft von Menschen über Menschen damit zwar nicht aufgehoben wird, verlangt Art. 20 Abs. 2 S. 2 GG doch eine bestimmte Organisation derselben.[72] Die Tatsache, dass die Quelle der Legitimation von Herrschaftsausübung der in der Wahlentscheidung zum Ausdruck gebrachte Wille des Volkes ist, hat zur Konsequenz, dass Legitimation nur prozesshaft vermittelt werden kann. Damit ist der formal-normative Begriff der Legitimation prozeduraler Natur. Er zielt auf die Art und Weise des Entstehens legitimationsbedürftigen Verhaltens[73] und begreift die Voraussetzungen von Legitimation vor allem als Wirkungszusammenhang innerhalb einer Verfahrensdimension. In diesen prozeduralen Zusammenhang lassen sich die erwähnten Elemente der durch das Legitimationsgebot vorgegebenen Organisation des Staates einordnen: das Objekt und das Subjekt des Legitimationsanspruchs sowie die Verfahrensbedingungen, unter denen sich Legitimation realisiert.[74]

Das erste Element ist die Ausübung von Staatsgewalt, das *Objekt* der demokratischen Legitimation.[75] Im ersten interpretatorischen Zugriff kann man personell Staatsorgane und Amtswalter in der Summe ihrer legislativen, exekutiven und judikativen Funktionen[76] sowie funktionell nicht privatautonomes Verhalten[77] erfasst sehen.

Als zweites Element des Legitimationsprozesses wird von Art. 20 Abs. 2 GG das „Volk“ als Inhaber der Staatsgewalt und damit als *Subjekt* des demokratischen Legitimationszusammenhangs proklamiert. Der Begriff des Volkes ist Grundbegriff der Demokratie[78] und nicht nur positiv-benennender, sondern auch negativ-exklusiver Art: Er schließt sämtliche anderen möglichen Träger von Herrschaftsgewalt aus.[79]

---

[70] *Böckenförde*, in: Isensee/Kirchhof, HStR II, § 24, Rn. 8.

[71] *Böckenförde*, in: Isensee/Kirchhof, HStR II, § 24, Rn. 8.

[72] *Böckenförde*, in: Isensee/Kirchhof, HStR II, § 24, Rn. 9.

[73] Siehe *Jestaedt* (1993), S. 205.

[74] Siehe *Schmidt-Aßmann*, AöR 116 (1991), S. 329 (337) („Kreis legitimationsbedürftiger Akte“, „Legitimationssubjekt ‚Volk‘ und Legitimationsgefüge“).

[75] *Dreier*, in: ders., Bd. II, Art. 20 (Demokratie) Rn. 90 ff.

[76] *Dreier*, in: ders., Bd. II, Art. 20 (Demokratie) Rn. 90.

[77] „Verhalten“ wird verwendet als Oberbegriff sowohl für Handeln als auch für Unterlassen.

[78] *Böckenförde*, in: Isensee/Kirchhof, HStR II, § 24, Rn. 9.

[79] BVerfGE 83, 37 (50 f.), wonach Art. 20 Abs. 2 S. 1 GG nicht nur den Grundsatz der Volkssouveränität normiert, sondern auch ein bestimmtes Volk, nämlich das Staatsvolk, als Legitimationssubjekt benennt; *Böckenförde*, in: Isensee/Kirchhof, HStR II, § 24, Rn. 10, der

Hierin liegt nicht nur eine abstrakte Definition des Volkes als Träger von Herrschaftsgewalt, vielmehr wird ihm eine Funktion innerhalb des demokratischen Legitimationszusammenhangs zugewiesen.

Sowohl das Subjekt als auch das Objekt des Legitimationsanspruchs sind keine Größen von bloß akademischer Relevanz. Für die Frage, ob ein Verhalten oder ein hypothetisches Verhalten (um ein solches geht es immer dann, wenn eine Einrichtung Gegenstand einer generellen legitimatorischen Bewertung ist; siehe dazu unten C. II. 2.) sich am Maßstab des Erfordernisses hinreichender demokratischer Legitimation messen lassen muss, ist es zwingend, dieses Verhalten – das genannte Objekt – nach allgemeinen Kriterien subsumtionsfähig zu definieren. Das Subjekt wiederum spielt innerhalb eines prozedural verstandenen Legitimationszusammenhangs nicht nur eine staatstheoretische, sondern eine ganz konkrete Rolle als einzig maßgebliche Einheit, deren geäußerter Wille tragendes Glied in der Legitimationskette ist.[80] Auch dieses Subjekt muss daher präzise erfasst werden, um ein staatliches Verhalten auf seine hinreichende demokratische Legitimation untersuchen zu können.

Das dritte strukturelle Element ist funktionell-prozeduraler Natur; es verbindet die beiden anderen Elemente „Volk" und „Ausübung von Staatsgewalt" in Form eines funktionellen Zusammenhangs. Es ist das Erfordernis der Rückführbarkeit jeder Staatsgewalt auf das Volk[81] im Sinne eines notwendig effektiven[82] Wirkungszusammenhangs. Die Subjekt und Objekt verbindende Wirkungsfunktion wird durch die Verfahrensbedingungen konstituiert, die das Erfordernis demokratischer Legitimation konkretisieren.[83] Es sind einzig diese Verfahrensbedingungen, die den Legitimationsanspruch zu verwirklichen vermögen: Das Objekt Staatshandeln liegt, ebenso wie das Subjekt Staatsvolk, der Legitimation voraus, und es ist Aufgabe des legitimierenden Prozesses, diese beiden richtig im Sinne des Art. 20 Abs. 2 GG zu verknüpfen.

Diese drei das Erfordernis der demokratischen Legitimation und Organisation prägenden Elemente – das Legitimationsobjekt, das Legitimationssubjekt und das legitimierende Verfahren – bedürfen der Übersetzung in eine regelungstechnische Dimension, um praktische Folgerungen zu begründen. Sie sind die Eckpfeiler, die das Konzept der demokratischen Legitimation tragen.

---

beispielhaft zum einen die Abgrenzung von der Staatsgewaltsträgerschaft bestimmter Personengruppen wie beispielsweise des Adels, zum anderen von der Herrschaft bestimmter Ideologien nennt.

[80] Siehe *Jestaedt* (1993), S. 205, wonach das Legitimationssubjekt die Anzahl und Möglichkeiten der Legitimationswege präjudiziert; *Schmidt-Aßmann*, AöR 116 (1991), S. 329 (355) („Legitimationskette vom Volk zu den mit staatlichen Aufgaben betrauten Organen und Amtswaltern").

[81] *Böckenförde*, in: Isensee/Kirchhof, HStR II, § 24, Rn. 26.

[82] BVerfGE 47, 253, 275; BVerfGE 77, 1, 40; BVerfGE 83, 60, 72 ff.; BVerfGE 93, 37, 66 ff.; *Voßkuhle/Sydow*, JZ 2002, S. 673 (675).

[83] *Jestaedt* (1993), S. 205.

5. Geltung des Demokratieprinzips für die Länder

Gemäß Art. 28 Abs. 1 S. 1 GG sind die Grundentscheidungen des Art. 20 Abs. 2 GG für die Volkssouveränität und die daraus folgenden Grundsätze der demokratischen Organisation und Legitimation von Staatsgewalt auch für die verfassungsmäßige Ordnung in den Ländern verbindlich.[84]

II. Objekt der Legitimation

Die skizzierte prozedurale Art des hier relevanten Begriffs der demokratischen Legitimation ergibt sich aus dem von ihm geforderten Wirkungszusammenhang, der vom Legitimationssubjekt zum Legitimationsobjekt verläuft. Während das Demokratieprinzip einen Wirkungsprozess anordnet, der beim Legitimationssubjekt seinen Anfang nimmt, liegt die Bedingung für das Eingreifen des Legitimationsgebots am Ende dieses Prozesses: Legitimation setzt einen zu legitimierenden Gegenstand, ein Legitimationsobjekt voraus. Das Legitimationsobjekt ist der „Tatbestand", der die durch das Demokratieprinzip gestellten Anforderungen erst aktiviert. Die Frage, ob ein staatliches Verhalten nach grundgesetzlichem Maßstab hinreichend legitimiert ist, wird erst durch eine positive Antwort auf die Vorfrage nach dem Vorliegen eines legitimationsbedürftigen Verhaltens aufgeworfen. Daraus folgt für diese Untersuchung, dass vor einer Prüfung der hinreichenden demokratischen Legitimation der Ethikkommissionen deren Legitimationsbedürftigkeit geklärt werden muss.

1. Aspekte des Begriffs „Staatsgewalt" als Legitimationsobjekt

Art. 20 Abs. 2 S. 1 GG benennt als Legitimationsobjekt die „Staatsgewalt", während Art. 20 Abs. 2 S. 2 GG fordert, dass sie „durch besondere Organe [...] der vollziehenden Gewalt [...] ausgeübt" wird. Der im ersten Satz genannte unbestimmte Topos „Staatsgewalt" wird im zweiten Satz auf den Aspekt seiner Ausübung hin

[84] BVerfGE 93, 37 (66); BVerfGE 83, 60 (71); BVerfGE 83, 37 (55) („in Art. 20 Abs. 2 und Art. 28 Abs. 1 S. 1 GG für die staatliche Ebene verankerte[s] demokratische[s] Prinzip"); BVerfGE 47, 253 (272 f.); BVerfGE 9, 268 (281), wo das Gericht auch in Bezug auf Art. 28 Abs. 1 S. 1 GG allgemein von der grundgesetzlichen Forderung nach einem „demokratische[n] Rechtsstaat" ausgeht; *Blanke*, KJ 31 (1998), S. 452 (456); für Gleichstellung der Wahlen gemäß Art. 28 Abs. 1 S. 2 GG zu den Parlamentswahlen *Schmidt-Aßmann*, AöR 116 (1991), S. 329 (353), der unter diesem Blickwinkel von „Basiselemente[n] demokratischer Legitimation" spricht, die aufgrund der Gleichstellungsklausel des Art. 28 Abs. 1 S. 2 GG den Standards des Demokratieprinzips des Art. 20 Abs. 2 GG entsprechen müssten.

konkretisiert. Der unmittelbar-semantische Zugriff legt eine nach den Begriffsteilen „Gewalt“ und „Staat“ differenzierte Terminusanalyse nahe.

a) Der Begriff „Gewalt“

aa) Der Begriff „Gewalt“ als semantischer Ausgangspunkt

Innerhalb des zusammengesetzten Substantivs „Staatsgewalt“ ist das Element der „Gewalt“ das Grundwort. Es handelt sich um eine Determinativzusammensetzung in der Variante des endozentrischen Kompositums: Das Bestimmungswort „Staats-“ spezifiziert das Grundwort „Gewalt“, das den Hauptakzent trägt. Seine Bedeutung ist damit notwendiger Ausgangspunkt der Auslegung.

Gewalt bedeutet – von in dem hier relevanten verfassungsrechtlichen Kontext evident nicht einschlägigen Bedeutungen[85] abgesehen – Macht, die Befugnis, das Recht und die Mittel, über jemanden zu bestimmen, zu herrschen,[86] sowie ein Vorgehen, durch das jemand zu etwas gezwungen wird[87].[88] Das Wort „Gewalt“ spricht dabei die Relation der Umsetzung konträrer Willensinhalte an: Das Gewaltsubjekt ist Träger eines Willens, der jenem des Gewaltobjekts entgegengesetzt ist, und realisiert diesen, während jener insoweit aufgrund von jenseits dieser Willensdimension liegenden, insofern äußeren Aspekten zurücktreten muss.

Auf diesen Bedeutungskern kann durch den Terminus „Gewalt“ in verschiedener Weise zugegriffen werden. Gewalt kann das abstrakte Phänomen des Machtausübungs*potentials* – gegebenenfalls im Zusammenhang mit einer Zuordnung zu bestimmten Subjekten – bezeichnen. Alternativ kann die konkrete *performative Dimension* der Gewalt gemeint sein.

bb) Gewalt als Konkretum

Die Formulierung des Art. 20 Abs. 2 S. 2 GG zeigt bereits, dass das Legitimationsobjekt innerhalb des Demokratieprinzips performativ, als *ausgeübte* Herrschaft begriffen wird. Zwar kann mit Gewalt bei isoliert-semantischer Betrachtung auch

---

[85] Dies sind insbesondere die Bedeutungen von Gewalt als unmittelbar und mittelbar ausschließlich gegen Sachen wirkende Gewalt und als nicht von Personen vorsätzlich verursachter Gewalt, wie etwa Naturgewalt.

[86] *Kunkel-Razum/Scholze-Stubenrecht/Wermke*, Deutsches Universalwörterbuch; siehe *Emde*, S. 214.

[87] *Kunkel-Razum/Scholze-Stubenrecht/Wermke*, Deutsches Universalwörterbuch (mit der Verengung auf „unrechtmäßiges Vorgehen“); *Kant*, Urtheilskraft, S. 260: „Macht ist ein Vermögen, welches großen Hindernissen überlegen ist. Eben dieselbe heißt eine Gewalt, wenn sie auch dem Widerstande dessen, was selbst Macht besitzt, überlegen ist“.

[88] Siehe *Wolff*, Christian, S. 361, mit der Definition von „Gewalt“ als „Freiheit zu befehlen oder überhaupt etwas zu tun“, die der Obrigkeit zukomme.

schon ein bloßes Potential erfasst sein.[89] Doch muss die Auslegung des Wortlauts auch die in der Formulierung des Art. 20 Abs. 2 S. 2 GG verankerte Dimension der *Ausübung* erfassen.[90] Dabei kann Art. 20 Abs. 2 GG nicht isoliert verstanden werden, etwa dahingehend, dass es sich im ersten Satz um einen weiten Begriff von Staatsgewalt, im zweiten hingegen lediglich um dessen effektiven Aspekt handelt. Dies ergibt sich aus der offenen Formulierung des ersten Satzes: Er benennt zwar das Volk als Legitimationssubjekt, schweigt aber hinsichtlich der Frage, wohin die von ihm vermittelte Staatsgewalt verläuft. Dies wird vom zweiten Satz zumindest insofern geleistet, als er drei Organe und damit gleichzeitig drei Modi der Ableitung dieser Staatsgewalt benennt. Daraus wird deutlich, dass es in beiden Sätzen um denselben Begriff der Staatsgewalt geht: Um ein performativ geprägtes Konzept, um eine effektive Staatsgewalt. Dieser performative Charakter lässt die Gewalt als Element eines prozeduralen Zusammenhangs erscheinen. Der Begriff der „Staatsgewalt" im Kontext der demokratischen Legitimation kann demnach nicht isoliert als die bloße Innehabung von Möglichkeiten, als Abstraktum verstanden werden. Wenn das Verfahren der Legitimationsvermittlung sein Finale erst in der Ausübung von Gewalt findet, so ergibt sich bereits für die Wortlautauslegung des Begriffs „Staatsgewalt", dass dieser als insoweit verengt zu verstehen ist, als Staatsgewalt *ausgeübt* wird. Gewalt im Sinne des Art. 20 Abs. 2 S. 1 GG ist folglich ein Konkretum.

cc) Gewalt und Entscheidung

Mit der Feststellung des konkret-performativen Charakters der Staatsgewalt ist darüber, wie die Gewalt ausgeübt wird, das heißt über das Verhältnis des die Gewalt ausübenden Subjekts und die Gewaltausübung selbst, wenig gesagt. Dieses Verhältnis muss beschrieben werden, um festzustellen, ob das Verhalten der Ethikkommissionen als Gewalt im Sinne des Gebots demokratischer Legitimation in Betracht kommt. Dabei wird es noch nicht um die Frage gehen, ob die Kommissionen als Subjekte von Art. 20 Abs. 2 GG erfasst werden. Dies soll in einem weiteren Schritt unter Anknüpfung an das Bestimmungswort „Staats-" geschehen.

(1) Wahl zwischen Handlungsoptionen als Grundlage von Gewalt

Für das Verhältnis des Gewalt ausübenden Subjekts und der Ausübung von Gewalt kommen grundsätzlich ein in seiner Weite absolutes und ein – wie auch immer im Näheren ausgestaltetes – engeres Verständnis in Betracht.

[89] *Kant*, Urtheilskraft, S. 260, definiert „Gewalt" zunächst als Potential („Vermögen"); *Hegel*, Logik, S. 715, beschreibt „Gewalt" als „Erscheinung der Macht, oder die Macht als Äußerliches"; siehe *Wolff*, Christian, S. 361, der von „Gewalt" als „Freiheit zu befehlen oder überhaupt etwas zu tun" finanzielle und militärische Durchsetzungsmittel unterscheidet (S. 369 f.).

[90] *Oebbecke*, S. 79.

Das weiteste denkbare Verständnis ist, jede Kausalität im Sinne einer conditio-sine-qua-non-Formel genügen zu lassen und dabei als Ausgangspunkt dieser Kausalität bereits die Existenz des Subjekts als solche anzuerkennen. Mit einer solchen Bestimmung würde insbesondere nicht gefordert, dass das Subjekt voluntativ handelt. Jeder Effekt, der nicht oder in anderer Form aufträte, wenn das Gewaltsubjekt nicht existierte, könnte grundsätzlich als von diesem Subjekt ausgeübte Gewalt qualifiziert werden.

Ein solches Konzept würde jedoch bereits der Wortbedeutung des Begriffs „Gewalt“ widersprechen. Diese legt nahe, dass zumindest irgendein voluntatives Verhältnis zwischen dem Subjekt und der Gewalt besteht.[91] Die von Art. 20 Abs. 2 S. 2 GG angesprochene *Ausübung* von Gewalt begründet nicht nur ein performatives Gewaltverständnis, sondern impliziert auch ein willensmäßiges Verhalten. Da die Manifestation eines Willens notwendig die Wahl zwischen Optionen voraussetzt[92], kann insofern von einer *Entscheidung* gesprochen werden.[93]

Die Benennung einer Entscheidung als Grundlage von Gewalt bedarf dann keiner weiteren Präzisierung, wenn das die Gewalt ausübende Subjekt eine natürliche Person ist. In diesem Fall ist es ein natürlicher Wille, auf den die Entscheidung zurückgeht.

Weniger eindeutig ist dies, wenn es sich bei dem Subjekt nicht um eine natürliche Person, sondern um eine Organisation handelt. Dies ist bei den hier in Rede stehenden Ethikkommissionen der Fall; sie sind keine natürlichen Entitäten, sondern durch ihre Verfassung strukturierte und damit vor allem durch das Charakteristikum der Kollegialität [siehe oben B. II. 3.] geprägte Institutionen. Die Frage ist daher, wie das Verhältnis von Organisationen zur Ausübung von Gewalt im Sinne des Gebots demokratischer Legitimation ausgestaltet ist, wann mithin von einem „Willen“ der Organisation gesprochen werden kann, der einer Entscheidung dieser Organisation zugrundeliegt.

Grundsätzlich denkbar sind dabei zwei Konstellationen: Eine Entscheidung eines Individuums, die der jeweiligen Organisation zugerechnet werden kann, und eine Entscheidung, die nicht auf eine Willensmanifestation eines Individuums, sondern auf eine Kombination solcher individuellen Willensäußerungen zurückgeht und auch ohne eine Zurechnung als Entscheidung der Organisation erscheint. Diese Dezisionsformen sind abzugrenzen von einer Organisation nicht zurechenbaren Individualentscheidungen und von Effekten, die nicht auf jeweils einzelne Individualent-

---

[91] Siehe *Emde*, S. 214 („im Wortbestandteil ‚Gewalt‘ mitschwingende[...] Assoziationen von Befehl und Herrschaft“).

[92] *Hardy*, in: Prechtl/Burkard, Philosophie Lexikon, unter „Entscheidung“.

[93] Siehe *Oebbecke*, S. 18 („Auswahl zwischen Alternativen“). Der hier verwendete Begriff der Entscheidung unterscheidet sich damit von dem herkömmlich zur Konkretisierung des Konzepts „Staatsgewalt“ genutzten, wonach „Entscheidung“ als „Entscheidung mit Rechtswirkung“ begriffen wird (siehe *Emde*, S. 215).

scheidungen zurückgehen, jedoch auch nicht als Entscheidungen einer Organisation begriffen werden können.

Das maßgebliche Kriterium, nach dem Entscheidungen als solche von Organisationen begriffen werden können, ist deren Verfassung. Soweit die Organisationen so verfasst sind, dass sie Entscheidungen eines Individuums bestimmte Funktionen zuweisen, sind diese Entscheidungen innerhalb des ihnen durch Organisationsnormen zugewiesenen funktionalen Bereichs derart zurechenbar, dass sie als Entscheidungen der Organisationen erscheinen. Ein Beispiel hierfür ist das Organ eines Verwaltungsträgers: Dort begründet sich die Organstellung aus den Organisationsnormen, die den Verwaltungsträger verfassen; die Entscheidungen des Organs werden als solche des Verwaltungsträgers begriffen [siehe zur Qualifikation der Ethikkommissionen als Körperschaftsorgane oben B. II. 1. c) bb) (2)]. Auch für Entscheidungen, die sich aus mehreren Individualdezisionen zusammensetzen, ist die Organisationsverfassung maßgeblich; erst sie verknüpft diese derart, dass gerade der Kombination der Einzelentscheidungen bestimmte Wirkungen zugewiesen werden. Eine solche Form der Organisationsentscheidung sind vor allem die Beschlüsse von kollegialen Funktionsträgern: Es ist erst die Beschlussfassungskompetenz, die Kompetenz, als Gremium eine Entscheidung zu treffen, die eine personell plurale Stelle zu einem Kollegialgremium qualifiziert.[94]

(2) Ethikkommissionen als dezisionistisch handelnde Stellen

Die Tätigkeit der Ethikkommissionen kann daher nur insofern Gewalt im Sinne des Art. 20 Abs. 2 GG sein, als sie Entscheidungen in dem beschriebenen Sinn beinhaltet.

Auf solchen Entscheidungen basieren die Voten der Ethikkommissionen. Sie ergehen auf der Grundlage eines Mehrheitsbeschlusses [siehe oben B. II. 3., B. III. 1. b)]. Den im Prozess der Beschlussfassung abgegebenen Stimmen liegen Individualentscheidungen zugrunde; die Stimmen werden durch die Verfassung der Kommissionen – ihre Satzung – in spezifischer Weise in einen Beschluss, eine Kollegialentscheidung überführt [siehe oben B. III. 1. b)]. Die Voten sind damit Resultate von Organisationsentscheidungen, nämlich solchen eines jeweiligen Kollegialgremiums „Ethikkommission".

Die Variante der einzelnen Individualentscheidung, die im Wege einer organisationstechnisch verstandenen Zurechnung als Entscheidung der Organisation selbst erscheint, gibt es bei den Ethikkommissionen typischerweise nicht. Zwar haben diese einen Vorsitzenden. Dessen Funktion ist jedoch regelmäßig auf die Einberufung und Leitung der Sitzungen und ein besonderes Stimmgewicht bei Stimmengleichheit beschränkt [siehe oben B. II. 3.]. Befugnisse zur Einzelentscheidung, die der je-

[94] *Groß* (1999), S. 48 f., auf S. 49 auch ausdrücklich mit der Bezeichnung der Beschlüsse von Kollegialgremien als „Entscheidungen".

weiligen Ethikkommission organisationstechnisch zuzurechnen sind, kommen ihm nur im Ausnahmefall zu.[95]

Die Stellungnahmen basieren damit auf Entscheidungen der Ethikkommissionen. Sie können insofern als Gewalt qualifiziert werden.

dd) Gewalt und Unterlassen

Eine weitere Frage, die der Begriff der „Gewalt“ in Art. 20 Abs. 2 GG aufwirft, ist jene, ob als Gewalt lediglich der Verhaltensmodus des Handelns oder jedes Verhalten – das heißt sowohl Handeln als auch Unterlassen – einzuordnen ist, und auch ein Unterlassen als Konkretum [siehe oben C. II. 1. a) bb)] und Dezision [siehe C. II. 1. a) cc)] verstanden werden kann. Diese Frage kann für die Legitimation der Ethikkommissionen in zweifacher Hinsicht relevant werden: Für Fälle, in denen Ethikkommissionen überhaupt nicht handeln, also einen gestellten Antrag nicht bescheiden, und für Fälle, in denen Ethikkommissionen zwar handeln – ein Votum abgeben – jedoch etwaige Pflichten bei der Bewertung verletzen, die darauf zielen, bestimmte Aspekte in dem Votum zu berücksichtigen. Die Verletzung dieser Pflichten kann sich dann in einer diesbezüglichen Unterlassung äußern. Bei diesem zweiten Fall sind jedoch solche Aspekte, die das Unterlassen ausmachen, von jenen zu trennen, welche in einem Handeln bestehen, dessen Spezifik ist, dass es bestimmte Handlungsteile – die unterlassenen – nicht aufweist.

(1) Grundsatz: Keine Qualifikation von Unterlassen als Gewalt

Einem Nicht-Handeln kann eine Entscheidung zugrunde liegen. Zwingend ist dies jedoch nicht. Eine Entscheidung liegt dann vor, wenn ein Amtswalter – oder eine Organisation nach Maßgabe ihrer Verfassung [siehe oben C. II. 1. a) cc) (1)] – eine Handlungsoption bewusst nicht wahrnimmt.[96] Auch diese Entscheidung hat eine tatsächliche Dimension, die zumindest auf der Bewusstseinsebene eines Amtswalters – oder in prozeduralen Organisationsabläufen – besteht; sie ist insofern wenigstens als psychologisches Faktum konkret. Die oben festgestellten Charakteristika der Gewalt im Sinne des Art. 20 Abs. 2 GG, die Eigenschaft als Konkretum und der Entscheidungsgehalt, sind damit auch bei einer Entscheidung eines Amtswalters oder einer Organisation gegeben, nicht zu handeln.

---

[95] Siehe beispielsweise § 7 Abs. 5 S. 1 der Satzung der Ethikkommission der Medizinischen Fakultät Heidelberg (Ethikkommission I der Universität) und der Ethikkommission der Medizinischen Fakultät Mannheim (Ethikkommission II der Universität) (oben B. Fn. 224), wonach der Vorsitzende in „dringenden und anderen durch Beschluss der Ethikkommission geregelten Fällen [...] unter Einbeziehung der Geschäftsstelle und gegebenenfalls eines weiteren Mitglieds allein entscheiden“ kann.

[96] *Hardy*, in: Prechtl/Burkard, Philosophie Lexikon, unter „Entscheidung“ (ohne den Bezug auf die Organisation).

Jedoch wurde bereits angedeutet, dass Art. 20 Abs. 2 GG mit seiner Fassung der Gewalt als „ausgeübter“ Gewalt nicht irgendein Konkretum meint – als das auch ein subjektiv-inneres Phänomen begriffen werden kann – sondern ein performatives Konzept [siehe oben C. II. 1. a) bb)]. Gewalt kann nicht ohne Handeln, ohne ein zielgerichtetes Tun[97] gedacht werden. Gerade daran fehlt es jedoch im Falle einer Unterlassung. Soweit es die hypothetische, unterlassene Handlung betrifft,[98] beschränkt sich die tatsächliche Manifestation der Entscheidung auf ein psychologisches oder, betrachtet man die Organisationsebene, auf ein spezifisch organisationsverfahrenstechnisches Faktum, das dieser Handlung vorausliegt. Jenseits dieser individuell- oder organisationstechnisch-innerlichen Ebene ist eine Unterlassung ein tatsächliches Nullum und damit ohne ein performatives Gepräge. Damit kann sie keine Effekte in einem natürlichen Wirkungszusammenhang zeitigen.

(2) Unterlassen als Gewalt durch organisationslogische Zurechnung

Aus dem Vorstehenden folgt, dass ein Unterlassen nur dann als Gewalt verstanden werden kann, wenn es Kriterien jenseits eines natürlich-unmittelbaren Wirkungszusammenhangs gibt, nach denen sich auch ein solches Unterlassen als „Tat“ verstehen lässt. Es bedarf einer tatsächlichen Manifestation der Unterlassungsentscheidung im Sinne eines voluntativen Wirkungsverhältnisses, ohne dass dieses Verhältnis durch eine individuelle Handlung des die Entscheidung treffenden Individuums (mit-)konstituiert wird.

An dieser Stelle muss der unten vorgenommenen Bestimmung des staatlichen Spezifikums der Staatsgewalt [siehe unten C. II. 1. b)] partiell vorgegriffen werden. Art. 20 Abs. 2 S. 1 GG spricht nicht von Gewalt eines einzelnen Amtswalters, sondern von „Staatsgewalt“. Es mag an dieser Stelle als Prämisse gelten, dass mit „Staat“ jedenfalls eine Organisation angesprochen ist. Darin liegt der Ansatz für ein Umwertungskriterium, das es erlaubt, auch Unterlassungen als Gewalt im Sinne des Demokratieprinzips zu verstehen: Die Zurechenbarkeit über eine Organisationslogik. Innerhalb einer solchen kann auch einem Unterlassen konkrete Wirkung in Form der Handlung eines anderen Amtswalters oder einer anderen Organisation als kausales Wirkungsprodukt zugeordnet werden. Dies kann entweder in der Form geschehen, dass ein zeitlich zuvor erfolgtes Handeln in seinen Auswirkungen durch ein Unterlassen aktiviert wird, oder in der Form, dass das Unterlassen kausale Bedingung für das Handeln eines anderen Amtswalters oder einer anderen Organisation ist.

---

[97] Siehe *Kant*, Metaphysik der Sitten, S. 385 („Eine jede Handlung hat also ihren Zweck, und da niemand einen Zweck haben kann, ohne sich den Gegenstand seiner Willkür selbst zum Zweck zu machen, so ist es ein Act der Freiheit des handelnden Subjects, nicht eine Wirkung der Natur irgend einen Zweck der Handlungen zu haben“).

[98] Auch ein Unterlassen manifestiert sich äußerlich insofern, als eine andere Handlung als die unterlassene vorgenommen wird. Hier relevant ist jedoch ausschließlich eine Handlung, die – würde sie vorgenommen – Gewalt wäre.

Ein Beispiel hierfür ist das Verbot mit Erlaubnisvorbehalt: Unterlässt es der zuständige Amtswalter, die entsprechende Erlaubnis zu erteilen, so folgt entweder, dass der präventive Effekt des Verbots mit seiner Sanktionsdrohung auch über den Zeitpunkt der hypothetischen Erlaubniserteilung hinaus besteht, oder, bei Missachtung des Verbots, die Sanktion selbst. Sowohl das vor dem hypothetischen Handlungszeitpunkt erlassene Verbot als auch die danach erfolgte Sanktion sind Handlungen von Amtswaltern, die über die Organisationslogik in Form des Zusammenwirkens von Organisationsrechtsnormen und handlungsprogrammierenden Normen dem unterlassenden Amtswalter zugerechnet werden.

Innerhalb eines Organisationszusammenhangs kann somit auch ein Unterlassen, wiewohl es keine natürlich-unmittelbaren tatsächlichen Effekte zeitigt, als Gewalt begriffen werden.

(3) Zwischenergebnis: Möglichkeit von Gewalt durch Unterlassen

Es ist damit gezeigt, dass Gewalt im Sinne des Art. 20 Abs. 2 GG unter bestimmten, im Einzelfall den die staatliche Organisation und die Handlungen ihrer Amtswalter bestimmenden Normen zu entnehmenden Voraussetzungen auch die Form der Unterlassung haben kann. Besonderer Beachtung bedarf dabei aber das zuvor [siehe oben C. II. 1. a) cc) (1)] herausgearbeitete Kriterium der Entscheidung: Als Gewalt kann nur die bewusste Entscheidung eines Amtswalters anzusehen sein, eine bestimmte Handlungsoption nicht wahrzunehmen. Ist ein Amtswalter nicht über eine solche Option informiert – beispielsweise, weil ihm ein Antrag nicht zur Kenntnis gelangt – so kann er keine Entscheidung treffen. In diesem Fall wird von dem betreffenden Amtswalter keine Gewalt im Sinne des Art. 20 Abs. 2 GG ausgeübt.

ee) Gewalt als Einschränkung von Selbstbestimmung

(1) Selbstbestimmung als negative Freiheit

Einen weiteren Beitrag zur Konkretisierung der Bedeutung der von Art. 20 Abs. 2 GG gemeinten Gewalt vermag die historisch-teleologische Interpretation zu geben. Die individuelle Souveränität und Dignität, wie sie auch in Art. 1 Abs. 1 und Art. 2 Abs. 1 GG in grundrechtlicher Form und damit in anderer Funktion verfasst ist[99] [siehe auch unten C. IV. 4. c) bb) (1)] zur normativen Ausformung der Freiheit in den Grundrechten), liegt der demokratischen Idee zugrunde.[100] Der Mensch wird als

---

[99] Siehe *v. Arnim*, AöR 113 (1988), S. 1 (11 f.), der aus der „Sicherung der menschlichen Autonomie“ als „*de[m]* Zweck des grundgesetzlichen Staates“ „einerseits die Gewährleistung der Grundrechte (Art. 2 ff. GG), andererseits das Demokratieprinzip als Selbst- bzw. Mitentscheidung der Staatsbürger in politicis, d.h. in Gemeinschaftsangelegenheiten“ folgen sieht.

[100] Zum Aspekt der Menschenwürde BVerfG, 2 BvE 2/08 vom 30. Juni 2009, Absatz-Nr. 211 (oben Fn. 12) („Der Anspruch auf freie und gleiche Teilhabe an der öffentlichen Gewalt ist in der Würde des Menschen [Art. 1 Abs. 1 GG] verankert. Er gehört zu den durch Art. 20

ein verantwortliches und zur Selbstbestimmung berufenes Wesen begriffen.[101] Daher ist die Selbstbestimmung als übergreifendes Prinzip bei der Auslegung des Demokratieprinzips zu berücksichtigen.

Der Widerpart von Selbst- ist Fremdbestimmung.[102] Art. 20 Abs. 2 GG, der den Begriff der Demokratie als Ausfluss des Grundsatzes der Selbstbestimmung inkorporiert, unterwirft die staatliche Fremdbestimmung einem Legitimationsgebot. Hierzu wird verlangt, dass die Ausübung von Staatsgewalt an Willensakte des Volkes geknüpft ist. Diese Rückkoppelung löst zwar die Fremdbestimmung nicht auf und verwandelt sie nicht etwa in Selbstbestimmung, denn der Rückkoppelungsprozess wirkt in mehrererlei Hinsicht mittelbar und pauschalierend, so dass Herrschaft von Menschen über Menschen weiterhin besteht.[103] In einer komplexen Staatsorganisation ist dies unvermeidbar. Die Identität von Herrscher und Beherrschten ist aus diesem Grund ein utopisches Ideal[104]. Im Rahmen dieser Einschränkung ist es jedoch das Ziel des Gebots demokratischer Legitimation, staatliche Fremdbestimmung hin zu einem bestimmten Grad der Selbstbestimmung zu relativieren.[105]

Das dem Demokratiegebot zugrundegelegte Selbstbestimmungskonzept ist ein Konzept negativer Freiheit. Eines Eingehens auf die einander gegenüberstehenden grundsätzlichen Ideen negativer und positiver Freiheit[106] bedarf es innerhalb des normativen Rahmens des verfassungsrechtlichen Demokratieprinzips nicht. Gewalt wird als Konkretum begriffen [siehe oben C. II. 1. a) bb)], aus dem ein Rechtfertigungsgebot folgt. Der rechtliche Schutz positiver Freiheit würde hingegen verlangen,

---

Abs. 1 und 2 GG in Verbindung mit Art. 79 Abs. 3 GG als unveränderbar festgelegten Grundsätzen des deutschen Verfassungsrechts").

[101] *Emde*, S. 384; *Kröger* (1993), S. 36, wonach das Demokratieprinzip der liberal-demokratischen Verfassungstradition folgt, die „das Individuum als geistiges Wesen und Träger eines eigenen Willens in den Mittelpunkt aller menschlichen Ordnung stellt".

[102] Siehe *Berlin*, S. 122, der ausdrücklich den Mangel an eigenem Vermögen, sich in einer bestimmten Weise zu verhalten, nicht in den von ihm beschriebenen Begriff negativer Freiheit einbezieht: „Mere incapacity to attain a goal is not lack of political freedom"; so auch schon *Hobbes*, S. 137: „But when the impediment of motion, is in the constitution of the thing itself, we use not to say, it wants the liberty; but the power to move; as when a stone lieth still, or a man is fastened to his bed by sickness".

[103] *Henke*, Der Staat 25 (1986), S. 157 (158), der plastisch davon spricht, dass auch jene, die eine Regierung gewählt haben, „nicht in jedem staatlichen Akt den Vollzug ihres Willens erkennen" werden; *Kröger* (1993), S. 37.

[104] *Henke*, Der Staat 25 (1986), S. 157 (167); *Kröger* (1993), S. 37; *Lübbe-Wolff*, VVDStRL 60 (2001), S. 246 (252); *Schachtschneider*, S. 38 („[E]ine identitäre Herrschaft des Volkes über das Volk ist unmöglich").

[105] *Lübbe-Wolff*, VVDStRL 60 (2001), S. 246 (252), benennt die „Minimierung des Charakters von Herrschaft als Fremdbestimmung" als Demokratiekonzeption Rousseaus; *Schmidt-Aßmann*, AöR 116 (1991), S. 329 (334) (Idee der Demokratie als „Vorstellung, eine möglichst weitreichende Kongruenz zwischen den Inhabern politischer Rechte und den Herrschaftsunterworfenen herzustellen").

[106] Siehe dazu *Berlin*, S. 122 ff.; siehe *Koller*, in: Grimm, Staatsaufgaben, S. 739 (750 ff.); siehe *Taylor*, S. 118 ff.

dass auch ein Abstraktum, die Nichtschaffung von Freiheitsräumen, Rechtsfolgen hat. Daher ist jedenfalls nur ein Negativbegriff von Selbstbestimmung bedeutsam. Eine solche negative Freiheit kann als Ansatzpunkt in Kurzform beschrieben werden als Abwesenheit von externen Handlungshindernissen.[107] Zwar mag dieses Konzept in allgemeiner Hinsicht kritikwürdig sein.[108] Als Ausgangspunkt für die Bestimmung des Begriffs „Staatsgewalt" in Art. 20 Abs. 2 GG jedoch ist es gerade deshalb geeignet, weil Staatsgewalt ein aus Sicht des Individuums *externes* Faktum ist. Knüpfen sich die Legitimationsanforderungen an ein solches Externum, so können Ideen innerer Freiheit im grundgesetzlichen Demokratiekonzept keinen Platz haben. Selbstbestimmung ist hier demnach Abwesenheit von Fremdbestimmung.

(2) Selbstbestimmung als Idee eines Ideals

Um die Relevanz der Selbstbestimmungsidee für den Begriff der Staatsgewalt des Art. 20 Abs. 2 GG festzustellen, muss die Reichweite des grundlegenden Konzepts „Selbstbestimmung" skizziert werden.

Der Idee der Selbstbestimmung ist ein uneingeschränkter Souveränitätsbegriff inhärent: Selbstbestimmung ist zunächst nicht relativiert, sondern als Prinzip umfassend. Der Begriff „Selbstbestimmung" ist ein Begriff, der ein Ideal bezeichnet: Er benennt den Zustand des in sämtlichen Dimensionen seiner Persönlichkeitsausprägungen unbeschränkten Subjekts.[109] Die Tatsache, dass eine solche totale Verwirklichung praktisch nicht möglich ist, da jedes Subjekt Gegenstand vielfältiger Arten von anderen Subjekten ausgeübter Fremdbestimmung ist,[110] ändert nichts an dieser

[107] Grundlegend *Hobbes*, S. 137: "a FREEMAN, is he, that in those things, which by his strength and wit he is able to do, is not hindererd to do what he has a will to"; *Berlin*, S. 122: „I am normally said to be free to the degree to which no man or body of men interferes with my activity. [...] If I am prevented by others from doing what I could otherwise do, I am to that degree unfree"; siehe *Rawls*, S. 202, der Freiheit allgemein beschreibt: "... this or that person (or persons) is free (or not free) from this or that constraint (or set of constraints) to do (or not to do) so and so"; *Taylor*, S. 119 ("physische[...] oder gesetzliche[...]" Hindernisse); siehe auch *Mill*, S. 49, der vor dem Hintergrund einer Freiheit der Meinungen ("thought and discussion") Individualität untersucht als im Ansatz negative Freiheit: "... let us now examine whether the same reasons (jene für die Meinungsfreiheit, *der Verfasser*) do not require that men should be free to act upon their opinions – to carry these out in their lives, without hindrance, either physical or moral, from their fellow-men, so long as it is at their own risk and peril".

[108] Kritik übt beispielsweise *Taylor*, S. 119, der die Selbstverwirklichung auch durch innere Hindernisse gehemmt sieht und daher das hier skizzierte Freiheitskonzept als „zu plump" bezeichnet.

[109] *Taylor*, S. 119 f., der von der „Freiheit als individueller Unabhängigkeit" spricht, als „Idee, daß jede Person ihre eigene, originäre Form der Selbstverwirklichung besitzt, die sie jeweils nur unabhängig entfalten kann" (wobei er das Konzept negativer Freiheit allgemein gerade vor dem so benannten Hintergrund [„eines der mächtigsten Motive der modernen Verteidigung der Freiheit"] ablehnt).

[110] Diese Erkenntnis spiegelt sich auch in der bekannten Formulierung von *Kant*, Gemeinspruch, S. 22: „Recht ist die Einschränkung der Freiheit eines jeden auf die Bedingung ihrer Zusammenstimmung mit der Freiheit von jedermann, insofern diese nach einem allgemeinen

Idealnatur.[111] „Selbstbestimmung" meint grundsätzlich ein Total, negativ: die gänzliche Abwesenheit von Fremdwirkungen.[112] Immanuel Kant begriff die Selbstbestimmung als die *eigene* Zwecksetzung durch vernunftbegabte Menschen: „Der Wille wird als ein Vermögen gedacht, der Vorstellung gewisser Gesetze gemäß sich selbst zum Handeln zu bestimmen. Und ein solches Vermögen kann nur in vernünftigen Wesen anzutreffen sein. Nun ist das, was dem Willen zum objektiven Grunde seiner Selbstbestimmung dient, der Zweck, und dieser, wenn er durch bloße Vernunft gegeben wird, muß für alle vernünftige Wesen gleich gelten".[113] Die Zwecksetzung geht hier auf Vernunftprämissen zurück, ist folglich jedenfalls eine *eigene*; nach dem Verständnis Immanuel Kants muss Selbstbestimmung also die *fremde* Zwecksetzung ausschließen. So begreift auch Friedrich Schiller – unter Bezug auf Immanuel Kant – das Konzept der Selbstbestimmung: „Es ist gewiß von keinem Sterblichen Menschen kein größeres Wort noch gesprochen worden, als dieses Kantische, was zugleich der Inhalt seiner ganzen Philosophie ist: Bestimme dich aus dir selbst".[114] Das Element der Abwesenheit von Fremdwirkungen kommt auch in dem Verständnis der Selbstbestimmung von Johann Gottlieb Fichte zum Ausdruck. Er sieht als Voraussetzung der Bestimmung eines Objekts durch ein Ich die Bestimmung dieses Ich durch sich selbst, das „Bestimmte und Bestimmende zugleich", das „als Ich gesetzt" wird.[115] Dieser Akt der Selbstbestimmung ist vollkommen fremdwirkungsisoliert: „das sich selbst Setzende, das, was bestimmend und bestimmt zugleich ist, ist das Ich"[116]; „[d]as Ich bestimmt[...] sich selbst durch absolute Spontaneität"[117]. Ein „bestimmtes Handeln" setzt nach Fichte diese Form der Selbstbestimmung sowie einen außerhalb des Selbst befindlichen Anlass voraus. Ähnlich wird Selbstbestimmung von Georg Wilhelm Friedrich Hegel verstanden, wonach die „*Selbstbestimmung* des *Ich*" darin besteht, sich „als *bestimmt*, *beschränkt* zu setzen und bei sich, d. i. in seiner *Identität mit sich* und Allgemeinheit zu bleiben, und in der Bestimmung, sich nur mit sich selbst zusammenzuschließen"[118].

Ist Selbstbestimmung der ideelle Kern des Gebots demokratischer Legitimation, so bedeutet dies trotz des absoluten Charakters des Selbstbestimmungskonzepts

---

Gesetze möglich ist"; *Rawls*, S. 203: „Clearly when the liberties are left unrestricted they collide with one another".

[111] Insofern ist die Aussage in BVerfGE 45, 187 (227) missverständlich, die Freiheit des Menschen „sich selbst zu bestimmen und sich zu entfalten" sei „im Hinblick auf [die] [...] Gemeinschaftsgebundenheit nicht ‚prinzipiell unbegrenzt'": Gerade „prinzipiell" ist die Freiheit unbegrenzt; lediglich für die Transformation des Prinzips in Rechtsformen mag anderes gelten, wie etwa dann, wenn sie in das Konzept der Menschenwürde gefasst wird, auf das sich die Ausführungen des Gerichts beziehen.

[112] Siehe zum hier grundgelegten Konzept negativer Freiheit *Taylor*, S. 119.

[113] *Kant*, Grundlegung zur Metaphysik der Sitten, S. 51 f.

[114] *Schiller*, Nationalausgabe, Bd. 26, S. 191.

[115] *Fichte*, § 10 Nr. 19 (S. 226).

[116] *Fichte*, § 10 Nr. 15 (S. 223).

[117] *Fichte*, § 10 Nr. 20 (S. 226).

[118] *Hegel*, Grundlinien, § 7 (S. 45).

nicht, dass dieses Gebot eine – ohnehin nicht realisierbare – absolute Selbstbestimmung fordert. Jedoch ist dieses Idealkonzept die ideengeschichtliche Basis der verfassungsrechtlich verlangten Demokratie und als solche bei der Auslegung der einzelnen Ausprägungen des Demokratiegebots zu berücksichtigen. Es ist also zu fragen, was daraus für die Interpretation des Begriffs der „Gewalt" im Sinne des Demokratieprinzips folgt.

(3) Graduelle und qualitative Reichweite des Konzepts „Fremdbestimmung"

(a) Kein Bagatellvorbehalt

Teils wird die Ansicht vertreten, dass nicht jedes staatliche Verhalten der demokratischen Legitimation bedürfen soll, sondern das Legitimationsgebot bei geringfügigen Tätigkeiten nicht eingreife.[119]

Vor dem Hintergrund des inhaltlich unbegrenzten Idealkonzepts der Selbstbestimmung kann die Frage des Vorliegens von Fremdbestimmung jedoch nicht von graduellen Kriterien abhängen. Jede Beeinträchtigung von Selbstbestimmung kann Gewalt sein, auch dann, wenn sie nur geringfügig ist.[120] Ein Bagatellvorbehalt für den Begriff der „Gewalt" in Art. 20 Abs. 2 S. 1 GG überzeugt daher nicht. Nähme man geringfügige Wirkungen vom Erfordernis der demokratischen Legitimation aus, so anerkennte man innerhalb des sachlich-tatsächlich abgegrenzten Bereichs der jeweiligen Wirkung – mag diese auch eine schwache sein – eine kategorial absolute Fremdbestimmung. Ausgehend von dem zunächst unbegrenzten Selbstbestimmungsideal, das dem Demokratieprinzip vorausliegt, könnte dies nur dann angenommen werden, wenn die Verfassung für einen solchen Bagatellvorbehalt Anhaltspunkte enthielte. An solchen fehlt es jedoch. Im Gegenteil deutet der Wortlaut des Art. 20 Abs. 2 S. 1 GG, wonach *alle* Staatsgewalt vom Volk ausgeht, auf ein ausnahmeloses Verständnis des Legitimationsgebots hin.[121]

---

[119] BVerfGE 47, S. 253 (274), wonach es Aufgaben gebe, die „so unwichtig" sind, „daß sie nicht mehr unter den Begriff ‚Ausübung der Staatsgewalt' fallen und deshalb auf Institutionen ohne ausreichende demokratische Legitimation übertragen werden könnten"; *Püttner*, DVBl. 1984, S. 165 (167 f.): „Jeder, der im Namen des Volkes öffentliche Gewalt ausüben soll, benötigt, – außer bei ganz untergeordneten Angelegenheiten – eine Legitimation vom Volk".

[120] Für die Staatsgewalt *Britz*, VerwArch 91 (2000), S. 418 (425) („beinahe sämtliche Tätigkeit des Staates"); ebenfalls dezidiert gegen einen Bagatellvorbehalt *Schmidt-Aßmann*, AöR 116 (1991), S. 329 (367) und mit der eher kategoriellen als graduellen Ausnahme „rein technischer Hilfstätigkeiten" (342); wohl auch *Emde*, S. 214 f., der „rein tatsächliche[…] Hilfsdienste sowie vorbereitende[…] und konsultative[…] Akte" ausnimmt, was jedoch darin begründet ist, dass er als Staatsgewalt nur „Entscheidungen mit rechtlicher Wirkung" versteht.

[121] So auch *Oebbecke*, S. 83; *Schmidt-Aßmann*, AöR 116 (1991), S. 329 (338). Auch das Bundesverfassungsgericht erkennt, dass „jedenfalls alles amtliche Handeln mit Entscheidungscharakter" sich als Ausübung von Staatsgewalt darstellt, die demokratischer Legitimation bedarf (BVerfGE 83, 60 [73]; BVerfGE 93, 37 [68]; BVerfGE 107, 59 [87]), was zumindest dann widersprüchlich zur Anerkennung der Geringfügigkeitsgrenze an anderer Stelle (siehe oben

Gewalt im Sinne des Demokratieprinzips kennt sonach keine graduellen Mindestschwellen. Der Begriff ist jedenfalls insofern weit auszulegen.[122] Eine andere, hiervon zu trennende Frage ist, inwiefern sich die Legitimationsanforderungen in Abhängigkeit von der Bedeutung der Beeinträchtigung bestimmen [siehe dazu unten im Kontext der Ausführungen zu dem Legitimationsniveau C. IV. 4. c)].

(b) Kein Erfordernis der Unmittelbarkeit

Aus den obigen Überlegungen zum Bagatellvorbehalt folgt auch, dass eine Unmittelbarkeit der einschränkenden Wirkung auf die Selbstbestimmung nicht gefordert sein kann.[123] Ein Handeln kann auch mittelbar erhebliche Wirkungen entfalten. Dem Ziel des Demokratieprinzips, die Selbstbestimmung zu wahren, würde daher bei einer durch den weiten Selbstbestimmungsbegriff [siehe zur Selbstbestimmung als Idee eines Ideals oben C. II. 1. a) ee) (2)] gebotenen Finalbetrachtung nicht genügt, wenn man mittelbar wirkende Handlungen der Kommissionen hier als legitimatorisch irrelevant einstufte. Dies gilt umso mehr ob der Tatsache, dass die Apprehension von Vorgängen zu einem Begriff von Kausalzusammenhängen bereits deshalb mit Unsicherheit behaftet ist, weil die Auffassung einzelner Elemente von Wirkungszusammenhängen als Ursachen oder Wirkungen einen notwendig auch subjektiv geprägten Interpretationsvorgang voraussetzt; es kann daher schon nicht nach eindeutigen Maßstäben festgelegt werden, wann eine unmittelbare oder eine mittelbare Wirkung gegeben ist.

Fn. 119) erscheint, wenn „amtliches Handeln mit Entscheidungscharakter" im Sinne einer graduellen und nicht in einer den Handlungsmodus betreffenden, kategorialen Differenzierung verstanden wird. Für ein Verständnis, nach dem das Bundesverfassungsgericht zumindest die Anerkennung eines Bereichs „unwichtiger" Aufgaben im Kontext des Demokratieprinzips aufgegeben hat: *Ehlers*, in: Festschrift Stein, S. 125 (137).

[122] *Schmidt-Aßmann*, AöR 116 (1991), S. 329 (335 f.), der gleichzeitig davor warnt, „das grundrechtliche Verteilungsprinzip individueller und gesellschaftlicher Freiheit zugunsten eines staatlichen Zugriffsrechts zu verschieben", da es „Art. 20 Abs. 2 GG [...] um Rechtfertigung, nicht um die Ausdehnung staatlicher Herrschaft" gehe (S. 339).

[123] Im Ergebnis, allerdings ohne eine differenzierte Begründung, ist auch vom Bundesverfassungsgericht anerkannt, dass „Staatsgewalt" keine Unmittelbarkeit voraussetzt. Dies lässt sich den entsprechenden Ausführungen zu innen- und außenwirksamem Verwaltungshandeln entnehmen. Siehe BVerfGE 83, 60 (73): „Entscheidungen steuern die staatliche Herrschaft und müssen sich daher vom Volk herleiten. Dies gilt gleichermaßen für Entscheidungen, die unmittelbar nach außen wirken, wie für solche, die durch einen anderen Verwaltungsträger umgesetzt werden müssen, sofern dieser dazu rechtlich verpflichtet ist [...]". Weiter noch BVerfGE 93, 37 (68): „Es kommt nicht darauf an, ob es [das der demokratischen Legitimation bedürftige amtliche Handeln mit Entscheidungscharakter, *der Verfasser*] unmittelbar nach außen wirkt oder nur behördenintern die Voraussetzungen für die Wahrnehmung der Amtsaufgaben schafft".

(c) Zwischenergebnis: Fremdbestimmung als jedweder Effekt auf ein Individuum

Nach dem Konzept von Selbstbestimmung als negativer Freiheit [siehe oben C. II. 1. a) ee) (1)] und dem als unbeschränkt zu begreifenden Selbstbestimmungsideal [siehe oben C. II. 1. a) ee) (2)] ist jeder von einem anderen Subjekt ausgeübte Effekt auf ein Individuum als Fremdbestimmung anzusehen. Jede Wirkung ist eine Beeinträchtigung der Möglichkeit des Einzelnen, sich selbst autonom zu determinieren; jeder auch nur psychische Effekt ist schon ein Hemmnis zumindest innerlicher Vorgänge.

(4) Keine Fremdbestimmung aufgrund von Schutzfunktionen

Die bisherige Untersuchung hat als Bestandteile von Gewalt die Einwirkung eines Subjekts auf ein Individuum identifiziert. Als Gewalt in diesem Sinne lässt sich unproblematisch eine faktische kausale Wirkungskette vom Gewaltsubjekt zum Gewaltobjekt denken. Weniger klar ist das Verständnis von Gewalt in dem Fall, dass das Gewaltsubjekt Funktionen wahrnimmt, die auf den Schutz eines anderen Subjekts zielen. Die Frage ist, ob – ungeachtet sich auch dann möglicherweise ergebender auf Entscheidungen zurückgehender [siehe oben C. II. 1. a) cc)] faktischer Wirkungen, die jedenfalls Gewalt darstellen – schon aufgrund des auf Schutz zielenden Sinnzusammenhangs das Verhalten des wirkenden Subjekts „Gewalt" ist.

(a) Schutzfunktionen der Ethikkommissionen

Die hier aufgeworfene Frage stellt sich gerade mit Blick auf die Tätigkeit der Ethikkommissionen. Deren vorrangige Funktion ist der Schutz der Rechte und Rechtsgüter der Forschungsteilnehmer [siehe oben A. I. 1.]. Der die Tätigkeit der Ethikkommissionen regelnde sechste Abschnitt des Arzneimittelgesetzes ist betitelt mit „Schutz des Menschen bei der klinischen Prüfung". Die Kommission hat verschiedene auf den Schutz von Personen zielende materielle Vorschriften zu beachten; insbesondere verlangt § 40 Abs. 1 S. 3 Nr. 2 AMG, dass „die vorhersehbaren Risiken und Nachteile gegenüber dem Nutzen für die Person, bei der sie durchgeführt werden soll (betroffene Person), und der voraussichtlichen Bedeutung des Arzneimittels für die Heilkunde ärztlich vertretbar sind". Zweck der GCP-V ist nach deren § 1 Abs. 1, dass die „Gute[...] Klinische[...] Praxis bei der Planung, Durchführung und Dokumentation klinischer Prüfungen am Menschen" sichergestellt und damit gewährleistet wird, „dass die Rechte, die Sicherheit und das Wohlergehen der betroffenen Person geschützt werden". Der Zweck des Medizinproduktegesetzes ist auch, für „die Gesundheit und den erforderlichen Schutz der Patienten, Anwender und Dritter zu sorgen" (§ 1 MPG).[124] Nach § 20 Abs. 1 S. 3 Nr. 1 MPG müssen „die Risiken, die mit [der Durchführung der klinischen Prüfung eines Medizinproduktes] [...] für die Person verbunden sind, bei der sie durchgeführt werden soll, gemessen an der vor-

---

[124] Siehe *Kage*, S. 19 ff.

aussichtlichen Bedeutung des Medizinproduktes für die Heilkunde ärztlich vertretbar" sein. Auch die Röntgenverordnung[125] und die Strahlenschutzverordnung[126] haben entsprechende Schutzziele. Überdies sollen die Ethikkommissionen die Rechte der Forscher sowie jene der Träger der Forschungseinrichtung schützen [siehe oben A. I. 1.]. Der Schutz des Sponsors ist indes nicht Aufgabe der Ethikkommission.[127]

Diese Schutzfunktionen lenken den Blick auf bestimmte Subjekte, vor deren Handeln Schutz gewährt werden soll: Soweit die Studienteilnehmer geschützt werden sollen, ist dies vor dem Hintergrund des tatsächlichen Ungleichgewichts von Wissen und Einfluss vor allem Schutz vor dem Sponsor und den Forschern[128]; soweit die Forscher geschützt werden sollen, kommt ein Schutz gegen Fremdbestimmung durch den Sponsor in Betracht.

(b) Fehlen einer Realmanifestation von Schutzfunktionen

Das zuvor beschriebene Konzept von Selbstbestimmung bietet jedoch keine Grundlage für die Annahme, dass schon der Schutzbezug der Tätigkeit eines Subjekts auf ein anderes Subjekt genügt, um eine Fremdbestimmung, also Gewalt im Sinne des Art. 20 Abs. 2 GG zu begründen. Selbstbestimmung in seinem hier verstandenen Sinn als Konzept negativer Freiheit ist ein Konzept in einem rein tatsächlichen Wirkungs-, nicht in einem Sinnzusammenhang: Gewalt im Sinne des Gebots demokratischer Legitimation ist ein Konkretum [siehe oben C. II. 1. a) bb)]. Die theoretisch-ideale Selbstbestimmung ist die Abwesenheit jeglicher faktischer Fremdeinwirkung im Sinne eines tatsächlich-dichotomischen Verhältnisses von fremdbestimmendem Subjekt und fremdbestimmtem Objekt. Fremdbestimmung kann daher nicht durch außerhalb dieses faktischen Wirkungszusammenhanges stehende normative Zuweisungen begründet werden.[129] Die Tatsache, dass einer

---

[125] Siehe *Wagner*, NVwZ 2002, S. 1426 ff.

[126] Siehe *Wagner*, NVwZ 2002, S. 168 ff.

[127] Anders *v. Dewitz/Pestalozza*, in: dies./Luft, S. 136, wonach der Ethikkommission die Aufgabe des Schutzes des Sponsors insofern zukomme, als dieser bei Erfüllung der Voraussetzungen des § 42 Abs. 1 S. 7 Nr. 1 bis 3 AMG einen Anspruch auf eine positive Bewertung habe und in seiner Berufsfreiheit aus Art. 12 GG und, vor allem im Falle vorhandener Patent- und Urheberrechte, in seinem Eigentumsgrundrecht des Art. 14 GG und schließlich, sofern der Sponsor selbst Forscher ist, in seinem Recht auf freie Forschung aus Art. 5 Abs. 3 GG betroffen sei. Dies ist jedoch nur schwer nachvollziehbar: Die Pflicht der Ethikkommission, diese Rechte zu beachten, begründet noch keine Schutzfunktion; anderenfalls müsste die Bindung der Exekutive an die Grundrechte gemäß Art. 1 Abs. 3 GG und an die Gesetze gemäß Art. 20 Abs. 3 GG verstanden werden als eine Pflicht des Staates zum Schutz der Betroffenen vor dem handelnden Staat selbst. Die Grundrechte sind jedoch zuvörderst Abwehrrechte gegen den Staat. In ihrer objektiven Dimension wiederum begründen sie Schutzrechte, jedoch nicht solche auf einen Schutz gegen den Staat, sondern gegen Dritte.

[128] *Stamer*, S. 40.

[129] Damit ist indes nicht gesagt, dass für die Frage des von Art. 20 Abs. 2 GG geforderten Legitimationsmodus und der Legitimationsintensität die konkret in Frage stehende Ausübung

Tätigkeit eines Subjekts Schutzfunktionen hinsichtlich eines anderen Subjekts zugewiesen werden, ist daher für die Qualität dieser Tätigkeit als Fremdbestimmung nicht relevant. Bedeutsam ist sie allenfalls mittelbar, nämlich insofern, als sich aus der Wahrnehmung dieser Funktion *tatsächliche* Wirkungen auf andere Subjekte ergeben: Solche sind fremdbestimmend und daher Gewalt.

(c) Zwischenergebnis: Keine Fremdbestimmung durch die Ethikkommissionen aufgrund von Schutzfunktionen

Die isolierte, ausschließlich durch normative Zuweisung begründete und ohne reale Ausprägung begriffene, also abstrakte Schutzfunktion ist kein Element eines Fremdbestimmungskonnex. Für die Ethikkommissionen folgt daraus, dass ihre Tätigkeit nicht schon aufgrund ihrer Schutzfunktion als Gewalt im Sinne des Art. 20 Abs. 2 GG qualifiziert werden kann. Maßgeblich ist allein, ob von ihnen tatsächliche Effekte auf Individuen ausgehen.

(5) Ethikkommissionen und Beschränkung von Selbstbestimmung

Ausgehend von den bisher fixierten Prämissen – der der individuellen Selbstbestimmung eigenen Qualität als umfassendes Idealkonzept, dem spiegelbildlich folgenden, grundsätzlich unbegrenzten Begriff der Gewalt und der kategorialen Irrelevanz von Schutzfunktionen innerhalb des Legitimationskonzepts – können bereits Erkenntnisse über das Verhältnis der Tätigkeit der Ethikkommissionen und der Ausübung von Gewalt im Sinne des Art. 20 Abs. 2 GG gewonnen werden. Entsprechend dem zuvor festgestellten Konzept der Selbstbestimmung als Benennung eines in rein tatsächlichen Kategorien beschreibbaren Verhältnisses von Subjekten soll die Analyse hier ausschließlich auf faktische Wirkungszusammenhänge beschränkt werden. Normative, insbesondere grundrechtliche Aspekte spielen zwar innerhalb der Frage der demokratischen Legitimation eine Rolle [siehe unten C. IV. 4. zum Legitimationsniveau]. Wie für den Aspekt der Wahrnehmung von Schutzfunktionen beschrieben [siehe oben C. II. 1. a) ee) (4)], sind sie jedoch für die Frage, *ob* die Ethikkommissionen Gewalt ausüben, nicht relevant. Insbesondere bedarf es hier keiner Konkretisierung der Freiheitssphären, die das Konzept der Selbstbestimmung unter dem Grundgesetz konstituieren. Es genügt zunächst die Untersuchung auf eine zwischen der jeweiligen Ethikkommission und anderen Personen bestehende intersubjektive Relation faktischer Effekte.

---

von „Gewalt" nicht *bewertet* werden kann (siehe dazu unten C. IV. 4. zum Legitimationsniveau). Jedoch wird die Existenz von „Staatsgewalt" als ein ausschließlich faktischer Zusammenhang begriffen.

(a) Fremdbestimmung von Individuen durch Ethikkommissionen

(aa) Fremdbestimmung der Sponsoren

Unter der Geltung des Arzneimittelgesetzes und der GCP-Verordnung sowie des Medizinproduktegesetzes und der MPKPV tritt zunächst das dort explizit verfasste Verhältnis von Ethikkommission und dem antragstellenden Sponsor in den Blick. Es ist vor allem die Relation einer verwaltungsakterlassenden Behörde und eines Verwaltungsaktadressaten [siehe oben B. III. 3.]. Dem Sponsor wird entweder ein zustimmendes Votum (siehe für den Arzneimittelbereich § 40 Abs. 1 S. 2, § 42 Abs. 1 S. 1 AMG und § 8 Abs. 2 S. 2 GCP-V, für den Medizinproduktebereich § 20 Abs. 1 S. 1, § 22 Abs. 1 S. 1 MPG und § 5 Abs. 3 S. 1, § 7 Abs. 4, § 10 Abs. 1 MPKPV), nur im Arzneimittelbereich ein zustimmendes Votum mit Auflagen (siehe § 7 Abs. 2 Nr. 14 GCP-V mit der Erwähnung der Möglichkeit von Auflagen in Voten von Ethikkommissionen anderer Mitgliedstaaten), oder die Ablehnung des Antrages auf Erteilung einer zustimmenden Bewertung (aus den unter § 42 Abs. 1 S. 7 AMG und § 22 Abs. 3 MPG enumerierten Gründen) übermittelt [siehe oben unter dem Gesichtspunkt der hoheitlichen Maßnahme als Element des Verwaltungsaktbegriffs B. III. 3. a)]. Damit bestimmt die Ethikkommission über das „Ob" und – durch die Möglichkeit der Beifügung von Auflagen zumindest im Arzneimittelbereich sowie aufgrund der Bedeutung des Bearbeitungszeitpunkts für den Zeitpunkt des Studienbeginns – über das „Wie" der klinischen Studie. Insofern ist die Selbstbestimmung des Sponsors beschränkt. Konkret bezieht sich diese Beschränkung entsprechend der Definition in § 4 Abs. 24 AMG und § 3 Nr. 23 MPG auf die Tätigkeit des Sponsors als unmittelbarer oder mittelbarer Initiator, Organisator und Finanzierer der Studie.

Anders als im Bereich der klinischen Prüfung von Arzneimitteln und Medizinprodukten sind die Voten der Ethikkommissionen unter der Röntgenverordnung und der Strahlenschutzverordnung keine Verwaltungsakte, da ihnen kein Regelungsgehalt zukommt [siehe oben B. III. 3. c) bb)]. Dennoch haben auch sie Einfluss auf die Selbstbestimmung der Antragsteller, der Forscher und der Patienten sowie Probanden. Gemäß § 28a RöV in Verbindung mit § 28b Abs. 1 Nr. 2 RöV sowie § 23 StrlSchV in Verbindung mit § 24 Abs. 1 Nr. 2 StrlSchV ist das Vorliegen einer Stellungnahme einer Ethikkommission jeweils Voraussetzung für die Erteilung der Genehmigung des Bundesamtes für Strahlenschutz, die wiederum Voraussetzung für die Möglichkeit der Durchführung der klinischen Studie ist. Die Tätigkeit der Ethikkommission ist demnach relevant sowohl für das „Ob" als auch für das „Wann" der klinischen Prüfung: Diese kann überhaupt und frühestens dann durchgeführt werden, wenn ein Votum einer Ethikkommission vorliegt. Die Bedeutung des Votums für die Freiheit des Sponsors besteht damit in beiden Bereichen darin, dass die Nichtabgabe in der Undurchführbarkeit der Studie resultiert. Da somit vor allem die Nichtabgabe der Stellungnahme – entweder zu einem bestimmten Zeitpunkt oder überhaupt – die Selbstbestimmung einschränkt, ist primär der Verhaltensmodus der Unterlassung maßgeblich [siehe dazu oben C. II. 1. a) dd)].

Für sämtliche Sachbereiche gilt, dass Voten der Ethikkommissionen nicht unerhebliche faktische Effekte auch jenseits des Systems der unmittelbar-rechtlich vermittelten Impulse zeitigen. Zunächst wirken die Bewertungen mittelbar-rechtlich insofern, als sie im Fall der Entstehung von Schäden bei der Durchführung klinischer Studien bei der Bemessung des Sorgfaltsmaßstabes relevant werden können.[130] Aus dieser Perspektive beeinflusst die Tätigkeit nicht die Erlaubnis oder das Verbot einer Studie, sondern wird innerhalb repressiver Haftungsregelungen bei der Frage der Beachtung von Sorgfaltspflichten bedeutsam,[131] womit auch eine faktisch-präventive Verhaltenssteuerung einhergeht. Überdies gibt es eine ausschließlich faktisch vermittelte und faktisch wirkende Resonanz der Voten. So ist insbesondere die Publikation eines Forschungsergebnisses ohne Vorlage des positiven Votums einer Ethikkommission erschwert oder unmöglich;[132] eine entsprechende Regelung wurde mit der ersten Revision der Deklaration von Helsinki des 29. Weltärztekongresses von Oktober 1975 in Tokio[133] aufgenommen[134]. Regelmäßig werden Forschungsgelder nur für positiv bewertete Vorhaben vergeben.[135] Zudem besteht ein sozial sowie psychologisch vermittelter Anpassungsdruck, Forschungsvorhaben den Voten der Ethikkommission entsprechend auszuführen.[136]

(bb) Fremdbestimmung der Forscher

Im Arzneimittelbereich und im Medizinproduktebereich sind die Forscher, soweit sie nicht auch Sponsoren sind, nicht Adressaten des Votums. Was ihre tatsächliche Freiheit zur Durchführung der Prüfung anbetrifft, gilt für sie jedoch im Grundsatz ein Gleiches wie für die Sponsoren: Da sich das Votum auf eine konkretisierte Prüfung bezieht, ist das „Ob" der entsprechenden Forschungstätigkeit von dem Votum abhängig.

Im Bereich der Arzneimittel liegt eine Besonderheit des Verhältnisses zu den Ethikkommissionen im Vergleich zu den Sponsoren darin, dass die Forscher bei Erteilung des Votums nur teilweise bereits individualisiert sind. Die Regelung in § 42 Abs. 1 S. 1 und 2 AMG knüpft die Zuständigkeit der Ethikkommission an die Person des Prüfers, Hauptprüfers oder Leiters der klinischen Prüfung. Dies impliziert eine Konkretisierung dieser, jedoch nicht etwaiger weiterer Forscher, in dem jeweiligen

---

[130] Hierzu *Rupp*, in: Festschrift Heckel, S. 839 (841).

[131] *Bork* (1984), S. 36 ff.; *Deutsch*, NJW 1981, S. 614, 616 f.; dazu auch *Rupp*, in: Festschrift Heckel, S. 839 (841); *Sobota*, AöR 121 (1996), S. 229 (237).

[132] *Bork* (1984), S. 34; *Deutsch*, NJW 1981, S. 614; *Gramm*, WissR 32 (1999), S. 209 (215 f.); siehe *Stamer*, S. 17.

[133] Oben A. Fn. 13.

[134] *Deutsch*, in: ders./Schreiber/Spickhoff/Taupitz, S. 60 (62).

[135] *Sobota*, AöR 121 (1996), S. 229 (236).

[136] Siehe *Rupp*, in: Festschrift Heckel, S. 839 (841), für rechtlich nicht bindende Kommissionsvoten, wonach „es sich bei den Voten der Ethik-Kommissionen [...] nicht um wirkungslose Anregungen oder bloße Diskussionsbeiträge" handele. Ihre „durch Folgenabschätzung bewirkte Verhaltens- und Forschungssteuerung" sei vielmehr „evident".

Antrag. Gemäß § 7 Abs. 2 Nr. 5 GCP-V müssen lediglich die Namen und Anschriften der Hauptprüfer und des Leiters der klinischen Prüfung angegeben werden. Weitere Forscher sind nur mittelbar, nämlich insoweit konkretisiert, als gemäß § 7 Abs. 2 Nr. 5 GCP-V auch die „Einrichtungen, die als Prüfstelle oder Prüflabor in die klinische Prüfung eingebunden sind", mit Namen und Anschrift angegeben werden müssen. Des Weiteren bestimmt § 7 Abs. 3 Nr. 8 GCP-V, dass der Ethikkommission „insbesondere zur Angemessenheit [...] des zur Durchführung der klinischen Prüfung zur Verfügung stehenden Personals" Angaben vorzulegen sind. § 7 Abs. 3 Nr. 14 GCP-V regelt, dass Vereinbarungen, die „hinsichtlich der Vergütung der Prüfer" getroffen wurden, der Ethikkommission vorzulegen sind; dies gilt gemäß § 7 Abs. 3 Nr. 16 GCP-V auch für „alle wesentlichen Elemente der zwischen dem Sponsor und der Prüfstelle vorgesehenen Verträge". Eine umfassende Angabe der an der Prüfung beteiligten Forscher gegenüber den Ethikkommissionen wird jedoch in keiner Bestimmung verlangt. Damit gibt es hinsichtlich einer Bewertung einen nicht individualisierten, personell unbestimmten Forscherkreis. Insoweit existieren Forscher, die nur potentiell an der Prüfung teilnehmen. Für diese nur potentiell teilnehmenden Forscher ist die Selbstbestimmungsrelevanz des Votums um den Faktor der Wahrscheinlichkeit ihrer tatsächlichen Mitwirkung vermindert.

Wie für den Bereich der Arzneimittel sieht die Regelung des § 22 Abs. 1 S. 1 und 2 MPG für jenen der Medizinprodukte vor, dass die Zuständigkeit der Ethikkommission von der Person des Prüfers, Hauptprüfers oder Leiters der klinischen Prüfung abhängt. Das Medizinproduktegesetz enthält im Übrigen kein Konkretisierungserfordernis. Jedoch ist gemäß der MPKPV eine Konkretisierung sämtlicher Prüfer erforderlich. Dies folgt aus der Obliegenheit, dass dem Antrag auf eine zustimmende Bewertung gemäß § 3 Abs. 3 Nr. 2 MPKPV „Nachweise der Qualifikation der Prüfer gemäß § 9" beigefügt werden müssen, die nach § 9 Abs. 1 S. 3 MPKPV jeweils „durch einen aktuellen Lebenslauf oder durch andere aussagefähige Dokumente zu erbringen" sind. Ohne eine vorherige Konkretisierung der Prüfer ist diese Anforderung nicht zu erfüllen. Im Medizinproduktebereich gibt es somit außerhalb des Geltungsbereichs der MPKPV Forscher, die nur potentiell an der Prüfung teilnehmen. Für diese ist – wie für jene im Arzneimittelbereich – die Selbstbestimmungsrelevanz des Votums um den Faktor der Wahrscheinlichkeit ihrer tatsächlichen Mitwirkung vermindert. Soweit die MPKPV anwendbar ist [siehe zum Anwendungsbereich oben B. I. 2. b) bb)], sind die Forscher jedoch vollumfänglich konkretisiert.

Auch durch Stellungnahmen nach der Röntgenverordnung und der Strahlenschutzverordnung wird die Selbstbestimmung der Forscher eingeschränkt. Ebenso wie unter dem Arzneimittelgesetz und dem Medizinproduktegesetz (nicht jedoch im Geltungsbereich der MPKPV) beziehen sich die Stellungnahmen nur partiell auf konkretisierte Forscher. So bestimmt § 28 g S. 2 RöV in Verbindung mit § 28b Abs. 1 Nr. 3 RöV, dass die Ethikkommission prüfen muss, ob „die Anwendung von einem Arzt oder Zahnarzt geleitet wird, der eine mindestens zweijährige Erfahrung in der Anwendung von Röntgenstrahlung am Menschen nachweisen kann, die erforderliche Fachkunde im Strahlenschutz besitzt und während der Anwendung ständig erreichbar ist" und „soweit es die Art der Anwendung erfordert, bei der Planung und bei der Anwendung ein Medizinphysik-Experte hinzugezogen werden kann". § 92 S. 2 StrlSchV in Verbindung mit § 24 Abs. 1 Nr. 3 StrlSchV stellt nahezu die gleiche Forderung auf.[137] Hinsichtlich der nicht konkretisierten Forscher ist die Freiheitsbedeutung somit wiederum insofern vermindert, als es tatsächlich unwahrscheinlich ist, dass diese Personen an der Studie als Forscher teilnehmen.

Ebenso wie für die Fremdbestimmung der Sponsoren gilt auch hinsichtlich der Forscher, dass die Stellungnahmen nicht nur unmittelbar-rechtlich wirken, sondern auch mittelbar-rechtlich über die Haftungsrelevanz sowie im Wege der rein faktischen Verhaltenssteuerung. Auch in diesen Dimensionen – mögen sie auch schwerer quantifizierbar sein – findet Fremdbestimmung durch die Ethikkommissionen statt.

(cc) Fremdbestimmung der Patienten und Probanden

Während die Personen des Sponsors und der Prüfer und weiteren Forscher vollumfassend oder zumindest teilweise konkretisiert sind, ist dies bei den Prüfungsteilnehmern bei Arzneimittel- und bei Medizinproduktstudien nicht der Fall. Nach § 7 Abs. 2 Nr. 10 GCP-V sind in dem Antrag „Anzahl, Alter und Geschlecht der betroffenen Personen" anzugeben; zudem muss gemäß § 7 Abs. 2 Nr. 11 GCP-V eine „Erläuterung der Kriterien für die Auswahl der betroffenen Personen sowie der hierzu zu Grunde gelegten statistischen Erwägungen" beigefügt werden. Gemäß § 22 Abs. 3 Nr. 2 MPG sowie gemäß § 5 Abs. 4 S. 3 Nr. 9 MPKPV ist Gegenstand der Prüfung durch die Ethikkommission auch das Verfahren zur Auswahl der Probanden. Sowohl im Arzneimittelbereich als auch im Medizinproduktebereich werden die Prüfungsteilnehmer somit nur abstrakt bestimmt.[138] Es ist also die Frage aufgeworfen, inwiefern man hinsichtlich der individuellen Patienten und Probanden überhaupt von Fremdbestimmung sprechen kann. Die nähere Betrachtung offenbart, dass trotz der fehlenden Individualisierung auch zwischen der Ethikkommission und den Prüfungsteilnehmern ein durch Fremdbestimmung geprägtes Verhältnis besteht. Fremdbestimmung findet hier hinsichtlich sämtlicher potentieller Prüfungsteilnehmer statt.[139] Deren Möglichkeit, an der antragsgegenständlichen Prüfung teilzunehmen, ist Teil des zunächst von deren Selbstbestimmung umfassten Bereichs. Zwar ist die fremdbestimmende Wirkung um den Faktor der Wahrscheinlichkeit der tatsächlichen Beteiligung von Patienten und/oder Probanden an der Prüfung vermindert. Dennoch findet Fremdbestimmung in einem Bezugsverhältnis von individuellen Subjekten statt.

---

[137] Die Regelung in der Strahlenschutzverordnung bezieht sich – anders als jene in der Röntgenverordnung – nicht ausdrücklich auf den zahnmedizinischen Aspekt.

[138] Auf das Faktum der Unbestimmtheit der Foschungsteilnehmer zum Zeitpunkt der Planung des Forschungsvorhabens weist auch hin *Bork* (1984), S. 22, der daher „eine Art Stellvertreterfunktion" der Ethikkommissionen für diese Personen annimmt.

[139] In diese Richtung allgemein *Tettinger*, S. 116 f., wonach die Tätigkeit der Ethikkommissionen nicht nur die Berufsausübung der Kammermitglieder betreffe, sondern auch die Grundrechte einer unbestimmten Vielzahl von Personen aus der Bevölkerung berühre.

Auch gemäß der Röntgenverordnung und der Strahlenschutzverordnung sind die Prüfungsteilnehmer zum Zeitpunkt der Entscheidung der Ethikkommission nicht individualisiert. Der Einfluss auf die Selbstbestimmung bezieht sich in personeller Hinsicht damit auf die potentiellen Studienteilnehmer und in sachlicher Hinsicht auf die Möglichkeit zur Studienteilnahme. Primär ist die Unterlassung der Antragsbescheidung relevant [siehe dazu oben C. II. 1. a) dd)].

Für die Patienten und Probanden gilt, wie auch für die Sponsoren und die Forscher, dass die Tätigkeit der Ethikkommissionen nicht nur über die den Voten als rechtlich unmittelbar zugewiesenen Effekte die Selbstbestimmung beeinträchtigt. Die Bedeutung der Stellungnahmen für eine eventuelle Haftung sowie die ausschließlich faktische Verhaltenssteuerung wirkt sich ebenfalls auf die Studienteilnehmer aus. Verglichen mit der Wirkung auf die Sponsoren und die Forscher kann allerdings eine zusätzliche, nämlich personale Kausalstufe in diesen Wirkungszusammenhängen identifiziert werden: Eine aus den Sponsoren und den Forschern bestehende. Die Forschungsteilnehmer sind keine potentiellen Haftungssubjekte. Überdies werden sie das Votum regelmäßig nicht zur Kenntnis nehmen. Die Selbstbestimmung der Patienten und Probanden ist damit – wie jene der Sponsoren und der Forscher – durch Wirkungen jenseits des den Kommissionen zugewiesenen unmittelbar-rechtlichen Effektsystems beeinträchtigt. Diese Beeinträchtigung verläuft allerdings mittelbar über die – insofern unmittelbar betroffenen – Sponsoren und Forscher.

(dd) Zwischenergebnis:
Individuelle Selbstbestimmungsrelevanz der Aktivität der Ethikkommissionen

Die Tätigkeit der Ethikkommissionen beeinflusst in jedem der hier untersuchten Bereiche die Selbstbestimmungssphäre des Sponsors, der Forscher, der Patienten und der Probanden. In personeller Hinsicht ist die Wirkung in allen Regelungsbereichen insofern gleich, als der Sponsor jedenfalls individualisiert ist, wohingegen die Forscher lediglich partiell individuell betroffen sind und die Patienten und Probanden ausschließlich generell berührt werden. In sachlicher Hinsicht bestehen jedoch Unterschiede, die sowohl die Wirkungsweise als auch den Grad der Freiheitsrelevanz der Kommissionsvoten betreffen.

(b) Zwischenergebnis: Tätigkeit von Ethikkommissionen als Beeinträchtigung von Selbstbestimmung

Die Tätigkeit der Ethikkommissionen kann, bezogen auf das Kriterium der Beeinträchtigung individueller Selbstbestimmung, als Gewalt im Sinne des Art. 20 Abs. 2 GG angesehen werden.

Der Begriff der „Gewalt“ ist vor dem Hintergrund des Ziels der Wahrung von Selbstbestimmung als ein weiter, umfassender Begriff zu verstehen, der sämtliche intersubjektiven faktischen Wirkungen umfasst. Nicht-faktische, nur sinnhafte Zuordnungen, wie beispielsweise Schutzfunktionen, begründen noch keine Selbstbestimmungsrelevanz. Die Tätigkeit der Ethikkommissionen wirkt zwischen den Kommissionen einerseits und den Sponsoren, Forschern, Patienten und Probanden andererseits intersubjektiv-faktisch und ist insofern fremdbestimmend. Teils gilt die Besonderheit, dass die betroffenen Personen zum Zeitpunkt der Entscheidung noch nicht konkretisiert sind und der Fremdbestimmungseffekt insofern vermindert ist. In Art und Maß der Wirkung sind die Voten nach den jeweiligen sachbereichsdifferenzierten Regelungsregimen unterschiedlich.

ff) Zwischenergebnis: Tätigkeit der Ethikkommissionen als Ausübung von Gewalt

Die Ethikkommissionen üben somit Gewalt im Sinne des Art. 20 Abs. 2 GG aus. Ihre Tätigkeit ist charakterisiert durch ein Dezisionsverhalten, das sich sowohl in der Ausprägung als Handeln als auch in jener als Unterlassen in konkret-tatsächlicher Form manifestiert. Es wirkt auf individuelle Selbstbestimmungssphären ein und zeitigt daher fremdbestimmende Effekte.

b) Das staatliche Spezifikum der Staatsgewalt

Der Wortlaut des Art. 20 Abs. 2 S. 1 GG liefert keinen klaren Gehalt des Bestimmungsworts „Staats-". Zwar lässt sich daraus entnehmen, dass die Gewalt in irgendeiner Weise staatlich sein muss, doch gibt dies keinen Aufschluss darüber, worin dieses staatliche Spezifikum des Gewaltbegriffs im Sinne des Art. 20 Abs. 2 GG besteht. Es kommen drei grundsätzliche Auslegungen in Betracht. Nach der einen wird auf den Modus der Gewalt abgestellt und Staatsgewalt als jene Gewalt verstanden, die mittels staatlicher Ausübungsspezifika wirkt. Nach einer weiteren Auslegungsvariante hängt von bestimmten Sachbereichen ab, in denen die Gewalt wirkt, ob sie als „staatliche" Gewalt zu verstehen ist. Schließlich ist eine Interpretation möglich, wonach „Staatsgewalt" auf das Ausübungssubjekt referiert und die vom Staat ausgeübte Gewalt bezeichnet.

aa) Subjektorientiertes Verständnis staatlicher Gewalt

Allgemeines Ziel des Art. 20 Abs. 2 GG ist die Wahrung individueller Selbstbestimmung [siehe oben C. I. 4. a) und C. II. 1. a) ee)]. Dieses Telos ist auch für die Auslegung der mit dem Bestimmungswort „Staats-" bewirkten Verengung des Begriffs der „Gewalt" fruchtbar zu machen. Der Eigenschaft des Konzepts der Selbstbestimmung als umfassender Idee eines Ideals [siehe oben C. II. 1. a) ee) (2)], das nach möglichst weitgehender Verwirklichung drängt, kommt dabei eine besondere Bedeutung insofern zu, als sich die Konzepte von Selbst- und Fremdbestimmung innerhalb einer Sphäre der (negativen) Freiheit komplementär verhalten: Jede Verengung des Begriffs der Staatsgewalt bei der Auslegung des Art. 20 Abs. 2 GG vermindert die Legitimations-, also Rechtfertigungsbedürftigkeit von Fremdbestimmung und wirkt damit einschränkend auf die Freiheit.

Damit deutet der Normzweck auf ein Verständnis des Begriffs „Staatsgewalt" im Sinne des Art. 20 Abs. 2 GG derart hin, dass er sich letztlich weder nach dem Modus der Gewalt noch nach den sachlichen Wirkungsbereichen bestimmt. Es erscheint vor dem Hintergrund dieses Zweckimpetus naheliegender, jede Gewalt als Staatsgewalt zu begreifen, die – unmittelbar oder mittelbar – von einem Subjekt „Staat" ausgeht. Von den drei vorstehend skizzierten Auslegungsmöglichkeiten – „Staatsgewalt als Gewalt mittels staatlicher Ausübungsspezifika", „Staatsgewalt als Gewalt innerhalb bestimmter ‚staatlicher' Sachbereiche" und „Staatsgewalt als sämtliche von dem Subjekt Staat ausgehende Gewalt" – ist die letzte Variante die inhaltlich extensivste. Die zwei ersten Auslegungsvarianten beziehen sich notwendig auf ein Subjekt „Staat", verengen den Begriff der Staatsgewalt jedoch um Zusatzkriterien. Im Ansatz wird dem freiheitsverwirklichenden Movens des Demokratieprinzips nur ein Verständnis gerecht, nach dem Staatsgewalt als jede vom Staat ausgehende Fremdbestimmung verstanden wird.[140] Dies soll im Folgenden konkreter gezeigt werden.

(1) Keine Bestimmung des Legitimationsobjekts nach staatlichen Modi der Gewaltausübung

Begriffe man als Staatsgewalt nur jene Gewalt, die in spezifisch staatlichen Ausübungsmodi realisiert wird, so schieden jene nicht modal-staatsspezifischen Wirkungen aus, die zwar vom Staat ausgehen, in gleicher Modalität jedoch auch von einem nicht beliehenen Privaten vorgenommen werden könnten.[141] Zur Wahrung der Selbstbestimmung ist die modale Auslegung folglich weniger effektiv als die subjektorientierte. Die mancherteils vertretene Beschränkung auf autoritative, rechtlich bindende und mit originär staatlichen Mitteln durchsetzbare Entscheidungen[142] ist nicht gut begründbar.[143] Das Kriterium der rechtlichen Bindung und der Durchsetzbarkeit[144] ist zu eng, da es nicht berücksichtigt, dass es nicht erst eines solcherart formalen Handelns bedarf, um individuelle Selbstbestimmung zu beschränken. Zwar ist richtig, dass die Fähigkeit, rechtlich bindende Entscheidungen zu treffen und durchzusetzen, exklusiv dem Staat zukommt.[145] Doch aus dieser Exklusivität lässt

---

[140] Siehe *Ehlers*, JZ 1987, S. 218 (219) („Das Grundgesetz ist [...] Grundlage aller staatlichen Betätigung [...] Das spricht dafür, den Begriff der Staatsgewalt weit auszulegen und auf sämtliche Handlungsweisen des Staates zu beziehen").

[141] Gegen eine Verengung des Begriffs der Staatsgewalt auf ein rein modales Konzept im Sinne der Ausübung von Eingriffsbefugnissen *Emde*, S. 211, S. 214 und S. 265.

[142] *Britz*, VerwArch 91 (2000), S. 418 (425, 428 ff.); *Oebbecke*, S. 81.

[143] *Oebbecke*, S. 79, erkennt zwar an, dass es auf den Handlungsmodus grundsätzlich nicht ankommt, verlangt aber unter dem Gesichtspunkt der „Gewalt" dennoch „regelnde Entscheidungen" (S. 81).

[144] *Britz*, VerwArch 91 (2000), S. 418 (428).

[145] Siehe *Britz*, VerwArch 91 (2000), S. 418 (428).

sich für die Berührung von Selbstbestimmung nichts folgern. Selbstbestimmung ist in ihrem weiten Umfang und der Vielfältigkeit ihrer Ausprägungen gegenüber jedwedem Einflussmodus, nicht nur gegenüber autoritativem Handeln sensibel [siehe oben C. II. 1. a) ee) (2) und C. II. 1. a) ee) (3)]. Dieser Befund aus der Perspektive des Objekts der Staatsgewalt entfaltet seine Wirkung auch hier und streitet gegen einen verengenden, modusorientierten Staatsgewaltbegriff.[146]

(2) Keine Bestimmung des Legitimationsobjekts nach staatlichen Sachbereichen

Auch ein Ansatz, nach dem Staatsgewalt nur in spezifisch staatlichen Sachbereichen ausgeübt wird, verdient keine Zustimmung.[147] Durch ein solches Verständnis wird der Kreis der als Staatsgewalt nach Maßgabe des Art. 20 Abs. 2 GG rechtfertigungsbedürftigen Wirkungen wiederum enger gezogen, als wenn von einem subjektorientierten Gewaltverständnis ausgegangen wird.

Die Untauglichkeit des Sachbereichskriteriums wird zudem durch den Effekt evident, dass es auch ausschließlich privatautonome Aktivitäten erfasst. Eine Qualifikation in Abhängigkeit von Sachbereichen würde bedeuten, dass private und vom Staat in keiner Weise spezifisch beeinflusste Tätigkeit, die sich auf Gemeinwohlbelange bezieht, der demokratischen Legitimation bedürfte.[148] Dies gälte beispielsweise für den Bereich der Energieversorgung, die von Privaten vorgenommen wird.[149] Ein Gebot demokratischer Legitimation wäre auch mit den Grundrechten der betroffenen Privaten nicht zu vereinbaren.

Dementsprechend hat das Bundesverfassungsgericht es abgelehnt, die Staatsgewalt im Sinne des Art. 20 Abs. 2 GG nach bestimmten Sachbereichen zu definieren. Aus dem demokratischen Prinzip ergebe sich nicht,

> „welche Aufgaben dem Staat als im engeren Sinne staatliche Aufgaben vorzubehalten sind. Insbesondere lässt sich Art. 20 Abs. 2 GG nicht entnehmen, dass Aufgaben im Bereich der Daseinsvorsorge oder sonstige Aufgaben allein deshalb zwingend unmittelbar vom Staat zu erledigen wären, weil sie von wesentlicher Bedeutung für das Allgemeinwohl sind."[150]

---

[146] Im Ergebnis ähnlich *Schmidt-Aßmann*, AöR 116 (1991), S. 329 (339, 342 f.), der eine „Begrenzung allein auf die staatsunmittelbare Verwaltung und die ihr typischen Formen hoheitlichen Entscheidens" ablehnt.

[147] Im Ergebnis ebenso *Oebbecke*, S. 79.

[148] So auch *Schmidt-Aßmann*, AöR 116 (1991), S. 329 (346); ähnlich *Di Fabio*, JZ 1999, S. 585 (587), wonach „hoheitliche Inpflichtnahmen" ein Privatrechtssubjekt „regelmäßig nicht in den Formenkreis der öffentlichen Verwaltung" inkorporieren.

[149] *Britz*, VerwArch 91 (2000), S. 418 (427).

[150] BVerfGE 107, 59 (93); ebenso *Schmidt-Aßmann*, in: Gedächtnisschrift Martens, S. 249 (S. 264), wonach die Verfassung kein „allgemeines Verbot" enthalte, „weitere Verwaltungsbereiche zu Selbstverwaltungsbereichen umzugestalten", jedoch „Kernbereich und Vorrang des staatsunmittelbaren Verwaltungsvollzuges dadurch nicht geschmälert werden" dürften, denn beide seien „ein notwendiger Teil des parlamentarisch-repräsentativen Systems".

Der Auffassung des Bundesverfassungsgerichts ist nicht nur aus dem Grund der sonst konsequent zu fordernden demokratischen Legitimation Privater zu folgen. Da Art. 20 Abs. 2 S. 2 GG nichts darüber sagt, was der Staatsgewalt unterworfen werden muss, lässt sich keine aus dem Demokratieprinzip folgende „Wesentlichkeitstheorie" etablieren, welche die gemeinwohlrelevanten Aufgaben jeweils dem Staat und den Privaten zuordnet.[151] Die in der Rechtsprechung des Bundesverfassungsgerichts anerkannte Wesentlichkeitstheorie hat einen kategoriell anderen Bezugspunkt: Ihr Gebot, der Gesetzgeber als dem Volk legitimatorisch am nächsten stehendes Organ habe über die wesentlichen Aspekte selbst zu entscheiden, diese also nicht der Exekutive zu überlassen,[152] verlangt Geltung nur dann, wenn der Staat eine Aufgabe übernommen hat. Ohne Ansehung einer konkreten Situation bestehende Pflichten[153], bestimmte Aufgaben an sich zu ziehen, hat der Staat hingegen anerkanntermaßen nicht; es gibt keinen verfassungsimperativen Katalog von Staatsaufgaben.[154] Ob und wie eine Aufgabe wahrgenommen wird, ist Gegenstand des gesetzgeberischen Ermessens.[155]

(3) Folge des subjektorientierten Verständnisses: Gewalt als sämtliches Handeln des Staates

Mithin kann das staatliche Handeln in seinem gesamten Umfang als Staatsgewalt betrachtet werden.[156] Insbesondere ist sowohl privatrechtliches als auch öffentlich-rechtliches Handeln des Staates Staatsgewalt; auch nur tatsächliche statt rechtsförmliche Handlungen sind Anknüpfungsgegenstand des Legitimationsgebots.[157]

---

[151] *Britz*, VerwArch 91 (2000), S. 418 (426).

[152] *Britz*, VerwArch 91 (2000), S. 418 (426).

[153] Solche Pflichten sind beispielsweise grundrechtliche Schutzpflichten, siehe *Schmidt-Aßmann*, Ordnungsidee, 3. Kapitel Rn. 81, wonach es „das Grundgesetz selbst [ist], das neben aufgabenstimulierenden Normen in den abwehrrechtlichen Gehalten der Grundrechte und in den Kompetenzvorschriften ein sehr differenziertes Bild von den Staatsaufgaben und den Arten ihrer Erfüllung entwirft, das sich exakt erst angesichts bestimmter Lagen, nicht aber abstrakt fixieren läßt".

[154] *Bull*, S. 99 ff.; *Di Fabio*, JZ 1999, S. 585 (590); *Grimm*, in: ders., Staatsaufgaben, S. 771 (773), wonach „Staatsaufgaben, unter dem Gesichtspunkt ihres Zustandekommens und Wegfalls betrachtet, das Ergebnis eines politischen Prozesses sind, in dem die Übernahme oder Preisgabe von Agenden gefordert oder beansprucht, bekämpft oder verweigert wird"; *Osterloh*, VVDStRL 54 (1995), 204 (207).

[155] *Britz*, VerwArch 91 (2000), S. 418 (426).

[156] *Böckenförde*, in: Isensee/Kirchhof, HStR II, § 24, Rn. 12; ein ähnliches Verständnis klingt an bei der Wortlautauslegung durch *Cremer*, EuR 1995, S. 21 (25) („Vom Wortlaut her meint „Staatsgewalt" i. S. d. Art. 20 Abs. 2 Satz 1 GG die ‚Gewalt des Staates', also jedenfalls die hoheitlichen staatlichen Befugnisse"); *Ehlers*, JZ 1987, S. 218 (219).

[157] BVerfGE 47, 253 (273), wonach „sich das demokratische Prinzip nicht nur auf bestimmte, sondern auf alle Arten der Ausübung von Staatsgewalt erstreckt"; *Böckenförde*, in: Isensee/Kirchhof, HStR II, § 24, Rn. 13, allerdings mit der Begründung, dass sich dies aus der „Innehabung und maßgeblichen Steuerung der im Hinblick auf die Erledigung der gemeinsamen Angelegenheiten des Volkes organisierten staatlichen Gewalt" ergebe, zudem (Rn. 12) mit

Ebenso ist es insofern nicht relevant, ob sich der Staat institutionell einer privatrechtlichen oder einer öffentlich-rechtlichen Rechtsform bedient.[158] Auch genügt es, wenn der Staat intern und ohne formelle Außenwirkung handelt.[159] Eines rechtsförmlichen Charakters des Verhaltens bedarf es nicht.[160]

Damit ist der Kreis der vom Konzept „Staatsgewalt“ erfassten Tätigkeiten weit gezogen. Insbesondere schließt er – ebenfalls ohne Ansehung des Handlungsmodus – auch solche Aktivitäten ein, die intern erfolgen und nicht rechtserheblich sind. Ein Ansatz, nach dem Tätigkeiten, die lediglich Hilfsfunktionen für Entscheidungshandlungen haben, insbesondere solche, die rechtserhebliche Entscheidungen nur vorbereiten, wie zum Beispiel Beratungstätigkeiten, keine Staatsgewalt im Sinne des Demokratiegebots sind,[161] verdient keine Zustimmung.[162] Maßgeblich ist einzig, ob es sich um Entscheidungen handelt, die von einem Teil des Gewaltsubjekts Staat in eben dieser Funktion getroffen werden. Auch interne, nicht rechtswirksame Entscheidungen wirken sich auf die Selbstbestimmung aus. Eine möglicherweise geringere Selbstbestimmungsrelevanz interner Entscheidungen führt nicht zu einer Verneinung von Staatsgewalt, kann jedoch bei der Frage des Legitimationsniveaus zu berücksichtigen sein [siehe dazu unten C. IV. 4. c)].

bb) Subjektorientiertes Verständnis staatlicher Gewalt und individuelle Selbstbestimmung

Das Konzept der „Gewalt“ und insbesondere sein Verständnis als Einwirkung auf die individuelle Selbstbestimmung wurde beschrieben [siehe oben insbesondere C. II. 1. a) ee) und, für die Einwirkung durch Ethikkommissionen, C. II. 1. a) ee) (5) (a)]. Es ist nun zu untersuchen, wie sich die Idee des als wirkendes Subjekt verstandenen Staates in dieses Konzept einfügt.

---

dem Beispiel der Legitimationsbedürftigkeit von Äußerungen in der politischen Sphäre, was vor allem im Bereich der Regierung eine Rolle spielt.

[158] *Böckenförde*, in: Isensee/Kirchhof, HStR II, § 24, Rn. 13.

[159] BVerfGE 47, 253 (273); BVerfGE 93, 37 (68), wonach es „nicht darauf an[kommt], ob es [das demokratischer Legitimation bedürftige amtliche Handeln mit Entscheidungscharakter, *der Verfasser*] unmittelbar nach außen wirkt oder nur behördenintern die Voraussetzungen zur Wahrnehmung der Amtsaufgaben schafft“; ebenso *Ehlers*, JZ 1987, S. 218 (219), wonach es „nicht belanglos“ ist, „wer […] zur amtlichen Vorbereitung staatlicher Entscheidungen herangezogen wird“; siehe *Böckenförde*, in: Isensee/Kirchhof, HStR II, § 24, Rn. 12.

[160] *Böckenförde*, in: Isensee/Kirchhof, HStR II, § 24, Rn. 12; *Kluth* (1997), S. 356.

[161] *Böckenförde*, in: Isensee/Kirchhof, HStR II, § 24, Rn. 12; *Emde*, S. 214 f.; siehe *Schmidt-Aßmann*, AöR 116 (1991), S. 329 (342) für technische Hilfs- und Beratungstägigkeiten, die rein interner Vorbereitung dienen.

[162] Ebenso *Ehlers*, in: Festschrift Stein, S. 125 (138), wonach „jedes dem Staat zuzurechnende Tun, Dulden oder Unterlassen Ausübung von Staatsgewalt“ ist, wobei die angeführte Begründung, Art. 20 Abs. 2 S. 1 GG binde *alle* Staatsgewalt, diese Schlussfolgerung nur bedingt trägt, soweit sie nicht um die aus dem Verständnis des Demokratieprinzips als die Rechtfertigung der Einwirkung auf die Selbstbestimmung folgende Prämisse argumentativ ergänzt wird.

Das Subjekt „Staat“ ist als Organisation zu begreifen. In dieser Organisationsperspektive lässt sich eine Trennung von Staat und Gesellschaft vornehmen; die Frage der – zweifelhafteren – Unterscheidung bei einem globaleren Zugriff kann hier dahinstehen.[163] Dem Staat als Organisation können sowohl Handlungen zugeordnet werden, die gezielt nach außen wirken, als auch solche, die von Organisationsteilen vorgenommen werden und auf eine interne Wirkung zielen.[164] Die erste Kategorie berührt unzweifelhaft die individuelle Selbstbestimmung, auch dann, wenn es sich um Leistungsverwaltung handelt.[165] Doch auch interne Handlungen sind vor dem Horizont der individuellen Selbstbestimmung als Handlungen des Staates im Sinne des Demokratieprinzips zu begreifen.[166] Dies erschließt eine telosorientierte Betrachtung: Ein Verhalten des Staates im Sinne einer „Entscheidung“ führt zwingend dazu, dass der Staat in eine soziale Ordnung hineinwirkt.[167] Zwar kann der Effekt auf den Einzelnen aufgrund der komplexen mittelbaren Wirkungszusammenhänge kaum spürbar sein. Da aber Selbstbestimmung, auch individuelle Selbstbestimmung, ein umfassendes Prinzip ist [siehe oben C. II. 1. a) ee) (2), C. II. 1. a) ee) (3)], ist der Effekt dennoch als faktische, die Selbstbestimmung des Einzelnen berührende Auswirkung vorhanden. Dies liegt auch darin begründet, dass der Staat um der Bürger Willen existiert; alles Handeln des Staates ist auf den Bürger bezogen.[168] Ein Handeln des

---

[163] *Böckenförde*, in: ders. (1976), S. 395 (408 f.), sieht entsprechend eine „Herausbildung der Unterscheidung und das Sich-Gegenübertreten von Staat und Gesellschaft“ als „ein je nach konkreter Ausgestaltung verschiedenartiges, immer aber vorhandenes und wirksames Beziehungsverhältnis“, das „als eine Wechselbseziehung (dialektischer Art) auf der Grundlage einer organisatorischen Unterscheidung und Trennung“ zu bestimmen sei; *Fisahn*, in: Demokratie und Grundgesetz, S. 71 (74 f.), sieht als Kennzeichen eines modernen Staates die Organisationsform, wozu „eine gewisse institutionelle Zentralisation von Macht- oder Zwangsmitteln sowie die unpersönliche, bürokratische und arbeitsteilige Organisation dieser Institutionen und deren intentionale Wirkung auf die Gesellschaft“ zähle; auch *Kahl*, Jura 2002, S. 721 (723 f.).

[164] Allgemeiner *Fisahn*, in: Demokratie und Grundgesetz, S. 71 (74 f.), der die „intentionale Wirkung auf die Gesellschaft, stelle sie eine Ordnung oder ‚Un-Ordnung‘ her und unabhängig davon, ob die beabsichtigte Wirkung eintritt oder misslingt“, als Definitionsmerkmal des in seiner Organisationsdimension begriffenen Staates ansieht.

[165] Für einen Einbezug zumindest auch des Leistungshandelns, allerdings nicht mit einer Begründung unter Heranziehung der Selbstbestimmung *Emde*, S. 212.

[166] BVerfGE 93, 37 (68); *Böckenförde*, in: Isensee/Kirchhof, HStR II, § 24, Rn. 12; siehe *Emde*, S. 214, wonach „Staatsgewalt“ nicht nur mit Eingriffsgewalt, sondern mit der Tätigkeit des Staates überhaupt assoziiert wird; dennoch auf S. 213 f. eine Einbeziehung sämtlicher Tätigkeit des Staates ablehnend, da ein solcher „sich nicht auf das herkömmliche Verständnis des Begriffs der Staats-Gewalt berufen“ könne.

[167] *Oebbecke*, S. 91, spricht davon, dass „[a]ngesichts der starken Verflochtenheit aller Lebensbeziehungen und der zahlreichen Interdependenzen in den modernen Industriegesellschaften […] kaum Entscheidungen denkbar [sind], die nicht letztlich Auswirkungen auf alle haben“, beschränkt allerdings den damit angesprochenen Bereich legitimationsbedürftiger Staatsgewalt auf „regelnde Entscheidungen“ (S. 81).

[168] *Emde*, S. 215; siehe *Oebbecke*, S. 78, der auf die Bindung jeder Staatsgewalt an Art. 1 Abs. 1 GG auch für solche Tätigkeiten verweist, die nicht zweifelsfrei der „Staatsgewalt“ im Sinne des Art. 20 Abs. 2 GG zuzuzählen sind.

Staates oder von Staatsteilen, das nicht zumindest mittelbar eine Wirkung auf Individuen zeitigt, ist daher nicht denkbar.

Aus einer Auslegung auf der Basis des individuellen Konzepts von Selbstbestimmung folgt, dass das Demokratieprinzip das gesamte Handeln des Subjekts „Staat“ als Legitimationsobjekt erfasst. Jede manifestierte Entscheidung des Staates wirkt einschränkend auf die individuelle Selbstbestimmung. Damit unterwirft Art. 20 Abs. 2 GG bereits aus dem Gesichtspunkt des individuellen Selbstbestimmungskonzepts sowohl außenwirksames als auch internes Handeln des Staates dem Gebot demokratischer Legitimation.

cc) Zwischenergebnis: Staatsgewalt als jedes Staatshandeln

Für die Frage nach der Staatlichkeit der in Art. 20 Abs. 2 GG adressierten Gewalt ist ein subjektorientierter Gewaltbegriff zugrundezulegen. Danach ist jedes Handeln des Staates, sowohl außen- als auch innenwirksames, als Gewalt, also Staatsgewalt anzusehen, denn es berührt die Selbstbestimmung von Individuen; jedes Verhalten des Staates ist auf den Bürger bezogen. Alle Staatsaktivität ist daher legitimationsbedürftig.[169]

Die Frage der Legitimationsbedürftigkeit der Tätigkeit der Ethikkommissionen reduziert sich damit darauf, ob die Kommissionen als Teil des bisher nicht beschriebenen Subjekts „Staat“ begriffen werden können. Ist dies zu bejahen, so unterfällt ihre Tätigkeit dem Gebot des Art. 20 Abs. 2 GG.

dd) Bestimmung des als Subjekt begriffenen Staates

Legitimationsbedürftige Gewalt wird dort ausgeübt, wo der Staat handelt und sich dieses Handeln nach den obigen Maßstäben als Gewalt darstellt. Damit ist die Frage aufgeworfen, was in diesem Sinne als Staat anzusehen ist. Festzuhalten bleibt, dass Anknüpfungspunkt für das Legitimationsgebot das Handeln des Staates als Ausprägung von Entscheidungen ist. Die Frage nach dem Begriff des Staates in diesem Kontext ist danach funktional: Sie zielt darauf, jene Entscheidungen herauszuheben, die vom Staat getroffen werden. Von anderen Subjekten getroffene Entscheidungen unterliegen nicht dem Demokratieprinzip.

Gemäß dem Ziel der Untersuchung der demokratischen Legitimation der Ethikkommissionen bleibt bei der Bestimmung des Subjekts „Staat“ im Sinne des Gebots demokratischer Legitimation die verwaltungsorganisatorische Position der Ethikkommissionen im Fokus der Betrachtung. Die staatsnächsten Funktionssubjekte sind, aufgrund der dortigen einheitlichen und umfassenden Ausübung der Leitungsgewalt,

---

[169] Im Ergebnis ebenso *Ehlers*, in: Festschrift Stein, S. 125 (138) („jedes dem Staat zuzurechnende Tun, Dulden oder Unterlassen“).

jene der Ministerialverwaltung,[170] bei der manche Ethikkommissionen angesiedelt sind. Dort beginnend, müssen insbesondere die Körperschaften des öffentlichen Rechts und Private darauf untersucht werden, ob und gegebenenfalls unter welchen Voraussetzungen sie als „Staat" im Sinne des Art. 20 Abs. 2 GG angesehen werden können.

(1) Demokratiegebotsspezifischer Begriff von „Staat"

Eine vollumfängliche abstrakte Definition des Begriffs „Staat" ist für die hier unternommene Untersuchung nicht sinnvoll. Der Begriff „Staat" ist semantisch uneindeutig.[171] Erkenntnisbringend kann nur eine kontextabhängige Interpretation binnen der Bedeutung des Begriffs „Staatsgewalt" in Art. 20 Abs. 2 GG sein. Danach ist der Staat als Subjekt zu denken [siehe oben C. II. 1. b) aa)]. Um diesen Zugriff auf das Konzept „Staat" für die konkrete Subsumtion fruchtbar zu machen, müssen Kriterien gefunden werden, nach denen Einheiten als Teile des Staates qualifiziert und beschrieben werden können. Dies soll jeweils mit Blick auf die in Rede stehenden Verwaltungsträger geschehen.

Die Komplexität der Überschneidungsbereiche von Staats- und gesellschaftlicher Sphäre im Hinblick auf Einflussimpulse und ihre Wirkungen[172] bringt es mit sich, dass notwendig ein Bereich besteht, in dem keine zwingenden Kriterien den Ausschlag für die Einordnung geben können, sondern eine wertende Gesamtanalyse[173] vorgenommen werden muss. Ungeachtet dessen lässt sich bereits im ersten Zugriff nach der institutionellen Anbindung[174] abstufen: Die staatseigene Ministerialverwaltung ist dem Staat organisatorisch näher als die Körperschaften des öffentlichen Rechts, die wiederum vor allem als Folge des ihnen zugrunde liegenden öffentlich-rechtlichen Kreationsaktes näher am Staat liegen als beliehene Private [siehe im Kontext der verwaltungsorganisationsrechtlichen Verortung der Ethikkommissionen oben B. II. 1. a)]. In jedem Fall fordert das kategorische Gebot des Art. 20 Abs. 2 GG eine eindeutige Bestimmung, welche die Frage nach dem Staatlichen der Gewalt entweder bejaht oder verneint; ein skalierendes Modell[175] ohne klare Unterscheidungsgrenze ist für die Zwecke des Gebots demokratischer Legitimation ungeeignet.

---

170 *Kluth*, in: Wolff/Bachof/Stober, Bd. 3, § 85 Rn. 4.

171 *Emde*, S. 210.

172 *Schmidt-Aßmann*, AöR 116 (1991), S. 329 (342 f.), der „Einfluß-, Kontroll- und Abhängigkeitsverhältnisse" nennt, an welche die verwaltungsrechtliche Legitimationslehre anknüpfen könne; *Schuppert* (1981), S. 88 ff.; siehe *Steinberg*, S. 229 ff.

173 *Schmidt-Aßmann*, AöR 116 (1991), S. 329 (343).

174 Siehe ähnlich („Eingliederung in die Sphäre der öffentlichen Gewalt") *Di Fabio*, JZ 1999, S. 585 (587).

175 Zu einem anderen als dem hier gewählten Ansatz siehe *Schuppert* (1981), S. 93 ff., mit einer ebenfalls an den verwaltungsorganisatorischen Strukturen anknüpfenden Abstufung auf „einer Skala mit den Endpunkten privat und staatlich". Eine Aufteilung in „[s]taatliche Organisationseinheiten, quasi-staatliche Organisationseinheiten, die zwar nicht so ‚aussehen', aber funktional der Verwaltung/Regierung zuzurechnen sind, fast-staatliche Organisationseinheiten, die nicht der staatlichen Verwaltung zuzuschlagen sind, aber gesteigerter öffentlicher Verant-

(2) Ministerialverwaltung als Bestandteil des als Subjekt begriffenen Staates

Unzweifelhaft zum Staat zählende Verwaltungseinheiten[176] sind jene, die der Ministerialverwaltung angehören.[177] Die Ministerialverwaltung wird vom Grundgesetz angesprochen (siehe Art. 86 S. 1 und Art. 87 Abs. 1 S. 1 GG, in denen der Terminus „Bundes*eigen*verwaltung“[178] verwendet wird); auch in den Landesverfassungen findet sie Erwähnung (siehe Art. 25 Abs. 3 S. 2 der Verfassung des Landes Baden-Württemberg, wo sie als „Regierung“ bezeichnet und zur Selbstverwaltung kontrastiert wird). Die hier relevante Eigenheit der Ministerialverwaltung ist ihre vollumfängliche existenzielle Dependenz vom Staat, wie er vom Grundgesetz und den Landesverfassungen konstituiert wird. Die Verwaltungseinheiten der Ministerialverwaltung sind in sachlicher, personeller, organisatorischer und finanzieller Hinsicht in hierarchisch nachgeordneter Weise Objekt der Leitungsgewalt[179] von Verfassungsorganen, nämlich – nach dem vorherrschenden klassischen Aufbaumuster – der Regierungen.[180] Die Ministerialverwaltung ist derart definiert, dass keine ihrer Manifestationen auch nur teilweise in Unabhängigkeit von verfassungsmäßig kreierten und damit staatlichen Organen bestehen kann. Aus dieser existenziellen Nachordnung zu Organen, die durch die Verfassung geschaffen werden, folgt im Wege der systematischen Auslegung, dass die Ministerialverwaltung Teil des Subjekts „Staat“ ist, dessen Handlungen als Staatsgewalt im Sinne des Demokratieprinzips des Art. 20 Abs. 2 GG einzuordnen sind.

(3) Mittelbare Staatsverwaltung als Bestandteil des als Subjekt begriffenen Staates

Während die Ministerialverwaltung eindeutig dem Herrschaft ausübenden Subjekt „Staat“ zuzählt, bedarf dies für die mittelbare Staatsverwaltung der näheren Betrachtung. Für die Beurteilung der Tätigkeit der Ethikkommissionen sind lediglich

---

wortung unterliegen (sollten) und nichtstaatliche Organisationen“ (S. 166) mag erkenntnistheoretisch dienlich sein, hilft jedoch kaum, die spezifische Frage nach der Anwendbarkeit des Legitimationsgebots zu beantworten; insbesondere führt ein Abstellen auf „Abhängigkeitsstufen“, die sich auch nach der Weisungsabhängigkeit bestimmen (S. 169 ff.), dazu, dass innerhalb der Legitimationsfrage die Zustände, deren Zulässigkeit gerade beantwortet werden soll (beispielsweise die Weisungsfreiheit), als Prämissen der Deduktion eingesetzt werden.

[176] Zum Terminus „Verwaltungseinheit“ *Kluth*, in: Wolff/Bachof/Stober, Bd. 3, § 83 Rn. 89 ff.

[177] *Schmidt*, S. 132; so jedenfalls auch *Röhl*, S. 132, wonach „alles durch öffentlichrechtlich verfaßte Organisationen produzierte staatliche Handeln zur Staatsgewalt zu zählen ist“; ebenfalls *Schmidt-Aßmann*, AöR 116 (1991), S. 329 (343), der sämtliche in öffentlichrechtlicher Organisationsform verfassten Einrichtungen als „Träger staatlicher Gewalt i. S. des Art. 20 Abs. 2 GG“ ansieht.

[178] Hervorhebung durch den Verfasser.

[179] *Kluth*, in: Wolff/Bachof/Stober, Bd. 3, § 85 Rn. 4.

[180] *Kluth*, in: Wolff/Bachof/Stober, Bd. 3, § 85 Rn. 11 ff.

die Körperschaften des öffentlichen Rechts und Private bedeutsam. Beide sollen hier begrifflich als Teile der mittelbaren Staatsverwaltung eingeordnet werden.[181]

(a) Körperschaften des öffentlichen Rechts und öffentlich-rechtliche Ethikkommissionen

Körperschaften des öffentlichen Rechts leiten ihre Existenz von einem staatlichen Kreationsakt ab: Sie werden nicht privatautonom, sondern durch ein Gesetz oder durch einen auf einer gesetzlichen Grundlage beruhenden Hoheitsakt errichtet.[182] Selbstverwaltung findet nur dort statt, wo das Recht bestimmte Bereiche der Selbstverwaltung zuordnet.[183] Bereits dieser konkrete, unmittelbar vom Staat ausgehende Kreationsakt rechtfertigt es, Handlungen der Körperschaften aus der Perspektive der demokratischen Legitimation dem Staat zuzuordnen.[184] Anders als private Personen sind Körperschaften nicht vorstaatlich, vielmehr leiten sie sich originär-existentiell vom Staat ab. In der Dichotomie von Staat und Individuum sind die öffentlich-rechtlichen Körperschaften daher auf der Staatsseite angesiedelt.

Dies gilt umso mehr, als auch ihr Zweck – abgesehen von den Formalkörperschaften, die hier nicht in Rede stehen – stets ein öffentlich-rechtlicher ist.[185] Private Interessen fördernde Effekte sind lediglich faktischer oder reflexartiger Natur.[186] Die Tatsache, dass in den Körperschaften private Personen – mit jeweils notwendig individuellen Interessen – organisiert sind, ändert nichts an der Staatlichkeit der Körperschaften. Die Verwirklichung ihrer privaten Interessen ist lediglich ein Ne-

---

[181] So auch *Maurer*, Allgemeines Verwaltungsrecht, § 23 Rn. 1; anders *Kluth*, in: Wolff/Bachof/Stober, Bd. 3, § 86 Rn. 5 mit der Ausnahme von Trägern funktionaler Selbstverwaltung und „weitere[n] Funktionssubjekte[n] mit besonderem Rechtsstatus". Auf den Streit darüber, ob und gegebenenfalls inwieweit Träger kommunaler und funktionaler Selbstverwaltung unter den Terminus „mittelbare Staatsverwaltung" gefasst werden können, kommt es hier nicht an (siehe dazu *Kluth* [1997], S. 26 ff.).

[182] *Kluth*, in: Wolff/Bachof/Stober, Bd. 3, § 87 Rn. 8; *Kluth* (1997), S. 232; *Scheuner*, in: Gedächtnisschrift Hans Peters, S. 797 (805).

[183] *Kluth* (1997), S. 24, sieht die „Zuordnung einer Organisation zum Bereich des Staates bzw. die Wahrnehmung von aus der staatlichen Kompetenzordnung abgeleiteten Aufgaben" als „[u]nausgesprochene Voraussetzung der Begriffsbildung" eines staatsrechtlichen Rechtsbegriffs der funktionalen Selbstverwaltung; *Schmidt-Aßmann*, in: Gedächtnisschrift Martens, S. 249 (261), mit Bezug auf die Notwendigkeit gesetzlicher Fundierung selbstverwaltungsrechtlicher Autonomie.

[184] Auf den „Gründungsvorgang" stellt – hinsichtlich privater Subjekte – auch ab *Schmidt-Aßmann*, AöR 116 (1991), S. 329 (346).

[185] *Kluth*, in: Wolff/Bachof/Stober, Bd. 3, § 87 Rn. 12 f; siehe auch Art. 25 Abs. 3 S. 3 und Art. 69 der Verfassung des Landes Baden-Württemberg, wonach die Selbstverwaltung pauschal als Teil der Exekutive eingeordnet wird (siehe *Emde*, S. 209, dort Fn. 1, der daran zweifelt, ob der baden-württembergische Verfassungsgeber diese pauschale Einordnung tatsächlich vornehmen wollte); *Schmidt-Aßmann*, AöR 116 (1991), S. 329 (344), der – insofern zweifelhaft – auf die „aktuelle[n] oder potentielle[n] Möglichkeiten zu autoritativer Entscheidung oder Selbstdarstellung" verweist.

[186] *Kluth*, in: Wolff/Bachof/Stober, Bd. 3, § 87 Rn. 12.

beneffekt, um dessentwillen die jeweilige Körperschaft nicht gegründet wurde.[187] Was den öffentlich-rechtlichen Körperschaftszweck anbetrifft, so sind die Körperschaftsmitglieder auf ihre diesbezüglich funktionale Dimension reduziert.[188]

Das Handeln der Körperschaften des öffentlichen Rechts – mithin auch jenes der Ärztekammern und der Hochschulen – ist demnach Staatsgewalt, soweit es gemäß den obigen Feststellungen auch als Gewalt zu qualifizieren ist. Dies gilt auch für die bei den Körperschaften angesiedelten Ethikkommissionen. Die Kommissionen sind Organe der Selbstverwaltungskörperschaften [siehe oben B. II. 1. c) bb) (2)]. Die für die Körperschaften selbst festgestellte existenzielle Dependenz vom Staat gilt damit auch für die Kommissionen. Neben der organisatorischen Einbindung als phänomenologischer Befund folgt dies aus den durch die Körperschaften erlassenen und letztlich auf gesetzlicher Satzungsermächtigung beruhenden, mithin öffentlich-rechtlichen Satzungen, welche die Ethikkommissionen erschaffen [siehe oben B. I. 4. b)].

(b) Beliehene private Ethikkommissionen

Die privaten Ethikkommissionen handeln als Beliehene [siehe oben B. II. 2. b)]. Ein unmittelbares Handeln Privater stellt im ersten Zugriff den staatlichen Charakter der handelnden Institution in Frage.[189] Zur Qualifikation des Handelns als Staatsgewalt bedarf es eines Grundes, der es als ein Staatshandeln erscheinen lässt. In diesem Fall wäre die letzte demokratisch zu legitimierende Entscheidung innerhalb der bei der Entscheidung des Beliehenen endenden Wirkungskette die Beleihung selbst, denn sie wird von einem Verwaltungsträger, einer dem Subjekt Staat zuzuordnenden Einheit getroffen.[190]

Durch den Beleihungakt treten die Beliehenen gleichsam an die Stelle des beleihenden Verwaltungsträgers. Deutlich wird dies durch eine Alternativbetrachtung aus zwei Perspektiven. Einerseits käme dem Verwaltungsträger die jeweilige Aufgabenwahrnehmung zu, wenn er sie nicht durch Beleihung externalisierte. In diesem Fall läge eindeutig ein Handeln des Staates vor. Andererseits versetzt erst der Verwaltungsträger den Privaten in die Lage, überhaupt auf der Grundlage öffentlichen

---

[187] Dies verkennt *Schmidt*, S. 156 ff., der auf einen „qualitativen Aspekt" der Betroffenenbeteiligung in ihrer jeweiligen Funktion abstellt und damit impliziert, dass es Fälle gibt, in denen kein staatlicher Zweck gegeben ist oder sein Anteil zumindest nicht ausreicht, um die Selbstverwaltung als „Staatsgewalt" einzuordnen. Im letzten Fall wird das Kriterium schon aufgrund seiner Unschärfe untauglich: Die Frage nach dem Vorliegen von Staatsgewalt ist eine Frage nach dem „Ob" der Legitimation und verlangt daher nach eindeutigeren Kriterien.

[188] Dies wird nicht hinreichend deutlich bei *Emde*, S. 209, der die Selbstverwaltung als „Übergangsphänomen[...] zwischen den beiden Antipoden" Staat und Gesellschaft bezeichnet.

[189] Siehe *Britz*, VerwArch 91 (2000), S. 418 (425); *Schmidt-Aßmann*, AöR 116 (1991), S. 329 (346) („Privatrechtssubjekte werden [...] von Art. 20 Abs. 2 GG grundsätzlich nicht erfaßt").

[190] Dazu andeutungsweise hinsichtlich gemischt-wirtschaftlicher Unternehmen *Schmidt-Aßmann*, AöR 116 (1991), S. 329 (346).

Rechts zu handeln.[191] Die in Frage stehende Handlung könnte mit ihrer spezifisch öffentlich-rechtlichen Qualität von einem Privaten ohne die Beleihung nicht vorgenommen und erzielt werden. Vor allem dies begründet das durch die Beleihung gestiftete Zurechnungsverhältnis[192] von Beliehenem und Verwaltungsträger.

Diese Alternativperspektiven sind in Bezug auf die Idee der Selbstbestimmung als Ausgangspunkt des Demokratieprinzips zu bewerten. Das Idealkonzept der Selbstbestimmung gebietet es, zu verhindern, dass sich der Staat durch eine Externalisierung der Gewaltausübung dem Legitimationsgebot entzieht. Dies gilt nicht nur für obrigkeitliches Handeln, hinsichtlich dessen die Einschränkung von Selbstbestimmung evident ist,[193] sondern auch für schlicht-hoheitliches Handeln,[194] mittels dessen zwar keine Rechts-, jedoch tatsächliche Wirkungen erzielt werden; auch die – ebenfalls zu den beleihungsspezifischen Handlungsmodi zählende [siehe oben B. II. 2. b) aa)] – schlicht-hoheitliche Tätigkeit berührt die Selbstbestimmung von Personen. Somit müssen auch bei einem mittelbaren Handeln des Staates durch Beliehene die Handlungen des Beliehenen legitimiert sein, soweit sie aufgrund der Beleihung vorgenommen werden[195]. Anknüpfungspunkt des Gebots demokratischer Legitimation ist damit das Handeln des Beliehenen, nicht lediglich der Akt der Beleihung durch den jeweiligen Verwaltungsträger.

Auch die privaten Ethikkommissionen sind daher als Teil des als Subjekt begriffenen Staates anzusehen.

(4) Zwischenergebnis: Ethikkommissionen als Staatsteile im Sinne des als Subjekt begriffenen Staates

Die Ethikkommissionen sind somit institutionell Teile des Staates im Sinne des Gebots demokratischer Legitimation. Von ihnen ausgehende Wirkungen, die im obig beschriebenen Sinne als Gewalt anzusehen sind, sind daher Staatsgewalt im Sinne des Art. 20 Abs. 2 GG. Dies gilt für die öffentlich-rechtlichen Ethikkommissionen – sowohl für jene, die in der unmittelbaren Staatsverwaltung angesiedelt sind, als auch für jene, die Organe von Körperschaften des öffentlichen Rechts sind – und für die privaten Ethikkommissionen.

---

[191] Das damit angesprochene Kriterium bezeichnet *Schmidt-Aßmann*, AöR 116 (1991), S. 329 (346), unscharf als „Aufgabenkriterium“.

[192] *Ramsauer*, in: Kopp/ders., § 1 Rn. 21b.

[193] Einseitige, rechtsfolgensetzende Entscheidungen sind von vornherein dem Staat vorbehalten (*Britz*, VerwArch 91 [2000], 418 [428]; *Di Fabio*, JZ 1999, S. 585 [591]; *Grimm*, in: Voigt, S. 27 [49 f.], der eine Aufgabe des Staates darin sieht, „die fehlende Aufmerksamkeit der autonomen Subsysteme für ihre Umwelt“ zu kompensieren, auf die er immerhin mit der ihm exklusiv zukommenden „Ressource rechtlichen Zwangs“ Einfluss nehmen könne; *Grimm*, in: ders., Staatsaufgaben, S. 773 [„legale(...) Gewalt“]).

[194] *Schmidt-Aßmann*, AöR 116 (1991), S. 329 (342).

[195] Siehe zu dieser Einschränkung *Schmidt-Aßmann*, AöR 116 (1991), S. 329 (346).

2. Legitimation der Gesamtheit des Verhaltens konkreter Verwaltungsstellen

Eine generelle legitimatorische Bewertung des Verhaltens konkreter Verwaltungsstellen, wie hier der Ethikkommissionen, setzt eine Perspektive auf die Gesamtheit des potentiellen Verhaltens dieser Stellen voraus.[196] Diese Gesamtheit wird durch zwei normative Faktoren bestimmt: Durch den zugewiesenen Zuständigkeitsbereich der Stelle und, innerhalb dieses Zuständigkeitsbereichs, durch die materielle Programmierung der Entscheidungen.

Der Preis einer Beurteilung der generellen Legitimation des gesamten Verhaltens von Organisationseinheiten statt der konkreten Legitimation einzelner Handlungen ist die Verallgemeinerung von der Betrachtung der Einzelhandlung auf eine hypothetische Handlungstotalität. In zweierlei Hinsicht tritt eine Verunschärfung ein: Es wirkt verallgemeinernd, dass eine Vielzahl und nicht eine einzelne Entscheidung bewertet wird, und überdies sind diese Entscheidungen hypothetisch: Weder ist sicher, ob sie überhaupt getroffen werden, noch ist ihr Inhalt vorherbestimmt.

3. Ergebnis zum Legitimationsobjekt: Sämtliche Aktivität der Ethikkommissionen als Staatsgewalt

Die Tätigkeit der hier untersuchten Ethikkommissionen ist damit Staatsgewalt im Sinne des in Art. 20 Abs. 2 GG verfassten Demokratieprinzips: Ihr Verhalten ist Gewalt und die Kommissionen selbst sind sämtlich Teile des für die Zwecke des Art. 20 Abs. 2 GG als fremdbestimmendes Subjekt begriffenen Staates.

III. Subjekt der Legitimation

Innerhalb des prozeduralen Legitimationszusammenhangs nimmt das in Art. 20 Abs. 2 S. 1 GG genannte Volk die Funktion des exklusiven Legitimationssubjekts ein, an das die Ausübung von Staatsgewalt in durch den Legitimationsprozess spezifischer Weise rückgekoppelt sein muss [siehe im Überblick auch oben C. I. 4. b)]. Um ausgeübte Staatsgewalt auf ihre demokratische Legitimation zu untersuchen, muss dieses Legitimationssubjekt beschrieben werden. Die Einordnung staatlichen Verhaltens als Staatsgewalt und die Beschreibung der prozeduralen Eigenschaften

---

[196] Eine vergleichbare Perspektive nimmt *Pöcker*, Der Staat 41 (2002), S. 616 (635), ein, der zwischen einer „Makro-Ebene", die „alle Einzelfälle" umfasst, und einer konkret-einzelfallbezogenen „Mikro-Ebene" unterscheidet, dabei jedoch nicht den Bezug zu bestimmten institutionellen Einheiten herstellt, sondern allgemein die Hinnahme einer „nicht quantifizierbar[en]" „Steuerungsungenauigkeit" auf der „Makro-Ebene" postuliert.

des legitimatorischen Prozesses [siehe unten C. IV.] sind, für sich betrachtet, unzureichend, um zu bestimmen, ob dem Legitimationsgebot genügt ist: Es muss festgestellt werden, auf welches Subjekt die ausgeübte Staatsgewalt legitimatorisch zurückgeführt werden soll.[197]

Der Begriff „Volk" wird von Art. 20 Abs. 2 GG nicht explizit weiter konkretisiert.[198] Da der unmittelbare Normwortlaut keine Aufschlüsse liefert, bedarf es der Auslegung anhand der weiteren klassischen Auslegungskriterien [siehe oben C. I. 3.]. Für die Frage der Legitimation der Tätigkeit der bei den Ärztekammern und den Hochschulen angesiedelten öffentlich-rechtlichen Ethikkommissionen ist vor allem eine Unterfrage relevant, nämlich jene der Legitimation der funktionalen Selbstverwaltung. Speziell ist zu fragen, ob das Demokratieprinzip des Grundgesetzes neben dem Bundesstaatsvolk sowie den Landesvölkern[199] und den Völkern der Gemeinden und Kreise[200] weitere „Verbandsvölker"[201], bestehend aus den Mitgliedern der Träger der funktionalen Selbstverwaltung, als Legitimationssubjekte anerkennt. Diese Frage kann jedoch nur im Zusammenhang mit den gesamten sich unter dem Topos „Volk" entfaltenden normativen Facetten des Art. 20 Abs. 2 GG beantwortet werden.

1. Volk als aktive Gesamtheit der Volkszugehörigen

Art. 20 Abs. 2 S. 1 GG nennt ausdrücklich das „Volk" als einziges[202] Legitimationssubjekt. Mit der Formulierung in Art. 20 Abs. 2 S. 2 GG „Sie wird vom Volke in Wahlen und Abstimmungen [...] ausgeübt" ist bestimmt, dass das letzte Glied der Legitimationskette eine Willensäußerung des Volkes sein muss.[203] Der Modus der Wirkung des Volkes auf Bestand und Verhalten der Staatsgewalt wird somit bestimmt. Das Subjekt „Volk" wird jedoch in keinem der beiden Sätze des Art. 20 Abs. 2 GG definiert. Damit bleibt zwar der Kern des Volksbegriffs zu einem erheblichen Teil unbestimmt, doch zeigt die Norm bereits, wie das Volk in das Konzept demokratischer Legitimation eingebunden wird: Während der erste Satz den Begriff des Volkes als abstrakte Legitimationseinheit anspricht, begreift der zweite Satz das Volk als

---

[197] So auch *Schmidt-Aßmann*, AöR 116 (1991), S. 329 (348).

[198] Siehe *Dreier*, in: ders., Bd. II, Art. 20 (Demokratie) Rn. 94.

[199] Zur Anerkennung des Bundesvolkes und der Landesvölker als Legitimationssubjekte BVerfGE 83, 37 (50); BVerfGE 83, 60 (81); *Dreier*, in: ders., Bd. II, Art. 20 (Demokratie) Rn. 94; *Grawert*, in: Isensee/Kirchhof, HStR II, § 16 Rn. 33 f.; *Huber*, Peter M., DÖV 1989, S. 531 (533); *Jestaedt* (1993), S. 210 ff.; *Quaritsch*, DÖV 1983, S. 1 (3); *Schink*, DVBl. 1988, S. 417 (423 ff.); *Schmidt-Aßmann*, AöR 116 (1991), S. 329 (349 f.).

[200] *Dreier*, in: ders., Bd. II, Art. 20 (Demokratie) Rn. 96.

[201] Den Begriff „Verbandsvolk" verwendet wohl als erster Autor *Brohm*, S. 253 ff.

[202] *Jestaedt* (1993), S. 205.

[203] BVerfGE 52, 95 (130); *Jestaedt* (1993), S. 205; *Schmidt-Aßmann*, AöR 116 (1991), S. 329 (348).

aktive, nämlich in spezifischer Form wirkende Gesamtheit der Volkszugehörigen.[204] Für die Frage der Legitimation der Verwaltung ist der Begriff des Volkes in der zweiten Bedeutung relevant. Die Legitimation von Staatsgewalt verlangt eine Rückführbarkeit auf Entscheidungsäußerungen des Volkes. Damit schneidet Art. 20 Abs. 2 S. 2 GG aus dem umfassenden Volksbegriff des Art. 20 Abs. 2 S. 1 GG jene Menge der Volkszugehörigen aus, die durch spezifische Aktivität an der Funktion des Legitimationszusammenhanges partizipieren. Dem von Art. 20 Abs. 2 S. 1 GG angesprochenen „Volk" als verfassungskonstituiertem Souverän werden diese Willensäußerungen zugerechnet.[205] Diese Zurechnung ist jedoch abstrakt und daher für die Frage nach den konkreten Formen der Legitimation von Staatsgewalt nicht relevant.

Für die Frage der demokratischen Legitimation ist daher Subjekt das Volk in seinem aktiven Status, wie es von Art. 20 Abs. 2 S. 2 begriffen wird. Der geforderte Legitimationszusammenhang ist eine Wirkungskette, die ihren Anfang bei einem aktiv Legitimation stiftenden Volk nimmt.

2. Verfassungsexplizite „Völker"

Der Volksbegriff des Art. 20 Abs. 2 S. 1 GG ist zunächst [zu der – zu verneinenden – Frage möglicher weiterer Legitimationssubjekte siehe unten C. III. 4. b)] als „Staatsvolk", als Personengesamtheit der Mitglieder des Bundesstaatsverbandes zu verstehen. Dieser Staatsbezug[206] wird belegt durch den Wortlaut des Art. 20 Abs. 2 S. 1 GG, der das Adjektiv „demokratisch" auf den Bundes*staat* bezieht, durch die Formulierung des Art. 20 Abs. 2 S. 1 GG, wonach alle *Staats*gewalt vom Volk ausgehen muss, sowie durch die Tatsache, dass die Existenz des Staates apriorische Verwirklichungsbedingung staatlicher Demokratie ist.[207] Die Qualität des Bundesstaatsvolkes als Legitimationssubjekt ist mithin schon aus dem Verfassungswortlaut eindeutig. Das Bundesstaatsvolk wird im Ausgangspunkt ausschließlich aus deutschen Staatsangehörigen konstituiert.[208] Dies ergibt sich vor allem aus dem systematischen Zusammenhang des Art. 20 Abs. 2 GG mit der Präambel des Grundgesetzes, mit Art. 33 Abs. 1 und 2 GG, mit Art. 56 GG, mit Art. 64 Abs. 2 GG sowie

---

[204] *Jestaedt* (1993), S. 207; *Rauch*, S. 94.

[205] *Jestaedt* (1993), S. 207.

[206] Zum ausschließlichen Staatsbezug des Demokratieprinzips BVerfGE 83, 37 (50 f.); *Herzog*, in: Maunz/Dürig, Art. 20, I, Rn. 51; *Klein*, Hans Hugo, in: Festschrift Forsthoff, S. 165 (171); *Krüger*, in: Festschrift Rechtswissenschaftliche Fakultät 600-Jahr-Feier Universität Köln, S. 723 (742); *Jestaedt* (1993), S. 172 und 207.

[207] *Jestaedt* (1993), S. 178.

[208] BVerfGE 83, 37 (51); *Böckenförde*, in: Isensee/Kirchhof, HStR II, § 24, Rn. 26 ff., 46; *Grawert*, in: Isensee/Kirchhof, HStR II, § 16, Rn. 59; *Huber*, Peter M., DÖV 1989, S. 531 (532 ff.); *Isensee*, in: Festschrift Mikat, S. 705 (718 ff.); anders *Bryde*, StWStP 5 (1994), S. 305 (322): „Volk ist [...] lediglich eine Kurzformel für Menschen".

mit Art. 146 GG.[209] Demzufolge kann man vom Volk im Sinne des Art. 20 Abs. 2 S. 1 GG als Staatsangehörigenverband sprechen oder, präziser, vom Staats*bürger*verband[210], da das für die demokratische Legitimation relevante Volk als Gesamtheit der im Legitimationsprozess *aktiven* Staatsangehörigen verstanden wird.[211]

Allerdings ist der verfassungsrechtliche Volksbegriff nicht auf eine Gesamtheit *aller* Staatsangehörigen beschränkt. Art. 20 Abs. 2 GG begreift zwar *jedenfalls* das Bundesstaatsvolk als Subjekt der dort geforderten demokratischen Legitimation. Jedoch benennt die Verfassung an anderer Stelle ausdrücklich weitere „Völker" in einer Funktion als Legitimationssubjekte.[212] So ist in Art. 28 Abs. 1 S. 1 und 2 GG bestimmt:

> „Die verfassungsmäßige Ordnung in den Ländern muß den Grundsätzen des republikanischen, demokratischen und sozialen Rechtsstaates im Sinne dieses Grundgesetzes entsprechen. In den Ländern, Kreisen und Gemeinden muß das Volk eine Vertretung haben, die aus allgemeinen, unmittelbaren, freien, gleichen und geheimen Wahlen hervorgegangen ist."

In dieser Norm liegt die explizite Anerkennung von Landes-, Kreis- und Gemeindevölkern.[213]

Das somit als verfassungsrechtliches Subjekt etablierte Landesvolk[214] ist ein Ausschnitt des Gesamtvolkes: Es ist kategoriell dem Gesamtvolk insofern gleich, als es sich auch beim Landesvolk um eine staatsrechtliche Kategorie handelt, als es ebenfalls das personelle Substrat einer allzuständigen Gebietskörperschaft ist und als es gleichfalls an die Staatsangehörigkeit anknüpft.[215] Umgrenzungsmerkmal des Ausschnittes ist, dass – zusätzlich zur Staatsangehörigkeit – der Landeswohnsitz

---

[209] BVerfGE 83, 37 (51); siehe auch *Grawert*, in: Isensee/Kirchhof, HStR II, § 16, Rn. 59 (wonach sich die „Beschränkung der Wahlrechte auf Deutsche [...] aus dem Funktions- und Legitimationszusammenhang des Art. 38 mit Art. 20 Abs. 2 GG und Art. 28 Abs. 1 S. 2 GG [ergibt]").

[210] Siehe mit eingehender Begründung *Jestaedt* (1993), S. 207 ff.

[211] Das Bundesvolk ist auch in der Rechtsprechung des Bundesverfassungsgerichts vielfach als Legitimationssubjekt genannt, siehe BVerfGE 44, 125 (142); BVerfGE 77, 1 (40).

[212] BVerfGE 83, 37 (55) ausdrücklich mit der Bezeichnung des Landesvolkes als „Legitimationssubjekt"; BVerfGE 83, 60 (75) mit der Aussage, den Gemeinden und Kreisen ordne Art. 28 Abs. 1 S. 2 GG ein „Volk" zu, das demokratische Legitimation vermittele.

[213] Für die Gemeindevölker *v. Arnim*, AöR 113 (1988), S. 1 (9 f.); die Landesvölker wurden in der Rechtsprechung des Bundesverfassungsgerichts als Legitimationssubjekte angesehen unter anderem in BVerfGE 8, 104 (116) und BVerfGE 8, 122 (135 ff.). Die verfassungsausdrückliche Nennung dieser „Völker" ignoriert *Bryde*, StWStP 5 (1994), S. 305 (318), der auf der Basis dieser Ausblendung des Verfassungswortlauts versucht, den Föderalismus und die Selbstverwaltung für einen Pluralismus der Legitimationssubjekte in Stellung zu bringen.

[214] So in der Rechtsprechung des Bundesverfassungsgerichts explizit BVerfGE 102, 224 (235) („Landesvolk"); ähnlich BVerfGE 99, 1 (7, 17) („Volksvertretungen in den Ländern") und BVerfGE 107, 59 (87) („Landesstaatsvolk").

[215] *Jestaedt* (1993), S. 211 f.

notwendige Voraussetzung der Zugehörigkeit zum Landesvolk ist.[216] Somit kann man von den Landesvölkern als Teilmengen des Gesamtvolkes sprechen.[217]

Ähnliches gilt für die Gemeinden und Kreise. Zwar ist das Gemeinde- oder Kreisvolk kein Staatsvolk, da beiden Einheiten keine Staatsqualität zukommt. Auch ist die deutsche Staatsangehörigkeit nicht notwendige Voraussetzung für die Zugehörigkeit zum legitimatorisch relevanten Gemeindevolk, weil auch EU-Ausländer gemäß Art. 28 Abs. 1 S. 3 GG das aktive und passive Wahlrecht haben. In ihren für die Frage der demokratischen Legitimation bedeutsamen Aspekten sind die kommunalen Gebietskörperschaften und ihr Verhältnis zum jeweiligen Gebietsvolk jedoch gleich: Wenigstens die Gemeinden sind ebenfalls allzuständige Gebietskörperschaften, insofern mithin staatlicher Natur,[218] die Staatsgewalt ausüben, und das Gemeindevolk ist ihr personelles Substrat. Auch das Gemeinde- und Kreisvolk enthält einen Ausschnitt, eine Teilmenge aus dem Staatsvolk,[219] das an den Wohnsitz anknüpft, allerdings wird dieser Ausschnitt um die EU-Ausländer ergänzt.[220]

Die von der Verfassung ausdrücklich normativ aufgefassten Völker sind sonach die Staatsvölker (Bundesvolk und Landesvölker), die Gemeindevölker und die Kreisvölker. Weitere Volksbegriffe sind nicht expliziter Bestandteil des Grundgesetzes. Die hier zudem relevante Frage, ob in Körperschaften als Träger funktionaler Selbstverwaltung zusammengefasste Kollektive ebenfalls als Legitimationssubjekte fungieren können, wird jedenfalls nicht durch eine explizite Regelung des Verfassungstextes beantwortet.

3. Problemstellung: Legitimationssubjekte der Ethikkommissionen

Einerseits ist das jeweilige Legitimationssubjekt Ausgangspunkt der sich innerhalb des Legitimationsprozesses entfaltenden Wirkungen und seine Identifikation damit Voraussetzung der Analyse des Legitimationsvorgangs, andererseits kommt als Legitimationssubjekt überhaupt nur ein Subjekt in Betracht, das auf die Konstitution und/oder die Aktivität einer Staatsgewalt ausübenden Stelle Einfluss hat. Dieser Erkenntniszirkel lässt sich durchbrechen, indem im Wege einer Teilantizipation bereits jene Legitimationssubjekte festgestellt werden, die für einen solchen Einfluss

---

[216] *Jestaedt* (1993), S. 212.

[217] *Dreier*, in: ders., Bd. II, Art. 20 (Demokratie) Rn. 95 („teilidentisch“); *Jestaedt* (1993), S. 212; *Kluth* (1997), S. 356 („Untergliederungen des Staatsvolkes“); *Schmidt-Aßmann*, AöR 116 (1991), S. 329 (349).

[218] *Jestaedt* (1993), S. 212.

[219] *Jestaedt* (1993), S. 21.

[220] Siehe generell zur strukturellen Ähnlichkeit des Gemeinde- und Kreisvolkes mit dem Staatsvolk *Böckenförde*, in: Isensee/Kirchhof, HStR II, § 24, Rn. 31; *Dreier*, in: ders., Bd. II, Art. 20 (Demokratie) Rn. 96; *Jestaedt* (1993), S. 212; *Kluth* (1997), S. 356; *Schmidt-Aßmann*, AöR 116 (1991), S. 329 (349 f.).

in Frage kommen; die Untersuchung des Legitimationsvorgangs selbst soll einem weiteren Schritt vorbehalten werden [siehe zum Legitimationsprozess unten C. IV.].

Als Legitimationssubjekte jener öffentlich-rechtlichen Ethikkommissionen, die unmittelbar in der Landesverwaltung angesiedelt sind, geraten schon aufgrund der verwaltungsorganisationsrechtlichen Verortung zunächst die jeweiligen Landesvölker in den Blick. Mit Blick auf die Konstitution kommt insoweit, als diese Kommissionen nach der Röntgenverordnung oder der Strahlenschutzverordnung tätig werden, zusätzlich das Bundesvolk als Legitimationssubjekt in Betracht; die entsprechenden Bestimmungen verlangen eine Registrierung durch Bundesbehörden, nämlich durch das Bundesamt für Strahlenschutz. Die Kommissionstätigkeit wird vor allem durch bundesrechtliche Gesetzes- und Verordnungsbestimmungen programmiert, so dass insofern – auch im Arzneimittelbereich und im Medizinproduktebereich – das Bundesvolk als Legitimationssubjekt fungieren kann.

Für die privaten Ethikkommissionen gilt, was den institutionellen Aspekt der Kommissionen anbetrifft, aufgrund des jeweils erforderlichen Registrierungsaktes ebenfalls die mögliche Legitimationssubjektsfunktion des Bundesvolkes. Gleiches gilt hinsichtlich ihrer Aktivität; auch diese wird primär durch Bundesrecht bestimmt.

Damit lassen sich für die in der Landesverwaltung eingerichteten und die privaten Ethikkommissionen bereits im ersten Zugriff Legitimationssubjekte zumindest plausibel identifizieren, die von der Verfassung explizit genannt werden.

Problematischer ist dies hinsichtlich der Ethikkommissionen, die in der funktionalen Selbstverwaltung angesiedelt sind. Für die Tätigkeit der bei den Ärztekammern und den Hochschulen eingerichteten Kommissionen kommt ein alternatives Subjekt in Betracht, auf das sie sich legitimatorisch zurückführen lassen: Hier könnten die jeweiligen „Verbandsvölker", die in den Trägern der funktionalen Selbstverwaltung zusammengefassten Personengesamtheiten, als Legitimationssubjekte fungieren. Deren Tauglichkeit als Legitimationssubjekte im Sinne des Art. 20 Abs. 2 GG muss daher untersucht werden.

4. Legitimationssubjekt der funktionalen Selbstverwaltung: Keine Anerkennung von „Verbandsvölkern"

Ob „Verbandsvölker" der funktionalen Selbstverwaltung als Legitimationssubjekte anerkannt werden können, ist ausschließlich anhand des grundgesetzlichen Maßstabes zu bestimmen. Außerverfassungsrechtliche Ideen können nur insofern Hinweise für eine Antwort auf die Frage nach der verfassungsrechtlichen Anerkennung liefern, als sie vom Verfassungsgeber mit Verfassungsrang versehen wurden [siehe oben C. I. 2. a)]. Für eine solche Anerkennung sind methodologisch zwei Begründungswege denkbar. Der erste Weg ist die unmittelbare Rezeption von „Verbandsvölkern" der funktionalen Selbstverwaltung in ihrer Funktion als Legitimationssubjekte durch die Verfassung. Der zweite Weg ist eine analoge Anwendung der Normen über die demokratische Legitimation.

Eine Subsumtion unter das Gebot der demokratischen Legitimation setzt voraus, dass zunächst der zu subsumierende Gegenstand charakterisiert wird. Dabei ist jedoch nicht jedes Charakteristikum für die Untersuchung hilfreich. Die Gesamtheiten der Mitglieder von Trägern funktionaler Selbstverwaltung können nur dann Legitimationssubjekte im Sinne des grundgesetzlichen Gebots demokratischer Legitimation sein, wenn sie zwei Voraussetzungen erfüllen: Sie müssen sich von der Allgemeinheit unterscheiden und die Unterscheidungskriterien müssen taugliche Anknüpfungspunkte für Verfassungsnormen sein.

a) Definitionskriterien von „Verbandsvölkern“

aa) Untauglichkeit der formalen Mitgliedschaft als Kriterium verfassungsrechtlicher Bewertung

Ein Definitionskriterium der „Verbandsvölker“ ist die formale Mitgliedschaft. In personeller Hinsicht konstituieren sich die hier in Rede stehenden „Verbandsvölker“ aus den Mitgliedern der Träger funktionaler Selbstverwaltung.[221] Die Mitgliedschaft ist ein formales Zuordnungsverhältnis, aus dem sich eine klare Abgrenzung des jeweiligen „Verbandsvolkes“ von der Allgemeinheit ergibt. Der Gesichtspunkt ist jedoch als Angreifpunkt für verfassungsrechtliche Wertungen untauglich: Es ist als rein normativ-formaler Zusammenhang ein auf unterverfassungsrechtlicher Ebene durch Normgebung geschaffenes Faktum. Während das Grundgesetz in Art. 73 Abs. 1 Nr. 2 und Art. 116 Abs. 1 GG ausdrücklich vorsieht, dass die Staatsangehörigkeit und damit die Zusammensetzung des Staatsvolkes durch den Gesetzgeber geregelt werden kann,[222] fehlt es hinsichtlich etwaiger „Verbandsvölker“ als Legitimationssubjekte an einer Regelung von Verfassungsrang. Der Aspekt der formalen Mitgliedschaft in einem Träger funktionaler Selbstverwaltung ist damit der Frage nach der verfassungsrechtlichen Beurteilung nachgeordnet. Er kann nicht als Prämisse verfassungsrechtlicher Deduktion eingesetzt werden.

bb) Untauglichkeit der Funktion der Programmierung der Ausübung von Staatsgewalt als Kriterium verfassungsrechtlicher Bewertung

Die Relation zwischen den Mitgliedern und den Trägern der funktionalen Selbstverwaltung wird dadurch charakterisiert, dass erstere über die Einflussmöglichkeiten der demokratischen Struktur[223] der Selbstverwaltungsträger die Ausübung

---

[221] Siehe *Kluth* (1997), S. 233.

[222] Siehe BVerfGE 83, 37 (52).

[223] *Hendler*, S. 304.

von Staatsgewalt durch die Träger personell im Regelfall vollumfänglich und inhaltlich zumindest partiell bestimmen. Auch durch das Merkmal dieses binnenselbstverwaltungsrechtlichen Einflusspotentials heben sich die „Verbandsvölker" aus der Allgemeinheit heraus. Diese Einflussfunktion lässt sich – anders als das Kriterium der formalen Mitgliedschaft – nicht nur normativ, sondern auch tatsächlich-phänomenologisch fassen und kann auch insofern als Definitionskriterium von „Verbandsvölkern" der funktionalen Selbstverwaltung dienen. Dennoch kann auch dieser Gesichtspunkt nicht als Anknüpfungspunkt für eine verfassungsrechtliche Legitimationsbeurteilung fungieren: Das Gebot der demokratischen Legitimation verlangt als Rechtsfolge einen spezifischen Einflussprozess eines Legitimationssubjekts auf das Legitimationsobjekt. Dieser prozedural gestufte Charakter des demokratischen Legitimationsgebots [siehe oben C. I. 4. b)] impliziert jedoch, dass sich das Legitimationssubjekt nicht relativ zum Legitimationsprozess bestimmen lässt; aus der Tatsache, dass eine Entität Einfluss auf die Ausübung von Staatsgewalt hat, kann für ihre Qualität als Legitimationssubjekt nichts gefolgert werden. Auch die Funktion der „Verbandsvölker" als in spezifischer Weise auf die von Selbstverwaltungsträgern ausgeübte Staatsgewalt bestimmend einwirkende Faktoren kann daher nicht als Kriterium der Untersuchung ihrer Anerkennung als Legitimationssubjekte durch Art. 20 Abs. 2 GG dienen.

cc) Maßgebliches Kriterium verfassungsrechtlicher Bewertung: Betroffenheit von bestimmten Angelegenheiten und sachthematisch kongruente Betroffenheit von selbstverwaltungsspezifisch ausgeübter Staatsgewalt

(1) Betroffenheit von bestimmten Angelegenheiten

Ein über die Kriterien der formalen Mitgliedschaft und der funktionalen Bestimmung der Herrschaftsausübung durch die Selbstverwaltungsträger gleichsam hinausgehendes Kriterium ist jenes der Betroffenheit in bestimmten Angelegenheiten.[224] Die Mitglieder der Selbstverwaltungsträger sind dadurch gegenüber der Allgemeinheit qualifiziert, dass sie mit bestimmten Angelegenheiten, mit bestimmten Funktionszusammenhängen [siehe oben B. II. 1. b) bb)], in Berührung kommen.[225] Dieses Kriterium ist der materielle Hintergrund der Mitgliedschaft und der binnenkörperschaftlichen Einflussmöglichkeiten. Zu den zuvor genannten Kriterien – der

---

[224] Siehe BVerfGE 33, 125 (159) (wonach der „Grundgedanke" der „Prinzipien der Selbstverwaltung" ist, „die in den gesellschaftlichen Gruppen lebendigen Kräfte in eigener Verantwortung zur Ordnung der *sie berührenden Angelegenheiten* heranzuziehen") (Hervorhebungen durch den Verfasser); *Groß*, DVBl. 2002, S. 1182 (1191 f.); *Haverkate*, S. 346; siehe zu weiteren in der Literatur verwendeten Formulierungen *Hendler*, S. 311 f.; *Jestaedt*, DV 35 (2002), S. 293 (304 f.) (kritisch gegenüber der Verwendbarkeit eines Begriffs der Betroffenheit auf verfassungsrechtlicher Ebene); *Kluth*, DV 35 (2002), S. 349 (352 f.) („Funktionale Selbstverwaltung als Betroffenen-Selbstverwaltung").

[225] *Hendler*, S. 309.

formalen Mitgliedschaft und der spezifischen Einflussfunktion auf die spezifische von Selbstverwaltungsträgern ausgeübte Staatsgewalt – steht das Kriterium der Betroffenheit in bestimmten Angelegenheiten im Verhältnis einer deduktiven Vorordnung: Die Betroffenheit ist das Hauptanknüpfungskriterium, dessen es zur Ableitung der anderen Gesichtspunkte bedarf.

(2) Betroffenheit von selbstverwaltungsspezifisch ausgeübter Staatsgewalt und sachthematische Kongruenz mit eigenen Angelegenheiten

Ein besonderes Spezifikum des Verhältnisses zwischen den Mitgliedern und den Trägern funktionaler Selbstverwaltung, denen sie angehören, ist der Charakter der Mitglieder als Unterworfene unter die von den jeweiligen Selbstverwaltungsträgern ausgeübte Staatsgewalt. Die funktionale Selbstverwaltung ist eine Betroffenen-Selbstverwaltung,[226] in der die Mitglieder zur eigenverantwortlichen Erledigung der sachlich und personell eigenen Angelegenheiten berufen sind.[227] Hat die von einem Verwaltungsträger ausgeübte Staatsgewalt kein personales Objektkorrelat aus dem körperschaftlichen Mitgliederkreis, handelt es sich nicht um Selbstverwaltung.[228]

Auch für diese auf Mitglieder ausgeübte Staatsgewalt steht die Betroffenheit in bestimmten Angelegenheiten im Verhältnis der logischen Voraussetzung. Dieses Faktum verweist allerdings nicht bloß auf ein abstraktes Verhältnis. Vielmehr prägt sich die Materialität der Betroffenheit in bestimmten Angelegenheiten auch in der Einwirkung der Selbstverwaltungskörperschaften auf die sie konstituierenden Einzelnen selbst aus. Der Zusammenhang ist sachthematischer Art: Ist Selbstverwaltung die Wahrnehmung enumerativ oder global überlassener oder zugewiesener eigener öffentlicher Angelegenheiten [siehe oben B. II. 1. b) bb)], so ist die Aufgabenwahrnehmung mit den eigenen Angelegenheiten sachbereichlich kongruent: Die Staatsgewalt wird von den Selbstverwaltungsträgern *in eigenen Angelegenheiten* ausgeübt. Damit wird das im Ansatz normativ-unterverfassungsrechtliche Konzept der Betroffenheit von selbstverwaltungsspezifischer Staatsgewalt materialisiert.

---

[226] *Hendler*, S. 284, 311 f.; *Ehlers*, JZ 1987, S. 218 (221); *Emde*, S. 6; *Groß*, DVBl. 2002, S. 1182 (1191 f.); *Kluth*, DV 35 (2002), S. 349 (352 f.); *Obermayer*, S. 27 f.; *Schmidt-Aßmann*, in: Gedächtnisschrift Martens, S. 249 (253); *Schuppert* (1981), S. 370.

[227] BVerfGE 107, 59 (92), mit der Beschreibung der funktionalen Selbstverwaltung als „organisierte Beteiligung der sachnahen Betroffenen an den sie berührenden Entscheidungen"; *Kluth*, DV 35 (2002), S. 349 (352), der die Definition der funktionalen Selbstverwaltung mit dem Verfügen des Verbandsvolkes über letztverantwortliche Entscheidungsspielräume und die Beschränkung der staatlichen Aufsicht auf eine Rechtsaufsicht komplettiert.

[228] Siehe *Hendler*, S. 284 f. (mit dem Beispiel der Bundesbank), S. 309. Siehe zur Wirkung von Selbstverwaltungsträgern auf Nichtmitglieder unten insbesondere C. IV. 2. e) ee) (2) (c) (cc).

(3) Konsequenz: Sachthematisch umgriffenes Betroffenheitskonglomerat aus äußerer und innerer Betroffenheit

Die Mitglieder der Selbstverwaltungsträger sind damit innerhalb eines Sachbereichs in zweifacher Weise betroffen. Zunächst ist dies in einer rein phänomenologisch zu fassenden, faktischen Dimension der Fall: Jener, die durch bestimmte Angelegenheiten beschrieben wird, die unabhängig von dem Wirkungszusammenhang der Selbstverwaltungsorganisation bestehen. Des Weiteren gibt es eine insofern innere Betroffenheit: Jene, die in einer auch normativ geprägten Dimension – durch die auf Rechtsnormen gründende Ausübung von Staatsgewalt durch die jeweilige Selbstverwaltungskörperschaft – konstituiert wird. Diese Betroffenheiten verschmelzen über ihren beschriebenen sachthematischen Zusammenhang zu einem insgesamt materiell begreifbaren Betroffenheitskonglomerat.

dd) Zwischenergebnis: Betroffenheit in eigenen Angelegenheiten als maßgebliches Kriterium zur Bestimmung von „Verbandsvölkern“

Die „Verbandsvölker“ der Selbstverwaltungskörperschaften lassen sich anhand mehrerer Kriterien bestimmen. Tauglich für eine Anknüpfung zwecks einer verfassungsrechtlichen Beurteilung ist jedoch nur das Merkmal der Betroffenheit in eigenen Angelegenheiten. Es wird konstituiert durch eine äußere Betroffenheit durch bestimmte Angelegenheiten und eine innere Betroffenheit durch von Selbstverwaltungsträgern in eben diesen Angelegenheiten ausgeübter Staatsgewalt. Die sachlich-thematische Kongruenz dieser Betroffenheitsaspekte macht sie gemeinsam als materiellen Gesichtspunkt fassbar und qualifiziert sie zu einem übergreifenden, als Zuschreibungsgegenstand verfassungsrechtlich-legitimatorischer Anforderungen tauglichen Betroffenheitskriterium.

Zur Klarstellung ist anzufügen, dass die so beschriebene Betroffenheit nach der vorstehenden Begründung noch nicht als etwa verfassungsrechtlich anerkanntes Selbstverwaltungscharakteristikum anzusehen ist. Die an dieser Stelle beantwortete Frage zielt auf phänomenologisch zu begreifende Anknüpfungspunkte für verfassungsrechtliche Bewertungen, nicht auf verfassungsinhärente Konzepte. Die Frage, inwieweit das Grundgesetz das Konzept der Selbstverwaltung und deren normative Merkmale rezipiert, ist an anderer Stelle aufgeworfen [siehe unten C. IV. 2. e) dd) zur verfassungsrechtlichen Anerkennung der Selbstverwaltung und C. IV. 2. e) ee) zur Extension und Intension des grundgesetzlich rezipierten Selbstverwaltungskonzepts].

b) Keine verfassungsrechtliche Rezeption von „Verbandsvölkern" durch Art. 20 Abs. 2 GG

Da andere Völker im Sinne des Demokratieprinzips in der Verfassung nicht ausdrücklich genannt werden, kommt eine verfassungsrechtliche Anerkennung von „Verbandsvölkern" in zweierlei Weise in Betracht: Entweder werden auch „Verbandsvölker" unter den Begriff des Volkes in Art. 20 Abs. 2 GG subsumiert, oder sie werden – diese Möglichkeit ist jener der Auslegung nachrangig – im Wege der Analogie als zusätzliche Legitimationssubjekte im Rahmen dieser Regelung anerkannt.

Die Frage der Anerkennung von „Verbandsvölkern" innerhalb der Regelung des Art. 20 Abs. 2 GG wird nicht einheitlich beurteilt. Dazu werden zwei Grundpositionen vertreten. Eine Meinung ist, dass die funktionale Selbstverwaltung autonom, nämlich über die als Legitimationssubjekte im Sinne des Demokratieprinzips anerkannten „Verbandsvölker" legitimiert sei.[229] Eine andere Auffassung lehnt dies ab und führt die Legitimation der funktionalen Selbstverwaltung auf die auch für die ministeriale Verwaltung anerkannten Legitimationssubjekte, also die Staats- und Gemeinde- sowie Kreisvölker zurück [siehe oben C. III. 2.]. Die Varianten innerhalb der letztgenannten Meinungsströmung sind dabei unterschiedlich: Teilweise wird von einer kollektiven demokratischen Legitimation ausgegangen, wobei die Legitimation durch die gesetzliche Zuweisung von Aufgaben an einen bestimmten Personenkreis erfolge, der sodann als mittelbare oder unmittelbare Legitimationsbasis für Tätigkeiten der Selbstverwaltungsträger diene;[230] anderenteils wird die funktionale Selbstverwaltung als legitimatorisch defizitär und daher einer Legitimationskompensation bedürftig angesehen.[231]

An dieser Stelle erhebt sich zunächst lediglich die Frage nach dem Legitimationssubjekt der funktionalen Selbstverwaltung. Die logisch anschließende Frage, wie ein Legitimationssubjekt in die Vermittlung von demokratischer Legitimation funktional einzubinden ist und wie die Legitimationsvermittlung im Weiteren funktioniert, wird gesondert untersucht [siehe unten C. IV.].

---

[229] *Ehlers*, JZ 1987, S. 218 (221); *Emde*, S. 383 ff.; *Pieroth*, EuGRZ 2006, S. 330 (332).

[230] *Kluth*, DV 35 (2002), S. 349 (360 ff.); *Unruh*, JZ 2003, 1061 (1063); *Unruh*, VerwArch 92 (2001), S. 531 (551 f.).

[231] *Böckenförde*, in: Isensee/Kirchhof, HStR II, § 24, Rn. 25; *Jestaedt* (1993), S. 552 f., wonach der Gesetzgeber einfachgesetzlich verselbständigte Verwaltungseinheiten schaffen dürfe, womit die Befugnis zur Absenkung des „administrativen Regelniveaus demokratischer Legitimation" – also der personell-organisatorischen Legitimation – verbunden sei.

aa) Wortlaut

Art. 20 Abs. 2 GG ist in seinem Wortlaut ausschließlich auf den Staat bezogen[232] [siehe oben C. III. 2.]. Es gibt zudem keine expliziten Anhaltspunkte dafür, dass auch „Verbandsvölkern“ die Qualität als Legitimationssubjekte zukommen soll. Zwar wird als Argument im Bereich des Wortlauts und der Systematik eingewandt, dass der Begriff des Volkes in Art. 20 Abs. 2 GG in seinem Wortlaut insofern einen Anhaltspunkt für eine größere „Offenheit“ biete, als die Präambel sowie die Art. 1 Abs. 2, Art. 56 und Art. 146 GG vom „deutschen Volke“ und nicht, wie Art. 20 Abs. 2 GG, vom „Volke“ sprechen.[233] Doch beruht dieses Argument schon auf einer unrichtigen Prämisse, denn auch andere grundgesetzliche Normen sprechen vom „Volk“ statt vom „deutschen Volk“, obwohl sie unstreitig das Bundesstaatsvolk meinen. So schreibt Art. 21 Abs. 1 S. 1 GG vor, dass die Parteien „bei der politischen Willensbildung des Volkes“ mitwirken. Nach Art. 38 Abs. 1 S. 2 GG sind die Abgeordneten des Bundestages „Vertreter des ganzen Volkes“; auch hier ist unstreitig nur das Bundesstaatsvolk gemeint.[234] Dieses Argument für ein einheitliches Verständnis des Volksbegriffs wird noch verstärkt dadurch, dass sowohl Art. 21 Abs. 1 S. 1 GG als auch Art. 38 Abs. 1 S. 2 GG Aspekte jenes Willensbildungsprozesses regieren, der sich im Rahmen des Demokratieprinzips des Art. 20 Abs. 2 GG realisieren soll.[235] Überdies legt die semantisch eindeutig zum Ausdruck gebrachte Differenzierung zwischen dem „Volk“ und den „Bewohner[n] des Bundesgebietes“ (Art. 25 S. 2 GG) nahe, dass der Grundgesetzgeber eine etwaige Unterscheidung zwischen dem Staatsvolk und einem weiter gefassten „Volk“, das auch „Verbandsvölker“ beinhaltet, deutlicher zum Ausdruck gebracht hätte.[236] Daraus folgt, dass die Verwendung des Adjektivs „deutsch“ in den angesprochenen Normen nur deklaratorisch zu verstehen und ohne rechtskonstitutive Bedeutung ist.[237] Für Art. 28 Abs. 1 S. 2 GG ist zu ergänzen, dass dieser zwar ebenfalls nur den Begriff „Volk“ statt „deutsches Volk“ enthält, jedoch ausdrücklich klarstellt, dass damit nur die Länder-, Kreis- und Gemeindevölker gemeint sind. Soweit dem entgegengehalten wird, dass die Formulierung „Alle Staatsgewalt geht vom Volke aus“ lediglich eine traditionelle Formel[238] sei, die auf ein externes Prinzip verweise, so überzeugt dies nicht: Demokratie im Sinne des Grundgesetzes ist kein Schleusenbegriff, sondern ein spezifisch-normatives Konzept [siehe oben C. I. 2.].

Der Wortlaut des Art. 20 Abs. 2 GG liefert mithin keine Anhaltspunkte für eine Anerkennung von „Verbandsvölkern“ der funktionalen Selbstverwaltung. Vielmehr

---

[232] Oben Fn. 206.

[233] *Meyer*, in: Isensee/Kirchhof, HStR III, § 46 Rn. 7.

[234] *Magiera*, in: Sachs, Grundgesetz, Art. 38 Rn. 45.

[235] *Huber*, Peter M., DÖV 1989, S. 531 (533).

[236] Siehe zur Differenzierung der Begriffe „Volk“ und „Bevölkerung“ *Huber*, Peter M., DÖV 1989, S. 531 (532).

[237] *Isensee*, in: Festschrift Mikat, S. 705 (722).

[238] *Bryde*, in: Demokratie und Grundgesetz, S. 59 (61).

enthält er mit seinem Staatsbezug Indizien gegen eine verfassungsrechtliche Rezeption innerhalb des Demokratieprinzips.[239]

bb) Systematik

Insbesondere widerstreitet die systematische Auslegung der Annahme von „Verbandsvölkern" als Legitimationssubjekt. Das Grundgesetz konstruiert ein System mittelbarer, repräsentativer Demokratie, in dem das Volk unter den Bedingungen formaler Gleichheit[240] die Staatsgewalt durch gewählte Staatsorgane,[241] die Parlamente, ausübt.[242] Dieses grundgesetzliche System demokratischer Organisation, wie es sich aus Art. 20 Abs. 2 GG im systematischen Zusammenhang mit weiteren Verfassungsnormen ergibt, ist mit einem Konzept von „Verbandsvölkern" als Ausgangspunkten eines Legitimationsprozesses unvereinbar.

(1) Irrelevanz des Betroffenheitskriteriums bei anerkannten Legitimationssubjekten

Als grundsätzliches Definitionskriterium der „Verbandsvölker" von Selbstverwaltungskörperschaften wurde ihre Betroffenheit von bestimmten Angelegenheiten identifiziert [siehe oben C. III. 4. a) cc) (1)]. Mit Blick auf die anerkannten Legitimationssubjekte kann indes bereits gezeigt werden, dass dem Demokratieprinzip der Gedanke der Betroffenheit als Kriterium zur Definition von Legitimationssubjekten fremd ist.

Das Merkmal der Herrschaftsbetroffenheit dient nicht als zwingendes Definitionsmerkmal von „Volk" im Sinne eines Subjekts demokratischer Legitimation. Zwar sind jene Personen, die jedenfalls als Volk im Sinne des Art. 20 Abs. 2 GG anzusehen sind, sämtlich durch die Ausübung von Staats- oder Gemeindegewalt betroffen. Umgekehrt sind jedoch nicht alle solcherart Betroffenen Angehörige des Staats- oder Gemeindevolks. Das Recht zur Wahl der Bundestagsabgeordneten kommt laut dem insofern unbestritten verfassungsgemäßen Bundeswahlgesetz nur deutschen Staatsangehörigen zu [siehe oben C. III. 4. a) aa)];[243] Art. 38 Abs. 1 S. 2 GG etabliert die Abgeordneten als „Vertreter des ganzen Volkes", verstanden als das Staatsvolk.[244]

---

[239] Im Ergebnis auch *Jestaedt*, DV 35 (2002), S. 293 (311).

[240] *Magiera*, in: Sachs, Grundgesetz, Art. 38 Rn. 90.

[241] *Herzog*, in: Maunz/Dürig, Art. 20, II, Rn. 17.

[242] *Jestaedt* (1993), S. 217.

[243] So lautet § 1 Abs. 1 S. 2 des Bundeswahlgesetzes (in der Fassung der Bekanntmachung vom 23. Juli 1993 [BGBl. 1993 I, S. 1288, 1594], zuletzt geändert durch Bekanntmachung vom 05. August 2009 [BGBl. 2009 I, S. 2687]): „Sie [die Abgeordneten, *der Verfasser*] werden in allgemeiner, unmittelbarer, freier, gleicher und geheimer Wahl von den wahlberechtigten Deutschen nach den Grundsätzen einer mit der Personenwahl verbundenen Verhältniswahl gewählt."

[244] *Magiera*, in: Sachs, Grundgesetz, Art. 38 Rn. 45.

Nach Art. 28 Abs. 1 S. 3 GG sind auch EU-Bürger in den Kommunen wahlberechtigt, mithin keine Staatsangehörigen von Nicht-EU-Staaten, die freilich ebenfalls von der Gemeindegewalt betroffen sind. Bereits dieser Ausschluss der gewaltbetroffenen Ausländer oder EU-Ausländer streitet gegen das Modell der Betroffenenlegitimation.[245]

Überdies ließe sich eine Kongruenz von Betroffenengesamtheit und Legitimationssubjekt in einem vom Grundgesetz vorausgesetzten und geregelten komplexen Prozess der Rechtsschaffung und -durchsetzung nicht herstellen, da es notwendig eine zeitliche Differenz zwischen diesen gibt,[246] was für die anerkannten Legitimationssubjekte jedoch vom verfassungsrechtlichen Demokratiegebot hingenommen wird. Schließlich spricht gegen die These, dass in einer Betroffenendemokratie die Volksvertretungen (Art. 17, Art. 28 Abs. 1 S. 2 und Art. 144 GG) sowie die Volksvertreter (Art. 38 Abs. 1 S. 2 GG) im Unklaren darüber blieben, wen sie vertreten;[247] auch insofern zeigt der Blick auf die Legitimationssubjekte Bundesvolk, Landesvölker sowie Kreis- und Gemeindevölker, dass die Idee der Betroffenheit als Abgrenzungsgesichtspunkt für Legitimationssubjekte in Art. 20 Abs. 2 GG nicht verankert ist.

Zwar ist zutreffend, dass dem Demokratieprinzip aufgrund seines Telos, der Wahrung von Selbstbestimmung, auch der Gedanke der Betroffenenbeteiligung inhärent ist, denn ohne eine Betroffenheit aufgrund von Herrschaft verlangt die Selbstbestimmung nicht nach einer Herrschaftsrückkoppelung. Die Betroffenenbeteiligung als Prinzip liegt jedoch der konkreten grundgesetzlichen Ausformung des Demokratieprinzips voraus, sie gehört deren ideellen Schichten an.[248] Die Judikatur des Bundesverfassungsgerichts wird insofern teils missverstanden.[249] Das verfassungsrechtliche Konzept von Demokratie entspricht nicht dem einer „Betroffenendemokratie".

---

[245] Siehe *Isensee*, in: Festschrift Mikat, S. 705 (729); *Jestaedt* (1993), S. 216.

[246] So auch *Jestaedt* (1993), S. 217.

[247] *Ehlers*, in: Festschrift Stein, S. 125 (130 f.).

[248] BVerfGE 83, 37 (52), wonach die „Vorstellung, es entspreche der demokratischen Idee, insbesondere dem in ihr enthaltenen Freiheitsgedanken, eine Kongruenz zwischen den Inhabern demokratischer politischer Rechte und den dauerhaft einer bestimmten staatlichen Herrschaft Unterworfenen herzustellen" nur „im Ausgangspunkt zutreffend" ist; *Schmidt-Aßmann*, AöR 116 (1991), S. 329 (349).

[249] Siehe BVerfGE 33, 125 (159) mit der Aussage, dass die „Prinzipien der Selbstverwaltung und der Autonomie [...] im demokratischen Prinzip wurzeln", wobei mit dem „demokratischen Prinzip" eben nicht das verfassungsrechtliche Demokratieprinzip gemeint ist; dies missverstehend *Ehlers*, in: Festschrift Stein, S. 125 (131).

(2) Widerspruch zum politischen Charakter grundgesetzlicher Herrschaftslegitimation und Herrschaftsausübung

In dem vom Grundgesetz errichteten System einer mittelbaren, repräsentativen Demokratie realisiert sich die Herrschaft des Volkes nicht in einem einfach-dichotomischen Wirkungszusammenhang von Herrschaftsausübung mittels der grundgesetzlich vorgesehenen Organe und Herrschaftsunterworfenheit des Staatsvolks. Sowohl der Prozess der Vorformung der Wahlentscheidung des Volkes als auch insbesondere der Prozess ihrer Umsetzung finden in der politischen Dimension statt und wirken daher unter politischen Bedingungen.[250] Herrschaftsausübung nach dem Grundgesetz erfolgt im Modus des Gemeinwesens.[251] Die Rolle des Einzelnen wird nicht als eine isolierte begriffen, sondern als die einer Person, die ihren Anteil an der Herrschaftsmacht unter den Bedingungen der Interaktion in der auch staatlich organisierten Gesellschaft realisiert.[252] Der Zweck der repräsentativen Demokratie unter der vom Grundgesetz errichteten, konkreten repräsentativen Demokratie ist auch die Schaffung und Erhaltung der Fähigkeit des Staates zum Interessenausgleich und zur Verfolgung von Zielen des Gemeinwohls.[253] Grundsätzlich steht die Ausübung von Staatsgewalt durch Selbstverwaltungsträger der Einheit des Staates entgegen.[254]

Im Kriterium der Betroffenheit spielt dieser Aspekt des Politischen keine Rolle. Betroffenheit ist ein individueller Zustand.[255] Als Kategorie innerhalb eines Gefüges der Legitimation und Ausübung von Herrschaftsgewalt ist der Begriff der Betroffenheit auf die Verhältnisse des Einzelnen verengt. Das Merkmal ist daher inkompatibel mit dem politischen, gemeinwesenbezogenen Charakter des grundgesetzli-

---

250 BVerfGE 8, 104 (113); BVerfGE 5, 85 (135, 198, 205); BVerfGE 69, 315 (344 ff.); *Würtenberger*, in: Zippelius/ders., § 10 Rn. 5 ff.; *v. Arnim*, AöR 113 (1988), S. 1 (24 ff.); *Blanke*, KJ 31 (1998), S. 452 (459); siehe *Habermas*, S. 133 f., der ein „kommunikatives Arrangement“, die „Kommunikationsform diskursiver Meinungs- und Willensbildung“ als konstitutiven Faktor zur Verbindung von Volkssouveränität und Menschenrechten begreift; *v. Simson*, VVDStRL 29 (1971), S. 3 (6 f.), betont die Bedeutung der Meinungsfreiheit als Voraussetzung für einen „Prozeß der freien Diskussion“ im Kontext des Demokratieprinzips.

251 Entsprechend *Schmidt-Aßmann*, AöR 116 (1991), S. 329 (376) („Formen demokratischer Partizipation bewähren sich im Volkswillensbildungsprozess. Mit Entscheidungsverfahren der organisierten Staatlichkeit lassen sie sich nicht einfach kurzschließen“).

252 Siehe *Zeidler*, DVBl. 1973, S. 719 (720), der hierzu die Idee der Rätedemokratie kontrastiert, deren zu Ende gedachte Idee bedeute, „daß am besten jeder in seiner *eigenen* Sache“ entscheide, wohingegen das „klassische Demokratieverständnis“, d.h. jenes, das auch im Grundgesetz normiert ist, „vom Meinungsbildungsprozeß an zentraler Stelle im das Ganze repräsentierenden Parlament Ausgleich und Kompromißlösung zwischen allen Gruppeninteressen“ erwarte.

253 *Breuer*, DV 10 (1977), S. 1 (8).

254 Siehe *Breuer*, DV 10 (1977), S. 1 (2); *Schmidt-Aßmann*, AöR 116 (1991), S. 329 (348 f.).

255 *Isensee*, in: Festschrift Mikat, S. 705 (S. 732) (der von einer „partiellen Betroffenheit“ spricht); siehe *Breuer*, DV 10 (1977), S. 1 (7 ff.).

chen Modells der Herrschaftsvermittlung.[256] Dieses Modell jedoch ist Teil des systematischen Zusammenhangs, in den das Gebot der demokratischen Legitimation des Art. 20 Abs. 2 GG gebettet ist. Folglich wirkt es auf dessen Auslegung dahingehend ein, dass bei der Auslegung des Begriffs „Volk" im Sinne des Art. 20 Abs. 2 GG die Betroffenheit durch Herrschaftsgewalt keine Rolle spielt.

(3) Widerspruch zum formalen Gleichheitsgrundsatz des Demokratieprinzips

Als weiteres systematisches Argument spricht der auf den Art. 38 Abs. 1 S. 1 und Art. 28 Abs. 1 S. 2 GG basierende[257] formale Gleichheitsgrundsatz des Demokratieprinzips[258] gegen eine Berücksichtigung der Betroffenheit im Rahmen der Auslegung des Volksbegriffs.[259] Es ist quantitativ und qualitativ individuell, inwiefern die Herrschaftsgewalt in die Rechte und Interessen[260] einer Person eingreift. Begriffe man die Betroffenheit als Anknüpfungskriterium, um die Qualität als Legitimationssubjekt zu begründen, so müsste man die Einwirkungsmöglichkeiten auf die Herrschaftsausübung in Abhängigkeit von der individuellen Betroffenheit gestalten. Je stärker Personen betroffen wären, desto effektiver müssten ihre Einwirkungsmöglichkeiten sein. Zwar wäre notwendigerweise auf die potentielle Betroffenheit abzustellen, weil sich Partizipationsrechte nur zukünftig auswirken können. Doch könnte auch diese nicht etwa als pauschalierender Faktor eine formale Gleichheit der Einwirkungsrechte begründen, denn auch potentiell sind Grad und Qualität der Betroffenheit unterschiedlich. Dies gilt jedenfalls insofern, als die Betroffenheit von einer der Person als unabänderlich anhaftenden Eigenschaft oder von an eine Person

---

[256] In diese Richtung *Böckenförde*, in: Isensee/Kirchhof, HStR II, § 24, Rn. 33 („Ihnen [den von Verwaltungsaufgaben der Selbstverwaltungsträger betroffenen und daher nach bestimmten Merkmalen abgegrenzten Personen, *der Verfasser*] fehlt der Bezug auf eine von diesen Merkmalen abgelöste Allgemeinheit der Bürger"); *Klein*, Hans Hugo, in: Festschrift Forsthoff, S. 165 (S. 184 f.) mit dem Argument, dass die Definition des Gemeinwohls nicht Sache des von einer die Allgemeinheit berührenden Angelegenheit Betroffenen, sondern des Parlaments und der Regierung sei; *Jestaedt* (1993), S. 217; anders *Blanke*, KJ 31 (1998), S. 452 (459), der die Kommunikationsfreiheiten in verallgemeinernder Weise mit dem Konzept der Selbstverwaltung in Bezug setzt und übersieht, dass es gerade der politisch-partizipative Aspekt ist, der Zurückhaltung gegenüber der Selbstverwaltung gebietet.

[257] Explizit hinsichtlich Art. 38 GG: BVerfGE 38, 322 (337); *Hendler*, S. 318; für Art. 38 GG *Magiera*, in: Sachs, Grundgesetz, Art. 38 Rn. 90; für Art. 28 GG *Nierhaus*, in: Sachs, Grundgesetz, Art. 28 Rn. 20.

[258] Siehe BVerfG, 2 BvE 2/08 vom 30. Juni 2009, Absatz-Nr. 282 (oben Fn. 12).

[259] Siehe *Hendler*, S. 305, 312 („Geht man der Frage nach, wie sich der mit der Selbstverwaltung verbundene Betroffenenschutz zum grundgesetzlichen Demokratieprinzip verhält, so zeigt sich, daß es sich hierbei um ein Problem der politischen Gleichheit handelt").

[260] Unter dem Gesichtspunkt der Frage der Betroffenheit differenzierend *Schmidt-Aßmann*, AöR 116 (1991), S. 329 (372).

gebundenen, unabänderlichen Umständen abhängt.[261] In einem Betroffenheitskonzept würde das formell zu verstehende Demokratieprinzip materialisiert.[262] Folglich würde eine Berücksichtigung der Betroffenheit zu einer ungleichen Partizipation am demokratischen Prozess führen. Dies ist mit dem formalen Gleichheitsprinzip des Art. 20 Abs. 2 GG unvereinbar.[263]

Ferner würde ein Verständnis des Art. 20 Abs. 2 GG als Gebot einer „Betroffenen-Legitimation" dazu führen, dass auch aus praktischen Gründen nicht aktiv wahlrechtsfähige Personen wie Kinder in einen funktionellen Legitimationszusammenhang eingebunden werden müssten. Dies wiederum ließe sich kaum umsetzen: Denkbar wäre eine Vertretung solcher Personen, doch würfe auch dies erhebliche Bedenken mit Blick auf die wahlrechtliche Zählwertgleichheit auf, deren Antastung verfassungsrechtlich ausgeschlossen ist[264].[265]

Selbst wenn man die Betroffenheit als maßgeblichen Anknüpfungsgesichtspunkt akzeptierte, ließe sich eine insofern relative Partizipation nicht gewährleisten: Es ist komplexitätsbedingt unmöglich, die Betroffenheit im Einzelfall festzustellen.[266]

Nicht nur hinsichtlich der einzelnen Betroffenen, auch im Vergleich zwischen den „Verbandsvölkern" selbst und dem Bundesvolk sowie einem jeweiligen Landes-, Kreis- oder Gemeindevolk erscheint der Gedanke der „Verbandsvölker" funktionaler Selbstverwaltung als gleichheitswidrig. Die in einer Selbstverwaltungseinheit or-

---

[261] Entsprechend formuliert *Hennecke*, in: Festgabe v. Unruh, S. 931 (941): „Da [...] die gesetzliche Schaffung von Selbstverwaltungen zwangsläufig mit der Definition der Mitwirkungsberechtigten verbunden ist, schafft Selbstverwaltung staatsbürgerliche Ungleichheit".

[262] Siehe *Breuer*, DV 10 (1977), S. 1 (9); siehe *Dreier* (1991), S. 274 ff.

[263] So auch *Jestaedt* (1993), S. 218; hinsichtlich der Idee von Mitbestimmungsrechten Angehöriger des öffentlichen Dienstes *Zeidler*, DVBl 1971, S. 565 (571); *Zeidler*, DVBl 1973, S. 719 (724); *Rauch*, S. 91 f., 93 f.; in diese Richtung auch *Schmidt-Aßmann*, in: Gedächtnisschrift Martens, S. 249 (257); *Stober*, GewArch 1988, S. 145 (148) (mit einer Differenzierung zwischen dem allgemeinen politischen Mandat von Bundestag, Landtagen und kommunalen Vertretungen und dem auf ihre jeweilige Aufgabe beschränkten Mandat der Körperschaften); problematisierend *Hendler*, insbesondere S. 316 ff., der die Selbstverwaltung als „spezielle Ausprägung des politischen Egalitätsprinzips" ansieht, die „über den Grundsatz politischer Gleichheit mit dem demokratischen Gedanken verbunden" sei, wobei „der Selbstverwaltungsmaxime nicht ein schematisches oder formales, sondern ein nach Betroffenheitsgesichtspunkten differenzierendes Egalitätsdenken" zugrunde liege. Es wird jedoch nicht begründet, warum ausgerechnet der Gleichheitsgedanke die Prinzipien der Selbstverwaltung und der Demokratie verbinden solle, wenn doch gerade der Gedanke der Egalität sich jeweils prinzipiell unterschiedlich ausprägt. Ebenso *Brohm*, S. 261, 263, der davon spricht, dass im Rahmen der funktionalen Selbstverwaltung die formelle Gleichheit durch eine qualitative Gleichheit ersetzt werden könne.

[264] BVerfGE 82, 322 (337).

[265] So im Ergebnis auch *Jestaedt* (1993), S. 216.

[266] In diese Richtung auch *Ehlers*, in: Festschrift Stein, S. 125 (136), der die Frage aufwirft, ob die rechtliche oder tatsächliche Betroffenenheit, die Interessenteneigenschaft oder die „Öffentlichkeit" als Kriterium dienen soll.

ganisierte Gruppe bildet einen Partikularwillen[267] und bringt ihn über ihre Mitwirkungsrechte zu normativ-verbindlichem Ausdruck. Dieselben Bürger haben über ihr allgemeines Recht an politischer Teilhabe Einfluss auf die Bildung des Popularwillens[268] und ebenso auf dessen Artikulation in der Form der Ausübung von Staatsgewalt. Das Zusammenwirken dieser Einflüsse hat einen kumulativen Effekt: Der Einfluss der Mitglieder von Selbstverwaltungseinheiten auf die Ausübung von Staatsgewalt ist insgesamt höher als der Einfluss der nicht entsprechend organisierten Bürger.[269] Würde Art. 20 Abs. 2 GG die Mitglieder der Selbstverwaltungsträger als Legitimationssubjekte anerkennen, so würde das grundgesetzliche Demokratieprinzip die aus diesem Effekt folgende Gleichheitswidrigkeit inkorporieren. Da jedoch der Egalitätsgrundsatz ein wesentliches Merkmal des demokratischen Prinzips darstellt, lässt sich dies nicht annehmen.

Zwar bleibt auch dann, wenn keine Selbstverwaltungsvölker als Legitimationssubjekte anerkannt werden, das Problem einer ungleichen Mitwirkung an der Ausübung spezifisch-staatlicher Gewalt bestehen. Doch bedeutet dies noch nicht, dass die Selbstverwaltung als solche einen zwingenden Widerspruch zum grundgesetzlichen Demokratieprinzip darstellt. Vielmehr erscheint sie als Phänomen, das trotz der Geltung des Demokratieprinzips möglicherweise verfassungsgemäß sein kann, seine verfassungsrechtliche Grundlage jedoch nicht im Demokratieprinzip selbst findet.

(4) Widerspruch zum parlamentarischen System

Zudem spricht auch der im Grundgesetz angelegte Parlamentarismus gegen die Anerkennung von „Verbandsvölkern". Wie beschrieben [siehe oben C. I. 3. c)], ist die grundgesetzliche Demokratie parlamentarischer Natur, in der „jede Ordnung eines Lebensbereichs durch Sätze objektiven Rechts auf eine Willensentschließung der vom Volke bestellten Gesetzgebungsorgane muß zurückgeführt werden können".[270] Abgesehen von der ausdrücklichen Ausnahme für die Gemeinden und Kreise in Art. 28 Abs. 1 S. 2 GG[271] gilt für die Herrschaftsausübung ein parlamentarischer Gesetzesvorbehalt. Grundsätzlich steht die Übertragung von öffentlichen Angelegenheiten auf Selbstverwaltungseinheiten mit dem grundgesetzlichen System der

---

[267] *Dreier* (1991), S. 275; *Hendler*, S. 305.

[268] *Hendler*, S. 305.

[269] *Hendler*, S. 305 und 314; *Hennecke*, in: Festgabe v. Unruh, S. 931 (941).

[270] BVerfGE 33, 125 (158); ebenfalls *Böckenförde* (1974), S. 73 f.; *Emde*, S. 338 f.; auch *Hennecke*, in: Festgabe v. Unruh, S. 931 (941); kritisch gegenüber einem „einseitig parlamentszentrierten Steuerungsmodell[...]" und mit dem Hinweis auf vermeintlich anderweitige Legitimationswege und -quellen *Voßkuhle/Sydow*, JZ 2002, S. 673 (676) („Auch andere Legitimationskomponenten wie z. B. Akzeptanz, Effizienz, Partizipation, Kontrolle und Entscheidungsrichtigkeit usw. können bei der Legitimationsbetrachtung herangezogen werden, wenn und soweit ein Mindestmaß an originär demokratischer Legitimation gewahrt bleibt"), wobei die genannten Legitimationsquellen offenbar gerade nicht solche der demokratischen Legitimation sind.

[271] *Schmidt-Aßmann*, AöR 116 (1991), S. 329 (356 f.).

über die Parlamente vermittelten Legitimation nicht in Einklang.[272] Das Grundgesetz sieht kein Gefüge vor, in dem kleine Einheiten unmittelbar Betroffener ihren Willen in für Staatsorgane verbindlicher Weise äußern, sondern etabliert ein System der Repräsentation des Gesamtvolkes.[273] In jedem Falle wird eine durch die Einbindung der Parlamente bedingte Distanz zwischen dem Legitimationssubjekt und der Ausübung von Herrschaftsgewalt gewahrt, deren Zweck nicht zuletzt gerade die Verhinderung der Konzentration auf ein bestimmtes Interesse ist;[274] das Verfassungsprogramm intendiert insofern, dass Entscheidungen partikularen Interessen entrückt werden.[275] Die Anerkennung von „Verbandsvölkern", „fachlichen Teilvölkern", statt einer distanzschaffenden Allgemeinheit als Legitimationssubjekt ist damit nicht vereinbar.[276] Sofern man, zum Beispiel für den Bereich der funktionalen Selbstverwaltung, eine Lockerung des Legitimationszusammenhangs zwischen Parlamenten und der unmittelbaren Herrschaftsausübung anerkennt, darf dies mithin nicht in Form einer (Teil-)Substitution der Legitimationssubjekte „Bundes-" oder „Landesvolk" durch das Legitimationssubjekt „Verbandsvolk" geschehen. Terminologisch sollte daher, was die innerkörperschaftlichen Mitwirkungsrechte anbetrifft, nicht von einer „demokratischen", sondern lediglich von einer „körperschaftlichen" Legitimation gesprochen werden.[277] Ihnen liegt mithin nicht Art. 20 Abs. 2 GG, sondern die Idee mitgliedschaftlicher Partizipation zugrunde.[278]

Auch die Parlamentarität des grundgesetzlich normierten Systems von Herrschaftsausübung spricht mithin als weiteres systematisches Argument gegen die Anerkennung von „Verbandsvölkern" als Legitimationssubjekte.[279]

---

[272] *Hendler*, S. 317 (für „öffentliche Angelegenheiten von wesentlichem Gewicht").

[273] *Breuer*, DV 10 (1977), S. 1 (7); *Danner*, MedR 2000, S. 468; siehe *Herzog*, in: Maunz/Dürig, Art. 20 II, Rn. 4 mit dem Hinweis auf das Prinzip der demokratischen Repräsentation im Rahmen der Konkretisierung des Demokratieprinizps.

[274] Siehe *Matz*, in: Leibholz/v. Mangoldt, S. 353 f., wonach der Vorschlag, die Formulierung „Vertreter des ganzen Volkes" auf „Vertreter des Volkes" zu reduzieren, auch mit der vom Abgeordneten Ernst Wirmer geäußerten Begründung abgelehnt wurde, dass sich Vertreter häufig „allzusehr nur als Vertreter einer Interessengruppe betrachten"; *Schmidt-Aßmann*, AöR 116 (1991), S. 329 (350). Auf die Gefahr einer Zurückdrängung der „sachlich-distanzierte[n] Verwaltungstätigkeit zugunsten eines stärker von irrationalen Faktoren beeinflußten administrativen Prozesses" bei der Aufgabenwahrnehmung durch Selbstverwaltungsorganisationen hinweisend *Hendler*, S. 357.

[275] *Breuer*, DV 10 (1977), S. 1 (7). Dies bedeutet jedoch nicht, dass die Repräsentativorgane von einer ständig aktuellen Verantwortung gegenüber den von ihnen Vertretenen frei sind (siehe *Meyer*, in: Schneider/Zeh, § 4 Rn. 9 ff.).

[276] So auch *Schmidt-Aßmann*, AöR 116 (1991), S. 329 (350).

[277] *Schmidt-Aßmann*, AöR 116 (1991), S. 329 (350).

[278] *Schmidt-Aßmann*, AöR 116 (1991), S. 329 (350); in diese Richtung, wenn auch unscharf, *Hendler*, S. 318 (Selbstverwaltung „als eine Ergänzung, als eine Art Regulativ des zentralen politischen Willensbildungs- und Entscheidungsprozesses").

[279] So auch *Jestaedt* (1993), S. 219.

cc) Entstehungsgeschichte

Im Entstehungsprozess des Grundgesetzes wurde eine Anerkennung von „Verbandsvölkern" als Legitimationssubjekte nicht diskutiert. Vielmehr wurde der Begriff des Volkes an der Weimarer Reichsverfassung orientiert.[280] Dementsprechend wurde in der Diskussion des Parlamentarischen Rats die Formulierung „Alle Staatsgewalt geht vom Volke aus" so verstanden, dass Volk und Staat „nicht zwei verschiedene Dinge" seien, sondern dass „die letzte irdische Quelle der Gewalt im Staate das konkret lebende Volk, die Summe der jeweils lebenden einzelnen Deutschen" sei.[281] Auch in der Diskussion um Art. 21 Abs. 1 S. 1 GG[282] sowie in jener um Art. 38 Abs. 1 S. 2 GG[283] wurde der Volksbegriff nicht problematisiert. Die Entstehungsgeschichte deutet daher darauf hin, dass „Verbandsvölker" als Legitimationssubjekte nicht anerkannt werden sollten.[284] Dies gilt umso mehr, als eine solche Anerkennung die Notwendigkeit einer Diskussion insbesondere über das Verhältnis der unterschiedlichen Legitimationssubjekte gezeitigt hätte.[285]

dd) Telos

Es wurde beschrieben, dass die Wahrung von Selbstbestimmung der Zweck des Demokratieprinzips [siehe oben C. I. 3. d)] und dass das Konzept der Selbstbestimmung ein Idealkonzept ist [siehe oben C. II. 1. a) ee) (2)]. Dieses Ideal steht jedoch innerhalb des Begriffs demokratischer Legitimation von vornherein unter der Bedingung seiner Realisation in einer verfassten Staatlichkeit. Dieser Relation von Ideal und Bedingung korrespondiert ein Zusammenspiel von teleologischer Auslegung, die den Zweck der Verwirklichung von Selbstbestimmung einbringt, und

---

280 *Huber*, Peter M., DÖV 1989, S. 531 (534).

281 So der Abgeordnete Carlo Schmid (SPD), siehe *Matz*, in: Leibholz/v. Mangoldt, S. 199; siehe *Isensee*, in: Festschrift Mikat, S. 705 (718 f.), wonach der „Demos als [...] Trägerverband [der Demokratie] [...] kein politisches Entscheidungs- und daher kein verfassungsgesetzgeberisches Regelungsthema" war, da der Parlamentarische Rat den „Demos" nicht habe schaffen müssen, sondern von ihm ausging.

282 Siehe *Matz*, in: Leibholz/v. Mangoldt, S. 202 ff.

283 *Huber*, Peter M., DÖV 1989, S. 531 (534); *Matz*, in: Leibholz/v. Mangoldt, S. 353 ff.

284 Siehe *Hendler*, S. 312 (der darauf hinweist, dass „in der deutschen Rechtsordnung [...] der zu Beginn des 19. Jahrhunderts entstandene moderne Selbstverwaltungsgedanke – abgesehen von der nationalsozialistischen Herrschaftsperiode – stets lebendig [blieb]", und damit den „Selbstverwaltungsgedanken" isoliert, also nicht als Aspekt des Demokratieprinzips aufgreift).

285 *Jestaedt* (1993), S. 550 f.; dies verkennt *Blanke*, KJ 31 (1998), S. 452 (459 f.), der behauptet, die Annahme des „Volkes" als Legitimationssubjekt unterstelle eine „fiktive vorstaatliche Einheit und Homogenität des deutschen Volkes", jedoch den „fiktiven" Aspekt nicht begründet und wohl verkennt, dass es kein Volk gibt, das als nur natürlich vorgefundenes Phänomen existiert (siehe *Haverkate*, S. 331), was einen Verfassungsgeber nicht daran hindert, an vorgefundene Parameter eines Volksbegriffs anzuknüpfen und diesem eine konkretere Form zu verleihen.

systematischer Auslegung, die den grundgesetzlichen Rahmenbedingungen der Selbstbestimmungsrealisation Geltung verschafft. Soweit für eine Anerkennung alternativer, nicht grundgesetzexpliziter Legitimationssubjekte argumentiert wird, basieren die Ansichten, soweit ersichtlich, ausschließlich auf teleologischen Ansätzen. Sie vermögen jedoch gegenüber den vorstehend dargelegten systematischen Argumenten gegen eine „Betroffenendemokratie" nicht zu überzeugen.

(1) Keine reduktionistisch-funktionale Auslegung des Demokratieprinzips

In der Literatur wird teilweise – in unterschiedlicher Ausprägung – auf der Grundlage der individuellen Selbstbestimmung das Demokratieprinzip reduktionistisch, nämlich vor allem als Funktion zur Herstellung individueller Selbstbestimmung begriffen.[286] Dabei wird manchenteils pauschal auf die Grundrechte, insbesondere auf Art. 1 Abs. 1 GG als verfassungsrechtlichem Anknüpfungspunkt verwiesen.[287] Die Realisationsform der personalen Autonomie wird als austauschbar begriffen; es müsse lediglich ein gewisses Legitimationsniveau, zu verstehen als Niveau personaler Autonomie, gewährleistet sein.[288] Dieses Maß wiederum werde festgeschrieben durch den Regeltypus, den die Verfassung für die Vermittlung von Legitimation vorsehe, nämlich die Ministerialverwaltung.[289] Damit sei auch eine „autonome Legitimation" der Tätigkeit der funktionalen Selbstverwaltung durch ihre Mitglieder möglich. An die Stelle der vom Staatsvolk ausgehenden Legitimation rücke dort die Legitimation durch die Mitglieder.[290] Diese sei sogar prinzipiell effektiver zur Legitimationsvermittlung, weil der Grad der Mitwirkung gerade jener Personen, die vom Wirken eines Selbstverwaltungsträgers betroffen seien, mithin

---

[286] *Blanke*, KJ 31 (1998), S. 452 (insbesondere S. 457 ff.); *Bryde*, in: Demokratie und Grundgesetz, S. 59 (63 ff.); siehe *Bryde*, StWStP 5 (1994), S. 305 (321) („verfehlte[...] dichotomische[...] Sicht von Staatsorganisationsrecht und Grundrechtsordnung"); *Emde*, S. 384 ff. (mit der ausdrücklichen Anerkennung einer „autonomen Legitimation" der Selbstverwaltungsträger auf S. 386 ff., wobei er von einer Duplizierbarkeit der Legitimationssubjekte ausgeht, pointiert auf S. 389: „Es gibt zwar keine Form demokratischer Legitimation, die am Staatsvolk vorbeiführt, wohl aber gibt es Legitimationsformen, die ihren personalen Bezugspunkt nicht allein im Staatsvolk haben"; in diese Richtung auch *Hanebeck*, DÖV 2004, S. 901 (904); *Rinken*, KritV 1996, S. 282 ff. (insbesondere S. 294), der ein „Verfassungsdenken" fordert, dessen Ausgangspunkt „nicht die Einheit des Staates als vorgegebene Wesenheit, sondern die Pluralität des Volkes als Bürgergesellschaft" ist.

[287] *Hanebeck*, DÖV 2004, S. 901 (904) („Zentral für die Kritik am monistischen Verständnis ist die Bezugnahme auf die Grundrechtsordnung und insbesondere die Menschenwürdegarantie, die es verbieten, die Staatsgewalt notwendig in einem Kollektiv zu verankern"); *Rinken*, KritV 1996, S. 282 (295).

[288] *Emde*, S. 385 f.

[289] *Emde*, S. 386; *Groß*, in: Demokratie und Grundgesetz, S. 93 (97 ff.) (Konzept einer „pluralistischen Mitwirkungsdemokratie").

[290] *Emde*, S. 387.

auch der Grad ihrer Selbstbestimmung, erhöht sei.[291] Wenn auch nach dieser Ansicht eine Form von autonomer Legitimation nur *neben* der Legitimation durch das Staatsvolk bestehen dürfe,[292] so betrachtet sie doch die autonome Legitimation insofern als gleichartig; Defizite der über die hierarchische Ministerialverwaltung vermittelten Legitimation können somit über die autonome Legitimation binnen der gleichen Kategorie kompensiert werden.

Dieser Sicht ist jedoch nicht zuzustimmen. Sie reduziert in unzulässiger Weise das grundgesetzliche Gebot demokratischer Legitimation auf eine von den Vorgaben der Verfassung gelöste Teleologie und ignoriert den für die Auslegung des Art. 20 Abs. 2 GG besonders bedeutsamen[293] systematischen Zusammenhang, wonach die Vermittlung von Legitimation notwendig politische Funktionen beinhaltet, Partizipationsrechte nur nach Maßgabe einer formellen Gleichheit auszuüben sind und die Parlamente als institutionelle Stationen in den Prozess der Vermittlung von Legitimation eingebunden sein müssen. Zwar ist richtig, dass die Idee der Selbstbestimmung des Menschen prägend war in der Entwicklung der demokratischen Idee[294] und damit auf die Auslegung des Art. 20 Abs. 2 GG einwirkt. Die Schlussfolgerung, dass jede Beschränkung von Autonomie einer irgendwie gearteten Zustimmung der Betroffenen bedarf, kann jedoch zumindest für das demokratische System des Grundgesetzes keine Geltung haben. Zum einen lässt die anders lautende Sicht wichtige Teile der Entwicklung der demokratischen Idee unbeachtet, zum anderen streitet der Regelungsgehalt des Art. 20 Abs. 2 GG, wie er sich aus dessen systematischem Zusammenhang mit anderen Grundgesetznormen erschließt, gegen diese Sicht.

Die Idee der Volkssouveränität als ideengeschichtliche Folge des Gedankens der Selbstbestimmung des Einzelnen wurde in der deutschen Verfassungsentwicklung rezipiert.[295] Hinsichtlich der Weimarer Reichsverfassung war nicht zweifelhaft, dass

---

[291] *Emde*, S. 387; *Groß*, in: Demokratie und Grundgesetz, S. 93 (98); siehe *Kelsen*, Allgemeine Staatslehre, S. 181 („Denn die Freiheit im Sinne der Selbstbestimmung muß um so geringer sein, je mehr Individuen an der Erzeugung einer Norm beteiligt sind, die dieser Norm nicht unterworfen sind").

[292] *Emde*, S. 389, der diese Einschränkung seines monoteleologisch auf die Selbstbestimmung gerichteten Verständnisses des Gebots demokratischer Legitimation jedoch nicht anhand des Verfassungstextes begründet und stattdessen unbestimmt von der Unabdingbarkeit der Gestaltungsfunktion des Gesetzgebers spricht (S. 395); *Groß*, in: Demokratie und Grundgesetz, S. 93 (97 ff.).

[293] *Kriele*, VVDStRL 29 (1971), S. 46 (46 f.).

[294] BVerfGE 83, 37 (52) mit der Annahme eines „Freiheitsgedankens", der in der demokratischen Idee enthalten sei; siehe *Böckenförde*, in: Isensee/Kirchhof, HStR II, § 24 Rn. 3 f.; *Frotscher*, in: Festgabe v. Unruh, S. 127 (129 f.) („Selbstverwaltung und Demokratie lassen sich *staatstheoretisch* in einen Zusammenhang stellen") (Hervorhebung durch den Verfasser); *Groß* (1999), S. 166; *Haverkate*, S. 330 ff. (insbesondere 340: „Die Entscheidung für Demokratie ist die zwingende Folgerung aus dem Prinzip individueller Freiheit"); *Lübbe-Wolff*, VVDStRL 60 (2001), S. 246 (252 f.); *Schmidt-Aßmann*, AöR 116 (1991), S. 329 (348 f., 375 f.) (Betroffenenbeteiligung als ideelle Basis der Demokratie). *Steinberger*, VVDStRL 50 (1991), S. 9 (23) (Selbstbestimmung als ideelle Basis der Idee der Volkssouveränität).

[295] Siehe *Huber*, Peter M., DÖV 1989, S. 531 (534).

unter „Volk" im Sinne des Art. 1 WRV („Das Deutsche Reich ist eine Republik. Die Staatsgewalt geht vom Volke aus") die Gesamtheit der Deutschen, soweit politisch vollberechtigt, zu verstehen war.[296] Die These, wonach sich das Gebot demokratischer Legitimation lediglich auf die Verwirklichung personaler Autonomie in irgendeiner Weise richte, ignoriert diesen historischen Aspekt.

Schwerer noch wiegt, dass die Argumentation auslegungsmethodisch nicht überzeugt und insbesondere die systematischen Auslegungsaspekte unberücksichtigt lässt.[297] Zwar spielt die Ideengeschichte, die einer Norm zugrunde liegt, bei deren Auslegung insofern eine Rolle, als sie Rückschlüsse auf das Telos erlaubt. Doch muss Bezugsobjekt der Auslegung die positivrechtliche Ausgestaltung der Idee bleiben.[298] Hierzu zählt die Beachtung nicht nur des Wortlauts, sondern auch des systematischen Kontextes der Norm. Wie die Auslegung des Demokratiegrundsatzes des Art. 20 Abs. 2 GG im systematischen Zusammenhang mit den weiteren Vorschriften des Grundgesetzes jedoch zeigt, versteht die Verfassung das demokratische Prinzip nicht als „Betroffenendemokratie". Vielmehr ist sie eine Umsetzung der demokratischen Idee in ein staatliches Funktionsgefüge. Es handelt sich um die Brauchbarmachung der demokratischen Idee für einen Staat. Da Staat eine Organisation von Allgemeinheit ist, passt das desintegrierende Kriterium der Betroffenheit nicht;[299] das Volk im Sinne des Grundgesetzes ist eine politische Einheit und keine Zusammenfassung von – zudem in jeweils unterschiedlicher Weise – Gewaltunterworfenen.[300]

Entgegen einer insbesondere mit teleologischen Argumenten operierenden Sicht,[301] stützt auch die Rechtsprechung des Bundesverfassungsgerichts die These von der Betroffenendemokratie nicht. Zwar erkennt das Gericht an, dass „die Prinzipien der Selbstverwaltung und der Autonomie [...] im demokratischen Prinzip wurzeln"[302] und die funktionale Selbstverwaltung als Ausprägung des demokratischen Prinzips verstanden werden kann, sofern sie der Verwirklichung des „übergeordneten Ziels der freien Selbstbestimmung aller" dient.[303] Die Formulierung des

---

[296] *Anschütz*, Art. 1 Anm. 2 („‚Volk' im Sinne des Abs. 2 ist die Gesamtheit aller politisch vollberechtigten Deutschen, ‚die Aktivbürgerschaft des allgemeinen und gleichen Wahl- und Stimmrechts', m. a. W. die Wählerschaft [...] Das deutsche Volk in diesem Sinne ist Träger [...] der Staatsgewalt des Reichs").

[297] Siehe *Schmidt-Aßmann*, AöR 116 (1991), S. 329 (376) („Ideelle und normative Schichten des Demokratieprinzips sind unter dem Grundgesetz getrennt zu halten").

[298] So auch die Kritik von *Jestaedt*, DV 35 (2002), S. 293 (313 f.); ebenfalls *Jestaedt* (1993), S. 505; *Schmidt-Aßmann*, AöR 116 (1991), S. 329 (376).

[299] *Schmidt-Aßmann*, AöR 116 (1991), S. 329 (336), wonach die „demokratische Mitwirkungschance" „[u]nbeschadet ihres ideellen Gehalts [...] dogmatisch [...] weder aus einer wie immer gearteten individuellen oder gruppenspezifischen Betroffenheit abzuleiten, noch betroffenenspezifisch unterschiedlich" ist, „sich vielmehr als allgemeine, gleiche Mitwirkungsmöglichkeit" bewährt.

[300] *Jestaedt* (1993), S. 220.

[301] *Hanebeck*, DÖV 2004, S. 901 ff., insbesondere S. 908 mit Bezug auf BVerfGE 107, 59.

[302] BVerfGE 111, 191 (215 f.); BVerfGE 107 (91); BVerfGE 33, 125 (159).

[303] BVerfGE 107, 59 (92).

Gerichts besagt jedoch nicht eindeutig, dass mit dem „demokratischen Prinzip“ das Demokratieprinzip des Grundgesetzes gemeint ist. Zudem deuten die weiteren Formulierungen ebenfalls darauf hin, dass die Selbstverwaltung eine Ausnahme vom Grundsatz der auch personell-organisatorisch auf das Bundesstaats-, Landes- oder Gemeinde-/Kreisvolk zurückführenden Legitimationskette ist. Nach dem Bundesverfassungsgericht „erlaubt“ es Art. 20 Abs. 2 GG, Organisationsformen der Selbstverwaltung zu schaffen, wobei ausdrücklich auf die Rolle des „klassisch demokratisch legitimierten parlamentarischen Gesetzgebers“ hingewiesen wird.[304] Zudem spricht das Gericht von „andere[n], insbesondere vom Erfordernis lückenloser personeller demokratischer Legitimation aller Entscheidungsbefugten abweichende[n] Formen der Organisation und Ausübung von Staatsgewalt“, für die das Demokratiegebot außerhalb der unmittelbaren Staats- und gemeindlichen Selbstverwaltung offen sei.[305] Darin klingt der Ausnahmecharakter der personell-organisatorisch nicht legitimierten Selbstverwaltung an. Überdies fällt auf, dass zwar von abweichenden „Formen der Organisation und Ausübung“ von Staatsgewalt, nicht jedoch von alternativen Legitimationsgrundlagen die Rede ist.[306] Zwar ist zuzugeben, dass die Ausführungen des Bundesverfassungsgerichts nicht eindeutig sind.[307] Eine Interpretation des Art. 20 Abs. 2 GG als monofunktionaler Norm zur Verwirklichung personaler Selbstbestimmung und eine darauf gestützte Anerkennung von autonom legitimierten „Verbandsvölkern“ liegt darin bei näherer Betrachtung jedoch nicht.

(2) Keine Anerkennung von „Verbandsvölkern“ zwecks Wahrung eines hinreichenden Legitimationsniveaus

Vertreten wird auch, dass „Verbandsvölker“ schon deshalb anzuerkennen seien, weil das Vorliegen eines parlamentarischen Gesetzes und der Rechtsaufsicht nicht genüge, um das erforderliche Legitimationsniveau zu erfüllen.[308] Dieses Argument geht implizit von der Prämisse aus, dass ein bestimmtes Legitimationsniveau jedenfalls gefordert sei und sich das Legitimationssubjekt relativ hierzu bestimmen lasse. Sein Kern ist eine eigenartige Teleologie im engeren Sinne: Das Legitimationsniveau wird zum Ziel, hinter das der Begriff des Volkes zurücktritt.

Dieser Argumentationsgang ist verfassungsrechtlich nicht haltbar. Der Art. 20 Abs. 2 GG zugrundeliegende Gedanke der Volkssouveränität stellt Anforderungen an die Ausübung von Staatsgewalt. Er verlangt die Rechtfertigung der Herrschaft von Menschen über Menschen. Ausgangspunkt dieser Rechtfertigung ist das Volk.[309] Es

---

304 BVerfGE 107, 59 (92).

305 BVerfGE 107, 59 (91).

306 Zu weitgehend daher die Interpretation von *Hanebeck*, DÖV 2004, S. 901 (908).

307 So auch *Unruh*, JZ 2003, S. 1061 (1063).

308 *Ehlers*, in: Festschrift Stein, S. 125 (133); *Pieroth*, EuGRZ 2006, S. 330 (332).

309 *Böckenförde*, in: Isensee/Kirchhof, HStR II, § 24, Rn. 3; *Jestaedt* (1993), S. 155.

sind mithin Äußerungen von Herrschaftsgewalt, die am Fixpunkt des in Art. 20 Abs. 2 GG genannten „Volkes“ auszurichten sind. Besonders deutlich wird dies in Art. 20 Abs. 2 S. 2 GG, wo an die Organisation der Ausübung von Staatsgewalt[310] – nicht etwa an ihren Rechtfertigungsursprung – Anforderungen gestellt werden. Das Volk des Art. 20 Abs. 2 GG ist zwar nicht Teil eines Tatbestandes – dies ist vielmehr das Legitimationsobjekt [siehe oben C. II.] – jedoch Teil eines Fixbereichs, der Movens der normativen Anforderungen des Gebots demokratischer Legitimation ist. Dies verbietet es, den „Volksbegriff“ in Relation zu den Funktionen der Legitimationsvermittlung zu bestimmen.

(3) Zwischenergebnis: Keine Anerkennung von „Verbandsvölkern“ aus Gründen der Teleologie

Das entstehungsgeschichtlich-teleologische Argument für einen auf die Selbstbestimmung des Einzelnen reduzierten Demokratiebegriff, und damit im Grundsatz für eine Betroffenendemokratie, die zudem lediglich das Niveau, nicht aber den Modus der Legitimation vorgibt, greift zu kurz. Es übersieht die Ausgestaltung, die das Demokratieprinzip im Grundgesetz gefunden hat, und die sich im systematischen Zusammenhang des Art. 20 Abs. 2 GG manifestiert. Der Schlussfolgerung, dass eine autonome Legitimation innerhalb der funktionalen Selbstverwaltung möglich sei, die zumindest ergänzend, aber doch kategoriell gleichwertig, neben die vom Staatsvolk vermittelte Legitimation tritt, ist daher nicht zuzustimmen.

ee) Zwischenergebnis: Keine verfassungsrechtliche Rezeption von „Verbandsvölkern“ durch Art. 20 Abs. 2 GG

Art. 20 Abs. 2 GG erkennt als Volk, das Subjekt des Prozesses der Vermittlung demokratischer Legitimation sein kann, ausschließlich das Bundesstaatsvolk, die Landesvölker sowie die Gemeinde- und Kreisvölker an. „Verbandsvölker“ von Selbstverwaltungskörperschaften sind danach nicht taugliches Subjekt demokratischer Legitimation. Eine entsprechende Funktion könnte den „Verbandsvölkern“ daher allenfalls über eine analoge Auslegung zukommen.

c) Keine Anerkennung von „Verbandsvölkern“ im Wege der Analogie

Für die Auslegung der Verfassung gelten die überkommenen Auslegungsgrundsätze.[311] Auch eine analoge Anwendung von Verfassungsbestimmungen ist im

---

310 Siehe *Böckenförde*, in: Isensee/Kirchhof, HStR II, § 24, Rn. 9.

311 BVerfGE 88, 145 (166 f.); BVerfGE 93, 37 (81).

Grundsatz möglich,[312] wenngleich selten[313]. Der Begriff des Volkes im Sinne des in Art. 20 Abs. 2 GG gefassten Demokratieprinzips erfasst keine „Verbandsvölker“. Grundsätzlich denkbar ist jedoch, Art. 20 Abs. 2 GG analog auch auf „Verbandsvölker“ anzuwenden. Die Rechtsfolge einer solchen analogen Anwendung könnte sein, dass eine Rückführbarkeit des Verhaltens der Träger funktionaler Selbstverwaltung auf das jeweilige „Verbandsvolk“ dem verfassungsrechtlichen Legitimationsgebot genügte.

aa) Keine Regelungslücke

Eine Analogiebildung setzt eine Regelungslücke voraus. Eine solche kann entweder darin bestehen, dass eine Norm schon kein eindeutiges Regelungsprogramm enthält, oder darin, dass sie aus Wertungsgründen korrekturbedürftig ist.[314] Eine Regelungslücke könnte man auf der Seite des Anwendungsbereichs sehen, das heißt darin, dass Art. 20 Abs. 2 GG den Fall der Ausübung von Herrschaftsgewalt durch Träger der funktionalen Selbstverwaltung nicht erfasse. Alternativ oder kumulativ kommt auch in Betracht, dass die Rechtsfolgenseite lückenhaft ist, indem sie etwa kein oder kein richtiges Legitimationssubjekt der funktionalen Selbstverwaltung erkennen lässt.

Keine dieser Varianten ist jedoch einschlägig. Der erste Fall ist nicht gegeben, denn Art. 20 Abs. 2 GG lässt sich, wie oben geschehen, im Wege der Auslegung konkretisieren.[315] Dies gilt sowohl hinsichtlich seines Anwendungsbereichs (erfasst wird die Ausübung von Herrschaftsgewalt, auch durch Träger der funktionalen Selbstverwaltung) als auch hinsichtlich seiner Rechtsfolge (dem Erfordernis, dass die Gewaltausübung auf das Bundes-, ein Landes- oder ein Gemeinde- oder Kreisvolk zurückzuführen sein muss). Zwar mag dieses Ergebnis diskutabel sein. Doch gibt es legitimierende Gründe[316] dafür, dass „Verbandsvölker“ nicht als Legitimationssubjekte im Sinne des verfassungsrechtlichen Gebots demokratischer Legitimation der Ausübung von Herrschaftsgewalt anzusehen sind. Ein Widerstreit vertretbarer Ansichten über die richtige Auslegung bedeutet auch nicht, dass das Regelungsprogramm der Vorschrift unscharf ist, denn Inhalt der sich gegenseitig ausschließenden Ansichten ist ja gerade die richtige eindeutige Auslegung. Dies liegt im Wesen der Interpretation von Rechtsvorschriften begründet:

> „Die Auslegung insbesondere des Verfassungsrechts hat den Charakter eines Diskurses, in dem auch bei methodisch einwandfreier Arbeit nicht absolut richtige, unter Fachkundigen nicht bezweifelbare Aussagen dargeboten werden, sondern Gründe geltend gemacht, andere

---

[312] *Sachs*, in: ders., Grundgesetz, Einführung, Rn. 45.

[313] *Cremer* (2000), S. 336 ff.

[314] *Zippelius*, S. 64 ff.

[315] *Huber*, Peter M., DÖV 1989, S. 531 ff.

[316] Siehe *Zippelius*, S. 48.

Gründe dagegengestellt werden und schließlich die besseren Gründe den Ausschlag geben sollen.“[317]

Damit ist das Regelungsprogramm des Art. 20 Abs. 2 GG zumindest soweit eindeutig, dass seine analoge Anwendung nicht mit einer aufgrund einer Uneindeutigkeit der Regelung bestehenden Lücke begründet werden kann.[318] Dies gilt sowohl hinsichtlich der Seite des Anwendungsbereichs als auch hinsichtlich der Rechtsfolgenseite.

Es ist zudem nicht erkennbar, dass Art. 20 Abs. 2 GG in der obigen Auslegung einer Korrektur aus Wertungsgründen bedürfte. Denkbar wäre ein solcher Korrekturbedarf dann, wenn sonst die Existenz der funktionalen Selbstverwaltung in Frage gestellt würde, weil sie nach dem Maßstab des Art. 20 Abs. 2 GG jedenfalls nicht demokratisch legitimiert sei. In diesem Fall widerstritte die vom Verfassungsgeber vorgenommene Anerkennung der funktionalen Selbstverwaltung[319] [siehe unten im Kontext der Frage der Verzichtbarkeit einer personell-organisatorischen Legitimation C. IV. 2. e) dd)] an sich dem parallel bestehenden Erfordernis demokratischer Legitimation. Bereits an dieser Stelle lässt sich jedoch sagen, dass es auch ohne eine analoge Anwendung des Art. 20 Abs. 2 GG dahingehend, dass auch „Verbandsvölker“ Legitimationssubjekte seien, verfassungsgemäße funktionale Selbstverwaltung geben kann. Weitere Wertungsgesichtspunkte, die eine Korrektur geböten, sind nicht ersichtlich.

bb) Zwischenergebnis: Keine Voraussetzungen für die Analogiebildung mangels Regelungslücke

Es fehlt daher bereits an der für die Annahme einer Analogie erforderlichen Regelungslücke. Sowohl der Anwendungsbereich als auch die Rechtsfolgenseite des Gebots demokratischer Legitimation ist inhaltlich hinreichend eindeutig, wenn auch teilweise umstritten. Auch einer Korrektur des Inhalts aus Wertungsgründen bedarf es nicht; insbesondere wird durch die Ablehnung der Annahme von „Verbandsvölkern“ der Selbstverwaltungskörperschaften als Legitimationssubjekte die Existenz der funktionalen Selbstverwaltung nicht in Frage gestellt.

d) Zwischenergebnis: Keine verfassungsrechtliche Anerkennung von „Verbandsvölkern“ der funktionalen Selbstverwaltung

Die legitimationsbedürftige Tätigkeit der Träger der funktionalen Selbstverwaltung – und damit auch die entsprechende Tätigkeit der dort angesiedelten Ethikkommissionen – muss auf das Bundes- oder das jeweilige Landesvolk rückführbar

[317] BVerfGE 82, 30 (38 f.).

[318] Im Ergebnis auch *Jestaedt* (1993), S. 501 f.

[319] BVerfGE 107, 59 (89 f.).

sein.[320] Einrichtungen der Selbstverwaltung sind keine „Demokratien im Kleinen" im Sinne des grundgesetzlichen Demokratiegrundsatzes.[321] Was das Legitimationssubjekt anbetrifft, gilt mithin für die Tätigkeit der bei den Ärztekammern und Hochschulen angesiedelten Ethikkommissionen nichts anderes als für die legitimationsbedürftige Tätigkeit der staatlichen Verwaltung.

Eine andere Frage ist, ob die Tatsache, dass die Ethikkommissionen bei der funktionalen Selbstverwaltung angesiedelt sind, dazu führt, dass ihre Tätigkeit an einer etwaigen, für die funktionale Selbstverwaltung anerkannten Erleichterung der Anforderungen an das Legitimationsniveau partizipiert [siehe zum verfassungsrechtlich geforderten Legitimationsniveau unten C. IV. 4. c)].

IV. Legitimationsmodi

Der von Art. 20 Abs. 2 GG geforderte Legitimationsprozess verläuft vom Subjekt zum Objekt [siehe oben C. I. 4. b)]. Die Gestalt dieses Prozesses – also der Legitimationsmodus – ist zu untersuchen.

1. Personell-organisatorische und sachlich-inhaltliche Legitimation und ihre instrumentale Funktion

Das Grundgesetz definiert die Modi der Legitimationsvermittlung nicht.[322] Immerhin benennt Art. 20 Abs. 2 S. 2 GG als Staatsgewalt ausübende Organe jene der Gesetzgebung, der vollziehenden Gewalt und der Rechtsprechung. Der Interpret ist daher auf den Zweck des demokratischen Prinzips und die weiteren verfassungsrechtlichen Bestimmungen verwiesen. Ziel des Demokratiegebots ist die Verwirklichung individueller Selbstbestimmung [siehe oben C. I. 3. d), C. II. 1. a) ee) (1)]. Dieses Ziel soll durch die Schaffung von Möglichkeiten des Einflusses des jeweiligen Legitimationssubjekts auf die Ausübung der Staatsgewalt angestrebt werden; das – nur theoretische – Idealmodell dieses Einflussprozesses ist die totale Bestimmungsmacht des Volkes über das Staatshandeln.[323] Dabei kann die direkte Demo-

---

[320] Im Ergebnis auch *Schmidt-Aßmann* (2001), S. 75 („Die Verbandsmitglieder sind nicht ‚Volk' und können daher demokratische Legitimation im *Sinne dieser Bestimmung* [des Art. 20 Abs. 2 GG, *der Verfasser*] nicht vermitteln"), der allerdings eine „autonome Legitimation" neben jener des Art. 20 Abs. 2 GG anerkennt (S. 75 f.).

[321] So auch *Klein*, Hans Hugo, in: Festschrift Forsthoff, S. 165 (S. 184 f.).

[322] *Emde*, S. 327, 331.

[323] Zur Identitätstheorie und der „herrschaftslosen Gesellschaft als einer Konsequenz des Denkens der Volksherrschaft als Realitätsaussage" *Hättich*, S. 33 („Demokratie [wäre] in des Wortes eigentlicher Bedeutung eine herrschaftslose Ordnung").

kratie in der Form der von Art. 20 Abs. 2 S. 2 GG erwähnten Abstimmungen als Ausnahme[324] außer Betracht bleiben [siehe oben C. I. 3. c)]. Damit ist die Wahl als notwendig erster Schritt der Legitimationsvermittlung und das Parlament als zwingend legitimationsvermittelndes Organ[325] festgelegt. Diese parlamentarische Anknüpfung prägt daher die Legitimationsmodi. Da es jedoch darüber hinaus in den das Demokratieprinzip verfassenden Normen keine ausdrücklichen Anhaltspunkte gibt, müssen solche sich vor allem aus grundgesetzlichen Parametern außerhalb des Art. 20 Abs. 2 GG ergeben.

a) Personell-organisatorische und sachlich-inhaltliche Aspekte als Faktoren zur Beschreibung von staatlichen Handlungen

Da Art. 20 Abs. 2 GG den Legitimationsprozess nicht explizit vorgibt, ist dieser zunächst modal unbestimmt: Jedweder Einfluss des Legitimationssubjekts auf das Legitimationsobjekt ist aus der isolierten Perspektive des Art. 20 Abs. 2 S. 1 GG grundsätzlich geeignet[326] (nicht jedoch schon hinreichend), Legitimation zu stiften. Das Gebot demokratischer Legitimation ist insofern abstrakt-final. Die konkreten Legitimationswege ergeben sich nicht aus Art. 20 Abs. 2 GG, sondern aus der Logik der Möglichkeiten zur Rückkoppelung von Staatsgewalt an den Willen des Volkes, die innerhalb der grundgesetzlichen Staatsstruktur bestehen. Die Frage nach den Modi dieses Legitimationsprozesses ist daher die Frage nach sämtlichen Möglichkeiten, welche die Verfassung für eine Einflussnahme des Volkes auf das Staatshandeln bietet.[327]

Wie gezeigt [siehe oben C. II.] ist das Legitimationsobjekt das Handeln des Staates. Um eine konkrete Staatshandlung zu beschreiben, können zwei Perspektiven zu einem Bild zusammengefügt werden: Die Handlung kann durch ihre personell-organisatorische Dimension – das „Wer" und das „Wo"; der konkrete Amtswalter und die Stelle, an der er tätig ist – und durch ihren Inhalt, das „Was" und das „Wie", abgebildet werden.[328]

---

[324] *Herzog*, in: Maunz/Dürig, Art. 20, II, Rn. 37.

[325] BVerfGE 33, 125 (158); *Böckenförde* (1974), S. 73 f.; *Böckenförde*, in: Isensee/Kirchhof, HStR II, § 24, Rn. 16 (für die personell-organisatorische Legitimation); *Emde*, S. 338 f.; *Hennecke*, in: Festgabe v. Unruh, S. 931 (941).

[326] Siehe *Gersdorf*, S. 169 (wonach Art. 20 Abs. 2 S. 1 GG lediglich die Volkssouveränität als Ziel markiert, den Modus zu deren Realisierung jedoch anderen Organisationsnormen vorbehält).

[327] Siehe *Oebbecke*, S. 16, unter dem Gesichtspunkt der Steuerung: „Wenn die Verwaltung als entscheidungsproduzierende Organisation beschrieben wird, ergibt sich damit die besondere Bedeutung aller Steuerungsmittel, die geeignet sind, auf Entscheidungen einzuwirken".

[328] *Oebbecke*, S. 76: „[D]er demokratischen Legitimation [ist] sowohl die Tatsache, daß eine bestimmte Person ein Amt wahrnimmt, zugänglich als auch die Art und Weise, wie sie dieses im Rahmen des Rechts wahrnimmt".

Damit sind die möglichen Anknüpfungspunkte für die Legitimationsstiftung identifiziert: Dem Legitimationssubjekt kann Einfluss auf den personell-organisatorischen Aspekt sowie auf den sachlich-inhaltlichen Aspekt von Handlungen des Staates eingeräumt werden. Aus diesen Gesichtspunkten des Legitimationsobjekts selbst folgt noch nicht, dass ihnen jeweils ein Legitimationsmodus entspricht. Vielmehr ergibt sich erst aus dem verfassungsrechtlichen Rahmen des Demokratieprinzips und der entsprechenden Logik der Einflussnahme auf das Staatshandeln, dass sich tatsächlich unterschiedliche Legitimationsmodi ausmachen lassen, die sich auf den personellen Aspekt sowie den sachlich-inhaltlichen Aspekt des Staatshandelns beziehen und in ihrer Art unterscheiden.[329] Diese Legitimationsmodi werden als personell-organisatorische und sachlich-inhaltliche Legitimation bezeichnet. Da diese Legitimationsarten von Art. 20 Abs. 2 GG nicht genannt werden, gibt es keine aus dem Gebot demokratischer Legitimation folgende, grundsätzliche Rangfolge.[330]

Manchenteils wird auch von „institutioneller", „funktioneller" oder „funktionell-institutioneller"[331] Legitimation gesprochen.[332] Gemeint ist die im Grundgesetz vorgesehene Aufteilung verschiedener Modi der Ausübung von Staatsgewalt auf die drei Sparten der Legislative, der Exekutive und der Judikative.[333] Die funktionell-institutionelle Legitimation besagt damit, dass Funktionen und Institutionen, die diesen Sparten zugehören, insbesondere die verfassungsunmittelbaren Institutionen,[334] unter dem Grundgesetz bestehen dürfen. Die Aufteilung in diese drei Kategorien ist kein Ausfluss des Demokratieprinzips. Sie ist diesem auch nicht nachrangig und kann demnach nicht gegen Art. 20 Abs. 2 verstoßen. Dies gilt indes ausschließlich für das abstrakte Faktum der Existenz der drei Gewalten. Jede Konkretisierung – der jeweilige Amtswalter sowie seine Handlungen – unterliegt dem Legitimationserfordernis.[335] Die funktionell-institutionelle Legitimation ist daher kein Legitimationsmodus im hier zu untersuchenden Sinne.

---

[329] Allgemeiner *v. Arnim*, AöR 113 (1988), S. 1 (6): „Die Einflußnahme des Volkes hat eine personelle und eine sachlich-inhaltliche Komponente".

[330] *Jestaedt* (1993), S. 373.

[331] *Voßkuhle/Sydow*, JZ 2002, S. 673 (675); siehe BVerfGE 49, 89 (125) und BVerfGE 68, 1 (88) (jeweils mit der Formulierung „institutionelle und funktionelle Legitimation").

[332] Siehe *v. Arnim*, AöR 113 (1988), S. 1 (6); *Schmidt-Aßmann*, AöR 116 (1991), S. 329 (363).

[333] *v. Arnim*, AöR 113 (1988), S. 1 (6); *Böckenförde*, in: Isensee/Kirchhof, HStR II, § 24 Rn. 11; *Dreier*, in: ders., Bd. II, Art. 20 (Demokratie) Rn. 114; siehe *Schmidt-Aßmann*, AöR 116 (1991), S. 329 (363 f.).

[334] *v. Arnim*, AöR 113 (1988), S. 1 (6).

[335] *Böckenförde*, in: Isensee/Kirchhof, HStR II, § 24 Rn. 15.

b) Bezug personell-organisatorischer sowie sachlich-inhaltlicher Legitimation auf Verwaltungsstellen

Es wurde dargelegt, dass die Frage nach der demokratischen Legitimation der Gesamtheit der potentiellen Entscheidungen von Organisationseinheiten verallgemeinernd ist und vom Objekt des Legitimationsgebots, der ausgeübten Staatsgewalt, abstrahiert [siehe oben C. II. 2.]. In der Rechtsprechung und der Literatur wird oftmals von der Legitimation von Verwaltungseinheiten oder Amtswaltern gesprochen, ohne dass auf den tatsächlichen Bezugspunkt dieser Beurteilung – nämlich die potentiellen Entscheidungen dieser Amtsträger – eingegangen wird. Für eine präzise Analyse der verschiedenen Aspekte der Legitimation muss jedoch der jeweilige Bezugspunkt definiert werden. Nur dann erschließt sich die Bedeutung der demokratischen Legitimation im Sinne des Art. 20 Abs. 2 GG in sämtlichen ihrer Facetten; insbesondere lässt sich nur dann eine klare Unterscheidung zwischen den Kategorien der personell-organisatorischen und der sachlich-inhaltlichen Legitimation vornehmen.

Für die personell-organisatorische Legitimation sind die potentiellen Entscheidungen eines Amtsträgers nur insofern relevant, als unterstellt wird, dass der Amtsträger zu legitimationsbedürftigen Entscheidungen ermächtigt ist. Jedoch ist von Art und Umfang dieser potentiellen Entscheidungen unabhängig, ob und zu welchem Grad eine personelle Legitimation besteht. Die personelle Legitimation ist eine Legitimationskategorie institutioneller Natur. Zwar ist auch sie letztlich auf die tatsächlichen oder potentiellen Entscheidungen eines Amtswalters bezogen, denn erst diese werfen die Legitimationsfrage auf, jedoch ist der personell-organisatorischen Legitimation inhärent, dass sie von den vom jeweiligen Amtswalter zu treffenden Entscheidungen kategoriell abstrahiert ist.

Damit erschließt sich das Verhältnis von personell-organisatorischer Legitimation und Legitimation der Entscheidung: Die personell-organisatorische Legitimation ist lediglich institutionelles Medium, mittels dessen die Legitimation der Entscheidung unter anderem bestimmt wird; sie hat in verfassungsrechtlicher Hinsicht keinen Selbstzweck, sondern ist ein Instrument zur Legitimation von Staatsgewalt.[336]

Auch die Kategorie der sachlich-inhaltlichen Legitimation kann auf Amtsträger angewandt werden, nämlich indem gefragt wird, wie präzise die Gesamtheit der Entscheidungen im Zuständigkeitsbereich des Amtsträgers inhaltlich programmiert ist. Anders als die personell-organisatorische Legitimation vermag das Kriterium der sachlich-inhaltlichen Legitimation auch einzelne, konkrete Entscheidungen zu erfassen. Bestimmte Entscheidungen können danach bewertet werden, inwiefern sie durch Normen inhaltlich programmiert sind. Zur Bewertung eines Amtswalters hilft

---

[336] *Böckenförde*, in: Isensee/Kirchhof, HStR II, § 24, Rn. 12, 16 f.; *Emde*, S. 332; *Jestaedt* (1993), S. 373; *Oebbecke*, S. 92, wonach „die demokratische Legitimation der Amtswalter das Mittel zur Legitimation der Entscheidung“ ist.

diese Funktion jedoch nicht, denn eine Einzelentscheidung ist immer nur ein Ausschnitt aus dessen Tätigkeit. Hier muss das durchschnittliche Legitimationsniveau aller potentiellen Entscheidungen des Amtswalters die Grundlage bilden für die legitimatorische Bewertung. Abhängig vom untersuchten Amtsträger kann dies praktisch sehr komplex sein: Je weiter der Zuständigkeitsbereich eines Amtswalters reicht, desto größer ist auch der Kreis der potentiellen Entscheidungen, die zu bewerten sind. Hinzu kommt, dass antizipiert werden muss, in welchem mengenmäßigen Verhältnis die verschiedenen hypothetischen Entscheidungen des Amtswalters stehen. So ist beispielsweise denkbar, dass ein bestimmter Teil der Entscheidungen innerhalb des Zuständigkeitsbereichs eines Amtswalters aufgrund der geringen inhaltlichen Programmierung nur schwach sachlich-inhaltlich determiniert ist; doch fällt dies bei der Bewertung der Legitimation des Amtswalters nur wenig ins Gewicht, wenn diese Entscheidungen die Ausnahme darstellen und gegenüber der Vielzahl anderer, stärker legitimierter Entscheidungen des Amtswalters quantitativ kaum bedeutsam sind.

2. Personell-organisatorische Legitimation

a) Anknüpfungspunkt der personell-organisatorischen Legitimation

Anknüpfungspunkt der personell-organisatorischen Legitimation ist das Subjekt des Staatshandelns. Gemeint ist an dieser Stelle das Subjekt im engeren Sinne, mithin nicht der Staat selbst [siehe zum als Subjekt begriffenen Staat oben C. II. 1. b) aa)], sondern die Person oder – bei Gremien – die Mehrheit von Personen, die Entscheidungen treffen und handeln. Soweit das Staatshandeln nicht durch sachlich-inhaltliche Vorgaben reguliert ist, liegen sämtliche Aspekte der staatlichen Aktivität in den Händen der konkret handelnden Subjekte. Diese nicht inhaltlich programmierte Dimension des Handelns kann willkürlich durch die agierende Person ausgefüllt werden. Der insofern einzige Ansatzpunkt für eine – mittelbare – Einflussnahme durch das Legitimationssubjekt ist daher die personale Komponente.

b) Funktion des Modells der personell-organisatorischen Legitimation

Ist somit der Anknüpfungspunkt der personell-organisatorischen Legitimation identifiziert, ist weiter festzustellen, wie das Legitimationssubjekt Einfluss auf die personale Handlungskomponente nehmen kann. Dies ist die eigentliche Frage nach dem Legitimationsmodus.

aa) Grundmodell der personell-organisatorischen Legitimation

Die Grundidee der personell-organisatorischen Legitimation ist jene einer ununterbrochenen Legitimationskette, die das Volk mit den mit der Wahrnehmung der staatlichen Angelegenheiten betrauten Amtswaltern verbindet.[337] Die Glieder dieser Kette sind Bestimmungsakte hinsichtlich der Personen, die staatliche Funktionen ausfüllen. Sie nimmt ihren Anfang beim Volk, setzt sich über die Wahl von Repräsentanten fort, die wiederum die Regierung bestimmen, von der aus eine Bestimmungskaskade in die Verwaltungsorganisation reicht.[338] Erforderlich ist eine Ernennungskette, deren Glieder die individuellen Berufungen der Amtswalter sind.[339] Das „Prinzip der individuellen Berufung der Amtswalter durch das Volk oder durch volksgewählte Organe". Nach dem Bundesverfassungsgericht besitzt ein Amtsträger uneingeschränkte personelle Legitimation auf der Basis einer ununterbrochenen Legitimationskette dann,

> „wenn er verfassungsgemäß sein Amt im Wege einer Wahl durch das Volk oder das Parlament oder dadurch erhalten hat, daß er durch einen seinerseits personell legitimierten, unter Verantwortung gegenüber dem Parlament handelnden Amtsträger oder mit dessen Zustimmung bestellt worden ist".[340]

Gefordert wird danach eine konkrete Legitimation, eine Kette, deren einzelne Glieder einen individuellen Bezug auf den einzelnen Amtswalter des nachfolgenden Gliedes aufweisen. Verbundstücke sind konkrete Bestellungsakte, nicht schon abstrakte Regelungen über die Bestellung des jeweiligen Amtswalters.[341] Die Notwendigkeit der Individualität der Bestellung bis hin zum letzten Glied der Legitimationskette ergibt sich aus ihrem Zweck, so weit wie möglich den Einfluss des jeweiligen Legitimationssubjekts auf die Entscheidung des Amtswalters über die

---

[337] BVerfGE 47, 253 (275); BVerfGE 52, 95 (130); BVerfGE 77, 1 (40); BVerfGE 83, 60 (72 f.); BVerfGE 93, 37 (67 f.); BVerfGE 107, 59 (87 f.); *v. Arnim*, AöR 113 (1988), S. 1 (6 f.); *Böckenförde* (1974), S. 73 f.; *Böckenförde*, in: Isensee/Kirchhof, HStR II, § 24, Rn. 16; *Röhl*, S. 143; *Schmidt-Aßmann*, AöR 116 (1991), S. 329 (355) („ein *Zurechnungszusammenhang*, für den sich die Vorstellung einer ununterbrochenen Legitimationskette vom Volk zu den mit staatlichen Aufgaben betrauten Organen und Amtswaltern herausgebildet hat").

[338] Siehe *v. Arnim*, AöR 113 (1988), S. 1 (8).

[339] *Böckenförde*, in: Isensee/Kirchhof, HStR II, § 24, Rn. 16; *Herzog* (1971), S. 210 f.; *Schmidt-Aßmann*, AöR 116 (1991), S. 329 (360 ff.).

[340] BVerfGE 93, 37 (67).

[341] BVerfGE 38, 258 (271) (für die demokratische Legitimation eines jeden Mitgliedes eines Kollegialorgans); BVerfGE 47, 253 (275) („ununterbrochene Legitimationskette"); BVerfGE 52, 95 (130); BVerfGE 83, 60 (72 f.); *Böckenförde* (1974), S. 73 f.; *Böckenförde*, in: Isensee/Kirchhof, HStR II, § 24 Rn. 16; *Herzog*, in: Maunz/Dürig, Art. 20, II, Rn. 50 ff.; *Oebbecke*, S. 84 (S. 92 für die individuelle personelle Legitimation der Mitglieder von Kollegialorganen); *Schmidt-Aßmann*, AöR 116 (1991), S. 329 (361). Anders *Kluth*, DV 35 (2002), S. 349 (360 f.) mit einem Konzept „kollektiver personeller demokratischer Legitimation".

Ausübung von Staatsgewalt zu vermitteln.[342] Da diese Entscheidung notwendig von Menschen getroffen wird, bedeutet jede Verunschärfung durch eine Abweichung von diesem Individualitätsprinzip, dass diese legitimatorische Rückkoppelung beschränkt wird oder abreißt; die Effektivität dieser Kette ist abhängig davon, dass sie nicht durch mangelhaft personell-organisatorisch legitimierte Glieder unterbrochen wird.[343] Über die auf konkrete natürliche Personen bezogene Legitimation werden auch die Organe legitimiert, denen die Amtswalter zugeordnet werden.[344] Dieses Modell findet sich in einer hierarchisch aufgebauten Staatsverwaltung mit einer parlamentarisch gelenkten und kontrollierten ministeriellen Leitung wieder.[345]

bb) Keine „kollektive" personell-organisatorische Legitimation

Es wird die Ansicht vertreten, dass die funktionale Selbstverwaltung über eine verfassungsrechtlich gerechtfertigte „kollektive" personelle Legitimation verfügt. Anknüpfungspunkt dieser Meinung ist die mit dem Gründungsakt einer Selbstverwaltungskörperschaft verbundene Heranziehung zur Mitgliedschaft, die an bestimmte beziehungsweise bestimmbare persönliche Merkmale, letztlich an die Betroffenheit in bestimmten Angelegenheiten anknüpft und den davon erfassten Personen Rechte der Teilhabe an der Staatsgewalt zuweist.[346] Die Legitimation der funktionalen Selbstverwaltung sei insofern eine parlamentarisch vermittelte.[347] Die in Bezug auf das Demokratieprinzip herrschend vertretene These von der individuellen Bestellung sei verfassungsrechtlich nicht haltbar. Zur Begründung wird teils auf die allgemeine Ansicht verwiesen, wonach Art. 38 Abs. 1 GG, der die Unmittelbarkeit der Wahl fordert, einer Listenwahl nicht entgegenstehe. Bei der Listenwahl sei nicht der einzelne Kandidat, sondern seine Zugehörigkeit zu der Landesliste einer Partei relevant. Dies bedeute eine partielle Kollektivierung der personellen Legiti-

---

[342] Siehe *Schmidt-Aßmann*, AöR 116 (1991), S. 329 (361), der die individuelle Berufung zu einer abstrakten Ämterordnung kontrastiert und in diesem Kontext auf die Bedeutung der Individualität des einzelnen Amtswalter hinweist: „Individuelle Berufung bedeutet, daß das berufene Organ die die Individualität ausmachenden Merkmale des vorgesehenen Amtswalters hinreichend prüfen und bei seiner Berurungsentscheidung berücksichtigen kann".

[343] *Böckenförde*, in: Isensee/Kirchhof, HStR II, § 24, Rn. 16; *Röhl*, S. 143.

[344] *Böckenförde*, in: Isensee/Kirchhof, HStR II, § 24, Rn. 16.

[345] *Emde*, S. 351 f.

[346] *Kluth*, DV 35 (2002), S. 349 (360 ff.); *Kluth* (1997), S. 377; siehe *Musil*, DÖV 2004, S. 116 (119).

[347] *Dederer*, NVwZ 2000, S. 403 (404 f.); *Kluth*, DV 35 (2002), S. 349 (361 f.); *Kluth* (1997), S. 381; siehe *Bryde*, StWStP 5 (1994), S. 305 (315), der die Möglichkeit der Anerkennung des Rechts des parlamentarischen Gesetzgebers anspricht, „Autonomie zu begründen, d.h. die von autonomen Verwaltungseinheiten ausgeübte Staatsgewalt und vom Parlament verliehenen Mitwirkungsrechte als durch Vermittlung des Parlaments ‚vom Volk ausgehend' zu verstehen".

mation, denn die individuelle Bestimmungsfunktion der Wahl werde gelockert.[348] Daraus lasse sich folgern, dass auch bei der kollektiven Bestellung der Mitglieder von Selbstverwaltungskörperschaften das Gebot demokratischer Legitimation gewahrt sei; die Bestellung im Gründungsakt sei nicht nur hinreichend bestimmt, sondern überdies von sachlichen Erwägungen in Bezug auf die persönliche Eignung der Bestellten getragen.[349]

Diese Meinung überzeugt nicht. Der funktionale Selbstand und die grundsätzliche verfassungsrechtliche Notwendigkeit der personell-organisatorischen Legitimation im Sinne eines Systems individueller Berufungen soll in einem weiteren Schritt begründet werden [siehe unten C. IV. 2. e)]. Bereits an dieser Stelle kann jedoch gezeigt werden, dass die Idee einer „kollektiven Legitimation" sich wesensartig von jenem einer individuellen personell-organisatorischen Legitimation unterscheidet und das Argument der Listenwahl nicht trägt.

Im Modell einer kollektiven Legitimation bleibt die Individualität des Amtswalters unberücksichtigt. Die Anknüpfung an formale Kriterien – beispielsweise die Ausübung eines Berufs – blendet die komplexe Persönlichkeit aus und reduziert den Zugriff auf ein in Relation hierzu sehr grobes Schema. Nicht nur findet überhaupt eine Vergröberung durch das Faktum der Formalisierung statt, sondern es wird – zumindest, was die funktionale Selbstverwaltung anbetrifft – explizit an äußerliche Faktoren – die Betroffenheit in bestimmten Angelegenheiten [siehe zur Betroffenheit als maßgebliches Kriterium der hier relevanten Definition von „Verbandsvölkern" oben C. III. 4. a) cc) (1)] – angeknüpft; schon materiell erhebt die Idee einer kollektiven Legitimation nicht den Anspruch, die Persönlichkeit des Amtswalters überhaupt zu erfassen. Insofern besteht ein Wesensunterschied zwischen dem Modell der individuellen personell-organisatorischen Legitimation und jenem der kollektiven Legitimation. Dies verbietet eine funktionale Gleichsetzung etwa dahingehend, es gebe zwischen beiden Modellen lediglich graduelle Unterschiede in der Legitimationseffektivität.[350] Die Rede davon, es handele sich bei beiden Konzepten um personell-organisatorische Legitimation, ist daher irreführend, da sie den kategorialen Unterschied ihrer Funktionen terminologisch einebnet [siehe zur besonderen Bedeutung der Individualität des Amtswalters im Legitimationsprozess unten C. IV. 2. e)].

Auch der Verweis auf die Zulässigkeit der Listenwahl vermag die Gleichsetzung der Modelle nicht zu begründen. Grundsätzlich wäre eine solche verfassungsrechtliche Identifikation zwar denkbar. Die konkrete Funktion der Listenwahl steht dem jedoch entgegen. Die Kandidaten sind dort zwar nur als Kollektiv wählbar, doch ist dieses Kollektiv in sich individuell konkretisiert. Die Annahme, bei der Listenwahl werde an allgemeine persönliche Merkmale angeknüpft, nämlich die Listenzuge-

---

[348] *Kluth* (1997), S. 378; siehe *Musil*, DÖV 2004, S. 116 (119).

[349] *Kluth* (1997), S. 379.

[350] So aber *Dederer*, NVwZ 2000, S. 403 (404 f.).

hörigkeit sowie weitere, die Regierungsfähigkeit begründende Faktoren,[351] geht fehl, weil die Kandidaten nicht etwa durch ihre Listenzugehörigkeit und weitere Merkmale bloß bestimmbar, sondern durch die Liste bestimmt sind. Die Tatsache, dass die Wahlentscheidung des Einzelnen sich nur auf ein Kollektiv beziehen kann, ist damit nicht dem Aspekt der Individualität der Bestellung, sondern dem allgemeinen Aspekt des Bestellungsmodus zuzuordnen. Der Verweis auf die Listenwahl verfängt daher nicht.

Das Grundmodell der personell-organisatorischen Legitimation unterscheidet sich damit wesensmäßig von einem Konzept kollektiver Legitimation, wobei der Unterschied nicht durch die grundgesetzliche Anerkennung der Listenwahl verfassungsrechtlich eliminiert wird. Soweit im Weiteren von „personell-organisatorischer Legitimation“ die Rede ist, ist ausschließlich das oben dargestellte Grundmodell gemeint.

c) Effektivität der personell-organisatorischen Legitimation

Die Person des Entscheidenden hat insofern Einfluss auf die Entscheidung, als ihr deren Inhalt nicht faktisch-zwingend vorgegeben ist. Entscheidungsfreiräume kann sie willkürlich ausfüllen. Soweit es für die Frage der Legitimation relevant ist, kann die Prämisse gelten, dass diese Ausfüllung jedenfalls von der handelnden Person ausgeht und durch sie bedingt ist. Zwar gibt es innerhalb der analytischen Handlungstheorie unterschiedliche Ansichten über Handlungsursachen. So lassen sich nach einer kausalistischen Ansicht Überzeugungen, Motive und Intentionen als zerebrale Ereignisse verstehen, die ein Handlungsereignis kausal bewirken.[352] Gemäß einer personalistischen Handlungstheorie hingegen verursacht der Handelnde bestimmte Ereignisse im Gehirn, die sodann physische Äußerungen hervorbringen.[353] Innerhalb des hier relevanten Kontextes müssen die damit angesprochenen Fragen jedoch nicht weiter verfolgt werden. Es mag genügen, dass – auch nach der kausalistischen Ansicht – die Person ein bestimmendes Moment der Handlung ist.[354]

Weiter kann als hier nicht weiter zu begründende Prämisse gelten, dass es eine personale diachrone Identität gibt. Sowohl in einer reduktionistischen, an ein psychisches Kriterium anknüpfenden Theorie, die personale Identität als Kontinuität zwischen psychischen Zuständen zu verschiedenen Zeitpunkten begreift, als auch in einer nicht reduktionistischen Theorie, wonach personale Identität in einem beson-

---

[351] So *Kluth* (1997), S. 378.

[352] Siehe *Quante*, in: Prechtl/Burkard, Philosophie Lexikon, unter „Handlungsursache“.

[353] Siehe *Quante*, in: Prechtl/Burkard, Philosophie Lexikon, unter „Handlungstheorie, personalistische“.

[354] Dies setzt auch voraus *Schmidt-Aßmann*, AöR 116 (1991), S. 329 (361), der auf die „die Individualität ausmachenden Merkmale des vorgesehenen Amtswalters“ hinweist.

deren ontologischen Faktum besteht,[355] existiert jedenfalls eine Kontinuität der Person in der Zeit.[356]

Ist damit die Person ein handlungsbestimmendes Moment und zudem ein zeitliches Kontinuum, so lässt sich festhalten, dass sich bereits über die Bestimmung der Person in einem Zuständigkeitsbereich dortige zukünftige Handlungen beeinflussen lassen.

Die Effektivität des Konzepts personell-organisatorischer Legitimation unterliegt indes auch inhärenten Beschränkungen. Der Einfluss auf das konkrete Handeln, und damit auf das Legitimationsobjekt, ist mediatisiert [siehe oben C. IV. 1. b)]. Diese Mittelbarkeit wirkt verallgemeinernd. Menschliches Entscheiden ist die Manifestation einer Vielzahl subjektiver Faktoren. Daraus resultiert ein Mangel an Vorhersehbarkeit, zumal sich – trotz der grundsätzlichen Identität der Person über die Zeit – zumindest periphere Persönlichkeitsmerkmale verändern können.[357] Zudem wird einem Amtswalter eine über seinen Zuständigkeitsbereich in der inhaltlichen Dimension und über die Dauer der Innehabung des Amtes in der zeitlichen Dimension eine Vielzahl von Entscheidungen überlassen, was zu einer quantitativen Verunschärfung des Steuerungseffekts führt.[358] Die aus dem Zeitablauf folgenden die Steuerungsgenauigkeit abschwächenden Faktoren werden dabei wiederum durch die Möglichkeit der Änderung von Zuständigkeiten – pointierter: der Abberufung – gemindert.

Ein weiterer Grund für eine Effektivitätsminderung ist die konzeptuell nicht beschränkte Länge der Legitimationskette.[359] Zwar ist auch im Fall einer langen Legitimationskette noch ein Einfluss des Legitimationssubjekts vorhanden. Es sind auch keine verfassungsrechtlichen Gründe dafür ersichtlich, dass jede einzelne Entscheidung von einem unmittelbar oder nur wenig mittelbar legitimierten Organ

---

[355] Siehe *Quante*, in: Prechtl/Burkard, Philosophie Lexikon, unter „Identität, personale".

[356] *Schiller*, ästhetische Erziehung, 11. Brief, prägnant: „Person und Zustand – das Selbst und seine Bestimmungen – die wir uns in dem notwendigen Wesen als Eins und dasselbe denken, sind ewig Zwei in dem endlichen. [...] bei allem Wechsel des Zustands beharret die Person" (S. 111).

[357] Zu diesem Phänomen in der konkreten Form politischer Überzeugungen *Pöcker*, Der Staat 41 (2002), S. 616 (632).

[358] Siehe zur zeitlichen Dimension der Bestellung von Amtswaltern der Exekutive *Oebbecke*, S. 84 ff.; siehe *Pöcker*, Der Staat 41 (2002), S. 616 (630), der in globalerer Perspektive die „Verstetigung der personellen Besetzung der öffentlichen Verwaltung, die die Folge der normativen Grundlagen des Rechtes des öffentlichen Dienstes ist" aufgreift.

[359] *Dederer*, NVwZ 2000, S. 403 (404); *Lübbe-Wolff*, VVDStRL 60 (2001), S. 246 (281) („Diffusion und Verdünnung repräsentativdemokratischer Legitimationszusammenhänge"); *Böckenförde* (1974), S. 74 („demokratische Dignität" in Abhängigkeit von der Länge der Legitimationskette); kritisch *Blanke*, KJ 31 (1998), S. 452 (465 ff.) („absolutistisches Maschinenmodell"); metaphorisch *Hennecke*, in: Festgabe v. Unruh, S. 931 (941) („Der Weg von der Stimmabgabe zum Verwaltungsakt ist weit"); kritisch *Schmidt-Aßmann*, AöR 116 (1991), S. 329 (360) („Daß die kürzere Kette eine höhere demokratische Dignität verleihe, ist ein politisches Werturteil, das in der rechtlichen Dogmatik keine Entsprechung findet").

diktiert oder kontrolliert werden muss.[360] Die Abbildung des Willens des Legitimationssubjekts in der einzelnen Personalentscheidung ist jedoch umso unschärfer, je länger die Legitimationskette ist. Unter den Bedingungen einer schon aus Gründen der Staatsgröße komplexen Administration ist dieser Effekt der staatlichen Herrschaftsausübung grundsätzlich eigen.

d) Die personell-organisatorische Legitimation der Ethikkommissionen

aa) Personell-organisatorische Legitimation der privaten Ethikkommissionen

Neben der Kategorie der Einordnung in öffentlich-rechtliche und private Ethikkommissionen besteht eine weitere, nach der sich die Ethikkommissionen einteilen lassen: Die Kategorie der bei dem Bundesamt für Strahlenschutz registrierten und der nicht registrierten Kommissionen. Die Tätigkeit der Ethikkommissionen in den Bereichen der Röntgenverordnung und der Strahlenschutzverordnung setzt voraus, dass sie jeweils bei dieser Bundesbehörde registriert sind, wobei die Registrierung für die privaten Kommissionen ein Beleihungsakt ist [siehe oben B. II. 2. b)]. Da die privaten Gremien nur in den genannten Bereichen, nicht jedoch im Arzneimittelsektor und im Medizinproduktesektor tätig werden können, ist für sie eine Registrierung zwingende Tätigkeitsvoraussetzung, während dies für die öffentlich-rechtlichen Ethikkommissionen nur jenseits dieser Bereiche gilt.

Hinsichtlich der Registrierung erhebt sich die Frage, ob sie personell-organisatorische Legitimation zu vermitteln vermag. Ist dies uneingeschränkt zu bejahen, so folgt, dass die privaten Ethikkommissionen personell-organisatorisch legitimiert sind, während dies für die öffentlich-rechtlichen Kommissionen dann jedenfalls insoweit gilt, als sie nach der Röntgenverordnung oder der Strahlenschutzverordnung tätig werden.

(1) Beleihung als personell-organisatorische Legitimation stiftender Akt

Voraussetzung der Registrierung sowohl nach der Röntgenverordnung als auch nach der Strahlenschutzverordnung ist unter anderem, dass in einer „veröffentlichten Verfahrensordnung die Mitglieder, die aus medizinischen Sachverständigen und nicht medizinischen Mitgliedern bestehen und die erforderliche Fachkompetenz aufweisen […] aufgeführt sind" (§ 28 g S. 4 RöV [mit der Alternative der „zahnmedizinischen Mitglieder"] und § 92 S. 4 StrlSchV). Die Beleihung bezieht sich damit insofern auch auf die individuelle Zusammensetzung der jeweiligen Kommission, als diese von dem oder den zuständigen Amtswalter/n des Bundesamtes für

[360] *Böckenförde* (1974), S. 74; gegen ein solches Erfordernis einer „Top-Bottom"-Steuerung auch *Ehlers*, in: Festschrift Stein, S. 125 (135).

Strahlenschutz geprüft und – als Teil einer positiven Registrierungsentscheidung – gebilligt wird.[361] Das Faktum, dass Bezugsobjekt der Bestellungsentscheidung immer nur eine Gruppe ist, schadet insofern nicht, da die Individuen bestimmt sind. Die Problematik eines Fremdeinflusses durch nicht legitimierte Stellen bei der Besetzungsentscheidung [siehe unten C. IV. 2. d) bb) (2) (a)] besteht nicht. Die Registrierungsentscheidung ist damit das letzte Verbindungsstück einer personell-organisatorischen Legitimationskette, die ihr Ende in den individuell bestimmten Kommissionsmitgliedern findet. Da es sich bei der Behörde um eine Einrichtung der Bundesverwaltung handelt, ist der Anfang dieser Bestimmungskette das – als Legitimationssubjekt von Art. 20 Abs. 2 GG anerkannte [siehe oben C. III. 2.] – Bundesvolk.

(2) Konsequenz: Bestehen einer personell-organisatorischen Legitimationskette in den Bereichen der Röntgenverordnung und der Strahlenschutzverordnung

In den Bereichen der Röntgenverordnung und der Strahlenschutzverordnung ist die Tätigkeit der Ethikkommissionen damit personell-organisatorisch legitimiert. Da diese Bereiche mit den Tätigkeitsbereichen der privaten Ethikkommissionen deckungsgleich sind, ist die personell-organisatorische Legitimation für diese Institutionen uneingeschränkt gegeben. Für die öffentlich-rechtlichen Kommissionen kann diese Aussage nicht allgemein gelten: Sie sind zwar personell-organisatorisch legitimiert, soweit sie registriert und in den genannten Bereichen tätig sind. Was jedoch ihre Tätigkeit im Arzneimittelbereich und im Medizinproduktebereich anbetrifft, wirkt die Registrierung nicht legitimationsstiftend, da sie sich nicht auf diesen Zuständigkeitssektor bezieht. Insofern ist die personell-organisatorische Legitimation noch zu prüfen.

bb) Personell-organisatorische Legitimation der öffentlich-rechtlichen Ethikkommissionen

Wie vorstehend gezeigt, beziehen nicht nur die privaten, sondern auch die öffentlich-rechtlichen Ethikkommissionen, soweit sie in den Bereichen der Röntgenstrahlung und der ionisierenden Strahlung tätig sind, über die Beleihung durch das

[361] Siehe zu der Rechtslage unter dem Medizinproduktegesetz vor der Änderung durch das Gesetz vom 29. Juli 2009 (BGBl. 2009 I, S. 2326) (oben A. Fn. 2), gemäß der die Möglichkeit der Tätigkeit privater Ethikkommissionen nach dem Medizinproduktegesetz bestand und auch öffentlich-rechtliche Ethikkommissionen für eine Tätigkeit im Medizinproduktebereich einer Registrierung (bei dem Bundesinstitut für Arzneimittel und Medizinprodukte) bedurften, *Kage*, S. 320 („Prüfung der Fachkompetenz der einzelnen Kommissionsmitglieder"); diesen individuellen Bezug zu verkennen scheint *Deutsch*, NJW 2002, S. 491 („Die Voraussetzungen der Registrierung sind mäßig: Es genügt, dass Mediziner und medizinische Laien in der Kommission sind, die eine veröffentlichte Verfahrensordnung haben muss und das klinische Projekt auf die rechtliche und ethische Zulässigkeit hin prüft"); zu der Kritik von Deutsch: *Graf*, NJW 2002, S. 1774.

Bundesamt für Strahlenschutz personell-organisatorische Legitimation, die auf das Bundesvolk als Legitimationssubjekt zurückgeht.

(1) In der Ministerialverwaltung angesiedelte Ethikkommissionen

Vereinzelt bestehen innerhalb der Ministerialverwaltung angesiedelte Ethikkommissionen. Dies führt in allen Fällen gleichsam automatisch zu einer vollumfassenden personell-organisatorischen Legitimation durch eine Rückkoppelung an das jeweilige Landesvolk.

Die Ethikkommission des Landes Berlin existiert innerhalb der Ministerialverwaltung.[362] Gemäß § 1 Abs. 1 des Gesetzes zur Errichtung einer Ethik-Kommission des Landes Berlin[363] ist sie ausschließlich für die Bewertung klinischer Prüfungen von Arzneimitteln bei Menschen und von Medizinprodukten zuständig; für die übrigen bundesrechtlich einer Ethikkommission zugeordneten Aufgaben liegt die Zuständigkeit bei der Ethikkommission der Ärztekammer Berlin[364].[365] Gemäß § 2 Abs. 1 S. 2 des Gesetzes und § 4 Abs. 1 S. 1 der Verordnung über die Ethik-Kommission des Landes Berlin[366] werden die Mitglieder vom Landesamt für Gesundheit und Soziales in Berlin berufen. Die Pflicht des Landesamts für Gesundheit und Soziales, zur Besetzung der Ethikkommission Vorschläge insbesondere bei den zuständigen Kammern und der Medizinischen Fakultät der Charité – Universitätsmedizin Berlin sowie dem Fachbereich Rechtswissenschaft der Freien Universität Berlin und der Juristischen Fakultät der Humboldt-Universität zu Berlin einzuholen (§ 4 Abs. 1 S. 2 der Verordnung) ändert nichts daran, dass der Ministerialverwaltung die Letztentscheidung über die Besetzung zukommt; die Ministerialverwaltung hat mangels anderweitiger Regelung auch die Möglichkeit, die Vorschläge gänzlich zu ignorieren.[367] Damit ist die Ethik-Kommission des Landes Berlin personell-organisatorisch legitimiert.

Eine in der Ministerialverwaltung angesiedelte Ethikkommission besteht ebenfalls in der Landesverwaltung des Landes Bremen gemäß § 30 des Gesetzes über den

[362] Grund für die Errichtung war vor allem, dass die Ärztekammer nicht bereit war, die Versicherungskosten zu tragen (*Deutsch/Spickhoff*, Rn. 1349).

[363] Oben B. Fn. 36.

[364] § 2 Abs. 2 S. 1 der Satzung der Ethik-Kommission der Ärztekammer Berlin (oben B. Fn. 39).

[365] Siehe *Pestalozza*, LKV 2006, S. 255 ff.

[366] Verordnung über die Ethik-Kommission des Landes Berlin vom 10. Januar 2006 (GVBl. 2006, S. 26).

[367] *Pestalozza*, LKV 2006, S. 255 (257); siehe *Schmidt-Aßmann*, AöR 116 (1991), S. 329 (361), zur „personellen Legitimation", wonach „Anhörungsrechte […] das Lückenlosigkeitsgebot noch nicht in Frage" stellen.

öffentlichen Gesundheitsdienst im Lande Bremen[368]; gemäß dessen § 30 S. 3 sollen die „Aufgaben der unabhängigen Ethikkommission für das Land Bremen und der Ethikkommissionen der Heilberufskammern [...] so aufgeteilt sein, dass für jeden Bereich nur eine Ethikkommission zuständig ist". Aus der Geschäftsordnung der Ethikkommission des Landes Bremen folgt, dass sie in den Bereichen der Arzneimittel und Medizinprodukte zuständig ist[369]; die Satzung der Ethikkommission der Ärztekammer Bremen[370] sieht in § 2 Abs. 2 S. 1 vor, dass Aufgaben nach dem Arzneimittelgesetz sowie dem Medizinproduktegesetz nicht zu ihren Aufgaben, sondern zu jenen der Ethikkommission des Landes Bremen zählen. Die in die unmittelbare Landesverwaltung eingefügte öffentlich-rechtliche Ethikkommission des Landes Bremen ist damit personell-organisatorisch legitimiert, da sich ihre Besetzung aus der Ministerialverwaltung heraus bestimmt.

Beim Land Sachsen-Anhalt ist ebenfalls eine Ethikkommission in die Ministerialverwaltung eingeordnet und verfügt damit über personell-organisatorische Legitimation. Sie ist gemäß § 1 Abs. 2 Nr. 1 und Nr. 2 in Verbindung mit § 5 Abs. 1 der Verordnung über Ethik-Kommissionen zur Bewertung klinischer Prüfungen von Arzneimitteln[371] zuständig für die Bewertung klinischer Prüfungen von Arzneimitteln bei Menschen in Einrichtungen außerhalb der Universitäten und Universitätskliniken. Entsprechend bestimmt § 2 Abs. 3 der Satzung der Ethikkommission der Ärztekammer Sachsen-Anhalt[372], dass die entsprechende Bewertung von klinischen Prüfungen von Arzneimitteln nach den §§ 40 bis 42 AMG nicht zu den Aufgaben der Ethikkommission bei der Landesärztekammer zählt, sondern zu jenen der Ethik-Kommission des Landes Sachsen-Anhalt.

Das hessische Heilberufsgesetz[373] enthält in § 6 a Abs. 5 eine Ermächtigung des für das Gesundheitswesen zuständigen Ministers, „im Benehmen mit der Landesärztekammer Hessen durch Rechtsverordnung" eine Ethikkommission „bei einer staatlichen Stelle zu errichten". Von dieser Ermächtigung wurde jedoch bisher kein Gebrauch gemacht.

Die Landes-Ethikkommissionen in Berlin, Bremen und Sachsen-Anhalt sind damit personell-organisatorisch legitimiert.

---

[368] Oben B. Fn. 34; siehe kritisch zur Wahrung des Gesetzesvorbehalts *Pestalozza*, in: v. Dewitz/Luft/ders., S. 125 f.

[369] Siehe Nr. 1 der Geschäftsordnung der Ethikkommission des Landes Bremen (oben B. Fn. 34).

[370] Oben B. Fn. 34.

[371] Oben B. Fn. 37.

[372] Oben B. Fn. 42.

[373] Gesetz über die Berufsvertretungen, die Berufsausübung, die Weiterbildung und die Berufsgerichtsbarkeit der Ärzte, Zahnärzte, Tierärzte, Apotheker, Psychologischen Psychotherapeuten und Kinder- und Jugendlichenpsychotherapeuten (Heilberufsgesetz) in der Fassung der Bekanntmachung der Neufassung vom 07. Februar 2003 (GVBl. 2003 I, S. 66), zuletzt geändert durch Gesetz vom 24. März 2010 (GVBl. 2010 I, S. 123).

(2) Bei Trägern funktionaler Selbstverwaltung angesiedelte Ethikkommissionen

Der Regelfall der verwaltungsorganisatorischen Einordnung der öffentlich-rechtlichen Ethikkommissionen ist jener der Einordnung bei Trägern funktionaler Selbstverwaltung.

(a) Ethikkommissionen, deren Besetzung selbstverwaltungsexogen mitbestimmt wird

Es gibt Ethikkommissionen, die bei den Hochschulen oder Ärztekammern angesiedelt sind, jedoch nicht ausschließlich von Organen der Träger funktionaler Selbstverwaltung, sondern auch von Organen der Landesministerialverwaltung personell mitbestimmt werden. Insofern besteht trotz der Ansiedelung bei den personell-organisatorisch nicht legitimierten Selbstverwaltungsträgern eine entsprechende Legitimationskette, sofern die Organe der Ministerialverwaltung hinsichtlich der Besetzung ein effektives Letztentscheidungsrecht[374] haben. Maßgeblich für die personell-organisatorische Legitimation ist der Bestellungsakt, nicht die Tatsache der Ansiedelung in der funktionalen Selbstverwaltung.[375] Im Einzelfall den Selbstverwaltungskörperschaften eingeräumte Vorschlagsrechte stehen dem nicht zwingend entgegen, wenn die Effektivität des Letztentscheidungsrechts hierdurch nicht beeinträchtigt wird.

Durch das Bundesverfassungsgericht wurden diese Voraussetzungen dahingehend konkretisiert, dass in Fällen einer zwingenden Beschränkung der Auswahl auf die Vorschläge die Zahl der vorgeschlagenen Amtswalter jene der zu besetzenden Stellen um zumindest 50 Prozent übersteigen und ein Zurückweisungsrecht hinsichtlich der Vorschläge bestehen muss.[376] Dieses Erfordernis ist allerdings zumindest zu pauschal. Wenigstens dann, wenn das Zurückweisungsrecht unbeschränkt ist – und damit theoretisch unendlich oft ausgeübt werden kann – bedarf es der 50-Prozent-Voraussetzung nicht. In dieser Konstellation ist sichergestellt, dass die Bestellung des Amtswalters ausschließlich durch personell-organisatorisch legitimierte Amtswalter vorgenommen wird. In dem dann möglichen Fall einer Blockade entsteht zunächst kein legitimatorisches Problem: Die Stelle bleibt unbesetzt; Staatsgewalt kann von dort aus nicht ausgeübt werden. Zwar mag ein faktischer Druck auf die zuständigen Personen in der Ministerialverwaltung aus dem Motiv entstehen, eben diese Situation zu vermeiden. Indes werden regelmäßig die Vorschlagenden Objekt einer ähnlichen Pression sein und sich um einen Alternativvorschlag bemühen. Der Effekt, den das

---

[374] *Schmidt-Aßmann*, AöR 116 (1991), S. 329 (361), spricht von einem „entscheidenden Einfluß auf die Bestellung"; siehe auch *Schmidt-Aßmann* (2001), S. 78, wonach „der rein formale Vorgang der Ernennung" den Mangel fester Vorschlags- oder Benennungsrechte durch nicht demokratisch legitimierte Institutionen nicht völlig ausgleicht.

[375] BVerfGE 83, 130 (149); *Schmidt-Aßmann*, AöR 116 (1991), S. 329 (361).

[376] BVerfGE 26, 186 (196 f.); BVerfGE 27, 312 (320 f.); siehe *Mayen*, NVwZ 1997, S. 215 (218).

Bundesverfassungsgericht mittels des 50-Prozent-Erfordernisses zu erreichen sucht, wird damit faktisch in der zeitlichen Dimension erzielt. In jedem Fall bedient die Ministerialverwaltung gleichsam den längeren Hebel. Ein unbeschränktes Zurückweisungsrecht bei entsprechenden Vorschlagsregelungen genügt daher für die personell-organisatorische Legitimation. Keine personell-organisatorische Legitimation besteht aber jedenfalls dann, wenn nicht legitimierte Stellen Benennungs- oder Entsendungsrechte zustehen, die der legitimierten Stelle nur den formellen Vollzug belassen.[377]

Für den Fall der Kollegialverwaltung erhebt sich die zusätzliche Frage, inwieweit eine Mitentscheidung nicht personell-organisatorisch legitimierter Gremiumsmitglieder zulässig ist. Hier ist zu verlangen, dass die Mehrheit der dem Entscheidungskörper Angehörigen personell-organisatorisch legitimiert sein muss und konkrete Entscheidungen wiederum von einer Mehrheit dieser so legitimierten Gremienmitglieder getragen werden müssen.[378]

(aa) Beispiele für Ethikkommissionen, deren Besetzung aus der Ministerialverwaltung mitbestimmt wird

Danach sind die Voraussetzungen der personell-organisatorischen Legitimation für die Ethikkommission der Ärztekammer Berlin erfüllt. Gemäß § 4c Abs. 1 S. 5 des Berliner Kammergesetzes[379] hat die Ärztekammer ein Vorschlagsrecht hinsichtlich der Mitglieder. Diese werden „nach Herstellung des Einvernehmens von der zuständigen Senatsverwaltung berufen".[380] Einvernehmen bedeutet Zustimmung.[381] Hier besteht daher ein Einfluss der Ministerialverwaltung auf die Besetzung der Ethikkommission; ihr kommt das Letztentscheidungsrecht über die Mitglieder zu. Dieses Recht ist auch effektiv, obschon die legitimierten Amtswalter in ihrer Entscheidung auf die Vorschläge der Ärztekammer angewiesen sind. In Ermangelung einer anderslautenden Regelung kann die Senatsverwaltung das Einvernehmen unbegrenzt oft verweigern, so dass diese Voraussetzung der Bestellung nicht erfüllt wird.

Keine ausreichende personell-organisatorische Legitimation vermittelt allerdings die Regelung des § 17c Abs. 4 S. 1 des Thüringer Heilberufegesetzes[382], wonach die Mitglieder der Ethikkommission der Landesärztekammer „im Benehmen mit der

---

377 *Schmidt-Aßmann*, AöR 116 (1991), S. 329 (361).

378 BVerfGE 93, 37 (67 f., speziell für Besetzungsentscheidungen); BVerwGE 106, 64 (84); siehe *Schmidt-Aßmann* (2001), S. 67.

379 Oben B. Fn. 30.

380 *Kollwitz*, S. 8.

381 In Bezug auf die Einvernehmensregelung des § 36 BauGB *Krautzberger*, in: Battis/ders./Löhr, § 36 Rn. 5.

382 Thüringer Heilberufegesetz (ThürHeilBG) vom 07. Januar 1992 (GVBl. 1992, S. 3) in der Fassung der Neubekanntmachung vom 29. Januar 2002 (GVBl. 2002, S. 125), zuletzt geändert durch Gesetz vom 08. Juli 2009 (GVBl. 2009, S. 592).

Aufsichtsbehörde“ berufen werden. „Benehmen“ bedeutet im verwaltungsrechtlichen Sprachgebrauch, dass eine Verwaltungsstelle einer anderen in angemessener Weise die Möglichkeit einräumt, eine Stellungnahme abzugeben und diese zur Kenntnis nimmt und berücksichtigt, wobei keine Bindung an die Stellungnahme besteht.[383] Da die Ärztekammer somit die Möglichkeit hat, sich über die Stellungnahme der Aufsichtsbehörde hinwegzusetzen, vermag das Benehmen keine personell-organisatorische Legitimation zu vermitteln.

Auch für die Ethikkommissionen an den Hochschulen finden sich Regelungen über eine Beteiligung der Ministerialverwaltung an der Bestellung, dann regelmäßig in Form eines Einvernehmenserfordernisses legitimierter Stellen in Kombination mit einem Vorschlagsrecht der Hochschulen. Regelmäßig werden damit – ebenso wie im Fall der Ethikkommission der Ärztekammer Berlin – die Voraussetzungen für eine personell-organisatorische Legitimation der Ethikkommissionen erfüllt. So werden gemäß § 3 Abs. 2 der Satzung sowie Geschäfts- und Verfahrensordnung der Ethikkommission der Fakultät für Medizin der technischen Universität München[384] „[d]ie Mitglieder der Ethikkommission und ihre Stellvertreter […] auf Vorschlag der Fakultät für Medizin an der Technischen Universität München im Einvernehmen mit dem Staatsministerium für Wissenschaft, Forschung und Kunst […] bestellt“. Nach § 7 Abs. 1 S. 1 der Satzung der Ethikkommission der Medizinischen Fakultät der Charité – Universitätsmedizin Berlin[385] werden „[d]ie Mitglieder der Ethikkommission und deren Stellvertreter/innen […] vom Fakultätsrat der Charité vorgeschlagen und nach Herstellung des Einvernehmens von der zuständigen Senatsverwaltung […] berufen“. § 3 Nr. 2 S. 1 der Geschäfts- und Verfahrensordnung der Ethikkommission der Medizinischen Fakultät der Ludwig-Maximilians Universität München[386] bestimmt, dass „[d]ie Mitglieder und stellvertretenden Mitglieder […] auf Vorschlag der Medizinischen Fakultät von der Ludwig-Maximilians Universität im Einvernehmen mit dem Staatsministerium für Wissenschaft, Forschung und Kunst […] bestellt“ werden. Da jeweils keine Bestimmungen existieren, aus denen sich eine Beschränkung des Zurückweisungsrechts der Ministerialverwaltung ergibt, ist dieses jeweils unbeschränkt.

Eine Mischform findet sich in § 9 Abs. 9 S. 1 des Hamburgischen Kammergesetzes für die Heilberufe[387], wonach „die nicht kammerangehörigen Kommissionsmitglieder von der zuständigen Behörde“ „[i]m Einvernehmen zwischen der jeweiligen Kammer und der zuständigen Behörde“ benannt werden; die kammerangehörigen Kommissionsmitglieder werden jedoch von der jeweiligen Kammer benannt.

---

[383] *Baldus*, MedR 2006, S. 202 (203); *Hahn/Hartl*, in: Scheurle/Mayen, § 57 Rn. 5.

[384] Oben B. Fn. 307.

[385] Oben B. Fn. 57.

[386] Oben B. Fn. 225.

[387] Hamburgisches Kammergesetz für die Heilberufe (HmbKGH) vom 14. Dezember 2005 (HmbGVBl. 2005, S. 495), zuletzt geändert durch Gesetz vom 02. März 2010 (HmbGVBl. 2010, S. 247).

Hier genügt zwar die Bestellung der nicht kammerangehörigen Kommissionsmitglieder – insofern wie in den zuvor aufgezeigten Beispielen – dem Gebot der personell-organisatorischen Legitimation. Jedoch gilt dies nicht für die Kammerangehörigen. Hier kann daher von einer personell-organisatorischen Legitimation in Bezug auf eine einzelne Entscheidung nur dann gesprochen werden, wenn die Entscheidung von einer Mehrheit der durch eine Letztentscheidung der Ministerialverwaltung in die Kommission berufenen Mitglieder getragen wird.[388] Da eine solche Differenzierung jedoch – soweit ersichtlich – nicht vorgenommen wird, ist die personell-organisatorische Legitimation der Aktivität der Ethikkommission der Ärztekammer Hamburg insgesamt unzulänglich, wenn auch im Einzelfall eine Entscheidung die entsprechenden Voraussetzungen erfüllen mag [siehe zu der für eine generelle Beurteilung sämtlicher Aktivitäten einer Stelle notwendige Abstraktion oben C. II. 2.].

(bb) Zwischenergebnis: Einzelfallabhängig bestehende personell-organisatorische Legitimation jener Ethikkommissionen, deren Besetzung selbstverwaltungsexogen mitbestimmt wird

Für die Ethikkommissionen, die in der funktionalen Selbstverwaltung angesiedelt sind, deren Personal jedoch von selbst personell-organisatorisch legitimierten Stellen aus der Ministerialverwaltung beeinflusst wird, ergibt sich danach kein einheitliches Bild. Es bestehen Ethikkommissionen, bei denen dieser Einfluss in Form eines effektiven Letztentscheidungsrechts besteht und somit personell-organisatorische Legitimation vermittelt. Bei anderen Kommissionen reicht der Einfluss der Ministerialverwaltung hierfür nicht aus.

(b) Ethikkommissionen, deren Besetzung selbstverwaltungsendogen bestimmt wird

Der Regelfall der Bestimmung der Kommissionsbesetzung bei den öffentlich-rechtlichen Ethikkommission ist die Bestimmung durch Organe des entsprechenden Selbstverwaltungsträgers.

Bei den Ärztekammern ist die Wahl durch die Vertreterversammlung üblich.[389] Teils wird dem Vorstand ein Vorschlagsrecht eingeräumt.[390] In anderen Fällen werden

---

[388] BVerfGE 93, 37 (67 f., speziell für Besetzungsentscheidungen); siehe *Böckenförde* (1974), S. 74 ff., der genügen lässt, dass „die demokratisch legitimierten Mitglieder des Organs in der Lage sein [müssen], ihre Auffassung gegenüber derjenigen der demokratisch nicht legitimiterten Mitglieder durchzusetzen" (S. 76), so dass eine Vetoposition der demokratisch legitimierten Mitglieder nicht genügt.

[389] Siehe beispielsweise § 2 Abs. 1 S. 1 des Statuts der Ethikkommission der Landesärztekammer Baden-Württemberg (oben B. Fn. 52); siehe § 3 Abs. 1 der Satzung für die Ethikkommission bei der Ärztekammer Niedersachsen (oben B. Fn. 307); siehe § 2 Abs. 3 der Satzung der Ethik-Kommission der Landesärztekammer Rheinland-Pfalz (oben B. Fn. 308).

die Mitglieder der Ethikkommissionen vom Vorstand berufen.[391] In den Hochschulen werden die Mitglieder der Kommissionen oft vom Fakultätsrat der Medizinischen Fakultäten bestellt.[392] Teils erfolgt eine Bestimmung durch den Fakultätsvorstand der jeweiligen medizinischen Fakultät.[393] Für manche Kommissionen werden die Mitglieder auch vom Dekan berufen.[394] Es gibt überdies die Variante, dass Vorschläge vom Dekan dem Fakultätsrat unterbreitet und von diesem bestätigt werden müssen, bevor der Dekan die Bestellung vornehmen kann.[395] Nach manchen Satzungen wird die Mitgliederbestellung auch vom Senat vorgenommen.[396]

Ein Sonderfall ist die Ethikkommission der Ärztekammer Westfalen-Lippe und der Medizinischen Fakultät der Westfälischen Wilhelms-Universität Münster, gemäß deren Satzung[397] in § 2 Abs. 1 S. 2 die Mitglieder „von der Kammerversammlung der Ärztekammer Westfalen-Lippe auf Vorschlag des Kammervorstandes [...] gewählt und durch den Fachbereichsrat der Medizinischen Fakultät der Westfälischen Wilhelms-Universität Münster bestätigt" werden. In diesem Fall bestimmt sich die personelle Besetzung interdependent aus zwei verschiedenen Selbstverwaltungsträgern heraus.

Diese Ethikkommissionen sind personell-organisatorisch nicht legitimiert, soweit sie im Arzneimittelbereich und im Medizinproduktebereich tätig sind. Ihre Beset-

---

[390] Siehe beispielsweise § 2 Abs. 1 S. 2 des Statuts der Ethikkommission der Landesärztekammer Baden-Württemberg (oben B. Fn. 52); siehe § 2 Abs. 3 der Satzung der Ethik-Kommission der Landesärztekammer Rheinland-Pfalz (oben B. Fn. 308).

[391] Siehe beispielsweise § 3 Abs. 3 S. 1 der Satzung der Ethikkommission der Ärztekammer Bremen (oben B. Fn. 34); siehe auch § 3 Abs. 2 S. 1 der Satzung der Ethik-Kommission bei der Landesärztekammer Hessen (oben B. Fn. 307).

[392] Siehe beispielsweise § 3 Abs. 2 S. 1 der Satzung der Ethikkommission an der Medizinischen Fakultät der Heinrich-Heine-Universität Düsseldorf (oben B. Fn. 307); siehe § 2 Abs. 1 der Satzung der Ethikkommissionen der Medizinischen Fakultät der Ruhr-Universität Bochum (oben B. Fn. 313); siehe § 3 Abs. 2 S. 1 der Satzung für die Ethik-Kommission der Medizinischen Fakultät der Georg-August-Universität Göttingen vom 16. Januar 2006 in der Fassung der Änderung vom 04. Februar 2008 (http://www.ethikkommission.med.uni-goettingen.de/pdf/SATZUNG.pdf, abgerufen am 21. Mai 2011).

[393] Siehe beispielsweise § 2 Abs. 2 S. 1 der Verfahrensordnung der Ethik-Kommission der Albert-Ludwigs-Universität Freiburg (oben B. Fn. 310).

[394] Siehe § 3 Nr. 2 S. 1 der Ordnung der Ethik-Kommission des Fachbereichs Medizin der Johann Wolfgang Goethe-Universität, Stand September 2004 (http://www.kgu.de/uploads/media/Satzung_der_Ethik-Kommission_01.pdf, abgerufen am 21. Mai 2011).

[395] Siehe beispielsweise § 2 Abs. 1 S. 2 und 3 der Satzung der Ethikkommission der Medizinischen Fakultät der Technischen Universität Dresden vom 23. März 2005 (http://www.public-health.tu-dresden.de/dotnetnuke3/Portals/14/Satzung.pdf, abgerufen am 28. März 2011).

[396] Siehe beispielsweise § 2 Abs. 2 S. 1 der Satzung der Ethikkommission der Medizinischen Fakultät Heidelberg (Ethikkommission I der Universität) und der Ethikkommission der Medizinischen Fakultät Mannheim (Ethikkommission II der Universität) (oben B. Fn. 224), gemäß dem die Bestellung auf Vorschlag des jeweils zuständigen Fakultätsrats durch den Senat erfolgt.

[397] Oben B. Fn. 41.

zung über andere Körperschaftsorgane geht letztlich auf die Mitglieder der jeweiligen Körperschaft zurück; es zählt zum Wesen der Körperschaften des öffentlichen Rechts, dass sie personell-organisatorisch grundsätzlich von der Ministerialverwaltung getrennt sind. Wie gezeigt, sind die jeweiligen „Verbandsvölker" nicht als Legitimationssubjekte im Sinne des Art. 20 Abs. 2 GG anzuerkennen.

Mit diesem Befund ist die Frage, ob die Kommissionen mangels einer personell-organisatorischen Legitimationskette gegen Art. 20 Abs. 2 GG verstoßen, noch nicht beantwortet. Ein solches Ergebnis kommt vor allem dann in Betracht, wenn das Gebot der demokratischen Legitimation eine personell-organisatorische Legitimation auch für die Ethikkommissionen zwingend verlangt. Dies ist im Folgenden zu untersuchen.

(3) Zwischenergebnis zur personell-organisatorischen Legitimation der öffentlich-rechtlichen Ethikkommissionen

In den Bereichen der Röntgenverordnung und der Strahlenschutzverordnung ist die Tätigkeit der Ethikkommissionen aufgrund der Registrierung bei dem Bundesamt für Strahlenschutz personell-organisatorisch legitimiert. Damit gilt dies gleichzeitig für sämtliche privaten Ethikkommissionen. Der Legitimationsstrang reicht hier in jedem Fall ausschließlich auf das Bundesvolk zurück.

Hinsichtlich der öffentlich-rechtlichen Ethikkommissionen, soweit diese gemäß dem Arzneimittelgesetz oder dem Medizinproduktegesetz tätig werden, ist zu differenzieren. Soweit die Kommissionen in der Ministerialverwaltung angesiedelt sind, ist die personell-organisatorische Legitimation gegeben. Für die bei den Ärztekammern und Hochschulen angesiedelten Ethikkommissionen gilt dies nur dann, wenn ihre Mitglieder durch Organe der Ministerialverwaltung effektiv mitbestimmt werden, wobei diesen Organen in Fällen von Regelungen, die zwingend Vorschläge aus den Selbstverwaltungsträgern fordern, ein unbeschränktes Zurückweisungsrecht zukommen muss. Jene Ethikkommissionen, deren Mitglieder ausschließlich aus der Selbstverwaltung heraus bestimmt werden, sind, soweit sie im Arzneimittelbereich oder im Medizinproduktebereich tätig werden, personell-organisatorisch nicht legitimiert.

e) Verfassungsrechtliche Notwendigkeit der personell-organisatorischen Legitimation

Es wurde gezeigt, dass einigen Ethikkommissionen die personell-organisatorische Legitimation fehlt, soweit sie im Arzneimittelbereich oder im Medizinproduktebereich tätig sind. Für diese Kommissionen ist die Frage aufgeworfen, ob und gegebenenfalls inwieweit das verfassungsrechtliche Gebot der demokratischen Legitimation eine personell-organisatorische Legitimation verlangt.

aa) Keine funktionale Fungibilität der personell-organisatorischen Legitimation

Die Frage nach der Unverzichtbarkeit der personell-organisatorischen Legitimation innerhalb des Demokratieprinzips ist zunächst allgemein zu stellen, bevor auf die Spezifika der Ethikkommissionen eingegangen wird. Eine Vorfrage hierzu ist jene nach der Substituierbarkeit dieses Legitimationsmodus. Bestünde eine vollständige funktionale Identität mit einem anderen Modus demokratischer Legitimation, so bedürfte es der personell-demokratischen Legitimation nicht: Wäre die sachlich-inhaltliche Legitimation in der Lage, das Legitimationsobjekt Staatsgewalt in Art und Ausmaß ebenso zu bestimmen, könnte sie die personell-organisatorische Legitimation ersetzen. Wäre diese allerdings funktional eigen, so genügte dies noch nicht für eine Antwort auf die Frage nach der Unverzichtbarkeit der personell-organisatorischen Legitimation. Es müsste dann untersucht werden, ob der funktionale Selbstand eine Notwendigkeit dieses Legitimationsmodus innerhalb des Gebots demokratischer Legitimation nach dem Grundgesetz begründet.

Ein näherer Blick auf die Funktion der personell-organisatorischen Legitimation zeigt indes, dass sie funktional spezifisch und damit insofern nicht fungibel ist. Diese Spezifizität hat zwei Gründe. Ein Grund gilt für die sachlich-inhaltliche Legitimation durch Handlungsvorgaben in Form von Rechtsnormen; Rechtsanwendung ist mit einem logischen Schlussfolgerungsprozess in der Form eines Syllogismus nur unzureichend beschrieben, da jede Rechtsanwendungsentscheidung ein notwendiges persönliches Element enthält. Der allgemein geltende zweite Grund ist die faktische Untauglichkeit sachlich-inhaltlicher Programmsätze, menschliches Handeln vollumfassend zu determinieren.

(1) Notwendig persönliches Element der Entscheidung bei der Rechtsanwendung

Die syllogistische Struktur der Rechtsanwendung bildet lediglich das logische Gerüst der Rechtsanwendung.[398] Bereits die Interpretation des Obersatzes einer Norm ist durch Unsicherheiten geprägt, was besonders in jenen Fällen gilt, in denen eine Norm von vornherein keinen eindeutigen Begriff als Tatbestand liefert, sondern Typen und ausfüllungsbedürftige Wertungsmaßstäbe enthält.[399] Die Offenheit ge-

---

[398] *Larenz/Canaris*, S. 91 f.

[399] *Cremer* (2000), S. 274 ff.; *Larenz/Canaris*, S. 37 ff.; *Pöcker*, Der Staat 41 (2002), S. 616 (619 f.), der den Blick auf die Beziehung von Normwortlaut und zu subsumierendem Sachverhalt lenkt und immerhin einen Bedeutungsbereich von Normen annimmt, dem sich bestimmte Sachverhalte eindeutig zuordnen lassen; siehe schon *Schmitt*, Politische Theologie, S. 41 („Jede konkrete juristische Entscheidung enthält ein Moment inhaltlicher Indifferenz, weil der juristische Schluß nicht bis zum letzten Rest aus seinen Prämissen ableitbar ist und der Umstand, daß eine Entscheidung notwendig ist, ein selbständiges determinierendes Moment bleibt“).

setzlicher Tatbestände ist unvermeidlich.[400] Zudem geht die Beurteilung des zu subsumierenden Sachverhalts auf einfache Wahrnehmungs- und Erfahrungsurteile, nicht auf logische Schlüsse,[401] oft auch auf die Deutung menschlichen Verhaltens, auf soziale Erfahrung oder auf Bewertungen zurück[402] und ist damit notwendig subjektiv.[403] Die Untersuchung des Sachverhaltes auf jene Merkmale, die der Tatbestandsbegriff des Obersatzes verlangt, ist ein komplexer und ebenfalls subjektiv geprägter Prozess. Der Beurteiler muss den Sachverhalt als Aussage erst schaffen.[404] Schließlich gilt in vielen Fällen auch für die Rechtsfolge, dass sie der Interpretation bedarf, und auch hier müssen oft Aussagen über den Sachverhalt getroffen werden, mittels derer erst der mit dem „Syllogismus der Rechtsfolgenbestimmung" gefundene Rahmen ausgefüllt werden kann.[405] Ein persönlicher Einschlag bei der Rechtsanwendung ist daher immer unvermeidbar.[406] Dies entspricht der Eigenschaft des Rechtslebens als „ein[es] Teil[s] unseres vielverzweigten Geisteslebens", das „von individuellen Anlagen und Impulsen geformt" ist.[407]

Aus der Perspektive des Legitimationsmodus betrachtet folgt daraus, dass das Legitimationsobjekt, die Ausübung von Staatsgewalt, notwendig von der handelnden natürlichen Person persönlich geprägt ist.[408] Da Normen die Rechtsanwendung nicht erschöpfend materiell programmieren können, vermag die sachlich-inhaltliche Legitimation den Willen des Legitimationssubjekts auch nicht vollständig in der Ausübung von Staatsgewalt zu spiegeln.[409] Dieses der Rechtsanwendung inhärente

---

400 *Pöcker*, Der Staat 41 (2002), S. 616 (619); *Schmidt-Aßmann*, AöR 116 (1991), S. 329 (364).

401 *Larenz/Canaris*, S. 104 ff.

402 *Larenz/Canaris*, S. 106 ff.

403 Diesen Faktor blendet *Pöcker*, Der Staat 41 (2002), S. 616 (619 ff.), aus; er konzentriert sich ausschließlich auf das Verhältnis zwischen einer Norm und dem zu beurteilenden Sachverhalt und nimmt daher die Möglichkeit eines Bereichs einer eindeutigen Zuordnung an, innerhalb dessen eine sachlich-inhaltliche Regelung keinen Raum für ein „argumentativ-dezisiv[es]" Element lasse, wenn er auch einräumt, dass eine objektive Bestimmung der Richtigkeit dieser Zuordnung gegebenenfalls nicht möglich ist.

404 *Larenz/Canaris*, S. 99.

405 *Larenz/Canaris*, S. 96 ff.

406 Siehe *Schmitt*, Politische Theologie, S. 42, der für jeden juristischen Schluss ein „konstitutive[s], spezifische[s] Entscheidungsmoment" annimmt.

407 *Engisch*, S. 173; auch *Larenz/Canaris*, S. 116, wonach ein Bereich persönlicher Richtigkeitsüberzeugung nur jenem als „peinlicher Rest" erscheine, der „an die restlose Rationalisierbarkeit aller Lebensvorgänge und damit an die Ausschaltung der kreativen Persönlichkeit zu glauben vermag".

408 *Dreier* (1991), S. 165 ff.

409 *Oebbecke*, S. 80 f., erkennt zwar die grundsätzliche Unzulänglichkeit materieller Vorschriften zur Programmierung des Amtswalterhandelns an, bleibt aber in der Differenzierung dennoch zu holzschnittartig, wenn er unterstellt, es gebe Bereiche, in denen ein Gesetz „Vorentscheidungen trifft", in denen dann keine weitere Legitimation notwendig sei; *Pöcker*, Der Staat 41 (2002), S. 616 (630), wonach „Spielräume für eigenes dezisives Handeln auf der

Charakteristikum steht einer vollständigen, jede funktionale Dimension umfassenden Substitution der personell-organisatorischen Legitimation durch eine sachlich-inhaltliche Legitimation mittels Rechtsnormen im Wege.[410]

(2) Nicht reduzierbarer Grad äußerer Handlungsfreiheit der Amtswalter

Während der erste Grund gegen die Fungibilität der personell-organisatorischen Legitimation seine Basis in der Theorie der Rechtsanwendung findet, ist der zweite legitimationsspezifischer Natur. Das personelle Moment der Ausübung von Staatsgewalt ist nicht nur insofern relevant, als inhaltliche Handlungsvorgaben – sei es wesensinhärent oder, wie im Falle von Ermessensspielräumen bei Rechtsnormen, bewusst – Entscheidungsfreiräume lassen. Auch unter der theoretischen Annahme, dass Handlungsvorgaben eine Entscheidung vollumfassend programmieren, wird das Staatshandeln personal geprägt. Es durchläuft notwendig die Form der natürlichen Handlung einer natürlichen Person. Hierdurch wird jeder Aspekt dieses Staatshandelns von der personalen Komponente mitdefiniert: Das personale Element ist insofern holistisch. Dies wird deutlich in einer Kontrollüberlegung: Ein Amtsträger hat die faktische Möglichkeit, innerhalb seines spezifischen Funktionszusammenhangs rechtswidrig zu handeln. Da die Rechtmäßigkeit kein konstitutives Kriterium der Staatsgewalt ist, ist auch ein solches Handeln Ausübung von Staatsgewalt. Handelt der Amtswalter trotz dieser Möglichkeit rechtmäßig, so kann dieses rechtmäßige Handeln nicht lediglich als Folge der Geltung inhaltlich das Verhalten programmierender Normen oder als Folge einer Weisung begriffen werden. Eine solche Sicht wäre verkürzt; sie ginge davon aus, dass die inhaltlichen Vorgaben bereits zwingend zu einem bestimmten Verhalten, zu einer bestimmten Form der Ausübung von Staatsgewalt führte. Diese Prämisse ist jedoch unwahr: Inhaltliche Vorgaben – ungeachtet der im Falle der Missachtung drohenden Sanktion[411] – können Verhalten nur lenken, nicht das Ergebnis erzwingen.[412] Sie vermögen nicht, die Handlungsfreiheit des Amtswalters, verstanden als Handlungsmöglichkeit in Abwesenheit äußerer Hindernisse [siehe oben C. II. 1. a) ee) (1), dort im Kontext des Konzepts der Selbstbestimmung], auf ein ausschließlich den Vorgaben entsprechendes Verhalten hin zu reduzieren.

---

sogenannten ‚Anwendungsebene' überall und vor allem in einer Weise auftreten können, die durch den Normgeber von vornherein nicht zu steuern ist".

[410] Siehe *Groß* (1999), S. 189, der eine „besondere[…] Bedeutung" der personellen Legitimation konstatiert, da „immer Freiräume gegenüber der politischen Führung bestehen".

[411] Hierzu *Oebbecke*, S. 125.

[412] Dieses Phänomen wird plastisch beschrieben von *Mill*, S. 101, der das Beispiel des zaristischen Russlands wählt: „The Czar himself is powerless against the bureaucratic body; he can send any one of them to Siberia, but he cannot govern without them, or against their will. On every decree of his they have a tacit veto, by merely refraining from carrying it into effect".

Auf den Zweck des Demokratieprinzips gemünzt bedeutet dies, dass auch eine theoretische inhaltliche Vollprogrammierung – ein als hypothetisch gedachter Zustand, in dem der Prozess der Rechtsanwendung ohne persönlichen Einschlag stattfände – legitimatorisch unvollständig wäre, da sie den menschlichem Handeln inhärenten Faktor der Handlungsfreiheit und damit den insofern persönlich geprägten Bereich von Fremdbestimmung nicht zu erfassen vermöchte.[413]

Es muss betont werden, dass dieser Aspekt keineswegs im Phänomen der ohnehin mit der Rechtsanwendung einhergehenden persönlichen Elemente der Rechtsanwendung aufgeht. Er weist vielmehr darauf hin, dass die personell-inhaltliche Legitimation von einer besonderen Qualität ist, die nicht nur in den legitimatorischen Leerbereichen der sachlich-inhaltlichen Legitimation, sondern in jedem Bereich des Staatshandelns relevant ist.

(3) Konsequenz: Keine vollumfängliche Fungibilität der personell-organisatorischen Legitimation

Die einzig als Substitut zur Verfügung stehenden Mittel – jene der sachlich-inhaltlichen Legitimation – sind daher funktional von jenen der personell-organisatorischen Legitimation verschieden. Eine Totalsubstitution des personell-organisatorischen durch den sachlich-inhaltlichen Legitimationsmodus ist in funktionaler Hinsicht nicht möglich.[414]

bb) Personell-organisatorische Legitimation als verfassungsrechtlich grundsätzlich notwendiger Legitimationsmodus

Der funktionale Alleinstand der personell-organisatorischen Legitimation begründet noch nicht seine verfassungsrechtliche Unverzichtbarkeit. Diese kann sich nur aus der Auslegung der das Demokratieprinzip regelnden Verfassungsnormen ergeben.

Wie beschrieben erwähnt Art. 20 Abs. 2 GG die Legitimationsmodi nicht explizit. Die Möglichkeiten der Einwirkung des Legitimationssubjekts auf das Legitimationsobjekt folgen aus der Natur menschlichen Handelns der Amtswalter im Zusammenspiel mit den Notwendigkeiten der Staatsorganisation. Sie werden kanalisiert durch legitimatorisch einschlägige Verfassungsnormen, insbesondere jene, die den Weg über ein Repräsentativorgan vorsehen [siehe oben zur historischen und systematischen Auslegung C. I. 3. b) und C. I. 3. c), im Kontext der Frage der Anerkennung

---

[413] Dies verkennt *Jestaedt* (1993), S. 284, der von der Möglichkeit einer „Totalprogrammierung des ‚Entscheidungs'-Inhalts" ausgeht.

[414] Ebenso *Pöcker*, Der Staat 41 (2002), S. 616 (634), der daher die Notwendigkeit von „nicht-rechtssatzmäßigen Steuerungsformen" annimmt, die er in einem hierarchischen Verwaltungsaufbau als gegeben sieht.

von „Verbandsvölkern" C. III. 4. b) bb) (4)]. Diese Normen treffen jedoch ebenfalls keine ausdrückliche Aussage über die Legitimationsmodi.

Da mithin weder der Verfassungswortlaut noch die Systematik der das Demokratieprinzip verfassenden Normen Anhaltspunkte für eine mögliche legitimatorische Unverzichtbarkeit der personell-organisatorischen Legitimation treffen, ist der Interpret auf den Zweck des Demokratieprinzips, die Wahrung von Selbstbestimmung in der Dichotomie von Staat einerseits und Individuum andererseits verwiesen. Allein das Telos des Art. 20 Abs. 2 GG kann Grundlage einer Aussage darüber sein, ob die personell-organisatorische Legitimation unter dem Demokratieprinzip unverzichtbar ist.

(1) Unvereinbarkeit nicht legitimierter Dimensionen der Ausübung von Staatsgewalt mit dem Demokratieprinzip

Ausgehend vom Ziel des Demokratieprinzips darf es keine legitimatorischen Leerstellen – Entscheidungsinhalte, die in keiner Weise legitimatorisch rückgekoppelt sind – geben.

Zwar kann die Effektivität des Einflusses auf die Ausübung von Staatsgewalt graduell unterschiedlich sein, was bereits aus der Mediatisierung des Willens des Legitimationssubjekts in einer repräsentativ ausgestalteten Demokratie folgt. Die Effektivität legitimatorischer Rückbindung ist – global betrachtet – jedenfalls relativ [siehe unten C. IV. 4. zum Legitimationsniveau]. Bei einer bloßen Effektivitätsminderung ist der Zweck demokratischer Legitimation – die Wahrung von Selbstbestimmung – im Grundsatz erreicht; die Ausübung von Staatsgewalt hat weiterhin zumindest überhaupt einen Selbstbestimmungsgehalt. Eine bloße Abschwächung der Legitimationseffektivität führt noch nicht zu einem vollständigen Verlust an Selbstbestimmung. Entsprechende Staatshandlungen können daher zwar demokratisch mangelhaft legitimiert sein, wenn der Grad der Fremdbestimmung und die Effektivität der Legitimation nicht in einem richtigen, das heißt demokratieprinzipgemäßen Verhältnis stehen.[415] Es bedarf jedoch einer Untersuchung dieses Verhältnisses; a priori ist die Effektivitätsverminderung kein Verstoß gegen das Demokratieprinzip.

Soweit jedoch ein Bereich einer Entscheidung, die der staatlichen Handlung zugrunde liegt, überhaupt nicht legitimatorisch rückgekoppelt ist, verstößt sie gegen das Demokratieprinzip.[416] Dies erschließt sich aus der teleologischen Betrachtungsweise: Die Selbstbestimmung des Legitimationssubjekts tritt insofern vollständig

---

[415] Allgemein BVerfGE 93, 37 (66) mit der Forderung eines effektiven Einflusses des Volkes auf die Ausübung der Staatsgewalt durch die Organe der Gesetzgebung, der vollziehenden Gewalt und der Rechtsprechung.

[416] Dies klingt auch an bei *Gersdorf*, S. 169, der offenbar von einem demokratiegebotsinhärenten Höchstmaß an Autonomie der staatlichen Funktions- und Aufgabenträger ausgeht, und jenseits dieses Maßes die Legitimation der von diesen Personen zu treffenden Entscheidungen nicht mehr gewährleistet sieht und damit eine primär graduelle und nicht materielle Perspektive einnimmt.

zurück. Entscheidungsaspekte[417] ohne legitimatorische Rückbindung markieren Bereiche totaler Fremdbestimmung. Das Ziel des Gebots demokratischer Legitimation wird, soweit ein solcher Aspekt reicht, vollständig verfehlt. Die teleologische Auslegung der das Demokratieprinzip verfassenden Normen führt somit zu dem Ergebnis, dass sämtliche Aspekte des Staatshandelns zumindest irgendeiner legitimatorischen Rückbindung bedürfen. Legitimatorische Leerstellen widersprechen dem Demokratieprinzip.

Zumindest grundsätzlich ist damit eine personell-organisatorische Legitimation nach dem Demokratieprinzip erforderlich.[418]

(2) Nicht legitimierte Dimensionen der Ausübung von Staatsgewalt als zwingende Folge des Fehlens der personell-organisatorischen Legitimation

Der Verzicht auf die personell-organisatorische Legitimation führt zwingend zu legitimatorisch „weißen Flecken" der Ausübung von Staatsgewalt und damit zur grundsätzlichen Unvereinbarkeit mit dem Demokratieprinzip. Dies wird deutlich, wenn man von den obig dargelegten rechts- und handlungstheoretischen Beschreibungen der Rechtsanwendung ausgeht und sie für die Frage der Legitimation fruchtbar macht. Der Endpunkt des vom Legitimationssubjekt ausgehenden Legitimationsprozesses ist die Handlung des Amtswalters. Soweit die Handlung eines Amtswalters durch inhaltliche Vorgaben nicht determinierbar ist [siehe oben C. IV. 2. e) aa)], und folglich einen persönlichen Einschlag hat, kann auch Einfluss auf das staatliche Handeln nur über einen Einfluss auf dieses persönliche Element, auf die Besetzung von Amtswalterpositionen mit bestimmten Personen, genommen werden.

Für die inhaltliche Bestimmung des Amtswalterhandelns durch Rechtsnormen erschließt sich dies aus dem Wesen der Rechtsanwendung als Prozess mit persönlicher Prägung. Die Interpretation jedes Tatbestandes, die Wahrnehmung des zu subsumierenden Sachverhaltes, seine Beurteilung und schließlich die Interpretation der Rechtsfolgenanordnung und ihre Fruchtbarmachung für den Sachverhalt sind unvermeidlich subjektiv-persönlich geprägt [siehe oben C. IV. 2. e) aa) (1)]. Eine rein syllogistische Struktur vermag den Prozess der Rechtsanwendung nicht vollständig

---

[417] Die Existenz einer Dimension von Rechtsverwirklichungsakten, die nur durch ein voluntatives Entscheidungsmoment bestimmt ist, nimmt auch *Carl Schmitt* an, der diese Dimension deutlich als normatives Nullum anspricht: „Die Entscheidung ist, normativ betrachtet, aus einem Nichts geboren" (*Schmitt*, Politische Theologie, S. 42).

[418] Ähnlich *Emde*, S. 331, der die personell-organisatorische Legitimation einerseits als in jedem Fall unverzichtbar ansieht, jedoch andererseits vertritt, dass „die Staatsgewalt [...] vielmehr auch dann vom Volke aus[geht], wenn gesellschaftliche Gruppen punktuell an der Auswahl staatlicher Amtsträger beteiligt sind, sofern das Berufungsverfahren und die rechtliche Gestalt der staatlichen Institutionen sowie ihre Aufgaben und Befugnisse durch Gesetz und Verordnung eingehend geregelt sind" und somit die Konsequenzen der Forderung nach der umfassenden personell-organisatorischen Legitimation der Ausübung von Staatsgewalt durch die Anerkennung einer autonomen Legitimation relativiert.

zu beschreiben. Dementsprechend können sachlich-inhaltliche Legitimationsstrukturen die Ausübung von Staatsgewalt nicht gänzlich an das Legitimationssubjekt rückkoppeln. Die sachlich-inhaltliche Programmierung belässt also notwendig Freiräume: Entscheidungsdimensionen, binnen deren die Amtswalter in keiner Weise gebunden sind und die sich auf den Inhalt ihres Handelns auswirken können.[419]

Oberhalb dieser rechtstheoretischen Ebene und die Frage der Rechtsanwendung überlagernd wird auch aus der handlungstheoretischen Perspektive deutlich, dass die sachlich-inhaltliche Legitimation nicht alle Elemente des staatlichen Handelns erfassen kann. Die verbleibende äußere Handlungsfreiheit der Amtswalter ist aus der Perspektive sachlich-inhaltlicher Legitimation ein Spielraum von Willkür. Jeder Amtswalter hat die faktische Möglichkeit, seine Handlungen in gänzlicher Unabhängigkeit von inhaltlichen Vorschriften vorzunehmen. Während der sich aus dem Wesen der Rechtsanwendung ergebende Fremdbestimmungsspielraum inhaltlich zumindest durch die Prämisse eingehegt ist, dass der Amtswalter sich bei der Handlung an den inhaltlichen Normen ausrichtet – wie auch immer sich das Ergebnis dieser Ausrichtung gestaltet – ist der faktische Spielraum der äußeren Handlungsfreiheit des Amtswalters inhaltlich unbeschränkt. Fehlt die personell-organisatorische Legitimation, so besteht folglich trotz einer sachlich-inhaltlichen Programmierung ein Potential von Handlungen ohne jeglichen legitimatorischen Gehalt. Solche sind aus der Perspektive des Legitimationssubjekts Akte vollständiger Fremdbestimmung.

(3) Zwischenergebnis: Personell-organisatorische Legitimation als verfassungsrechtlich grundsätzlich notwendiger Legitimationsmodus

Das grundgesetzliche Gebot demokratischer Legitimation aller Staatsgewalt fordert somit eine personell-organisatorische Legitimation.[420] Fehlt sie, so verbleibt notwendig ein Bereich nicht an das jeweilige Legitimationssubjekt rückgekoppelter Staatsgewalt. Dem Ziel des Gebots demokratischer Legitimation, der Schaffung und Wahrung von Selbstbestimmung, steht dies entgegen. Die personell-organisatorische Legitimation ist damit dem verfassungsrechtlichen Demokratieprinzip inhärent und

---

[419] Siehe für den Zusammenhang zwischen Norm und Entscheidung auch *Schmitt*, Politische Theologie, S. 42, zur Unmöglichkeit der Deduktion juristischer Schlüsse allein aus normativen Vorgaben: „Von dem Inhalt der zugrundeliegenden Norm aus betrachtet ist jenes konstitutive, spezifische Entscheidungsmoment etwas Neues und Fremdes."

[420] Im Ergebnis ebenso *Emde*, S. 338 f., 351 f., 362, jedoch auf S. 338 f. mit der Begründung, dass das Parlament notwendiger Legitimationsmittler sei, und daher „die ministerielle Leitung der Verwaltung ein unverzichtbares Strukturprinzip der parlamentarischen Demokratie" darstelle; aus dem Postulat des notwendigen Legitimationsweges über das Parlament folge gemäß der grundgesetzlich vorgesehenen Wahl und Kontrolle der Regierung, dass die Exekutive personell und materiell legitimiert sein müsse. Undeutlich bleibt dabei jedoch, inwiefern die Notwendigkeit des personell-organisatorischen Legitimationsmodus aus der exklusiven legitimationsmittelnden Rolle des Parlaments folgt. Die Bedeutung der personell-organisatorischen Legitimation verkennend *Blanke*, KJ 31 (1998), S. 452 ff.

von Art. 20 Abs. 2 GG grundsätzlich gefordert. In ihrer Absolutheit nicht zuzustimmen ist daher einer pauschalen Ansicht, nach der die Legitimationsmodi „nicht je für sich, sondern nur in ihrem Zusammenwirken Bedeutung haben“[421].

cc) Verzichtbarkeit der personell-organisatorischen Legitimation bei verfassungsrechtlicher Rechtfertigung

Ist mithin die personell-organisatorische Legitimation der Ausübung von Staatsgewalt ein konstituierendes Element des Demokratieprinzips und hat insofern verfassungsrechtlichen Rang, so bedeutet dies noch nicht, dass sie verfassungsrechtlich unabdingbar ist. Eine gleichrangige – das heißt verfassungsrechtliche – Ausnahme könnte einen Verzicht auf diesen Legitimationsmodus rechtfertigen.[422] Die Verfassung stellt eine Einheit dar,[423] deren normative Anordnungen nach dem Prinzip praktischer Konkordanz einander verhältnismäßig zugeordnet werden müssen.[424] Der am Demokratieprinzip anzusetzende auslegungsmethodische Hebel ist also die Herstellung praktischer Konkordanz[425] zwischen der Forderung des Demokratieprinzips nach der beschriebenen personell-organisatorischen Legitimation und anderen, gleichrangigen Verfassungsregelungen.[426] Dies ist grundsätzlich möglich, soweit nicht der von Art. 79 Abs. 3 GG umhegte Bereich berührt wird.[427]

---

[421] So BVerfGE 83, 60 (72); ebenfalls BVerfGE 93, 37 (67); BVerfG, 2 BvR 2433/04 vom 20. Dezember 2007, Absatz-Nr. 158, http://www.bverfg.de/entscheidungen/rs20071220_2bvr243304.html (abgerufen am 21. Mai 2011); auch *Dederer*, NVwZ 2000, S. 403 (404); anders *Böckenförde*, in: Isensee/Kirchhof, HStR II, § 24 Rn. 23, wonach sich die Legitimationsmodi nicht vollständig substituieren können.

[422] Ebenso *Emde*, S. 363, der die Ministerialverwaltung mit der ihr inhärenten personell-organisatorischen Steuerung als verfassungsrechtlich geforderten Regelfall betrachtet und – etwas globaler – nach Abweichungen von diesem Regelmodell fragt; im Ansatz ebenso *Schmidt-Aßmann*, AöR 116 (1991), S. 329 (374), wonach sich „eine Betroffenenmitentscheidung zu einer weiteren Art zulässiger Verwaltungslegitimation nur dann ausformen [ließe], wenn sie durch verfassungsrechtliche Grundlagen abgesichert wäre, die der in Art. 20 Abs. 2 GG normierten demokratischen Legitimation nicht nachstehen“.

[423] BVerfGE 1, 14 (32); BVerfGE 19, 206 (220) („Einheit der Verfassung als ein[...] logisch-teleologische[s] Sinngebilde[...]“).

[424] *Hesse*, Rn. 72; siehe *Oebbecke*, S. 66 (in Bezug auf eine verfassungsrechtliche Rechtfertigung weisungsfreier Räume).

[425] *Emde*, S. 377.

[426] Siehe entsprechend gegen eine „vollständige Verdrängung des Demokratiegebots“, jedoch eine „Modifizierung der demokratischen Anforderungen“ anerkennend *Ehlers*, in: Festschrift Stein, S. 125 (137 f.).

[427] Entsprechende Andeutungen enthält auch die Rechtsprechung des Bundesverfassungsgerichts, siehe BVerfGE 107, 59 (88 f.), wonach das Gericht das bisherige Erfordernis einer personellen Legitimationskette für die unmittelbare Bundes- und Landesverwaltung sowie für die kommuale Selbstverwaltung entwickelt hat, und die Zulässigkeit von „Einschränkungen bei der personellen Legitimationskette“ „[a]uch in der Literatur [...] für den Bereich funktionaler Selbstverwaltung [...] für möglich gehalten“ wird.

dd) Grundsätzliche verfassungsrechtliche Anerkennung der funktionalen Selbstverwaltung als Rechtfertigung des Fehlens der personell-organisatorischen Legitimation

Für die personell-organisatorisch nicht legitimierten Ethikkommissionen stellt sich die Frage, ob sie an einer verfassungsrechtlichen Ausnahme vom grundsätzlichen Legitimationsgebot teilhaben können. Eine solche Ausnahme könnte für den Bereich der funktionalen Selbstverwaltung bestehen. Es muss daher untersucht werden, ob und inwiefern eine solche Ausnahme gilt und, im Bejahensfalle, ob sie die Tätigkeit der Ethikkommissionen erfasst.

Die Verfassung kennt den Begriff der funktionalen Selbstverwaltung nicht.[428] Jedoch finden sich in den Art. 86, Art. 87 Abs. 2 und 3[429] sowie Art. 130 Abs. 3 GG Bestimmungen über Körperschaften und Anstalten des öffentlichen Rechts.[430] Aus diesen Normen begründet sich eine allgemeine verfassungsrechtliche Anerkennung der funktionalen Selbstverwaltung.[431] Hingegen sind Art. 5 Abs. 1 S. 2, Abs. 3, Art. 28 und Art. 140 GG mit Art. 137 Abs. 3 WRV[432] auf die spezifischen Sachbereiche des Rundfunks, der Wissenschaft, der Gebietskörperschaften und die Religionsgemeinschaften bezogen, so dass diese Normen bei isolierter Anschauung keinen Schluss auf eine allgemeine verfassungsrechtliche Anerkennung der funktionalen Selbstverwaltung erlauben.[433] Art. 86 GG geht davon aus, dass der Bund Gesetze auch durch „bundesunmittelbare Körperschaften oder Anstalten des öffentlichen Rechtes" ausführt. Diese Prämisse ist nicht auf bestimmte Sachfunktionen beschränkt. Ebenfalls unter dem Sachbereichsgesichtspunkt global ist Art. 87 Abs. 3 GG formuliert: Er eröffnet dem Bund grundsätzlich die Möglichkeit, innerhalb des Sektors seiner Gesetzgebungskompetenz solche Körperschaften und Anstalten zu schaffen. Damit sind sowohl Art. 86 GG als auch Art. 87 Abs. 3 GG reiner Ausdruck der Anerkennung von Körperschaften und Anstalten des öffentlichen Rechts als verfassungsgemäße Verwaltungsträger. Sie sind weder auf die Anerkennung von präkonstitutionellen Institutionen noch auf solche in bestimmten Sachbereichen beschränkt.

In diesem Zusammenhang müssen auch Art. 87 Abs. 2 GG und Art. 130 Abs. 3 GG interpretiert werden. Art. 87 Abs. 2 GG betrifft zwar nicht nur die bei Erlass des Grundgesetzes bestehenden Sozialversicherungsträger, sondern setzt

---

[428] Siehe BVerfGE 107, 59 (89).

[429] *Breuer*, DV 10 (1977), S. 1 (8); *Brohm*, S. 261.

[430] BVerfGE 107, 59 (90).

[431] Einschränkend *Kluth* (1997), S. 14 f., wonach dem Grundgesetz kein allgemeiner Verfassungsbegriff der Selbstverwaltung entnommen werden könne und lediglich die Idee teilweise „als Phänomen rezipiert und respektiert" werde.

[432] Zum Sonderfall der in Formalkörperschaften gefassten Religionsgemeinschaften *v. Lewinski*, JA 2006, S. 517 (521).

[433] *Emde*, S. 363.

seiner systematischen Stellung nach voraus, dass spätere Träger hinzukommen.[434] Er regelt jedoch ausschließlich im Sachbereich der Sozialversicherung tätige Verwaltungsträger. Der systematische Zusammenhang mit Art. 87 Abs. 3 und Art. 86 GG zeigt aber, dass diese Verengung nicht negativ als Beschränkung der Verfassungsmäßigkeit von Körperschaften und Anstalten auf einen Sachbereich verstanden werden darf.[435] Ebenso auszulegen ist Art. 130 Abs. 3 GG, der die Bundesaufsicht über nicht landesunmittelbare und nicht auf Staatsverträgen zwischen den Ländern beruhende Körperschaften und Anstalten nur für im Zeitpunkt des Inkrafttreten des Grundgesetzes bestehende Einheiten anordnet: Auch diese Vorschrift hat hinsichtlich der allgemeinen verfassungsrechtlichen Anerkennung dieser öffentlich-rechtlichen Rechtsformen keinen Ausschlusscharakter. Sowohl Art. 87 Abs. 2 GG als auch Art. 130 Abs. 3 GG haben daher zumindest eine indizielle Auslegungswirkung dahingehend, dass Körperschaften und Anstalten des öffentlichen Rechts unter dem Grundgesetz anerkannte Verwaltungsträger sind. Die Verfassung erkennt mithin jedenfalls aufgrund Art. 86 und Art. 87 Abs. 3 GG Körperschaften und Anstalten des öffentlichen Rechts als verfassungsgemäße Verwaltungsträger an.[436]

Die explizite Verfassungsakzeptanz der öffentlich-rechtlichen Körperschaften ist gleichzeitig Ausdruck der grundgesetzlichen Anerkennung der funktionalen Selbstverwaltung in einem staatsrechtlichen[437] – nicht lediglich verwaltungsrechtlichen – Sinn. Der Begriff der Körperschaft ist im Grundgesetz nicht definiert. Durch verfassungstextlich nicht inhaltsbeschränkte Begriffe rezipiert die Verfassung im Grundsatz deren natürlichen Wortlautgehalt oder – sofern vorhanden – ihren überlieferten rechtsdogmatischen Inhalt[438]. Mit „Körperschaften“ in Art. 86 und Art. 87 Abs. 3 GG sind daher jene als Institutionen gemeint, die aus einem historischen Entstehungs- und Entwicklungsprozess unter der Bezeichnung „Körperschaften“ hervorgegangen sind.[439] Die so herausgebildete Regelform der Körperschaft ist jene der Selbstverwaltungskörperschaft.[440] Zwar ist die Körperschaft ohne Selbstverwaltungsbefugnisse denkbar,[441] das Phänomen der Körperschaft als Selbstverwal-

[434] *Sachs*, in: ders., Grundgesetz, Art. 87 Rn. 50.

[435] Siehe zur Entstehungsgeschichte des Art. 87 Abs. 2 GG und der daraus ersichtlichen Rezeption der vorgefundenen sozialen Selbstverwaltung *Emde*, S. 368 f.

[436] *Emde*, S. 364.

[437] Siehe *Kluth* (1997), S. 23 ff.

[438] *Emde*, S. 365.

[439] BVerfGE 111, 191 (215) (Notarkasse als „historisch gewachsene[r] und von der Verfassung grundsätzlich anerkannter[r] Bereich funktionaler Selbstverwaltung“); ebenso BVerfGE 107, 59 (89) für die Wasserverbände; in diese Richtung auch *Breuer*, DV 10 (1977), S. 1 (8) (es sei nicht anzunehmen, dass das Grundgesetz die vorgefundenen Selbstverwaltungsträger, wie die berufsständischen Körperschaften des öffentlichen Rechts, verbieten wollte); ebenso *Brohm*, S. 261; *Jestaedt*, DV 35 (2002), S. 293.

[440] *Emde*, S. 364.

[441] *Emde*, S. 364.

tungsorganisation ist jedoch historisch deutlich prävalent.[442] Vor diesem geschichtlichen Hintergrund bedeutet die Verwendung des Terminus „Körperschaften des öffentlichen Rechts“ in der Verfassung die Anerkennung von Selbstverwaltungskörperschaften als verfassungsgemäße Verwaltungsträger. Die historisch gewachsenen Organisationsformen der funktionalen Selbstverwaltung sind durch ihre Erwähnung als grundsätzlich mit der Verfassung vereinbar anerkannt.[443]

Diese Wortlautauslegung wird durch die Entstehungsgeschichte gestützt. Die Art. 86 und Art. 87 Abs. 3 GG zugrunde liegenden Entwürfe enthielten noch den Begriff „bundesunmittelbare Selbstverwaltungseinheiten“. Für Art. 86 GG war dies bereits in Art. 113 des Chiemsee-Entwurfs der Fall.[444] Gleiches gilt hinsichtlich des Art. 87 Abs. 3 GG für Art. 116 Abs. 3 des Chiemsee-Entwurfs.[445] Die Änderung dieser Formulierung bedeutet keine Abkehr von Selbstverwaltungsstrukturen.[446] Vielmehr sollte die Formulierung „Körperschaften und Anstalten des öffentlichen Rechts“ dem Gesetzgeber die Möglichkeit geben, auch jenseits der Dichotomie von Ministerial- und Selbstverwaltung Verwaltungsorganisationen zu kreieren.[447]

ee) Extension und Intension der funktionalen Selbstverwaltung

Die Verfassung rezipiert die funktionale Selbstverwaltung als ein aus der historischen Entwicklung evolviertes Produkt. Um zu untersuchen, ob das verfassungsrangige Konzept der funktionalen Selbstverwaltung eine Ausnahme von der Regelforderung des Gebots personell-organisatorischer Legitimation begründet und ob die bei den Ärztekammern und den Hochschulen eingerichteten Ethikkommissionen an dieser Ausnahme partizipieren können, muss sowohl die Extension als auch die Intension des Konzepts beschrieben werden.

---

[442] *Emde*, S. 364, der von einer „geschichtlich gewachsene[n], fast symbiotische[n] Zusammengehörigkeit von öffentlicher Körperschaft und Selbstverwaltung“ spricht.

[443] BVerfGE 107, 59 (90) unter zusätzlicher Heranziehung der Art. 87 Abs. 2 und Art. 130 Abs. 3 GG, allerdings ohne weitere Begründung.

[444] *Emde*, S. 366.

[445] *Füsslein*, in: Leibholz/v. Mangoldt, S. 644 ff.

[446] *Emde*, S. 367.

[447] Dies wird verkannt von *Hanebeck*, DÖV 2004, S. 901 (908), der in der Entscheidung BVerfGE 107, 59 die Einnahme einer „wesentlich andere[n] Position als bisher“ durch das Bundesverfassungsgericht, nämlich eine Abkehr vom Verständnis der verfassungsexpliziten Völker als exklusive Legitimationssubjekte, zu erkennen meint, und insoweit die ausdrücklichen Ausführungen des Gerichts zur verfassungsrechtlichen Anerkennung der funktionalen Selbstverwaltung ausblendet.

(1) Verfassungsrechtlich anerkannte Extension der funktionalen Selbstverwaltung

Die der Zuständigkeitssphäre der funktionalen Selbstverwaltung grundsätzlich zuzuordnenden Gegenstände bestimmen sich nach den historisch überkommenen Aufgaben;[448] sie sind von der Geschichte mehr geprägt als von der Rechtstheorie[449]. Allgemein wird es sich jedenfalls nicht um zentrale Staatsaufgaben handeln.[450] Die Tätigkeit der Ethikkommissionen kann nur dann an einem verfassungsrechtlichen Dispens von dem Gebot der personell-organisatorischen Legitimation der funktionalen Selbstverwaltung teilhaben, wenn die Ärztekammern und die Hochschulen historisch dem festen Bestand der funktionalen Selbstverwaltung zugehören.

(a) Verfassungsrechtliche Anerkennung der ärztlichen Selbstverwaltung

Ärztliche Zusammenschlüsse gab es bereits ab dem 17. Jahrhundert, als in einigen deutschen Städten und besonders an medizinischen Fakultäten Gruppierungen mit wissenschaftlicher und standesethischer Zielsetzung entstanden.[451] Als Reaktion auf die absolutistisch-etatistische Reglementierung[452] begannen ab der Zeit um die Wende vom 18. zum 19. Jahrhundert Bestrebungen mit dem Ziel der Durchsetzung beruflicher Autonomie[453] auch durch verbandsmäßigen Zusammenschluss.[454] Seit den 1870er Jahren wurden aus den als Vereinen verfassten[455] ärztlichen Zusammenschlüssen und dem Deutschen Ärztevereinsbund ausdrückliche Forderungen nach einer vom Staat errichteten, öffentlich-rechtlichen Selbstverwaltungsorganisation der Ärzteschaft erhoben.[456] Zweck dieser Forderungen war auch die Wahrung der inneren Ordnung im Berufsstand, nicht zuletzt durch disziplinare Befugnisse,[457] was sich in der Folge in der Schaffung von Ehrengerichten ausprägte, die Sanktionen gegen die Mitglieder aussprechen konnten.[458] Der selbstverwaltungsorganisatorische

---

[448] *Emde*, S. 375.

[449] *Emde*, S. 375.

[450] *Emde*, S. 375, wonach die Zuständigkeiten der funktionalen Selbstverwaltungsträger „nie im Zentrum des staatlichen Wirkens – Friedenssicherung nach innen und außen – angesiedelt waren und sie ihr Aktionsfeld vornehmlich in den Übergangszonen zwischen Staat und Gesellschaft fanden".

[451] *Vogt*, S. 47.

[452] *Hendler*, in: Kluth, Handbuch, A. Rn. 5 f.

[453] *Jütte*, in: ders., S. 28, der eine Petition des Ärztlichen Vereins des Großherzogtums Baden von 1948 zitiert, worin die „Befreiung beider [der ärztlichen Kunst und des ärztlichen Standes] aus der Bevormundung und Beaufsichtigung der Regierungen, Aufhebungen der einseitigen Zumuthungen und Belastungen, Betheiligung der Aerzte an der Ordnung der Verwaltung ihrer Verhältnisse" gefordert wird; für die Entwicklung im 19. Jahrhundert *Vogt*, S. 49.

[454] *Jütte*, in: ders., S. 17; *Vogt*, S. 47.

[455] *Jütte*, in: ders., S. 17 ff.

[456] *Vogt*, S. 49.

[457] *Vogt*, S. 49.

[458] *Herold-Schmidt*, in: Jütte, S. 51.

Charakter der angestrebten Autonomie einerseits und der korrespondierenden öffentlich-rechtlichen Befugnisse andererseits tritt hier deutlich zutage. Durch die Königliche Verordnung betreffend die Einrichtung einer ärztlichen Standesvertretung vom 25. 5. 1887 wurden schließlich in Preußen für die Provinzen selbständige Ärztekammern als Körperschaften des öffentlichen Rechts gegründet.[459] 1900 wurde für diese auch eine Ehrengerichtsbarkeit eingeführt.[460] Die ärztliche Selbstverwaltung in der Form von Körperschaften des öffentlichen Rechts hatte sich etabliert und blieb bis zur Machtergreifung durch die Nationalsozialisten stabil.

1933 verloren die Ärztekammern der Länder ihre Autonomie und unterstanden von hier an dem Reichsärzteführer.[461] Die die berufliche Selbstverwaltung bis 1932 charakterisierende Wahl der Organe durch die Mitglieder wurde durch das Führerprinzip ersetzt.[462] Schließlich wurden die in den Ländern bestehenden Ärztekammern aufgelöst und der zentral regierten Reichsärztekammer, die keinerlei Selbstverwaltungsgepräge aufwies und einzig als Organ des NS-Staates fungierte[463], als organisatorisch unselbständige Elemente eingegliedert[464].

Ein wesentliches Merkmal der Entwicklung der Verwaltung der ärztlichen Angelegenheiten bis zur Zeit des Dritten Reiches war mithin einerseits ihre Gestaltung durch die Ärzte selbst und andererseits die konsequente Reduktion staatlichen Einflusses. Diese Strömung mündete rechtsförmig in der Errichtung von Körperschaften des öffentlichen Rechts. Der Bereich der Angelegenheiten der Ärzteschaft ist damit als eine Sphäre identifiziert, die schon zum Zeitpunkt der Grundgesetzgebung aus historischer Perspektive Gegenstand funktionaler Selbstverwaltung war. Er gehört damit zu jenen Sachgebieten, welche die Verfassung als zulässige Selbstverwaltungssphären anerkannt hat. Die Pervertierung des Selbstverwaltungsgedankens in der Zeit des Nationalsozialismus steht dem nicht entgegen: Im Anschluss bestand der verbreitete Wille, an die „freiheitlichen Traditionen der deutschen Staats- und Verwaltungsgeschichte“[465] anzuknüpfen.

(b) Verfassungsrechtliche Anerkennung der Hochschulselbstverwaltung

Hinsichtlich der verfassungsrechtlichen Anerkennung der akademischen Selbstverwaltung liegt es nahe, zunächst auf die organisationsrechtlich-institutionelle Garantie des Art. 5 Abs. 3 GG abzustellen. Für die Anerkennung der funktionalen Selbstverwaltung als verfassungsrechtlicher Ausnahme zum Demokratieprinzip ist

---

[459] *Vogt*, S. 50.

[460] *Vogt*, S. 52.

[461] *Vogt*, S. 58 f.

[462] *Vogt*, S. 59.

[463] *Vogt*, S. 61.

[464] *Vogt*, S. 60.

[465] *Hendler*, S. 191.

dies jedoch nicht hinreichend. Art. 5 Abs. 3 GG gebietet keine besondere Rechtsform für die Hochschulen.[466] Zwar ergibt sich aus der Wissenschaftsfreiheit das Erfordernis eines adäquaten Partizipationsniveaus der Hochschulangehörigen.[467] Auch verlangt sie nach einer hinreichenden Autonomie der Hochschulen gegenüber dem Staat.[468] Diese Vorgaben markieren jedoch lediglich ein Mindestniveau, jenseits dessen dem Staat für die Wahl und Ausgestaltung der Rechtsform der Hochschulen ein breiter Gestaltungsspielraum zukommt.[469] Sie sind eine Garantie nur des typus- und kernbereichsbestimmenden Minimums freiheitsrechtlich bewährter Strukturelemente.[470] Für eine Antwort auf die Frage, ob die Hochschulselbstverwaltung als Extension des Selbstverwaltungsbegriffs von der Verfassung rezipiert wurde, ist daher der Blick auf ihre historische Entwicklung unabdingbar.

Die Hochschulselbstverwaltung nahm – wie die ärztliche Selbstverwaltung – ihren Ursprung im 19. Jahrhundert.[471] Zwar knüpfte sie an die mittelalterlichen Formen der Universitätsfreiheit an, doch kam den Vorgängerorganisationen der heutigen Hochschulselbstverwaltung erst in diesem Zeitraum ein Sinn und eine Funktionalität zu, die sich aus der aufklärerischen Strömung der Überwindung des autoritären Etatismus der absolutistischen Herrschaftsepoche speiste.[472] Markstein dieser Entwicklung war im Jahr 1809 die Gründung der Berliner Universität, die für den Bereich der akademischen Selbstverwaltung eine starke Ausstrahlungswirkung hatte.[473] Sie ging vor allem auf das Betreiben Wilhelm von Humboldts zurück und war auch Ausdruck von dessen Idee einer freien Wissenschaft.[474] Zwar wies die Universität nur wenig ausgeprägte Selbstverwaltungsmerkmale auf,[475] doch insbesondere ihr idealistisch-neuhumanistischer Gründungsimpetus der Freiheit von Wissenschaft und Lehre war Ausgangspunkt für die moderne akademische Selbstver-

---

[466] *Fehling*, in: Dolzer/Vogel/Graßhof, Art. 5 Abs. 3 Rn. 187; *Hendler*, S. 211.

[467] *Fehling*, in: Dolzer/Vogel/Graßhof, Art. 5 Abs. 3 Rn. 187.

[468] *Fehling*, in: Dolzer/Vogel/Graßhof, Art. 5 Abs. 3 Rn. 187; *Scholz*, in: Maunz/Dürig, Art. 5 Abs. 3, Rn. 134.

[469] BVerfGE 35, 79 (116); *Fehling*, in: Dolzer/Vogel/Graßhof, Art. 5 Abs. 3 Rn. 187; *Scholz*, in: Maunz/Dürig, Art. 5 Abs. 3, Rn. 134, 144.

[470] *Scholz*, in: Maunz/Dürig, Art. 5 Abs. 3, Rn. 134.

[471] *Hendler*, in: Kluth, Handbuch, A. Rn. 4 f.

[472] *Hendler*, in: Kluth, Handbuch, A. Rn. 5 f.

[473] *Hendler*, S. 30; *Hendler*, in: Kluth, Handbuch, A. Rn. 9.

[474] *Hendler*, in: Kluth, Handbuch, A. Rn. 9; *v. Humboldt*, in: Weischedel, S. 193 (194 f.) der für das Verhältnis von Staat und Wissenschaft formuliert, dass ersterer „immer hinderlich ist, sobald er sich hineinmischt, daß die Sache an sich ohne ihn unendlich besser gehen würde", dass „nicht bloß die Art, wie er [...] die Formen und [die vom Staat pflichtgemäß für den Betrieb der Wissenschaft bereitgestellten, *der Verfasser*] Mittel beschafft, dem Wesen der Sache schädlich werden kann, sondern der Umstand selbst, daß es überhaupt solche äußere Formen und mittel für etwas ganz Fremdes gibt, immer notwendig nachteilig einwirkt und das Geistige und Hohe in die materielle und niedere Wirklichkeit herabzieht".

[475] *Karpen/Freund*, S. 24.

waltung.[476] Diese folgte als institutionell-organisatorische Konsequenz des Freiheitsideals.[477] Trotz eines weiterhin autoritär geprägten Verhältnisses von Staat und Universitäten konnte das Konzept der Selbstverwaltung im Kaiserreich, nicht zuletzt durch die Herausbildung des Instituts der reinen Rechtsaufsicht, klarere Gestalt annehmen.[478] In der Weimarer Republik wurden durch Erlass vom 30. März 1923 die vom preußischen Staatsministerium am 20. März 1923 verabschiedeten „Grundsätze einer Neuordnung der preußischen Universitätsverfassung“ in Kraft gesetzt, die ausdrücklich von „Selbstverwaltung“ sprachen und die Grundlage für neue Statuten der preußischen Universitäten bildeten.[479] Unter Ausblendung der Verzerrungen in der Zeit des Nationalsozialismus[480] war die Hochschulselbstverwaltung damit vorgrundgesetzlich etabliert. Die Hochschulen zählen daher zum verfassungsrechtlich anerkannten Selbstverwaltungssachbereich.

(c) Konformität der Tätigkeit der Ethikkommissionen mit der Extension der funktionalen Selbstverwaltung

Was die erfassten Sachbereiche anbetrifft, kann die Aktivität der Ethikkommissionen sowohl dem Sektor der ärztlichen Angelegenheiten als auch dem Hochschulsektor zugeordnet werden. Soweit klinische Studien durchgeführt werden, sind Ärzte mit ihrer medizinischen Tätigkeit involviert und damit der ärztliche Sachbereich berührt. Die Tätigkeit der bei den Ärztekammern angesiedelten Ethikkommissionen ist folglich dem tradierten sachlichen Bereich der ärztlichen Selbstverwaltung zuzuordnen. Dieser wiederum zählt zur Extension des grundgesetzlichen Selbstverwaltungsbegriffs. Gleiches gilt für die bei den Hochschulen verorteten Kommissionen. Zu den überkommenen Funktionen der Hochschulen zählt insbesondere auch die Forschung. Die Aktivitäten der Ethikkommissionen beziehen sich auf den Ausschnittbereich der medizinischen Forschung und können damit ebenfalls unter die Extension des grundgesetzlichen Selbstverwaltungskonzepts gefasst werden.

Die bei den Ärztekammern und Hochschulen angesiedelten Ethikkommissionen wirken damit in den überkommenen typischen Sachfeldern der funktionalen Selbstverwaltung.

(2) Verfassungsrechtlich anerkannte Intension der funktionalen Selbstverwaltung

Der historisch entwickelte Typus der funktionalen Selbstverwaltung ist nicht nur hinsichtlich der erfassten Sachgebiete, sondern auch in Bezug auf die verwaltungs-

[476] *Hendler*, S. 32 f.

[477] *Hendler*, S. 33 f.

[478] *Hendler*, S. 36.

[479] *Hendler*, S. 141.

[480] Siehe allgemein zur Modifikation des Selbstverwaltungskonzepts in dieser Periode *Hendler*, S. 174 ff.

technischen Funktionszusammenhänge verfassungsrechtlicher Rezeptionsgegenstand.[481] Dessen Konkretisierung muss sich vor allem an zwei grundsätzlichen Auslegungsparametern ausrichten: An der pauschalen Bezugnahme auf das Phänomen der funktionalen Selbstverwaltung vor dem Hintergrund der Vielfalt der historischen[482] Erscheinungsformen und der theoretischen Behandlung in der Wissenschaft sowie an dem Ausnahmecharakter der Rezeption der funktionalen Selbstverwaltung in Anbetracht des hierarchisch geprägten verwaltungsorganisatorischen Regelprogramms.[483] Die Intension des Begriffs „funktionale Selbstverwaltung" stellt sich dabei als durch zwei Charakteristika in für die Legitimationsfrage relevanter Weise geprägt dar. Dies sind, erstens, die Eigenverantwortlichkeit der Aufgabenwahrnehmung[484] sowie die damit einhergehende Abwesenheit einer personell-organisatorischen Legitimation und, zweitens, die Verwaltung eigener Angelegenheiten, die Betroffenenverwaltung[485], als Gegenstand der funktionalen Selbstverwaltung. Die Präzisierung dieser die funktionale Selbstverwaltung als rechtlich-funktionalen Begriff prägenden Eigenschaften ist Voraussetzung für eine Antwort auf die Frage, ob die Tätigkeit der Ethikkommissionen unter diesen Begriff gefasst werden kann.

(a) Wesentliche Auslegungsparameter

(aa) Pauschalität der grundgesetzlichen Rezeption der funktionalen Selbstverwaltung und ihre Programmwirkung auf die Auslegung

Die historisch-tatsächlichen Manifestationen des Phänomens der Selbstverwaltung sind vielfältig. Jedoch muss hier auf diese mannigfaltigen Spezifika nicht eingegangen werden. Zwar ist der Begriff der Selbstverwaltung aus verfassungsrechtlicher Perspektive mit Blick auf die geschichtlich evolvierten Erscheinungsformen auszulegen, da das Grundgesetz keine explizite Definition liefert. Die fehlende ausdrückliche Begriffsspezifikation bedeutet jedoch nicht, dass die vorgefundenen diversen selbstverwaltungstechnischen Details in die Verfassung inkorporiert wurden. Die Kehrseite der fehlenden Definition des Begriffs „Selbstverwaltung" in der

---

[481] *Emde*, S. 375; *Hendler*, S. 284, wonach eine an einen Rechtsbegriff der Selbstverwaltung zu stellende Anforderung die „Koinzidenz von traditioneller politischer Idee und juristischem Begriff" ist.

[482] Den auch historischen Zugriff auf die Selbstverwaltungsintension nimmt ebenfalls *Jestaedt*, DV 35 (2002), S. 293 (Selbstverwaltung als „Gegenstand nicht nur rechtswissenschaftlichen, sondern auch geschichts-[...]wissenschaftlichen Räsonnements").

[483] Kritisch gegenüber einem solchen Ansatz *Jestaedt*, DV 35 (2002), S. 293 (304 ff.), der aus verfassungsrechtlicher Perspektive ausschließlich von einer sachbereichsspezifischen Zugriffsmöglichkeit ausgeht.

[484] *Jestaedt* (1993), S. 68.

[485] *Emde*, S. 6; *Groß*, DVBl. 2002, S. 1182 (1191 f.); *Jestaedt* (1993), S. 68; *Kluth*, DV 35 (2002), S. 349 (352 f.); *Schmidt-Aßmann*, in: Gedächtnisschrift Martens, S. 249 (253); *Kluth*, in: Wolff/Bachof/Stober, Bd. 3, § 97 Rn. 1.

Verfassung ist die Pauschalität, mit der durch die Formulierung „Körperschaften und Anstalten des öffentlichen Rechts" auf das Phänomen Bezug genommen wird. Diese Pauschalität zeigt, dass nicht die Einzelheiten der Manifestationen des Phänomens der Selbstverwaltung, sondern seine wesensbestimmenden Eigenschaften gemeint sind. Es ist nicht anzunehmen, dass der Grundgesetzgeber mit der Nennung des Begriffs „Selbstverwaltung" das Tor zu einem verfassungsinhärenten komplexen Regelungsfeld öffnen wollte. Bei einer solchen Auslegung stünde die verfassungstextliche Einsilbigkeit mit der regelungstechnischen und inhaltlichen Komplexität sowie mit ihrem Umfang in Widerspruch. Der Begriff „Selbstverwaltung" ist daher als Oberbegriff zu verstehen, der in verwaltungstechnischer Hinsicht nur die grundsätzlichen Wesensmerkmale der Selbstverwaltung meint.[486]

Die pauschale Bezugnahme auf das Phänomen der Selbstverwaltung durch das Grundgesetz lenkt das Augenmerk besonders auf deren rechtsdogmatische Behandlung. Die historisch gewachsenen Selbstverwaltungsstrukturen sind mannigfaltig. Da die Entwicklung der Selbstverwaltungsträger in weiten Teilen ohne Bezug auf ein theoretisches Konzept erfolgte[487], sind die Eigenschaften des Konzepts von Selbstverwaltung in juristisch-dogmatischer Sicht vor allem in der Rechtswissenschaft, insbesondere mit Beginn der Phase des Rechtspositivismus,[488] herausgearbeitet worden. Gerade für die verfassungsrelevante Legitimationsperspektive ist diese juristisch-dogmatische Dimension ausschlaggebend. Hat der Grundgesetzautor die Kernmerkmale der Selbstverwaltung rezipiert, so lassen sich diese vor allem über die rechtswissenschaftlichen Untersuchungen des Phänomens erschließen. Dies sind zum einen jene, die schon zum Zeitpunkt der Grundgesetzgebung zur Verfügung standen, zum anderen aber auch spätere, soweit ihre Betrachtungen auf die Zeit vor der Grundgesetzgebung hin verallgemeinerbar sind.

Von den vom Grundgesetz angenommenen Wesensmerkmalen sind vor allem zwei hier bedeutsam: Die Eigenverantwortlichkeit [siehe unten C. IV. 2. e) ee) (2) (b)] und die Verwaltung eigener Angelegenheiten [siehe unten C. IV. 2. e) ee) (2) (c)]. Die Eigenverantwortlichkeit bedeutet aus legitimatorischer Perspektive auch das Fehlen der personell-organisatorischen Legitimation. Dies zeigt, dass die Verfassung mit der Anerkennung der funktionalen Selbstverwaltung jedenfalls insofern eine Ausnahme vom Regelgebot demokratischer Legitimation vorgesehen hat. Verwaltung eigener Angelegenheiten meint insbesondere, dass fremde Angelegenheiten nicht von den Selbstverwaltungsträgern behandelt werden dürfen. Damit ist eine Grenze der Delegationsmöglichkeit von Verwaltungsbefugnissen an Selbstverwaltungsträger gezogen.

---

[486] So auch *Emde*, S. 375.

[487] So für die erste Hälfte des 19. Jahrhunderts *Hendler*, S. 43, 45.

[488] Siehe *Hendler*, S. 112, wonach die staats- und verwaltungsrechtliche Selbstverwaltungslehre noch heute auf den Erkenntnissen jener Zeit aufbaut.

(bb) Ausnahmecharakter der grundgesetzlichen Rezeption der funktionalen Selbstverwaltung und enge Auslegung hinsichtlich des Anwendungsbereichs

Von dem Regelsystem eines hierarchischen Verwaltungsaufbaus ist die funktionale Selbstverwaltung eine Ausnahme. Der Ausnahmecharakter der Selbstverwaltung hinsichtlich des demokratischen Prinzips war bereits in der Weimarer Zeit Gegenstand der wissenschaftlichen Diskussion. Historisch wurde der Widerspruch in der Entstehung der Selbstverwaltung als Freiheitssphäre innerhalb des monarchischen Obrigkeitsstaats verortet.[489] Vor dem Horizont eines demokratischen Staates zeichnete sich die Selbstverwaltung daher als Fremdkörper ab.[490] In staatsrechtlicher Sicht wurde Demokratie teilweise im Sinne Rousseaus als Konzept verstanden, das auf die vollumfängliche Durchsetzung des Mehrheitswillens des Volkes zielt, was zur Bildung von Sonderwillen in bestimmten politischen Bereichen in Widerspruch steht.[491] Maßgebliche Stimmen sahen daher die Demokratie nur in einem bürokratischen System verwirklicht.[492]

Auch unter dem Grundgesetz ist das Gebot der demokratischen Legitimation als Regel zu verstehen, zu der die Anerkennung des Verwaltungsmodus der funktionalen Selbstverwaltung die Ausnahme ist [siehe zur Verwaltungshierarchie als Bedingung des grundgesetzlichen parlamentarischen Regierungssystems insbesondere unten C. IV. 3. b) bb) im Kontext der Vermittlung sachlich-inhaltlicher Kontrolle zwischen Parlament und Regierung]. Die Regelnatur des Demokratieprinzips erschließt sich bereits aus dem Wortlaut des Art. 20 Abs. 2 S. 1 GG, wonach *alle* Staatsgewalt vom Volk ausgehen muss, so dass der mit dem Begriff „Staatsgewalt" umrissene Bezugskreis des Demokratieprinzips aufgrund ausdrücklicher Regelung, der Verwendung des Indefinitpronomens „alle", den Bedeutungskreis des Begriffs der funktionalen Selbstverwaltung enthält.[493] Bereits diese explizite Globalgeltung des De-

---

489 Siehe *Hendler*, S. 167, mit weiteren Nachweisen.

490 Siehe zur Diskussion in Bezug auf die gemeindliche Selbstverwaltung *v. Arnim*, AöR 113 (1988), S. 1 (2); siehe *Köttgen*, S. 6 f., der die Notwendigkeit einer Überprüfung der „aus der konstitutionellen Monarchie übernommene[n] Gemeinde [...] auf ihre Verwendbarkeit im Rahmen eines demokratischen Staatsaufbaus" konstatiert; siehe auch *Peters*, S. 43 („Heute [nach Einführung der parlamentarischen Demokratie, *der Verfasser*] stehen sich nur noch gegenüber das Gesamtvolk und seine Teile. Ob letztere des Schutzes der Selbstverwaltung bedürfen, läuft auf die Frage hinaus, ob man die Auffassung von Minderheiten gegen das Volk als den Träger der gesamten Staatsgewalt schützen will"); *v. Unruh*, DÖV 1986, S. 217 (223) (Selbstverwaltung als „in der repräsentativen Demokratie grundsätzlich [...] strukturfremdes Prinzip"); *Schmitt*, Hüter der Verfassung, S. 92 f.

491 *Hasbach*, S. 236; *Kelsen*, Wesen und Wert, S. 74 („Dem Willen der Glieder kann nur auf Kosten des Willens des Ganzen Spielraum gewährt werden"); *Peters*, S. 43 f. („Vom Standpunkt streng durchgeführter Demokratie muß alles beseitigt werden, was als eigener Wille der Durchsetzung des Gesamtwillens entgegentreten könnte"); siehe *Köttgen*, S. 35 ff., auch zur Diskussion in der Zeit der Weimarer Republik.

492 So etwa *Kelsen*, Wesen und Wert, S. 73.

493 Siehe *Schmidt*, S. 253.

mokratieprinzips spricht dagegen, die Bestimmungen über das Demokratieprinzip erst in Kombination mit den auf die funktionale Selbstverwaltung bezogenen Regelungen als Beschreibung des legitimationsbedürftigen Kreises von ausgeübter Staatsgewalt anzusehen.[494]

Dies wird auch durch den unterschiedlichen Verfassungsrang begründet. Art. 20 Abs. 2 S. 1 GG enthält ein durch Art. 79 Abs. 3 GG der Änderung entzogenes Leitprinzip[495]. Die Idee des Art. 20 Abs. 2 S. 1 GG ist, wie jede von Art. 79 Abs. 3 GG erfasste Regelung, wesensbestimmend für das Grundgesetz[496] und damit von besonderem verfassungsrechtlichen Rang. Damit besteht zwischen dem Gebot der personell-organisatorischen Legitimation und der verfassungsrechtlichen Rezeption der funktionalen Selbstverwaltung ein Wertungsunterschied nach verfassungsrechtlichen Maßstäben. Dies indiziert zumindest, dass letztere lediglich ein Ausnahmebereich zu den sonst an die Ausübung von Staatsgewalt gestellten Anforderungen ist, was die bereits aus dem Wortlaut des Art. 20 Abs. 2 S. 1 GG entnommene entsprechende Aussage unterstreicht.

Aus der Tatsache einer Regel-Ausnahme-Relation an sich kann zwar noch nicht gefolgert werden, dass die Ausnahme eng auszulegen ist.[497] Maßgeblich bleibt die Auslegung der jeweiligen Bestimmungen, insbesondere die Untersuchung ihres Verhältnisses zueinander. Jedoch gilt das Gebot eines engen Verständnisses der Ausnahme dann, wenn – wie im Regelfall – der Gesetzgeber der Regel in möglichst weitem Umfang Geltung verschaffen möchte und ein extensives Verständnis der Ausnahme dazu führen würde, dass die Regelungsabsicht des Gesetz- oder hier: Verfassunggebers in ihr Gegenteil verkehrt wird.[498] Dies ist für Art. 20 Abs. 2 S. 1 GG der Fall. Das Indefinitpronomen „alle“ in Bezug auf die Staatsgewalt ist Ausweis der Intention des Verfassunggebers, jede staatliche Beschränkung der Selbstbestimmung des Einzelnen dem Legitimationserfordernis zu unterwerfen, dem Legitimationsgebot also globale Wirkung zu verleihen. Ohne diesen Sinn wäre der Wortlaut insofern redundant; es hätte genügt, zu formulieren: „Die Staatsgewalt geht vom Volke aus“. Der Wortlaut zeigt mithin, dass die bereits festgestellte Regel-Ausnahme-Relation ein enges Verständnis der Ausnahme gebietet. Gleiches gilt für den konstatierten Rangunterschied zwischen dem Legitimationsgebot und der Rezeption der funktionalen Selbstverwaltung. Die Legitimationsregel verlangt auch aus diesem Grund im Verhältnis zu Ausnahmen eine möglichst große Geltungsreichweite; eine niederrangige Exzeption muss daher in der Tendenz einen schmalen Anwendungsbereich haben.

---

[494] Siehe zu der Differenzierung zwischen einem Regel-Ausnahme-Verhältnis und einer „negativen Geltungsanordnung“ *Larenz/Canaris*, S. 175 f.

[495] *Herdegen*, in: Maunz/Dürig, Art. 79 Rn. 59.

[496] *Herdegen*, in: Maunz/Dürig, Art. 79 Rn. 59.

[497] *Larenz/Canaris*, S. 175.

[498] *Larenz/Canaris*, S. 176.

(b) Personelle Sonderheit von Selbstverwaltungssubjekten gegenüber der unmittelbaren Staatsverwaltung: Eigenverantwortlichkeit und Fehlen der personell-organisatorischen Legitimation

Ein Fehlen der personell-organisatorischen Legitimation kann über das verfassungsrechtlich rezipierte Konzept der Selbstverwaltung nur dann gerechtfertigt werden, wenn es tatsächlich Teil der Begriffsintension ist. Ein Ansatzpunkt hierfür ist die personelle Sonderheit der Selbstverwaltungssubjekte in Relation zur unmittelbaren Staatsverwaltung. Soweit sie sich als grundgesetzlich anerkannt belegen lässt und daraus tatsächlich das Fehlen der personell-organisatorischen Legitimation gefolgert werden kann, kommt eine entsprechende Rechtfertigung in Betracht.

(aa) Personelle Sonderheit als Bedeutungsteil des Begriffs „Selbstverwaltung" und Fehlen der personell-organisatorischen Legitimation

Bereits der erste sprachliche Zugriff auf den Terminus „Selbstverwaltung" deutet darauf hin, dass die Verwaltung in eigener Verantwortung gemeint ist. Die Wortbedeutung von „Selbstverwaltung" birgt die Elemente „eigene Angelegenheiten" und „eigene Verantwortung"[499] in sich. Hinsichtlich der eigenen Verantwortung zeigt dies die Aufspaltung des Abstraktums „Selbstverwaltung" in die Wörter „selbst" und „verwalten". Das reflexive Indikatorwort „selbst" begründet die engstmögliche Zuschreibung einer Entität und setzt damit eine Identität voraus.[500] Vor dem Hintergrund des Regelfalls einer hierarchischen Ministerialverwaltung[501] [siehe dazu insbesondere unten C. IV. 3. b) bb)] deutet dies darauf hin, dass die Person des Verwaltenden im Sonderfall „Selbstverwaltung" auf besondere Weise qualifiziert ist: Es ist in organisationssystematischer Sicht nicht die unmittelbare Staatsverwaltung, sondern eine hiervon in personeller Dimension getrennte Entität, der die Verwaltungsbefugnis zugewiesen wird.

Diese personelle Differenzierung bedeutet notwendig ein Fehlen der personell-organisatorischen Legitimation. Sich selbst verwaltet nur, wer als ein Selbst besteht und – unmittelbar oder mittelbar – selbst handelt. Soweit ein Organ einer Organisation nicht durch diese selbst eingesetzt wird, handelt es sich daher nicht mehr um Selbstverwaltung: Zwar mag der Organisation das Handeln dieses Organs formal zugerechnet werden, doch kann das Organ weder als Teil des „Selbst" der Organisation begriffen werden, noch können seine Handlungen materiell als Organisationshandlungen qualifiziert werden. In diesem Sinne widerspricht die externe Bestimmung von Organwaltern der Selbstverwaltungsidee, die eine Übertragung von Verwaltungskompetenzen vorsieht, denn in der Person des von außen bestimmten Amtswalters konfundieren das Zuweisungssubjekt und das Zuweisungsobjekt.

---

499 *Jestaedt* (1993), S. 68.

500 Siehe *Rauscher*, in: Prechtl/Burkard, Philosophie Lexikon, unter „Selbst".

501 *Di Fabio*, JZ 1999, S. 585 (592); *Dreier* (1991), S. 134, 136 ff.; *Emde*, S. 351 f.; *Jestaedt* (1993), S. 305 ff., zusammenfassend auf S. 328; *Loschelder*, in: Isensee/Kirchhof, HStR V, § 107 Rn. 38, 68; *Möllers*, NVwZ 1997, S. 858 (859); *Oebbecke*, S. 139.

Der semantische Zugriff allein genügt indes noch nicht als Beleg der Qualifikation der personellen Sonderheit und des Fehlens der personell-organisatorischen Legitimation als Teil der verfassungsrechtlich rezipierten Intension des Selbstverwaltungskonzepts, zumal das Grundgesetz den Begriff der Selbstverwaltung im Sinne einer funktionalen Selbstverwaltung nicht verwendet [siehe oben C. IV. 2. e) dd)]. Zu einer Bestätigung bedarf es einer Analyse der historischen und rechtsdogmatischen Entwicklung, an die das Grundgesetz anknüpft [siehe ebenfalls oben C. IV. 2. e) dd)].

(bb) Personelle Sonderheit als Kern der historischen Manifestationen von Selbstverwaltung

Auch der historisch überkommene Manifestationsbestand der Selbstverwaltung weist diese als aus der Perspektive eines zunächst als allzuständig gedachten Staates personelles Externum aus. Die Selbstverwaltungsidee hat sich historisch in einer Vielzahl von Sachbereichen realisiert, wozu das freie Berufswesen, die Industrie und der Handel, das Handwerk, die Land-, Wasser-, Boden-, Wald-, Jagd- und Fischereiwirtschaft, die Sozialversicherung und die Wissenschaft zählt.[502] Dieser Diversität in der Extension des Selbstverwaltungsbegriffs entspricht, dass historisch kein in allen Einzelheiten eindeutiges Modell einer verwaltungstechnischen Erscheinungsform auszumachen ist. Es bestehen jedoch Kongruenzen im Kernbereich. Für die hier relevante Frage der Identität der Handelnden ist ein solcher gemeinsamer Aspekt relevant: Das Faktum, dass Verwaltungsträger jeweils aus Personen konstituiert wurden, die nicht in die hierarchischen Staatsverwaltung eingebunden waren. Schon die Reformen in der ersten Hälfte des 19. Jahrhunderts waren antizentralistisch geprägt und zielten darauf, die bürokratische Staatsorganisation durch die Heranziehung Betroffener zur Erledigung öffentlicher Angelegenheiten aufzulockern.[503] Movens war die Freiheit und Selbstbestimmung der Betroffenen, auch wenn die Gründungen dieser Zeit nicht einem übergreifenden theoretischen Konzept folgten.[504]

(cc) Personelle Sonderheit als Kern der Entwicklung der rechtsdogmatischen Behandlung von Selbstverwaltung

Auch die rechtsdogmatische Behandlung der Selbstverwaltung zeigt die Immanenz der personellen Sonderheit von der hierarchischen Staatsorganisation. Georg Wilhelm Friedrich Hegel sah innerhalb seiner Korporationenlehre im Selbstverwaltungsprinzip einen Bereich behandelt, in dem mit Blick auf die Genossenschaften „der auf sein Besonderes gerichtete, *selbstsüchtige* Zweck zugleich sich als allgemeinen" „faßt und betätigt".[505] Der hier erwähnte „selbstsüchtige Zweck" setzt ein

[502] Ausführlich zur geschichtlichen Entwicklung der Institutionen und Bereiche der Selbstverwaltung *Hendler*.

[503] *Hendler*, S. 43.

[504] *Hendler*, S. 43, 45.

[505] *Hegel*, Grundlinien, § 251 (S. 273).

„Selbst“ voraus, das Hegel als von der Allgemeinheit gesondert begreift. Er versteht die Korporation als „überindividuelle Teilkomplexe des Ganzen“,[506] und damit wiederum als eine personelle Sonderheit, während dieses Ganze durch den Staat konstituiert wird.

In der Mitte des 19. Jahrhunderts hatte die Diskussion des Selbstverwaltungsbegriffs einen stark emanzipatorischen Zug; sie spiegelte einen Freiheitsgedanken wider.[507] Das zentralistische und obrigkeitliche Gepräge der Monarchie sollte zu Gunsten von Reservaten gesellschaftlicher Freiheit weichen.[508] Somit findet sich auch hier das Element des Antizentralismus, das eine personelle Abkoppelung von der Hierarchie der Staatsorganisation impliziert. Deutlich wird dies in der Verwaltungslehre Lorenz v. Steins, der die Selbstverwaltung als Mittel begreift, um nicht nur in der Gesetzgebung, sondern auch im organisatorischen Bereich der Staatlichkeit eine Beteiligung der Staatsbürger zu realisieren.[509] Heinrich Rosin definierte Selbstverwaltung im staatsrechtlichen Sinne als „die Anerkennung eines nicht souveränen politischen Gemeinwesens durch das souveräne als verwaltende Rechtspersönlichkeit“;[510] sein rechtlicher Selbstverwaltungsbegriff verwies „auf das Verhältniß zweier politischer Gemeinwesen zu einander, das des sog. Selbstverwaltungskörpers zu der ihm übergeordneten souveränen Gewalt“[511].

Auch in der Genossenschaftslehre Otto v. Gierkes ist die personelle Trennung vom Staat angesprochen, wenn er im Kontext einer „organischen Staatstheorie“ einen „Grundgedanken“ entfaltet, nach dem „bei allen jenen Konstruktionen der Staat durch die Bezeichnung als Organismus in die Reihe derjenigen Existenzen gestellt werden soll, bei welchen aus der Verbindung der Theile zu einem Ganzen eine von der Summe der Theile verschiedene Lebenseinheit entsteht“[512]. Otto v. Gierkes organismustheoretisches Verständnis eines „menschliche[n] Gattungsverband[s]“ als einer „wirkliche[n] Lebenseinheit“, der „eine Summe von Individuen durch die theilweise Aufhebung ihrer Individualität zu einem neuen und selbständigen Ganzen zusammenfügt“[513], ist hier insoweit aufschlussreich, als er ein vom Staat organisatorisch getrenntes personelles Substrat voraussetzt. Die Selbstverwaltungskonzeption Rudolf v. Gneists mit ihrer Idee des unbesoldeten Ehrenbeamtentums in Abhängigkeit von wirtschaftlicher Leistungsfähigkeit ist zwar aufgrund ihres Widerspruchs gegen die Idee der Egalität für den Staat nach Maßstäben des Grundgesetzes

---

506 *Hendler*, S. 47.

507 *Hendler*, S. 50.

508 *Hendler*, S. 50.

509 *v. Stein*, Verwaltungslehre, S. 129 („[I]n jedem Selbstverwaltungskörper ist eben ein selbständiges Organ der vollziehenden Gewalt vorhanden und lebendig“), auch S. 169 („Theilnahme des Staatsbürgers auch an der vollziehenden Gewalt“); siehe auch *Hendler*, S. 51.

510 *Rosin*, S. 265 (309).

511 *Rosin*, S. 265 (312).

512 *v. Gierke*, Grundbegriffe, S. 56.

513 *v. Gierke*, Grundbegriffe, S. 93 f.

unbrauchbar,[514] doch war auch ihr inhärent, dass Selbstverwaltung personell jenseits der hierarchischen Staatsverwaltung angesiedelt ist.

Innerhalb der rechtspositivistischen Strömung formulierte Paul Laband, dass die Selbstverwaltung einer Körperschaft „immer eine höhere Macht voraus[setzt], von der sie auch verwaltet werden könnte"; der Selbstverwaltungsbegriff sei „daher unanwendbar auf die höchste, oberste, souveräne Macht, da bei ihr ein Verwaltetwerden unmöglich und undenkbar ist".[515] Diese Aussage impliziert bereits das Verständnis eines Staates und einer hiervon personell unterschiedenen Entität.

In der Weimarer Zeit hatte sich schließlich eine weitgehende Einigkeit darüber gebildet, dass der juristische Selbstverwaltungsbegriff die eigenverantwortliche Aufgabenwahrnehmung durch juristische Personen des öffentlichen Rechts meinte.[516] Eine verbreitete[517] Definition war jene von der Selbstverwaltung als „Ausübung von Verwaltungsbefugnissen, namentlich von obrigkeitlicher Gewalt, durch öffentlichrechtliche Verbände, welche dem Staate ein- und untergeordnet, gleichwohl aber ihm gegenüber selbständig sind".[518] Auch Hans Kelsen setzte eine personelle Differenz voraus mit seiner Definition der Selbstverwaltung als „demokratische Verwaltung, Verwaltung der zu Verwaltenden durch sich selbst oder doch durch ein von ihnen gewähltes Kollegium".[519]

(dd) Zwischenergebnis: Grundgesetzliche Rezeption des Prinzips der Eigenverantwortlichkeit und der personell-organisatorischen Abkoppelung als Elemente des Konzepts der Selbstverwaltung

Die rechtsdogmatischen und historischen Erkenntnisse aus der Zeit nach Inkrafttreten des Grundgesetzes sind für den präkonstitutionellen Begriff von Selbstverwaltung insofern fruchtbar, als sie dessen Essentialia beschreiben, denn diese haben sich auch in der Bundesrepublik nicht geändert. Sie bestätigen die sich bereits aus der Bedeutung des Terminus „Selbstverwaltung" ergebende Intuition: Den Inbegriff einer personellen Sonderheit der Selbstverwaltungsorganisationen von der

---

[514] *Hendler*, S. 63 f.

[515] Siehe *Laband*, S. 102 ff. (dort Fn. 4 auf S. 103).

[516] *Hendler*, S. 164; *Jellinek*, Walter, S. 529 („[U]nter Selbstverwaltung in [...] rechtliche[m] Sinne versteht man die Verwaltung durch Selbstverwaltungskörper, genauer: durch juristische Personen des öffentlichen Rechts innerhalb des Staates, die notwendig dazu da sind, öffentliche Verwaltung im eigenen Namen zu führen"); *Herrnritt*, S. 187, dort Fn. 2, der als eines der „rechtlichen Momente, welche die S[elbstverwaltung] als Rechtsinstitut kennzeichnen" die „Selbständigkeit (Persönlichkeit) des die Verwaltung führenden Subjektes" nennt, und auf S. 193 die Bezeichnungen „Rechtssubjekte", „‚juristische' Personen" und „Verbandspersonen" verwendet.

[517] *Hendler*, S. 164.

[518] *Meyer/Anschütz*, S. 385, den so verstandenen Terminus differenzierend von einem politischen Selbstverwaltungsbegriff.

[519] *Kelsen*, Allgemeine Staatslehre, S. 365, wobei er aus organisationstechnischer Sicht in der Selbstverwaltung lediglich einen „besonderen Fall der Staatsverwaltung" sieht, sofern sie „Vollziehung genereller und sohin Setzung individueller Zwangsnormen ist".

unmittelbaren Staatsverwaltung, aus der sich das Fehlen einer personell-organisatorischen Legitimation ergibt. Auch in diesem Sinne wird in neuerer Zeit das Merkmal der Eigen*verantwortlichkeit*[520] deutlicher herausgestellt. Verantwortung ist ein Relationsbegriff und bedeutet in seinen Elementen, dass jemand für etwas gegenüber einer anderen Person in Bezug auf ein normatives Kriterium verantwortlich ist.[521] Dies impliziert eine personelle Trennung von der institutionellen Ordnung der sonstigen Staatsverwaltung und damit das Fehlen einer personell-organisatorischen Legitimationskette.

(c) Eigene Angelegenheiten als Bedeutungsteil des Begriffs „Selbstverwaltung"

Die Intension des verfassungsrechtlich anerkannten Selbstverwaltungsbegriffs ist auch hinsichtlich des Gegenstandes der Selbstverwaltung zu bestimmen. Nur so kann untersucht werden, ob sich ein Phänomen der Ausübung von Staatsgewalt unter das Selbstverwaltungskonzept fassen lässt und somit an grundgesetzlichen Ausnahmefolgerungen partizipieren kann.

(aa) Eigene Angelegenheiten als Resultat der sprachlichen Analyse

Auch für den Selbstverwaltungsgegenstand liefert die Analyse auf der Sprachebene Hinweise. Wie gezeigt, findet das Substantiv „Selbstverwaltung" seine verbale Entsprechung zunächst in der Kombination „selbst verwalten" [siehe oben zur „eigenen Verantwortung" C. IV. 2. e) ee) (2) (b) (aa)]. Jedoch kann „Selbstverwaltung" ebenso als subjektivische Entsprechung einer Ergänzung dieser Kombination um das Reflexivpronomen „sich" verstanden werden.[522] Die umgekehrte Perspektive verdeutlicht dies; „sich selbst verwalten" hat neben „selbst verwalten" keine gebräuchliche substantivische Parallele. „Sich selbst verwalten" bedeutet nach seinem Wortsinn die Verwaltung von auf sich bezogenen – das heißt eigenen – Angelegenheiten. Daraus erschließt sich die Wortbedeutung von „Selbstverwaltung" als Verwaltung eigener Angelegenheiten. Diese sprachliche Analyse zeigt gleichzeitig, dass Verwaltungsbefugnis und Verwaltungsgegenstand korrespondieren[523]; sie sind über das Wort „selbst" verknüpft.

---

[520] *Jestaedt* (1993), S. 68; zum Begriff der Eigenverantwortlichkeit der Aufgabenerfüllung in Bezug auf einen eigenen Aufgabenbereich als Wesensmerkmal eines staatsrechtlichen Selbstverwaltungsbegriffs *Kluth* (1997), S. 14 (hinsichtlich des Selbstverwaltungsbegriffs des Art. 28 Abs. 2 S. 1 GG).

[521] Für einen entsprechenden interpersonalen Begriff der Verantwortung siehe *Löwith*, S. 112 ff.

[522] Siehe *Laband*, S. 102 ff. (dort Fn. 4, auf S. 103) („Selbstverwaltung bedeutet seinem Wortsinne nach den Gegensatz zum Verwaltetwerden; wird von einer Körperschaft ausgesagt, daß sie sich selbst verwaltet, so setzt das stillschweigend immer eine höhere Macht voraus, von der sie auch verwaltet werden könnte").

[523] *Kluth* (1997), S. 24.

(bb) Eigene Angelegenheiten als historisch evolviertes Element der funktionalen Selbstverwaltung

Neben der sprachlichen Analyse als Erkenntnisquelle lässt sich auch für den Gegenstand der funktionalen Selbstverwaltung, die „eigenen Angelegenheiten“, auf die historisch in der Praxis und Wissenschaft herausgebildeten Charakteristika zurückgreifen.

Die moderne Selbstverwaltung in der ersten Hälfte des 19. Jahrhunderts hatte bereits die Eigenschaft einer Betroffenenverwaltung und wies insofern eine antizentralistische Prägung auf.[524] Diese Wesensmerkmale lassen sich teilweise schon im Ursprung der Selbstverwaltung,[525] der preußischen Städteordnung vom 19. November 1808 feststellen. Die auf den Freiherrn vom Stein zurückgehende Reform erfasste vom kommunalen Bereich ausgehend auch den berufsständischen und den akademischen Sektor.[526] Zentral in den Steinschen Reformvorstellungen war die Idee dezentraler Verwaltungseinheiten innerhalb des Rahmens einer übergreifenden Staatsordnung zu dem Zweck der Verwirklichung des Partizipationsgedankens.[527] Diese Einheiten sollten Mittel sein, um bestimmten gesellschaftlichen Gruppen unabhängig von staatlicher Einwirkung die Erledigung jener öffentlichen Angelegenheiten zu ermöglichen, von denen sie besonders betroffen sind.[528] In den Ursprüngen der Selbstverwaltung war daher die Verwaltung eigener Angelegenheiten bereits ein wesentliches Charakteristikum.

Theoriengeschichtlich wurde die Betroffenheit – ebenso wie der personelle Selbstand gegenüber der hierarchischen Verwaltung – schon von Georg Wilhelm Friedrich Hegel aufgegriffen, der einen „auf sein Besonderes gerichtete[n], *selbstsüchtige*[n] Zweck“ in den Genossenschaften feststellte.[529] „Auf ein Besonderes“ gerichtet ist ein „selbstsüchtiger Zweck“ dann, wenn das Handeln der Zweckverfolger in einer Weise auf sie selbst bezogen ist, sie mithin betroffen sind.

Beleg für den Bezug des Selbstverwaltungsgedankens auf die eigenen Angelegenheiten ist auch der freiheitliche Beiklang, den der Begriff der Selbstverwaltung in der Zeit um 1848 hatte.[530] Freiheit verstanden als negative Freiheit [siehe oben C. II. 1. a) ee) (1)] kann in diesem Kontext nur meinen, dass innerhalb eines Systems von Selbstverwaltung Angelegenheiten mit Bezug zur Selbstbestimmung der Betroffenen, also eigene Angelegenheiten verwaltet werden. So sah Lorenz v. Stein den Wirkungskreis der Gemeinden auf jene Bereiche beschränkt, in denen lokale Be-

[524] *Hendler*, S. 43.

[525] *Hendler*, in: Kluth, Handbuch, A. Rn. 4.

[526] *Hendler*, in: Kluth, Handbuch, A. Rn. 4.

[527] *Hendler*, in: Kluth, Handbuch, A. Rn. 7.

[528] *Hendler*, in: Kluth, Handbuch, A. Rn. 8.

[529] Oben Fn. 505.

[530] Siehe *Hendler*, S. 50.

sonderheiten bestehen.[531] Otto v. Gierke bezeichnete die Selbstverwaltung als „thätige[...] bürgerliche[...] Freiheit".[532] Er implizierte somit ebenfalls einen Selbstbestimmungsbezug, der auch politischen Charakter insofern hat, als „thätige Freiheit" die Möglichkeit der Teilnahme des Einzelnen an der Erledigung öffentlicher Angelegenheiten meint.[533] Paul Laband formulierte pointiert, Selbstverwaltung bedeute den „Gegensatz zum Verwaltet-werden"[534] und wies damit auf den Selbstbestimmungscharakter der Selbstverwaltung hin. Auch Georg Jellinek sah in der Selbstverwaltung ein Betroffenheitselement enthalten und definierte sie als „Verwaltung eines öffentlichen Interessenkreises durch die Interessenten selbst".[535]

In der Weimarer Zeit wurde der freiheitliche Gesichtspunkt der Selbstverwaltung einheitlicher betont. Über die Definition der Selbstverwaltung als eigenverantwortliche Aufgabenwahrnehmung durch juristische Personen des öffentlichen Rechts bestand überwiegend Einvernehmen[536] [siehe bereits oben im Kontext der Eigenverantwortlichkeit der Aufgabenwahrnehmung durch Selbstverwaltungseinheiten C. IV. 2. e) ee) (2) (b) (cc)]. Auch wurde stärker auf die Interessenbezogenheit dieses Verwaltungsmodus hingewiesen. So umriss Rudolf Hermann Herrnritt den Begriff der Selbstverwaltung als „jenen Anteil der öffentlichen Verwaltung, welcher einzelnen als Verbandspersonen organisierten Gruppen der menschlichen Gesellschaft innerhalb des Staates mit Zulassung der Staatsgewalt zwecks besserer Wahrnehmung der von ihnen vertretenen Interessen zu eigenem Rechte eingeräumt ist".[537] Fritz Fleiner konzentrierte seine Definition ebenfalls auf den Gesichtspunkt der Interessenvertretung: „Nicht der Staat verwaltet, sondern die unmittelbaren Interessenten führen öffentliche Verwaltung."[538] Hans Kelsen beschrieb Selbstverwaltung als „demokratische Verwaltung, Verwaltung der zu Verwaltenden durch sich selbst oder doch durch ein von ihnen gewähltes Kollegium".[539] Die Verwaltung eigener Angelegenheiten wird hier insbesondere durch die Bezeichnung der Selbstverwaltung als „demokratisch" zum Ausdruck gebracht. Das demokratische Ideal der Selbstbestimmung ist die Bestimmung über die eigenen Umstände, die Abwesenheit von Fremdbestimmung. Dies kommt auch in der Beschreibung durch Kurt Wolzendorff zum Ausdruck, der Selbstverwaltung als „die vom Staat gewährte Möglichkeit, unter der Garantie seiner Macht eine von ihm anerkannte und daher geschützte rechtliche Ordnung des eigenen Lebenskreises vorzunehmen und zu handhaben"[540] beschrieb.

---

[531] *v. Stein*, Verwaltungslehre, S. 306 ff.; siehe *Hendler*, S. 52.

[532] *v. Gierke*, Genossenschaftsrecht, S. 3.

[533] *Hendler*, S. 69.

[534] *Laband*, S. 102 ff. (dort Fn. 4, auf S. 103).

[535] *Jellinek*, Georg, S. 291.

[536] Oben Fn. 516.

[537] *Herrnritt*, S. 187.

[538] *Fleiner*, S. 100.

[539] *Kelsen*, Allgemeine Staatslehre, S. 365.

[540] *Wolzendorff*, Zeitschrift für die gesamte Staatswissenschaft 75 (1920/21), S. 199 (206).

Der Begriff „eigener Lebenskreis“ zielt auf den Bereich der die sich selbst Verwaltenden betreffenden Angelegenheiten.

Ein weiteres Indiz für dieses Charakteristikum der funktionalen Selbstverwaltung ist ihre landesverfassungsrechtliche Behandlung.[541] Eine Definition der funktionalen Selbstverwaltung liefert die Verfassung des Landes Baden-Württembergs vom 11. November 1953 in Art. 71 Abs. 1:

> „Das Land gewährleistet den Gemeinden und Gemeindeverbänden sowie den Zweckverbänden das Recht der Selbstverwaltung. Sie verwalten ihre Angelegenheiten im Rahmen der Gesetze unter eigener Verantwortung. Das gleiche gilt für sonstige öffentlich-rechtliche Körperschaften und Anstalten in den durch Gesetz gezogenen Grenzen“.[542]

Art. 44 Abs. 1 der vorläufigen Niedersächsischen Verfassung vom 13. April 1951 lautete:

> „Gebietskörperschaften (Gemeinden und Kreise) und die sonstigen öffentlich-rechtlichen Körperschaften verwalten ihre Angelegenheiten im Rahmen der Gesetze unter eigener Verantwortung“.[543]

Wenn auch diese Landesverfassungen erst nach dem Grundgesetz in Kraft getreten sind, so deutet doch die zeitliche Nähe auf eine gleiche Bezugsgrundlage des von ihnen und dem Grundgesetz rezipierten Selbstverwaltungsbegriffs hin. Die ausdrückliche landesverfassungsrechtliche Definition von Selbstverwaltung als Verwaltung eigener Angelegenheiten lässt daher darauf schließen, dass das Prinzip der Betroffenheit als wesentliches Charakteristikum der Selbstverwaltung bereits vor der Grundgesetzgebung bestand und von der grundgesetzlichen Rezeption umfasst ist.

Schließlich fordert die gebotene enge Auslegung [siehe oben C. IV. 2. e) ee) (2) (a) (bb)] der Intension der funktionalen Selbstverwaltung, dass diese auf die Verwaltung eigener Angelegenheiten beschränkt bleibt. Die Pauschalität der Rezeption beschränkt die verfassungsrechtliche Annahme des Phänomens auf seine Essentialia. Selbst in dem Fall, dass in vorkonstitutioneller Zeit Selbstverwaltungsträger faktisch auch jenseits ihrer eigenen Angelegenheiten Verwaltungsaufgaben übernommen haben, sind diese über die eigentliche Selbstverwaltungsidee hinausgehenden faktischen Auswüchse daher nicht Objekt der grundgesetzlichen Anerkennung. Die gebotene enge Auslegung des Dispenses vom Gebot der personell-organisatorischen Legitimation zwingt ebenfalls zu dieser Interpretation. Die Intention der Verfassungsbestimmungen über die demokratische Legitimation, die Wahrung der Selbstbestimmung, gebietet ein weites Verständnis der von Art. 20 Abs. 2 GG grundsätzlich geforderten Legitimationsstrukturen. Die Folge ist ein konstitutionell gebotenes enges Verständnis der Ausnahmen, auch des Begriffs der funktionalen Selbstverwaltung. Dies gilt mithin auch für die Intension des Selbstverwaltungsbe-

---

[541] Siehe – auch mit der Perspektive der Bestandsgarantie für Selbstverwaltungsträger – *Kluth* (1997), S. 514 ff.

[542] GBl. 1953, S. 173.

[543] Nds. GVBl. 1951, S. 103.

griffs und dort auch für das Element „eigene Angelegenheiten". Eine „enge" Interpretation dieser rechtshistorisch nachweisbaren Eigenschaft schließt es aus, dass Verwaltung „fremder", Dritte betreffender Angelegenheiten von Selbstverwaltungsträgern vorgenommen wird. Dies würde den Kreis der der Selbstverwaltung überlassenen Gegenstände nicht nur überhaupt verbreitern. Die Ausdehnung ginge auch spezifisch zu Lasten der demokratischen Legitimation, vor allem der personell-organisatorischen Legitimation in Bereichen, die sonst der hierarchischen Ministerialverwaltung zugewiesen wären.

Das Grundgesetz hat sonach mit der Rezeption der funktionalen Selbstverwaltung die Wahrnehmung eigener Angelegenheiten als deren Wesensmerkmal angenommen.[544] Die Wahrnehmung von aus Sicht der Selbstverwaltungsträger fremden Angelegenheiten zählt nicht zum verfassungsrechtlichen Rezeptionsbestand. Damit ist allerdings zunächst nur festgestellt, dass die Verwaltung durch Selbstverwaltungsträger ausschließlich„eigene" Angelegenheiten umfassen darf. Eine Definition der in diesem Sinne eigenen Angelegenheiten muss in einem weiteren Schritt gefunden werden.

(cc) Eigene Angelegenheiten als interpersonaler Wirkungszusammenhang

Mit den eigenen Angelegenheiten als Intension des Selbstverwaltungsbegriffs sind nicht – zumindest nicht unmittelbar – bestimmte Sachbereiche gemeint. Diese werden über dessen Extension, das „Was" der Selbstverwaltung erfasst. Sich selbst verwalten meint hier vielmehr einen interpersonalen Wirkungszusammenhang – das „Wer" und das „Wie" eines Systems von durch das Handeln der Selbstverwaltungsträger bewirkten Effekten. Wie gezeigt, ist Selbstverwaltung in der rechtsdogmatisch-historischen Entwicklung im Kern die Verwaltung von öffentlichen Angelegenheiten, durch welche die sich selbst verwaltenden gesellschaftlichen Gruppen besonders betroffen sind. Im Kern beschreibt dies einen Wirkungszusammenhang, der von den Betroffenen als Verwaltende über die von ihnen gesteuerten Verwaltungsinstitutionen – die Träger funktionaler Selbstverwaltung – auf sie selbst zurück führt [siehe zur aus phänomenologischer Perspektive beschriebenen äußeren und inneren Betroffenheit als Betroffenheitskonglomerat oben C. III. 4. a) cc)]. Werden Angelegenheiten verwaltet, welche die Mitglieder besonders betreffen, so bedeutet dies folglich eine Verwaltung der Mitglieder durch die Mitglieder. In personeller Hinsicht sind die Mitglieder die Verwaltungsobjekte der Selbstverwaltung.[545] Da das Konzept der eigenen Angelegenheiten eng zu verstehen ist [siehe oben

---

[544] Siehe *Kluth* (1997), S. 24 f., wonach sich die Entscheidungsbefugnisse von Selbstverwaltungsträgern auf „eigene Angelegenheiten", verstanden als solche des Verwaltungsträgers (nicht der letztbetroffenen Bürger) beziehen müssen.

[545] So bereits *Kelsen*, Allgemeine Staatslehre, S. 181, der dem Prinzip der Selbstbestimmung als Basis der Demokratie den Grundsatz entnimmt, dass „die Normen von den Normunterworfenen selbst" erzeugt werden, „jeden Einfluß von anderer Seite aber auszuschließen", und dies auf Selbstverwaltungseinheiten überträgt.

C. IV. 2. e) ee) (2) (a) (bb)], ist Selbstverwaltung jedenfalls nicht eine Verwaltung, deren Objekte Externe sind.

Dieser Ausgangsbefund der Selbstverwaltung als interpersonaler Wirkungszusammenhang, der sich exklusiv auf die Mitglieder der Selbstverwaltungsträger als Verwaltungsobjekte bezieht, muss auf die konkreten Handlungsformen und Handlungsobjekte der Verwaltungsträger hin konkretisiert werden. Kategorien von Handlungsformen der Verwaltung sind Rechts- und Realakte.[546] Für diese muss definiert werden, wann eine Verwaltung eigener Angelegenheiten aufgrund des Bezugs zu den Selbstverwaltungsmitgliedern besteht, und wann das verfassungsrechtlich rezipierte Selbstverwaltungskonzept aufgrund einer Wirkung auf Externe verlassen wird.[547]

(dd) Selbstverwaltung als Final- und Kausalnexus

Wirkungszusammenhänge, die von einer Zwecksetzung geprägt sind, können als Finalnexus oder als Kausalnexus beschrieben werden. Beide Beschreibungskonzepte liefern Ansätze für eine Definition von Selbstverwaltung. Sowohl das Kriterium der Finalität des Verwaltungshandelns als auch das der Kausalität können für eine Konkretisierung des Konzepts der Selbstverwaltung fruchtbar gemacht werden.

(α) Selbstverwaltung als Finalnexus

Begreift man „Verwaltung eigener Angelegenheiten" zunächst als Finalnexus, so steht die Zielsetzung im Vordergrund: Ausgehend von dem Ziel des Selbstverwaltungsträgers, eigene Angelegenheiten zu verwalten, entfaltet sich ein Zusammenhang von Mitteln, über die dieses Ziel erreicht werden soll.[548] Da Selbstverwaltung als ein Wirkungszusammenhang zu verstehen ist, dessen Effektbereich eng zu fassen ist [siehe zur gebotenen engen Auslegung oben C. IV. 2. e) ee) (2) (a) (bb)], dessen

---

[546] *Hermes*, in: Hoffmann-Riem/Schmidt-Aßmann/Voßkuhle, Bd. II, § 39 Rn. 1.

[547] Siehe *v. Arnim*, AöR 113 (1988), S. 1 (17), der – allerdings mit Blick auf sein Konzept einer „Zunahme des demokratischen Werts einer Entscheidung mit der Verringerung der Größe der politischen Gemeinschaft" – eine „dem Demokratieprinzip sozusagen immanente[...] Voraussetzung" annimmt, „daß die jeweiligen Entscheidungen Sache der Entscheidenden sind und nicht auch Dritte betroffen sind"; *Hebeler*, DÖV 2002, S. 936 (940) (der die Notwendigkeit einer „‚besondere[n]' Betroffenheit" konstatiert); siehe *Oebbecke*, S. 90, der allgemein konstatiert, dass „[d]ie bei der Erfüllung der Selbstverwaltungsaufgaben anfallenden autonomen Regelungsentscheidungen [...] keine wesentlich über die Angehörigen des Teilvolkes hinausreichenden Auswirkungen haben [dürfen]"; siehe BVerfGE 44, 322 (348), zur Allgemeinverbindlicherklärung, wonach „der Staat seine Normsetzungsbefugnis nicht in beliebigem Umfang außerstaatlichen Stellen überlassen und den Bürger nicht schrankenlos der normsetzenden Gewalt autonomer Gremien ausliefern darf, die ihm gegenüber nicht demokratisch bzw. mitgliedschaftlich legitimiert sind"; mit gleichem Inhalt BVerfGE 64, 208 (214 f.).

[548] Siehe *Hartmann*, S. 64 bis 79, der drei Stufen des Finalnexus unterscheidet, nämlich die Setzung des Zweckes durch ein Subjekt, die von dort ausgehende Auswahl der Mittel und die Realisation des Zweckes durch die Mittel, wobei das Verhältnis von Mittel und Zweck sich in ein Verhältnis von Ursache und Wirkung umwandelt.

Bezugsobjekte daher stets die von den relevanten „eigenen Angelegenheiten“ betroffenen, sich also selbst verwaltenden Personen sind, muss dies auch aus der Perspektive des als Finalnexus begriffenen Verwaltungshandelns gelten. Ziel des Handelns gemäß dem verfassungsrechtlich rezipierten Konzept von Selbstverwaltung kann daher nur die Wirkung auf die Mitglieder der Selbstverwaltungskörperschaften sein. Ist ein Handeln einer Selbstverwaltungskörperschaft final darauf gerichtet, auf externe Personen einzuwirken, so handelt es sich hierbei nicht mehr um eine Tätigkeit innerhalb des grundgesetzlich anerkannten Begriffs von Selbstverwaltung. Die Perspektive des Verwaltungshandelns als Finalnexus – als eine von der Zielsetzung ausgehende Wahl der Mittel – zeigt, dass es in diesem Fall auf die Wahl der unmittelbaren und mittelbaren Wirkungsmittel nicht mehr ankommt. Auch dann, wenn unmittelbar auf Körperschaftsmitglieder eingewirkt wird, handelt es sich nicht um Selbstverwaltung, wenn das Handeln darauf zielt, mittelbar auf Externe einzuwirken. Pointiert formuliert handelt es sich in einem solchen Fall um eine camouflierte Fremdverwaltung, die, verdeckt durch die unmittelbar bei Mitgliedern ansetzende tatsächliche Kausalkette, darauf zielt, Wirkungen jenseits des Kreises der eigenen Angelegenheiten zu erzielen, die den Trägern von Selbstverwaltung zugewiesen sind. Zwar mag es im Einzelfall praktischen Schwierigkeiten begegnen, die Intention des Handelns eines Verwaltungsträgers festzustellen. Als Gesichtspunkt der praktischen Umsetzbarkeit ist dieser Aspekt jedoch dem Begründungszusammenhang, der unmittelbar an der Natur der Handlung anknüpft, logisch nachgeordnet, und taugt daher kategorial nicht als Grundlage eines Gegenarguments. Überdies ist das Kriterium der Finalität als Aspekt der Beschreibung eines interpersonalen Wirkungsgefüges Teil der verfassungsgerichtlichen Judikatur. Es ist im Kontext der Beschreibung von Grundrechtseingriffen Element des – abgesehen von seiner mittlerweile erfolgten Erweiterung immer noch gültigen – sogenannten „klassischen Eingriffsbegriffs“.[549] Auch ist das Kriterium der Finalität im Zusammenhang der Wesentlichkeitslehre ein Kriterium für die Feststellung der Grundrechtswesentlichkeit eines Gesetzes.[550] Das Ergebnis lässt sich mit dem natürlichen Wortverständnis von „eigene Angelegenheiten“ untermauern: Zielt ein Verhalten auf fremde Personen, so kann darin schon begrifflich keine Wahrnehmung eigener Angelegenheiten erblickt werden.

(β) Selbstverwaltung als Kausalnexus

Mit der Finalität ist ein Ausschlusskriterium beschrieben, mittels dessen Verwaltungshandeln jedenfalls aus dem Kreis der „eigenen Angelegenheiten“ ausgeschieden werden kann. Dieses Kriterium ist jedoch nicht ausreichend. So ist Verwaltungshandeln denkbar, das final auf Selbstverwaltungsmitglieder gerichtet ist und sich hierzu der unmittelbaren Einwirkung auf Selbstverwaltungsexterne bedient und somit hinsichtlich der Mitglieder eine nur mittelbare Einwirkung intendiert. Legte man lediglich das Finalitätskriterium zugrunde, so wäre auch ein solcher Wir-

---

[549] BVerfGE 105, 279 (300); *Pieroth/Schlink*, Rn. 251 ff.

[550] Siehe *Schulze-Fielitz*, S. 165 f.

kungszusammenhang als Selbstverwaltung zu qualifizieren. Damit indes verlöre die Idee der Selbstverwaltung als Verwaltung eigener Angelegenheiten ihre Kontur: Selbstverwaltungskörperschaften könnten faktisch in jedes Sachgebiet und auf jede Person verwaltend unmittelbar einwirken, so sich nur von dort ausgehend eine Wirkungskette fortsetzte, die schließlich auch die Selbstverwaltungsmitglieder erfasste. Als „eigene Angelegenheiten" können indes nicht schon jede noch so mittelbaren und schwachen Wirkungszusammenhänge, die den Sachverhalt mit einem Mitglied verbinden, genügen. Ein derart weiter Begriff würde in einem komplexen Sozialgefüge alle denkbaren Sachverhalte erfassen.[551] Er wäre als begrenzendes Kriterium nicht geeignet; eine solche Auslegung wäre auch nicht konform mit der gebotenen engen Auslegung des mit „eigene Angelegenheiten" beschriebenen Gegenstands. Dies zeigt, dass es neben dem Verständnis des von Selbstverwaltungskörperschaften ausgehenden interpersonalen Wirkungszusammenhanges als Finalnexus einer zusätzlichen Perspektive bedarf, die nicht an das Handlungsziel, sondern an die faktische Wirkung anknüpft. Selbstverwaltung muss folglich auch als Kausalnexus begriffen und innerhalb dieses Konzepts begrenzt werden.

Im ersten Zugriff scheint denkbar, nur solche Verwaltungshandlungen als Selbstverwaltung anzuerkennen, die sich ausschließlich auf Selbstverwaltungsmitglieder auswirken. Jedoch würde so Selbstverwaltung unmöglich. In einem komplexen sozialen Gefüge gibt es keine isolierten Wirkungen. Jede Handlung erzeugt sich fortpflanzende Reflexeffekte, so dass jedenfalls auch Selbstverwaltungsexterne betroffen wären.[552] Sind diese sonach unvermeidbar, muss ein Gesichtspunkt gesucht werden, nach dem irrelevante Wirkungen auf Selbstverwaltungsexterne von relevanten unterschieden werden können.

Dies schiene über eine Differenzierung nach der Intensität der Betroffenheit denkbar, wofür grundrechtliche Wertungen herangezogen werden könnten. Eine notwendig wertende Differenzierung nach Betroffenheitsintensität wäre indes inkompatibel zur Extension des Begriffs der funktionalen Selbstverwaltung. Als sachthematischer Ausgangspunkt der Selbstverwaltung differenziert diese nicht nach Betroffenheitsgesichtspunkten. Würde man nach der Intensität der Betroffenheit differenzieren, so würde dies notwendig zu Inkohärenzen insoweit führen, als Verwaltungshandlungen, die der Extension zugeordnet werden können, über die Intension wieder ausgenommen würden. Dies gilt insbesondere dann, wenn über ein bestimmtes Sachthema Personengruppen zusammengefasst werden, jedoch andere Personen von diesem Sachthema typischerweise intensiver betroffen sind. Die hier in Rede stehenden Bereiche der ärztlichen Tätigkeit und der medizinischen Hochschulforschung können als Beispiele dienen. Wie gezeigt, sind beide Themen grundgesetzlich anerkannte Extensionen des Selbstverwaltungsbegriffs [siehe oben

---

[551] Siehe *Hebeler*, DÖV 2002, S. 936 (940).

[552] Ähnlich *Papenfuß*, S. 156; siehe *Musil*, DÖV 2004, S. 116 (120), der „atypische Ausnahmefälle oder Annextätigkeiten im Rahmen der Aufgabenerfüllung des Selbstverwaltungsträgers" wohl als unvermeidlich ansieht (und schon deshalb als zulässig beurteilt).

C. IV. 2. e) ee) (1)]. Beiden ist inhärent, dass vor allem Patienten innerhalb der jeweiligen Sachgebiete erheblich betroffen sind; in vielen Fällen geht es gar um existentielle Fragen. Würde man hier aus der intensiven Betroffenheit der selbstverwaltungsexternen Patienten folgern, dass die jeweilige Handlung eines Selbstverwaltungsträgers – einer Ärztekammer oder einer Hochschule – dem Selbstverwaltungsbegriff nicht mehr unterfiele, so würde das Selbstverwaltungskonzept ausgehöhlt. Eine an der Intensität der Betroffenheit von Personen anknüpfende Qualifikation von Selbstverwaltungshandeln ist daher abzulehnen.

Als Differenzierungsgesichtspunkt gerät somit die Unmittelbarkeit der Wirkung in den Blick. Danach entsteht ein Verständnis von Selbstverwaltung, nach dem nur solche Handlungen als Selbstverwaltungsakte qualifiziert werden können, die unmittelbar auf die Mitglieder des jeweiligen Selbstverwaltungsträgers einwirken, also chronologisch der erste Effekt innerhalb eines Wirkungszusammenhangs sind. Dies entspricht zunächst dem intuitiven Wortverständnis, wonach als Wirkung einer Handlung gemäß des kausalen Effektablaufs zuvorderst die unmittelbare Wirkung verstanden wird. Dieses Argument wird bestärkt und konkretisiert durch die dem Kriterium eigene Rationalität[553], die darin besteht, dass es – nachdem die Kriterien einer ausschließlichen Wirkung und der Wirkungsintensität ausgeschieden wurden – als einzig ersichtlicher Anknüpfungspunkt verbleibt, der logisch greifbar ist. Als Beleg für die Handhabbarkeit des Kriteriums mag gelten, dass die Wirkungsunmittelbarkeit bereits verschiedentlich Anknüpfungspunkt für rechtliche Folgerungen ist. So ist die Unmittelbarkeit – ebenso wie die Finalität – ein Teil des „klassischen Eingriffsbegriffs".[554] Sie ist auch Definitionsmerkmal des Verwaltungsaktes in § 35 S. 1 der Verwaltungsverfahrensgesetze. Auch kann sie, wie auch die Finalität, ein Kriterium zur Bestimmung der Wesentlichkeit im Kontext der Wesentlichkeitslehre sein.[555] Sowohl innerhalb des „klassischen Eingriffsbegriffs" als auch innerhalb des Verwaltungsaktbegriffs wird der Gesichtspunkt der Unmittelbarkeit genutzt, um Verwaltungshandlungen zu kategorisieren, indem ihre Wirkungen als nach Kausalstufen gegliedertes System begriffen werden. Maßgeblich ist jeweils die Zuordnung zu einer bestimmten Stufe.

(ee) Zwischenergebnis: Grundgesetzliche Rezeption der funktionalen Selbstverwaltung als auf eigene Angelegenheiten im Sinne eines nach Kriterien der Finalität und Unmittelbarkeit definierten und beschränkten Wirkungszusammenhangs

Die Verwaltungstätigkeit von Selbstverwaltungskörperschaften ist als interpersonaler Wirkungszusammenhang zu verstehen. Um innerhalb dessen die verfassungsrechtlich als Selbstverwaltung rezipierten Handlungen von solchen zu scheiden, die nicht als Selbstverwaltung verstanden werden können, bedarf es daher einer

553 Siehe zum Kriterium der Zweckrationalität *Weber*, Wissenschaftslehre, S. 566.

554 BVerfGE 105, 279 (300); *Pieroth/Schlink*, Rn. 251.

555 Siehe *Schulze-Fielitz*, S. 165 ff.

doppelten Prüfung. Für die erste muss Verwaltungshandeln als Finalnexus begriffen werden. Selbstverwaltungshandeln ist hier nur solches, das final auf die Mitglieder der jeweiligen Selbstverwaltungskörperschaft zielt. Für die zweite Prüfung ist das Verwaltungshandeln als bloßer Kausalnexus zu verstehen. Selbstverwaltungshandeln ist danach nur solches Handeln, das unmittelbar auf die Selbstverwaltungsmitglieder einwirkt.

Das so postulierte Erfordernis des kumulativen Vorliegens zweier Voraussetzungen kann für die konkreten Handlungsformen der Verwaltung fruchtbar gemacht werden. Insbesondere sind jedenfalls Verwaltungsakte, deren Adressaten Externe sind, nicht vom verfassungsrechtlich anerkannten Selbstverwaltungsbegriff erfasst; bei ihnen ist sowohl das Finalitätserfordernis als auch jenes der Unmittelbarkeit – jeweils in Bezug auf die Mitglieder der jeweiligen Selbstverwaltungskörperschaft – nicht erfüllt. Auch ein Realhandeln, das seine Wirkung bei Selbstverwaltungsexternen entfalten soll oder sich faktisch unmittelbar dort auswirkt, fällt nicht mehr unter den Selbstverwaltungsbegriff.

Eine verfassungsrechtlich für den Bereich der funktionalen Selbstverwaltung gewährte Ausnahme vom Erfordernis der personell-organisatorischen Legitimation reicht damit nur so weit, wie die Aktivität von Selbstverwaltungsträgern nicht den so beschriebenen Kreis eigener Angelegenheiten überschreitet.

Zur Klärung ist anzumerken, dass sich das hier begründete Charakteristikum der Tätigkeit in eigenen Angelegenheiten als Teil des verfassungsrechtlich rezipierten Selbstverwaltungskonzepts von der Betroffenheit, die ein Merkmal der in den Selbstverwaltungsträgern zusammengefassten Personen ist [siehe oben C. III. 4. a) cc)], unterscheidet. An dieser Stelle geht es um den normativ-verfassungsrechtlichen Selbstverwaltungsbegriff, während oben die rein phänomenologisch vorzunehmende Bestimmung eines Definitionskriteriums für „Verbandsvölker“ in Frage stand.

(d) Tätigkeit der öffentlich-rechtlichen Ethikkommissionen und Verwaltung eigener Angelegenheiten

Soweit Selbstverwaltungsträger in einen Bereich jenseits des Kreises eigener Angelegenheiten wirken, ist die Ausnahme von dem Erfordernis der personell-organisatorischen Legitimation nicht mehr durch die verfassungsrechtliche Anerkennung der funktionalen Selbstverwaltung gerechtfertigt. Die Frage stellt sich für jene öffentlich-rechtlichen Ethikkommissionen, die bei der funktionalen Selbstverwaltung angesiedelt und nicht über in die Ministerialverwaltung reichende Rückkoppelungsstränge personell-organisatorisch legitimiert sind, und insoweit, als sie nach dem Arzneimittelgesetz oder dem Medizinproduktegesetz, nicht nach der Röntgenverordnung oder der Strahlenschutzverordnung tätig werden, da sie in diesem, nicht aber in jenem Fall über die jeweilige Registrierung personell-organisatorische Legitimation erfahren.

Die Wirkungen der Handlungen der Ethikkommissionen wurden bereits bei der Darstellung der Ausübung von Staatsgewalt durch die Kommissionen beschrieben [siehe oben C. II. 1. a) ee) (5)]. Für die hier vorzunehmende Analyse bleibt zu untersuchen, ob und gegebenenfalls welche Fälle es gibt, in denen die Tätigkeit der Ethikkommissionen gezielt oder unmittelbar auf Nichtmitglieder der Ärztekammern oder der Hochschulen einwirkt.

(aa) Verwaltung eigener Angelegenheiten auch bei an Körperschaftsmitglieder adressierten Verwaltungsakten

Da hier ausschließlich die Tätigkeit der Ethikkommissionen nach dem Arzneimittelgesetz und dem Medizinproduktegesetz im Blick steht, muss zunächst untersucht werden, wie sich die dargestellten Kriterien der Finalität und der Unmittelbarkeit zum Begriff des Verwaltungsaktes verhalten. Oben wurde festgestellt, dass die Bewertungen nach dem Arzneimittelgesetz und dem Medizinproduktegesetz an die Sponsoren adressierte Verwaltungsakte sind und dass dies auch dann gilt, wenn die Sponsoren selbst Mitglieder der Körperschaften sind [siehe oben B. III. 3. e)]. Im Sinne des § 35 S. 1 VwVfG sind die Sponsoren im letzten Fall Objekte einer „auf unmittelbare Rechtswirkung nach außen" gerichteten hoheitlichen Maßnahme. Das Element der Außenwirkung des § 35 S. 1 VwVfG differenziert im Grunde, ähnlich wie die Unterscheidung zwischen Selbstverwaltungsmitgliedern und Selbstverwaltungsexternen, nach einem „Innen" und einem „Außen" der Verwaltung. Dies wirft die Frage auf, ob nicht jedenfalls dann, wenn ein Organ einer Selbstverwaltungskörperschaft einen Verwaltungsakt erlässt, der Bereich der Verwaltung eigener Angelegenheiten verlassen ist.

Eine nähere Betrachtung widerlegt dies jedoch. Im Verwaltungsverfahrensrecht kann es Verwaltungsakte geben, die an in die Verwaltung eingegliederte Personen adressiert sind und dennoch Außenwirkung besitzen. Für solche verwaltungsrechtlichen Sonderverhältnisse wird differenziert zwischen Fällen, in denen die persönliche Rechtsstellung der in dem Verhältnis stehenden Person betroffen ist, und solchen, in denen lediglich die Verrichtung der Verwaltungsobliegenheiten berührt wird.[556] Die Sphäre des besonderen Statusverhältnisses wird durch materielle Gesetze kreiert.[557] Maßnahmen, die innerhalb dieser Sphäre bleiben, haben keine Außenwirkung.

Denkbar wäre nun, die vom Verwaltungsverfahrensrecht vorgenommene Differenzierung auf die Definition der eigenen Angelegenheiten der Selbstverwaltung zu übertragen. Danach wäre solches Verwaltungshandeln, das Personen, auch solche, die Mitglieder der jeweiligen Selbstverwaltungskörperschaft sind, als Rechtssubjekte adressiert, aufgrund der insofern externen Wirkung nicht mehr als Verwaltung eigener Angelegenheiten zu verstehen. Die verwaltungsrechtliche Differenzierungslinie zwischen der Maßnahme innerhalb der Sphäre der Verrichtung von Verwal-

---

[556] *Stober*, in: Wolff/Bachof/ders./Kluth, § 45 Rn. 75.

[557] *Stober*, in: Wolff/Bachof/ders./Kluth, § 32 Rn. 30.

tungsobliegenheiten und jener im Außenverhältnis wäre insofern gleich der Grenze zwischen der Verwaltung eigener und fremder Angelegenheiten, als jene in dieser vollumfänglich begriffen wäre.

Das Unterscheidungskriterium des Verwaltungsverfahrensrechts ist jedoch für die Bestimmung der Intension des Selbstverwaltungsbegriffs untauglich. Die Idee der Selbstverwaltung würde durch eine solche Übertragung ausgehöhlt. Ein Innenrechtsverhältnis – ein Bereich der Erledigung von Verwaltungsobliegenheiten – besteht für die Mitglieder von Selbstverwaltungskörperschaften regelmäßig lediglich darin, dass sie durch Wahlen Organe der Körperschaft bestimmen. Daraus folgt, dass nahezu jede die Selbstverwaltungsmitglieder einschränkende Maßnahme durch Körperschaftsorgane der Sphäre außerhalb des Innenrechtsverhältnisses zuzuordnen ist. Würden nun sämtliche dieser Akte nicht mehr als Verwaltung eigener Angelegenheiten angesehen, so würde das Konzept der Selbstverwaltung nahezu vollständig inhaltlich entleert.[558] Dem widerspricht nicht nur, dass die Verfassung das Konzept der Selbstverwaltung überhaupt anerkennt, sondern auch die rechtsdogmatisch-historische Entwicklung des Selbstverwaltungskonzepts. Zudem ist der Selbstverwaltung funktional die Rolle zugewiesen, für die ihr zugewiesenen Bereiche die Fremdverwaltung durch den Ministerialapparat zu substituieren. Es erschiene widersprüchlich, würde man einerseits die holistische Zuweisung von Aufgaben an die Selbstverwaltung vornehmen, sie andererseits aber durch eine Rückausnahme gerade mit dem Argument, dass die Selbstverwaltungsmitglieder als Rechtssubjekte betroffen seien, wieder rückgängig machen.

Die Tatsache, dass Maßnahmen von Organen der Selbstverwaltungskörperschaften Verwaltungsakte sind, bedeutet damit trotz der dann gegebenen Außenwirkung im Sinne des § 35 S. 1 VwVfG nicht zwingend, dass es sich nicht um Verwaltung eigener Angelegenheiten handelt.

(bb) Lediglich partielle Verwaltung von eigenen Angelegenheiten unter dem Arzneimittelgesetz und dem Medizinproduktegesetz

Eine Untersuchung der Tätigkeit der Ethikkommissionen unter dem Arzneimittelgesetz und dem Medizinproduktegesetz zeigt, dass deren Tätigkeit nur partiell

---

[558] Vergleichbar erscheint der Hinweis auf das Anstaltsverhältnis von *Stober*, in: Wolff/Bachof/ders./Kluth, § 32 Rn. 31, der deshalb, weil die Benutzung von Anstalten „die aus dem allgemeinen Status folgenden Pflichten und Rechte nahezu unberührt“ lasse, meint, dass es „unangemessen“ ist, hier überhaupt von einem Sonderstatus zu sprechen; *Stern*, Bd. III/1, § 74 III 4 (S. 1380) („Zweifelhaft ist, ob und inwieweit auch bestimmte Anstaltsnutzungsverhältnisse und die Eingliederung in öffentlich-rechtliche berufsständische Zwangsverbände wie Rechtsanwaltskammern, Ärztekammern, Notarkammern, Steuerberater- und Wirtschaftprüferkammern, Industrie- und Handelskammern oder Handwerkskammern dazu [zu den vom Grundgesetz aufgegriffenen und partiell normierten „klassischen“ besonderen Gewaltverhältnissen, *der Verfasser*] gehören. Zwingende Gründe sind für eine solche Zuordnung nicht ersichtlich, da von einer ‚verschärften Abhängigkeit‘ […] oder einer ähnlich starken ‚Eingliederungslage‘ des Individuums wie bei den zuvor genannten Rechtsverhältnissen [den „klassischen“ besonderen Gewaltverhältnissen, *der Verfasser*] nicht die Rede sein kann“.

Verwaltung eigener Angelegenheiten im Sinne der Intension des von der Verfassung rezipierten Selbstverwaltungsbegriffs ist. Soweit die Sponsoren nicht Mitglieder der jeweiligen Ärztekammer oder Hochschule sind, insbesondere in den Fällen, in denen es sich um Pharmaunternehmen handelt, sind die von den Kommissionen abgegebenen Bewertungen final auf diese externen Sponsoren gerichtet und entfalten unmittelbar bei diesen als Verwaltungsakte [siehe oben B. III. 3.] rechtliche und faktische Wirkung. Somit sind beide notwendigen Voraussetzungen der Verwaltung eigener Angelegenheiten nicht erfüllt. Im historischen Ursprung der Ethikkommissionen als auf fakultative Anrufung hin unverbindlich beratende Gremien[559] bestand dieses Problem nicht; die Ansiedelung der Ethikkommissionen bei Selbstverwaltungskörperschaften und eine fehlende personell-organisatorische Legitimation warf keine Bedenken hinsichtlich des Gebots demokratischer Legitimation auf. Die Veränderung des Regelungsumfeldes bei statischen organisationsrechtlichen und legitimatorischen Bedingungen[560] hat jedoch zu einer Situation geführt, in der die Tätigkeit der Ethikkommissionen im Arzneimittelbereich und im Medizinproduktebereich regelmäßig nicht mehr als „Selbstverwaltung“ verstanden werden kann, so dass keine Ausnahme vom Gebot personell-organisatorischer Legitimation einschlägig ist.[561]

ff) Zwischenergebnis: Verstoß gegen das Demokratieprinzip durch bestimmte öffentlich-rechtliche Ethikkommissionen bei Tätigkeiten im Arzneimittelbereich und im Medizinproduktebereich

Damit greift die Ausnahmefunktion der grundgesetzlichen Anerkennung der Selbstverwaltung nicht ein. Die verfassungsrechtliche Forderung des Art. 20 Abs. 2 GG nach einer personell-organisatorischen Legitimation besteht weiterhin. Ihr entsprechen jene öffentlich-rechtlichen Kommissionen nicht, die weder unmittelbar in der Ministerialverwaltung angesiedelt sind, noch von dort ihre personell-organisatorische Legitimation erfahren.[562] Die Zahl dieser insoweit verfassungswidrig tätigen Gremien ist erheblich; es handelt sich nicht um ein Inselproblem.

---

[559] Siehe *Rupp*, in: Festschrift Heckel, S. 839.

[560] Siehe *v. Dewitz/Pestalozza*, in: dies./Luft, S. 310.

[561] Siehe *Pestalozza*, in: v. Dewitz/Luft/ders., S. 151, wonach die Tätigkeit auch insofern nicht mehr als Selbstverwaltung begriffen wird, als nicht nur die Sponsoren, sondern auch die Probanden und Patienten nicht Mitglieder der Selbstverwaltungskörperschaften sind.

[562] *Schlette*, NVwZ 2006, S. 785 (787) konstatiert, ohne den Aspekt der demokratischen Legitimation explizit zu nennen, eine nach der 12. Novelle des Arzneimittelgesetzes stärkere Einbindung der Ethikkommissionen in die „staatliche und damit kammerfremde Aufgabe ‚Arzneimittelüberwachung‘ – eine Materie des besonderen Ordnungsrechts und typische Aufgabe unmittelbarer Staatsverwaltung“.

3. Sachlich-inhaltliche Legitimation

a) Anknüpfungspunkt

Begreift man die Ausübung von Staatsgewalt als Handlungen von Amtswaltern, die sich jeweils durch ein personelles und ein inhaltliches Element umfassend beschreiben lassen, so knüpft die personell-organisatorische Legitimation an der personellen Komponente an. Sie ist der Prozess, der die Person des handelnden Amtswalters legitimiert. Als eine an den Inhalt der jeweiligen Handlung anknüpfende und zum Legitimationssubjekt reichende Einflusskette ist hingegen die sachlich-inhaltliche Legitimation zu denken.[563] Im Gegensatz zur personell-organisatorischen greift die sachlich-inhaltliche Legitimation damit unmittelbar am Legitimationsobjekt an.[564] Auch die personell-organisatorische Legitimation zielt darauf, den Handlungsinhalt zu rechtfertigen. Sie erfasst diesen jedoch nur mittelbar, indem sie die Person des Amtswalters in einer bestimmten Organisationsfunktion legitimatorisch rückkoppelt. Dessen Handlungen werden vollumfänglich umgriffen, jedoch inhaltlich nur unscharf programmiert, nämlich insofern, als sich Eigenschaften des Amtswalters auf den Inhalt seiner Tätigkeit auswirken. Die sachlich-inhaltliche Legitimation hingegen setzt unvermittelt am Handlungsinhalt an. Ihr theoretisches Ideal ist somit die inhaltliche Vollprogrammierung, die Beeinflussung aller selbstbestimmungsrelevanten Elemente einer jeden Amtswalterhandlung. Dieses Ideal ist jedoch sowohl aufgrund der Unmöglichkeit, die Vielheit von potentiellen Sachverhalten in abstrakte Normen zu fassen, als auch aufgrund des handlungstheoretischen Phänomens der Unvorhersehbarkeit menschlichen Verhaltens unerreichbar [siehe oben C. IV. 2. e) aa)]. Obschon es gerade diese Unzulänglichkeiten sind, die eine personell-organisatorische Legitimation erforderlich machen, ist die sachlich-inhaltliche Legitimation doch ein wesentlicher Faktor bei der Lenkung des Amtswalterverhaltens[565].

b) Funktion des Modells sachlich-inhaltlicher Legitimation

Die Funktion des grundgesetzlichen Modells sachlich-inhaltlicher Legitimation ergibt sich daraus, welche Mittel die Verfassung zur Einflussnahme des Legitimationssubjekts auf den Inhalt von ausgeübter Staatsgewalt zur Verfügung stellt.[566] In

---

[563] *Böckenförde* (1974), S. 79 („der inhaltliche Weg"); *Schmidt-Aßmann*, AöR 116 (1991), S. 329 (357).

[564] *Emde*, S. 46, der aus diesem Grunde der sachlich-inhaltlichen gegenüber der personell-organisatorischen Legitimation einen verfassungsrechtlich höheren Stellenwert zumisst; ähnlich *Röhl*, S. 141, wonach das Gesetz „als Instrument der grundsätzlichen Vermittlung demokratischer Legitimation […] zentrale Bedeutung" gewinnt.

[565] *Voßkuhle/Sydow*, JZ 2002, S. 673 (678).

[566] Siehe *Schmidt-Aßmann*, AöR 116 (1991), S. 329 (357), wonach sachlich-inhaltliche Legitimation „durch ein eigenes mehrzügiges Subsystem präventiver und nachträglicher, direkter und indirekter Steuerungstechniken bewirkt" wird.

institutioneller Hinsicht muss dieser Einfluss grundsätzlich zunächst über das legitimationsmittelnde Parlament verlaufen[567] [siehe oben im Kontext der Frage nach dem Legitimationssubjekt C. III. 4. b) bb) (4)]. Das Parlament wiederum ist gegenüber dem Volk nicht inhaltlich legitimiert. Es besteht lediglich eine faktische inhaltliche Bindung, die gleichsam einen Umweg über die personelle Legitimation nimmt: Die Berücksichtigung sowohl angekündigten als auch vergangenen Verhaltens von Abgeordneten oder ihrer Parteien bei der punktuellen Wahlentscheidung des Volkes. Da dieser Effekt jedoch nicht formalisiert ist, genauer: keine die Abgeordneten rechtlich zwingenden Elemente enthält, und zudem der wechselseitige Konnex von Wahlentscheidung und Verhalten der parlamentarischen Volksvertreter eine erhebliche Unschärfe aufweist,[568] kann er nicht als von Art. 20 Abs. 2 GG anerkannte Legitimation qualifiziert werden. Die ausschließlich personelle Legitimation der Abgeordneten ist daher das erste Glied in der Kette der demokratischen Legitimation[569] und die sie begründenden Wahlen deren Kern[570].[571] Erst ab hier teilt sich der Strang der sachlich-inhaltlichen Legitimation ab. Da der Impuls des Volkswillens sich sonach nicht unmittelbar-zwingend in der inhaltlichen Arbeit des Parlaments niederschlägt, ist als sachlich-inhaltliche Legitimation in erster Linie die Bindung der Exekutive und der Judikative an die vom Parlament erlassenen Gesetze gemäß Art. 20 Abs. 3 GG und eine sanktionierte demokratische Verantwortlichkeit der Exekutive gegenüber dem Parlament mit einem Kontroll-, Weisungs- und Sanktionssystem zu bezeichnen.[572]

Das parlamentarische Regierungssystem hat dabei die Verwaltungshierarchie zur Bedingung.[573] Hierarchische Verwaltung kann definiert werden als ein rechtliches Beziehungsgefüge, das durch eine vertikale Behördenordnung mit Informations-,

---

[567] Oben Fn. 325.

[568] Siehe *Emde*, S. 44 ff.

[569] *Cremer*, EuR 1995, S. 21 (27), spricht daher vom Bundestag als dem „‚am unmittelbarsten' demokratisch legitimierten" Bundesorgan.

[570] *Kriele*, VVDStRL 29 (1971), S. 46 (82).

[571] *v. Arnim*, AöR 113 (1988), S. 1 (7), formuliert hinsichtlich der Relation von Parlament und Volk im Rahmen der sachlich-inhaltlichen Legitimation allgemeiner, dass das Parlament für die Gesetze und den Haushalt „dem Volk verantwortlich" sei.

[572] *Böckenförde* (1974), S. 79; *Böckenförde*, in: Isensee/Kirchhof, HStR II, § 24, Rn. 21; *Voßkuhle/Sydow*, JZ 2002, S. 673 (678) („Aufsicht und Weisung").

[573] *Di Fabio*, JZ 1999, S. 585 (592) („Öffentliche Gewalt muß [...] nach den Vorgaben der Verfassung form- und verfahrensgerecht ausgeübt werden, dies bedingt für Eingriffslagen regelmäßig Staatlichkeit, in der Mehrzahl der Fälle sogar hierarchische Staatsverwaltung"); *Dreier* (1991), S. 125 ff., 129 ff.; *Loschelder*, in: Isensee/Kirchhof, HStR V, § 107 Rn. 39; siehe BVerfGE 9, 268 (281); BVerfGE 93, 37 (73) (unter Verweis auf BVerfGE 9, 268 [287]), zum Mitbestimmungsgesetz in Schleswig-Holstein, wonach „der Landesgesetzgeber Entscheidungen, die wegen ihrer Auswirkungen auf das Gemeinwesen wesentlicher Bestandteil der Regierungsgewalt sind, nicht den der Volksvertretung verantwortlichen Stellen entziehen darf" und daher „über Personalangelegenheiten eines Beamten in der Regel allein die ihm vorgesetzten Dienstbehörden entscheiden, die in einem hierarchischen Über- und Unterordnungsverhältnis stehen".

Weisungs- und Sanktions- sowie teilweise[574] Selbsteintrittsrechten charakterisiert ist.[575] Die Verfassung setzt die hierarchische Ministerialverwaltung als selbstverständlich und gültig voraus.[576] Dies zeigen die Art. 83 ff. über die Bundesverwaltung und Art. 33 und Art. 34 GG, die den Status der Amtswalter betreffen.[577] Als allgemeiner Grund kann auch der Zweck der Funktionsfähigkeit der Regierung herangezogen werden.[578] Ein Wesensmerkmal dieser hierarchischen Struktur ist die Weisungshierarchie, die sich in die Elemente Kontrolle, Weisung und Sanktion aufgliedern lässt. Ausfüllungsmaßstab der Weisungsstruktur ist dabei die Zweck- und die Rechtmäßigkeit.[579]

aa) Bindung durch Art. 20 Abs. 3 GG

Als zentrales inhaltliches Steuerungsmittel fungiert die Gesetzgebung des unmittelbar durch die Wahl legitimierten und inhaltlich über den gesellschaftlich-politischen Diskurs[580] an den Willen des Volkes gekoppelten Parlaments.[581] Über die Bindung des Art. 20 Abs. 3 GG wird eine verfassungsrechtliche Pflicht der Exekutive und Judikative etabliert, dem vom Gesetzgeber vorgegebenen inhaltlichen Programm zu folgen.[582]

---

574 Das Selbsteintrittsrecht besteht nur eingeschränkt, da der Gesetzgeber regelmäßig von einem Handeln der unteren Behörden ausgeht, siehe *Pöcker*, Der Staat 41 (2002), S. 616 (629).

575 Ähnlich *Pöcker*, Der Staat 41 (2002), S. 616 (626).

576 *Di Fabio*, JZ 1999, S. 585 (592); *Emde*, S. 351 f.; *Jestaedt* (1993), S. 305 ff., zusammenfassend auf S. 328; *Loschelder*, in: Isensee/Kirchhof, HStR V, § 107 Rn. 38, 68; *Möllers*, NVwZ 1997, S. 858 (859); *Oebbecke*, S. 139 (als Folgerung vor allem aus der durch „Art. 65 S. 2 garantierte[n] ministerielle[n] Leitungsbefugnis").

577 *Loschelder*, in: Isensee/Kirchhof, HStR V, § 107 Rn. 38.

578 Entsprechend *Scheuner*, in: Festschrift Smend, S. 253 (283) („Die Notwendigkeit einer handlungsfähigen Leitung des Staates durch einen kleinen Kreis regierender Personen […] ist seit jeher anerkannt").

579 BVerfGE 9, 268 (281 f.); *Puhl*, in: Isensee/Kirchhof, HStR III, § 48 Rn. 41, der darauf hinweist, dass erst ein solchermaßen ausgestaltetes Weisungsrecht es der Regierung ermöglicht, für das Handeln der Exekutive gegenüber dem Parlament die Verantwortung zu übernehmen.

580 Siehe BVerfG, 2 BvE 2/08 vom 30. Juni 2009, Absatz-Nr. 250 (oben Fn. 12); siehe *Röhl*, S. 131 („[E]in ‚Volkswille' muß erst in der politischen Willensbildung geformt und organisiert werden").

581 *Böckenförde*, in: Isensee/Kirchhof, HStR II, § 24, Rn. 21; *Dreier* (1991), S. 161 („mit besonderer Dignität ausgestattete[s], weil vom Parlament als der zentralen und durch direkte Wahlen vom Volk bestimmten Repräsentativkörperschaft in einem besonderen Verfahren beschlossene[s] Gesetz", das „vornehmster und ranghöchster Ausdruck des Mehrheitswillens, Medium der Sozialgestaltung und Richtpunkt der gesamtstaatlichen Entwicklung ist").

582 *Böckenförde* (1974), S. 79; *Böckenförde*, in: Isensee/Kirchhof, HStR II, § 24 Rn. 21.

bb) Vermittlung sachlich-inhaltlicher Legitimation zwischen Parlament und Regierung

Die nächste notwendige[583] Mittlungsinstanz ist gemäß Art. 62 ff. GG die Regierung. Innerhalb dieser gibt es ein partiell gestuftes Mittlungsverhältnis: Die in Art. 65 S. 1 GG normierte „Verantwortung" des Bundeskanzlers besteht primär gegenüber dem Bundestag,[584] während die Ressortverantwortlichkeit der einzelnen Minister vor allem auf den Bundeskanzler gerichtet ist.[585] Der Leitung der einzelnen Minister untersteht die Verwaltung.[586] Der umfassende Charakter dieser Leitung, die Möglichkeit, das Verwaltungsverhalten theoretisch ausnahmslos zu dirigieren und regulieren, ist Voraussetzung dafür, dass dem jeweiligen Minister die Verantwortung für sein Ressort zugeschrieben werden kann.[587]

Das Parlament hat zunächst insofern Einfluss auf den Inhalt der Arbeit von Regierung und Verwaltung, als diese gemäß Art. 20 Abs. 3 GG an die in den vom Parlament beschlossenen Gesetzen enthaltenen inhaltlichen Vorgaben gebunden sind.[588] Eine weitere Einflussmöglichkeit besteht darin, dass der Bundestag den Bundeskanzler – und damit die Regierung – abwählen kann.[589] Diese nicht begründungsbedürftige Sanktion ermöglicht dem Parlament jedenfalls faktisch eine Einflussnahme auf den Inhalt der Ausübung von Staatsgewalt durch die Exekutive. Hierneben existieren weitere Möglichkeiten der Einflussnahme. So kann der Bundestag gemäß Art. 43 Abs. 1 GG die Anwesenheit sowohl des Bundeskanzlers als auch einzelner Minister in Parlaments- und Ausschusssitzungen verlangen und Teile der Regierung durch sein Fragerecht zur Verantwortung ziehen; Art. 43 Abs. 1 GG ist Ausdruck der Kontrollfunktion des Parlaments.[590] Diese besteht auch auf der Ebene der Länder.[591] Gleiches gilt für das Parlamentsrecht des Art. 44 Abs. 1 GG, politische Sachverhalte zum Gegenstand der Behandlung durch Untersuchungsausschüsse zu machen.[592] Schließlich haben die Parlamente durchgängig ein allgemeines Inter-

---

583 *Dreier* (1991), S. 132; *Loschelder*, in: Isensee/Kirchhof, HStR V, § 107 Rn. 41.

584 BVerfG, 2 BvE 2/08 vom 30. Juni 2009, Absatz-Nr. 209 (oben Fn. 12); *Herzog*, in: Maunz/Dürig, Art. 65 Rn. 48 ff.

585 Siehe *Dreier* (1991), S. 132 f.; *Herzog*, in: Maunz/Dürig, Art. 65 Rn. 48, 65.

586 *Oebbecke*, S. 32, verweist auf die Sicht der Minister als Inhaber einer „Doppelstellung", die daraus besteht, dass sie Regierungsmitglieder und Leiter einer Verwaltungsorganisation sind.

587 *Dreier* (1991), S. 134, 136.

588 *Schmidt-Aßmann* (2001), S. 65 f.

589 BVerfG, 2 BvE 2/08 vom 30. Juni 2009, Absatz-Nr. 270 (oben Fn. 12); *v. Arnim*, AöR 113 (1988), S. 1 (7); *Dreier* (1991), S. 133; *Herzog*, in: Maunz/Dürig, Art. 65 Rn. 65 f.; *Oebbecke*, S. 97.

590 *Klein*, in: Maunz/Dürig, Art. 43 Rn. 36, 65.

591 *Klein*, in: Maunz/Dürig, Art. 43 Rn. 36, 65.

592 *Dreier* (1991), S. 133; *Herzog*, in: Maunz/Dürig, Art. 65 Rn. 65.

pellationsrecht.[593] Das Parlament hat damit jenseits der Möglichkeit der Handlungssteuerung durch Gesetze nur ein Kontroll- im Sinne eines Überwachungsrechts.[594] Das Recht auf Kontrolle ist Reflex der Tatsache, dass Legitimation unter dem Grundgesetz ausschließlich über das Parlament vermittelt und mediatisiert wird.[595]

Im Unterschied zur hierarchischen Verwaltung handelt die Regierung als Organ der Staatsleitung weisungsfrei aus eigenem Recht.[596] Dies bedeutet jedoch nicht, dass das unmittelbar legitimierte Parlament neben der Gesetzgebung keinen inhaltlichen Einfluss auf das Verwaltungshandeln nehmen kann. Es besteht ein faktischer, unvermeidbarer und daher auch vom Grundgesetz vorausgesetzter enger Wechselbezug zwischen Parlament und Regierung[597]. Schon dieser faktische Zusammenhang führt zu einem inhaltlich dem Willen der die Regierung tragenden Parlamentsmehrheit[598] entsprechenden Regierungshandeln, das über die bloße Befolgung von Gesetzesinhalten hinausgeht.[599] Auch die genannten, grundgesetzlich und in ähnlicher Form auch landesverfassungsrechtlich vorgesehenen Kontrollmittel dienen als Transmissionsriemen für eine inhaltliche Steuerung. Sie sind zwar nicht ausdrücklich mit Sanktionen verknüpft. Jedoch entfalten sie in der politischen Realität sowohl selbst als auch im Zusammenhang mit dem faktischen Wirkungsgeflecht zwischen Parlament und Regierung eine tatsächliche Sanktionswirkung[600] und stehen überdies im Zeichen der Option der Regierungsabwahl[601]. Man kann daher davon sprechen, dass die Parlamentsmehrheit die Regierungspolitik über die Gesetzesinhalte hinaus mitgestaltet. Diese Effekte stellen zwar nicht den Selbstand der Regierung als Verfassungsorgan in Frage.[602] Insbesondere darf das Parlament die Regierung bei einer inhaltlichen Einwirkung auf die Verwaltung nicht umgehen.[603] Dennoch dienen sie,

---

[593] *Puhl*, in: Isensee/Kirchhof, HStR III, § 48 Rn. 41; siehe § 75 der Geschäftsordnung des Deutschen Bundestages, in der Fassung der Bekanntmachung vom 02. Juli 1980 (BGBl. 1980 I, S. 1237, zuletzt geändert durch Bekanntmachung vom 06. Juli 2009 [BGBl. 2009 I, S. 2128]).

[594] *Loschelder*, in: Isensee/Kirchhof, HStR V, § 107 Rn. 40.

[595] *Loschelder*, in: Isensee/Kirchhof, HStR V, § 107 Rn. 40.

[596] *Loschelder*, in: Isensee/Kirchhof, HStR V, § 107 Rn. 39.

[597] *Loschelder*, in: Isensee/Kirchhof, HStR V, § 107 Rn. 41; *Schmidt-Aßmann*, AöR 116 (1991), S. 329 (352).

[598] *Loschelder*, in: Isensee/Kirchhof, HStR V, § 107 Rn. 41.

[599] *Loschelder*, in: Isensee/Kirchhof, HStR V, § 107 Rn. 41.

[600] *Kröger* (1972), S. 23, wonach sich jedes Regierungsmitglied „Versäumnisse, Fehler und Mißerfolge als eigenes politisches Versagen *anrechnen lassen*" muss und „daraus die politischen *Konsequenzen zu ziehen*" und „[i]n gravierenden Fällen, namentlich bei Scheitern seiner Politik, [...] von seinem Amt zurückzutreten" hat, auch S. 153 ff. (zu den formalisierten Sanktionsmitteln); ebenfalls zum Sanktionspotential *Oebbecke*, S. 97.

[601] *v. Arnim*, AöR 113 (1988), S. 1 (7); *Dreier* (1991), S. 133; *Herzog*, in: Maunz/Dürig, Art. 65 Rn. 65 f.; *Oebbecke*, S. 97.

[602] *Loschelder*, in: Isensee/Kirchhof, HStR V, § 107 Rn. 41.

[603] *Loschelder*, in: Isensee/Kirchhof, HStR V, § 107 Rn. 41; *Oebbecke*, S. 124 ff.; *Puhl*, in: Isensee/Kirchhof, HStR III, § 48 Rn. 41.

trotz der fehlenden Verfassungsausdrücklichkeit, der sachlich-inhaltlichen Legitimation, denn sie sind rechtmäßige Mittel der Weitergabe des mediatisierten Volkswillens. Diese Zusammenhänge können terminologisch als „Verantwortung der Regierung gegenüber dem Parlament“ zusammengefasst werden.[604]

Für die Verwaltungsorganisation folgt aus diesem Konzept parlamentarischer Kontrolle, vor allem aus der Ministerverantwortlichkeit, dass das Grundgesetz die hierarchische Verwaltung als Regelsystem anerkennt.[605] Abweichungen sind daher jedenfalls begründungsbedürftig.[606]

Diese dargestellten grundgesetzlichen Mechanismen gelten zwar ausschließlich für die Bundesebene. Ihre Eckpfeiler, insbesondere die Existenz einer parlamentarischen Repräsentanz und einer Regierung sowie eines auch über das Mittel der Gesetzgebung hinausreichenden Mittels des inhaltlichen Einflusses des Parlaments auf die Regierung gelten jedoch auch in den Bundesländern [siehe oben C. I. 5.].[607]

cc) Kontrolle

Ein weiteres Mittel der sachlich-inhaltlichen Legitimation ist die Kontrolle des Handelns der Amtswalter. Für den gesonderten Fall des Verhältnisses zwischen Parlament und Regierung wurde bereits beschrieben, dass dem Parlament eine Kontrollfunktion zukommt. Anderer Art ist die Kontrolle innerhalb der Exekutive selbst. Es ist ein Wesensmerkmal der von der Verfassung vorausgesetzten hierarchischen Ministerialverwaltung, dass von der Ministerebene herab ein System der Rechts- und Fachaufsicht besteht.[608] Mittels dieses Gefüges wird die Rechenschaft und Kontrolle, die das Verhältnis zwischen Parlament und Regierung prägen, auf die Exekutive erstreckt.[609] Dies ermöglicht erst, dass die Regierung dem Parlament gegenüber Verantwortung für die Handlungen der Exekutive übernehmen kann.[610] Darin findet auf den einzelnen Stufen eine Kontrolle im Sinne einer Überwachung, einer gezielten Wahrnehmung und Beurteilung des Handelns der Amtswalter der unteren Hierarchieebenen statt;[611] wobei diese Kontrolle als Soll-Ist-Vergleich ver-

---

604 Siehe näher zur „Verantwortung“ und „Verantwortlichkeit“ in diesem Zusammenhang *Oebbecke*, S. 96 ff.

605 *Di Fabio*, JZ 1999, S. 585 (592); *Dreier* (1991), S. 134, 136 ff.; *Emde*, S. 351 f.; *Jestaedt* (1993), S. 305 ff., zusammenfassend auf S. 328; *Loschelder*, in: Isensee/Kirchhof, HStR V, § 107 Rn. 38, 68; *Möllers*, NVwZ 1997, S. 858 (859); *Oebbecke*, S. 139 (als Folgerung vor allem aus der durch „Art. 65 S. 2 garantierte[n] ministerielle[n] Leitungsbefugnis“).

606 *Dreier* (1991), S. 135.

607 So für die Kontrollfunktion der Parlamente *Klein*, in: Maunz/Dürig, Art. 43 Rn. 36, 65.

608 Siehe *Oebbecke*, S. 9, der „Aufsicht“ als Oberbegriff über die Mittel der Weisung und „Unterrichtung“ begreift; ebenso *Schmidt-Aßmann*, AöR 116 (1991), S. 329 (358).

609 *Loschelder*, in: Isensee/Kirchhof, HStR V, § 107 Rn. 40.

610 *Loschelder*, in: Isensee/Kirchhof, HStR V, § 107 Rn. 40.

611 *v. Arnim*, AöR 113 (1988), S. 1 (7) spricht von „Informationsbefugnis“; *Krebs*, in: Isensee/Kirchhof, HStR V, § 108, Rn. 47 bezeichnet dies (in Bezug auf die Aufsicht über

standen werden kann.[612] Maßstab ist dabei die Rechtmäßigkeit und die Zweckmäßigkeit. Kontrolle ist jedoch lediglich jeweilige Voraussetzung für die Weisung und die Sanktion. Ohne ein ultimatives Sanktionspotential ist Kontrolle kein selbst legitimationsstiftendes Mittel.

dd) Weisung

Weisung ist die auf Verbindlichkeit angelegte Äußerung einer Verhaltenserwartung durch eine Einheit einer übergeordneten gegenüber einer Einheit einer untergeordneten Hierarchieebene.[613] Das Weisungsrecht besteht erst ab der Regierungsebene. Es kommt jedoch nicht dem Bundeskanzler zu, da dieser gemäß Art. 65 S. 1 GG lediglich die Richtlinien der Politik bestimmt. Ein den ihnen unterstellten Verwaltungsapparat voll umfassendes Weisungsrecht steht den jeweiligen Ministern zu. Das Weisungsrecht beinhaltet – wie in § 62 Abs. 1 S. 2, § 63 Abs. 2 BBG[614] auch in gesetzlicher Form verfasst – sowohl die Rechts- als auch die Fachaufsicht.[615] Soweit sich die Weisung darauf bezieht, gesetzliche Vorschriften einzuhalten,[616] handelt es sich letztlich um eine Doppelung von Art. 20 Abs. 3 GG: Zu der aus der Verfassung folgenden Pflicht, Rechtsnormen einzuhalten, tritt für einen Einzelfall die gleichgerichtete Weisung. In fachaufsichtlicher Hinsicht jedoch wirkt jede Weisung selbst legitimationsintensivierend.[617] Soweit die Weisung der Reflex eines „weichen" Einflusses des Parlaments ist, ist sie ein Mittel, um diesen Einfluss wirksam werden zu lassen. In dem Fall, dass die Weisung ohne einen parlamentarischen Impuls erfolgt, ist faktisch die personell-organisatorische Legitimationskette verkürzt. Hier nimmt eine höhere – und damit eine personell-organisatorisch besser legitimierte – Hierarchieebene Einfluss auf den Inhalt des Handelns.

Auch in sachlich-inhaltlicher Legitimationsperspektive wirkt das Weisungsrecht verstärkend. Die Möglichkeit der dem Parlament partiell unmittelbar verantwortlichen Minister, auf das Verwaltungshandeln einzuwirken, verbürgt schon aufgrund der Unmittelbarkeit sowohl der Verantwortungsbeziehung als auch der Weisungsbeziehung ein höheres Maß an inhaltlicher Konformität zu den inhaltlichen Vorgaben des Parlaments. Dies gilt nicht nur dann, wenn eine Weisung vorgenommen wird:

Verwaltungsträger) als „Beobachtung, Information"; *Oebbecke*, S. 7, verwendet den Begriff „Unterrichtung" und meint die „Weitergabe von Informationen durch eine untergeordnete Einheit an eine übergeordnete Einheit", ohne Differenzierung danach, ob die Information auf Aufforderung oder Weisung oder ohne solche Impulse weitergegeben wurde.

612 *Oebbecke*, S. 18.

613 *Oebbecke*, S. 6; allgemeiner als „staatliche[r] Oktroi in unterschiedlicher rechtlicher Gestalt" in Bezug auf die Aufsicht über Verwaltungsträger *Krebs*, in: Isensee/Kirchhof, HStR V, § 108, Rn. 47; *Schmidt-Aßmann*, AöR 116 (1991), S. 329 (358) (konkret die „ministerielle […] Spitze" und die untergeordneten Behörden ansprechend).

614 Bundesbeamtengesetz (BBG) vom 05. Februar 2009 (BGBl. 2009 I, S. 160).

615 *Jestaedt* (1993), S. 342; *Möllers*, NVwZ 1997, S. 858 (859); *Oebbecke*, S. 6; *Pöcker*, Der Staat 41 (2002), S. 616 (626).

616 Siehe *Pöcker*, Der Staat 41 (2002), S. 616 (626).

617 Siehe *Pöcker*, Der Staat 41 (2002), S. 616 (626).

Auch und vor allem wirkt das Weisungsrecht in seiner Potentialität als faktisch-influenzierende Verhaltenskontrolle. Die Amtswalter werden typischerweise in vorauseilendem Gehorsam um ein sowohl rechtmäßiges als auch den anders als durch Rechtsnormen kommunizierten inhaltlichen Vorgaben des Parlaments sowie, auf unterhalb der Regierung angesiedelter Ebene, der Verwaltungsspitze entsprechendes Handeln bemühen. Diese faktische Ingerenz trägt erheblich zur sachlich-inhaltlichen Legitimation bei.[618]

ee) Sanktion

Keine der oben beschriebenen Einflussformen auf das Verwaltungshandeln – die Bindung durch Art. 20 Abs. 3, die Kontrolle und die Weisung – kann ohne Sanktionen effektiv sein. Sanktionen sind der hierarchischen Verwaltung inhärent. Sie finden ihre Grundlage primär im Dienstrecht, jedoch gibt es auch faktisch-soziale Effekte, gleichsam „weiche" Sanktionen, die in der Hierarchieordnung von oben nach unten wirken. Die Sanktion ist einzig auf die Effektivierung des inhaltlichen Einflusses gerichtet; sie hat selbst keine inhaltliche Steuerungsqualität. Ihr kommt sonach eine dienende, für die Vermittlung sachlich-inhaltlicher Legitimation jedoch notwendige Funktion zu. Nicht zuletzt aufgrund der grundsätzlichen Möglichkeit, den Amtswalter von seiner Amtsposition zu entfernen, hat das Einflussmittel der Sanktion erhebliches Potential, zur Effektivität der sachlich-inhaltlichen Legitimation beizutragen.

ff) Zusammenspiel der Legitimationswege innerhalb des Modells der sachlich-inhaltlichen Legitimation

Wenn der Volkswille innerhalb der sachlich-inhaltlichen Legitimation sowohl durch die Bindung der Verwaltung an die Gesetze als auch durch die Verantwortlichkeit der Regierung mit ihrem hierarchischen Verwaltungsunterbau gegenüber dem Parlament vermittelt wird, bedeutet dies auch, dass sachlich-inhaltliche Legitimation durch ein Zusammenspiel dieser Komponenten hergestellt wird. Sie können als Faktoren gedacht werden, deren Produkt die Effektivität der Weitergabe des inhaltlichen Impulses des repräsentativen Volkswillens ist. Damit wird die Ministerverantwortlichkeit und die parlamentarische Kontrolle nach dem Maßstab der Effektivität umso wichtiger, je weniger eng das gesetzliche Programm der von der Verwaltung zu beachtenden Normen ist.[619]

---

[618] *Füßlein*, S. 148; *Mayen*, DÖV 2004 S. 45 (49); dies verkennend *Oebbecke*, S. 86 f.

[619] *Dreier* (1991), S. 140; *Müller*, S. 80; *Schmidt-Aßmann* (2001), S. 65 f.; anders *Oebbecke*, S. 126 f., der jedoch unzulässigerweise von den funktional-spezifisch dem Verfassungsorgan „Bundespräsident" zugewiesenen Kompetenzen ausgeht und daraus allgemeine Schlüsse für das Demokratieprinzip zieht.

c) Effektivität der sachlich-inhaltlichen Legitimation

Wie gezeigt, wird sachlich-inhaltliche Legitimation über ein komplexes Wirkungsgefüge mit interdependenten, sowohl formalisierten als auch faktischen Faktoren vermittelt. Ihre Effektivität bemisst sich danach, wie präzise das Parlament auf das Verwaltungshandeln zu wirken vermag. Dies wiederum kann zunächst durch unterschiedliche Ausgestaltungen der einzelnen Vermittlungskomponenten verändert werden. So kann das Parlament seine Kontrollbefugnisse in Bezug auf die Regierung unterschiedlich handhaben. Auch die Kontrolle, die Ausübung des Weisungsrechts und das Gebrauchmachen von Sanktionsmitteln sowie die implizite oder explizite Drohung hiermit wirken sich innerhalb der hierarchischen Selbstverwaltung auf die Effektivität der sachlich-inhaltlichen Legitimation aus.

Für das hier behandelte Thema sind zwei der Elemente der sachlich-inhaltlichen Legitimation hervorzuheben. Dies ist zunächst die Steuerung über den Inhalt von Gesetzen. Sie wird manchenteils als bedeutendstes Mittel der sachlich-inhaltlichen Legitimation bezeichnet.[620] Je größer der von den das Verwaltungshandeln inhaltlich steuernden Normen gewährte Spielraum ist, in desto höherem Maße findet Fremdbestimmung statt, desto geringer ist folglich die sachlich-inhaltliche Legitimation des Verwaltungshandelns. Ein zweites Element ist die strukturelle Ausgestaltung und materielle Ausfüllung des Systems der Kontrolle, Weisung und Sanktion innerhalb der Verwaltung, das ebenfalls die Effektivität der sachlich-inhaltlichen Legitimation bestimmt.

Die Effektivität der sachlich-inhaltlichen Legitimation wird insbesondere durch inhaltliche Spielräume geschwächt, die der Verwaltung von Gesetzesnormen eingeräumt werden: Je weniger präzise die Bestimmungen sind, desto geringer ist die Effektivität der sachlich-inhaltlichen Legitimation.[621] Dies ist insbesondere dann der Fall, wenn der Verwaltung Ermessen eingeräumt wird, also ein gesetzlich intendierter Entscheidungsspielraum besteht. Gleiches gilt dann, wenn der Verwaltung Beurteilungsspielräume belassen werden, und somit zwar grundsätzlich der Anspruch einer inhaltlichen Vollregelung erhoben wird, jedoch deren Interpretation zu einem bestimmten Grad ausschließlich von der Verwaltung vorzunehmen ist und verwaltungsgerichtlich nicht kontrolliert werden kann. Indes auch in dem Fall, dass weder ein Ermessens- noch ein Beurteilungsspielraum besteht, bestimmt die inhaltliche Präzision der Regelungen den Grad der sachlich-inhaltlichen Legitimation. Zwar ist, wenn weder ein Ermessens- noch ein Beurteilungsspielraum vorliegt, jede Verwaltungsentscheidung vollumfänglich gerichtlich überprüfbar; die Normen erheben hier also den Anspruch der Existenz einer für jeden Einzelfall einzig richtigen Anwendung. Ist eine Regelung indes tatsächlich unpräzise, so führt dies trotz des Ideals der einzig richtigen Subsumtion eines jeden Sachverhaltes dazu, dass die Verwaltung faktisch in geringerem Maße gesteuert ist. Uneindeutigkeiten von Regelungen führen

---

[620] *Pöcker*, Der Staat 41 (2002), S. 616 (617).

[621] *Schmidt-Aßmann* (2001), S. 65 f.

zu einem höheren Potential einer von der objektiv richtigen Anwendung im Einzelfall abweichenden Anwendung durch die Verwaltung. Anders gewendet: Die Tätigkeit der Verwaltung wird inhaltlich fehleranfälliger. Die Möglichkeit des Betroffenen, um Rechtsschutz nachzusuchen, wirkt nicht legitimationsstiftend. Maßnahmen der Judikative sind notwendig auf die Initiative der Betroffenen angewiesen, so dass eine umfassende Legitimation des Verwaltungshandelns schon aus diesem Grund nicht möglich ist.[622] Ein Rechtsschutzpotential kann daher den aus der Unschärfe materieller Normen folgenden Legitimationsverlust nicht kompensieren. Somit wird der Grad der sachlich-inhaltlichen Legitimation – neben den Fällen des Ermessens- und Beurteilungsspielraums – auch durch ein geringes Maß der inhaltlichen Präzision von Normen vermindert.

Innerhalb des Systems der sachlich-inhaltliche Legitimation vermittelnden Faktoren der Kontrolle, Weisung und Sanktion gibt es somit eine Mehrzahl von Faktoren, die für sich selbst und in ihrem Zusammenspiel die Effektivität der Legitimationsvermittlung beeinflussen können. Insgesamt hängt die Effektivität davon ab, wie die einzelnen Mittel der Legitimationsvermittlung von den zuständigen Amtswaltern faktisch gehandhabt werden. Innerhalb des Systems gibt es großen Raum für individuelle Ausfüllungen. Eine auf die Strukturen zielende Analyse kann insofern kaum Erkenntnisse fördern. Die Effektivität der sachlich-inhaltlichen Legitimation kann jedoch auch durch strukturelle Eigenschaften der Verwaltungsorganisation beeinflusst werden. Hierzu zählt insbesondere die Reduktion der Aufsicht, beispielsweise der Verzicht auf eine Fach- und die Beschränkung auf eine Rechtsaufsicht.

Die Funktion der sachlich-inhaltlichen Legitimation ist damit in ihrer Effektivität zur Einflussvermittlung in vielfältiger Weise abhängig von der konkreten Ausgestaltung. In jedem Fall unterliegt sie konzeptinhärenten Beschränkungen, die sich insbesondere aus der Unmöglichkeit der vollumfänglichen Verhaltenssteuerung durch Normen[623] [siehe auch oben C. IV. 2. e) aa) (1)] und der praktischen Unmöglichkeit des „Durchregierens“ ergeben.[624]

---

[622] Siehe BVerfGE 93, 37 (78), wonach eine auf „ein bloßes Evokationsrecht zurückgenommene Entscheidungsbefugnis des demokratisch legitimierten und parlamentarisch verantwortlichen Amtsträgers“ bei ursprünglicher Entscheidung einer nicht voll demokratisch legitimierten Stelle eine Mediatisierung des demokratischen Legitimationszusammenhangs bedeutet.

[623] *Mehde*, in: Demokratie und Grundgesetz, S. 111.

[624] Entsprechend *Groß*, in: Demokratie und Grundgesetz, S. 93 (97) („Die Vorstellung, mehr als sechs Millionen Beschäftigte des Öffentlichen Dienstes in Deutschland könnten in ihrem täglichen Verwaltungshandeln von siebzehn Parlamenten und Regierungen bis in alle Einzelheiten gelenkt und kontrolliert werden, ist organisationstheoretisch abenteuerlich“); seiner Folgerung der Anerkennung autonomer Legitimation innerhalb eines „pluralistischen Demokratiekonzepts“ ist jedoch nicht zu folgen.

d) Sachlich-inhaltliche Legitimation von Ethikkommissionen

Die sachlich-inhaltliche Legitimation der Ethikkommissionen bezieht sich auf die durch sie ausgeübte Staatsgewalt. Die Anknüpfung der sachlich-inhaltlichen Legitimation unmittelbar an den Handlungen des jeweiligen Amtswalters bedeutet hinsichtlich der Ethikkommissionen eine Ankoppelung an den gesamten Vorgang von der Antragstellung bis zur Bewertung der jeweiligen klinischen Studie. Bedeutsam ist dabei jedoch vor allem das Votum selbst, da insbesondere dieser Aspekt des Kommissionshandelns die Selbstbestimmung anderer Personen betrifft; die im Verfahren dem Votum vorangehenden Kommissionshandlungen sind insofern sinnhaft nachrangig, da sie in Bezug auf die Bewertung lediglich eine vorbereitende, gleichsam dienende Funktion haben. Bei der Frage der sachlich-inhaltlichen Legitimation der Kommissionen liegt daher der Schwerpunkt auf der inhaltlichen Steuerung des Votums.

aa) Bindung der Ethikkommissionen gemäß Art. 20 Abs. 3 GG

Für die Bindung der Ethikkommissionen an Gesetz und Recht gemäß Art. 20 Abs. 3 GG gibt es keine Unterschiede zu der Bindung anderer Amtsträger und Verwaltungsstellen. Dies sagt jedoch nichts darüber aus, wie intensiv die Steuerung des Kommissionshandelns durch die materiellen Vorschriften tatsächlich ist. Eine Analyse der Vorschriften des Arzneimittelgesetzes, des Medizinproduktegesetzes und der Röntgenverordnung sowie die Strahlenschutzverordnung zeigt im Folgenden, dass den Ethikkommissionen erhebliche Spielräume in der Ausübung von Staatsgewalt verbleiben.

(1) Beurteilungsspielräume: Durch medizinisch-wissenschaftliche und ethische Kriterien geprägte materielle Prüfungsmaßstäbe

Die materiellen Bewertungsmaßstäbe des Verhaltens der Ethikkommissionen sind in weiten Teilen durch Beurteilungsspielräume geprägt. Dies gilt insofern, als sich diese Spielräume aus der medizinisch-wissenschaftlichen Prägung der Maßstäbe ergeben, in sämtlichen Sachbereichen. Beurteilungsspielräume aus dem Einfluss ethischer Gesichtspunkte gibt es vor allem in den Bereichen des Medizinproduktegesetzes, der Röntgenverordnung und der Strahlenschutzverordnung, nur punktuell auch im Sektor des Arzneimittelgesetzes.

Unbestimmte Rechtsbegriffe können gemäß dem Gebot effektiven Rechtsschutzes des Art. 19 Abs. 4 GG grundsätzlich von den Gerichten in tatsächlicher und rechtlicher Hinsicht vollumfänglich nachgeprüft werden.[625] Allerdings kann der

[625] BVerfGE 84, 34 (49); BVerfGE 73, 339 (373); BVerfGE 15, 275 (282).

Gesetzgeber der Verwaltung einen Beurteilungsspielraum einräumen und damit die gerichtliche Überprüfung auf die Wahrung der rechtlichen Grenzen dieses Spielraums beschränken, wobei die Frage, ob ein solcher Beurteilungsspielraum eingeräumt ist, durch Auslegung ermittelt werden muss.[626] Eine solche Beurteilungsermächtigung für die Verwaltung kommt insbesondere dann in Betracht, wenn die Entscheidung in hohem Maße wertende Elemente enthält und sie daher einem besonderen, weisungsfreien und mit außerordentlicher fachlicher Kompetenz ausgestatteten Verwaltungsorgan zur Entscheidung in einem besonderen Verfahren zugewiesen ist, insbesondere dann, wenn es sich um ein Kollegialorgan handelt, das darauf ausgerichtet ist, dass gegebenenfalls bestehende Auffassungsunterschiede innerhalb des Organs zum Ausgleich gebracht werden und dass der Entscheidungsprozess somit versachlicht wird.[627] Auch Prognoseentscheidungen können innerhalb solcher Beurteilungsspielräume getroffen werden.[628]

(a) Durch medizinisch-wissenschaftliche Kriterien geprägte Prüfungsmaßstäbe

Die beschriebenen Voraussetzungen für die Qualifikation als Beurteilungsspielräume werden von den für die Bewertung von Forschungsvorhaben maßgeblichen Vorschriften in weiten Teilen insofern erfüllt, als der durch sie etablierte Maßstab durch Kriterien der medizinischen Wissenschaft determiniert wird. Ein durch solche Kriterien angereicherter Maßstab ist notwendig komplex und dynamisch, denn er ist Ergebnis der wissenschaftlichen Forschung mit den ihr inhärenten Eigenschaften der Diskursivität, Prozesshaftigkeit und Unsicherheit.[629] Die somit unvermeidbar auch subjektive Ausfüllung des Maßstabes soll durch die Überweisung an die als Gremien verfassten Ethikkommissionen teilweise neutralisiert werden.[630]

Die Eigenschaften der unvermeidbaren Diskursivität, Prozesshaftigkeit und Unsicherheit wissenschaftlicher Erkenntnisse sind jedoch nicht nur dort für die rechtliche Steuerung bedeutsam, wo Handeln rechtlich explizit am Maßstab der Wissenschaft ausgerichtet wird. Vielmehr gelten sie auch dort, wo Rechtsnormen inhaltlich notwendig auch durch wissenschaftliche Erkenntnisse geprägt sind. In sol-

---

626 BVerwGE 100, 221 (225); BVerwGE 81, 12 (17); BVerwGE 72, 195 (199).

627 BVerwGE 91, 211 (215 f.); BVerwGE 72, 195 (201); BVerwGE 59, 213 (217); siehe zur typischen Weisungsfreiheit von Kollegialorganen *Dagtoglou*, S. 48; siehe auch *Groß* (1999), S. 204 („prozedurale Rationalität des Kollegialprinzips").

628 Siehe BVerwGE 87, 332 (354 f.).

629 Siehe *Deutsch*, in: ders./Lippert, § 40 Rn. 8, der hinsichtlich der „ärztlichen Vertretbarkeit" von einem „paternalistische[n] Merkmal, [...] das im wesentlichen auf die Annahmen der ärztlichen Wissenschaft und ärztlichen Ethik verweist" spricht; siehe *Rupp*, in: Festschrift Heckel, S. 839 (847 f.), wonach die der Abgabe eines Votums zugrundeliegende Abwägung „umfassendes, gründliches sachverständiges Wissen" erfordert und auf „erfahrungsgestützte Prognostik" angewiesen ist.

630 Siehe für die Beurteilung der zuständigen Behörde, ob ein Wein in Aussehen, Geruch und Geschmack frei von Fehlern ist Urteil des 3. Senats des BVerwG, Az. 3 C 8.06 vom 16. Mai 2007, Rn. 27 f. (http://www.bundesverwaltungsgericht.de/media/archive/5198.pdf, abgerufen am 21. Mai 2011).

chen Fällen wird regelmäßig, wenn die Anwendung den Ethikkommissionen zugewiesen ist, ein Beurteilungsspielraum eröffnet sein.

Entsprechende Beurteilungsspielräume finden sich in den meisten der materiellen Prüfungsvorschriften des Arzneimittelgesetzes, des Medizinproduktegesetzes, der Röntgenverordnung und der Strahlenschutzverordnung. Eine vollumfassende Analyse sämtlicher dieser Normen muss hier unterbleiben, jedoch können repräsentative Beispiele gezeigt werden.

(aa) Prüfungsmaßstäbe im Arzneimittelgesetz, im Medizinproduktegesetz und in der MPKPV

Gemäß § 40 Abs. 1 S. 2 AMG hat die Ethikkommission eine klinische Prüfung nach Maßgabe des § 42 Abs. 1 AMG zu bewerten. Entsprechende Vorschriften enthalten die §§ 20 Abs. 1 S. 1, 22 MPG. § 42 Abs. 1 S. 7 Nr. 1 AMG und § 22 Abs. 3 Nr. 1 MPG verlangen die Vollständigkeit der vorgelegten Unterlagen. § 42 Abs. 1 S. 7 Nr. 2 AMG regelt, dass eine zustimmende Bewertung nur versagt werden darf, wenn „die vorgelegten Unterlagen einschließlich des Prüfplans, der Prüferinformation und der Modalitäten für die Auswahl der Prüfungsteilnehmer nicht dem Stand der wissenschaftlichen Erkenntnisse entsprechen, insbesondere die klinische Prüfung ungeeignet ist, den Nachweis der Unbedenklichkeit oder Wirksamkeit eines Arzneimittels einschließlich einer unterschiedlichen Wirkungsweise bei Frauen und Männern zu erbringen“. § 22 Abs. 3 Nr. 2 MPG ordnet diese Rechtsfolge an für den Fall, dass „die vorgelegten Unterlagen einschließlich des Prüfplans, der Prüferinformation und der Modalitäten für die Auswahl der Probanden nicht dem Stand der wissenschaftlichen Erkenntnisse entsprechen, insbesondere die klinische Prüfung ungeeignet ist, den Nachweis der Unbedenklichkeit, Leistung oder Wirkung des Medizinproduktes zu erbringen“; gemäß § 5 Abs. 4 S. 1 MPKPV prüft die Ethikkommission, ob „die Qualität der Prüfung dem Stand der wissenschaftlichen Erkenntnisse entspricht“. § 42 Abs. 1 S. 7 Nr. 3 AMG schließlich verlangt, dass „die in § 40 Abs. 1 Satz 3 Nr. 2 bis 9, Abs. 4 und § 41 geregelten Anforderungen“ erfüllt sind. Einen ähnlichen Inhalt haben § 22 Abs. 3 Nr. 3, § 20 Abs. 1 S. 4 Nr. 1 bis 4 und 7 bis 9, Abs. 4 und 5 sowie § 21 MPG. Die vorgenannten Bestimmungen beschreiben damit den Maßstab der Bewertung klinischer Prüfungen durch die Ethikkommissionen in den Bereichen der Arzneimittel und der Medizinprodukte.

Jeweils drei Beispiele sollen zur Illustration der Prägung materieller Prüfungsanforderungen durch medizinisch-wissenschaftliche Maßstäbe im Arzneimittelbereich und im Medizinproduktebereich dienen:

– Von Bedeutung für die Frage der Regelungsdichte sind die bereits genannten Anforderungen des § 42 Abs. 1 S. 7 Nr. 2 AMG und des § 22 Abs. 3 Nr. 2 MPG, dass die Antragsunterlagen dem „Stand der wissenschaftlichen Erkenntnisse“ entsprechen müssen. Da die Unterlagen das gesamte Prüfungsvorhaben abbilden, wird hier ausdrücklich ein auf der Basis medizinisch-wissenschaftlicher Expertise konkretisierbarer Maßstab etabliert, der sich auf sämtliche Aspekte des Vorhabens erstreckt. Dieser globale Prüfungsmaßstab folgt auch aus § 5 Abs. 4 S. 1 MPKPV.

- § 40 Abs. 1 S. 3 Nr. 2 AMG verlangt, dass „die vorhersehbaren Risiken und Nachteile gegenüber dem Nutzen für die Person bei der [die klinische Prüfung] [...] durchgeführt werden soll (betroffene Person), und der voraussichtlichen Bedeutung des Arzneimittels für die Heilkunde ärztlich vertretbar sind".[631] Die Risiken, Nachteile und der Nutzen für die betroffene Person lassen sich ebenso wie die Bedeutung für die Heilkunde nur durch die Zugrundelegung wissenschaftlicher Erkenntnisse,[632] konkret: der insofern bestehenden Fachkunde der medizinischen Kommissionsmitglieder bestimmen. Dies gilt ebenfalls hinsichtlich der Risiken und der Bedeutung des Medizinproduktes für die Heilkunde gemäß der entsprechenden Regelung im Medizinproduktegesetz (§ 20 Abs. 1 S. 4 Nr. 1 MPG, siehe auch § 5 Abs. 4 S. 3 Nr. 2, 3 MPKPV). Insofern sind folglich Beurteilungsspielräume eröffnet. Dies gilt ebenfalls für die geforderte „ärztliche Vertretbarkeit", nach der das Verhältnis der Faktoren sowohl nach dem Arzneimittelgesetz als auch nach dem Medizinproduktegesetz beurteilt werden soll.[633]
- § 40 Abs. 1 S. 3 Nr. 3 AMG und § 20 Abs. 1 S. 4 Nr. 2 MPG enthalten Bestimmungen zur Aufklärung und Einwilligung der betroffenen Person.[634] § 40 Abs. 1 S. 3 Nr. 3 Buchst. b AMG verlangt eine schriftliche Einwilligung auf der Basis der Aufklärung gemäß § 40 Abs. 2 S. 1 oder Abs. 4 oder § 41 AMG. § 40 Abs. 2 S. 1 AMG fordert, dass „[d]ie betroffene Person [...] über Wesen, Bedeutung, Risiken und Tragweite der klinischen Prüfung [...] aufzuklären" und ihr „eine allgemein verständliche Aufklärungsunterlage auszuhändigen" ist. § 40 Abs. 4 AMG regelt in Nr. 3 S. 3 unter anderem, dass ein minderjähriger Patient über „die Prüfung, die Risiken und den Nutzen" aufzuklären ist. § 41 Abs. 3 Nr. 2 AMG verweist für den Fall der „volljährigen Person, die nicht in der Lage ist, Wesen, Bedeutung und Tragweite der klinischen Prüfung zu erkennen und ihren Willen hiernach auszurichten" (§ 41 Abs. 3 S. 1 AMG) wiederum unter anderem auf § 40 Abs. 4 Nr. 3 S. 3 AMG. Für klinische Prüfungen mit Medizinprodukten enthält § 20 Abs. 1 S. 4 Nr. 2, Abs. 2 Nr. 2 MPG das Erfordernis einer schriftlichen Einwilligung auf der Grundlage einer Aufklärung. Für Minderjährige bestimmt

---

[631] Siehe zur Interpretation *v. Dewitz*, in: ders./Luft/Pestalozza, S. 267 ff.

[632] *Deutsch*, in: ders./Lippert, § 40 Rn. 8 („ein paternalistisches Merkmal, das im wesentlichen auf die Annahmen der ärztlichen Wissenschaft und ärztlichen Ethik verweist"); allerdings ist der weite Begriff der Ethik – anders als im Medizinproduktegesetz, der Röntgenverordnung und der Strahlenschutzverordnung – nicht Teil des Regelungsprogramms des Arzneimittelgesetzes und lediglich in § 42 Abs. 1 S. 6 AMG angedeutet.

[633] Siehe zum Medizinproduktegesetz vor der Änderung durch das Gesetz vom 29. Juli 2009 (siehe oben A. Fn. 2) *Kage*, S. 312, wonach „[d]ie Beurteilung der Frage, wann [...] [die] Risiko/Nutzen-Abwägung positiv ausfällt und damit das grundsätzlich verbotene Risiko zum erlaubten wird" vom Gesetzgeber dem jeweiligen Prüfarzt übertragen werde, da die Bewertung „mit juristischen Kategorien allein [...] nicht erfasst werden" kann.

[634] Siehe zum Arzneimittelbereich *Deutsch*, in: ders./Lippert, § 40 Rn. 27.

§ 20 Abs. 4 Nr. 4 MPG, dass die Einwilligung von dem gesetzlichen Vertreter oder Betreuer und gegebenenfalls kumulativ hierzu auch von dem Minderjährigen selbst abzugeben ist. Für geschäftsunfähige oder in der Geschäftsfähigkeit beschränkte Patienten trifft § 21 Nr. 2 MPG eine entsprechende Regelung. § 5 Abs. 4 S. 3 Nr. 10 MPKPV regelt ebenfalls Anforderungen an die Information der Prüfungsteilnehmer. Sowohl für den Arzneimittelbereich als auch für den Bereich der Medizinprodukte gilt, dass die Beurteilung, ob die Aufklärung der tatsächlichen Ausgestaltung der Prüfung entspricht, nur auf der Basis medizinisch-wissenschaftlicher Fachkenntnisse vorgenommen werden kann. Auch für die Prüfung der Aufklärung und, korrespondierend, der Einwilligung, sind den Ethikkommissionen daher Beurteilungsspielräume belassen. Sowohl der Inhalt der Aufklärung als auch jener der Einwilligung ist nicht nur durch wissenschaftliche Erkenntnisse geprägt, sondern auch durch allgemeine Grundsätze wie beispielsweise die Verständlichkeit. Hinsichtlich dieser Aspekte ist zwar kein Beurteilungsspielraum eröffnet, jedoch gibt es keine inhaltlich präzisen Regelungen, so dass die Bewertung durch die Kommission auch insofern nur wenig sachlich-inhaltlich gesteuert wird.

Diese beispielhaft ausgewählten Regelungen sind repräsentativ für die meisten der materiellen, den Maßstab der Prüfung durch die Ethikkommissionen bestimmenden Normen in den Bereichen der Arzneimittel und der Medizinprodukte. Sie belassen den Ethikkommissionen damit in weitem Umfang inhaltliche Spielräume. Zu einem Großteil handelt es sich dabei um Beurteilungsspielräume, die sich daraus ergeben, dass die Bewertungsmaßstäbe durch medizinisch-wissenschaftliche Inhalte konkretisiert werden müssen. Diesen ist eine Prozesshaftigkeit und inhaltliche Unsicherheit inhärent; diese Faktoren sollen gerade durch die Überweisung der Bewertungstätigkeit an die Ethikkommissionen als mit Fachleuten besetzte Kollegialgremien kompensiert werden. Teils wird der Maßstab der von den Kommissionen hinsichtlich einzelner Aspekte der klinischen Prüfung zu treffenden Beurteilungen zudem durch unpräzise Regelungen geprägt, die zwar keine Beurteilungsspielräume eröffnen, jedoch ebenfalls die Effektivität der sachlich-inhaltlichen Legitimation vermindern.

(bb) Prüfungsmaßstäbe in der Röntgenverordnung und der Strahlenschutzverordnung

§ 28 g S. 2 RöV und § 92 S. 2 StrlSchV weisen den Kommissionen die Beurteilung des Prüfplans zu. § 28 g S. 2 RöV verweist für den Maßstab explizit auf § 28b Abs. 1 Nr. 1 RöV. Für den Prüfungsmaßstab nach der Strahlenschutzverordnung kann von der Anwendbarkeit der entsprechenden materiellen Bestimmungen des § 24 Abs. 1 Nr. 1 StrlSchV ausgegangen werden. Für die hier anwendbaren materiellen Bestimmungen – die Verordnungen können aufgrund der weitgehenden inhaltlichen Identität der materiellen Anforderungen zusammen behandelt werden – ergibt sich ein ähnliches Gesamtbild wie für das Arzneimittelgesetz und das Medizinproduktegesetz. Auch nach den Verordnungen bestehen aufgrund wissenschaftlich geprägter

Maßstäbe Beurteilungsspielräume, partiell in Kombination mit unscharf gefassten Bestimmungen.

Wiederum können einzelne Normen als Beispiele dienen:

- § 28b Abs. 1 Nr. 1 Buchst. a RöV und § 24 Abs. 1 Nr. 1 Buchst. a StrlSchV fordern jeweils, dass „für das beantragte Forschungsvorhaben ein zwingendes Bedürfnis besteht, weil die bisherigen Forschungsergebnisse und die medizinischen Erkenntnisse nicht ausreichen". Sowohl die Interpretation der Forschungsergebnisse und medizinischen Erkenntnisse als auch die Beantwortung der Frage, ob diese „ausreichen", erfordert wissenschaftliche Kenntnisse und Fähigkeiten.
- § 28b Abs. 1 Nr. 1 Buchst. b RöV und § 24 Abs. 1 Nr. 1 Buchst. b StrlSchV verlangen, dass „die Anwendung von Röntgenstrahlung" (Röntgenverordnung) oder „eines radioaktiven Stoffes oder ionisierender Strahlung" (Strahlenschutzverordnung) „nicht durch eine Untersuchungs- oder Behandlungsart ersetzt werden kann, die keine Strahlenexposition des Probanden verursacht"; auch diese Beurteilung setzt medizinisch-wissenschaftliche Fachkunde voraus.
- Gleiches gilt für die Bestimmungen des § 28b Abs. 1 Nr. 1 Buchst. c RöV und des § 24 Abs. 1 Nr. 1 Buchst. c StrlSchV, wonach „die strahlenbedingten Risiken, die mit der Anwendung für den Probanden verbunden sind, gemessen an der voraussichtlichen Bedeutung der Ergebnisse für die Fortentwicklung der Heilkunde[635] oder der medizinischen Wissenschaft, ärztlich gerechtfertigt" sein müssen. Hier kann die Beurteilung der Risiken ebenso wie jene der Bedeutung für die Fortentwicklung der (Zahn-)Heilkunde oder medizinischen Wissenschaft nur mittels wissenschaftlicher Kriterien vorgenommen werden. Auch die Frage, ob das Verhältnis „ärztlich gerechtfertigt" ist, kann nur anhand eines Fachmaßstabes beantwortet werden, wie auch das Adjektiv „ärztlich" explizit zeigt.

Diese Beispiele demonstrieren, dass auch nach der Röntgenverordnung und der Strahlenschutzverordnung wissenschaftliche Maßstäbe den Inhalt der materiellen Prüfungsnormen prägen. Auch hier werden durch die Überweisung der Prüfungsaufgaben an die Ethikkommissionen Beurteilungsspielräume eröffnet.

(b) Durch ethische Kriterien geprägte Prüfungsmaßstäbe

Gemäß § 22 Abs. 2 MPG hat „[d]ie Ethikkommission [...] die Aufgabe, den Prüfplan und die erforderlichen Unterlagen, insbesondere nach ethischen und rechtlichen Gesichtspunkten, zu beraten und zu prüfen, ob die Voraussetzungen nach § 20 Absatz 1 Satz 4 Nr. 1 bis 4 und 7 bis 9 sowie Absatz 4 und 5 und nach § 21 erfüllt werden". § 5 Abs. 4 S. 1 MPKPV bestimmt, dass „[d]ie zuständige Ethik-Kommission überprüft, ob die ethischen und rechtlichen Anforderungen an eine klinische Prüfung [...] eingehalten werden". Nach § 28 g S. 2 RöV und § 92 S. 2 StrlSchV ist es Aufgabe der Kommission, „den Studienplan [...] mit den erforderlichen Unter-

---

[635] Nach der Röntgenverordnung auch alternativ der Zahnheilkunde.

lagen nach ethischen und rechtlichen Gesichtspunkten [...] zu beraten und [...] eine schriftliche Stellungnahme abzugeben". Als Prüfungsmaßstäbe liefern die einschlägigen Normen – außer jenen des Arzneimittelgesetzes[636] – mithin sowohl nicht näher konkretisierte[637] ethische als auch rechtliche Kriterien.

Der von den Regelungen aufgestellte ethische Maßstab ist in hohem Maße unbestimmt.[638] Ethik bezeichnet allgemein die Gesamtheit sittlicher Normen und Maximen, die einer Einstellung[639] zugrunde liegen.[640] Auch bei diesem ethischen Maßstab handelt es sich um einen unbestimmten Rechtsbegriff, der den Ethikkommissionen einen Beurteilungsspielraum einräumt. Die Anwendung eines Maßstabes der Ethik ist zwingend in hohem Maße durch wertende Gesichtspunkte geprägt. Ethische Aspekte als Maßstab ähneln jenem des Standes der wissenschaftlichen Erkenntnisse: Auch ethische Gesichtspunkte sind als Maßstab komplex[641] und dynamisch und lassen sich – jedoch in noch größerem Maße als ein wissenschaftlicher Maßstab – nur im Wege des Diskurses prozesshaft herausbilden.[642] Die Unbe-

---

[636] Das Arzneimittelgesetz deutet einen ethischen Maßstab in § 42 Abs. 1 S. 6 AMG (mit dem gleichen Wortlaut wie § 22 Abs. 1 S. 7 MPG) zwar an, wo es für klinische Prüfungen bei Minderjährigen eine Pflicht der Kommission zur Beiziehung von Sachverständigen und zur Anforderung von Gutachten etabliert, wenn die Kommission „nicht über eigene Fachkenntnisse auf dem Gebiet der Kinderheilkunde, einschließlich *ethischer* und psychosozialer Fragen der Kinderheilkunde, verfügt" (Hervorhebung durch den Verfasser), jedoch werden ethische Kriterien an keiner Stelle zum Prüfungsmaßstab erhoben.

[637] Nach *Kage*, S. 318, wird die nicht konkretisierte Umschreibung der Aufgaben „der Bedeutung, die der Ethikkommission im Rahmen der klinischen Prüfung zukommt, nicht gerecht".

[638] Sehr kritisch *Gramm*, WissR 32 (1999), S. 209 (212 f.) („Durch den Rekurs auf ethische Maßstäbe wird die Offenheit möglicher Entscheidungsfindung und damit ein Verlust an Berechenbarkeit vorprogrammiert"); auch *Sobota*, AöR 121 (1996), S. 229 (251), wonach „das Problem der ethischen Richtigkeit kein Problem des Rechts sein *darf*" und mit der „aufgeklärte[n], moralpluralistische[n] Ordnung des Grundgesetzes" unvereinbar ist, so dass auf den Begriff der Ethik verzichtet werden soll (S. 253 f.). Auf das Problem der Anwendung ethischer Maßstäbe in Zeiten des moralischen Pluralismus weist hin *Laufs*, NJW 2000, S. 1757.

[639] Der zumindest partiell subjektiv-innerliche Aspekt wird auch deutlich bei *Kant*, Metaphysik der Sitten, S. 214, der sittliche Gesetze oder Forderungen, die „auf bloße äußere Handlungen und deren Gesetzmäßigkeit gehen", und die er als „juridisch" bezeichnet, von solchen differenziert, die „selbst die Bestimmungsgründe der Handlungen sein sollen", nämlich „ethische", also eine *innere* Sittlichkeit betreffende; „die Übereinstimmung mit den ersteren ist die Legalität, die mit den zweiten die Moralität der Handlung".

[640] *Czwalinna*, S. 28 ff.; *Kunkel-Razum/Scholze-Stubenrecht/Wermke*, Deutsches Universalwörterbuch, unter „Ethik"; zweifelhaft *Dähne*, MedR 2003, S. 164 (166) („Ethische Fragen sind zumeist Rechtsfragen, wenn man das Recht als ethisches Minimum einer Gesellschaft sieht") sowie *Kollhosser*, in: Festgabe Zivilrechtslehrer, S. 261 (266 f.) („Wahrung des ethischen Minimums, das im Recht aufgenommen worden ist").

[641] Siehe *Rupp*, in: Festschrift Heckel, S. 839 (848) mit dem Hinweis auf die „vielen Elemente[...] persönlicher Erfahrung, situationsbedingter Folgenabschätzung und ethischer Wertigkeiten" im Entscheidungsprozess.

[642] *Taupitz*, JZ 2003, S. 815 (817), versteht Ethik von vornherein als reflektiv-unbestimmt: „Moral gebietet, Ethik räsonniert über Gebote".

stimmtheit des Maßstabes der Ethik geht jedoch insofern weit über einen wissenschaftlich geprägten Maßstab hinaus, als er notwendig bereits aus sich heraus subjektiv geprägt ist,[643] und somit von vornherein nicht den Anspruch auf Objektivität erhebt und etwa subjektive Elemente lediglich in Kauf nimmt.[644] Sittliche Normen und Maximen lassen sich nicht objektiv bestimmen.[645]

Der durch diesen unbestimmten Rechtsbegriff den Ethikkommissionen eingeräumte Beurteilungsspielraum hat hohes Gewicht, da er den gesamten Maßstab der Bewertung in allen seinen Aspekten prägt; die Formulierungen des § 22 Abs. 2 MPG, des § 28 g S. 2 RöV und des § 92 S. 2 StrlSchV beziehen sich global auf den Prüfplan.[646]

(c) Zwischenergebnis zur materiellen Programmierung der Tätigkeit der Ethikkommissionen

Unter den die Tätigkeit der Ethikkommissionen materiell programmierenden Vorschriften sind den Gremien erhebliche Handlungsspielräume, meistenteils in Form von Beurteilungsspielräumen belassen. Hinzu kommen unpräzise Regelungen, die zwar keine Beurteilungsspielräume eröffnen, aber dennoch die Legitimationseffektivität vermindern.

In allen Bereichen ergibt sich die Programmierungsunschärfe vor allem aus medizinisch-wissenschaftlich geprägten Maßstäben. Eine Besonderheit des Medizinproduktegesetzes, der Röntgenverordnung und der Strahlenschutzverordnung im Gegensatz zum Arzneimittelgesetz ist der ethische Maßstab, der sämtliche Bewertungsaspekte mitregiert. Seine globale Geltung verleiht ihm großes Gewicht für den gesamten Abwägungsprozess; gleichzeitig ist der hiermit eingeräumte Spielraum erheblich, da das Konzept der ethischen Gesichtspunkte inhaltlich in großem Maße unpräzise und subjektiv ausfüllbar ist.

---

[643] *Czwalinna*, S. 33 („Ein an einem moralischen Fundament orientiertes Tun und Lassen fordert [...] ganz besonders selbständige Reflexion und eigenes Verantwortungsgefühl"); *Rupp*, in: Festschrift Heckel, S. 839 (847), spricht davon, dass die von den Ethikkommissionen vorzunehmenden Abwägungen oft „auf ethischen Bewußtseinsprägungen" beruhe.

[644] Siehe *Rupp*, in: Festschrift Heckel, S. 839 (841), wonach „der demokratische Verfassungsstaat und seine Institutionen [...] kraft der ihnen übertragenen Hoheitsmacht nur Autoritäten des Rechts [sind], aber nicht Richter über das ethisch Richtige"; *Taupitz*, JZ 2003, S. 815 (817) betont den rational-wissenschaftlichen Aspekt („Ethik [...] [umfasst] als Wissenschaft von der Moral die kritische *Analyse* und *Prüfung* dieser Normen [jener der Moral, *der Verfasser*] und der auf sie rekurrierenden Argumente").

[645] *Spickhoff*, in: Deutsch/Schreiber/ders./Taupitz, S. 9 (26 f.).

[646] Die Frage, ob ein solcher Spielraum jenseits des Aspekts der demokratischen Legitimation verfassungsgemäß ist, soll nicht Gegenstand dieser Arbeit sein; siehe dazu insbesondere die Kritik von *Sobota*, AöR 121 (1996), S. 229 (251 ff.); mit Zweifeln hinsichtlich der verfassungsrechtlichen Zulässigkeit *Spickhoff*, in: Deutsch/Schreiber/ders./Taupitz, S. 9 (26 f.), wonach „nur solche moralisch-ethischen Normen von einer Ethikkommission ihrer Entscheidung zugrunde gelegt werden [können], die vom Recht ‚inkorporiert' sind".

(2) Zwischenergebnis zur Bindung der Ethikkommissionen gemäß Art. 20 Abs. 3 GG

Die Bindung an die Gesetze gemäß Art. 20 Abs. 3 GG vermittelt den Ethikkommissionen nur in geringem Maße sachlich-inhaltliche Legitimation. Jene Vorschriften, die das Handeln der Kommissionen regieren, belassen ihnen erhebliche Spielräume bei der Ausübung von Staatsgewalt.

bb) Kontrolle, Weisung und Sanktion: Ministerialfreiheit

Wie beschrieben, wird die Effektivität des Zusammenspiels von Kontrolle, Weisung und Sanktion als Teilsystem sachlich-inhaltlicher Legitimation durch verschiedene Faktoren bestimmt [siehe oben C. IV. 3. c)]. Hinsichtlich der tatsächlichen Nutzung dieser Möglichkeiten des Systems zur Weitergabe von sachlich-inhaltlichen Legitimationsimpulsen durch die jeweils zuständigen Amtswalter kann hier keine Aussage getroffen werden; eine solche wäre nur auf empirischer Grundlage möglich. Aus rechtlicher Sicht ist hier vielmehr ein struktureller Faktor der Legitimationsminderung bedeutsam: Die Weisungsfreistellung der Ethikkommissionen. Wie für die binnenorganisationsrechtliche Einfügung der Ethikkommissionen gezeigt, bezeichnet „Unabhängigkeit" das Fehlen der Weisungsunterworfenheit.[647] Die Unabhängigkeit der Ethikkommissionen bedeutet also, dass sie keiner Fachaufsicht, sondern nur der Rechtsaufsicht unterliegen; die Elemente „Kontrolle", „Weisung" und „Sanktion" sind – soweit eine Trennung sachlich möglich ist – auf den Bereich der Rechtsaufsicht reduziert.[648]

Soweit die Ethikkommissionen Körperschaftsorgane sind, folgt dies bereits aus ihrer Ansiedelung innerhalb der funktionalen Selbstverwaltung. Der Verzicht auf eine Fachaufsicht und die zumindest thematisch partielle Beschränkung auf die Rechtsaufsicht entspricht dem der Selbstverwaltung inhärenten Grundsatz der Wahrnehmung von Aufgaben in eigener Verantwortung.[649] Die ausdrückliche Unabhängigkeit der Kommissionen ist dann vor allem von binnenkörperschaftlicher Bedeutung:[650] Auch die Aufsicht der Körperschaftsorgane über die Ethikkommissionen ist auf eine Rechtsaufsicht reduziert [siehe oben im Kontext der binnenkörperschaftlichen Stellung der Kommissionen B. II. 1. c) bb) (3)].

---

[647] Siehe oben B. Fn. 251.

[648] *v. Dewitz*, in: ders./Luft/Pestalozza, S. 139 f.

[649] *Hendler*, S. 284; *Kluth* (1997), S. 24; *Krebs*, in: Isensee/Kirchhof, HStR V, § 108, Rn. 49; siehe *Schuppert* (1981), S. 353; für die kommunale Selbstverwaltung *v. Arnim*, AöR 113 (1988), S. 1 (9).

[650] Siehe *Deutsch*, in: ders./Lippert, § 42 Rn. 3; siehe allgemein zur Ministerialfreiheit von Stellen innerhalb von Körperschaften des öffentlichen Rechts *Füßlein*, S. 102, der dieses Phänomen – zumindest isoliert – nicht unter den Begriff „ministerialfreie Stellen" fassen möchte.

Die privaten Ethikkommissionen sind aufgrund ihrer Unabhängigkeit ebenfalls nicht Objekt einer Fachaufsicht und unterliegen nur rechtsaufsichtlichen Maßnahmen.

Aufgrund der Weisungsfreistellung ist das Gefüge von Rechenschaft und Kontrolle[651] strukturell gelockert. Hinsichtlich der Komponenten der Weisung und der Sanktion gilt dies sowohl insofern, als es tatsächlich keine fachaufsichtlichen Weisungen und Sanktionen gibt – sich der Steuerungszusammenhang also nicht fassbar manifestiert – als auch insofern, als das sonst bereits legitimationsstiftende Potential dieser Maßnahmen keine Steuerungswirkung entfaltet. Der Verantwortlichkeitszusammenhang, der es ermöglicht, dass die Regierung dem Parlament verantwortlich für die Handlungen der Exekutive ist[652], ist daher eingeschränkt.

e) Verfassungsrechtliche Notwendigkeit von Elementen sachlich-inhaltlicher Legitimation

Die Beschränkung auf eine Rechtsaufsicht über die Ethikkommissionen wirft die Frage auf, unter welchen Bedingungen Weisungsfreiheit von Verwaltungsstellen unter dem Demokratieprinzip zulässig ist. Auszugehen ist von der Prämisse, dass die hierarchische Verwaltungsstruktur das Regelmodell der Verwaltung unter dem Grundgesetz ist[653] [siehe oben insbesondere C. IV. 3. b) bb)]. Systemfremde Elemente sind daher jedenfalls begründungsbedürftig.[654]

Die Zulässigkeit des Fehlens einer Weisungsbefugnis wird unter dem Titel der „ministerialfreien Räume" behandelt.[655] Als ministerialfreie Räume werden solche Verwaltungsstellen bezeichnet, die bei der Wahrnehmung der ihnen übertragenen öffentlichen Aufgaben ganz oder teilweise weisungsunabhängig sind.[656] Für die Frage, inwieweit solche Sphären in Relation zum Gebot demokratischer Legitimation zulässig sind, lassen sich verschiedene Ansätze denken.

Voranzustellen ist, dass eine sowohl die Fach- als auch die Rechtsaufsicht umfassende Verwaltungsstruktur dem hierarchischen Verwaltungsaufbau inhärent ist. Das Hierarchieprinzip in der Verwaltung wird im Grundgesetz nicht explizit genannt.

---

651 *Loschelder*, in: Isensee/Kirchhof, HStR V, § 107 Rn. 40.

652 *Loschelder*, in: Isensee/Kirchhof, HStR V, § 107 Rn. 40.

653 *Dreier* (1991), S. 134, 136 ff.; *Loschelder*, in: Isensee/Kirchhof, HStR V, § 107 Rn. 38.

654 *Dreier* (1991), S. 135.

655 *Füßlein*, S. 67 ff.

656 *Gusy*, DVBl. 1993 S. 1117 (1124); *Füßlein*, S. 71; *Leisner*, S. 46; *Loening*, DVBl. 1954, S. 173; *Oebbecke*, S. 7, der darauf hinweist, dass zwischen den Verwaltungsstellen und den ihnen als weisungsfrei zugewiesenen Sachbereichen differenziert werden muss; *Klein*, Eckart, S. 66, mit einer negativen Abgrenzung hinsichtlich der Verfassungsorgane: „Ministerialfreie Räume werden die Verwaltungsstellen genannt, die von der Ressortspitze, dem Minister, einzelweisungsunabhängig sind, es sei denn, es handle sich dabei um Verwaltungen, die zum Funktionieren von Verfassungsorganen erforderlich sind, das Bundespräsidialamt oder den Bundesrechnungshof".

Die Verfassung geht aber von der Existenz und Gültigkeit der theoretisch von Max Weber behandelten[657] hierarchischen Verwaltung als Verwaltungsgrundmodell aus[658] [siehe zum hierarchischen Verwaltungsaufbau als Bedingung des grundgesetzlichen parlamentarischen Regierungssystems oben C. IV. 3. b) bb)]. Auch Beliehene sind grundsätzlich aufsichtsunterworfen.[659] Die Anerkennung der hierarchischen Verwaltung durch das Grundgesetz kann als konkrete Ausprägung des Demokratieprinzips verstanden und daher für dessen Auslegung fruchtbar gemacht werden.[660]

aa) Denkbare Ansätze für eine Zulässigkeit ministerialfreier Verwaltung

(1) Materielles Verständnis der demokratischen Legitimation: Reduktion auf ein Legitimationsniveau

Ein denkbarer Ansatz ist, das verfassungsrechtliche Gebot demokratischer Legitimation ausschließlich materiell zu interpretieren und lediglich zu verlangen, dass der Einflusszusammenhang zwischen Legitimationssubjekt und Legitimationsobjekt eine hinreichende Effektivität, ein hinreichendes Legitimationsniveau erreicht.[661] Die Legitimationsmodi wären dann lediglich mittelbar verfassungsrechtlich bedeutsam, nämlich insofern, als sie für das jeweilig erreichte Legitimationsniveau bestimmend sind.[662] Danach wären ministerialfreie Räume zulässig, sofern das geforderte Niveau durch andere legitimationsvermittelnde Funktionen als die in diesem Fall fehlende Fachaufsicht erreicht würde. In einer Konkretisierung könnte dieses für jede Aus-

---

[657] *Weber*, Wirtschaft und Gesellschaft, S. 160 ff.

[658] *Di Fabio*, JZ 1999, S. 585 (592); *Dreier* (1991), S. 134, 136 ff.; *Emde*, S. 351 f.; *Jestaedt* (1993), S. 305 ff., zusammenfassend auf S. 328; *Loschelder*, in: Isensee/Kirchhof, HStR V, § 107 Rn. 38, 68; *Möllers*, NVwZ 1997, S. 858 (859); *Oebbecke*, S. 139 (als Folgerung vor allem aus der durch „Art. 65 S. 2 garantierte[n] ministerielle[n] Leitungsbefugnis“).

[659] *Krebs*, in: Isensee/Kirchhof, HStR V, § 108, Rn. 50.

[660] Siehe für die Auslegungsrelevanz verfassungsrechtlicher Einzelregelungen für allgemeine Prinzipien *Maurer*, Staatsrecht I, § 6 Rn. 8.

[661] So *Schuppert* (1981), S. 374 ff., der hinsichtlich der Weisungsfreiheit grundsätzlich eine Exklusivität von Kontrollmodi ablehnt und als „[a]lternative Kontrolltechniken zur Sicherung der politischen Gesamtverantwortung des Parlaments“ (S. 376) „Rahmen- oder Programmgesetze“ und „begleitende Verhaltenskontrolle“ („Berichtspflichten“ und „Parlamentsausschüsse“) benennt.

[662] Gegen eine unbeschränkte Substitutionsmöglichkeit *Böckenförde*, in: Isensee/Kirchhof, HStR II, § 24 Rn. 23; *Emde*, S. 329 f., 331 f.; *Herzog*, in: Maunz/Dürig, Art. 20, II, Rn. 47; *Papenfuß*, S. 154; *Schäfer*, S. 46, 50; *Wössner*, S. 117 (für den Einfluss von Gemeinden auf öffentlichen Aufgaben dienende Unternehmen); *Schmidt-Aßmann*, AöR 116 (1991), S. 329 (367 f.). Grundsätzlich für eine unbeschränkte Substitutionsmöglichkeit: *Brosius-Gersdorf*, S. 66 f.; *Gersdorf*, S. 173; *Jestaedt* (1993), S. 283 f.; *Voßkuhle/Sydow*, JZ 2002, S. 673 (675) („Einzelne Elemente der Vermittlung demokratischer Legitimation können [...] in ihrer Bedeutung zurücktreten und im Einzelfall auch ganz ausfallen, solange insgesamt ein ausreichendes Legitimationsniveau gewährleistet ist“, wobei nicht erläutert wird, welche Umstände mit „Einzelfall“ gemeint sind).

übung von Staatsgewalt geforderte Legitimationsniveau an der ebenfalls fachaufsichtsfreien rechtsprechenden Gewalt orientiert werden; denkbarer argumentatorischer Ansatz wäre die unabhängige Entscheidung des Bundespräsidenten bei der Kanzlerwahl gemäß Art. 63 Abs. 1 sowie bei der Auflösung des Bundestages gemäß Art. 63 Abs. 4 S. 2, Art. 68 Abs. 1 S. 1 GG.[663]

Gegen diese Idee spricht jedoch, dass sich dem Grundgesetz durchaus Maßgaben dafür entnehmen lassen, auf welchem Wege Legitimation vermittelt werden soll. Dies gilt, wie beschrieben [siehe oben C. IV. 2. e)], für die Modi der personell-organisatorischen Legitimation, jedoch auch für den Grundtypus der Vermittlung sachlich-inhaltlicher Legitimation, der das Modell der hierarchischen Ministerialverwaltung und damit auch das Element der Fachweisungen enthält. Eine Reduktion des Legitimationsgebots auf einen Maßstab materieller Effektivität lässt diese der Verfassung entnehmbaren Faktoren außer Acht. Gegen die Idee einer Orientierung an dem Legitimationsniveau der rechtsprechenden Gewalt ist darüber hinaus einzuwenden, dass das Organisationsmodell der hierarchischen Verwaltung gerade für den Bereich der Exekutive eine Prägekraft besitzt, die über die systematische Auslegung auf das Demokratieprinzip einwirkt.[664] Die Legitimationsmodi der Gewalten sind verfassungsrechtlich verschieden;[665] eine Übertragung der Maßstäbe der Legitimation der Justiz lässt sich schon aus diesem Grund nicht begründen.[666]

(2) Dispositionsbefugnis des Parlaments über sachlich-inhaltliche Legitimationswege

Denkbar ist auch, in dem Errichtungsgesetz, durch das ministerialfreie Sphären kreiert werden, einen ohne weitere Voraussetzungen zulässigen Verzicht des Parlaments auf die entsprechende Legitimationswirkung zu sehen.[667] Gegen diese Ansicht spricht jedoch schon, dass gemäß Art. 20 Abs. 3 GG auch der Gesetzgeber an das Grundgesetz, mithin auch an Vorgaben des Art. 20 Abs. 2 GG gebunden ist.[668] Die verfassungsrechtlichen Vorgaben können nur ausgefüllt und konkretisiert, nicht aber aufgehoben werden.[669] Dies erscheint auch vor dem Hintergrund des Telos des Art. 20

---

663 Dazu *Oebbecke*, S. 126 f.

664 Siehe *Jestaedt* (1993), S. 294 f.

665 Siehe zur Differenzierung der Legitimationsmodi nach den Gewalten *Jestaedt* (1993), S. 293 ff.

666 So auch *Waechter*, S. 43; siehe *Schmidt*, S. 286.

667 *Klein*, Eckart, S. 190 ff.; *Brohm*, S. 220, der lediglich „extreme[...] Grenzfälle[...]“ anhand des Maßstabes der „politischen Bedeutsamkeit“ sieht; angedeutet bei *Haas*, DÖV 1952, S. 135.

668 *Füßlein*, S. 294; *Jestaedt* (1993), S. 348 ff.; *Loening*, DVBl. 1954, S. 173 (176); *Oebbecke*, S. 47, wonach die These vom zulässigen Verzicht des Gesetzgebers als Gesichtspunkt zur für die Beantwortung der Frage nach der Zulässigkeit weisungsfreier Räume „offensichtlich“ ausscheidet.

669 *Jestaedt* (1993), S. 353 f.

Abs. 2 GG, Herrschaft zu rechtfertigen, und dem ideell zugrundeliegenden Menschenwürdekonzept [siehe oben C. II. 1. a) ee) (1)] nicht vertretbar.[670] Die Pflicht zur Erhaltung bestimmter institutioneller Kontrollrechte ergibt sich nicht zuletzt aus dem Verbot unbegrenzter Ermächtigung (Art. 80 Abs. 1 S. 2 GG), aus dem Bestimmtheitsgebot und daraus, dass dem Parlament auch anderweit bestimmte nicht disponible, nicht delegierbare Kompetenzen, wie beispielsweise die Wahl des Bundeskanzlers zukommen.

(3) Rechtfertigung aus der Natur der Sache

Ein weiterer intuitiv plausibel scheinender Ansatz der verfassungsrechtlichen Rechtfertigung ministerialfreier Räume basiert auf dem Argument aus der Natur der Sache.[671]

Das Konzept der Natur der Sache dient als Auslegungskriterium, mittels dessen die mit ihm bezeichnete „Sache" mit bestehenden Rechtsinstituten und Rechtsnormen in Beziehung gesetzt werden soll, so dass sie sich harmonisch in das Rechtssystem einfügt.[672] Als „Sache" kommt dabei nur ein Zusammenhang von bestimmten Gegebenheiten mit einem Sachziel in Betracht, das entweder unmittelbar durch die in Frage stehende rechtliche Regelung verfolgt wird oder von anderen Normen avisiert wird und daher mittelbar für die auslegungsbedürftige Norm relevant ist. Letztlich fußt das Argument aus der Natur der Sache damit auf der Prämisse der Funktionalität von Verwaltung als Zielvorstellung und schließt von als Prämisse gesetzten Verhältnissen auf rechtliche Folgen.[673] Das Bundesverfassungsgericht hat die Komponenten des Aspekts der Natur der Sache andeutungsweise beschrieben und gleichzeitig seine Anwendbarkeit beschränkt. So stellt das Gericht an eine Auslegung auf der Grundlage eines Arguments aus der Natur der Sache die Forderung, dass eine solche „begriffsnotwendig sein und eine bestimmte Lösung unter Ausschluß anderer Möglichkeiten sachgerechter Lösung zwingend fordern" muss und sieht diese Voraussetzungen jedenfalls dann nicht als erfüllt an, „wenn sich [...] auch eine andere Lösung mit beachtlichen Gründen rechtfertigen lässt".[674] Hier weisen die Kriterien der Begriffsnotwendigkeit, der Sachgerechtigkeit einer „Lösung" und der Beachtlichkeit von „Gründen" auf mit Rechtsnormen verfolgte Ziele hin. Grundsätzlich ließen sich unter das so beschriebene Argument auch Gesichtspunkte der Tätigkeit der Ethikkommissionen fassen. Die Sachgerechtigkeit der Aufgabenerfüllung

---

670 Im Ergebnis auch *Böckenförde*, in: Isensee/Kirchhof, HStR II, § 24 Rn. 40.

671 *Loening*, DVBl. 1954, S. 173 (175).

672 *Looschelders/Roth*, S. 314.

673 *Oebbecke*, S. 53.

674 So wörtlich BVerfGE 11, 89 (99); inhaltlich gleich BVerfGE 12, 205, 251; BVerfGE 22, 180, 217; *Looschelders/Roth*, S. 315 f.; entsprechend kritisch *Larenz*, in: Festschrift Nikisch, S. 275 (290), der auf die Gefahr eines „Subjektivismus" bei der Interpretation der „Verhältnisse", von denen aus die rechtlichen Folgerungen gezogen werden, hinweist; *Oebbecke*, S. 7.

könnte, falls dies zuträfe, insofern für die Weisungsfreiheit in Anschlag gebracht werden, als sie durch die Weisungsfreiheit erst hergestellt würde.

Jedoch kann auch bei Erfüllung dieser Voraussetzungen das Argument aus der Natur der Sache im Verhältnis zum verfassungsrechtlichen Gebot der demokratischen Legitimation ausgeübter Staatsgewalt nicht als Rechtfertigungsgrund für Ausnahmen gelten. Die mit ihm in Bezug genommenen Gesichtspunkte vermögen die Grundfrage, inwieweit weisungsfreie Verwaltung zulässig ist, nicht selbst zu beantworten. Die dem Argument aus der Natur der Sache zugrundeliegende Prämisse der Funktionalität als Ziel und damit Auslegungsgesichtspunkt verweist auf unterverfassungsrechtliche Kriterien.[675] Ein etwaiges aus Art. 20 Abs. 2 GG folgendes Gebot hierarchischer Verwaltung könnte durch solche Kriterien nur dann relativiert werden, wenn sich diese verfassungsrechtlich festmachen ließen:[676] Grundgesetzliche Regeln, so auch jene des demokratischen Prinzips, sind nicht nach Maßgabe unterverfassungsrechtlicher Parameter disponibel. Eine Verankerung des Funktionalitätskriteriums im Grundgesetz selbst widerspräche jedoch der Eigenart des Arguments aus der Natur der Sache, das ja gerade in Ermangelung normativer Anhaltspunkte von Sachzielen auf die rechtlichen Folgerungen schließt. Nähme man anders an, dass Art. 20 Abs. 2 GG die hierarchische Verwaltung nicht verlangt, so müsste dieses Ergebnis begründet werden, wofür das Argument aus der Natur der Sache aber nicht taugt: Als Auslegungskriterium, das seinen Impetus aus außerhalb der Norm liegenden Gesichtspunkten gewinnt, bedarf es notwendig einer bereits durch Interpretation ermittelten, in der Norm begründeten Ausgangsbasis, von der aus jene Sachziele identifiziert werden können, die wiederum als Auslegungsgesichtspunkte auf die Norm gleichsam zurückwirken können. Hier ist jedoch nicht klar, welche Ausgangsbasis besteht.

Die Grundfrage, inwiefern weisungsfreie Verwaltung unter dem Demokratieprinzip zulässig ist, kann folglich aus dem Argument Natur der Sache heraus nicht beantwortet werden. Damit ist nicht gesagt, dass der Gedanke der Funktionalität im Sinne von Effektivität und Rationalität für die Auslegung des Gebots demokratischer Legitimation keine Rolle spielen. Eine Begründung der Zulässigkeit der Weisungsfreistellung muss aber weiter reichen.

(4) Rechtfertigung aus dem Gewaltenteilungsgrundsatz

In einem weiteren Ansatz könnten ministerialfreie Bereiche aus Art. 20 Abs. 2 S. 2 GG mit dem dort normierten Prinzip der Gewaltenteilung gerechtfertigt wer-

---

[675] Anders wohl *Waechter*, S. 27 („grundsätzlich auch als ‚gesetzesübersteigendes' Argument zulässig").

[676] *Schmidt*, S. 279, wonach „[a]us der Zwecksetzung einer Institution, die sich auf einfachgesetzlicher Ebene bewegt, [...] kein auf der Verfassungsebene wirksames Sollen abgeleitet werden" kann.

den.[677] Eine entsprechende Ansicht basiert auf einer Ranggleichsetzung des Gewaltenteilungsprinzips und des Demokratiegrundsatzes, da beiden jeweils die Eigenschaft eines verfassungsrechtlichen Strukturprinzips zukommt.[678] Danach können ministerialfreie Räume in der Exekutive dann gerechtfertigt sein, wenn sie mit einer der anderen Gewalten, der Rechtsprechung oder der Gesetzgebung, funktionsähnlich sind.[679] Dem Gewaltenteilungsprinzip wird eine grundgesetzliche Anerkennung des Prinzips der Kontrolle entnommen. In Anknüpfung daran wird postuliert, dass Bereiche, die eine solche Kontrollfunktion ausüben, nicht über das volle Niveau demokratischer Legitimation verfügen müssen; die Komponente der sachlich-inhaltlichen Verantwortlichkeit könne gemindert werden.[680] Diese Schwächung des Verantwortlichkeitszusammenhangs wird daraus gefolgert, dass sowohl die Rechtsprechung als auch das Parlament insofern nur verminderten Legitimationsanforderungen unterliegen.[681]

Eine solche Argumentation begegnet jedoch erheblichen Bedenken.[682] Auf die Möglichkeit, den Grundsatz der Gewaltenteilung gerade gegen weisungsfreie Räume in Stellung zu bringen und ihm ein Gebot einer der jeweiligen „Gewalt" entsprechenden funktionsgerechten Organisation[683] zu entnehmen,[684] muss dabei nicht näher eingegangen werden. Die Gegengründe ergeben sich schon aus dem Demokratieprinzip selbst. Kontrolle ist kein abgrenzungsscharfes Kriterium.[685] Insbesondere spricht gegen die Auffassung, dass sie verkennt, dass das Demokratieprinzip eine Kontrollfunktion gerade auf dem Weg der Kontrolle, Weisung und Sanktion fordert, die letztlich durch die parlamentarische Verantwortlichkeit zum Parlament rückgekoppelt ist. Es handelt sich um eine zirkuläre Argumentation, wenn unter dem Topos der Kontrolle dem Parlament gestattet wird, sich durch die Installation weisungsfreier Räume innerhalb der Exekutive selbst seiner ihm durch Art. 20 Abs. 2 S. 1 GG auferlegten Kontrollfunktion zu entledigen. Die Rede von der „Funktionsähnlichkeit"[686] weist bereits selbst auf die Schwäche des Arguments hin: Die Funktion weisungsfreier Räume innerhalb der Exekutive ist eben nicht gleich jener des Parlaments oder der Rechtsprechung. Damit ist die Ansicht, ministerialfreie Räume könnten durch eine ihnen zukommende Kontrollfunktion auf der Basis von Art. 20 Abs. 2 S. 2 GG gerechtfertigt sein, letztlich ähnlich der zu Recht gemeinhin abgelehnten „Verzichtstheorie", die in der Errichtung weisungsfreier Räume eine ver-

---

[677] *Waechter*, S. 94 ff.

[678] *Waechter*, S. 95.

[679] *Waechter*, S. 95.

[680] *Waechter*, S. 95 f.

[681] *Waechter*, S. 96.

[682] Im Ergebnis auch *Brosius-Gersdorf*, S. 123; *Schmidt*, S. 289.

[683] *Hesse*, Rn. 489, 498.

[684] Dazu auch *Oebbecke*, S. 129 ff., der einwendet, dass „der Gesetzgeber Ministerialfreiheit ja gerade deshalb anordnet, weil er sie für funktionsgerecht hält" (S. 130).

[685] So auch selbst *Waechter*, S. 100 f.

[686] *Waechter*, S. 95.

fassungsmäßige Disposition des Parlaments über seine eigenen Kontrollfunktionen sieht.[687]

(5) Sachgerechtigkeit

Eine weitere denkbare Möglichkeit zur Begründung weisungsfreier Räume ist das Prinzip der Sachgerechtigkeit der Funktion von Institutionen in Bezug zu den von ihnen wahrzunehmenden Aufgaben. Mancherorts wird die Sachgerechtigkeit als Kriterium der Effektivität isoliert angesprochen.[688] Der Sachgerechtigkeitsgrundsatz wird teils dem Rechtsstaatsprinzip mit dem ihm eigenen Gebot der Gesetzmäßigkeit der Verwaltung[689] zugeordnet.[690] Das Bundesverfassungsgericht erkennt ein Sachgerechtigkeitsgebot an, das im Prinzip der Gewaltenteilung wurzelt und darauf abzielt, dass „staatliche Entscheidungen möglichst richtig, das heißt von den Organen getroffen werden, die dafür nach ihrer Organisation, Zusammensetzung, Funktion und Verfahrensweise über die besten Voraussetzungen verfügen",[691] was mancherteils verkürzend als „Exekutivvorbehalt"[692] bezeichnet wird, ohne allerdings daraus ein Sachgerechtigkeitsgebot zu folgern, das isoliert die Regelstrukturen des Demokratieprinzips modifizieren könnte. Aus der Sachgerechtigkeitsidee wird ein Gebot einer gemeinwohlorientierten Sacherledigung in nicht normhaft geregelten Sachbereichen gefolgert, das sich am Inhalt der jeweiligen Verwaltungsaufgabe orientieren soll.[693] Dieses Sachgerechtigkeitsprinzip könnte im Einzelfall die Weisungsfreiheit aus rechtsstaatlichen Gründen verlangen.

---

687 Für diese Ansicht *Klein*, Eckart, S. 190 ff.

688 Siehe *Schmidt*, S. 281 f.; auch *Frotscher*, in: Festgabe v. Unruh, S. 127 (133), der „Sachgerechtigkeit" dort jedoch nicht in einen konkret-verfassungsrechtlichen Zusammenhang stellt.

689 Das Prinzip der Gesetzmäßigkeit der Verwaltung ist dabei hier insofern nicht relevant, als in Bezug darauf die Frage diskutiert wird, inwieweit verwaltungsinterne Kontrollen gelockert werden dürfen (siehe *Oebbecke*, S. 133 ff.), da über die Ethikkommissionen weiterhin eine Rechtsaufsicht besteht.

690 *Fichtmüller*, AöR 91 (1966), S. 297 (341); *Groß* (1999), S. 200; anders *Oebbecke*, S. 127 ff., der als Elemente des Rechtsstaatsprinzips im Zusammenhang mit der Rechtfertigung weisungsfreier Räume das Gewaltenteilungsprinzip und die Gesetzmäßigkeit der Verwaltung untersucht.

691 BVerfGE 68, 1 (86); BVerfGE 95, 1 (15); BVerfGE 98, 218 (251 f.); BVerfG, 1 BvL 15/00 vom 11. Dezember 2000, Absatz-Nr. 30, http://www.bverfg.de/entscheidungen/lk20001211_1bvl001500.html (abgerufen am 21. Mai 2011); BVerfG, 2 BvR 486/05 vom 08. März 2006, Absatz-Nr. 73, http://www.bverfg.de/entscheidungen/rk20060308_2bvr048605.html (abgerufen am 21. Mai 2011); in diese Richtung auch *Danner*, MedR 2000, S. 468 (469 f.).

692 *Rennert*, DVBl. 2001, S. 504 (514).

693 *Fichtmüller*, AöR 91 (1966), S. 297 (341) („Die Gesetze geben in vielen Bereichen der Exekutive keinen oder nur geringen Anhalt für die Ausrichtung der Verwaltung. In diesen Fällen muß die Verwaltung ihre Richtlinien aus dem Wesen der ihr übertragenen Aufgaben entnehmen"); *Groß* (1999), S. 200 ff. („Die Verantwortlichkeit aller staatlichen Stellen gegenüber dem Volk als externer Legitimationsquelle kann nur dann aktualisiert werden, wenn die jeweils

Auch dieser Begründungsansatz taugt jedoch nicht zu einer Erklärung der Relation weisungsfreier Räume zu dem von Art. 20 Abs. 2 GG etablierten Legitimationsgebot. Jede Erledigung von Verwaltungsaufgaben kann in der Dimension ihrer Funktionalität beschrieben werden.[694] Es ist der Forderung nach einer legitimatorischen Rückkoppelung jeder solchen Aufgabenerledigung gerade inhärent, dass sie im Einzelfall zu Funktionalitätsschwächen führt und Aufgaben „sachgerechter" ohne eine solche Rückbindung erledigt werden könnten. Aufgrund dieses notwendigen Zusammenhangs ist das Legitimationsgebot bereits vom Gesichtspunkt der Sachgerechtigkeit informiert – Art. 20 Abs. 2 GG erhebt seine Forderung dennoch. Eine unscharfe Forderung nach Sachgerechtigkeit lässt sich zudem nicht derart konturiert am Rechtsstaatsprinzip festmachen, dass Konstellationen vorstellbar schienen, in denen eine vollumfassend hierarchische Verwaltungsstruktur zu rechtsstaatswidrigen Ergebnissen führte, die nicht anders als durch eine Weisungsfreistellung behoben werden könnten. Es ist vielmehr zweifelhaft, ob nicht die Strukturen der Ministerialverwaltung rechtsstaatliches Amtswalterhandeln eher gewährleisten denn gefährden.[695] Die Grundfrage, unter welchen Voraussetzungen die Weisungsfreiheit unter den Anforderungen des Art. 20 Abs. 2 GG zulässig sein kann, wird daher von einem dem Rechtsstaatsprinzip entnommenen Sachgerechtigkeitsgrundsatz nicht beantwortet.

Dies bedeutet jedoch nicht, dass der Gesichtspunkt nicht für eine Begründung der Weisungsfreistellung relevant sein kann. Ebenso wie dem Argument aus der Natur der Sache fehlt dem Ansatz der rechtsstaatlichen Sachgerechtigkeit aber der Begründungsbezug darauf, wie sich Art. 20 Abs. 2 GG mit seinem Legitimationsgebot zu ministerialfreien Räumen verhält. Dies ist indes notwendig, um Gegengründe – beispielsweise solche der Sachgerechtigkeit – in ein Verhältnis zur Legitimationsforderung zu setzen und zu bewerten.[696] Der als Element des Rechtsstaatsprinzips verstandene Gesichtspunkt der Sachgerechtigkeit mag also grundsätzlich in eine Begründung weisungsfreier Räume eingebunden werden, er genügt jedoch als isoliertes Postulat nicht, um solche Räume kohärent zu rechtfertigen.

---

konkrete Aufgabe, die von einer Organisationseinheit erfüllt wird, als Anknüpfungspunkt für die Legitimation ihres Handelns genommen wird") (S. 201).

[694] Wohl ebenfalls auf der Basis dieses Gedankens *Schmidt-Aßmann*, AöR 116 (1991), S. 329 (366), der hinsichtlich des Legitimationsniveaus formuliert, „daß es nicht um die Maximierung möglicher Einflüsse vom Träger der Staatsgewalt auf die ausübenden Organe geht. Überzogene Konstruktionen, wie sie dem Rechtsstaatsprinzip unter Effektivitätsgesichtspunkten angesonnen worden sind, sollten der demokratischen Legitimationsordnung erspart bleiben".

[695] Siehe *Schmidt*, S. 293, unter Verweis auf die Rechtsaufsicht.

[696] Im Ergebnis ebenfalls ablehnend, jedoch mit Argumenten gegen das Postulat einer rechtsstaatlichen Sachgerechtigkeit selbst *Schmidt*, S. 290 ff.

bb) Stellungnahme: Rechtfertigung weisungsfreier Räume durch sachliche Gründe im Rahmen einer Abwägung

Im Folgenden soll ein Modell entworfen werden, nach dem die Fachaufsicht grundsätzlich abdingbar ist, jedoch der resultierende Kontrollverlust mit den im konkreten Fall für die Weisungsfreiheit sprechenden sachlichen Gründen abgewogen werden muss. In dieses Modell fügen sich die Äußerungen des Bundesverfassungsgerichts ein, die immerhin Eckpunkte für die Bedingungen der verfassungsrechtlichen Zulässigkeit weisungsfreier Räume aufzeigen, ohne jedoch ein vollständiges kohärentes Begründungsmodell zu liefern; die verfassungsgerichtlichen Äußerungen können daher als Anknüpfungspunkte dienen.

(1) Ansatz des Bundesverfassungsgerichts: Absolute Grenzen für ministerialfreie Verwaltung und Begründungsbedürfnis

Die für die Weisungsfreistellung der Verwaltung relevanten Aussagen und Andeutungen des Bundesverfassungsgerichts lassen sich in drei Hauptaussagen ummünzen. Danach sind, erstens, weisungsfreie Räume grundsätzlich zulässig. Zweitens gibt es jedoch jedenfalls eine äußere Grenze der Möglichkeiten der Weisungsfreistellung. Die Zulässigkeit setzt, drittens, ein bestimmtes Verhältnis von parlamentarischem Kontrollverlust und quantitativem und qualitativem Ausmaß der Verwaltungskompetenzen voraus.

Das Bundesverfassungsgericht entnimmt dem Demokratieprinzip eine Regel, nach der die Verwaltung grundsätzlich nach dem Prinzip ministerialer Aufsichts- und Weisungsbefugnisse organisiert sein muss.[697] Ein ausnahmsloses Verbot weisungsfreier Räume wird nicht postuliert.[698] Vielmehr hat das Gericht ausdrücklich darauf hingewiesen, dass es solche unter der Verfassung geben dürfe. Danach sind die

> „selbständige politische Entscheidungsgewalt der Regierung, ihre Funktionsfähigkeit zur Erfüllung ihrer verfassungsmäßigen Aufgaben, ihre Sachverantwortung gegenüber Volk und Parlament […] zwingende Gebote der demokratischen rechtsstaatlichen Verfassung. […] Damit ist nicht gesagt, daß es keinerlei ‚ministerialfreien Raum' auf dem Gebiet der Verwaltung geben dürfe und daß von der Regierung unabhängige Ausschüsse für bestimmte Verwaltungsaufgaben in jedem Fall unzulässig seien."[699]

---

[697] BVerfGE 93, 37 (66) und BVerfGE 83, 60 (72), die jeweils von der „grundsätzliche[n] Weisungsgebundenheit der Verwaltung gegenüber der Regierung" sprechen; nicht nachvollziehbar dagegen *Waechter*, S. 20, wonach das Bundesverfassungsgericht von einer „Lückenhaftigkeit der Durchführung des Demokratieprinzips" ausgeht.

[698] *Mayen*, DÖV 2004, S. 45 (47) unter Verweis auf die einschlägigen Stellen in den Entscheidungen BVerfGE 93, 37 (71); BVerfGE 83, 130 (150); BVerfGE 83, 60 (74); BVerfGE 9, 268 (282).

[699] BVerfGE 83, 130 (150); BVerfGE 22, 106 (113); BVerfGE 9, 268 (281 f.).

Das Gericht sieht jedoch auch absolute Grenzen der Zulässigkeit. Eine solche Grenze wird durch die Natur der Handlung des Amtswalters bestimmt. So dürfen nach der Rechtsprechung des Bundesverfassungsgerichts wesentliche politische Entscheidungen nicht innerhalb der ministerialfreien Verwaltung getroffen werden.[700]

Es fällt auf, dass das Bundesverfassungsgericht auch innerhalb dieser Grenzen die Aufgabe des Weisungsprinzips in einen Begründungszusammenhang setzt. Auch dann, wenn es sich nicht um Entscheidungen politischer Tragweite handelt, darf der dem hierarchischen Verwaltungsmodell entsprechende Verantwortungszusammenhang nicht nach freier Disposition des Gesetzgebers durchbrochen werden. Als Begründung können beispielsweise grundrechtliche Erwägungen dienen:

> „Die Organisation eines grundrechtlichen Freiheitsbereichs mittels Einschaltung unabhängiger Gremien, um die Organisation des Freiheitsbereichs zwar staatsfrei, aber unter öffentlicher Kontrolle zu halten, ist verfassungsrechtlich unbedenklich. Gerade im Bereich der Wissenschaftsfreiheit kann die Einschränkung des herkömmlichen hierarchisch geprägten Kontrollinstrumentariums dem Grundrecht dienen. Im Rahmen seines weiten Spielraums bei der Gestaltung einer wissenschaftsadäquate Entscheidungen sichernden Organisation des Hochschulbetriebs kann der demokratisch legitimierte Gesetzgeber daher im Zuge der Ausgestaltung des Hochschulwesens gemäß Art. 5 Abs. 3 GG auch ministerialfreie, die Unabhängigkeit der Wissenschaft vom Staat stärker sichernde Organisationsformen wählen."[701]

Sonach ist dem Gesetzgeber nach Maßgabe dieser Judikatur – auch binnen eines Außenkreises absoluter Zulässigkeitsgrenzen – nicht gestattet, über das Ministerialprinzip unbeschränkt zu disponieren.

Das Gericht lässt zudem Elemente einer Abwägung zur Begründung des Zurücktretens einzelner „Legitimationselemente" erkennen:

> „Haben die Aufgaben des Amtsträgers einen besonders geringen Entscheidungsgehalt, so mag dafür eine demokratische Legitimation ausreichen, bei der einzelne Legitimationselemente zurücktreten. Das kann jedoch nur in Betracht kommen, wenn Kompetenzen gegenständlich im einzelnen und auch ihrem Umfang nach eng begrenzt sind und die zu treffenden Entscheidungen inhaltlich soweit vorstrukturiert sind, daß sie sich etwa auf die meßbar richtige Plan- oder Gesetzesdurchführung beschränken."[702]

---

[700] BVerfGE 9, 268 (282), wonach es Regierungsaufgaben gebe, „die wegen ihrer politischen Tragweite nicht generell der Regierungsverantwortung entzogen und auf Stellen übertragen werden dürfen, die von Regierung und Parlament unabhängig sind; andernfalls würde es der Regierung unmöglich gemacht, die von ihr geforderte Verantwortung zu tragen, da auf diese Weise unkontrollierte und niemand verantwortliche Stellen Einfluß auf die Staatsverwaltung gewinnen würden"; BVerfGE 22, 106 (113) (ebenfalls mit dem Kriterium der „Angelegenheiten von politischem Gewicht"); ähnlich auch BVerfGE 93, 37 (74), wonach der Gesetzgeber bei der Installation von Möglichkeiten der Einflussnahme durch eine Personalvertretung beachten muss, dass „keine Entscheidung, die für die Sachverantwortung der Regierung gegenüber Parlament und Volk von einiger Tragweite ist aus dieser Sachverantwortung herausgenommen wird".

[701] BVerfGE 111, 333 (363) für den Bereich der Wissenschaftsfreiheit.

[702] BVerfGE 83, 60 (74).

Daraus ergibt sich, dass sowohl die Erheblichkeit der Entscheidung als auch der durch eine mit Rechtsaufsicht flankierte Gesetzesbindung verbleibende Spielraum des Amtswalters bei der Zulässigkeit eine Rolle spielt.

(2) Modell einer Zulässigkeit weisungsfreier Räume nach Maßgabe sachlicher Gründe im Rahmen einer Abwägung

Die Möglichkeit verfassungsgemäßer ministerialfreier Räume ist anzuerkennen. Eine rechts- und handlungstheoretische Analyse des Amtswalterhandelns in Verbindung mit einer teleologischen Sicht auf das Demokratieprinzip ergibt, dass der Wegfall des Weisungsmodus keiner verfassungsrechtlichen Rechtfertigung bedarf. Ausnahmen innerhalb des hierarchischen Weisungssystems müssen nicht mit in der Verfassung verankerten Gründen gerechtfertigt werden. Zwar fordert das Gebot demokratischer Legitimation grundsätzlich, dass ein hierarchisches Verwaltungssystem besteht.[703] Dieses System ist jedoch insofern Gegenstand des gesetzgeberischen Ermessens, als ein Ausfall des aus Art. 20 Abs. 2 GG folgenden weisungshierarchischen Modus mit sachlichen Gründen abgewogen werden und hinter diese zurücktreten kann. Begründungsansatz für dieses Modell ist die handlungs- und rechtstheoretische Unzulänglichkeit sachlich-inhaltlicher Einflussnahme des Legitimationssubjekts auf das Amtswalterhandeln, aufgrund derer sachlich-inhaltlichen Aspekten nur graduelle, nicht (wie personell-organisatorischen Aspekten) qualitativ-kategorische Legitimationsrelevanz zukommt.

(a) Kein Gebot der Rechtfertigung weisungsfreier Räume durch Verfassungsgründe

Wie dargestellt [siehe oben C. IV. 2. e) cc)] bedarf eine Ausnahme von der Rückkoppelung jeder Dimension des Amtswalterhandelns einer verfassungsrechtlichen Rechtfertigung. Um die Frage nach dem verfassungsrechtlichen Rechtfertigungsbedürfnis für Ausnahmen vom Weisungsprinzip zu beantworten, ist die Funktion der hierarchischen Mechanik als Transmitter des vom Legitimationssubjekt ausgehenden inhaltlichen Steuerungsimpulses zu ermitteln. Verfassungsrechtlicher Selbstand im Sinne einer grundsätzlich zwingenden und nur aufgrund von Verfassungsrecht ausnahmefähigen Regelung käme dem Weisungssystem nur dann zu, wenn es zur theoretisch umfassenden Determinierung des Amtswalterhandelns notwendig, insbesondere nicht insofern funktional fungibel wäre. Dies ist aber nicht der Fall. Bei näherer Betrachtung erweist sich die Legitimationswirkung über die Impulsweitergabe auf dem Weg der hierarchischen Struktur nicht als qualitativ-kategorialer, sondern als gradueller Faktor des Legitimationsprozesses. Dies folgt aus der Beschreibbarkeit des Amtswalterhandelns als Produkt von persönlichen und inhaltlichen Bestimmungsfaktoren [siehe oben C. IV. 1. a)]. In dem Fall, dass sowohl

---

[703] Anders *Kluth*, DV 35 (2002), S. 349 (359 f.), wonach „das Grundgesetz Demokratie als gestaltungsoffenes Prinzip versteht, das sich einer Verkürzung auf ein starres Schema entzieht“.

personell-organisatorische als auch sachlich-inhaltliche Einflussströme bestehen, gibt es keine kategorialen legitimatorischen Leerbereiche. Zwar mag die Effektivität des Legitimationsprozesses gemindert sein. Diese Minderung kann auch zu einem Legitimationsniveau führen, das im Einzelfall zu gering ist [siehe zum Legitimationsniveau unten C. IV. 4.]. Jedoch sind Legitimationsstrukturen, die entweder die Effektivität der personell-organisatorischen oder jene der sachlich-inhaltlichen Legitimation vermindern, nicht kategorial unzulässig.[704]

Es wurde gezeigt, dass der Vorgang der Rechtsanwendung durch inhaltliche Elemente nicht vollständig beschrieben werden kann. Vielmehr hat er einen notwendig persönlichen Einschlag. Insbesondere die handlungstheoretische Perspektive zeigt dies: Da Amtswalterhandeln notwendig Handeln einer natürlichen Person ist, und sich dieses Handeln auch durch eine hierarchische Struktur nicht letztgültig auf eine bestimmte Handlungsmöglichkeit reduzieren lässt, ist eine inhaltliche Vollprogrammierung – auch über eine hierarchische Verwaltungsstruktur – ohnehin nicht möglich [siehe oben C. IV. 2. e)]. Daraus folgt, dass die Kombination von inhaltlicher Gesetzesbindung und Verantwortlichkeit (mit dessen Element der Weisungshierarchie) für sich genommen von vornherein legitimatorisch unzulänglich ist. Ohne die personell-organisatorische Legitimation verbleiben legitimatorische Leerbereiche, die zumindest durch die faktische Handlungsfreiheit der Amtswalter beschrieben werden.

Die Unmöglichkeit, Entscheidungen mit sachlich-inhaltlicher Legitimation kategorial vollumfassend zu programmieren, schließt, soweit es das Demokratieprinzip anbetrifft, einen kategorial-verfassungsrechtlichen Selbstand einzelner Modi zur Vermittlung sachlich-inhaltlicher Legitimation aus. Zur Vermeidung einer Willkürherrschaft bedarf es zwar notwendig einer sachlich-inhaltlichen Legitimation,[705] denn ein Verzicht auf die inhaltliche Programmierung des Verwaltungshandelns würde eine nahezu grenzenlose, nur noch von der Verfassung eingehegte Handlungsbefugnis der Amtswalter zur Folge haben.[706] Eine personelle Legitimation könnte eine derartige Entkoppelung vom Willen des Volkes nicht überbrücken. Es entständen notwendigerweise Entscheidungsbereiche, in denen die Verwaltung mit einer faktischen „Blankovollmacht"[707] handeln könnte. Jedoch ist der Modus der sachlich-inhaltlichen Legitimation nicht derart verfassungsrechtlich absolut, dass die

[704] Im Ergebnis ebenso *Oebbecke*, S. 122 ff., hinsichtlich der Zulässigkeit weisungsfreier Räume auf S. 125: „Sub specie des Demokratieprinzips kann jedenfalls primär nur das Ergebnis, nicht aber das einzelne Mittel gewährleistet sein. Etwas anderes würde gelten, wenn der parlamentarischen Verantwortlichkeit ausschlaggebende oder sehr hervorgehobene Bedeutung für das Zustandekommen inhaltlicher Bindung des Verwaltungshandelns an den Volkswillen zuzusprechen wäre"; auch *Sodan*, NZS 2000, S. 581 (585), der allerdings einen „nach dem Verfassungssystem beachtlichen Grund" fordert; ebenfalls *Sodan*, NJW 1999, S. 1521.

[705] So auch *Böckenförde*, in: Isensee/Kirchhof, HStR II, § 24, Rn. 23 (gegen die Möglichkeit der Totalsubstitution der sachlich-inhaltlichen Legitimation).

[706] *Emde*, S. 330.

[707] *Emde*, S. 330.

Frage, ob inhaltliche Vorgaben mittels einer umfassenden Weisungsbindung oder nur mittels einer Gesetzesbindung in Kombination mit einer Rechtsaufsicht verwirklicht werden, eine Frage nach dem „Ob“ der sachlich-inhaltlichen Legitimation wäre.[708]

Einzelne Komponenten des hierarchischen Weisungsmodells sind sonach nicht unabdingbar, um die Ausübung von Staatsgewalt im konkreten Fall – das Handeln der Amtswalter – kategorial voll an den Willen des Legitimationssubjekts rückzukoppeln. Hierfür genügt, dass überhaupt eine personell-organisatorische und eine sachlich-inhaltliche Legitimation bestehen. Sachlich-inhaltliche Legitimation ist in kategorial-vielfältiger Weise herstellbar. Mit Blick auf den Finalzweck des Demokratieprinzips, die Wahrung eines Selbstbestimmungsgehalts bei der Ausübung von Staatsgewalt, bedürfen weisungsfreie Räume mithin keiner verfassungsrechtlichen Rechtfertigung.[709] Damit ist allerdings noch keine Aussage darüber getroffen, ob es zumindest unterverfassungsrechtliche Gründe für eine Weisungsfreistellung geben muss, und wann die Weisungsfreistellung zu einer Unterschreitung des gebotenen Legitimationsmindestniveaus führt.

(b) Gebot einer Rechtfertigung durch Abwägung mit sachlichen Gründen

Der Befund, dass weisungsfreie Räume nicht durch Verfassungsrecht gerechtfertigt werden müssen, bedeutet nicht, dass der herkömmliche Verwaltungsaufbau für das Demokratieprinzip irrelevant ist. Die Tatsache, dass die Verfassung die hierarchische Verwaltung als Grundmodell anerkannt hat [siehe oben C. IV. 3. b) bb)], darf aufgrund der gebotenen systematischen Auslegung der das Demokratieprinzip verfassenden Normen nicht unbeachtet bleiben. Weisungsfreie Räume betreffen zwar nicht das Gebot der Rückkoppelung einzelner Amtswalterhandlungen in ihrer Totalität. Jedoch ist das Weisungssystem eine Regelforderung des in Art. 20 Abs. 2 GG verfassten Demokratieprinzips. Dies ergibt sich insbesondere daraus, dass das Mittel der Weisung Voraussetzung für eine umfassende Einflussnahme auf das Verwaltungshandeln durch den für ein Ressort verantwortlichen Minister ist, was wiederum von der in Art. 43 Abs. 1 GG zum Ausdruck kommenden Ministerverantwortlichkeit gegenüber dem Parlament vorausgesetzt wird [siehe oben C. IV. 3. b) bb)]. Abweichungen hiervon sind daher begründungsbedürftig. Es wurde gezeigt, dass unterverfassungsrechtliche Gründe genügen, um solche Ausnahmen zu rechtfertigen. Verfassungsrechtliche und insofern dem Demokratieprinzip gleichrangige Gründe sind damit erst recht tauglich, um eine Abweichung vom Grundsatz der Ministerialverwaltung zu begründen.

---

[708] Anders *Böckenförde*, in: Isensee/Kirchhof, HStR II, § 24 Rn. 22, 24 (Erfordernis zwingender Gründe, die sich aus der Aufgabe ergeben, für den Bereich der Ministerialverwaltung); ebenfalls anders *Mayen*, DÖV 2004, S. 45 (50), der zur Rechtfertigung weisungsfreier Räume Gründe von Verfassungsrang verlangt.

[709] Anders in der Tendenz *Oebbecke*, S. 66; anders auch *Puhl*, in: Isensee/Kirchhof, HStR III, § 48 Rn. 44.

Zu klären ist daher vor allem, welche insbesondere unterverfassungsrechtlichen Gründe für eine Weisungsfreistellung in Betracht kommen und in welchem Verhältnis unterverfassungsrechtliche und verfassungsrechtliche Gründe zu dem Verzicht auf die Fachweisungsbindung stehen müssen.

(aa) Sachliche Gründe als grundsätzlich hinreichende Rechtfertigung weisungsfreier Räume

Soweit sie nicht durch Verfassungsvorgaben determiniert wird, steht die Verwaltungsorganisation im Ermessen des Gesetzgebers. Nach dem Grundsatz des institutionellen Gesetzesvorbehalts bedeutet dies negativ, dass die Grundstrukturen der Staatsorganisation durch die Exekutive nicht selbst gestaltet werden können, ohne dass der Gesetzgeber zumindest einen Rahmen angibt.[710] Der institutionelle Gesetzesvorbehalt stellt auf die Wesentlichkeit von Organisationsentscheidungen ab und besagt, dass jedenfalls die Grundstrukturen der Behördenorganisation, das heißt Aufbau, Zuständigkeiten und räumliche Gliederung, einer gesetzlichen Regelung bedürfen.[711] Danach bedarf auch die Einrichtung weisungsfreier Räume innerhalb der staatsunmittelbaren Verwaltung einer gesetzlichen Normierung.[712]

Ist das gesetzgeberische verwaltungsinstitutionelle Ermessen nur durch die Verfassung gebunden, wird aber für die Weisungsfreistellung zwar eine Begründung, jedoch gerade keine solche von Verfassungsrang gefordert, so beschränkt sich das Begründungserfordernis notwendig auf legitime Sachgründe für den Fachweisungsverzicht.[713] Inhaltlich sind diese Gründe – neben der Legitimität – zunächst lediglich insoweit qualifiziert, als es sich um Gründe gerade für die Weisungsfreistellung handeln muss;[714] dahinter stehende Ziele, namentlich jene der der jeweiligen Verwaltungsstelle zugewiesenen Aufgaben, können nur mittelbar Bedeutung erlangen.[715] Das Erfordernis des „legitimen Grundes" ist dem Verfassungsrecht nicht

---

[710] *v. Lewinski*, JA 2006, S. 517 (519); *Oebbecke*, S. 23 (konkret für die Einrichtung weisungsfreier Räume); siehe *Schmidt-Aßmann*, Ordnungsidee, 4. Kapitel Rn. 19.

[711] Siehe *Schmidt-Aßmann*, Ordnungsidee, 5. Kapitel Rn. 27.

[712] *Oebbecke*, S. 23, wonach die „Herausnahme eines Verwaltungszweiges aus dem Zugriffsbereich des zuständigen Ministers als Organisationsentscheidung so bedeutsam [ist], daß sie jedenfalls nicht ohne den Gesetzgeber erfolgen kann", wobei dies ebenfalls für die „Unterrichtungsfreiheit" gelte; siehe *Schmidt-Aßmann*, Ordnungsidee, 5. Kapitel Rn. 27.

[713] Strenger *Schröder*, JuS 1986, S. 371 (373) („gewichtige sachliche Gründe"); wohl ebenfalls mit höheren Anforderungen *Sodan*, NZS 2000, S. 581 (585) („nach dem Verfassungssystem beachtliche[r] Grund"); ebenfalls *Sodan*, NJW 1999, S. 1521; *Stern*, Bd. II, S. 791 („gewichtige sachliche Gründe"); siehe *Jestaedt* (1993), S. 102 f.

[714] *Oebbecke*, S. 62, verweist darauf, dass diese Einschränkung zumindest gegenüber einer Lösung, die eine Grenze der Schaffung weisungsfreier Räume ausschließlich in dem politischen Gewicht der Entscheidungen sieht, insofern Vorteile hat, als sie praxiswidrige Ergebnisse vermeidet.

[715] Ein Beispiel hierfür findet sich in BVerfGE 83, 130 (150), wo das Gericht – allerdings unter dem Gesichtspunkt des Art. 33 Abs. 4 GG – die Mitgliedschaft von nicht in einem öffentlichrechtlichen Dienst- und Treueverhältnis stehenden Personen in einem Gremium der

fremd. Es zählt zu den Anforderungen innerhalb der Verhältnismäßigkeitsprüfung bei der Einschränkung von Grundrechten und ist insofern anerkannt als Aspekt, der verfassungsrechtlichen Regelforderungen entgegengestellt werden kann.[716] Neben legitimen Sachgründen kommt dabei weiter eine unmittelbar verfassungsrechtliche Begründung der Weisungsfreistellung in Betracht.

(bb) Erfordernis einer Abwägung von Sachgründen mit dem Funktionalitätsverlust gegenüber dem hierarchischen Regelsystem

Ebenso wie bei der Prüfung auf Grundrechtsverletzungen sagt das Vorliegen eines legitimen Grundes für eine Weisungsfreistellung noch nichts darüber aus, ob das Gebot der demokratischen Legitimation der Staatsgewalt verletzt ist. Verlangt Art. 20 Abs. 2 GG im Grundsatz einerseits die Fachweisungsgebundenheit, können andererseits grundsätzlich legitime Gründe eine Weisungsfreistellung rechtfertigen, so sind beide Aspekte zueinander in Beziehung zu setzen. Eine solche Relation kann nur über eine Abwägung stattfinden.[717] Auch insofern kann vergleichend auf die Grundrechtsdogmatik geblickt werden. Der durch die Anerkennung des Prinzips der hierarchischen Verwaltung abgegebene Regelimpuls ist in seinen Grundzügen der Systematik der Grundrechte vergleichbar. Auch dort entfalten Verfassungsvorgaben, soweit Grundrechte durch einen Gesetzesvorbehalt einschränkbar sind, einen Impuls, der ein Rechtfertigungsgebot zeitigt. Hier kann man insofern eine Parallele ziehen, als auch im Bereich der Verwaltungsorganisation ein Gesetzesvorbehalt besteht.

Eine Abwägung ist notwendig mit Unsicherheit behaftet und ein zwar im Kern rational formalisierter, jedoch mit irrationalen Elementen behafteter Vorgang.[718] Es

---

Bundesprüfstelle für jugendgefährdende Schriften damit begründet, dass „Entscheidungen, die die Presse- und Kunstfreiheit betreffen, möglichst in einer gewissen Staatsferne und aufgrund einer pluralistischen Meinungsbildung ergehen sollen"; die Weisungsfreistellung wird allerdings schon damit gerechtfertigt, dass es sich nicht um Aufgaben handele, die „nach Art und Umfang [...] von einer solchen politischen Tragweite" seien, „daß unter dem Gesichtspunkt eines ‚ministerialfreien Raums' [...] Bedenken bestünden".

[716] Siehe beispielsweise BVerfG, 1 BvR 390/04 vom 30. Mai 2007, Absatz-Nr. 20 ff., http://www.bverfg.de/entscheidungen/rk20070530_1bvr039004.html (abgerufen am 21. Mai 2011); BVerfG, 1 BvR 518/02 vom 04. April 2006, Absatz-Nr. 82, http://www.bverfg.de/entscheidungen/rs20060404_1bvr051802.html (abgerufen am 21. Mai 2011); ebenfalls BVerfG, 1 BvR 2378/98 vom 03. März 2004, Absatz-Nr. 198, http://www.bverfg.de/entscheidungen/rs20040303_1bvr237898.html (abgerufen am 21. Mai 2011).

[717] Anders *Heintzen*, DÖV 1997, S. 530 (536) („zwingende Sachgründe").

[718] *Pieroth/Schlink*, Rn. 303 (zur insofern vergleichbaren Prüfung der Verhältnismäßigkeit im engeren Sinne bei Eingriffen in Grundrechte); siehe *Schlink*, in: Festschrift Bundesverfassungsgericht, Bd. II, S. 445 (460 ff.), der hinsichtlich der Prüfung der Verhältnismäßigkeit im engeren Sinn bei Grundrechtseingriffen formuliert, dass diese "ein bißchen an den Grundrechten, ein bißchen an der Rechtsprechung des Bundesverfassungsgerichts und ein bißchen am Konsens orientiert [...] [wird], wobei sie aber über mehr oder weniger intuitive, mehr oder weniger im Konsens bewährte, letztlich subjektive und dezisionistische Bewertungen nicht hinauskommt" (S. 460).

lassen sich hier wesentliche Abwägungsgesichtspunkte nennen. So ist bedeutsam, wie stark das vom Grundgesetz grundsätzlich vorgesehene Regelmodell der hierarchischen Ministerialverwaltung durch die Weisungsfreistellung beeinträchtigt wird; hier sind unterschiedliche Ausgestaltungen, beispielsweise die Einrichtung einer Berichtspflicht denkbar, die im Wege faktischer Ingerenz[719] legitimatorische Bedeutung haben kann. Andererseits sind die Gründe für eine Weisungsfreistellung zu bewerten. Auszugehen ist zunächst von den Aufgaben in dem weisungsfrei gestellten Bereich. Von dort ist zu fragen, wie funktionsadäquat die Weisungsfreistellung im Verhältnis zu den Verwaltungsaufgaben ist. Art. 20 Abs. 2 S. 2 GG mit seinem Gebot der Funktionen- oder Gewaltenteilung zielt auch darauf ab, dass staatliche Entscheidungen möglichst richtig, das heißt von jenen Staatsorganen getroffen werden, die dafür nach ihrer Organisation, Zusammensetzung, Funktion und Verfahrensweise über die besten Voraussetzungen verfügen;[720] der Gesichtspunkt einer so verstandenen „Richtigkeit" von Entscheidungen ist auch vom Bundesverfassungsgericht anerkannt.[721] Der Funktionalitätsgedanke [siehe oben C. IV. 3. e) aa) (3), C. IV. 3. e) aa) (5)] ist sonach ein bewertungsrelevanter Faktor in der Abwägung[722] – wenn er auch nicht hinreicht, um die Zulässigkeit weisungsfreier Räume überhaupt zu begründen [siehe oben C. IV. 3. e) aa) (5)]. Dabei ist nicht nur nach einer Funktionalität oder Effizienz im engeren Sinne zu fragen, die ausschließlich auf die Durchführung der jeweiligen Verwaltungsaufgabe nach Maßgabe der ihr zugrundeliegenden Vorschriften zielt. Vielmehr muss die Weisungsfreistellung auch den durch die Verwaltungsaufgaben berührten Rechten und beachtlichen Interessen entsprechen. Dies gilt insbesondere in grundrechtsrelevanten Bereichen. Bedeutsam und die beschriebene Funktionalität im weiteren Sinne gleichsam überwölbend ist auch die Erheblichkeit der in Rede stehenden, durch weisungsfrei gestellte Amtswalter auszuführenden Verwaltungsaufgaben. Vereinfacht formuliert, ergibt sich das Gewicht eines Grundes für einen ministerialfreien Raum als Produkt aus dem angestrebten

---

[719] Siehe dazu *Mayen*, DÖV 2004, S. 45 (49).

[720] Siehe *Bryde*, StWStP 5 (1994), S. 305 (315), der – aus demokratietheoretischer Perspektive – ein hierarchisches Verwaltungsprinzip in Verbindung mit der exklusiven Anerkennung eines Staatsvolkes als Legitimationssubjekt als „schlicht unpraktikabel" bezeichnet, da ein solcher Ansatz „‚institutional choice'" behindere.

[721] BVerfG, 1 BvL 15/00 vom 11. Dezember 2000, Absatz-Nr. 30 (oben Fn. 691); BVerfG, 2 BvR 486/05 vom 08. März 2006, Absatz-Nr. 73 (oben Fn. 691); BVerfGE 98, 218 (251 f.); BVerfGE 95, 1 (15); BVerfGE 68, 1 (86); siehe *v. Arnim*, AöR 113 (1988), S. 1 (13 f.), der eine Anwendbarkeit des Richtigkeitskriteriums auch in der „Vertikalen", ausdrücklich für die Kompetenzaufteilung zwischen Staat und Gemeinde vertritt.

[722] Auf den Gesichtspunkt der Funktionsadäquanz weist auch *Hendler*, S. 357 hin: „Die [...] Eignung der Selbstverwaltungsinstitutionen zur sach- und bürgernahen, bedarfsgerechten und flexiblen Problemlösung ist ebenfalls ein Gesichtspunkt, der im Rahmen einer Gesamtbeurteilung dieser Institutionen besondere Aufmerksamkeit verdient", wobei auch die Gefahr nicht verkannt werden dürfe, dass „die sachlich-distanzierte Verwaltungstätigkeit zugunsten eines stärker von irrationalen Faktoren beeinflußten administrativen Prozesses zurückgedrängt wird".

Zweck der Weisungsfreistellung und der Notwendigkeit der Weisungsfreiheit zur Erreichung dieses Zwecks unter Beachtung relevanter Rechte und Interessen.

Der Abwägungsvorgang selbst ist, wie es Abwägungen wesenseigen ist, ein maßstabsloser Relationsprozess.[723] Die Einschränkung der Verwirklichung der grundgesetzlichen Legitimationsforderung ist nicht grundsätzlich höher zu bewerten als die Funktionalität einer durch Weisungsfreiheit geprägten Struktur in Bezug auf konkrete Verwaltungsaufgaben. Die Abwägung muss in Bezug auf konkrete Sachkonstellationen vorgenommen werden.[724] Die Einrichtung des weisungsfreien Raumes muss zur Zielerreichung (des Ziels der Weisungsfreistellung und nur mittelbar des mittels der konkreten Verwaltungsaufgaben verfolgten Ziels) erforderlich sein und mit der hierarchischen Ordnungsidee in einen verhältnismäßigen Ausgleich gebracht werden.

cc) Verfassungsrechtliche Rechtfertigung der Weisungsfreistellung der Ethikkommissionen

Gemäß den obigen Befunden ist die Frage nach der Verfassungsrechtmäßigkeit der Weisungsfreiheit der Ethikkommissionen zu beurteilen. Diese kann danach entweder durch verfassungsunmittelbare Gründe oder durch sachliche Gründe gerechtfertigt sein.

Für die Tätigkeit eines großen Teils der öffentlich-rechtlichen Ethikkommissionen im Arzneimittelbereich und im Medizinproduktebereich wurde bereits die Verfassungswidrigkeit aufgrund des Fehlens der personell-organisatorischen Legitimation festgestellt [siehe oben C. IV. 2. e) ff)]. Die Prüfung der Grundgesetzmäßigkeit der Weisungsfreiheit auch dieser Kommissionen ist damit jedoch nicht hinfällig: Von den Modi der personell-organisatorischen und der sachlich-inhaltlichen Legitimation ist keiner vorrangig; sie sind daher gleichrangig zu prüfen, wenn auch der Verstoß gegen das Demokratieprinzip schon feststeht.

---

[723] Für die Abwägung bei der Grundrechtskollission *Ossenbühl*, in: Merten/Papier, HGR I, § 15 Rn. 28 („Rechtsfindungsvorgang ohne Maßstäbe").

[724] BVerfGE 7, 198 (210 f.); *Alexy*, S. 80 ff., der unter dem Topos der „Prinzipienkollision" in Bezug auf BVerfGE 51, 324 formuliert, dass es dort bei der Abwägung darum gehe, „welchem der *abstrakt gleichrangigen* Belange *im konkreten Fall* das *höhere Gewicht* zukommt" (S. 80) und den Maßstab des Bewertungsvorgangs als „bedingte Vorrangrelation" bezeichnet, deren Festsetzung darin bestehe, „daß unter Bezug auf den Fall *Bedingungen* angegeben werden, unter denen das eine Prinzip dem anderen vorgeht" (S. 81); *Ossenbühl*, in: Merten/Papier, HGR I, § 15 Rn. 28 („Die Abwägungsebene ist die alle Umstände umfassende konkrete Situation des Einzelfalles"); *Ossenbühl*, in: Erbguth/Oebbecke/Rengeling/Schulte, S. 25 (30); *Stern*, Bd. III/2, § 95, S. 818.

(1) Keine verfassungsrechtliche Rechtfertigung durch Ansiedelung bei Trägern funktionaler Selbstverwaltung oder durch Grundrechte

Als verfassungsrechtliche Rechtfertigung der Weisungsfreistellung kommt für einen Teil der öffentlich-rechtlichen Ethikkommissionen ihre Ansiedelung bei Trägern funktionaler Selbstverwaltung in Betracht. Der verfassungsrechtlich anerkannten [siehe oben C. IV. 2. e) dd)] Selbstverwaltung ist die Freistellung von einer Weisungshierarchie inhärent;[725] auch die Ethikkommissionen als Organe [siehe oben B. II. 1. c) bb) (2)] sind daher im Verhältnis zur ministerialen Staatsverwaltung nicht weisungsunterworfen. Die „Unabhängigkeit" der Ethikkommissionen hat hier nur binnenorganisatorische Bedeutung innerhalb der Selbstverwaltungsträger.

Die verfassungsrechtliche Anerkennung der Selbstverwaltung und damit auch der durch Weisungsfreiheit geprägten Tätigkeitsbereiche der Verwaltung ist jedoch auf einen Selbstverwaltungsbegriff, dessen Extension und Intension sich aus der historischen und rechtsdogmatischen Entwicklung ergibt, beschränkt. Bereits bei der Untersuchung der Zulässigkeit eines Fehlens der personell-organisatorischen Legitimation wurde festgestellt, dass die Tätigkeit der Ethikkommissionen in Teilen nicht der Intension des aus dieser Entwicklung hervorgegangenen Selbstverwaltungsbegriffs entspricht [siehe oben C. IV. 2. e) ee) (2) (d)]. Auch eine Rechtfertigung der Weisungsfreiheit durch die Anerkennung der Selbstverwaltung auf Verfassungsebene ist daher nicht möglich, soweit die Tätigkeit der Kommissionen nicht unter den durch die Verfassung rezipierten Selbstverwaltungsbegriff gefasst werden kann. Eine solche Rechtfertigung käme nur in Betracht, wenn die Kommissionstätigkeit der Intension des verfassungsrechtlich rezipierten Selbstverwaltungsbegriffs entspräche, das heißt final auf Angehörige der Selbstverwaltungskörperschaften zielte und diese unmittelbar beträfe. Für die Ethikkommissionen scheidet eine solche Rechtfertigung jedoch zumindest in den Bereichen des Arzneimittelgesetzes und des Medizinproduktegesetzes aus [siehe oben C. IV. 2. e) ee) (2) (d)]. Die Frage nach der Rechtfertigung der Weisungsfreiheit durch die verfassungsrangige Anerkennung der Selbstverwaltung mag jedoch insofern, aber auch für die Bereiche der Röntgenverordnung und der Strahlenschutzverordnung, dahinstehen, falls schon unterverfassungsrechtliche Sachgründe zu einer Rechtfertigung der Ministerialfreiheit genügten, die möglicherweise sämtliche Ethikkommissionen in sämtlichen Tätigkeitsbereichen umfassen würden. Dies wird im Folgenden untersucht.

Denkbar wäre auch eine Rechtfertigung auf grundrechtlicher Ebene. Den Ethikkommissionen kommen verschiedene Funktionen zu, die sich auch grundrechtlich fassen lassen, so vor allem der Schutz der Forschungsteilnehmer und der Forscher [siehe oben A. I. 1.]. Eine solche unmittelbar grundrechtliche Rechtfertigung liefe jedoch auf ein vermeintliches Gegensatzpaar von Rechtsstaats- und De-

---

[725] *Jestaedt* (1993), S. 106; für die kommunale Selbstverwaltung *v. Arnim*, AöR 113 (1988), S. 1 (9).

mokratieprinzip hinaus. Gegen einen solchen Ansatz sprechen gewichtige Gründe [siehe oben C. IV. 3. e) aa) (5) zu dem Ansatz, Weisungsfreiheit aus einem teilweise als dem Rechtsstaatsprinzip inhärent verstandenen Sachgerechtigkeitsgrundsatz zu begründen]. Jedenfalls ist hier auch nicht ersichtlich, dass das Fehlen einer Weisungsfreiheit zu rechtsstaatswidrigen Ergebnissen, etwa in Form einer nicht hinreichenden Berücksichtigung der Grundrechte im Spannungsfeld des von der Ethikkommission bearbeiteten Entscheidungsbereiches führt.

(2) Rechtfertigung durch sachliche Gründe

Gibt es auch keine unmittelbar verfassungsrechtlichen Gründe für eine Weisungsfreistellung der Tätigkeit der Ethikkommissionen in ihrem gesamten Umfang, so könnte jedoch eine Abwägung sachlicher Gründe für die Ministerialfreiheit mit der konkreten Einbuße an mittelbar-parlamentarischer Steuerungseffektivität die Fachweisungsfreiheit begründen.

(a) Sachliche Gründe für die Ministerialfreiheit

Sachliche Gründe für die Weisungsfreistellung können sich nur aus den Ethikkommissionen zugewiesenen Verwaltungsaufgaben ergeben. Diese Verwaltungsaufgaben dienen Zwecken, die als die Funktionen der Ethikkommissionen bezeichnet werden können. Es sind, zusammenfassend, der Schutz der Rechte und Rechtsgüter der Forschungsteilnehmer, der Schutz der Rechte der Forscher und die Wahrung des Ansehens der medizinischen Forschung in der Öffentlichkeit sowie des Trägers einer Forschungseinrichtung [siehe oben A. I. 1.]. Hinsichtlich dieser Ziele ist die Funktionsadäquanz der Weisungsfreiheit der Ethikkommissionen zu beschreiben. Was den Schutz der an einer klinischen Studie beteiligten Personen anbetrifft, so sind diesbezügliche Entscheidungen vor allem der Anforderung ausgesetzt, die widerstreitenden Rechte zu einem richtigen Ausgleich zu bringen. Der Entscheidungsprozess hat somit einen Abwägungscharakter und ist erheblich von Wertungen geprägt.[726] Dabei bedarf die jeweilige tatsächliche Beurteilungsgrundlage einer medizinisch-fachlichen Interpretation [siehe oben im Kontext der materiellen Programmierung der Kommissionstätigkeit C. IV. 3. d) aa) (1)].

Die Entscheidungen der Ethikkommissionen sind vor allem durch drei prozedural-institutionelle Faktoren geprägt: Durch die Pluralität der Zusammensetzung der Kommissionen, die Diskursivität des Entscheidungsprozesses und die personelle Interdisziplinarität [siehe oben zur Charakterisierung der Ethikkommissionen als Kollegialorgane B. II. 3.]. Die Pluralität ist ein personelles Charakteristikum, das ein Potential von Information und Falsifizierung von Meinungen begründet und damit

[726] Als Ausprägung dieser Wertungsbezogenheit kann man es ansehen, dass der Gesetz- und Verordnungsgeber in § 20 Abs. 8 S. 1 MPG, § 28 g S. 2 RöV und § 92 S. 2 StrlSchV neben den „rechtlichen" auch die „ethischen" Gesichtspunkte als kaum eingegrenzte Bewertungskriterien für die Ethikkommissionen vorgesehen hat.

Voraussetzung einer erhöhten Richtigkeitsgewähr der Entscheidungen ist.[727] Die Diskursform der Beratung ist dabei die prozedurale Seite[728] dieses Austausches, die sowohl einen Widerstreit von Sichtweisen ermöglicht[729] als auch über gegenseitige Information[730] ein Kreativitätspotential schafft, womit ebenfalls die Wahrscheinlichkeit richtiger Entscheidungen erhöht wird. Die Interdisziplinarität schließlich ist ein Faktor, der das Perspektiven- und Meinungsspektrum vergrößert und damit die Gefahr einer (fachlich) verengten Auswahl an Entscheidungsparametern mindert.[731]

Diese Charakteristika der Entscheidungsfindung sind mithin Funktionalitätsvorteile unter der beschriebenen Aufgabenstellung der Ethikkommissionen. Deren Verfassung als Kollegialorgane hat spezifische Vorzüge für die Erfüllung der zugewiesenen Verwaltungsaufgaben. Da hier die Weisungsfreiheit in Frage steht, ist zu untersuchen, inwiefern diese eine Voraussetzung für die beschriebenen institutionellen und prozeduralen Vorteile ist. Dabei wird deutlich, dass eine Fachweisungsbindung die genannten Funktionalitätsvorteile zumindest partiell eliminieren würde.[732] Dies gilt sowohl für ein Weisungsrecht in seiner aktuellen als auch in seiner

---

[727] *Dagtoglou*, S. 22, spricht von einer „Steigerung der Arbeitsqualität" durch die Verbürgung einer „allseitige[n] Nachprüfung der [...] [dem Kollegialorgan] gestellten Fragen, denn diese Nachprüfung wird nicht nur von einer Person, sondern von mehreren vorgenommen"; *Groß* (1999), S. 205 („In der Diskussion können unterschiedliche Erfahrungen und Kenntnisse ausgetauscht werden, die Entscheidung wird dadurch tendenziell ausgewogener und sachgerechter").

[728] *Groß* (1999), S. 204, spricht von einer „prozeduralen Rationalität des Kollegialprinzips".

[729] *Füßlein*, S. 147 („Die Entscheidung des Kollegiums soll in einem dialektischen Prozeß, zumindest aber als Kompromiß entgegengesetzter Standpunkte gewonnen werden"); konkret für die Ethikkommissionen *Stamer*, S. 145, wonach „vor allem der interdisziplinäre Problemdiskurs Versuchsteilnehmer am effektivsten vor Gefahren des Forschungsvorhabens schützt"; *Taupitz*, JZ 2003, S. 815 (818) (konkret für den ethisch geprägten Diskurs); *Voßkuhle/Sydow*, JZ 2002, S. 673 (679), sprechen hinsichtlich des Kollegialprinzips in der Justiz davon, dass sich die Richter „im Rahmen der kollegialen Beratung kontrollieren und beeinflussen können" und sehen darin einen legitimierenden Effekt („legitimierende[...] Intra-Organ-Kontrolle").

[730] *Groß* (1999), S. 204 f.

[731] Konkret für die Zusammensetzung der Ethikkommissionen *Bork* (1984), S. 47 ff.; konkret zur Interdisziplinarität in einem ethisch geprägten Diskurs *Taupitz*, JZ 2003, S. 815 (818); zur Erhöhung der Fachkompetenz durch interdisziplinäre Besetzung auch *Dagtoglou*, S. 22; ebenfalls *Groß* (1999), S. 205, der auf das Problem hinweist, dass der einzelne Beamte „durch sein begrenztes Wissen relevante Gesichtspunkte übersieht, insbesondere bei komplexen Fragestellungen und nicht standardisierbaren Aufgaben".

[732] So im Ergebnis – allgemein für Kollegialstellen – auch *Füßlein*, S. 147 ff., der allerdings „allgemeine Weisungen" aufgrund ihrer vermeintlichen Ähnlichkeit mit Rechtsnormen im Gegensatz zu „Einzelweisungen" für mit dem Kollegialprinzip vereinbar erachtet, dabei aber verkennt, dass es nicht lediglich auf den Konkretisierungsgrad von Vorgaben ankommt, sondern auch auf die grundsätzliche Gleichrangigkeit der Zuweisung eines Aufgabenbereichs und der Ausgestaltung der dortigen Spielräume: Teile der Exekutive könnten sonst durch „allgemeine „Weisungen" die Tätigkeit von Kollegialorganen erheblich modifizieren und den unmittelbar (durch Gesetz) oder mittelbar (durch Verordnung auf gesetzlicher Grundlage) geäußerten

potentiellen Dimension. Die aktuelle Weisung ist entweder eine Letztentscheidung oder eine sachliche Teilentscheidung, der die für die Kollegialgremien genannten Vorteile nicht eigen sind. Damit gehen diese Vorteile, soweit die Weisung reicht, verloren. Für das Weisungsrecht in seiner Potentialität[733] [siehe dazu oben C. IV. 3. b) dd)] gilt dies insofern, als die Kommissionsmitglieder um die Möglichkeit der Weisung wissen und eine solche – in irgendeiner Weise – inhaltlich berücksichtigen könnten, so dass das Funktionsgefüge der Kommission mit seinen beschriebenen Funktionalitätseigenschaften schon ohne eine tatsächliche Weisung gestört würde.

(b) Abwägung sachlicher Gründe mit dem Funktionalitätsverlust gegenüber dem hierarchischen Regelsystem

Gewichtige Sachgründe für die Ausnahme vom Regelfall der vollumfassenden Weisungsunterworfenheit sind mithin gegeben. Setzt man diese Vorteile zur Einbuße an Kontrolle durch die Fachweisungsbindung in Relation, so erscheint die Weisungsfreistellung gerechtfertigt. Insbesondere die Komplexität der Entscheidungsfindung aufgrund der Vielzahl an zu berücksichtigen Aspekten und deren Zusammenspiel lässt eine kollegiale Institution als Entscheidungsorgan deutlich vorteilhaft erscheinen; vor allem ist keine gleichermaßen vorteilhafte Alternative erkennbar. Die Regelforderung des Art. 20 Abs. 2 GG nach einem vollumfassend-mittelbaren parlamentarischen Einfluss über eine hierarchische Verwaltung greift hier nicht derart durch, dass man die Weisungsfreiheit der Kommissionen als verfassungswidrig ansehen müsste. Damit ist nicht gesagt, dass andere Verwaltungsstrukturen für die Erledigung der Aufgaben der Ethikkommissionen unzulässig wären. Es ist jedoch jedenfalls zulässig, die Aufgaben den Kommissionen zuzuweisen.

(3) Zwischenergebnis zur verfassungsrechtlichen Rechtfertigung der Weisungsfreistellung der Ethikkommissionen

Die Unabhängigkeit der Ethikkommissionen ist damit gerechtfertigt und verfassungsgemäß. Es gibt gewichtige Sachgründe, die für die Ministerialfreiheit sprechen. Diese überwiegen bei einer Abwägung mit der Einbuße an Steuerungseffektivität, die mit dem Fehlen der Weisungsunterworfenheit als eines wesentlichen Teils des von Art. 20 Abs. 2 GG grundsätzlich geforderten Regelmodells einer hierarchischen Verwaltung einhergeht.

Willen des Gesetzgebers hinsichtlich des dem Kollegialorgan zur Wahrnehmung zugewiesenen sachlichen Raumes und der Maßstäbe des Verhaltens des Kollegialorgans überspielen.

[733] Dazu *Füßlein*, S. 148; ebenfalls *Mayen*, DÖV 2004, S. 45 (49).

dd) Ergebnis zur sachlich-inhaltlichen Legitimation der Ethikkommissionen

Die sachlich-inhaltliche Legitimation der Ethikkommissionen wird durch zwei Faktoren maßgeblich geprägt. Der erste Faktor ist der erhebliche inhaltliche Spielraum, der den Kommissionen in den Vorschriften des Arzneimittel- und des Medizinproduktegesetzes sowie der Röntgenverordnung und der Strahlenschutzverordnung gewährt wird. Dieser Effekt wird insbesondere durch Beurteilungsspielräume hervorgerufen. Besonders hervorzuheben sind dabei Spielräume, die sich aus der Relevanz wissenschaftlicher Erkenntnisse und – abgesehen vom Arzneimittelbereich – ethischer Gesichtspunkte für die Konkretisierung der Bewertungsmaßstäbe ergeben. Der zweite Faktor ist die Ministerialfreiheit, die Unabhängigkeit sowohl der öffentlich-rechtlichen als auch der privaten Ethikkommissionen, wobei sich dies für die Ethikkommissionen, die bei Trägern funktionaler Selbstverwaltung eingerichtet sind, bereits aus deren grundsätzlicher Weisungsfreiheit ergibt.

Die sachlich-inhaltlichen Spielräume begegnen – für sich genommen – keinen verfassungsrechtlichen Bedenken, wirken sich jedoch auf das Legitimationsniveau aus [siehe dazu im Folgenden]. Die Weisungsfreistellung an sich ist verfassungsrechtlich zulässig, da sie durch überwiegende Sachgründe gerechtfertigt wird. Dies ändert indes nichts an der sich aus dem Mangel an personell-organisatorischer Legitimation ergebenden Verfassungswidrigkeit der Tätigkeit eines großen Teils der im Arzneimittelbereich und im Medizinproduktebereich aktiven Ethikkommissionen.

4. Legitimationsniveau

Auch insoweit, als die Aktivität der Ethikkommissionen nach Maßgabe der Gebote der personell-organisatorischen und der sachlich-inhaltlichen Legitimation verfassungsgemäß ist, bedarf es einer weiteren Prüfung darauf, ob auch das Legitimationsniveau hinreicht.

a) Legitimation als konkret-effektiver Prozess und seine graduelle und qualitative Dimension

aa) Grundsätzliches Erfordernis eines Legitimationsniveaus

Das Gebot demokratischer Legitimation fordert die prozesshafte Einwirkung des Legitimationssubjekts auf die Staatsgewalt. Ebensowenig wie die Legitimationsmodi[734] definiert das Grundgesetz explizit eine bestimmte Effektivität dieses Prozesses. Gerade das Telos des Demokratiegebots, die Verwirklichung von Selbstbestimmung unter den Bedingungen von Herrschaft, kann jedoch nicht erreicht werden,

[734] *Emde*, S. 327, S. 331.

wenn demokratische Legitimation auf einen abstrakten Formalismus reduziert wird. Zwar enthält Art. 20 Abs. 2 S. 1 GG keine erschöpfende Regelung des grundgesetzlichen Legitimationsmodells, sondern bezieht seinen spezifischen Gehalt aus weiteren staatsorganisatorischen Verfassungsbestimmungen. Dies gilt auch hinsichtlich des erforderlichen Maßes der Legitimation.[735] Jedoch beinhaltet die Norm den demokratischen Basisgehalt, aus dem sich zusammen mit eben diesen Organisationsbestimmungen erst ein verfassungsrechtlich gefordertes Maß von Legitimation ergeben kann.[736] Es ist richtigerweise unbestritten, dass Art. 20 Abs. 2 GG das Legitimationserfordernis nicht nur abstrakt-inhaltlich aufstellt, sondern auch dessen Ausfüllung in einem Mindestmaß verlangt.[737] Eine solche effektive Legitimation der Ausübung der Staatsgewalt durch das Volk fordert auch das Bundesverfassungsgericht;[738] manchenteils werden auch die Bezeichnungen „Legitimationsintensität", „Legitimationsdichte" und „Maß demokratischer Legitimation" verwendet.[739] Der Einfluss des Volkes muss, trotz der notwendigen Mittelbarkeit des Prozesses der Legitimationsvermittlung, konkret-effektiv sein. Würde das Legitimationssubjekt zum bloßen Zurechnungspunkt[740] degradiert, so wäre das demokratische Prinzip des Art. 20 Abs. 2 GG bloße Fiktion. Dies widerspräche schon der begrifflichen Bedeutung der Demokratie als „Volksherrschaft"; der Verfassungsgeber wollte mehr als einen Zurechnungsformalismus regeln.

bb) Graduelle und qualitative Elemente des Legitimationsniveaus

Als Ausgangs- und Relationspunkt kann die Rechtsprechung des Bundesverfassungsgerichts dienen. Das Gericht hat zwar das Erfordernis eines bestimmten „Legitimationsniveau[s]" aufgestellt,[741] jedoch bisher weder konkretisiert, welche Parameter hierzu beitragen können, noch, wie solche Beiträge isoliert und in ihrem

---

[735] *Gersdorf*, S. 168.

[736] In diese Richtung *Gersdorf*, S. 169.

[737] *Böckenförde*, in: Isensee/Kirchhof, HStR II, § 24 Rn. 11; *Emde*, S. 327; auch bereits *Merkl*, S. 78 („Soll die Demokratie wirklich das, was ihr Name sagt, nämlich eine Herrschaft des Volkes sein, dann muß die Organisation möglichste Sicherungen in der Richtung aufweisen, daß im Handeln jedes einzelnen, sei es noch so exponierten Organes der Volkswille nicht bloß fiktionell, sondern möglichst reell zum Ausdruck komme").

[738] Explizite Nennung der Effektivität in BVerfGE 83, 60 (72); auch BVerfGE 93, 37 (67); ebenso BVerfGE 107, 59 (87); BVerfG, 2 BvR 2433/04 vom 20. Dezember 2007, Absatz-Nr. 158 (oben Fn. 421).

[739] Siehe *Gersdorf*, S. 167.

[740] Siehe *Emde*, S. 327.

[741] BVerfGE 83, 60 (72); BVerfGE 89, 155 (182); BVerfGE 93, 37 (66 f.); Nennung des Legitimationsniveaus auch in BVerfG, 2 BvR 2433/04 vom 20. Dezember 2007, Absatz-Nr. 158 (oben Fn. 421); BVerfG, 1 BvR 2270/05 vom 11. September 2007, Absatz-Nr. 91, http://www.bverfg.de/entscheidungen/rs20070911_1bvr227005.html (abgerufen am 21. Mai 2011).

Zusammenwirken unter dem grundgesetzlichen Gebot demokratischer Legitimation zu bewerten sind. Auch eindeutige Hinweise zur Bestimmung des geforderten Niveaus selbst hat das Bundesverfassungsgericht bisher nicht geliefert.

Der Begriff des Niveaus impliziert eine rein graduelle Bedeutung. Der Legitimationsprozess würde danach ausschließlich als eine Mechanik verstanden, die einen vom Parlament abgegebenen Willensimpuls weiterleitet. Dies griffe jedoch zu kurz. Eine solche Sicht blendete aus, dass sich der Ideenkern des Demokratieprinzips, die Selbstbestimmung, nicht allein in graduellen Kategorien beschreiben lässt. Freiheit kann nicht ausschließlich mittels eines „Wieviel" gedacht werden, sie ist vieldimensional und wertegeprägt. Da demokratische Legitimation auf die Herstellung von Selbstbestimmung zielt und ein Legitimationsniveau den Legitimationsprozess als konkrete Anforderung präzisieren soll, muss dieses Niveau auch die qualitative Seite der Selbstbestimmung berücksichtigen. Dies ist nur möglich, wenn das Legitimationsniveau zusätzlich zu den graduellen auch in qualitativen Kategorien begriffen wird. Das Postulat eines nur graduell definierten notwendigen Legitimationsniveaus kann dem Ziel des Art. 20 Abs. 2 GG nicht gerecht werden. Für die Feststellung, *ob* Staatsgewalt ausgeübt wird – die Selbstbestimmung beeinträchtigt wird – genügt eine Analyse der faktischen Wirkungen, wie sie oben bei der Frage der Selbstbestimmungsrelevanz der Tätigkeit von Ethikkommissionen vorgenommen wurde [siehe oben C. II. 1. a) ee) (5)]. Für eine Bewertung des Legitimationsvorgangs in Bezug zum materiellen Konzept der Selbstbestimmung ist dies jedoch nicht hinreichend. Das „Maß an Legitimation" des Handelns des Staates ist eben kein „Maß" im Wortsinne, sondern ein in einer holistischen Interpretation des konkreten Falles, der Ausübung von Staatsgewalt, sich ergebender und damit auch qualitativer Faktor. Es kommt nicht nur auf das „Wieviel", sondern auch auf das „Wie" der Legitimation an. Der Legitimationsprozess ist daher zur Selbstbestimmung einzelfallbezogen wertend in Beziehung zu setzen. Das Legitimationsniveau kann nur das Ergebnis des Zusammenspiels von graduellen Faktoren und Wertfaktoren sein.

Klarzustellen ist, dass sich die hier postulierte qualitative Dimension des Legitimationsniveaus nicht zwingend mit der Forderung nach bestimmten Legitimationsmodi, der personell-organisatorisch und der sachlich-inhaltlichen Legitimation als funktionalen Kategorien deckt. Der qualitative Aspekt des Legitimationsniveaus spricht das konkrete Verhältnis der Ausübung von Staatsgewalt zum Legitimationsprozess an, wertet diesen also gleichsam von außen.

(1) Graduelles Element des Legitimationsniveaus

Das graduelle Element des Legitimationsniveaus wird durch zwei Faktoren beschrieben: Durch das Maß der Identität des (hypothetischen) Willens des Parlaments mit dem tatsächlichen Handeln der Amtswalter und durch den Grad der Probabilität, mit der dieses Maß an Identität tatsächlich hergestellt wird.

Diese Faktoren haben je für sich keinen Aussagewert für das legitimatorische Niveau. Ein bestimmtes Maß an Identität von Parlamentswillen und tatsächlich vorgenommenem Amtswalterhandeln kann zufällig sein. Die Wahrscheinlichkeit dieser Identität wiederum ist abhängig von verschiedenen Faktoren, die im Folgenden beschrieben werden; so bringt das Parlament seinen Willen schon insofern nicht zum Ausdruck, als es keine Einzelfallentscheidungen trifft und den Amtswaltern die Subsumtion abstrakter Normen zuweist, sowie durch gegebenenfalls eingeräumte Ermessensspielräume und nicht zuletzt durch verschiedene Grade von hierarchischen Aufsichtselementen und personellen Bestellungsketten.

Zur Verdeutlichung: Ein ideales, jedoch faktisch nicht erreichbares[742] und daher nur theoretisches Höchstmaß des Legitimationsniveaus ist eine unausweichliche Vollidentität des Parlamentswillens in Bezug auf einen Einzelfall mit dem konkreten Amtswalterhandeln, wenn dieses Handeln vom Parlament vollumfänglich gesteuert wird, der Amtswalter gleichsam als Automat handelt.

(2) Qualitatives Element des Legitimationsniveaus

Die qualitative Komponente des Legitimationsniveaus lässt sich weniger leicht in eine Formel fassen. Hier muss die konkrete Form des Legitimationsprozesses in Beziehung zur Bedeutung des konkreten Staatshandelns für die individuelle Selbstbestimmung gesetzt werden. Da die Fremdbestimmung selbst ein im Einzelfall durch wertende Betrachtung zu ermittelndes Faktum ist, sind Aussagen, die gleichsam eine Berechnungsformel für die qualitative Dimension des Legitimationsniveaus darstellen, nicht möglich. Hier kann nur eine wertende Relation von Legitimationsprozess und Ausübung von Staatsgewalt im Einzelfall konkretisierend wirken. Ein wesentlicher Faktor dieser wertenden Inbezugsetzung ist die Nähe der ausgeübten Staatsgewalt zur Menschenwürde des Betroffenen; die Menschenwürde ist der ideelle Nukleus der im Kontext des Demokratieprinzips verstandenen Selbstbestimmung. Das qualitative Element des Legitimationsniveaus wird vor allem durch den materiell zu begreifenden Raum bestimmt, der innerhalb des Legitimationsprozesses für eine Fremdbestimmung verbleibt. In den Blick rückt insofern die personell-organisatorische Legitimation: Ihr Fehlen führt zu einem Raum der Fremdbestimmung, der qualitativ-kategorial beschrieben werden kann – eben als Raum ohne eine personale Qualität der Legitimationsrückkoppelung. Im konkreten Einzelfall mag dies auch unter dem Gesichtspunkt des Legitimationsniveaus schon deshalb als unzulässiger Legitimationsverlust erscheinen, weil dieser Einzelfall nach einem Einfluss auch auf das personale Element verlangt, auch dann, wenn durch ein hohes Maß an sachlich-inhaltlicher Legitimation die Steuerungseffektivität im Legitimationsprozess insgesamt graduell hoch erscheint [der Aspekt der Notwendigkeit

---

742 *Engisch*, S. 137; *Voßkuhle/Sydow*, JZ 2002, S. 673 (678) („zu keiner Zeit zutreffende[s] Bild des Subsumtionsautomaten").

einer verfassungsrechtlichen Rechtfertigung für Ausnahmen von der personell-organisatorischen Legitimation ist hiervon unabhängig, siehe oben C. IV. 2. e) cc)].

b) Niveaubestimmende Faktoren des Legitimationsprozesses

Ausgehend von einer graduellen und einer qualitativen Dimension des Legitimationsniveaus soll untersucht werden, wie sich Konkretisierungen der Legitimationsmodi der personell-organisatorischen und der sachlich-inhaltlichen Legitimation auf die Effektivität des Legitimationsprozesses auswirken. Die Modi selbst bieten noch keine Gewähr für bestimmte Grade eines Legitimationsniveaus. Sie sind vielmehr weitgehend abstrakte Funktionszusammenhänge, deren Manifestation unterschiedlich ausgestaltet sein kann. Von ihren konkreten Ausprägungen hängt es ab, welches Legitimationsniveau daraus resultiert.

aa) Niveaubestimmende Faktoren der personell-organisatorischen Legitimation

Die Effektivität der Einsetzung eines Amtswalters als Mittel zur Einflussnahme auf dessen Handeln als Staatsgewalt ausübende Stelle ist beschränkt. Dies ist insbesondere dadurch bedingt, dass durch personelle Steuerungssysteme konkretes Staatshandeln nicht vollumfassend programmiert werden kann [siehe oben C. IV. 2. c)]. Diese Eigenschaft ist der personell-organisatorischen Legitimation inhärent: Da dieser Legitimationsmodus nur mittelbar auf das konkrete Staatshandeln Einfluss nimmt, indem lediglich an die Person angeknüpft wird, liegt hierin eine natürliche graduelle Höchstgrenze der Legitimationseffektivität. Jedoch können auch innerhalb der personell-organisatorischen Legitimation unterschiedliche Effektivitätsgrade bestehen. Eine Modifikationsmöglichkeit ist die Länge der „Legitimationskette“. Der Grad der Steuerungseffektivität wird auch durch die Gliedzahl der Amtswaltereinsetzungskette bestimmt: Je geringer diese Zahl ist, desto höher ist der Legitimationsgrad, die „demokratische Dignität“[743]; je größer die Zahl der Benennungsstufen ist, umso mehr nimmt der Legitimationsgrad ab.[744] Der dem personell-organisatorischen Legitimationsmodus inhärente Unschärfefaktor potenziert sich mit jeder Benennungsstufe. Der Grad der Effektivität der personell-organisatorischen Legitimation bemisst sich daher auch an der Zahl der Stufen der Amtswaltherernennungen zwischen der in Frage stehenden konkreten Ausübung von Staatsgewalt und der Entscheidung des Parlaments für das Regierungspersonal.

Ebenfalls bedingt durch ihren Anknüpfungspunkt kommt der personell-organisatorischen Legitimation jedoch auch eine besondere legitimatorische Qualität zu. Besteht keine entsprechende Legitimation, so ist der die Staatsgewalt ausübende

---

743 *Böckenförde* (1974), S. 74.

744 *Gersdorf*, S. 171; *Jestaedt* (1993), S. 284.

Amtswalter aus der Perspektive des von Staatsgewalt Betroffenen ein personal gewillkürtes Element; die letzte Instanz der Ausübung von Staatsgewalt tritt ihm als Element aus einer Sphäre jenseits seines Einflusskreises entgegen. Das interpersonale Verhältnis zwischen dem Amtswalter und dem Gewaltunterworfenen ist ohne eine personell-organisatorische Legitimation ein vollständig einseitiges: Der Amtswalter erwählt [siehe zum jedenfalls verbleibenden Rest personalen Entscheidungsfreiraums oben C. IV. 2. e) aa)] den Betroffenen zum Objekt seines Handelns, der Betroffene jedoch determiniert nicht den Amtswalter. Dies zeigt den qualitativen Aspekt der personell-organisatorischen Legitimationsstruktur.[745] Es ist dieses Spezifikum, das den qualitativen Selbstand des Modus der personell-organisatorischen Legitimation ausmacht. Insofern geht es nicht um die aus dem Fehlen der personell-organisatorischen Legitimation notwendig folgende Einbuße an Steuerungseffektivität; diese ist eine rein graduelle Kategorie. Vielmehr ist die personell-organisatorische Legitimation auch materiell zu begreifen, sie hat eine qualitative Dimension, die in konkreter Relation zur Ausübung von Staatsgewalt bedeutsam wird.

bb) Niveaubestimmende Faktoren der sachlich-inhaltlichen Legitimation

Die Instrumente der sachlich-inhaltlichen Legitimation knüpfen unmittelbar am Handeln des Staates an [siehe oben C. IV. 3. a)]. Das theoretische Potential der Steuerungseffektivität der Legitimationsvermittlung ist daher – anders als bei der personell-organisatorischen Legitimation – hoch. Es wird lediglich begrenzt durch die Unmöglichkeit der faktischen „Durchsteuerung" hinsichtlich jeder Ausübung von Staatsgewalt sowie durch die natürliche Handlungsfreiheit der Amtswalter. Die Ausgestaltung dieses Legitimationsmodus bietet allerdings eine Mehrzahl von Möglichkeiten, welche das Legitimationsniveau bestimmen.

Das über die Bindung der Amtswalter gemäß Art. 20 Abs. 3 GG verbindliche Programmnetz von Gesetzesnormen kann unterschiedlich engmaschig ausgestaltet sein. Dem korrespondiert ein Spielraum der Amtswalter bei der Gesetzesanwendung, der von den inhaltlichen Normvorgaben nur in seinen Grenzen beschrieben wird. Innerhalb dieser Grenzen findet – die Effekte der personell-organisatorischen Legitimation ausgeblendet – reine Fremdbestimmung statt. Die Aufsichtsstrukturen können ebenfalls von unterschiedlicher Legitimationswirksamkeit sein. Hier gibt es ein weites Feld der Möglichkeiten administrativer Steuerungsmaßnahmen. Jedes der drei Hauptsteuerungsmittel, die Kontrolle, die Weisung und die Sanktion, können durch Maßnahmen organisatorisch-struktureller Art sowie durch ihre faktische Anwendung unterschiedlich intensiv wirken und damit die Effektivität verstärken oder vermindern.

---

[745] Siehe zur „Objektformel" als Kriterienbeschreibung des Eingriffs in die Menschenwürde BVerfGE 87, 209 (228); BVerfGE 27, 1 (6); BVerfGE 9, 89 (95); *Hufen*, § 10 Rn. 30 ff.

Besonders hervorzuheben ist der Einfluss der inhaltlichen Steuerung durch Gesetzesnormen. Die Aufsichtsfunktionen wirken weitgehend nur potentiell. Die Inanspruchnahme eines Weisungsrechts ist eine seltene Ausnahme.[746] Meistens findet lediglich eine influenzierende Verhaltenskontrolle statt.[747] Maßstab für den Inhalt des Amtswalterhandelns ist daher primär der Gesetzesinhalt. Von einem gesetzmäßigen Handeln der Amtswalter kann im Regelfall auch dann ausgegangen werden, wenn diese keine aktuelle Kontrolle, Weisung oder Sanktion zu gewärtigen haben. Es sind die Gesetze, die für jedes staatliche Handeln der Exekutive den Maßstab liefern und nicht nur in bestimmten Fällen wirksam werden. Damit ergibt sich das wichtigste Maß der Effektivität sachlich-inhaltlicher Legitimation aus der Regelungsdichte der gesetzlichen Vorgaben.

Anders als für die personell-organisatorische Legitimation lässt sich innerhalb der sachlich-inhaltlichen Legitimation ein *qualitativer* Selbstand nicht ausmachen. Eine dem dortigen interpersonalen Determinierungsverhältnis vergleichbare Komponente mit einem besonderen Menschenwürdebezug gibt es hier nicht. Das Legitimationsniveau der sachlich-inhaltlichen Legitimation kann damit ausschließlich graduell begriffen werden.

cc) Zusammenwirken der niveaubestimmenden Faktoren der personell-organisatorischen und der sachlich-inhaltlichen Legitimation

Die personell-organisatorische und die sachlich-inhaltliche Legitimation wirken zusammen. Eine vollumfängliche funktionale Substitution ist nicht möglich: Einzig die personell-organisatorische Legitimation ist in der Lage, die Gesamtheit des in Rede stehenden Staatshandelns an den Parlamentswillen rückzukoppeln [siehe oben C. IV. 2. e)], was auch innerhalb der Kategorie des Legitimationsniveaus schon als gradueller Faktor zu berücksichtigen ist. Die Bestimmung des Legitimationsniveaus setzt eine Analyse der Legitimationsmodi in ihrem konkreten Zusammenspiel voraus. Somit lassen sich Rückschlüsse auf die Steuerungseffektivität gewinnen.

Wie ausgeführt, wäre ein auf graduelle Parameter reduziertes Verständnis von Legitimation jedoch unzureichend. Der gesamte Legitimationszusammenhang muss daher auch in Beziehung zur jeweilig ausgeübten Staatsgewalt gesetzt werden. Erst durch diese Relation kann eine Aussage über das Gesamt-Legitimationsniveau und darüber, ob dieses ausreicht, getroffen werden; es bedarf einer wertend-holistischen Perspektive.

(1) Zusammenwirken der niveaubestimmenden Faktoren der Legitimationsmodi in gradueller Hinsicht

Die Legitimationsmodi können – trotz ihrer funktionalen Unterschiedlichkeit – gleichsam auf einen gemeinsamen Nenner insofern gebracht werden, als sie die

[746] *Mayen*, DÖV 2004, S. 45 (49).

[747] *Mayen*, DÖV 2004, S. 45 (49).

Ausübung von Staatsgewalt an den Parlamentswillen koppeln und auf dasselbe Ziel, die Legitimation staatlichen Handelns,[748] gerichtet sind.[749] Da sich die Legitimationseffektivität auf eben diese Koppelung bezieht, ist sie jedenfalls das Ergebnis einer – wie auch immer konkret ausgestalteten und bewerteten – Kombination beider Faktoren. Die auf das Legitimationsniveau bezogene funktionale Teilidentität führt im Zusammenhang mit der Tatsache, dass die Forderung des Art. 20 Abs. 2 GG nach einem bestimmten Legitimationsniveau[750] nicht nach Legitimationsmodi differenziert ist, dazu, dass sich das Niveau gleichsam als Produkt aus den konkreten Ausprägungen der Legitimationsmodi ergibt. Insofern können diese sich grundsätzlich gegenseitig substituieren; eine Totalsubstitution von personell-organisatorischer und sachlich-inhaltlicher Legitimation ist jedoch nicht möglich.[751] Eine Substitution kann zunächst im Verhältnis von personell-organisatorischer zu sachlich-inhaltlicher Legitimation, jedoch auch innerhalb der sachlich-inhaltlichen Legitimation für die dortigen Wege der Legitimationsvermittlung erfolgen. Zwar haben die jeweiligen Funktionen eine verfassungsrechtlich kategorial-unterschiedliche Bedeutung, so bedürfen Ausnahmen von der personell-organisatorischen Legitimation einer verfassungsrechtlichen Begründung [siehe oben C. IV. 2. e) cc)], Ausnahmen von der sachlich-inhaltlichen Legitimation in Form weisungsfreier Räume einer verhältnismäßigen Abwägung mit Sachgründen [siehe oben C. IV. 3. e) bb)]. Jedoch ist die Frage des Legitimationsniveaus – soweit es graduell begriffen wird – auf die Effektivität der Einflussnahme auf das Staatshandeln pauschaliert. Die unterschiedlichen Legitimationswege erscheinen aus dieser Perspektive einzig in ihrer Fähigkeit, diese Einwirkung zu ermöglichen.

(2) Zusammenwirken der niveaubestimmenden Faktoren der Legitimationsmodi in qualitativer Hinsicht

Der gesamte Legitimationsprozess ist jedoch auch qualitativ begreifbar, indem er in Beziehung zur in Rede stehenden, konkreten Ausübung von Staatsgewalt gesetzt wird. In Bezug auf einen bestimmten Fall der Beeinträchtigung von Selbstbestimmung kann ein wertender Schluss gezogen werden, ob gerade das gegebene Legitimationssystem der konkreten Staatsgewaltsausübung gerecht wird.

Da der sachlich-inhaltlichen Legitimation jedoch kein solcher qualitativer Selbstand zukommt, konzentriert sich die Frage auf das Vorliegen der personell-organisatorischen Legitimation [siehe zu deren qualitativem Selbstand oben C. IV. 4. b) aa)].

---

[748] BVerfGE 83, 60 (72); BVerfGE 89, 155 (182) („hoheitliche[s] Handeln"); BVerfGE 93, 37 (67); BVerfGE 107, 59 (87); BVerfG, 2 BvR 2433/04 vom 20. Dezember 2007, Absatz-Nr. 158 (oben Fn. 421); *Emde*, S. 327 f.; *Jestaedt* (1993), S. 282 f.

[749] *Gersdorf*, S. 171, 174; *Emde*, S. 327 f.; *Jestaedt* (1993), S. 284 f.

[750] *Gersdorf*, S. 171.

[751] Oben Fn. 662.

(3) Legitimationsniveau als wertende Gesamtschau der konkreten Manifestationen der Legitimationsmodi

Somit ist festzuhalten, dass es einer wertenden Gesamtschau der sachlich-inhaltlichen und personell-organisatorischen Legitimation in ihrem Zusammenwirken im konkreten Fall bedarf, um das Legitimationsniveau festzustellen. Welche Anforderungen an dieses Niveau zu stellen sind, ergibt sich daraus jedoch noch nicht. Deutlich wird aber bereits, dass es sich letztlich um einen Wertungsprozess handelt, der auf die ideelle Basis des Demokratieprinzips, die Selbstbestimmung, bezogen ist. Das Legitimationsniveau muss daher jedenfalls zur Ausübung von Herrschaft, der Fremdbestimmung, in Beziehung gesetzt werden, um im konkreten Fall einer Beurteilung unterzogen werden zu können; sowohl graduelle als auch qualitative Elemente des Legitimationsprozesses sind zu berücksichtigen.

c) Verfassungsrechtlich gebotenes Legitimationsniveau

aa) Verfassungsrechtlich gebotenes Legitimationsniveau in Abhängigkeit von Intensität und Art ausgeübter Staatsgewalt: Die Idee der Wesentlichkeit

Nachdem die einzelnen Parameter, die das Legitimationsniveau ausmachen, beschrieben sind, bleibt weiter die Frage nach dem verfassungsrechtlich geforderten Maß selbst. Aus der Selbstbestimmung als Ausgangspunkt des Gebots demokratischer Legitimation folgt, dass sich das notwendige Maß an Legitimation nur dadurch ermitteln lässt, dass das konkrete Legitimationsniveau in Relation zur konkret beeinträchtigenden Einwirkung der Ausübung von Staatsgewalt auf die Selbstbestimmung gesetzt wird.[752] Das Legitimationsgebot markiert nicht ein fixes Niveau, das zur Rechtfertigung jedweder Ausübung von Staatsgewalt, ungeachtet deren gradueller und materieller Wirkung für die Freiheit, hinreicht.[753] Eine solche Pauschallösung entspräche nicht der Komplexität des interrelativen Systems von Selbstbestimmung und Fremdbestimmung unter den Bedingungen staatlicher Organisation. Selbstbestimmung als ideengeschichtliche Basis des verfassungsrechtlichen Demokratieprinzips ist ein unbeschränktes, umfassendes Konzept, das im verfassungsrechtlichen Kontext die Freiheit des Individuums von jeder staatlichen Fremdbestimmung bezeichnet. Die Möglichkeiten staatlicher Freiheitsbeeinträchtigung sind hinsichtlich ihrer Qualität und Intensität mannigfaltig, wobei sich die Beziehung von Selbstbestimmung und ihrer Beeinträchtigung erst konkretisiert, wenn Staatsgewalt ausgeübt wird. Gibt es damit unterschiedliche Grade der Frei-

---

[752] Ähnlich *Schmidt-Aßmann*, AöR 116 (1991), S. 329 (367) („Entsprechungsverhältnis zwischen Entscheidungsgehalt und Entscheidungsintensität einerseits und Legitimationsanforderungen andererseits"); auch *Kämmerer*, S. 194 (für die privatrechtlich organisierte Verwaltung).

[753] So auch *Schmidt-Aßmann*, AöR 116 (1991), S. 329 (336), der von einem „in Grenzen variablen Legitimationsniveau" spricht.

heitsbeeinträchtigung, gleichzeitig jedoch – wie gezeigt – auch unterschiedliche graduelle und qualitative Niveaus von Legitimation, und sind beide über einen Wertgedanken, der die Rechtfertigung von Freiheitsbeeinträchtigung durch Legitimation fordert, verbunden, so wird deutlich, dass das hinreichende Legitimationsniveau nur relational mit Blick auf die das Legitimationsniveau konkretisierenden Parameter einerseits und auf die Freiheitsbeeinträchtigung im Einzelfall andererseits festgestellt werden kann.

Anhaltspunkte für bestimmte Faktoren, die das Legitimationsniveau konstituieren, sowie für Kriterien, welche für die Höhe des Niveaus maßgeblich sind, ergeben sich auch aus der Judikatur des Bundesverfassungsgerichts. Ergiebig ist hier die sogenannte „Wesentlichkeitslehre" oder „Wesentlichkeitstheorie"[754]. Die Essenz der Wesentlichkeitsrechtsprechung lautet, „daß der Gesetzgeber verpflichtet ist – losgelöst vom Merkmal des ‚Eingriffs' – in grundlegenden normativen Bereichen, zumal im Bereich der Grundrechtsausübung, soweit diese staatlicher Regelung zugänglich ist, alle wesentlichen Entscheidungen selbst zu treffen".[755] Dem hier vom Bundesverfassungsgericht entfalteten Rechtsprechungsbereich lässt sich zunächst entnehmen, dass die legitimatorische Dignität des Staatshandelns umso höher ist, je größer der Einfluss des Parlaments (im Rahmen der Wesentlichkeitstheorie: in seiner Funktion als Gesetzgeber) auf dieses Handeln ist;[756] das Gericht spricht von der „unmittelbarere[n] demokratische[n] Legitimation" des vom Parlament beschlossenen Gesetzes.[757] Des Weiteren lässt sich der Judikatur entnehmen, dass ein Zusammenhang besteht zwischen dem Legitimationsrangerfordernis und der Bedeutung des Staatshandelns für die Freiheit des Einzelnen. Dabei bezieht sich das Gericht, soweit es die Freiheitsrelevanz betrifft, auf den Begriff der Freiheit, wie er unter dem Grundgesetz durch die Grundrechte ausgeformt wird.

Das Bundesverfassungsgericht hat mehrfach die „Wesentlichkeitslehre" auch mit dem Demokratieprinzip begründet.[758] Das Demokratieprinzip gebiete, „daß jede Ordnung eines Lebensbereichs durch Sätze objektiven Rechts auf eine Willensentschließung der vom Volke bestellten Gesetzgebungsorgane muß zurückgeführt werden können".[759] Die Verknüpfung von Handlungsdetermination durch Parlamentseinfluss und dem Demokratieprinzip wird hier deutlich. Ein wichtiger Maßstab

---

754 Siehe BVerfGE 83, 130 (152); siehe BVerfGE 84, 212 (226); diese Parallele sieht auch *Schmidt-Aßmann*, AöR 116 (1991), S. 329 (367); *Schmidt-Aßmann* (2001), S. 57, 64; ebenfalls für die privatrechtlich organisierte Verwaltung *Kämmerer*, S. 194.

755 BVerfGE 49, 89 (126); siehe *Schmidt-Aßmann* (2001), S. 57, 64.

756 *Schmidt-Aßmann*, AöR 116 (1991), S. 329 (352 f.), der von einem – zumindest als „heuristische[m] Begriff" – „Legitimationsvorsprung" spricht und darauf hinweist, dass dies nicht in einen „allgemeinen umfassenden Parlamentsvorbehalt" mündet.

757 BVerfGE 40, 237 (249).

758 BVerfGE 116, 24 (58); BVerfGE 49, 89 (126 f.); BVerfGE 47, 46 (78 f.); BVerfGE 41, 251 (260); BVerfGE 40, 237 (249 f.); BVerfGE 33, 125 (158 f.); *Hendler*, S. 319; siehe BVerfGE 45, 400 (417 f.).

759 BVerfGE 33, 125 (158).

der „Wesentlichkeit“ ist dabei die Grundrechtsrelevanz.[760] Die mit dem Begriff „Wesentlichkeitslehre“ apostrophierte Rechtsprechung hat das Bundesverfassungsgericht in der Folge, trotz einer relativierenden Tendenz[761], beibehalten.[762]

Die Eckpunkte der Wesentlichkeitstheorie lassen sich für die Frage der Legitimation der Exekutive fruchtbar machen.[763] Zum einen ist dies die Parlamentsnähe der das staatliche Handeln bestimmenden Faktoren als Niveaukriterium, zum anderen die Grundrechtsrelevanz dieses Handelns sowie gegebenenfalls seine Zuordnung zu verfassungsrechtlich mit einem bestimmten Rang versehenen Sachbereichen als Anforderungskriterium an das Niveau.

bb) Verfassungsrechtlich grundsätzlich gebotenes Legitimationsniveau

Dem Gebot der demokratischen Legitimation liegt die Idee der Wahrung von Selbstbestimmung zugrunde: Die Idee der Demokratie trägt die Idee der Freiheit in sich[764]. Das Legitimationsniveau ist abhängig von der konkreten Art und Intensität der Ausübung von Staatsgewalt. Für die Inbezugsetzung von Legitimationsfunktionalität und Ausübung von Staatsgewalt ist relevant, wie Selbstbestimmung, das heißt Freiheit, unter dem Grundgesetz begriffen wird.

(1) Durch Grundrechte ausgeformte Freiheit

Freiheit wird unter dem Grundgesetz nicht als einheitliches, aus sich selbst heraus umgrenztes Fixum verstanden.[765] Die Idee der Selbstbestimmung und Freiheit ist letztlich eine Idee, die ihren Ausdruck auch in dem in Art. 1 Abs. 1 GG verfassten Gebot der Achtung und des Schutzes der Menschenwürde gefunden hat; Art. 1 Abs. 1 GG verlangt, das Individuum auch in seiner Selbstbestimmung und Selbstentfaltung zu achten.[766] Dieser Grundsatz verbürgt das Recht des Einzelnen, sein

[760] BVerfGE 33, 125 (158); BVerfGE 40, 237 (249); BVerfGE 41, 251 (266); BVerfGE 45, 400 (418); BVerfGE 47, 46 (78); siehe BVerfGE 49, 89 (126 f.); siehe *Hendler*, S. 319.

[761] *Hömig*, in: Festgabe Bundesverwaltungsgericht, S. 273 (286 f.).

[762] *Hömig*, in: Festgabe Bundesverwaltungsgericht, S. 273 (281 ff.).

[763] Siehe ebenso *Hendler*, S. 318 f.

[764] *Hesse*, Rn. 120 (zur republikanischen Staatsform); siehe *Maihofer*, in: Benda/ders./Vogel, § 12 Rn. 50 ff.; siehe *Stern*, Bd. I, § 17 (S. 582) (zum Begriff der Republik als „Bekenntnis zur Freiheitlichkeit und gegen Machtkonzentration“; *Gröschner*, in: Isensee/Kirchhof, HStR II, § 23 Rn. 45 ff.

[765] In Bezug auf das Demokratieprinzip und ebenso, jedoch mit knapperer Begründung, auf die Selbstbestimmung abstellend *v. Arnim*, AöR 113 (1988), S. 1 (15), wonach „es graduelle Abstufungen, also mehr oder weniger Demokratie, gibt. Dies erkennt man ohne weiteres, wenn man das Demokratieprinzip auf den Grundwert der Selbstbestimmung der Bürger zurückführt, von dem es abgeleitet ist.[...] Die Selbstbestimmung [...] ist ein Prinzip, das gerade dadurch gekennzeichnet ist, daß es in unterschiedlich großem Ausmaß realisiert werden kann“.

[766] *Merten*, in: ders./Papier, HGR II, § 27 Rn. 11.

Leben selbst zu gestalten.[767] Der Mensch hat das Recht, „in Freiheit sich selbst zu bestimmen und sich zu entfalten".[768] Nach Immanuel Kant soll der Mensch sein eigener Herr sein,[769] dessen Bestimmung darin liegt, „seine größte Vollkommenheit durch seine Freiheit zu erlangen".[770] Das Recht, sich selbst in jeder Hinsicht freiheitlich auszugestalten, ist als ideelle Basis mit der Menschenwürde untrennbar verbunden.[771] „Freiheit [...] ist dieses einzige, ursprüngliche, jedem Menschen kraft seiner Menschheit zustehende Recht".[772] Das Bekenntnis des Grundgesetzes zur Würde des Menschen ist damit auch ein Bekenntnis zu dessen Freiheit.[773]

Es ist damit festzuhalten, dass das Demokratieprinzip mit seinem Bezug auf die Selbstbestimmung notwendig an die Idee der Menschenwürde, wie sie in Art. 1 Abs. 1 GG als oberster Verfassungswert[774] normiert ist, geknüpft ist. Von dieser Verbindung ausgehend richtet sich der Blick auf die weiteren Grundrechte, als deren Wurzel[775] die Menschenwürde verstanden wird.[776] Damit wird bedeutsam, wie der Verfassungsgeber, ausgehend von der Menschenwürde, die Freiheit im Grundgesetz normativ entfaltet hat. Dies geschieht vor allem über die Grundrechte. Offenbar wird dies vor allem in Art. 2 Abs. 1 GG mit der dortigen Verbürgung der allgemeinen Handlungsfreiheit.[777] Nach der Norm hat „[j]eder [...] das Recht auf die freie Entfaltung seiner Persönlichkeit". Bereits der Parlamentarische Rat verstand den späteren Art. 2 Abs. 1 GG als „Generalklausel für die ganzen Grundrechte" und als

---

767 Siehe BVerfGE 109, 279 (2. Leitsatz) („Anerkennung eines absolut geschützten Kernbereichs privater Lebensgestaltung").

768 BVerfGE 45, 187 (227), mit der – abzulehnenden – Einschränkung, dass diese Freiheit „im Hinblick auf [die] [...] Gemeinschaftsgebundenheit nicht ‚prinzipiell unbegrenzt'" sei (siehe oben Fn. 111).

769 *Kant*, Metaphysik der Sitten, S. 238.

770 *Kant*, Vorlesung über Ethik, S. 269.

771 *Merten*, in: ders./Papier, HGR II, § 27 Rn. 11; in diesem Sinne auch *Adolf Süsterhenn* in der 32. Sitzung des Ausschusses für Grundsatzfragen des Parlamentarischen Rats vom 11. Januar 1949, in: Deutscher Bundestag/Bundesarchiv, Der Parlamentarische Rat 1948–1949, Bd. 5/II, S. 915 („[A]uch die Entfaltung der Persönlichkeit, auch die Fortentwicklung, das paßt alles unter den Begriff Menschenwürde"); siehe BVerfGE 50, 290 (338) („in den Einzelgrundrechten garantierte[...] individuellen Freiheiten, ohne die nach der Konzeption des Grundgesetzes ein Leben in menschlicher Würde nicht möglich ist").

772 *Kant*, Metaphysik der Sitten, S. 237.

773 *Dürig*, AöR 81 (1956), S. 117 (225).

774 BVerGE 109, 279 (311); BVerfGE 6, 32 (36); BVerfGE 45, 187 (227); BVerfGE 50, 166 (175); BVerfGE 54, 148 (153); BVerfGE 72, 105 (115); *Enders*, S. 70 ff.

775 BVerfGE 93, 266 (293).

776 *Gröschner*, JZ 1996, S. 637 (640); *Sterzel*, in: Demokratie und Grundgesetz, S. 156.

777 Siehe *v. Arnim*, AöR 113 (1988), S. 1 (11 f.), der die „Sicherung der menschlichen Autonomie" als *„de[n]* Zweck des grundgesetzlichen Staates" bezeichnet und sowohl den Grundrechtsschutz als auch das Demokratieprinzip als Ausprägungen dieses Zweckes ansieht; *Merten*, in: ders./Papier, HGR II, § 27, Rn. 18.

„allgemeine Freiheit, die alles in sich schließt".[778] Hiervon ausgehend wurden die weiteren Grundrechte als „Spezialisierung dieser allgemeinen Freiheit"[779] verstanden. Die weiteren Grundrechte sind sonach Konkretisierungen der allgemeinen Handlungsfreiheit; sie stehen zu dieser im Verhältnis der Spezialität.[780]

Das Grundgesetz hat mithin einen Begriff von Freiheit, welcher der Menschenwürde inhärent ist, mit der allgemeinen Handlungsfreiheit aufgegriffen und in den Grundrechten konkretisiert. Damit wird die Kontur der Freiheit durch die Grundrechte gezeichnet. Wird nach dem notwendigen Legitimationsniveau gefragt, so kann daher das grundrechtliche Freiheitssystem den Maßstab dafür liefern, die Erheblichkeit der Ausübung von Staatsgewalt zu bestimmen.[781] Den Grundrechten kommt in dieser Rolle als Konturengeber des verfassungsrechtlichen Freiheitsbegriffs weder eine Funktion als subjektive Rechte zu, noch sind sie in ihrer objektivrechtlichen Funktion zu begreifen. Vielmehr sind sie Maßstabslieferant, ein Orientierungssystem, das über die systematische Auslegung des Demokratieprinzips und dessen Inbegriff der Menschenwürde zum Auslegungsfaktor für das Gebot demokratischer Legitimation wird.

(2) Idee der „Wesentlichkeitstheorie" als Relation von Legitimationsniveau und grundrechtlichem Freiheitsbegriff sowie verfassungsorganisationsrechtlich bestimmten Sachbereichen

(a) Idee der „Wesentlichkeitstheorie" als Relation von Legitimationsniveau und grundrechtlichem Freiheitsbegriff

Der Konnex zwischen Legitimationsniveau und einem Freiheitsbegriff, der durch die Grundrechte ausgeformt wird, findet sich auch als Idee in der sogenannten „Wesentlichkeitstheorie".[782] In Bezug auf die Problematik der Abgrenzung von autonomer Satzungsgewalt und parlamentarischer Gesetzgebung verlangt das Bundesverfassungsgericht, „daß jede Ordnung eines Lebensbereichs durch Sätze objektiven Rechts auf eine Willensentschließung der vom Volke bestellten Gesetzge-

---

[778] *Hermann v. Mangoldt* in der 32. Sitzung des Ausschusses für Grundsatzfragen des Parlamentarischen Rats vom 11. Januar 1949, in: Deutscher Bundestag/Bundesarchiv, Der Parlamentarische Rat 1948–1949, Bd. 5/II, S. 918.

[779] *Hermann v. Mangoldt* in der 32. Sitzung des Ausschusses für Grundsatzfragen des Parlamentarischen Rats vom 11. Januar 1949, in: Deutscher Bundestag/Bundesarchiv, Der Parlamentarische Rat 1948–1949, Bd. 5/II, S. 918.

[780] *Merten*, in: ders./Papier, HGR II, § 27, Rn. 18.

[781] Für einen grundsätzlichen Zusammenhang zwischen dem Gebot demokratischer Legitimation und den Freiheitsrechten (wenn auch mit anderer Stoßrichtung) *Sterzel*, in: Demokratie und Grundgesetz, S. 156 (159).

[782] Siehe *Hendler*, S. 318 f., der unter dem Gesichtspunkt des Demokratieprinzips ebenfalls auf die Grundrechtsrelevanz im Kontext der Wesentlichkeitslehre hinweist; siehe *Oebbecke*, S. 91, der von einer „‚bessere[n]', weil weniger indirekte[n] Legitimation" spricht.

bungsorgane muß zurückgeführt werden können".[783] Insbesondere im Bereich der Grundrechtseingriffe erwachse „[d]em staatlichen Gesetzgeber [...] eine gesteigerte Verantwortung."[784] Der verstärkten Geltungskraft der Grundrechte entspreche „die besondere Bedeutung aller Akte staatlicher Gewaltausübung, welche die Verwirklichung und Begrenzung von Grundrechten zum Gegenstand haben."[785] Hier scheint die Idee einer Dynamisierung der Legitimationsanforderungen in Abhängigkeit von der Grundrechtsrelevanz durch.

Besonders wurde auf die grundrechtliche Dimension von Leistungshandeln des Staates abgestellt.[786] Vor allem in der Judikatur des Bundesverfassungsgerichts zum Schulrecht kommt zum Ausdruck, dass die Frage der Wesentlichkeit des Staatshandelns primär nach Maßgabe der Grundrechte zu beantworten ist. Danach müssen im Schulverhältnis die Grenzen zwischen dem staatlichen Bildungs- und Erziehungsauftrag aus Art. 7 Abs. 1 GG einerseits und dem elterlichen Erziehungsrecht aus Art. 6 Abs. 2 S. 1 GG sowie den Persönlichkeitsrechten des Schülers aus Art. 2 Abs. 1 GG andererseits bestimmt werden.[787] Hier wurde nicht nur abstrakt auf das „Ob" einer Grundrechtsrelevanz abgestellt, sondern auch auf dessen Intensität; insbesondere wenn die Grenzen zwischen den genannten Grundrechten und verfassungsrechtlichen Geboten in substantieller Hinsicht zu Lasten des Grundrechtsträgers verschoben werden, müsse eine Regelung durch Gesetz erfolgen.[788]

An anderer Stelle führte das Bundesverfassungsgericht im Kontext der Frage der demokratischen Legitimation aus, dass das Legitimationsbedürfnis umso mehr gegeben sei, je größer die Grundrechtsrelevanz des Staatshandelns ist. Im Kontext des Demokratieprinzips erwachse „[d]em staatlichen Gesetzgeber [...] hier eine gesteigerte Verantwortung: Der verstärkten Geltungskraft der Grundrechte entspricht die besondere Bedeutung aller Akte staatlicher Gewaltausübung, welche die Verwirklichung und Begrenzung von Grundrechte zum Gegenstand haben." Dabei nahm das Gericht expliziten Bezug auf die „Entfaltung der Persönlichkeit, deren Freiheit und Würde nach der Ordnung des Grundgesetzes der oberste Rechtswert ist [...] Der Rang dieses Grundrechts gebietet daher, daß die freie Selbstbestimmung des Einzelnen nur soweit eingeschränkt werden darf wie es die Interessen der Allgemeinheit erfordern."[789] Die Frage, „[o]b hiernach ein Berufsverband zu berufsregelnder Rechtsetzung ermächtigt werden darf und welche Anforderungen im Einzelfall an die Ermächtigung zu stellen sind, hängt von der jeweiligen Intensität des Eingriffs ab. Die

[783] BVerfGE 33, 125 (158); inhaltlich ebenso BVerfGE 303, 345 ff.; *Böckenförde* (1974), S. 73 f.; *Emde*, S. 338 f.; *Hennecke*, in: Festgabe v. Unruh, S. 931 (941).

[784] BVerfGE 33, 125 (158).

[785] BVerfGE 33, 125 (158).

[786] BVerfGE 40, 237 (249).

[787] BVerfGE 98, 218 (251 f.); BVerfGE 58, 257 (269); BVerfGE 47, 46 (80); *Hömig*, in: Festgabe Bundesverwaltungsgericht, S. 273 (285).

[788] BVerfGE 98, 218 (252).

[789] BVerfGE 33, 125 (158 f.).

in der verfassungsgerichtlichen Rechtsprechung ermittelte, am Grundsatz der Verhältnismäßigkeit ausgerichtete Stufentheorie [...] kann entsprechend herangezogen werden."[790] Hier zeigt sich deutlich die Idee einer legitimatorischen Inbezugsetzung in Abhängigkeit von der Intensität der Grundrechtsrelevanz.

(b) Idee der „Wesentlichkeitstheorie" als Relation von Legitimationsniveau und verfassungsorganisationsrechtlich bestimmten Sachbereichen

Die Wesentlichkeit von staatlichem Verhalten wird, neben den Grundrechten, auch durch Verfassungsorganisationsrecht,[791] insbesondere durch den verfassungsorganisationsrechtlichen Aspekt der Staatsaufgaben bestimmt. Durch das Grundgesetz werden bestimmte Sachbereiche mit einem bestimmten Rang versehen. Hinsichtlich solcher Bereiche entfaltet die Verfassung zwar keine der Grundrechtsdogmatik vergleichbare, differenzierte Wertungsstruktur. Staatsgewalt insbesondere im Sachbereich von Staatsaufgaben ist jedoch – von den vorstehend beschriebenen grundrechtlichen Faktoren abgesehen – wesentlicher, und damit legitimationsbedürftiger, als Staatsgewalt in sonstigen Bereichen. Die Existenz solcher ein hohes Legitimationsniveau verlangender Sachbereiche ist in der – auch jüngeren – Rechtsprechung des Bundesverfassungsgerichts[792] und in der Literatur[793] anerkannt.

---

[790] BVerfGE 33, 125 (160).

[791] *Di Fabio*, JZ 1999, S. 585 (590) (aus der Perspektive der Frage nach den „Grenzen der Privatisierung").

[792] Siehe beispielsweise BVerfGE 107, 59 (93), wonach von einer Übertragung auf Organisationseinheiten der Selbstverwaltung „diejenigen öffentlichen Aufgaben, die der Staat selbst durch seine eigenen Behörden als Staatsaufgaben im engeren Sinne wahrnehmen muss", ausgeschlossen sind; auch BVerfGE 38, 281 (299), wonach Voraussetzung der Errichtung eines öffentlichrechtlichen Verbandes mit Zwangsmitgliedschaft ist, dass dieser „legitime öffentliche Aufgaben" erfüllt, was jedenfalls dann nicht der Fall ist, wenn die Aufgaben „zu den im engeren Sinn staatlichen Aufgaben zählen, die der Staat selbst durch seine Behörden wahrnehmen muß".

[793] *Böckenförde* (1974), S. 74, spricht davon, dass die „unmittelbare Berufung durch das Volk [...] eine höhere demokratische Dignität und damit Legitimation zu weittragenden politischen Entscheidungen im Namen des Volkes begründet"; *Brohm*, S. 220; *Hendler*, S. 318, wonach „[i]m Hinblick auf die allgemein bedeutsamen politischen Fragen [...] ein verfassungsrechtliches Gebot [besteht], daß *alle* Staatsbürger – unabhängig von Sachkunde, Sachnähe, Betroffenheit etc. – über die Volkswahl zu den staatlichen Parlamenten jeweils zu gleichen Teilen an der Entscheidung der betreffenden Fragen beteiligt sein sollen" (siehe auch S. 318 f. mit der Inbezugsetzung von Angelegenheiten von wesentlicher allgemeiner Bedeutung und dem Demokratieprinzip unter Einbindung der Idee der Wesentlichkeitslehre); *Oebbecke*, S. 90 (für die Landesverteidigung und die Außenpolitik als Bereichen, in denen eine Übertragung als Selbstverwaltungsaufgaben nicht möglich sei, da „umfassend demokratisch legitimierte Vorentscheidungen, die etwa als Gesetze für den Selbstverwaltungsträger verbindlich sind, oder durch Beteiligung staatlicher Stellen" aufgrund der „starken Allgemeinbezogenheit" nicht ausreichten); siehe aus der Perspektive der Staatsaufgaben mit einem impliziten Bezug auf die Legitimation auch *Bull*, S. 101 („[D]ie potentiellen Wirkungen militärischer Maßnahmen sind so groß, daß nur der Staat und keine niederrangige Gemeinschaft über sie bestimmen soll").

(c) Zwischenergebnis: Grundrechte und Verfassungsorganisationsrecht als Maßstäbe für das erforderliche Legitimationsniveau

Es besteht ein Zusammenhang zwischen einem erforderlichen Legitimationsniveau und der durch die Grundrechte konturierten, durch Staatsgewalt im Einzelfall betroffenen Freiheit. Diese Idee ist bereits der in Rechtsprechung und Literatur herausgebildeten sogenannten „Wesentlichkeitstheorie“ immanent. Unter der Voraussetzung, dass das jeweilige Staatshandeln einem Sachbereich zuzuordnen ist, dem das Verfassungsorganisationsrecht einen bestimmten Rang zuweist, gibt es zusätzlich einen Zusammenhang zwischen dem Legitimationsniveauerfordernis und diesem Rang.

(3) Relation von Legitimationsniveau und Intensität sowie Art ausgeübter Staatsgewalt

Aufgrund des beschriebenen Beziehungsverhältnisses ist die Antwort auf die Frage, ob ein hinreichendes Legitimationsniveau erreicht wird, im Wege der Abwägung zu ermitteln. Auf der einen Seite steht die inhaltliche Steuerung über den Legitimationsprozess, die durch ihre graduelle und ihre qualitative, durch die Frage des Bestehens einer personell-organisatorischen Legitimation bestimmten Dimension beschrieben wird. Auf der anderen Seite steht die konkrete Freiheitsbeeinträchtigung. Ein weiterer die Abwägung leitender Faktor ist dabei der aus dem Gewaltenteilungsprinzip folgende Grundsatz der Effektivität im Sinne sachgerechten Handelns [siehe oben C. IV. 3. e) aa) (5) und C. IV. 3. e) cc) (2)].[794]

Der Abwägungsvorgang wird durch zwei Charakteristika geprägt. Er ist zunächst ein Prozess, durch den das im Einzelfall erforderliche Legitimationsniveau in gradueller und materieller Hinsicht überhaupt erst bestimmt werden kann. Dieses ergibt sich erst aus der Inbezugsetzung zu Art und Maß der in Frage stehenden Freiheitsbeeinträchtigung. Das zweite Charakteristikum ist, dass es sich – dennoch – um einen Vorgang maßstabsloser Rechtsfindung handelt.[795] Dies folgt aus dem Charakter sowohl des Demokratieprinzips als auch der durch die Grundrechte verfassten Freiheit als Verfassungsvorgaben, die nicht in einer Rangordnung stehen; bei beiden handelt es sich um objektive Wertentscheidungen.[796] Eine Abwägung kann daher nur in

---

[794] BVerfGE 68, 1 (86); BVerfGE 95, 1 (15); BVerfGE 98, 218 (251 f.); BVerfG, 1 BvL 15/00 vom 11. Dezember 2000, Absatz-Nr. 30 (oben Fn. 691); BVerfG, 2 BvR 486/05 vom 08. März 2006, Absatz-Nr. 73 (oben Fn. 691); enger *Jestaedt*, DV 35 (2002), S. 293 (315), wonach „Sachgründe [...] oder gesetzgeberische Dispositionsakte [...] aus sich heraus nicht die Fähigkeit [besitzen], das von Verfassungs wegen geforderte Niveau demokratischer Legitimation zu konstitutieren, zu variieren oder zu modifizieren“.

[795] Für die Abwägung bei der Grundrechtskollission *Ossenbühl*, in: Merten/Papier, HGR I, § 15 Rn. 28.

[796] Siehe *Ossenbühl*, in: Merten/Papier, HGR I, § 15 Rn. 29; *Ossenbühl*, Der Staat 10 (1971), S. 53 (77 ff.), der eine unterschiedliche abstrakte Wertrangordnung von Grundrechten, die etwa aus der Nähe von Grundrechten zu Verfassungsgrundsätzen wie dem Demokratieprinzip gefolgert werden könnte, ablehnt.

Bezug auf die konkreten Einzelfallumstände vorgenommen werden.[797] Immerhin lässt sich der Abwägungsprozess durch die Bildung von Sachverhaltstypen sowohl abstrahieren als auch rationalisieren.[798] Gerade die Abstraktion ist für die Frage der Legitimation der Gesamtheit der Entscheidungen von Institutionen wie den Ethikkommissionen von Bedeutung [siehe oben C. II. 2.]: Hier wird von der konkreten Einzelentscheidung auf die Gesamtheit der durch eine Institution zu treffenden Entscheidungen abstrahiert.

Die Frage, ob die über die Grundrechte beschreibbare Freiheitseinschränkung mit dem Demokratieprinzip vereinbar ist, muss von der Frage der Rechtfertigung von Grundrechtseinschränkungen getrennt werden. Insbesondere spielt der Rechtfertigungsgrund, beispielsweise kollidierende Grundrechte, keine Rolle. Die Frage der Rechtfertigung in dem Fall, dass es sich bei der Freiheitsbeeinträchtigung gleichzeitig um einen rechtfertigungsbedürftigen Grundrechtseingriff handelt, ist keine Frage des Demokratie-, sondern eine Frage des Rechtsstaatsprinzips. Das Demokratieprinzip setzt die Wirkung der Ausübung von Staatsgewalt in Relation zum Einfluss des Legitimationssubjekts auf eben dieses Handeln. Die Frage der Rechtmäßigkeit des Staatshandelns, sofern es Grundrechte berührt, steht neben dem vom Demokratiegebot behandelten Verhältnis. Die Frage, ob eine Beschränkung von Freiheit, möglicherweise durch Rechte Dritter, insbesondere kollidierende Grundrechte, gerechtfertigt ist, kann daher nicht zur Bestimmung der Intensität der Freiheitsbeeinträchtigung selbst herangezogen werden. Eine Überlegung etwa dahingehend, dass die Intensität dieser Freiheitsbeschränkung von vornherein vermindert sei, weil die berührten Grundrechte schon unter dem Vorbehalt anderer Grundrechte stehen, hat innerhalb der demokratisch-legitimatorischen Analyse keinen Platz. Die Ausübung von Staatsgewalt bedarf auch dann der demokratischen Legitimation, wenn sie im Übrigen gerechtfertigt ist.

---

[797] BVerfGE 7, 198 (210 f.); *Alexy*, S. 80 ff., der unter dem Topos der „Prinzipienkollision" in Bezug auf BVerfGE 51, 324 formuliert, dass es dort bei der Abwägung darum gehe, „welchem der *abstrakt gleichrangigen* Belange *im konkreten Fall* das *höhere Gewicht* zukommt" (S. 80) und den Maßstab des Bewertungsvorgangs als „bedingte Vorrangrelation" bezeichnet, deren Festsetzung darin bestehe, „daß unter Bezug auf den Fall *Bedingungen* angegeben werden, unter denen das eine Prinzip dem anderen vorgeht" (S. 81); *Ossenbühl*, in: Merten/Papier, HGR I, § 15 Rn. 28 („Die Abwägungsebene ist die alle Umstände umfassende konkrete Situation des Einzelfalles"); *Ossenbühl*, in: Erbguth/Oebbecke/Rengeling/Schulte, S. 25 (30); *Stern*, Bd. III/2, § 95, S. 818.

[798] Im Sinne der von *Alexy*, S. 80 ff. identifizierten „bedingten Vorrangrelation" sind die „*Bedingungen* [...], unter denen das eine Prinzip dem anderen vorgeht" ein zwar auf den konkreten Fall bezogenes, aber doch abstrahiertes Bewertungselement; *Ossenbühl*, Der Staat 10 (1971), S. 53 (80 f.), der die „Herausbildung [...] die Grundrechtsanwendung vermittelnder und rationalisierender Falltypen" zwar als möglich erachtet, darin allerdings eine Aufgabe sieht, die „letztlich zu einem endgültigen Abschluß niemals kommen kann".

cc) Verfassungsrechtlich gebotenes Legitimationsniveau der funktionalen Selbstverwaltung

Die grundsätzliche verfassungsrechtliche Forderung nach einer personell-organisatorischen und sachlich-inhaltlichen Legitimation der Ausübung von Staatsgewalt gilt im Bereich der funktionalen Selbstverwaltung nur eingeschränkt [siehe zur Intension des verfassungsrechtlich rezipierten Selbstverwaltungsbegriffs oben C. IV. 2. e) ee) (2)]. Die Aufhebung der personell-organisatorischen Legitimation ist innerhalb der Extension und Intension des Selbstverwaltungsbegriffs durch die verfassungsrechtliche Anerkennung der funktionalen Selbstverwaltung als Ausnahme gerechtfertigt. Für die Ministerialfreiheit gilt Gleiches, wobei diese auch außerhalb des Bereichs der funktionalen Selbstverwaltung durch Sachgründe gerechtfertigt werden kann.

Dieser Spezifik der funktionalen Selbstverwaltung lässt sich auch eine bestimmte Aussage für das gebotene Legitimationsniveau entnehmen. Erkennt die Verfassung die funktionale Selbstverwaltung an, so muss diese grundgesetzliche Rezeption auch die ihr notwendig anhaftende Minderung des Legitimationsniveaus umfassen.[799] Dies bedeutet jedoch nicht, dass nicht auch im Fall der von Trägern funktionaler Selbstverwaltung ausgeübten Staatsgewalt das Legitimationsniveau im Wege der Abwägung mit der jeweils erfolgenden Fremdbestimmung ermittelt und bewertet werden muss. Das Ziel des Legitimationsgebots, nämlich die Wahrung von Selbstbestimmung, verbietet es, das Legitimationsniveau schematisch zu bestimmen, beispielsweise im Bereich der funktionalen Selbstverwaltung die Niveauanforderungen allgemein graduell zu senken. Bei der gebotenen Abwägung ist jedoch die Tatsache, dass die Staatsgewalt von Selbstverwaltungsträgern ausgeübt wird, als Abwägungsparameter zugunsten einer niedrigeren Legitimationsniveauanforderung einzustellen. Dabei sind auch die spezifischen Gründe für die Aufgabenwahrnehmung durch Selbstverwaltungsträger und die damit einhergehende Legitimationsbeeinträchtigung zu berücksichtigen. Dies gilt beispielsweise für die grundrechtliche Fundierung der Hochschulselbstverwaltung[800].

d) Legitimationsniveau der Tätigkeit der Ethikkommissionen

Mittels des oben beschriebenen Abwägungsverfahrens kann untersucht werden, ob das Legitimationsniveau der Ethikkommissionen dem verfassungsrechtlichen Gebot demokratischer Legitimation der Ausübung von Staatsgewalt genügt. Dazu soll zunächst die Wesentlichkeit der Ausübung von Staatsgewalt anhand der von der

---

[799] Ebenso *Röhl*, S. 146, der in der grundgesetzlichen Anerkennung der mittelbaren Staatsverwaltung eine „Relativierung der Staatlichkeit" sieht, der eine „Zurücknahme der Anforderungen an inhaltlicher und personeller Einwirkung über die Ministerialverwaltung" entspreche; im Ergebnis auch *Schmidt-Aßmann*, AöR 116 (1991), S. 329 (377 ff.).

[800] Siehe dazu *Schmidt-Aßmann*, AöR 116 (1991), S. 329 (381 f.).

Verfassung als Wertungsgrundlage gelieferten grundrechtlichen Kontur von Freiheit beschrieben werden. Dies ist dann in Beziehung zur Legitimation der Tätigkeit der Kommissionen zu setzen.

aa) Wesentlichkeit der Ausübung von Staatsgewalt durch die Ethikkommissionen vor dem Hintergrund des Selbstbestimmungsbegriffs

Nach Maßgabe des Selbstbestimmungsbegriffs ist die Wesentlichkeit der Ausübung von Staatsgewalt durch die Ethikkommissionen dadurch zu bestimmen, dass die berührten Grundrechte festgestellt werden sowie jeweils die Eingriffsintensität beschrieben wird.

(1) Berührung individueller grundrechtlicher Freiheitssphären durch die Tätigkeit der Ethikkommissionen

(a) Berührung grundrechtlicher Freiheitssphären der Sponsoren

(aa) Eingriff in die Wissenschaftsfreiheit der Sponsoren

Der Schutzbereich der Wissenschaftsfreiheit ist vom Bundesverfassungsgericht beschrieben worden als jede Tätigkeit, die „nach Inhalt und Form als ernsthafter und planmäßiger Versuch zur Ermittlung der Wahrheit anzusehen ist".[801] Der Umfang der Gewährleistung der Wissenschaftsfreiheit ist weit. „Jeder, der in Wissenschaft, Forschung und Lehre tätig ist, hat – vorbehaltlich der Treuepflicht gem. Art. 5 Abs. 3 S. 2 – ein Recht auf Abwehr jeder staatlichen Einwirkung auf den Prozeß der Gewinnung und Vermittlung wissenschaftlicher Erkenntnisse.[802] Die Wissenschaftsfreiheit steht damit auch Personen zu, die außerhalb des primären Wissenschaftsbetriebs an den Hochschulen wissenschaftlich aktiv sind.[803] Auch juristische Personen sind daher Träger des Grundrechts der Wissenschaftsfreiheit, soweit sie, mittelbar durch ihre Organe, unmittelbar durch ihre Mitarbeiter, wissenschaftlich aktiv sind.[804] Jedenfalls inländischen juristischen Personen des Privatrechts kommt gemäß Art. 19 Abs. 3 grundrechtlicher Schutz insofern zu, als die Grundrechte ihrem Wesen nach auf diese Personen anwendbar sind.[805] Dieses Kriterium ist vor allem dann erfüllt, wenn die jeweils grundrechtlich geschützten Aktivitäten auch von juristischen Personen vorgenommen werden können[806] und sich die juristische Person mit dieser Tätigkeit in einer vergleichbaren Gefährdungslage wie eine natürliche

---

[801] BVerfG NJW 1993, S. 916; BVerfGE 71, 162 (176); BVerfGE 47, 327 (367); BVerfGE 35, 79 (113).

[802] BVerfGE 35, 79 (112).

[803] *Pieroth/Schlink*, Rn. 672 f.

[804] *Sachs*, in: ders., Grundgesetz, Art. 19 Rn. 96; *Stamer*, S. 50.

[805] BVerfGE 118, 168 (203); BVerfGE 106, 28 (48 f.).

[806] BVerfGE 118, 168 (203); BVerfGE 106, 28 (48 f.); BVerfGE 42, 212 (219).

Person[807] befindet. Die Voten der Ethikkommissionen zielen auf eine Aktivität der Sponsoren, nämlich auf die Forschung in der konkreten Form der klinischen Studie[808]. Diese Aktivität kann von juristischen Personen – mithin insbesondere auch von entsprechend verfassten Pharmaunternehmen – ebenso vorgenommen werden wie von natürlichen Personen. Auch unter dem allgemeineren Aspekt der individuellen Selbstbestimmung ist dies als Freiheitsbeschränkung zu begreifen, denn auch das Verhalten einer juristischen Person ist auf Individuen zurückzuführen[809]. Die Tätigkeit der Ethikkommissionen berührt daher die Sponsoren in ihrem Grundrecht aus Art. 5 Abs. 3 GG.

(bb) Eingriff in die Berufsfreiheit der Sponsoren

Die Sponsoren sind überdies in ihrem Recht auf Berufsfreiheit berührt. Der Berufsbegriff unter Art. 12 GG ist weit. Vom natürlichen Wortgehalt ausgehend, muss eine Tätigkeit auf eine gewisse Dauer angelegt sein[810] und der Schaffung und Erhaltung einer Lebensgrundlage dienen[811]. Insoweit, als die Berufsfreiheit auch die Freiheit enthält, eine Tätigkeit zu Erwerbswecken auszuüben, insbesondere ein Gewerbe zu betreiben, kann diese Freiheitssphäre sowohl von natürlichen als auch von juristischen Personen ausgefüllt werden. Auch juristische Personen kommen daher als Grundrechtsträger in Betracht.[812] Die erwerbswirtschaftliche Tätigkeit der hier primär gegenständlichen Pharmaunternehmen besteht vor allem im Verkauf von medizinischen Produkten nach vorangegangener Entwicklung und Produktion. Rechtliche Voraussetzung hierfür ist die Durchführung klinischer Studien. Damit liegt die klinische Forschung, die von Pharmaunternehmen durchgeführt wird, im Schutzbereich der Berufsfreiheit der Sponsoren;[813] die Voten der Ethikkommissionen können in den Schutzbereich der Berufsfreiheit der Sponsoren eingreifen.

Die für das Grundrecht der Berufsfreiheit sogenannte „Stufenlehre“[814] liefert ein die Eingriffsintensität kategorisierendes System, indem sie zwischen Eingriffen in die Berufsausübung, subjektiven Zulassungsvoraussetzungen und objektiven Zu-

---

807 BVerfGE 118, 168 (203 f.); BVerfGE 106, 28 (43 f.); BVerfGE 61, 82 (100 f., 105 ff.); BVerfGE 45, 63 (79).

808 *Deutsch/Spickhoff*, Rn. 918 („Auch die medizinische Forschung, sogar die Forschung am Menschen, wird von Art. 5 III GG als frei erklärt“).

809 Siehe *Cremer* (2000), S. 516, wonach „Verfassungsrecht sich wie alles Recht und jede Norm letztlich auf das Verhalten einzelner Menschen bezieht“ und sich „auch das ‚Handeln‘ des rechtlichen Kunstgebildes einer ‚juristischen Person‘ stets auf einzelne Menschen zurückführen [läßt], die sie gründen, durch Beschlüsse ihren Willen bilden oder sie nach außen vertreten“.

810 BVerfGE 32, 1 (28 ff.), wo das Gericht dem Kriterium der Dauer der Berufstätigkeit höheres Gewicht zumaß als inhaltlich-formalen öffentlichrechtlichen Kriterien der Berufsdefinition (Apotheker).

811 BVerfGE 7, 377 (397).

812 BVerfGE 21, 261 (266).

813 Ebenso *Stamer*, S. 52.

814 BVerfGE 7, 377 (405 ff.).

lassungsschranken differenziert.[815] Zwar wurde diese Lehre als Konkretisierung der grundrechtlich gebotenen Verhältnismäßigkeit entwickelt und soll dazu dienen, einen Zuordnungsmaßstab zwischen Zweck des Eingriffs und seiner grundrechtlichen Wirkung zu liefern. Die in ihrem Rahmen entwickelten Formeln zur Prüfung des Eingriffszwecks auf seine Verhältnismäßigkeit sind daher für eine Analyse nach Maßgabe des Gebots der demokratischen Legitimation nicht brauchbar. Jedoch liefert die Lehre immerhin einen Anhaltspunkt zur Ermittlung der Eingriffsintensität und damit insofern auch zur Ermittlung des Gewichts des Eingriffs in die Selbstbestimmung des Sponsors. Nach diesem Maßstab ist ein negatives oder mit Auflagen versehenes Votum der Ethikkommission als Eingriff in die Berufs*ausübungs*freiheit der Sponsoren einzuordnen.

(b) Berührung grundrechtlicher Freiheitssphären der Forscher

(aa) Eingriff in die Forschungsfreiheit der Forscher

Es wurde festgestellt, dass die Sponsoren insoweit, als sie die Forschung in Form der Durchführung klinischer Studien mittelbar durchführen, Träger des Grundrechts der Wissenschaftsfreiheit aus Art. 5 Abs. 3 GG sind. Dies gilt daher jedenfalls auch für die Forscher, die die klinischen Studien unmittelbar durchführen.[816]

Die Studien sind jedenfalls nicht als ausschließlich öffentliche Aufgaben einzuordnen, auch dann nicht, wenn bei der Studiendurchführung auch eine Heilbehandlung vorgenommen wird, das heißt Patienten und nicht nur Probanden an der Studie teilnehmen. Wie hinsichtlich der Beeinträchtigung der Selbstbestimmung der Prüfärzte beschrieben, handelt es sich bei deren Tätigkeit, auch dann, wenn sie im Rahmen der klinischen Studie eine Heilbehandlung durchführen, nicht um eine ausschließlich dem Staat zuzuordnende Aktivität [siehe oben B. III. 3. e), C. IV. 2. e) ee) (2) (d) (aa)]. Entsprechendes gilt für die Wissenschaftsfreiheit der forschenden Ärzte. Der Schutz des Grundrechts aus Art. 5 Abs. 3 GG kommt ihnen auch hinsichtlich einer Tätigkeit im Rahmen eines Heilversuchs zu. Jede Beschränkung der auf eine klinische Studie bezogenen Tätigkeit der Prüfer und weiteren Forscher berührt daher ihr Recht aus Art. 5 Abs. 3 GG.[817]

(bb) Eingriff in die Berufsfreiheit der Forscher

Die Einschränkung der Selbstbestimmung der Forscher kann aber auch über das Grundrecht der Berufsfreiheit beschrieben werden. Bei einer reinen Heilbehandlung ist nicht fraglich, dass die Tätigkeit der Prüfärzte im Rahmen der klinischen Studien

---

815 *Pieroth/Schlink*, Rn. 916.

816 *Classen*, MedR 1995, S. 148 (149); *Gramm*, WissR 32 (1999), S. 209 (216 f.); *Stamer*, S. 37 ff.; bereits zur Konsultationspflicht *Schröder*, VersR 1990, S. 243 (251 ff.); ebenfalls zur Rechtslage vor der 12. Novelle des Arzneimittelgesetzes *Alber-Malchow*, S. 55 ff.

817 *Becker-Platen*, S. 162 ff.; *Classen*, MedR 1995, S. 148 (149).

auf gewisse Dauer angelegt[818] ist und der Schaffung und Erhaltung einer Lebensgrundlage[819] dient, mithin in den Schutzbereich von Art. 12 Abs. 1 GG fällt. Allerdings gilt dies auch für die Durchführung von Humanexperimenten durch Ärzte.[820] Dies wird plausibel anhand der beschriebenen Untrennbarkeit von Heilbehandlung und Forschung. Nicht zuletzt zeigt die Behandlung des Themas „Forschung" in den Heilberufe- und Kammergesetzen, dass auch der Gesetzgeber die Forschung als Teil der typisch ärztlichen Tätigkeit begreift.[821] Die Tätigkeit der Ethikkommissionen berührt sonach auch den durch Art. 12 Abs. 1 GG den Ärzten eingeräumten Schutzbereich.[822] Legt man auch hier die sogenannte „Stufentheorie" zugrunde, so gilt – ebenso wie für die Sponsoren – dass der Eingriff auf der untersten Schwelle, nämlich auf jener der Berufsausübung erfolgt.[823]

(c) Berührung grundrechtlicher Freiheitssphären der Patienten und Probanden

Die Voten der Ethikkommissionen wirken sich auf die Möglichkeit der Patienten und Probanden aus, an klinischen Studien teilzunehmen und können insofern deren Selbstbestimmung beschränken.[824]

(aa) Eingriff in die allgemeine Handlungsfreiheit der Patienten und Probanden

In grundrechtlichen Kategorien stellt sich dies als eine Beeinträchtigung des Rechts auf allgemeine Handlungsfreiheit dar.[825] Art. 2 Abs. 1 GG ist ein „Grundrecht des Bürgers, nur aufgrund solcher Vorschriften mit einem Nachteil belastet zu werden, die formell und materiell der Verfassung gemäß sind".[826] Art. 2 Abs. 1 GG ist daher insofern ein Auffanggrundrecht und tritt hinter die speziellen Grundrechte zurück, soweit deren Schutzbereiche berührt sind.[827]

(bb) Eingriff in das Recht auf Leben und körperliche Unversehrtheit der Patienten und Probanden

Ein solches Zurücktreten ist zumindest in bestimmten Sachverhaltskonstellationen denkbar. Dann, wenn es sich um Heilversuche handelt, kann sich ein ablehnendes Votum der Ethikkommission als Berührung des Schutzbereichs des Grundrechts auf

818 Siehe oben Fn. 810.
819 Siehe BVerfGE 7, 377 (397).
820 *Schröder*, VersR 1990, S. 243 (251); *Stamer*, S. 45 f.
821 *Schröder*, VersR 1990, S. 243 (251).
822 *Classen*, MedR 1995, S. 148 (149).
823 Bereits für die Konsiliarpflicht *Stamer*, S. 47 f.
824 *Classen*, MedR 1995, S. 148 (150).
825 *Stamer*, S. 54 ff.
826 BVerfGE 29, 402 (408).
827 *Pieroth/Schlink*, Rn. 387.

Leben und körperliche Unversehrtheit aus Art. 2 Abs. 2 S. 1 GG auswirken.[828] Zwar ist es auch im Falle einer negativen Bewertung des Antrags durch die Ethikkommission nicht die Kommission, und somit der Staat selbst, die gezielt die Gesundheit im biologisch-physiologischen Sinn[829] oder das Leben beeinträchtigt. Vielmehr führt ein solches Votum dazu, dass dem Patienten eine mögliche Heilbehandlung nicht oder eingeschränkt zukommt. Da nach dem modernen Eingriffsbegriff jedes staatliche Handeln, das dem Einzelnen ein in den Schutzbereich eines Grundrechts fallendes Verhalten ganz oder teilweise unmöglich macht, ungeachtet einer etwaigen Finalität, einer Mittelbarkeit sowie des Modus als Eingriff zu qualifizieren ist,[830] ist das negative Votum auf der Grundlage eines entsprechenden Sachverhalts als ein Eingriff in das Recht auf körperliche Unversehrtheit oder Leben anzusehen. Dies gilt allerdings nur in dem Fall, dass der Heilversuch tatsächlich zumindest eine Chance für den Patienten darstellt, seinen Gesundheitszustand effektiver zu verbessern, als dies mit einer erprobten Behandlungsmethode der Fall wäre. Dabei spielt keine Rolle, dass das Ziel der Prüfung durch die Ethikkommission vor allem der Schutz auch der Patienten im Rahmen der klinischen Studie ist. Dies mag zwar zur Rechtfertigung des Eingriffs dienen, ist aber aus legitimatorischer Sicht irrelevant. Aus dieser ist nur die Intensität der Freiheitsbeeinträchtigung ohne Betracht möglicher Gründe von Bedeutung. Die Frage, ob eine solche Chance zur Verbesserung des Gesundheitszustandes tatsächlich besteht, ist eine Tatsachenfrage, die typischerweise schwierig zu beantworten ist: Gerade die Durchführung des Heilversuchs soll im Regelfall dazu dienen, herauszufinden, ob eine Behandlungsmethode sinnvoll ist[831].

Soweit die Subsidiaritätsregel jedoch nicht eingreift, kommt ausschließlich das Grundrecht der allgemeinen Handlungsfreiheit zum Tragen.

(2) Wesentlichkeit der Berührung grundrechtlicher Freiheitssphären durch die Tätigkeit der Ethikkommissionen

Für die jeweilige Einwirkungsintensität im Sinne eines faktischen Wirkungszusammenhangs kann weitgehend auf die Ausführungen zur Fremdbestimmung von Individuen durch Ethikkommissionen verwiesen werden [siehe oben C. II. 1. a) ee) (5)]. An dieser Stelle stehen die normativen, grundrechtlichen Aspekte der Einwir-

---

[828] *Sobota*, AöR 121 (1996), S. 229 (242). *Classen*, MedR 1995, S. 148 (149), nimmt zudem eine Relevanz von Art. 2 Abs. 2 GG als Abwehrrecht an, sofern „die Versuche dem Staat zuzurechnen sind“. Diese Einzelfallkonstellation soll hier nicht beleuchtet werden; die Versuche sind jedenfalls nicht den Ethikkommissionen zuzurechnen; auch lässt sich eine allgemeine Zurechnung von klinischen Prüfungen zum Staat nicht begründen.

[829] *Pieroth/Schlink*, Rn. 420.

[830] *Pieroth/Schlink*, Rn. 253.

[831] Siehe *Kage*, S. 319 („nicht unerhebliches Gesundheitsrisiko“); ebenso *Rosenau*, in: Deutsch/Taupitz, S. 63 (64), mit dem Hinweis, dass auch die Gefahren für die Versuchsteilnehmer gerade deshalb besonders groß sind, weil die Gefährlichkeit der Methoden erst durch die Versuche aufgedeckt werden soll.

kungsintensität im Vordergrund. Da die Tätigkeit der Kommissionen kategoriell keinem von der Verfassung mit besonderem Gewicht versehenen Sachbereich zugeordnet werden kann [siehe zu der Bedeutung solcher Bereiche für die Legitimationsbedürftigkeit oben C. IV. 4. c) bb) (2) (b)], ist der grundrechtliche Aspekt für die Wesentlichkeit dieser Tätigkeit allein maßgeblich.

(a) Wesentlichkeit der Tätigkeit nach dem Arzneimittelgesetz und dem Medizinproduktegesetz

Eine erhebliche Grundrechtsrelevanz besteht bei Voten unter dem Arzneimittelgesetz und solchen unter dem Medizinproduktegesetz. Sie sind Verwaltungsakte, die über das „Ob“ der Studie in der beantragten Form entscheiden. Die Entscheidungen sind final darauf gerichtet, den Sponsoren die Forschung mittels der konkret in Rede stehenden klinischen Studie zu untersagen oder nur unter Auflagen zu erlauben; sie determinieren das „Ob“ und das „Wie“ der Studie. Auch nach dem sogenannten „klassischen Eingriffsbegriff“[832] ist die Bewertung daher ein Eingriff in die Grundrechte der antragstellenden Sponsoren. Gegenüber den Forschern sind die Voten ebenfalls als Eingriffe zu kategorisieren, obschon jene keine Adressaten sind; die Voraussetzungen des modernen Eingriffsbegriffs [siehe oben C. IV. 4. d) aa) (1) (c) (bb)] sind erfüllt.

Die Kommissionen bestimmen mithin nach dem Arzneimittelgesetz und nach dem Medizinproduktegesetz darüber, ob die oben grundrechtlich beschriebenen Freiheitsräume der Sponsoren, Forscher, Patienten und Probanden in dem durch den Antrag beschriebenen Umfang überhaupt ausgefüllt werden können. Für die Sponsoren und Forscher ist damit in grundrechtlichen Kategorien ihre Wissenschafts- und Berufsfreiheit erheblich eingeschränkt. Hinsichtlich einiger der Forscher sowie aller Patienten und Probanden wird die Grundrechtsrelevanz um den Faktor der Wahrscheinlichkeit ihrer tatsächlichen Mitwirkung an der Studie vermindert, da sie zum Zeitpunkt der Erteilung des Votums noch nicht individualisiert sind [siehe oben C. II. 1. a) ee) (5) (a) (bb), C. II. 1. a) ee) (5) (a) (cc)]. Insoweit besteht zwar kategoriell kein Unterschied zur Grundrechtsbetroffenheit der Sponsoren und der bereits bei Erteilung der Bewertung bestimmten Forscher: Auch für die nicht bestimmten Forscher, die Patienten und die Probanden geht es um das „Ob“ der Teilnahme an der Prüfung und insofern um einen grundrechtlich beschreibbaren Freiheitsraum. Jedoch ist die personale Unbestimmtheit, im Regelfall wohl auch Unbestimmbarkeit der Betroffenen, hier als ein Faktor zu berücksichtigen, der die Intensität der Einschränkung des Rechts der Patienten auf Leben und körperliche Unversehrtheit, der Probanden auf allgemeine Handlungsfreiheit und der nicht individualisierten Forscher auf Forschungsfreiheit – und damit auch die Wesentlichkeit – relativiert.

---

[832] Siehe *Pieroth/Schlink*, Rn. 251.

(b) Wesentlichkeit der Tätigkeit nach der Röntgenverordnung oder der Strahlenschutzverordnung

Im Geltungsbereich sowohl der Röntgenverordnung als auch der Strahlenschutzverordnung ist die Wirkung des Handelns der Ethikkommissionen auf die Freiheitssphäre der Betroffenen nahezu ebenso erheblich wie unter dem Arzneimittelgesetz und dem Medizinproduktegesetz. Auch hier bestimmen die Kommissionen darüber, ob die jeweilige Studie überhaupt stattfinden darf. Liegt keine Stellungnahme vor, so darf die Genehmigung durch das Bundesamt für Strahlenschutz nicht erteilt werden. Zwar ist die Wirkung insofern eine mittelbare, als für den jeweiligen Antragsteller lediglich diese Genehmigung Voraussetzung für einen rechtmäßigen Studienbeginn ist. Für die Wesentlichkeit der Einwirkung auf die Betroffenen ist jedoch auf die tatsächliche Wirkung abzustellen; das rechtliche Bedingungskonstrukt ist nur indirekt bedeutsam. In tatsächlichen Kategorien ist die Einwirkungsintensität lediglich um den Faktor der Wahrscheinlichkeit gemindert, dass das Bundesamt für Strahlenschutz das Fehlen der Stellungnahme der Ethikkommission rechtswidrig ignoriert. Unterstellt man allgemein ein regelmäßig rechtskonformes Behördenverhalten, mithin auch für das Bundesamt für Strahlenschutz, so ist diese Probabilität gering. Die Wirkungen auf die Selbstbestimmung der Sponsoren und der zum Zeitpunkt der Erteilung der Stellungnahme personal bestimmten Forscher, die grundrechtlich in ihrer Wissenschafts- und Berufsfreiheit ausgeprägt ist, sind daher erheblich. Hinsichtlich der Patienten und Probanden sowie der zum besagten Zeitpunkt noch unbestimmten Forscher gilt – ebenso wie unter dem Arzneimittelgesetz und dem Medizinproduktegesetz – dass die grundrechtliche Bedeutung des Handelns der Ethikkommissionen um den Grad der Wahrscheinlichkeit ihrer Mitwirkung an der jeweiligen Studie vermindert ist [siehe oben C. II. 1. a) ee) (5) (a) (bb), C. II. 1. a) ee) (5) (a) (cc)].

bb) Abwägung mit der Wesentlichkeit der Einwirkung auf die individuelle Selbstbestimmung

Die in ihrer Wesentlichkeit beschriebenen Effekte der Handlungen der Ethikkommissionen sind in Relation zur jeweiligen Legitimation der Ethikkommissionen zu setzen.

Die Legitimation der Kommissionen kann kategoriell in vier Typen beschrieben werden, die sich vor allem in ihrer personell-organisatorischen Legitimation unterscheiden [siehe oben C. IV. 2. d)]. Der erste Typus ist jener der in die Ministerialverwaltung eingegliederten Kommission. Der zweite ist jener der Ethikkommissionen, die zwar bei Trägern funktionaler Selbstverwaltung angesiedelt sind, deren Besetzung jedoch in einer personell-organisatorische Legitimation herstellenden Weise durch Stellen in der Ministerialverwaltung bestimmt wird. Die innerhalb der funktionalen Selbstverwaltung angesiedelten Kommissionen, deren Mitglieder ausschließlich aus den entsprechenden Verwaltungsträgern heraus eingesetzt werden, bilden den dritten Typus. Der vierte Typus ist jener der privaten Kommissionen.

Die personell-organisatorische Legitimation der Kommissionen ist zwar unter der Röntgenverordnung und der Strahlenschutzverordnung über die Registrierung bei dem Bundesamt für Strahlenschutz jedenfalls gegeben [siehe oben C. IV. 2. d) aa)]. Ansonsten unterscheiden sich die Legitimationsstränge jedoch insofern, als bei einer Tätigkeit nach dem Arzneimittelgesetz oder nach dem Medizinproduktegesetz die in der funktionalen Selbstverwaltung angesiedelten und ausschließlich aus dieser heraus besetzten Kommissionen personell-organisatorisch nicht legitimiert sind [siehe oben C. IV. 2. d) bb) (2) (b)].

Im Hinblick auf die sachlich-inhaltliche Legitimation sind die Ethikkommissionen insofern gleich, als sie sämtlich unabhängig, das heißt weisungsfrei gestellt sind. Unterschiede begründen sich nur in den jeweiligen materiellen Vorschriften. Diese Differenzen sind gering; allerdings belassen das Medizinproduktegesetz, die MPKPV, die Röntgenverordnung und die Strahlenschutzverordnung durch die Verwendung ethischer Gesichtspunkte als Bewertungsmaßstäbe weitere Spielräume als das Arzneimittelgesetz.

(1) Tätigkeit der Ethikkommissionen nach dem Arzneimittelgesetz und dem Medizinproduktegesetz

Die Wesentlichkeit der Einwirkung der Tätigkeit der Ethikkommissionen auf die Selbstbestimmung der betroffenen Individuen ist insbesondere unter Anlegung eines grundrechtlichen Maßstabes groß [siehe oben C. IV. 4. d) aa) (2)]. Dem gegenüber steht eine unterschiedliche Legitimation der Kommissionen, die unter dem Arzneimittelgesetz und unter dem Medizinproduktegesetz tätig werden. Während die Kommissionen in der Ministerialverwaltung und jene in der funktionalen Selbstverwaltung, deren Besetzung aus der Ministerialverwaltung heraus bestimmt wird, über personell-organisatorische Legitimation verfügen, ist dies bei den Ethikkommissionen, die aus der funktionalen Selbstverwaltung heraus besetzt werden, nicht der Fall. Dies geht einher mit einer für alle Kommissionen nur schwachen sachlich-inhaltlichen Legitimation aufgrund der Weisungsfreistellung und der großen inhaltlichen Handlungsspielräume.

(a) Kein hinreichendes Legitimationsniveau bei personell-organisatorisch nicht legitimierten Ethikkommissionen

Bereits die nur schwache sachlich-inhaltliche Legitimation erscheint vor dem Hintergrund der berührten grundrechtlich-hochrangigen Freiheitssphären der Sponsoren, Forscher, Patienten und Probanden bedenklich. Insofern ist jedoch in die Abwägung einzustellen, dass dies auch im Regelungsthema begründet liegt. Die Notwendigkeit, Maßstäbe mit wissenschaftlichen Mitteln auszufüllen und funktionsgerecht umzusetzen, führt nicht nur als sachlicher Grund zur Zulässigkeit der Weisungsfreistellung überhaupt [siehe oben C. IV. 3. e) dd)]. Sie wirkt auch auf die hier vorzunehmende Abwägung ein und hat für das Legitimationsniveau eine anforderungsmindernde Funktion, soweit sich dessen Absenkung aus der besagten Weisungsfreistellung und der aufgrund der wissenschaftlichen Maßstäbe unscharfen materiellen Regelungen ergibt. Dies gilt auch dann, wenn berücksichtigt wird, dass das Medizinproduktegesetz und die MPKPV – anders als das Arzneimittelgesetz – zusätzlich einen ethischen und damit inhaltlich erheblich unkonkreten Maßstab vorgeben. Dieser ergibt sich im Gegensatz zu den wissenschaftlichen Maßstäben nicht notwendig aus dem Regelungsthema. Indes ist seine Bedeutung insofern begrenzt, als das Medizinproduktegesetz und die MPKPV auch konkretere Maßstäbe für die Bewertung klinischer Prüfungen enthalten.

Außer Verhältnis stehen die Wirkungen der Tätigkeit der Ethikkommissionen und deren demokratische Legitimation jedoch, wenn es zusätzlich an der personell-organisatorischen Legitimation fehlt, wie dies für die in der funktionalen Selbstverwaltung angesiedelten und ausschließlich aus dieser heraus besetzten Ethikkommissionen der Fall ist. Der Legitimationsprozess ist hier nur wenig effektiv; der graduelle Steuerungsverlust aus der Schwäche der sachlich-inhaltlichen Legitimation und dem gänzlichen Fehlen der personell-organisatorischen Legitimation ist insgesamt groß. Nimmt man zusätzlich die qualitative Dimension des personell-organisatorischen Legitimationsmodus in den Blick [siehe oben C. IV. 4. a) bb) (2)], so ergibt sich das Bild einer erheblichen Einschränkung der Selbstbestimmung des Einzelnen durch einen nicht nur in seinen Handlungen kaum eingeschränkten, sondern überdies aus Sicht des Betroffenen personal gewillkürten Amtswalter. Diese Befunde gelten hinsichtlich der Sponsoren sowie hinsichtlich der zum Zeitpunkt der Abgabe der Bewertung bereits bestimmten Forscher. Von einer etwaigen Erleichterung der Anforderungen an das Legitimationsniveau für die funktionale Selbstverwaltung können die Kommissionen nicht profitieren, da ihre Tätigkeit nicht der Intension des verfassungsrechtlich anerkannten Selbstverwaltungsbegriffs entspricht [siehe oben C. IV. 2. e) ee) (2) (d) (bb)].

Das Legitimationsniveau der Aktivitäten der personell-organisatorisch nicht legitimierten Ethikkommissionen unter dem Arzneimittelgesetz und dem Medizinproduktegesetz ist daher insgesamt [siehe zu der insofern notwendigen Abstraktion von der Ausübung von Staatsgewalt im Einzelfall oben C. II. 2.] unzulänglich. Damit ist die Tätigkeit der nicht personell-organisatorisch legitimierten Ethikkommissionen nicht nur schon aufgrund des Fehlens eben dieses Legitimationsmodus verfassungswidrig [siehe oben C. IV. 2. e) ff)]; auch ihr Legitimationsniveau reicht nicht hin.

(b) Hinreichendes Legitimationsniveau bei personell-organisatorisch legitimierten Ethikkommissionen

Anders liegt dies bei den personell-organisatorisch legitimierten Kommissionen. Zwar ist die sachlich-inhaltliche Steuerung ebenfalls schwach. Die auf dem Regelungsthema basierenden Gründe für die insofern verminderte Steuerungseffektivität wirken jedoch auch hier als tendenziell anforderungsmindernde Faktoren in der

Abwägung. Insbesondere aber bewirkt die personell-organisatorische Legitimation ein erheblich höheres Legitimationsniveau. Aufgrund ihres Bestehens wird nicht nur jede Entscheidung in allen ihren Dimensionen legitimatorisch rückgekoppelt, sondern auch ein – gerade vor dem Hintergrund der nach Maßgabe einer grundrechtlichen Betrachtung erheblichen Wirkungen auf den Einzelnen wichtiges – mittelbar interpersonales Wirkungsverhältnis zwischen Betroffenem und Amtswalter als qualitatives Element des Legitimationsprozesses gewährleistet. Insgesamt genügt die Legitimation der personell-organisatorisch legitimierten Ethikkommissionen daher noch der Anforderung eines hinreichenden Legitimationsniveaus.

(2) Tätigkeit der Ethikkommissionen nach der Röntgenverordnung und der Strahlenschutzverordnung

Die Wesentlichkeit der Tätigkeit der Ethikkommissionen gemäß der Röntgenverordnung und der Strahlenschutzverordnung ist nahezu gleich jener der Tätigkeit gemäß dem Arzneimittelgesetz und dem Medizinproduktegesetz. Anders als dort verfügen die Ethikkommissionen jedoch ausnahmslos über eine personell-organisatorische Legitimation, die sich aus ihrer Stellung als Beliehene ergibt.

Für die durch wissenschaftliche Erkenntnisse geprägten und damit zunächst unbestimmten Maßstäbe sowie die Weisungsfreistellung gilt ebenso wie hinsichtlich des Arzneimittelgesetzes und des Medizinproduktegesetzes, dass sie aus dem Regelungsgegenstand folgen, was den entsprechenden sachlich-inhaltlichen Legitimationsverlust in der Abwägung relativiert. Für den inhaltlich kaum konkretisierbaren Maßstab der ethischen Gesichtspunkte, der keinen zwingenden Zusammenhang mit dem Regelungsthema hat, gilt Gleiches wie für das Medizinproduktegesetz; seine Bedeutung ist insofern vermindert, als die Verordnungen auch konkretere Maßstäbe vorgeben. Die sachlich-inhaltliche Legitimation ist daher unter der Röntgenverordnung und der Strahlenschutzverordnung aufgrund des ethischen Bewertungsfaktors zwar geringer als nach dem Arzneimittelgesetz, das Maß dieser Verminderung ist jedoch begrenzt. Was die personell-organisatorische Legitimation betrifft, kann auf die Ausführungen zur Tätigkeit der personell-organisatorisch legitimierten Kommissionen unter dem Arzneimittelgesetz und dem Medizinproduktegesetz verwiesen werden: Sowohl in gradueller als auch in qualitativer Hinsicht ist die personell-organisatorische Legitimation ein das Legitimationsniveau maßgeblich hebender Faktor. Insgesamt genügt daher die Tätigkeit der Ethikkommissionen unter der Röntgenverordnung und der Strahlenschutzverordnung hinsichtlich der Anforderung an das Legitimationsniveau dem Demokratieprinzip. Auf eine etwaige Erleichterung der Niveauanforderungen für die bei Trägern funktionaler Selbstverwaltung eingerichteten Kommissionen kommt es nicht an; die dann zu stellende Frage nach der Kongruenz der Tätigkeit der Kommissionen unter der Röntgenverordnung und der Strahlenschutzverordnung mit dem grundgesetzlich anerkannten Selbstverwaltungsbegriff kann offen bleiben.

e) Zwischenergebnis: Kein hinreichendes Legitimationsniveau der Tätigkeit der in der funktionalen Selbstverwaltung verorteten, nicht personell-organisatorisch legitimierten Ethikkommissionen

Das Legitimationsniveau der Aktivität der Ethikkommissionen entspricht insofern nicht den Anforderungen aus Art. 20 Abs. 2 GG, als die Kommissionen im Bereich der funktionalen Selbstverwaltung verortet und nicht personell-organisatorisch legitimiert sind. Diese Konstellation besteht teilweise in den Tätigkeitsbereichen des Arzneimittelgesetzes und des Medizinproduktegesetzes, nicht jedoch in jenen der Röntgenverordnung und der Strahlenschutzverordnung. Das mangelnde Legitimationsniveau tritt als gleichrangiger Grund für eine Verfassungswidrigkeit neben das Fehlen der personell-organisatorischen Legitimation an sich. Auch dann also, wenn man letzteren Befund ablehnte, ergäbe sich ein Verstoß gegen das Demokratieprinzip.

D. Zusammenfassung wesentlicher Inhalte

I. Relevante Charakteristika der Ethikkommissionen

Die Rechtsgrundlagen der Ethikkommissionen sind vielfältig und umfassen europarechtliche, bundesrechtliche und landesrechtliche Regelungen sowie Satzungsrecht von Trägern funktionaler Selbstverwaltung. Organisationsrechtlich sind sie in der Ministerialverwaltung, größtenteils jedoch in der funktionalen Selbstverwaltung als Organe der Selbstverwaltungsträger angesiedelt; überdies gibt es beliehene private Kommissionen. Die Gremien können als plural organisierte, mit Beschlusskompetenzen ausgestattete und im Wege horizontaler Entscheidungsfindung agierende Stellen unter die Kategorie der Kollegialverwaltung gefasst werden. Der Tätigkeitsbereich umfasst vor allem jene Aufgaben, die gemäß dem Arzneimittelgesetz, dem Medizinproduktegesetz, der Röntgenverordnung und der Strahlenschutzverordnung Ethikkommissionen zur Wahrnehmung zugewiesen werden. Danach kommt den Kommissionen eine Präventivkontrollfunktion hinsichtlich klinischer Prüfungen zu. Das Verfahren bei den Ethikkommissionen ist ein Antragsverfahren und auf die Abgabe eines Votums gerichtet, das nach dem Arzneimittelgesetz und dem Medizinproduktegesetz ein Verwaltungsakt ist. Der Inhalt oder das Fehlen eines Votums kann – mit Unterschieden im Einzelnen je nach Sachbereich – klinische Studien verhindern. Die Adressaten können in allen Tätigkeitsbereichen grundsätzlich verwaltungsexterne respektive selbstverwaltungsexterne Personen sein.

II. Konturen des Konzepts der demokratischen Legitimation

Der Begriff der demokratischen Legitimation ist spezifisch verfassungsrechtlichen Charakters. Außergrundgesetzliche Aspekte können für seine Konturierung nur insoweit Bedeutung erlangen, als sie von der Verfassung rezipiert wurden. In dieser spezifischen Form ist das Legitimationsgebot von rechtsnormativer Art; es erhebt Anspruch auf Geltung und stellt konkrete Anforderungen. Diese können im Wege der Verfassungsauslegung ermittelt werden. Eine hervorgehobene Rolle kommt dabei dem Konzept der Selbstbestimmung als ideellem Nukleus des Demokratieprinzips zu, das vor allem über den teleologischen Auslegungsmodus die Interpretation des Gebots demokratischer Legitimation bestimmt. Bedeutsam sind auch die verfassungsexpliziten Mechanismen von Einflüssen auf die Ausübung von Staatsgewalt, die als systematische Aspekte das Konzept der demokratischen Legitimation modellieren. Das Legitimationsgebot fordert jedenfalls einen bestimmten Wirkungsprozess, der sich zwischen dem Legitimationssubjekt, dem Volk, und dem Legitimationsobjekt, der Staatsgewalt, entfaltet.

III. Legitimationsobjekt

Die Staatsgewalt aktiviert die verfassungsrechtliche Legitimationsforderung. Der Begriff kann über seine semantischen Komponenten „Gewalt“ und „Staat“ konkretisiert werden.

1. Gewalt

Gewalt ist danach ein performatives Konkretum: Relevant ist nur die ausgeübte Gewalt, nicht ein Potential. Ihr muss eine Entscheidung zugrundeliegen, die entweder als Entscheidung eines Einzelnen oder als Entscheidung einer Organisation begriffen werden kann. Organisationsentscheidungen in diesem Sinne werden auch von den Ethikkommissionen getroffen. Ein Unterlassen ist mangels eines performativen Charakters grundsätzlich nicht Gewalt. Es kann jedoch innerhalb einer Organisation über eine organisationslogische Zurechnung von hiermit im Zusammenhang stehenden, unter den Gewaltbegriff subsumierbaren Effekten als Gewalt begriffen werden.

Aus der Grundidee des Demokratieprinzips, der Idee der Selbstbestimmung, ergibt sich das Modell von Gewalt als Fremdbestimmung. Diese ist als Einschränkung negativer Freiheit zu verstehen. Fremdbestimmung kann über Einschränkungen der individuellen Selbstbestimmung beschrieben werden. Aus der Selbstbestimmung als einer in der Tendenz unbeschränkten Idee eines Ideals folgt ein weitreichender Begriff von Fremdbestimmung: Weder gibt es einen Bagatellvorbehalt, noch ein Erfordernis der unmittelbaren Einwirkung. Danach ist jede Wirkung auf ein Individuum eine Beschränkung der individuellen Selbstbestimmung.

Die Ethikkommissionen üben in diesem Sinne Gewalt aus. Durch die Wirkung ihrer Tätigkeit auf die Möglichkeiten der Studiendurchführung der Sponsoren und Forscher sowie der Teilnahme der Patienten und Probanden beeinträchtigen sie – je nach Sachbereich in unterschiedlicher Weise – deren individuelle Selbstbestimmung.

2. Staatliches Spezifikum

Die Staatlichkeit der Staatsgewalt ist als von einem als Subjekt begriffenen Staat ausgehende Wirkung zu verstehen. Sowohl Einschränkungen nach Ausübungsmodi als auch nach spezifisch staatlichen Sachbereichen werden dem Selbstbestimmungsideal nicht gerecht. Danach ist das gesamte Staatshandeln Legitimationsobjekt. Insbesondere ist nicht relevant, ob es sich um vermeintlich staatsinterne oder um nicht rechtsförmliche Aktivitäten handelt. Dies folgt für die individuelle Selbstbestimmungssphäre aus deren unvermeidlicher Betroffenheit. Das legitimationsspezifische Staatskonzept umfasst institutionell jedenfalls sowohl die unmittelbare Staatsverwaltung als auch Träger funktionaler Selbstverwaltung und Beliehene. Hiernach sind die Ethikkommissionen Teil des so verstandenen Staates. Sie üben Staatsgewalt aus.

IV. Legitimationssubjekt

Die Verfassung erkennt als Legitimationssubjekte ausschließlich die explizit als solche qualifizierten Völker auf Bundesebene, Landesebene und kommunaler Ebene an. „Verbandsvölker“ in Form der durch Selbstverwaltungsträger verfassten Personengesamtheiten werden von der Verfassung nicht rezipiert. Ihr maßgebliches Definitionskriterium der Betroffenheit – als Inbegriff einer äußeren Betroffenheit von bestimmten Angelegenheiten und einer inneren Betroffenheit von der Tätigkeit des Selbstverwaltungsträgers – ist dem Grundgesetz fremd. Gegen eine grundgesetzliche Rezeption sprechen insbesondere systematische Aspekte der Verfassungsauslegung, so die politische Dimension der Staatswillensbildung und Herrschaftsausübung, der formelle Gleichheitsgrundsatz des Demokratieprinzips und die parlamentarisch-repräsentative Staatsstruktur. Für eine Anerkennung im Wege der Analogie fehlt es an einer Regelungslücke.

V. Legitimationsmodi

Es lassen sich entsprechend der Logik der Rückkoppelung der Ausübung von Staatsgewalt an das Legitimationssubjekt zwei Legitimationsmodi identifizieren: Die personell-organisatorische Legitimation und die sachlich-inhaltliche Legitimation.

1. Personell-organisatorische Legitimation

Die personell-organisatorische Legitimation fordert eine individuelle Bestellungskette, die das Volk mit den handelnden Amtswaltern verbindet. Ein das Individualitätserfordernis verneinendes Konzept kollektiver Legitimation ist abzulehnen, da es die für die Ausübung von Staatsgewalt wesentliche Persönlichkeit des einzelnen Amtswalters ausblendet. Die graduelle Steuerungseffektivität der personell-organisatorischen Legitimation ist dabei inhärent durch die Anknüpfung an der Staatsgewalt ausübenden Person beschränkt. Auch die Faktoren der Länge der Bestellungskette und der Überlassung von Zuständigkeiten über Zeiträume wirken insofern relativierend.

Als Beliehene sind sämtliche privaten Ethikkommissionen personell-organisatorisch legitimiert. Für die öffentlich-rechtlichen Ethikkommissionen gilt dies insoweit, als sie nach der Röntgenverordnung und der Strahlenschutzverordnung tätig werden.

Im Bereich der Aktivität gemäß dem Arzneimittelgesetz und dem Medizinproduktegesetz sind die öffentlich-rechtlichen Ethikkommissionen indes teilweise nicht personell-organisatorisch legitimiert. Die in der Ministerialverwaltung angesiedelten Gremien verfügen jedenfalls über eine entsprechende Legitimation. Gleiches gilt für jene in die Verwaltungsorganisation von Trägern funktionaler Selbstverwaltung integrierten Kommissionen, deren Besetzung effektiv durch Stellen in der Ministerialverwaltung determiniert wird. Den meisten öffentlich-rechtlichen Ethikkommissionen fehlt jedoch die personell-organisatorische Legitimation: Sie sind organisationsrechtlich Teil der funktionalen Selbstverwaltung und werden durch andere Selbstverwaltungsorgane innerhalb desselben Trägers personell besetzt.

Besondere Bedeutung erlangt dies vor dem Hintergrund, dass ein Fehlen der personell-organisatorischen Legitimation ausschließlich durch Gründe von Verfassungsrang gerechtfertigt werden kann. Der Legitimationsmodus ist funktional nicht fungibel, da Rechtsanwendung notwendig einen persönlichen Einschlag hat und zudem die äußere Handlungsfreiheit der Amtswalter faktisch nicht beseitigt werden kann. Mit einem Fehlen der personell-organisatorischen Legitimation eröffnet sich daher in der Ausübung von Staatsgewalt eine kategoriale Dimension totaler Fremdbestimmung, was durch eine sachlich-inhaltliche Programmierung nicht kompensiert werden kann. Daraus folgt, dass die personell-organisatorische Legitimation dem Gebot demokratischer Legitimation als hochrangige Forderung inhärent ist. Ausnahmen müssen verfassungsrechtlich begründet werden. Grundsätzlich taugt dazu die grundgesetzliche Anerkennung der funktionalen Selbstverwaltung, die das Fehlen einer personell-organisatorischen Legitimation umfasst.

Zwar sind die Ethikkommissionen auch nach dem Arzneimittelgesetz und dem Medizinproduktegesetz in Bereichen der von der Verfassung anerkannten Extension des Selbstverwaltungsbegriffs tätig, nämlich im Bereich der Forschung an den Hochschulen und jenem der den Ärztekammern zuzuordnenden ärztlichen Forschungstätigkeit. Jedoch entspricht die Tätigkeit nicht der verfassungsrechtlich rezipierten Intension des Selbstverwaltungsbegriffs. Dieser wird geprägt durch die historische und rechtsdogmatische Entwicklung, an die der Verfassungsgeber angeknüpft hat. Daraus folgt eine Beschränkung der Selbstverwaltung auf eigene Angelegenheiten und damit auf eine finale und unmittelbare Wirkung der Verwaltungstätigkeit auf die Mitglieder der Selbstverwaltungskörperschaft. Im Arzneimittelbereich und im Medizinproduktebereich werden jedoch Bewertungen, die als Verwaltungsakte zu qualifizieren sind, regelmäßig an in diesem Sinne externe Personen adressiert.

Die Tätigkeit eines großen Teils der öffentlich-rechtlichen Ethikkommissionen verstößt damit gegen das Demokratieprinzip, da sie der personell-organisatorischen Legitimation ermangelt.

2. Sachlich-inhaltliche Legitimation

Der Modus der sachlich-inhaltlichen Legitimation ist ein Funktionszusammenhang zur Einwirkung auf den Inhalt staatlichen Handelns. Von hervorgehobener Bedeutung ist hierfür die Bindung der Amtswalter an normative Vorgaben. Abgesehen von einem spezifischen Verantwortlichkeitszusammenhang zwischen Parlament und Regierung wird diese normative Bindung ab der Regierungsebene flankiert durch ein Verantwortlichkeitssystem aus den Funktionen der Kontrolle, der Weisung und der Sanktion. Das Demokratieprinzip geht insofern grundsätzlich von einem hierarchischen Verwaltungsaufbau und Wirkungszusammenhang aus. Die Effektivität des Systems wird vor allem durch die inhaltliche Programmierungsdichte der Gesetze und von der strukturellen und materiellen Ausfüllung des Kontroll-, Weisungs- und Sanktionssystems bestimmt.

Die Programmierung der Tätigkeit der Ethikkommissionen durch normative Vorgaben ist wenig intensiv. Weitgehend bestehen inhaltlich unbestimmte Regelungen, oft in Form von Beurteilungsspielräumen, die sich vor allem durch einen expliziten oder impliziten Rückbezug der Normen auf medizinisch-wissenschaftliche Kriterien ergeben. In den Bereichen des Medizinproduktegesetzes, der Röntgenverordnung und der Strahlenschutzverordnung ist diese Unschärfe durch einen überwirkenden ausdrücklich ethischen Beurteilungsmaßstab erhöht. Hinzu kommt, dass die Kommissionen als unabhängige und damit fachweisungsfrei gestellte Institutionen verfasst sind und die Funktionen der Kontrolle, Weisung und Sanktion sich damit auf die Kategorie der Rechtsaufsicht beschränken.

Während die schwache materielle Programmierung auf die Frage des hinreichenden Legitimationsniveaus verweist, wirft die Weisungs- oder Ministerialfreiheit die Frage nach ihrer spezifischen verfassungsrechtlichen Zulässigkeit auf. Ministerialfreie Räume sind dann rechtmäßig, wenn sie auf legitimen Sachgründen basieren und in angemessener Relation zum hiermit einhergehenden sachlich-inhaltlichen Steuerungsverlust stehen. Da – anders als die personell-organisatorische Legitimation – die Weisungsfreiheit für sich genommen noch keine kategoriale Dimension einer fehlenden Rückbindung der ausgeübten Staatsgewalt ist, bedarf es keiner Rechtfertigungsgründe von Verfassungsrang.

Die Unabhängigkeit der Ethikkommissionen ist nach dieser Maßgabe verfassungsgemäß. Die Komplexität der den Ethikkommissionen zugewiesenen Aufgaben, insbesondere die teilweise konfligierenden Interessen innerhalb der zu beurteilenden Sachverhalte sowie deren notwendig medizinisch-wissenschaftlicher Charakter, begründen eine Aufgabenwahrnehmung durch ein insofern funktional vorteilhaftes plurales, interdisziplinäres Gremium. Eine Weisungsunterworfenheit würde diese Vorteile erheblich mindern.

Die sachlich-inhaltliche Legitimation der Ethikkommissionen ist damit zwar schwach, verstößt jedoch bei isolierter Betrachtung nicht gegen das Demokratieprinzip.

VI. Legitimationsniveau

Das Gebot demokratischer Legitimation beinhaltet nicht nur die Forderung nach strukturellen Funktionszusammenhängen, sondern verlangt auch nach einem bestimmten Legitimations*maß*, einer Effektivität der Legitimation, deren Fixpunkt und Maßstabszentrum die konkret ausgeübte Staatsgewalt ist. Dieses Legitimationsniveau wird durch einen graduellen und einen qualitativen Aspekt charakterisiert. Der graduelle Aspekt ist das Maß an Steuerungseffektivität. Der qualitative Aspekt wird konstituiert durch den qualitativen Selbstand des konkreten Legitimationsprozesses, für den es auf die Frage des Bestehens eines personell-organisatorischen Legitimationszusammenhangs vor dem Hintergrund einer konkreten Fremdbestimmung durch einen Amtswalter ankommt.

Das geforderte Legitimationsniveau wird jeweils für den Einzelfall gemäß der dort ausgeübten Staatsgewalt bestimmt. Zur Konkretisierung können Parallelen zur sogenannten Wesentlichkeitslehre gezogen werden. Insbesondere kann danach das Konzept der Selbstbestimmung in grundrechtliche Kategorien gefasst werden; die Anforderungen an das Legitimationsniveau sind umso höher, je größer die Relevanz des Staatshandelns für die so begriffene Freiheit ist. Nach dieser Maßgabe ist im Wege einer Abwägung des aus grundrechtlicher Perspektive beleuchteten Freiheitsverlusts mit dem – graduell und qualitativ konturierten – gegebenen Legitimationsniveau zu ermitteln, ob das geforderte Legitimationsniveau für den Einzelfall hinreicht.

Die Tätigkeit der Ethikkommissionen ist unter diesem Gesichtspunkt nur partiell verfassungsgemäß. Sie greift in Grundrechte ein.

Soweit die Gremien nach dem Arzneimittelgesetz oder dem Medizinproduktegesetz tätig werden und nicht personell-organisatorisch legitimiert sind, genügt das Legitimationsniveau dieser Tätigkeit den verfassungsrechtlichen Anforderungen nicht. Insbesondere die Beschränkungen der Freiheit der Sponsoren und der zum Zeitpunkt der Abgabe der Bewertung durch die Kommissionen bereits feststehenden Forscher wiegen schwer. Dem steht ein sowohl in gradueller als auch, bedingt durch das Fehlen der personell-organisatorischen Legitimation, qualitativer Hinsicht geringes Legitimationsniveau gegenüber, so dass die besagten Ethikkommissionen insgesamt als unter dem Niveaugesichtspunkt nicht hinreichend legitimiert anzusehen sind. Die Verfassungswidrigkeit der Tätigkeit ergibt sich damit jeweils eigenständig sowohl aus dem Fehlen der personell-organisatorischen Legitimation als auch aus dem nicht hinreichenden Legitimationsniveau.

Im Übrigen – soweit die Ethikkommissionen personell-organisatorisch legitimiert sind, insbesondere soweit sie nach der Röntgenverordnung oder der Strahlenschutzverordnung tätig werden – entspricht die Tätigkeit den Niveauanforderungen.

VII. Reformnotwendigkeit

Aus dem Gebot demokratischer Legitimation folgt, dass die öffentlich-rechtlichen Ethikkommissionen, soweit sie nach dem Arzneimittelgesetz oder dem Medizinproduktegesetz tätig werden, der personell-organisatorischen Legitimation bedürfen, um dem Verdikt der Verfassungswidrigkeit zu entgehen. Die derzeitige Rechtssituation einer Vielzahl der Kommissionen genügt jedoch insofern nicht der Forderung des Art. 20 Abs. 2 GG.

Eine Reform ist daher geboten. Sie könnte grundsätzlich auf zwei Wegen erfolgen: Durch eine Ansiedelung von jeweils ausschließlich für die Tätigkeit nach dem Arzneimittelgesetz und dem Medizinproduktegesetz zuständigen Kommissionen in der unmittelbaren Staatsverwaltung[1] oder durch einen die personell-organisatorische Legitimation herstellenden Einfluss der Ministerialverwaltung auf die Besetzung der – weiterhin bei Trägern der funktionalen Selbstverwaltung angesiedelten – Ethikkommissionen[2]. Beide Wege sind verhältnismäßig leicht gangbar; es bedürfte im Ansatz lediglich entsprechender gesetzlicher Regelungen auf Landesebene. Beispiele für beide Varianten existieren bereits [siehe für die in der Ministerialverwaltung angesiedelten Ethikkommissionen oben C. IV. 2. d) bb) (1), für die in der funktionalen Selbstverwaltung angesiedelten und dennoch personell-organisatorisch legitimierten Gremien oben C. IV. 2. d) bb) (2) (a)]. Höherrangiges Recht, insbesondere Europarecht [siehe oben B. I. 1. und B. II. 1. a) aa)], stünde nicht entgegen.

[1] Diesen Vorschlag formulieren *v. Dewitz/Pestalozza*, in: dies./Luft, S. 310 f.

[2] Ähnlich, jedoch mit einer Präferenz für die Ansiedelung in der unmittelbaren Staatsverwaltung *v. Dewitz/Pestalozza*, in: dies./Luft, S. 311 f.

Literaturverzeichnis

Achterberg, Norbert/*Püttner*, Günter/*Würtenberger*, Thomas (Hrsg.): Besonderes Verwaltungsrecht, Ein Lehr- und Handbuch, Bd. I, Wirtschafts-, Umwelt-, Bau-, Kultusrecht, 2. Auflage, Heidelberg 2000

Alber-Malchow, Christine: Die arzneimittelgesetzliche Regelung der Mitwirkung von Ethik-Kommissionen im Licht der Berufsfreiheit der freien Ethik-Kommissionen und der Forschungsfreiheit des Arztes, Frankfurt am Main 2005

Alexy, Robert: Theorie der Grundrechte, Frankfurt am Main 1986

Anschütz, Gerhard: Die Verfassung des Deutschen Reichs vom 11. August 1919, Nachdruck der 14. Auflage 1933, Bad Homburg vor der Höhe 1960

Arnim, Hans Herbert v.: Gemeindliche Selbstverwaltung und Demokratie, in: AöR 113 (1988), S. 1 ff.

Baldus, Manfred: Das Zusammenwirken von Ethikkommissionen bei multizentrischen klinischen Prüfungen, in: MedR 2006, S. 202 ff.

Battis, Ulrich/*Krautzberger*, Michael/*Löhr*, Rolf-Peter (Hrsg.): Baugesetzbuch – BauGB – Kommentar, 11. Auflage, München 2009

Becker-Platen, Jens: Die Kammern der freien Heilberufe – Berufsordnung, Rechte und Pflichten der Mitglieder (Dissertation), München 1998

Berlin, Isaiah: Four Essays on Liberty, Neudruck der ersten Auflage von 1969, Verlag Oxford University Press, Oxford/New York/Toronto/Melbourne 1979

Bieback, Karl-Jürgen: Die öffentliche Körperschaft – Ihre Entstehung, die Entwicklung ihres Begriffs, und die Lehre vom Staat und den innerstaatlichen Verbänden in der Epoche des Konstitutionalismus in Deutschland, Berlin 1976

Blanke, Thomas: Antidemokratische Effekte der verfassungsgerichtlichen Demokratietheorie, in: KJ 31 (1998), S. 452 ff.

Blanke, Thomas: Funktionale Selbstverwaltung und Demokratieprinzip, in: Redaktion Kritische Justiz (Hrsg.), Demokratie und Grundgesetz – Eine Auseinandersetzung mit der verfassungsgerichtlichen Rechtsprechung, S. 32 ff., Baden-Baden 2000

Böckenförde, Ernst-Wolfgang: Entstehung und Wandel des Rechtsstaatsbegriffs, in: Horst Ehmke/Carlo Schmid/Hans Scharoun (Hrsg.), Festschrift für Adolf Arndt zum 65. Geburtstag, S. 53 ff., Frankfurt am Main 1969

Böckenförde, Ernst-Wolfgang: Verfassungsfragen der Richterwahl – Dargestellt anhand der Gesetzentwürfe zur Einführung der Richterwahl in Nordrhein-Westfalen, Berlin 1974

Böckenförde, Ernst-Wolfgang: Die Bedeutung der Unterscheidung von Staat und Gesellschaft im demokratischen Sozialstaat der Gegenwart, in: Ernst-Wolfgang Böckenförde (Hrsg.), Staat und Gesellschaft, S. 395 ff., Darmstadt 1976

Böckenförde, Ernst-Wolfgang: Die Eigenart des Staatsrechts und der Staatsrechtswissenschaft, in: Norbert Achterberg/Werner Krawietz/Dieter Wyduckel (Hrsg.), Recht und Staat im sozialen Wandel – Festschrift für Hans Ulrich Scupin zum 80. Geburtstag, S. 317 ff., Berlin 1983

Bork, Reinhard: Das Verfahren vor den Ethik-Kommissionen der medizinischen Fachbereiche, Berlin 1984

Bork, Reinhard: Klinische Versuche in der Psychiatrie, in: NJW 1985, S. 654 ff.

Bowitz, Hans Hermann: Das Demokratieprinzip als eigenständige Grundlage richterlicher Entscheidungsbegründungen, Frankfurt am Main 1984

Breuer, Rüdiger: Selbstverwaltung und Mitverwaltung Beteiligter im Widerstreit verfassungsrechtlicher Postulate, in: DV 10 (1977), S. 1 ff.

Britz, Gabriele: Die Mitwirkung Privater an der Wahrnehmung öffentlicher Aufgaben durch Einrichtungen des öffentlichen Rechts – Verwaltungsorganisation zwischen Legitimationserfordernis und Rationalisierungswunsch, in: VerwArch 91 (2000), S. 418 ff.

Brohm, Winfried: Strukturen der Wirtschaftsverwaltung: Organisationsformen und Gestaltungsmöglichkeiten im Wirtschaftsverwaltungsrecht, Stuttgart/Berlin/Köln/Mainz 1969

Brosius-Gersdorf, Frauke: Deutsche Bundesbank und Demokratieprinzip – Eine verfassungsrechtliche Studie zur Bundesbankautonomie vor und nach der dritten Stufe der Europäischen Währungsunion, Berlin 1997

Bryde, Brun-Otto: Ausländerwahlrecht und grundgesetzliche Demokratie, in: JZ 1989, S. 257 ff.

Bryde, Brun-Otto: Die bundesrepublikanische Volksdemokratie als Irrweg der Demokratietheorie, in: StWStP 5 (1994), S. 305 ff.

Bryde, Brun-Otto: Das Demokratieprinzip des Grundgesetzes als Optimierungsaufgabe, in: Redaktion Kritische Justiz (Hrsg.), Demokratie und Grundgesetz – Eine Auseinandersetzung mit der verfassungsgerichtlichen Rechtsprechung, S. 59 ff., Baden-Baden 2000

Bull, Hans Peter: Die Staatsaufgaben nach dem Grundgesetz, Taschenbuchausgabe der 2. Auflage, Kronberg/Taunus 1977

Burgi, Martin: Der Beliehene – ein Klassiker im modernen Verwaltungsrecht, in: Max-Emanuel Geis/Dieter Lorenz (Hrsg.), Staat, Kirche, Verwaltung – Festschrift für Hartmut Maurer zum 70. Geburtstag, S. 581 ff., München 2001

Classen, Claus Dieter: Ethikkommissionen zur Beurteilung von Versuchen am Menschen: Neuer Rahmen, neue Rolle, in: MedR 2005, S. 148 ff.

Cremer, Hans-Joachim: Das Demokratieprinzip auf nationaler und europäischer Ebene im Lichte des Maastricht-Urteils des Bundesverfassungsgerichts, in: EuR 1995, S. 21 ff.

Cremer, Hans-Joachim: Anwendungsorientierte Verfassungsauslegung – Der Status des Bundestagsabgeordneten im Spiegel der Rechtsprechung des Bundesverfassungsgerichts, Baden-Baden 2000

Czwalinna, Joachim: Ethik-Kommissionen, Forschungslegitimation durch Verfahren, Frankfurt am Main/Bern/New York/Paris 1987

Dagtoglou, Prodromos: Kollegialorgane und Kollegialakte der Verwaltung, Stuttgart 1960

Dähne, Harald: Erneut: Die Doppelfunktion öffentlich-rechtlicher Ethik-Kommissionen – Zugleich Besprechung des Urteils des VGH Baden-Württemberg vom 10. 9. 2002 – 9 S 2501/01 –, in: MedR 2003, S. 109 ff.

Danner, Martin: Wann ist die Mitwirkung von Patientenvertretern in Entscheidungsgremien „demokratisch legitimiert"?, in: MedR 2000, S. 468 ff.

Dederer, Hans-Georg: Organisatorisch-personelle Legitimation der funktionalen Selbstverwaltung, in: NVwZ 2000, S. 403 ff.

Denninger, Erhard (Hrsg.): Hochschulrahmengesetz, Kommentar, München 1984

Deutsch, Erwin: Ethik-Kommissionen für medizinische Versuche am Menschen: Einrichtung, Funktion, Verfahren, in: NJW 1981, S. 614 ff.

Deutsch, Erwin: Das Gesetz über Medizinprodukte von 1994, in: NJW 1995, S. 752 ff.

Deutsch, Erwin: Der Beitrag des Rechts zur klinischen Forschung in der Medizin, in: NJW 1995, S. 3019 ff.

Deutsch, Erwin: Die Bildung von Ethik-Kommissionen nach § 40 AMG, in: VersR 1995, S. 121 ff.

Deutsch, Erwin: Ethik-Kommission und Freiheit der medizinischen Forschung, in: VersR 1999, S. 1 ff.

Deutsch, Erwin: Klinische Forschung International: Die Deklaration von Helsinki des Weltärztebundes in neuem Gewand, in: NJW 2001, S. 857 ff.

Deutsch, Erwin: Klinische Prüfung von Arzneimitteln: eine Europäische Richtlinie setzt Standards und vereinheitlicht Verfahren, in: NJW 2001, S. 3361 ff.

Deutsch, Erwin: Private und öffentlich-rechtliche Ethikkommissionen, in: NJW 2002, S. 491 ff.

Deutsch, Erwin: Eine Schlappe für die öffentlich-rechtlichen Ethikkommissionen, in: NJW 2003, S. 949 ff.

Deutsch, Erwin: Das neue Bild der Ethikkommission, in: MedR 2006, S. 411 ff.

Deutsch, Erwin/*Lippert*, Hans-Dieter (Hrsg.): Kommentar zum Arzneimittelgesetz (AMG), 2. Auflage, Berlin/Heidelberg/New York 2007

Deutsch, Erwin/*Schreiber*, Hans-Ludwig/*Spickhoff*, Andreas/*Taupitz*, Jochen (Hrsg.): Die klinische Prüfung in der Medizin – Europäische Regelungswerke auf dem Prüfstand / Clinical Trials in Medicine – European Rules on Trial, Berlin/Heidelberg 2005

Deutsch, Erwin/*Spickhoff*, Andreas: Medizinrecht: Arztrecht, Arzneimittelrecht, Medizinprodukterecht und Transfusionsrecht, 6. Auflage, Berlin/Heidelberg 2008

Deutsch, Erwin/*Taupitz*, Jochen (Hrsg.): Forschungsfreiheit und Forschungskontrolle in der Medizin – Zur geplanten Revision der Deklaration von Helsinki / Freedom and Control of Biomedical Research – The Planned Revision of the Declaration of Helsinki, Berlin/Heidelberg 2000

Deutscher Bundestag/Bundesarchiv (Hrsg.): Der Parlamentarische Rat 1948 – 1949 – Akten und Protokolle, Bd. 5/II, Ausschuß für Grundsatzfragen, bearbeitet von Eberhard Pikart und Wolfram Werner, Boppard am Rhein 1993

Dewitz, Christian v./*Luft*, Friedrich/*Pestalozza*, Christian: Ethikkommissionen in der medizinischen Forschung – Gutachten im Auftrag der Bundesrepublik Deutschland für die Enquête-Kommission „Ethik und Recht der modernen Medizin" des Deutschen Bundestages, 15. Legislaturperiode, Berlin 2004 (verfügbar auf der Internetseite des Fachbereichs Rechtswissenschaft der Freien Universität Berlin, http://www.jura.fu-berlin.de/einrichtungen/we3/profs_em/pestalozza_christian/informationen/Rechtsgutachten_2004_v_Dewitz_Luft_Pestalozza.pdf, abgerufen am 25. November 2011)

Di Fabio, Udo: Privatisierung und Staatsvorbehalt – Zum dogmatischen Schlüsselbegriff der öffentlichen Aufgabe, in: JZ 1999, S. 585 ff.

Dolzer, Rudolf/*Vogel*, Klaus/*Graßhof*, Karin (Hrsg.): Bonner Kommentar zum Grundgesetz – Loseblatt, Heidelberg

Dreier, Horst: Hierarchische Verwaltung im demokratischen Staat – Genese, aktuelle Bedeutung und funktionelle Grenzen eines Bauprinzips der Exekutive, Tübingen 1991

Dreier, Horst (Hrsg.): Grundgesetz – Kommentar, Band I, 2. Auflage, Tübingen 2004

Dreier, Horst (Hrsg.): Grundgesetz – Kommentar, Band II, 2. Auflage, Tübingen 2006

Dürig, Günter: Der Grundrechtssatz von der Menschenwürde, in: AöR 81 (1956), S. 117 ff.

Ehlers, Dirk: Verwaltung in Privatrechtsform, Berlin 1984

Ehlers, Dirk: Die Grenzen der Mitbestimmung in öffentlichen Unternehmen – zugleich eine Besprechung der Entscheidung des VerfGH NW vom 15.9.1986, in: JZ 1987, S. 218 ff.

Ehlers, Dirk: Die Staatsgewalt in Ketten – Zum Demokratiegebot im Sinne des Grundgesetzes, in: Heiko Faber/Götz Frank (Hrsg.), Demokratie in Staat und Wirtschaft – Festschrift für Ekkehart Stein zum 70. Geburtstag am 24.9.2002, S. 125 ff., Tübingen 2002

Ehlers, Dirk: Rechtsfragen der Existenz, der Wirksamkeit und der Bestandskraft von Verwaltungsakten, in: Walter Krebs (Hrsg.), Liber amicorum Hans-Uwe Erichsen – Zum 70. Geburtstag am 15. Oktober 2004, S. 1 ff., Köln/Berlin/München 2005

Emde, Ernst Thomas: Die demokratische Legitimation der funktionalen Selbstverwaltung – Eine verfassungsrechtliche Studie anhand der Kammern, der Sozialversicherungsträger und der Bundesanstalt für Arbeit, Berlin 1991

Enders, Christoph: Die Menschenwürde in der Verfassungsordnung, Zur Dogmatik des Art. 1 GG, Tübingen 1997

Engisch, Karl: Einführung in das juristische Denken, 10. Auflage, herausgegeben und bearbeitet von Thomas Würtenberger und Dirk Otto, Stuttgart 2005

Erichsen, Hans-Uwe: Kommunalaufsicht – Hochschulaufsicht, in: DVBl. 1985, S. 943 ff.

Erichsen, Hans-Uwe/*Ehlers*, Dirk (Hrsg.): Allgemeines Verwaltungsrecht, 13. Auflage, Berlin 2006

Erichsen, Hans-Uwe/*Scherzberg*, Arno: Verfassungsrechtliche Determinanten staatlicher Hochschulpolitik, in: NVwZ 1990, S. 8 ff.

Fichte, Johann Gottlieb: Grundlage der gesamten Wissenschaftslehre (1794), Verlag Felix Meiner, Hamburg 1956

Fichtmüller, Carl Peter: Zulässigkeit ministerialfreien Raums in der Bundesverwaltung, in: AöR 91 (1966), S. 297 ff.

Fisahn, Andreas: Demokratie: Aufhebung der Besonderung des Staates, in: Redaktion Kritische Justiz (Hrsg.), Demokratie und Grundgesetz – Eine Auseinandersetzung mit der verfassungsgerichtlichen Rechtsprechung, S. 71 ff., Baden-Baden 2000

Fleiner, Fritz: Institutionen des deutschen Verwaltungsrechts, 8. Auflage, Tübingen 1928

Frentzel, Gerhard/*Jäkel*, Ernst/*Junge*, Werner/*Hinz*, Hans-Werner/*Möllering*, Jürgen: Industrie- und Handelskammergesetz – Kommentar zum Kammerrecht des Bundes und der Länder, 6. Auflage, Köln 1999

Freund, Georg: Aus der Arbeit einer Ethik-Kommission: Zur Steuerung von Wissenschaft durch Organisation, in: MedR 2001, S. 65 ff.

Freund, Georg: Funktion und rechtliche Verantwortung der Ethikkommission – insbesondere bei der Forschung an nicht unbeschränkt Einwilligungsfähigen, in: KHuR 2005, S. 111 ff.

Fromme, Friedrich Karl: Der Demokratiebegriff des Grundgesetzgebers – Ein Beitrag zur Frage der verfassungsrechtlichen Fixierung von „Grundentscheidungen", in: DÖV 1970, S. 518 ff.

Fromme, Friedrich Karl: Von der Weimarer Verfassung zum Bonner Grundgesetz – Die verfassungspolitischen Folgerungen des Parlamentarischen Rates aus Weimarer Republik und nationalsozialistischer Diktatur, 3. Auflage, Berlin 1999

Frotscher, Werner: Selbstverwaltung und Demokratie, in: Albert v. Mutius (Hrsg.), Selbstverwaltung im Staat der Industriegesellschaft – Festgabe zum 70. Geburtstag von Georg Christoph von Unruh, S. 129 ff., Heidelberg 1983

Füßlein, Peter: Ministerialfreie Verwaltung – Begriff, Erscheinungsformen und Vereinbarkeit mit dem Grundgesetz (Dissertation), Bonn 1972

Geis, Max-Emanuel: Akademische Selbstverwaltung im Reformzeitalter, in: DV 33 (2000), S. 563 ff.

Gersdorf, Hubertus: Öffentliche Unternehmen im Spannungsfeld zwischen Demokratie- und Wirtschaftlichkeitsprinzip – Eine Studie zur verfassungsrechtlichen Legitimation der wirtschaftlichen Betätigung der öffentlichen Hand, Berlin 2000

Gierke, Otto v.: Das Deutsche Genossenschaftsrecht, Bd. 1 – Rechtsgeschichte der deutschen Genossenschaft, Nachdruck der 1. Ausgabe von 1868, Graz 1954

Gierke, Otto v.: Die Grundbegriffe des Staatsrechts und die neuesten Staatsrechtstheorien, Neudruck der Originalausgabe von 1915 (mit zwei weiteren Abhandlungen), Aalen 1973

Graf, Hans-Peter: Nochmals: Privatrechtliche versus öffentlich-rechtliche Ethikkommissionen in der klinischen Forschung, in: NJW 2002, S. 1774 ff.

Gramm, Christof: Ethikkommissionen: Sicherung oder Begrenzung der Wissenschaftsfreiheit, in: WissR 32 (1999), S. 209 ff.

Grimm, Dieter: Der Staat in der kontinentaleuropäischen Tradition, in: Rüdiger Voigt (Hrsg.), Abschied vom Staat – Rückkehr zum Staat?, S. 27 ff., Baden-Baden 1993

Grimm, Dieter (Hrsg.): Staatsaufgaben, Taschenbuchausgabe (nach der 1. Auflage 1994), 1. Auflage, Frankfurt am Main 1996

Gröschner, Rolf: Freiheit und Ordnung in der Republik des Grundgesetzes, in: JZ 1996, S. 637 ff.

Groß, Thomas: Das Kollegialprinzip in der Verwaltungsorganisation, Tübingen 1999

Groß, Thomas: Grundlinien einer pluralistischen Interpretation des Demokratieprinzips, in: Redaktion Kritische Justiz (Hrsg.), Demokratie und Grundgesetz – Eine Auseinandersetzung mit der verfassungsgerichtlichen Rechtsprechung, S. 93 ff., Baden-Baden 2000

Groß, Thomas: Selbstverwaltung angesichts von Europäisierung und Ökonomisierung, in: DVBl. 2002, S. 1182 ff.

Grupp, Klaus: Zur Stellung von Ethik-Kommissionen unter öffentlich-rechtlichen Aspekten, in: Françoise Furkel/Heike Jung (Hrsg.), Bioethik und Menschenrechte, S. 125 ff., Köln/Berlin/Bonn/München 1993

Gusy, Christoph: Die Zentralstellenkompetenz des Bundes, in: DVBl. 1993, S. 1117 ff.

Haas, Diether: Verwaltungsstreit zwischen Behörden des gleichen Rechtsträgers, in: DÖV 1952, S. 135 ff.

Häberle, Peter: Die europäische Verfassungsstaatlichkeit, in: KritV 1995, S. 298 ff.

Habermann, Ernst/*Lasch*, Hanns/*Gödicke*, Patrick: Therapeutische Prüfungen an Nicht-Einwilligungsfähigen im Eilfall: ethisch geboten und rechtlich zulässig?, in: NJW 2000, S. 3389 ff.

Habermas, Jürgen: Faktizität und Geltung – Beiträge zur Diskurstheorie des Rechts und des demokratischen Rechtsstaats, Taschenbuchausgabe (nach der 4. Auflage 1994), 1. Auflage, Frankfurt am Main 1998

Hanebeck, Alexander: Bundesverfassungsgericht und Demokratieprinzip – Zwischen monistischem und pluralistischem Demokratieverständnis, in: DÖV 2004, S. 901 ff.

Hänsch, Beate: Die Rechtsstellung der Fakultäten/Fachbereiche in der Hochschule (Dissertation), Würzburg 1996

Hartmann, Nicolai: Teleologisches Denken, 2. Auflage, Berlin 1966

Hasbach, Wilhelm: Die moderne Demokratie – Eine politische Beschreibung, Neudruck der 2. Auflage von 1921, Aalen 1974

Hättich, Manfred: Demokratie als Herrschaftsordnung, Köln/Opladen 1967

Haverkate, Görg: Verfassungslehre – Verfassung als Gegenseitigkeitsordnung, München 1992

Hebeler, Timo: Verfassungsrechtliche Probleme „besonderer" Rechtssetzungsformen funktionaler Selbstverwaltung – Die Richtlinien des Bundesausschusses für Ärzte und Krankenkassen, in: DÖV 2002, S. 936 ff.

Hegel, Georg Wilhelm Friedrich: Wissenschaft der Logik (1816), Erster Teil. Die objektive Logik, Bd. 4 der Jubiläumsausgabe, herausgegeben von Hermann Glockner, 3. Auflage, Fr. Frommanns Verlag, Stuttgart 1958

Hegel, Georg Wilhelm Friedrich: Grundlinien der Philosophie des Rechts oder Naturrecht und Staatswissenschaft im Grundrisse (1821), nach der Ausgabe von Eduard Gans herausgegeben und mit einem Anhang versehen von Hermann Klenner, Akademie-Verlag, Berlin 1981

Heintzen, Markus: Neuere Entwicklungen im Organisationsrecht der Hochschulmedizin, in: DÖV 1997, S. 530 ff.

Helle, Jürgen/*Frölich*, Jürgen/*Haindl*, Hans: Der Heilversuch in der klinischen Prüfung von Arzneimitteln und Medizinprodukten, in: NJW 2002, S. 857 ff.

Hendler, Reinhard: Selbstverwaltung als Ordnungsprinzip – Zur polititschen Willensbildung und Entscheidung im demokratischen Verfassungsstaat der Industriegesellschaft, Köln/Berlin/Bonn/München 1984

Henke, Wilhelm: Demokratie als Rechtsbegriff, in: Der Staat 25 (1986), S. 157 ff.

Hennecke, Frank: Schule und Selbstverwaltung – Schülermitverwaltung und Elternmitwirkung in der Schulorganisation, in: Albert von Mutius (Hrsg.), Selbstverwaltung im Staat der Industriegesellschaft – Festgabe zum 70. Geburtstag von Georg Christoph von Unruh, S. 931 ff., Heidelberg 1983

Herrnritt, Rudolf Herrmann: Grundlehren des Verwaltungsrechtes, Tübingen 1921

Herzog, Roman: Allgemeine Staatslehre, Frankfurt am Main 1971

Hesse, Konrad: Grundzüge des Verfassungsrechts der Bundesrepublik Deutschland, 20. Auflage, Heidelberg 1995

Heun, Werner/*Honecker*, Martin/*Morlok*, Martin/*Wieland*, Joachim (Hrsg.): Evangelisches Staatslexikon, Neuausgabe, Stuttgart 2006

Hobbes, Thomas: Leviathan or the Matter, Forme and Power of a Commonwealth Ecclesiasticall and Civil (1651), Verlag Basil Blackwell, Oxford 1955

Hoffmann-Becking, Michael: Die Beteiligungsfähigkeit und passive Prozeßführungsbefugnis nichtrechtsfähiger Gliedkörperschaften der Universitäten im Verwaltungsprozeß, in: DVBl. 1972, S. 299 ff.

Hoffmann-Riem, Wolfgang/*Schmidt-Aßmann*, Eberhard/*Voßkuhle*, Andreas (Hrsg.): Grundlagen des Verwaltungsrechts, Bd. I – Methoden Maßstäbe Aufgaben Organisation, München 2006

Hoffmann-Riem, Wolfgang/*Schmidt-Aßmann*, Eberhard/*Voßkuhle*, Andreas (Hrsg.): Grundlagen des Verwaltungsrechts, Bd. II – Informationsordnung Verwaltungsverfahren Handlungsformen, München 2008

Holzhauer, Heinz: Zur klinischen Prüfung von Medikamenten an Betreuten, in: NJW 1992, S. 2325 ff.

Hömig, Dieter: Grundlagen und Ausgestaltung der Wesentlichkeitslehre, in: Eberhard Schmidt-Aßmann/Dieter Sellner/Günter Hirsch/Gerd-Heinrich Kemper/Hinrich Lehmann-Grube (Hrsg.), Festgabe 50 Jahre Bundesverwaltungsgericht, S. 273 ff., Köln/Berlin/Bonn/München 2003

Huber, Ernst Rudolf: Wirtschaftsverwaltungsrecht, 2. Auflage, Tübingen 1953

Huber, Peter M.: Das „Volk“ des Grundgesetzes, in: DÖV 1989, S. 531 ff.

Hufen, Friedhelm: Staatsrecht II, Grundrechte, 2. Auflage, München 2009

Humboldt, Wilhelm v.: Über die innere und äußere Organisation der höheren wissenschaftlichen Anstalten in Berlin (1809 oder 1810), in: Wilhelm Weischedel (Hrsg.), Idee und Wirklichkeit einer Universität – Dokumente zur Geschichte der Friedrich-Wilhelms-Universität zu Berlin, S. 193 ff., Berlin 1960

Isensee, Josef: Demokratie – verfassungsrechtlich gezähmte Utopie, in: Ulrich Matz (Hrsg.), Aktuelle Herausforderungen der repräsentativen Demokratie, S. 43 ff., Köln/Berlin/Bonn/München 1985

Isensee, Josef: Abschied der Demokratie vom Demos – Ausländerwahlrecht als Identitätsfrage für Volk, Demokratie und Verfassung, in: Dieter Schwab/Dieter Giesen/Joseph Listl/Hans-Wolfgang Strätz (Hrsg.), Staat, Kirche, Wissenschaft in einer pluralistischen Gesellschaft – Festschrift zum 65. Geburtstag von Paul Mikat, S. 705 ff., Berlin 1989

Isensee, Josef/*Kirchhof*, Paul (Hrsg.): Handbuch des Staatsrechts der Bundesrepublik Deutschland, Bd. II – Verfassungsstaat, 3. Auflage, Heidelberg 2004

Isensee, Josef/*Kirchhof*, Paul (Hrsg.): Handbuch des Staatsrechts der Bundesrepublik Deutschland, Bd. III – Demokratie – Bundesorgane, 3. Auflage, Heidelberg 2005

Isensee, Josef/*Kirchhof*, Paul (Hrsg.): Handbuch des Staatsrechts der Bundesrepublik Deutschland, Bd. V – Rechtsquellen, Organisation, Finanzen, 3. Auflage, Heidelberg 2007

Jellinek, Georg: System der subjektiven öffentlichen Rechte, 2. Auflage, Tübingen 1919

Jellinek, Walter: Verwaltungsrecht, 3. Auflage, Berlin 1931

Jestaedt, Matthias: Demokratieprinzip und Kondominialverwaltung – Entscheidungsteilhabe Privater an der öffentlichen Verwaltung auf dem Prüfstand des Verfassungsprinzips Demokratie, Berlin 1993

Jestaedt, Matthias: Selbstverwaltung als „Verbundbegriff" – Vom Wesen und Wert eines allgemeinen Selbstverwaltungsbegriffes, in: DV 35 (2002), S. 293 ff.

Jestaedt, Matthias: Funktionale Selbstverwaltung, in: DV 35 (2002), S. 349 ff.

Jestaedt, Matthias: Demokratische Legitimation – quo vadis?, in: JuS 2004, S. 649 ff.

Junod, Valèrie: Clinical drug trials – Studying the safety and efficacy of new pharmaceuticals, Genf/Zürich/Basel 2005

Jütte, Robert (Hrsg.): Geschichte der deutschen Ärzteschaft – Organisierte Berufs- und Gesundheitspolitik im 19. und 20. Jahrhundert, Köln 1997

Kage, Uwe: Das Medizinproduktegesetz – Staatliche Risikosteuerung unter dem Einfluss europäischer Harmonisierung, Berlin/Heidelberg 2005

Kahl, Wolfgang: Die rechtliche Bedeutung der Unterscheidung von Staat und Gesellschaft, in: Jura 2002, S. 721 ff.

Kämmerer, Jörn Axel: Privatisierung, Typologie – Determinanten – Rechtspraxis – Folgen, Tübingen 2001

Kant, Immanuel: Grundlegung zur Metaphysik der Sitten (1785), Verlag Felix Meiner, Leipzig 1947

Kant, Immanuel: Kritik der praktischen Vernunft, Kritik der Urtheilskraft (1790), Unveränderter photomechanischer Abdruck des Textes der von der Preußischen Akademie der Wissenschaften 1902 begonnenen Ausgabe von Kants gesammelten Schriften, Bd. V, Walter de Gruyter & Co., Berlin 1968

Kant, Immanuel: Die Religion innerhalb der Grenzen der bloßen Vernunft (1793), Die Metaphysik der Sitten (1797), Kants Werke, Akademie-Textausgabe, Bd. VI, Walter de Gruyter & Co., Berlin 1968

Kant, Immanuel: Eine Vorlesung über Ethik, herausgegeben von Gerd Gerhardt, Fischer Taschenbuch Verlag, Frankfurt am Main 1990

Kant, Immanuel: Über den Gemeinspruch: Das mag in der Theorie richtig sein, taugt aber nicht für die Praxis (1793), Zum ewigen Frieden (1795), Verlag Felix Meiner, Hamburg 1992

Karpen, Ulrich/*Freund*, Manuela: Hochschulgesetzgebung und Hochschulautonomie – Der verbliebene Spielraum des Hochschulsatzungsrechts, dargestellt am Beispiel der Hochschulgrundordnung, München 1992

Kelsen, Hans: Vom Wesen und Wert der Demokratie, 2. Auflage, Tübingen 1929

Kelsen, Hans: Allgemeine Staatslehre, Unveränderter fotomechanischer Nachdruck der ersten Auflage von 1925, Verlag Dr. Max Gehlen, Bad Homburg von der Höhe/Berlin/Zürich 1966

Kielmansegg, Sebastian Graf v.: Die Kontrolle klinischer Prüfungen von Arzneimitteln: § 42a AMG und die Aufhebung des Votums der Ethik-Kommission, in: VerwArch 99 (2008), S. 401 ff.

Klein, Eckart: Die verfassungsrechtliche Problematik des ministerialfreien Raumes – Ein Beitrag zur Dogmatik der weisungsfreien Verwaltungsstellen, Berlin 1974

Klein, Hans Hugo: Demokratie und Selbstverwaltung, in: Roman Schnur (Hrsg.), Festschrift für Ernst Forsthoff zum 70. Geburtstag, S. 165 ff., München 1974

Kluth, Winfried: Funktionale Selbstverwaltung, Verfassungsrechtlicher Status – verfassungsrechtlicher Schutz, Tübingen 1997

Kluth, Winfried: Funktionale Selbstverwaltung, in: DV 35 (2002), S. 349 ff.

Kluth, Winfried (Hrsg.): Handbuch des Kammerrechts, Baden-Baden 2005

Knemeyer, Franz-Ludwig: Die Fachbereiche/Fakultäten im Hochschulbinnenrecht, in: Dieter Dörr/Udo Fink/Christian Hillgruber/Bernhard Kempen/Dietrich Murswiek (Hrsg.), Die Macht des Geistes – Festschrift für Hartmut Schiedermair, S. 539 ff., Heidelberg 2001

Köhler, Michael: Medizinische Forschung in der Behandlung des Notfallpatienten, in: NJW 2002, S. 853 ff.

Kollhosser, Helmut: Zwanzig Jahre Ethik-Kommission, in: Walther Hadding (Hrsg.), Festgabe Zivilrechtslehrer 1934/1935, S. 261 ff., Berlin/New York 1999

Kollwitz, Arne A.: Kontrolle medizinischer Forschung durch Ethikkommissionen, Dortmund 1999

König, Klaus: Konzepte der Verwaltungsorganisation, in: VerwArch 97 (2006), 3/4, S. 482 ff.

Kopp, Ferdinand O./*Ramsauer*, Ulrich: Verwaltungsverfahrensgesetz – Kommentar, 10. Auflage, München 2008

Köttgen, Arnold: Die Krise der kommunalen Selbstverwaltung, Tübingen 1931

Kriele, Martin: Das demokratische Prinzip im Grundgesetz, in: VVDStRL 29 (1971), S. 46 ff.

Kröger, Klaus: Die Ministerverantwortlichkeit in der Verfassungsordnung der Bundesrepublik Deutschland, Frankfurt am Main 1972

Kröger, Klaus: Einführung in die Verfassungsgeschichte der Bundesrepublik Deutschland – Vorgeschichte, Grundstrukturen und Entwicklungslinien des Grundgesetzes, München 1993

Krüger, Hartmut: Gruppenuniversität und Verfassung – Überlegungen zum Verhältnis von Demokratie und Verwaltung, in: Festschrift der Rechtswissenschaftlichen Fakultät zur 600-Jahr-Feier der Universität zu Köln, S. 723 ff., Köln/Berlin/Bonn/München 1988

Küchenhoff, Erich: Möglichkeiten und Grenzen begrifflicher Klarheit in der Staatsformenlehre, Bd. 1/2, Berlin 1967

Kunkel-Razum, Kathrin/*Scholze-Stubenrecht*, Werner/*Wermke*, Matthias (Hrsg.): Duden – Deutsches Universalwörterbuch, 5. Auflage, Mannheim/Leipzig/Wien/Zürich 2003

Laband, Paul: Das Staatsrecht des Deutschen Reiches, Bd. 1, 5. Auflage, Tübingen 1911

Larenz, Karl: Wegweiser zu richterlicher Rechtsschöpfung – Eine rechtsmethodologische Untersuchung, in: Festschrift für Arthur Nikisch, S. 275 ff., Tübingen 1958

Larenz, Karl/*Canaris*, Claus-Wilhelm: Methodenlehre der Rechtswissenschaft, 3. Auflage, Berlin/Heidelberg/New York/Barcelona/Budapest/Hongkong/London/Mailand/Paris/Santa Clara/Singapur/Tokio 1995

Laufs, Adolf: Nicht der Arzt allein muss bereit sein, das Notwendige zu tun, in: NJW 2000, S. 1757 ff.

Laufs, Adolf (Hrsg.): Handbuch des Arztrechts, 3. Auflage, München 2002

Leibholz, Gerhard/*Mangoldt*, Hermann v. (Hrsg.): Jahrbuch des Öffentlichen Rechts der Gegenwart, Bd. 1, Tübingen 1951

Leisner, Walter: Mitbestimmung im öffentlichen Dienst, Bonn-Bad Godesberg 1970

Leuze, Dieter: Das Spannungsverhältnis zwischen Körperschaft und staatlicher Einrichtung im Wandel der Hochschulgesetzgebung, in: WissR Beiheft 15 (2005), S. 56 ff.

Lewinski, Kai v.: Grundfragen des Verwaltungsorganisationsrechts, in: JA 2006, S. 517 ff.

Lindner, Josef Franz: Zum Rechtsstatus der Fakultät, in: WissR 40 (2007), S. 254 ff.

Lippert, Hans-Dieter: Die 12. Novelle zum Arzneimittelgesetz und ihre Umsetzung in das Landesrecht, in: GesR 2005, S. 438 ff.

Lippert, Hans-Dieter: Die zustimmende Bewertung einer Ethikkommission bei der klinischen Prüfung von Arzneimitteln nach dem novellierten Arzneimittelgesetz und der GCP-Verordnung, in: Bernd-Rüdiger Kern/Elmar Wadle/Klaus-Peter Schroeder/Christian Katzenmeier (Hrsg.), HUMANIORA Medizin – Recht – Geschichte, Festschrift für Adolf Laufs zum 70. Geburtstag, S. 973 ff., Berlin/Heidelberg/New York 2006

Loening, Hellmuth: Der ministerialfreie Raum in der Staatsverwaltung, in: DVBl. 1954, S. 173 ff.

Looschelders, Dirk/*Roth*, Wolfgang: Juristische Methodik im Prozeß der Rechtsanwendung: zugleich ein Beitrag zu den verfassungsrechtlichen Grundlagen von Gesetzesauslegung und Rechtsfortbildung, Berlin 1996

Löwith, Karl: Das Individuum in der Rolle des Mitmenschen, Nachdruck der Ausgabe von 1928, Wissenschaftliche Buchgesellschaft, Darmstadt 1962

Lübbe-Wolf, Gertrude: Europäisches und internationales Verfassungsrecht, in: VVDStRL 60 (2001), S. 246 ff.

Maihofer, Werner: Prinzipien freiheitlicher Demokratie, in: Ernst Benda/Werner Maihofer/Hans-Jochen Vogel (Hrsg.), Handbuch des Verfassungsrechts der Bundesrepublik Deutschland, § 12, 2. Auflage, Berlin/New York 1994

Maunz, Theodor/*Dürig*, Günter: Grundgesetz – Kommentar, Loseblatt, München

Maurer, Hartmut: Staatsrecht I, 5. Auflage, München 2007

Maurer, Hartmut: Allgemeines Verwaltungsrecht, 17. Auflage, München 2009

Mayen, Thomas: Der Umweltgutachterausschuß – ein strukturelles Novum ohne hinreichende demokratische Legitimation?, in: NVwZ 1997, S. 215 ff.

Mayen, Thomas: Verwaltung durch unabhängige Einrichtungen, in: DÖV 2004, S. 45 ff.

Mehde, Veith: Die empirischen Prämissen des Hierarchiegebots, in: Redaktion Kritische Justiz (Hrsg.), Demokratie und Grundgesetz – Eine Auseinandersetzung mit der verfassungsgerichtlichen Rechtsprechung, S. 111 ff., Baden-Baden 2000

Merkl, Adolf: Demokratie und Verwaltung, Wien/Leipzig 1923

Merten, Detlef/*Papier*, Hans-Jürgen (Hrsg.): Handbuch der Grundrechte in Deutschland und Europa, Bd. I – Entwicklung und Grundlagen, Heidelberg 2004

Merten, Detlef/*Papier*, Hans-Jürgen (Hrsg.): Handbuch der Grundrechte in Deutschland und Europa, Bd. II – Grundrechte in Deutschland: Allgemeine Lehren I, Heidelberg 2006

Meyer, Georg/*Anschütz*, Gerhard: Lehrbuch des Deutschen Staatsrechts, 7. Auflage, München/Leipzig 1919

Meyer, Hans: Die Stellung der Parlamente in der Verfassungsordnung des Grundgesetzes, in: Hans-Peter Schneider/Wolfgang Zeh (Hrsg.), Parlamentsrecht und Parlamentspraxis der Bundesrepublik Deutschland, § 4, Berlin/New York 1989

Mill, John Stuart: On Liberty and Considerations on representative Government, Neudruck der ersten Auflage von 1946, Verlag Basil Blackwell, London/Oxford 1948

Möllering, Jürgen: Vertretung des Gesamtinteresses der gewerblichen Wirtschaft durch die Industrie- und Handelskammern – Legitimation durch Verfahren, in: WiVerw 2001, S. 25 ff.

Möllers, Christoph: Zur demokratischen Legitimation der Enteignungsbehörde nach dem Baugesetzbuch, in: NVwZ 1997, S. 858 ff.

Müller, Georg: Inhalt und Formen der Rechtssetzung als Problem der demokratischen Kompetenzordnung, Basel/Stuttgart 1979

Münch, Ingo v./*Kunig*, Philip (Hrsg.): Grundgesetz-Kommentar, Bd. 2, München 2001

Musil, Andreas: Das Bundesverfassungsgericht und die demokratische Legitimation der funktionalen Selbstverwaltung, in: DÖV 2004, S. 116 ff.

Obermayer, Klaus: Mitbestimmung in der Kommunalverwaltung – Rechtsfragen der paritätischen Mitbestimmung in kommunalen Aktiengesellschaften der Leistungsverwaltung und in kommunalen Eigenbetrieben, Neuwied/Berlin, 1973

Oebbecke, Janbernd: Weisungs- und unterrichtungsfreie Räume in der Verwaltung, Köln/Stuttgart/Berlin/Hannover/Kiel/Mainz/München 1986

Oebbecke, Janbernd: Demokratische Legitimation nicht-kommunaler Selbstverwaltung, in: VerwArch 81 (1990), S. 349 ff.

Ossenbühl, Fritz: Versammlungsfreiheit und Spontandemonstration, in: Der Staat 10 (1971), S. 53 ff.

Ossenbühl, Fritz: Abwägung im Verfassungsrecht, in: Wilfried Erbguth/Janbernd Oebbecke/Hans-Werner Rengeling/Martin Schulte (Hrsg.), Abwägung im Recht – Symposium und

Verabschiedung von Werner Hoppe am 30. Juni 1995 in Münster aus Anlaß seiner Emeritierung, S. 25 ff., Köln/Berlin/Bonn/München 1996

Osterloh, Lerke: Privatisierung von Verwaltungsaufgaben, in: VVDStRL 54 (1995), S. 204 ff.

Papenfuß, Matthias: Die personellen Grenzen der Autonomie öffentlich-rechtlicher Körperschaften, Berlin 1991

Peine, Franz-Joseph: Allgemeines Verwaltungsrecht, 8. Auflage, Heidelberg 2006

Pestalozza, Christian: Risiken und Nebenwirkungen: Die Klinische Prüfung von Arzneimitteln am Menschen nach der 12. AMG-Novelle, in: NJW 2004, S. 3374 ff.

Pestalozza, Christian: Die Ethik-Kommission des Landes Berlin – Unabhängigkeit und Risiko in der Höhle des Löwen, in: LKV 2006, S. 255 ff.

Peters, Hans: Grenzen der kommunalen Selbstverwaltung in Preussen – Ein Beitrag zur Lehre vom Verhältnis der Gemeinden zu Staat und Reich, Berlin 1926

Pfeiffer, Gerd: Die gegenwärtige und künftige Problematik der Ethik-Kommissionen, in: VersR 1991, S. 613 ff.

Pieroth, Bodo: Plurale und unitarische Strukturen demokratischer Legitimation, in: EuGRZ 2006, S. 330 ff.

Pieroth, Bodo/*Schlink*, Bernhard: Grundrechte – Staatsrecht II, 25. Auflage, Heidelberg 2009

Pöcker, Markus: Das Parlamentsgesetz im sachlich-inhaltlichen Steuerungs- und Legitimationsverbund, in: Der Staat 41 (2002), S. 616 ff.

Prechtl, Peter/*Burkard*, Franz-Peter (Hrsg.): Metzler Philosophie Lexikon – Begriffe und Definitionen, 3. Auflage, Stuttgart/Weimar 2008

Preuß, Ulrich Klaus: Zum staatsrechtlichen Begriff des Öffentlichen, untersucht am Beispiel des verfassungsrechtlichen Status kultureller Organisationen, Stuttgart 1969

Püttner, Günter: Zur Mitbestimmung in öffentlich-rechtlich organisierten Unternehmen, in: DVBl. 1984, S. 165 ff.

Quaritsch, Helmut: Staatsangehörigkeit und Wahlrecht – Zum Problem des Ausländer-Wahlrechts, in: DÖV 1983, S. 1 ff.

Rauch, Hans: Die Anwendung des Demokratieprinzips auf die öffentliche Verwaltung (Dissertation), Regensburg 1978

Rawls, John: A Theory of Justice (1971), Ninth printing, Cambridge, Massachusetts 1978

Rinken, Alfred: Demokratie und Hierarchie. Zum Demokratieverständnis des Zweiten Senats des Bundesverfassungsgerichts, in: KritV 79 (1996), S. 282 ff.

Röhl, Hans Christian: Der Wissenschaftsrat – Kooperation zwischen Wissenschaft, Bund und Ländern und ihre rechtlichen Determinanten, Baden-Baden 1994

Ronellenfitsch, Michael: Das besondere Gewaltverhältnis – ein zu früh totgesagtes Rechtsinstitut, in: DÖV 1981, S. 933 ff.

Rosin, Heinrich: Souveränität, Staat, Gemeinde, Selbstverwaltung – Kritische Begriffsstudien, in: Annalen des Deutschen Reichs für Gesetzgebung, Verwaltung und Statistik 1883, S. 265 ff.

Rupp, Hans Heinrich: Sind Ethik-Kommissionen Rechtsausschüsse und ihre Voten Verwaltungsakte?, in: Karl-Hermann Kästner/Knut Wolfgang Nörr/Klaus Schlaich (Hrsg.), Festschrift für Martin Heckel zum siebzigsten Geburtstag, S. 839 ff., Tübingen 1999

Sachs, Michael: Die Einheit der Verwaltung als Rechtsproblem, in: NJW 1987, S. 2338 ff.

Sachs, Michael (Hrsg.): Grundgesetz – Kommentar, 5. Auflage, München 2009

Sandberger, Georg: Organisationsreform und -autonomie – Bewertung der Reformen in den neuen Ländern, in: WissR 35 (2002), S. 125 ff.

Sandberger, Georg: Staatliche Hochschulen in alternativer Rechtsform?, in: WissR Beiheft 15 (2005), S. 19 ff.

Schachtschneider, Karl Albrecht: Res publica res populi – Grundlegung einer Allgemeinen Republiklehre – Ein Beitrag zur Freiheits-, Rechts- und Staatslehre, Berlin 1994

Schäfer, Ralf: Mitbestimmung in kommunalen Eigengesellschaften – Die rechtsgeschäftliche Einführung und Erweiterung von Beteiligungsrechten der Arbeitnehmer im Aufsichtsrat aus verfassungsrechtlicher und kommunalrechtlicher Sicht, Berlin 1988

Schenke, Wolf-Rüdiger: Rechtsschutz im besonderen Gewaltverhältnis, in: JuS 1982, S. 906 ff.

Schenke, Wolf-Rüdiger: Rechtliche Grenzen der Rechtsetzungsbefugnisse von Ärztekammern – Zur rechtlichen Problematik satzungsrechtlich statuierter Kompetenzen von Ethik-Kommissionen, in: NJW 1991, S. 2313 ff.

Scheuner, Ulrich: Der Bereich der Regierung, in: Rechtsprobleme in Staat und Kirche – Festschrift für Rudolf Smend zum 70. Geburtstag 15. Januar 1952, S. 253 ff., Göttingen 1952

Scheuner, Ulrich: Voraussetzungen und Form der Errichtung öffentlicher Körperschaften (außerhalb des Kommunalrechts), in: Hermann Conrad/Hermann Jahrreiß/Paul Mikat/Hermann Mosler/Hans Carl Nipperdey/Jürgen Salzwedel (Hrsg.), Gedächtnisschrift Hans Peters, S. 797 ff., Berlin/Heidelberg/New York 1967

Scheurle, Klaus-Dieter/*Mayen*, Thomas (Hrsg.): Telekommunikationsgesetz, Kommentar, 2. Auflage, München 2008

Schiller, Friedrich: Schillers Werke, Nationalausgabe, Herausgegeben von Edith Nahler und Horst Nahler, Bd. 26, Schillers Briefe 1.3.1790–17.5.1794, Weimar 1992

Schiller, Friedrich: Über die ästhetische Erziehung des Menschen, Briefe an den Augustenburger, Ankündigung der „Horen" und letzte, verbesserte Fassung (1795), Wilhelm Fink Verlag, München 1967

Schink, Alexander: Kommunalwahlrecht für Ausländer?, in: DVBl. 1988, S. 417 ff.

Schlette, Volker: Ethik und Recht bei der Arzneimittelprüfung – Landesrechtliche Ethik-Kommissionen nach der 12. AMG-Novelle und die unfreiwillige Vorreiterrolle des Landes Berlin, in: NVwZ 2006, S. 785 ff.

Schlink, Bernhard: Der Grundsatz der Verhältnismäßigkeit, in: Festschrift 50 Jahre Bundesverfassungsgericht, Bd. II – Klärung und Fortbildung des Verfassungsrechts, S. 445 ff., Tübingen 2001

Schmidt, Jörg: Die demokratische Legitimationsfunktion der parlamentarischen Kontrolle – Eine verfassungsrechtliche Untersuchung über Grundlage, Gegenstand und Grenzen der parlamentarischen Kontrolle unter besonderer Berücksichtigung der ministerialfreien Räume und der Privatisierung, Berlin 2007

Schmidt-Aßmann, Eberhard: Zum staatsrechtlichen Prinzip der Selbstverwaltung, in: Peter Selmer/Ingo v. Münch (Hrsg.), Gedächtnisschrift für Wolfgang Martens, S. 249 ff., Berlin/New York 1987

Schmidt-Aßmann, Eberhard: Verwaltungslegitimation als Rechtsbegriff, AöR 116 (1991), S. 329 ff.

Schmidt-Aßmann, Eberhard: Grundrechtspositionen und Legitimationsfragen im öffentlichen Gesundheitswesen – Verfassungsrechtliche Anforderungen an Entscheidungsgremien in der gesetzlichen Krankenversicherung und im Transplantationswesen, Berlin 2001

Schmidt-Aßmann, Eberhard: Das Allgemeine Verwaltungsrecht als Ordnungsidee – Grundlagen und Aufgaben der verwaltungsrechtlichen Systembildung, 2. Auflage, Berlin/Heidelberg/New York 2006

Schmitt, Carl: Verfassungslehre, München/Leipzig 1928

Schmitt, Carl: Politische Theologie – Vier Kapitel zur Lehre von der Souveränität, 2. Auflage, München 1934

Schmitt, Carl: Der Hüter der Verfassung, 2. Auflage, Berlin 1969

Schröder, Meinhard: Grundfragen der Aufsicht in der öffentlichen Verwaltung, in: JuS 1986, S. 371 ff.

Schröder, Michael: Ethik-Kommissionen, Embryonenschutz und In-vitro-Fertilisation: gültige Regelungen im ärztlichen Standesrecht?, in: VersR 1990, S. 243 ff.

Schulze-Fielitz, Helmuth: Theorie und Praxis parlamentarischer Gesetzgebung – besonders des 9. Deutschen Bundestages (1980–1983), Berlin 1988

Schuppert, Gunnar Folke: Die Erfüllung öffentlicher Aufgaben durch verselbständigte Verwaltungseinheiten – Eine verwaltungswissenschaftliche Untersuchung, Göttingen 1981

Schuppert, Gunnar Folke: Selbstverwaltung als Beteiligung Privater an der Staatsverwaltung?, Elemente zu einer Theorie der Selbstverwaltung, in: Albert v. Mutius (Hrsg.), Selbstverwaltung im Staat der Industriegesellschaft – Festgabe zum 70. Geburtstag von Georg Christoph von Unruh, S. 183 ff., Heidelberg 1983

Simson, Werner v.: Das demokratische Prinzip im Grundgesetz, in: VVDStRL 29 (1971), S. 3 ff.

Sodan, Helge: Kollegiale Funktionsträger als Verfassungsproblem – Dargestellt unter besonderer Berücksichtigung der Kunststoffkommission des Bundesgesundheitsamtes und der Transparenzkommission, Frankfurt am Main 1987

Sodan, Helge: Die funktionelle Unabhängigkeit der Zentralbanken, in: NJW 1999, S. 152 ff.

Sodan, Helge: Die institutionelle und funktionelle Legitimation des Bundesausschusses der Ärzte und Krankenkassen, in: NZS 2000, S. 581 ff.

Spickhoff, Andreas: Die Entwicklung des Arztrechts 2002/2003, in: NJW 2003, S. 1701 ff.

Stamer, Katrin: Die Ethik-Kommissionen in Baden-Württemberg: Verfassung und Verfahren, Frankfurt am Main 1998

Stein, Lorenz v.: Die Verwaltungslehre, Teil 1 Abteilung 2, Neudruck der 1.–2. Auflage 1866–1884, Aalen 1962

Steinberg, Rudolf: Politik und Verwaltungsorganisation – Zur Reform der Regierungs- und Verwaltungsorganisation unter besonderer Berücksichtigung der Obersten Bundesbehörden in den Vereinigten Staaten von Amerika, Baden-Baden 1979

Steinberger, Helmut: Der Verfassungsstaat als Glied einer europäischen Gemeinschaft in: VVDStRL 50 (1991), S. 9 ff.

Steinweg, Christian: Verwaltungsaktscharakter einer zugunsten des eigenen Verwaltungsträgers vorgenommenen marktverkehrsrechtlichen Festsetzung nach § 69 Abs. 1 GewO, in: GewArch 2004, S. 101 ff.

Stelkens, Paul/*Bonk*, Heinz Joachim/*Sachs*, Michael (Hrsg.): Verwaltungsverfahrensgesetz – Kommentar, 7. Auflage, München 2008

Stelkens, Ulrich: Organisationsgewalt und Organisationsfehler – Voraussetzungen der Errichtung von Behörden und juristischen Personen des öffentlichen Rechts und Rechtsfolgen ihrer Missachtung, in: LKV 2003, S. 489 ff.

Stelkens, Ulrich: Die Stellung des Beliehenen innerhalb der Verwaltungsorganisation – dargestellt am Beispiel der Beleihung nach § 44 III BHO/LHO, in: NVwZ 2004, S. 304 ff.

Stern, Klaus: Das Staatsrecht der Bundesrepublik Deutschland, Bd. I – Grundbegriffe und Grundlagen des Staatsrechts, Strukturprinzipien der Verfassung, 2. Auflage, München 1984

Stern, Klaus: Das Staatsrecht der Bundesrepublik Deutschland, Bd. II – Staatsorgane, Staatsfunktionen, Finanz- und Haushaltsverfassung, Notstandsverfassung, München 1980

Stern, Klaus: Das Staatsrecht der Bundesrepublik Deutschland, Bd. III/1 – Allgemeine Lehren der Grundrechte, Grundlagen und Geschichte, nationaler und internationaler Grundrechtskonstitutionalismus, juristische Bedeutung der Grundrechte, Grundrechtsberechtigte, Grundrechtsverpflichtete, München 1988

Stern, Klaus: Das Staatsrecht der Bundesrepublik Deutschland, Bd. III/2 – Allgemeine Lehren der Grundrechte, Grundrechtstatbestand, Grundrechtsbeeinträchtigungen und Grundrechtsbegrenzungen, Grundrechtsverluste und Grundpflichten, Schutz der Grundrechte, Grundrechtskonkurrenzen, Grundrechtssystem, München 1994

Sterzel, Dieter: Die Einheit von Grundrechtsidee und Demokratieprinzip des Grundgesetzes, in: Redaktion Kritische Justiz (Hrsg.), Demokratie und Grundgesetz – Eine Auseinandersetzung mit der verfassungsgerichtlichen Rechtsprechung, S. 156 ff., Baden-Baden 2000

Stober, Rolf: Zur wirtschaftlichen Bedeutung des Demokratie- und Sozialstaatsprinzips, in: GewArch 1988, S. 145 ff.

Taupitz, Jochen: Ethikkommissionen in der Politik: Bleibt die Ethik auf der Strecke?, in: JZ 2003, S. 815 ff.

Taupitz, Jochen/*Fröhlich*, Uwe: Medizinische Forschung mit nichteinwilligungsfähigen Personen – Stellungnahme der Zentralen Ethikkommission, in: VersR 1997, S. 911 ff.

Taupitz, Jochen/*Rösch*, Carmen: Zustimmendes Votum einer Ethikkommission nach Ablehnung der AMG-Studie durch eine andere Ethikkommission?, in: Hans-Jürgen Ahrens/Christian v. Bar/Gerfried Fischer/Andreas Spickhoff/Jochen Taupitz (Hrsg.), Medizin und Haftung – Festschrift für Erwin Deutsch zum 80. Geburtstag, S. 647 ff., Berlin/Heidelberg 2009

Taylor, Charles: Negative Freiheit? Zur Kritik des neuzeitlichen Individualismus, Übersetzung von Hermann Kocyba, 2. Auflage, Frankfurt am Main 1995

Tettinger, Peter Josef: Kammerrecht – Das Recht der wirtschaftlichen und der freiberuflichen Selbstverwaltung, München 1997

Teubner, Gunther: Organisationsdemokratie und Verbandsverfassung – Rechtsmodelle für politisch relevante Verbände, Tübingen 1978

Thieme, Werner: Deutsches Hochschulrecht – Das Recht der Universitäten sowie der künstlerischen und Fachhochschulen in der Bundesrepublik Deutschland, 3. Auflage 2004

Toellner, Richard (Hrsg.): Die Ethik-Kommission in der Medizin – Problemgeschichte, Aufgabenstellung, Arbeitsweise, Rechtsstellung und Organisationsformen Medizinischer Ethik-Kommissionen, Stuttgart/New York 1990

Tschentscher, Axel: Demokratische Legitimation der dritten Gewalt, Tübingen 2006

Unruh, Georg-Christoph v.: Demokratie und kommunale Selbstverwaltung – Betrachtungen über die Eigenart des Inhalts von Artikel 28 GG, in: DÖV 1986, S. 217 ff.

Unruh, Peter: Demokratie und „Mitbestimmung" in der funktionalen Selbstverwaltung – am Beispiel der Emschergenossenschaft, in: VerwArch 2001, S. 531 ff.

Unruh, Peter: Anmerkung zum Beschluss des Zweiten Senats des Bundesverfassungsgerichts vom 5. Dezember 2002, 2 BvL 5/98 und 2 BvL 6/98, in: JZ 2003, S. 1061 ff.

Vogt, Gerhard: Ärztliche Selbstverwaltung im Wandel: eine historische Dokumentation am Beispiel der Ärztekammer Nordrhein, Köln 1998

Voßkuhle, Andreas/*Sydow*, Gernot: Die demokratische Legitimation des Richters, in: JZ 2000, S. 673 ff.

Waechter, Kay: Geminderte demokratische Legitimation staatlicher Institutionen im parlamentarischen Regierungssystem – Zur Wirkung von Verfassungsprinzipien und Grundrechten auf institutionelle und kompetenzielle Ausgestaltungen, Berlin 1994

Wagner, Hellmut: Das neue Strahlenschutzrecht, in: NVwZ 2002, S. 168 ff.

Wagner, Hellmut: Die neue Röntgenverordnung, in: NVwZ 2002, S. 1426 ff.

Weber, Max: Wirtschaft und Gesellschaft, Grundriss der verstehenden Soziologie, Studienausgabe, herausgegeben von Johannes Winckelmann, 1. Halbband, Köln/Berlin 1964

Weber, Max: Gesammelte Aufsätze zur Wissenschaftslehre, 3. Auflage, Tübingen 1968

Wiesing, Urban (Hrsg.): Die Ethik-Kommissionen – Neuere Entwicklungen und Richtlinien, Köln 2003

Wolff, Christian: Vernünftige Gedanken von dem gesellschaftlichen Leben der Menschen und insonderheit dem gemeinen Wesen, „Deutsche Politik" (1721), Verlag C. H. Beck, München 2004

Wolff, Hans J./*Bachof*, Otto/*Stober*, Rolf: Verwaltungsrecht II, 5. Auflage, München 1987

Wolff, Hans J./*Bachof*, Otto/*Stober*, Rolf: Verwaltungsrecht, Bd. 3, 5. Auflage, München 2004

Wolff, Hans J./*Bachof*, Otto/*Stober*, Rolf/*Kluth*, Winfried: Verwaltungsrecht I, 12. Auflage, München 2007

Wolzendorff, Kurt: Der reine Staat, in: Zeitschrift für die gesamte Staatswissenschaft 75 (1920/21), S. 199 ff.

Wössner, Peter: Paritätische Mitbestimmung in kommunalen Eigengesellschaften aufgrund vertraglicher Stimmrechtsbindung – Das „Duisburger Modell" und das „Kieler Modell" – Zugleich eine Untersuchung zur Zulässigkeit von Abstimmungsvereinbarungen der Gemeinden als Aktionäre und Gesellschafter, Frankfurt am Main 1972

Zeidler, Wolfgang: Die Verwaltungsrechtsprechung in den Spannungsfeldern unserer Gesellschaft, in: DVBl 1971, S. 565 ff.

Zeidler, Wolfgang: Der Standort der Verwaltung in der Auseinandersetzung um das Demokratieprinzip, in: DVBl 1973, S. 719 ff.

Zippelius, Reinhold: Juristische Methodenlehre, 10. Auflage, München 2006

Zippelius, Reinhold/*Würtenberger*, Thomas: Deutsches Staatsrecht, 32. Auflage, München 2008

Personen- und Sachwortverzeichnis

Swenja Rieck

Staatshaftung gemäß Art. 34 GG für Ethikkommissionen im Sinne des Arzneimittel- und des Medizinproduktegesetzes

Zugleich ein Beitrag zur Dogmatik des Art. 34 GG

Schriften zum Öffentlichen Recht, Band 1203

248 S. 2012

Print: ⟨978-3-428-13235-5⟩ € 74,–
E-Book: ⟨978-3-428-53235-3⟩ € 66,–
Print & E-Book: ⟨978-3-428-83235-4⟩ € 88,–

Rund fünfzig Ethikkommissionen begutachten in Deutschland klinische Prüfungen von Arzneimitteln und Medizinprodukten, welche ohne ein positives Votum der Kommission nicht beginnen dürfen. Positive wie negative Voten können bei Probanden, Patienten oder auch den Sponsoren der Studien zu Schäden führen. Haften dafür die – zumeist ehrenamtlich arbeitenden – Mitglieder der Ethikkommissionen persönlich oder findet nach Art. 34 Satz 1 GG eine Haftungsüberleitung statt? Wenn ja, auf wen? Welches ist der Staat oder die Körperschaft, in deren Dienst der „Jemand in Ausübung eines öffentlichen Amtes" steht?

Swenja Rieck beleuchtet zunächst Herkunft und Struktur des Art. 34 GG als Haftungsüberleitungsnorm. Als überzuleitende „Verantwortlichkeit" kommt § 839 BGB in Betracht. Die Haftungsüberleitung ist nach Ansicht der Verfasserin auch nicht etwa durch die teilweise noch Geltung beanspruchenden Regelungen über den Gebührenbeamten ausgeschlossen. Den Großteil der Arbeit nimmt die Bestimmung der für die Ethikkommissionen haftenden Körperschaften ein. Die These, dass die Körperschaft(en) haften, welche die Kommmissionsmitglieder *bestellen*, wird für jede einzelne Kommission durchgeprüft. Die Verschiedenheit der gefundenen Ergebnisse nimmt Rieck zum Anlass für Vorschläge de lege ferenda.